Matthias Dahlhoff

Geschichte der Grafschaft Sayn

und der Bestandtheile derselben der Grafschaften Sayn-Altenkirchen und Hachenburg, der

Herrschaft Freusburg und des Freien und Hickengrundes

Matthias Dahlhoff

Geschichte der Grafschaft Sayn
und der Bestandtheile derselben der Grafschaften Sayn-Altenkirchen und Hachenburg, der
Herrschaft Freusburg und des Freien und Hickengrundes

ISBN/EAN: 9783743488571

Hergestellt in Europa, USA, Kanada, Australien, Japan

Cover: Foto ©ninafisch / pixelio.de

Manufactured and distributed by brebook publishing software (www.brebook.com)

Matthias Dahlhoff

Geschichte der Grafschaft Sayn

Geschichte

der

Grafschaft Sayn

und

der Bestandtheile derselben:

der Grafschaften Sayn-Altenkirchen und Hachenburg,
der Herrschaft Freusburg und des Freien-
und Hickengrundes,

besonders in kirchlicher Beziehung.

Unter Vorausschickung

einer kurzen

Geschichte der Regenten

des Sayn'schen Landes.

Von

Matth. Dahlhoff.

Selbstverlag des Verfassers.

Dillenburg.
Druck der C. Weidenbach'schen Buchdruckerei.
1 8 7 4.

Vorwort.

Die Liebe zu meinem deutschen Vaterlande hat mich auch zu einem Freunde der deutschen Geschichte gemacht. Die Vaterlandsliebe läßt sich gern erzählen von den Ereignissen der Jahrhunderte, die einen besonderen Einfluß auf die Entwickelung des deutschen Reiches gehabt haben; aber auch die besondere Geschichte des engeren Heimathlandes bietet manches Interessante und Lehrreiche dar, daß die Erforschung derselben wohl der Mühe werth ist und die Mittheilung des Erforschten dem, der seine Heimath liebt, willkommen sein muß.

Dieses hat mich bewogen, seit Jahren meine freien Stunden zur Sammlung der Materialien zu der Geschichte der Saynischen Lande zu verwenden. So ist dieses Werk entstanden. Damit die Materialien, die ich mit großer Mühe und mit nicht unbedeutenden Kosten angesammelt habe, nicht verloren gehen, vielmehr einem künftigen Bearbeiter der Saynischen Special-Geschichte zu Nutzen kommen mögen, veröffentliche ich diese meine Arbeit durch den Druck, zugleich in der Hoffnung, daß ich dadurch meinen Heimathgenossen eine erwünschte Lectüre darbiete.

Die Saynische Grafengeschichte ist nach den besten Schriftstellern, welche in ihren Darstellungen die Saynische Geschichte berührt haben, wie Günther, Avemann, Moser, Hontheim, Fischer und Anderen, entworfen worden.

Das Material zu der Saynischen Kirchen- und Reformations-Geschichte lieferten zunächst die Literalien der Pfarr-Archive, die Kirchenbücher in den Pfarrgemeinden der Grafschaft, welche ich sämmtlich an Ort und Stelle durchgesehen und zu meinem Zwecke extrahirt habe. Außerdem

sind hierbei auch die Werke Arnoldi's, Vogel's, Steubing's
benutzt worden. Die Quellen, woraus geschöpft worden
ist, sind im Contexte angedeutet und am unteren Rande
näher bezeichnet worden.

Bei Veröffentlichung dieser meiner Arbeit durch den
Druck rechne ich nicht auf pecuniären Gewinn, da sich die
Käufer voraussichtlich auf einen verhältnißmäßig engen Kreis
beschränken werden.

Schließlich ergreife ich diese Gelegenheit, allen den Herren,
die durch zuvorkommende Gestattung der Durchsicht ihrer
Pfarr-Archive und Kirchenbücher, sowie auf andere Weise
meine Arbeit gefördert haben, wiederholt meinen wärmsten
Dank auszusprechen.

Burbach, im Mai 1872.

Der Verfasser.

Inhalts-Verzeichniß.

VIII.

Die Regenten der Sayn'schen Lande.

. . .

A. Die Grafen von Sayn.

Die ehemalige reichsunmittelbare Grafschaft Sayn im Westerwalde, zum westphälischen Kreise gehörig und durch die Gebiete von Nassau, Churköln, Churtrier und Wied umschlossen, war eine der ältesten im deutschen Reiche und gehörte den Grafen zu Sayn, die nach einigen Genealogen ihren Ursprung in dem Hause Nassau finden sollen.

Die Grafschaft bestand aus mehreren ansehnlichen Landestheilen, Herrschaften und Einkünften, die sich allmählig, theils durch Kauf, theils durch Erbschaft zusammen gefunden hatten.

Obwohl dieselbe zur Zeit ihres Ursprungs und auch noch lange nachher ein reines Allodium war, so haben doch die alten Grafen, theils aus übermäßiger Devotion, theils aus Noth, zu ihrem Schutze während des Faustrechtes, einige Herrschaften und Landestheile den Erzbischöfen von Trier und Cöln, Herzogen von Berg, wie auch den Landgrafen von Hessen zu Lehen aufgetragen, ja auch einige Lehnstücke von den deutschen Kaisern und dem Reiche zu Lehen gehabt; gleichwohl waren auch viele Besitzungen, welche durch Heirathen und Kauf erworben, wie auch noch andere, ein freies, erbliches Eigenthum geblieben.

Die Größe der Grafschaft wird in verschiedenen Jahrhunderten abweichend von einander angegeben, je nachdem neu erworbene Theile hinzugelegt oder durch vorgenommene Theilungen davon abgetrennt waren.

In der ersten Hälfte des 17. Sekuli betrug ihr Flächeninhalt circa 15 □Meilen, von denen 11,62 □Meilen auf die Grafschaft Altenkirchen und 3,599 □Meilen auf Hachenburg fallen mochten.

1

Die Grafschaft führt ihren Namen von der alten, jetzt in Trümmer versunkenen Stammburg Sayn, welche an dem Flusse Sayn auf einem Vorsprunge des Gebirges zwischen zwei Thälern hervorragte; und deren Ueberreste noch bei dem gleichnamigen Dorfe, ungefähr 1½ Stunden von Coblenz, zu finden sind.

Diese Burg soll von dem Grafen Friedrich zu Sayn, einem Sprossen des Hauses Nassau, erbaut worden sein [1]).

Als nämlich dieser Graf längere Zeit unter dem Banner Carls des Großen, besonders in Spanien wider die Mauren, ritterlich gekämpft hatte, war er nach seiner Rückkehr des Kampfes müde, und erbaute sich die Saynburg, um in derselben in stiller Abgeschiedenheit den Rest seiner Tage ruhig beschließen zu können.

Ehe aber diese Felsenfeste erbaut worden war, soll tiefer in dem Thale der Brüchse schon eine Saynburg gestanden haben.

Nach dem Lebensende des Grafen Friedrich übernahm sein Sohn Walther die Herrschaft.

Dessen Nachfolger Gerhard, welcher 934 die Regierung antrat, focht 933 bei Merseburg in dem siegreichen Heere des deutschen Kaisers Heinrich I. gegen die Ungarn, die raubend und plündernd in Deutschland eingefallen waren.

Wer nun Graf Gerhards Nachfolger in der Regierung gewesen, ist unbekannt. Ueberhaupt ruht die Geschichte dieses Dynasten-Hauses auf viele Jahre im Dunkel der Vergangenheit.

Die ersten Grafen von Sayn, welche 1112 in einer Versicherungs-Urkunde Gerlachs von Isenburg, Herrn zu Covern [2]), "dem Kloster Laach [3]) keine fernere Beschwerden zu thun", als Zeugen erwähnt werden, sind die Gebrüder:

1. Heinrich I. und Eberhard,

von denen der letztere mit dem Jahre 1166 aus den Urkunden verschwindet, der erstere aber noch in denselben bis 1174 vorkommt.

Beide Brüder tragen in dem Jahre 1152 ihre Stammburg an das Erzstift Trier [4]) unter dem neuen Erzbischof Hillin (Hermann) zu Lehen auf [5]). Hillin, diese Ergeben-

---

[1]) vid. Textor, Nass. Genealogie, pag. 57.
[2]) Reck, Anhang, Nr. 1.
[3]) Moser, Cap. 11, §. 8, pag. 432 und 433.
[4]) Hontheim, Podrom. Histor. Trev. I, pag. 569.
[5]) Das Benedictiner-Kloster Laach, an dem bekannten, gleichnamigen See im Rheinland liegend, war 1093 von Heinrich, Pfalzgrafen bei Rhein und Herrn von Laach, seiner Gemahlin und der Wittwe des Grafen

heit der Grafen anerkennend und um die Ehre seiner Kirche zu erhöhen, bestimmte ihnen dafür 100 Pfd. Heller, als Benefiz, mit der Bemerkung in der darüber gegebenen Urkunde, daß jeder erbliche Nachfolger aus der Grafen-Verwandtschaft, er sei männlichen oder weiblichen Geschlechts, die Burg Sayn und jenen Jahrgehalt empfangen solle.

Graf Eberhard, der einst bei einem Besuche auf der Abtei Siegburg schwer erkrankt war, verschrieb derselben zu seinem Begräbnisse einen Theil seiner Weingärten [1]) in Braubach. Er genas und vermachte jetzt den 10. August 1166 der Abtei auf Lebenszeit jährlich eine Ohm Wein. Der Abt kaufte die Hälfte der dem Grafen zustehenden Weinberge an sich und Graf Heinrich trat in seinem letzten Willen auch die andere Hälfte des Weingutes an die Abtei ab.

Graf Heinrich war vermählt und hinterließ vier Söhne, von denen der älteste gleichen Namens, zur Regierung kam.

2. Heinrich II.
(1177 — 1202).

Seine Gemahlin Agnes war eine Gräfin von Nassau, welche 1202 mit Tode abging.

Er tritt seit 1176 öfters in Zeugenunterschriften auf, stiftete 1201 das Prämonstratenser-Kloster Sayn [2]), welches vom päbstlichen Legaten Guido von Präneste und vom Erzbischofe Johann von Trier die Bestätigung erhielt, und begabte das heilige Haus mit reichen Gütern.

Graf Heinrich und sein Bruder Eberhard, von denen der Letztere von 1174 bis 1205 in wichtigen Urkunden als Zeuge auftritt, erbauten 1182 auf kölnisch-klösterlichem Boden, nach einer Vereinigungs-Urkunde mit dem Abte Gerhard zu Siegburg, die Burg Blankenburg, als Grenzfeste zum Schutze ihrer Länder. Sie übten aber an den Siegburgischen Gewaltthätigkeiten aus, und der Abt erwirkte vom Pabste Lucius III. die Excommunifation der beiden Grafen. Der Erzbischof Philipp von Cöln, ein Verwandter dieser beiden Herren, und mit der Publikation der Bannbulle beauftragt, sah

---

Gottfried von Arreß zu Ehren der heiligen Maria und des heiligen Nikolaus gestiftet und fundirt worden. Doch der Kirchen= und Klosterbau war noch nicht vollendet, als der Pfalzgraf 1095 vom Tode übereilt wurde. Er wurde auf sein Verlangen in der Klosterkirche beigesetzt. Sein Stiefsohn, Erbe und Nachfolger, Siegfried von Ballenstädt, vollendete den Klosterbau und die St. Marienkirche und fundirte das Kloster mit mehreren Höfen, unter denen auch der Hof zu Bettendorf oder Bebendorf (Bendorf) war.

[1]) Lacomblet, Urkundenbuch, Bd. I, Urkunde 421.
[2]) Hontheim, Prod. Hist. Trev. Bd. 1, S. 641.

wohl ein, daß hier mit Gewalt nichts auszurichten, wohl aber die Existenz dieser Abtei gefährdet sei; er vermittelte daher 1184 einen Vergleich, nach welchem die neue Burg gegen Zugeständniß und Sicherung anderer abteilicher Gerechtsame den beiden Grafen verblieb.

Graf Heinrich's Brüder waren:

a. Eberhard, der vorher erwähnt ist.
b. Bruno, er war von 1182 bis 1190 Probst und dann von 1205 bis 1208 Erzbischof zu Cöln, starb als solcher am 2. November 1208 auf der Feste Blankenburg, wo er zum Besuche war.
c. Gerlach, war Probst zu Sevelingen 1221.

Graf Heinrich II. starb um das Jahr 1205. Ihm folgte in der Regierung sein Sohn

3. Heinrich III.
(1206 — 1246).

Dieser[1]) tritt 1202 zuerst in Urkunden auf. Er führte den Beinamen der Dicke oder der Große und zwar wegen seiner collossalen Leibesgröße, die 7½ Fuß erreicht haben soll. Von seiner außerordentlichen Körperstärke zeugte sein 25 Pfd. schweres Schlachtschwert, welches lange Zeit auf der dem Churfürsten von Trier zugehörigen Feste Ehrenbreitstein vor ihrer Zerstörung als eine Merkwürdigkeit aufbewahrt wurde.

Während seiner Regierung erscheint die Gegend um Hachenburg, wie zum ersten Male als ein Churkölnisches Lehen bei seinem Hause, indem er 1221 das im Jahre 1215 von Eberhard, Burggrafen von Arberg, und seiner Gemahlin Adelheid im Kirchspiele Kirburg an dem Orte, der noch heutigen Tages der Klosterberg heißt, gegründete Cisterzienser Kloster auf sein Gebiet im Nisterthale und zwar dahin verpflanzte, wo es noch jetzt unter dem Namen „Abtei Marienstadt" steht[2]). Der Klosterbau daselbst wurde 1226 fertig und gleich darauf von den Mönchen bezogen. Es zählte 260 Zimmer und seine Kirche war mit 33 Altären geschmückt.

Heinrich war auch schon im Besitze der alten Herrschaft Freusburg, wie sein Testament bezeugt.

Der Erzbischof Engelbert von Cöln belehnte ihn und seine Gemahlin Mechtilde auch mit den Gütern Sechtem und Gilsdorf, welche ihm der Erzbischof zugesprochen, die ihm aber der Graf Otto von Rabensberg anfangs streitig gemacht hatte.

---

[1]) Günther, codex dipl. Rheno-Mosell. 85.
[2]) Sublimis advocat. comit. Saynensis, Beilage 7 und 8.

Graf Heinrich lebte in zwei Ehen. Zuerst, seit 1215, mit Mechthilde, einer gebornen Landsberg [1]), welche 1221 kinderlos starb [1]); darauf aber, seit 1222, mit Mechthilde (Mathilde), des Grafen Lambert des Jüngeren von Wied-Neuenburg Tochter, welche als Wittwe noch 1283 lebte.

In dieser an Klosterstiftungen so fruchtbaren Zeit verewigten sich auch die beiden Gemahlinnen durch Vermächtnisse. Mechthilde I. vermachte 1219 der Abtei Sayn Zehnten zu Breitbach und 100 Mark. Die Wittwe Mathilde II. schenkte 1263, mit Vorbehalt des lebenslänglichen Nießbrauches, dem Erzstifte Cöln die Burgen Wied, Windeck, Rennenberg, die Höhe zu Linz, Lutzdorf, Neuenthal, Asbach, Winthar, Gilsdorf und Sechtene mit Vasallen, Leibeigenen, Wiesen, Wildbahnen und Wäldern zu ihrem und wailand ihres Gemahls Heinrich zu Sayn Seelenheil; der Pabst Urban IV. belohte solchen frommen Sinn der Wittwe. Sie schloß 1283 mit dem Erzbischof Siegfried ihren eingeleiteten letzten Willen ab und starb noch im nämlichen Jahre hochbetagt.

Wohlthätig gegen geistliche Stifte hatte sich auch Graf Heinrich erwiesen. Aber trotz seiner Freigebigkeit für dieselben entging er doch nicht den Verfolgungen des berüchtigten Ketzermeisters Conrad von Marburg, welcher ihn nicht für rechtgläubig hielt. Conrad ließ ihn 1233 auf den Fürstentag nach Mainz [3]) laden, um sich von den Ketzereien, deren er beschuldigt war, zu reinigen. Aufs Glänzendste that Heinrich dieses vor den versammelten Fürsten, erhielt aber erst im folgenden Jahre von Frankfurt aus seine völlige Freisprechung.

Er schenkte darauf 1235 mit seiner Gemahlin Mechthilde dem Cistercienser Kloster zu Drolshagen bei Olpe von seinen Erbgütern die Kirche, einen Hof, Mühlen, Ackerland, Wiesen und Wald; nur die Leibeigenen behielten sie für sich. Diese Schenkung bestätigte 1244 der Erzbischof Conrad, Graf von Hochstaden, zu Cöln.

Von Schwestern des Grafen Heinrich war die ältere Adelhaid zuerst seit 1234 an den Grafen Johann von Spon-

---

[1]) Winheim, Sacrarium Agrippinae, S. 249. 303.
[2]) Zu dem von ihr und ihrem Gemahl zu Cöln gestifteten Kloster Sion oder Seyn wurde zu ihrem Gedächtnisse vor dem hohen Altar dieser Abtei ein schönes Grabmahl errichtet, mit der Inschrift: Anno Domini MCCXXI. infra octavas nativitatis Christi obiit illustris Dna. Dna. Mechthildis, Comitissa Seynensis fundatrix hujus monasterii, cujus anima requiescat in sancta pace. Amen.
[3]) Wenk, Hess. Landesgesch. B. III, pag. 143.
[4]) Brower, Ann. Trev.

heim und Starckenburg ¹), die ihm die Herrschaften Blan-
ckenberg und Löwenburg zubrachte, und darnach an den
Grafen von Eberstein; und die jüngere Agnes 1233 mit
dem Grafen von Castell vermählt.

Heinrich der Große hatte nur einen Sohn, dem er den
Kopf zerdrückt haben soll, als er ihn scherzend am Kopfe
emporhob. Dieses Unglück stellte ein colossales Bild auf
dem Grabsteine Heinrichs in der Sayner Abteikirche dar ²).

Da nun Graf Heinrich keine Leibeserben hinterließ, so
beschloß mit seinem Tode, der im December 1246 erfolgte, den alten eigentlichen saynischen Mannesstamm. Die
irdischen Ueberreste Heinrichs fanden in der Sayner Klosterkirche ihre Ruhestätte.

Heinrich hatte vorher durch testamentliche Bestimmung
seine leibliche Schwester Adelhaid und deren vier Söhne:
Johannes, Graf, Heinrich, Herr zu Heinsberg, Simon von
Sponheim und Kreuznach, und deren Halbbruder Eberhard,
Graf von Sayn, genannt von Eberstein, zu Universalerben
eingesetzt, jedoch so, daß seine Wittwe Mechthilde lebenslang
im Besitze der Güter bleiben sollte.

Gräfin Mechthild schloß mit diesen Erben am 29. August
1247 einen Vergleich ab ³), nach welchem sie denselben die
sämmtlichen Lehen, nämlich das Schloß und die Stadt
Hachenburg, Blankenburg, die Burg Freusburg, das Schloß
Hilkenrod, die Comitia Hadamar, die Gerichtsbarkeit vom
Banne Marxain und gleicherweise alle Gerichtsbarkeiten und
Gerichtsplätze, welche Sayn gehöret, abtrat. Dagegen behielt sie lebenslang die erb- und eigenthümlichen Güter, die
sie mit ihrem Gemahle besessen und errungen hatte. Das
Schloß Löwenstein, ein kurkölnisches Burglehen, blieb ihr
als Wittwensitz so lange sie lebte, und fiel dann ebenfalls
an Sponheim.

Von den vier Brüdern war der älteste:

4. Graf Johann von Sponheim I.
(1247—1264)

hauptsächlich Derjenige, welcher sich dem Regierungsgeschäfte
unterzog und sich mit seinen übrigen Brüdern („auf gewisse
Maaße") verglich. In dieser Theilung wurden ihm die
Grafschaften Sayn und Sponheim zu Theil und er ist der
Stifter der Sponheim-Starckenburgischen Linie. Im Jahre
1264 sank er ins Grab. Seine beiden Söhne Heinrich und

¹) Lucae, uralter Grafensaal, pag. 605.
²) Hontheim, Histor. Trevir. I, pag. 1641.
³) Moser, Cap. 2, §. 6, pag. 20. Günther, cod. dipl. Rheno-
Mos. II, 216. Avemann, Urkb. Nr. 147, p. 147.

Gottfried nahmen noch im nämlichen Jahre eine Theilung ihres väterlichen Erbes vor, kraft welcher Heinrich die Grafschaft Sponheim und Gottfried die Grafschaft Sayn erblich erhielt. Zur letzteren Grafschaft gehörten damals die Burgen: Sayn, Hachenburg, Weltersburg, Freusburg und Holstein [1].

Von den genannten Brüdern kann also hier nur fortgeführt werden:

5. Gottfried, Graf zu Sayn,
(1264 -- 1283).

Sein Vater hatte ihn bereits vorher zum Mitregenten angenommen. Er war ein Mann mit großem Verstande und thatenreicher Kraft, der auf die Vergrößerung seines Gebietes Bedacht nahm und auch seine Hoheitsrechte auszudehnen und zu erhalten wußte.

Viele seiner Leibeigenen wohnten auf dem Westerwalde in den nassauischen und den westerburgischen Landestheilen. Ueber diese seine Leute übte er die Hoheitsrechte aus. Darüber entspannen sich Mißhelligkeiten zwischen ihm und jenen Herren, weßhalb Graf Otto zu Nassau und Siegfried, Herr zu Westerburg, im Jahre 1258 ein Bündniß gegen ihn schlossen [2].

Im nächsten Jahre gerieth er mit denselben Grafen in Fehde wegen der Jagd, die Nassau in der Herrschaft Freusburg und Sayn im Siegenschen ausübte. Doch wurde diese zu Cöln 1259 „des nehsten Dages St. Giliesdage“ als am 2. November durch erwählte Schiedsrichter beigelegt und bestimmt, daß fernerhin jeder Jagdeigenthümer seine Jagd nur innerhalb seiner Landesgränze ausüben sollte [3].

Graf Gottfried trug die Grafschaft Sayn im Jahre 1273 dem Pfalzgrafen Ludwig zu Lehen auf, ließ seinen bisherigen Familiennamen Sponheim fallen und nannte sich nur Graf zu Sayn. Er wurde der Stammvater des neuen saynischen Geschlechts [4].

Er war vermählt mit Jutta, welche von einigen Scribenten als eine Gräfin und Erbin von Homburg an der Mark bezeichnet wird, die ihm die Herrschaft Homburg zugebracht haben soll. Urkundlich kann solches nicht nachgewiesen werden. Sie lebte noch 1314 als Wittwe.

---

[1] Moser, Cap. 2, §. 7, p. 20. Avemann, Urkb. Nr. 145, p. 145. Günther II, 335.
[2] Arnolbi, Bb. I, §. 4, p. 68.
[3] Ib. p. 69.
[4] Günther, II, pag. 380.

Graf Gottfried zeugte mit seiner Gemahlin zwei Söhne: Johann und Engelbert, die nach dem im Jahre 1283 erfolgten Tode ihres Vaters erst gemeinschaftlich regierten, dann aber 1294 sich um die väterliche und mütterliche Erbschaft in der Weise einigten[1]), daß der älteste Bruder Johann die Grafschaft Sayn und die Hälfte von Homburg und Vallendar erblich übernahm, wobei Graf Engelbert für sich und seine Nachkommen eidlich erhärtete, auf die Grafschaft Sayn zu verzichten, mit Consens aller Agnaten, auch mit Bestätigung des deutschen Kaisers Adolph von Nassau, in Gegenwart vieler Grafen und Herrn[2]).

Graf Engelbert und seine Nachkommen schrieben sich von der Zeit an nicht mehr zu, sondern nur schlechthin von Sayn.

Durch diese Theilung entstanden in dem saynischen Hause die beiden Linien, die Johann'sche und die Engelbert'sche, welche circa 400 Jahre nebeneinander fortbestanden.

Graf Engelberts Enkel, Salatin von Sayn, und Herr von Homburg, brachte durch seine erste Gemahlin Adelhaid, Gräfin und Erbin von Wittgenstein, die Grafschaft gleichen Namens an sein Haus und nahm fortan für sich und seine Nachkommen die Würde eines Grafen zu Sayn-Wittgenstein an.

Die Johann'sche Linie erlosch im Mannesstamm 1606, wogegen die Engelbert'sche gegenwärtig noch in den Fürstenhäusern Sayn-Wittgenstein fortbesteht.

Wir führen von den beiden Brüdern hier nur fort:

6. Johann I.
(1294—1324).

Er war ein kraftvoller Stammherr dieses Hauses, der bemüht war, sein Besitzthum auszudehnen.

Zunächst erwarb er im Jahre 1298 vom Grafen Neuenar Altenkirchen, Schloß, Stadt und Amt[3]). Unter dem Amt Altenkirchen begriff man die drei Kirchspiele Altenkirchen, Birnbach und Mehren. Auch brachte dieser Graf 1318 die kleine Herrschaft Bänn Marsain an sich, die ihm Philipp von Sponheim überließ[4]).

Graf Johann lebte in zwei Ehen; zuerst mit Elisabeth, des Landgrafen Heinrich I. zu Hessen Tochter, welche am 19. Februar 1293 starb; und in zweiter Ehe seit 1302 mit

---

[1]) Moser, Cap. 2, §. 10, pag. 22.
[2]) Ib. pag. 23 und Avemann, Urkb. Nr. 150, pag. 154. Günther, II, 503.
[3]) Moser, Cap. 9, §. 6, pag. 398.
[4]) Ib. §. 12, pag. 401.

Cunigunde, des Grafen Robin von Jsenburg-Covern und dessen Gattin Lysa, einer geborenen von Eppstein, Tochter, die ihm die Anwartschaft auf die Belehnung mit Covern zubrachte, und noch als Wittwe 1340 lebte.

Im Jahre 1309 bekam Johann von seiner Schwiegermutter Lysa, Wittwe des Grafen Robin von Covern, ein Drittel der Burg Covern, und nach ihrem Tode auch ein Drittel der alten Burg. Das Uebrige erhielten seine Schwäger: Salatin II. auf der Jsenburg und Arnold von Pöttingen.

Graf Johann schied am 23. November 1324 aus diesem Leben und hinterließ seine Wittwe, so wie aus jeder Ehe einen Sohn; Gottfried aus erster und Johann aus zweiter Ehe.

7. Gottfried II.
(1324 — 1327).

Das Leben dieses Grafen, der schon 1314 von seinem Vater zum Mitregenten angenommen worden war, fällt mit dem Leben und dem Regierungsantritt des Kaisers Ludwig von Baiern zusammen.

Um diese Zeit herrschten unter den Fürsten Deutschlands große Zerwürfnisse und bei der neuen Kaiserwahl 1314 bildeten sich zwei Partheien, die eine wählte Friedrich von Oestreich und die andere Ludwig von Baiern, welche beide gekrönt wurden und auch die Regierung antraten. Jeder hatte seinen Anhang. Auf der Seite Oestreichs stand vorzugsweise der Adel und auf der Seite Baierns waren vornämlich die Städte. Der Churfürst von Cöln und die Grafen von Nassau traten auf die Seite Oestreichs, dagegen schlossen sich Churtrier und Churmainz, so wie die Grafen von Sayn, beider Linien, Baiern an.

Daher läßt es sich erklären, warum Ludwig von Baiern dem Hause Sayn so gewogen war und es mit Privilegien und andern Vorrechten begünstigte.

Er gab dem Grafen Gottfried 1314 den 17. Januar von Bacharach aus das Privilegium, daß die Städte Hachenburg, Altenkirchen und Weltersberg und deren Einwohner eben die Freiheiten und Rechte, welche die Stadt Wetzlar und andere daselbstige Städte und Reichsörter besitzen, haben und genießen sollen [1]).

Auch empfing er von demselben Kaiser, der sich zu Hachenburg aufhielt, für geleistete Dienste, vielleicht für die Theilnahme an der für den Kaiser so ruhmreichen Schlacht bei Mühldorf 1322, im Jahre 1324 am 27. Januar die Freiheit, aus dem Dorfe Friedewald eine Stadt zu machen,

---

[1]) **Moser**, Cap. 3, §. 1, p. 347.

welche eben dieselben Rechte, die die Stadt Frankfurt besitzt, haben solle [1]). Zu diesem Privilegium geschieht die
erste beurkundete Erwähnung des Ortes Friedewald und
zwar als eines Eigenthums der Grafen zu Sayn.

Wann und auf welche Weise nun dieses Grafenhaus
dazu gelangt ist, läßt sich nicht actenmäßig feststellen. Vielleicht ist dieser Ort von den umwohnenden Adeligen vor
1324 gekauft und in Besitz genommen worden, da Friedewald 1294 in dem ziemlich speciellen Theilungs-Receß nicht
erwähnt wird.

Graf Ruprecht von Virneburg verkaufte 1319 an den
Grafen Gottfried von Sayn seinen 1306 von Eppstein
erworbenen Antheil an der Burg Wied sammt Zubehörungen
für 3368½ Mark guter Pfennige [2]).

Graf Gottfried erhielt 1322 die Erlaubniß, auf dem
Berge Greifenstein ein Schloß, eben so unter dem Berge
eine Stadt zu bauen, und versichert den daselbst sich Nieder-
lassenden alle Freiheiten, welche Frankfurt genießt [3]).

Auch bestellte ihn der Kaiser Ludwig 1326 zum kaiserlichen Statthalter in Dortmund [4]).

Da Graf Gottfried II., welcher mit Mechthilde, Gräfin
von der Mark, vermählt war, schon 1327 ohne Erben aus
dieser Welt ging, so folgte sein Bruder aus zweiter Ehe
ihm in der Regierung. Dieser war:

8. Johann II.
(1327—1359).

Er hatte mit seinem Oheim Engelbert von Sayn einen
Streit wegen der Grafschaft Sayn. Sie wurden durch be-
freundete Austräge wieder mit einander versöhnt und Graf
Johann stellte 1328 eine Urkunde aus, daß „Graf Engel-
„bert und seine Erben haben und besitzen sollen alles Gut,
„was ihm sein Vater gegeben und überwiesen habe, als
„in den Briefen stehet, die darüber gegeben sind“ [5]).

Kaiser Ludwig erlaubte im Jahre 1329 dem Grafen
Johann und seinen Erben, Hellermünzen zu prägen [6]).

Im Jahre 1340 gerieth Johann mit dem Grafen Wil-
helm I. von Wied über die Gerichtsbarkeit in dem Dorfe
Irlich, rechts an der Wiedemündung am Rheine liegend, in
Händel, welche sich in den folgenden Jahrhunderten oft

---

[1]) Lünig, Reichsarchiv, S. 348.
[2]) Fischer, Urkunde 139.
[3]) Moser, Cap. 3, §. 2, pag. 348.
[4]) Ib. §. 4, pag. 350.
[5]) Ib. pag. 352.
[6]) Ib. Cap. 3, §. 5.

erneuten. Graf Johann weigerte sich, in seinem Hofe zu Irlich die Wied'sche Gerichtsbarkeit anzuerkennen.

Auch dieser Graf strebte, wie seine Vorfahren, nach Vergrößerung seines Besitzthums. Er erkaufte 1345, Montag vor Simon Juda, vom Ritter Christian von Mauden und Jya, seiner Hausfrau, nebst ihrem Sohne Conrad und Jutta, „sie ehelich Wif", deren Eigenthum in den Vogteien von Daaden, Kirburg und Gebhardshain, jedoch mit Vorbehalt ihres Hofes Mauden und anderer Güter, die in dem Daadener Gerichte lagen, aber nicht zur Vogtei gehörten, für 100 Mark Pfennige Hachenburger Währung [1]). Dagegen verkaufte er zwei Jahre später an Trier die Burg Covern mit zugehörigem Gute, wie es seine verstorbene Mutter besessen hatte, für 17,000 Gulden [2]).

Der kampfluftige Balduin von Luxemburg, seit 1307 Erzbischof zu Trier, der kurz zuvor die starke Raubfeste Hohenseelbach zerstört hatte, belagerte 1352 auch Hachenburg, dessen Einwohner vielleicht im Bunde mit dem Ritter von Seelbach standen, und eroberte die Stadt [3]).

Kaiser Karl IV. privilegirt den Grafen Johann 1357 am Montage nach Fastnacht mit dem Zolle zu Hachenburg [4]), und erneuert ihm das Vorrecht, daß die Städte Hachenburg, Altenkirchen und Weltersberg eben die Freiheiten haben sollten, welche die Stadt Wetzlar genießt [5]).

Graf Johann war vermählt mit Elisabeth, einer gebornen Gräfin von Jülich, die ihm einen Sohn, Johann, gebar, und er schied 1359 aus der Zeitlichkeit. In der Regierung folgte ihm sein Sohn

9. Johann III.
(1359 — 1408).

Wie sein Vater, so vergrößerte auch er sein Besitzthum. Ihm verpfändete Wilhelm I. von Isenburg-Wied um das Jahr 1362 Dorf und Gericht Oberroßbach.

Es machte eine eigene Vogtei aus, in deren Besitz mit allen grundherrlichen Rechten und Zehnten die von Helfenstein und Geyßler waren, von denen sie Sayn erblich erkaufte und sie, nach dem Tode Arnolds von Geyßler, um 1460 in Besitz nahm.

Durch Kauf, der 1365 in ipso die Marci Evangel. abgeschlossen wurde, erwarb er von dem Ritter Johann von

---

[1]) Advocatie Marienstadt.
[2]) Fischer, Urkunde 87.
[3]) Breveri Annal. Trev. Bd. II, 225.
[4]) Moser, Cap. 3, §. 6, pag. 351.
[5]) Ib. §. 7.

Derschen und Wilhelm, dessen Sohn, deren Antheil an den Vogteien Daaden, Kirburg und Gebhardshain für fünf Mark, fällig von den nach Freusburg gehörigen Leuten des Kirchspiels Daaden. 1367 auf Freitag nach dem Matth.=Tage empfing er vom Kaiser Karl IV. zwei Turnos auf den Rheinzöllen, von denen einer vom Pfalzgrafen Ruprecht ihm zu Kaiserswerth, der andere aber vermuthlich von Churtrier zu heben vergönnt worden[1]). Auch belehnte ihn derselbe Kaiser 1372 des nächsten Donnerstags nach St. Vitus=Tag von Coblenz aus mit einem freien Richtstuhl zu Freusburg[2]).

Bei den verwirrten Verhältnissen und dem Faustrechte der damaligen Zeit schloß Graf Johann, nach dem Vorgange anderer Grafen, die sich nicht stark genug fühlten, ihre eigenen Länder zu schützen, im Jahre 1367 Donnerstag nach St. Gallen mit dem Kuno von Falkenstein, Erzbischof von Trier, für dessen Lebenszeit einen Schutzvertrag ab, und übergab ihm seine Lande, Feste und Städte: Weltersburg, Freusburg, Hachenburg, Friedewald ꝛc. mit Mannen und Burgmannen[3]). Schon im Jahre 1388 starb sein Schutzherr und Johann verwaltete seine Länder wieder selbstständig.

Graf Johann übertrug 1378 dem Erzstifte Trier auch die Feste und Burg Freusburg zum rechten aufgebigen ledigen Hause und Feste auf mit Mannen, Burgmannen, Vorburg, Thal und Leuten.

Graf Johann, welcher um das Jahr 1408 mit Tode abging, war vermählt seit 1357 mit Adelheid, Freiing von Westerburg, welche Ehe mit drei Söhnen, nämlich Reinhard, Gerhard und Wilhelm und zwei Töchtern gesegnet war, von denen der älteste Sohn starb und

10. Gerhard I.
(1408 — 1419)

Regierungsnachfolger wurde. Er war geboren 1378, vermählte sich zuerst mit Sophie, Johanns von Stein, Herrn von Löwenberg Tochter, und nach deren Tode mit Anna, des Grafen von Salm Tochter, welche Miterbin von Falkenstein und Münzenberg war. Sayn bekam hiervon den dritten Theil von zwei Dritteln, also zwei Neuntel der ganzen Erbschaft[4]).

Der Churfürst von Cöln belehnte ihn 1410 mit dem saynischen Gute zu Irlich; auch empfing er 1414 vom Kaiser Sigismund die Belehnung auf zwei Turnos von dem Zolle

---

[1]) Moser, Cap. 3, §. 8.
[2]) Ib. §. 3.
[3]) Günther, B. III, pag. 734.
[4]) Moser, Cap. 1, §. 14.

zu Engers und Kaiserswerth, die seine Vorfahren schon besessen hatten [1]).

Graf Gerhard starb am 15. September 1419 und hinterließ zwei minderjährige Söhne und seine Wittwe Anne, die
sich mit Johann von Löwenberg, Herrn zu Heinsberg und
Löwenberg, aufs Neue vermählte und 1433 starb.

Als Vormund seiner Kinder hatte Graf Gerhard seinen
Bruder, Graf Wilhelm zu Sayn, Herrn zu Agathenrode,
ernannt [2]).

Der Vater hatte den ältesten Sohn zum Regenten der
Grafschaft und den jüngeren zum geistlichen Stande bestimmt.
Beide Brüder erhielten im Jahre 1434 vom Kaiser Sigismund die erneute Belehnung mit den Reichslehen, welche
ihre Vorfahren besessen hatten, nämlich mit einem Antheile
oder Turnos am Zoll zu Engers und Kaiserswerth, mit
der Vogtei zu Ormütz und dem saynischen Besitzthum, nebst
Vogtei zu Jrlich.

Um diese Zeit trat, nach erlangter Großjährigkeit, der
älteste Sohn

11. Diederich I., Graf zu Sayn, Herr zu Homburg und Freusburg,
(1434—1452)

die Regierung an. Derselbe war am 7. August 1415 zu
Altenkirchen geboren, vermählte sich im Jahre 1435 mit
Margarethe, einer Gräfin von Nassau Vianden, welche Ehe
kinderlos blieb.

Graf Diederich übergab 1436 dem Landgrafen Ludwig
zu Hessen sein Schloß Friedewald, Burg und Stadt mit
allen ihren Zubehörungen, um es sodann als Erb-Manns-
lehen wieder zu empfangen, und der Landgraf versprach,
den Grafen verantworten, schützen und schirmen zu wollen [3]).

Graf Diederich erwarb 1446 käuflich das Amt Reinbach
und die halbe Grafschaft Neuenar [4]). Er bedachte in seinem
Wohlthätigkeitssinne, wie sein Vater, Kirchen und Pfarreien
mit liegenden Gründen.

Graf Diederich starb 1452 im 37. Jahre ohne Erben,
mit Hinterlassung seiner Wittwe. Ihm folgte sein Bruder

12. Gerhard II., Graf zu Sayn, Herr zu Homburg.
(1452—1493).

Er erblickte am 4. Mai 1417 das Licht der Welt, erwählte nach seines Vaters Willen den geistlichen Stand

---

[1]) Moser, Cap. 11, pag. 421, §. 2.
[2]) Ib. pag. 431 und 445, §. 3 u. 9.
[3]) Ib. pag. 426, §. 4.
[4]) Ib. pag. 381, §. 1.

und war Domherr zu Cöln und Probst zu Aachen. Nach
dem Ableben seines Bruders trat er 1452 in den weltlichen
Stand zurück und ergriff den Regentenstab über die Grafschaft Sayn, vermählte sich in demselben Jahre mit Elisabeth, verwittweten Gräfin zu Zweibrücken, einer gebornen
Gräfin von Sirck [1]). Ihr im Jahre 1456 verstorbener Oheim,
Jacob von Sirck, war Churfürst von Trier und zugleich
Herr zu Furbach, Monklar und Meinzberg. Von demselben
brachte sie, wie von ihrem Vater, als Erbin, ihrem Gemahl
verschiedene Herrschaften zu. Als Heirathsgut erhielt der
Graf Gerhard vom Churfürsten den alten, von dem Grafen
zu Ziegenhain erkauften Tornes auf dem Zoll zu Engers.
Durch letztwillige Verfügung vermachte ihm der Churfürst
seine hinterlassenen anererbten Lande, Leute und Güter, und
darin die Herrschaften Monklar und Meinzberg, sammt den
Lützelburgischen Lehen.

Ihm verpfändete der Graf Wilhelm II. zu Wied und
seine Gemahlin Philippine 1459 die Kirchspiele Höchstenbach,
Almersbach und Schöneberg für 600 Trier'sche Gulden, die
aber Graf Friedrich 1484 wieder einlösete.

Graf Gerhard führte mit Nassau wegen des gemeinschaftlichen Grundes Seel- und Burbach in Betreff der Hoheitsrechte einen Streit, welcher damit seinen Anfang nahm, daß
Graf Gerhard 1474 sich mittelst eines publicirten Weisthums
als alleinigen Oberherrn darstellte. Nassau manifestirte sofort dagegen. Doch erst nach drei Jahren, am 20. August
1478 (Donnerstag nach Mariä Empfängniß), wurde durch
erwählte Austräge ein Vergleich des Inhalts vermittelt,
daß beide Grafen die hohe Herrlichkeit gemeinschaftlich ausüben sollten, und daß zu Burbach ein Gericht bestellt werden solle, welches mit einem Schultheißen von jeder Seite
besetzt würde. Alle Einwohner sollten hier Recht suchen und
nehmen [2]).

Graf Gerhard war ein kluger und in Staatsgeschäften
sehr gewandter Mann, der nicht nur seinem eigenen Lande
rühmlichst vorstand, sondern auch von Pfalz, Trier und Cöln
um Rath gefragt wurde.

Dieses mochte wohl die Ursache sein, warum ihn der
Kaiser Friedrich III. unter dem 16. November 1467 von
Neuenstadt aus zu einem kaiserlichen Statthalter über die
heimlichen westphälischen Gerichte ernannte [3]).

Er starb am 14. Januar 1493 im Alter von 75 Jahren
8 Monaten und 10 Tagen; ein noch erhaltenes Denkmal

---

[1]) geboren 1435 am 2. Februar, gestorben am 6. Juli 1489.
[2]) Arnoldi, Seite 11, und ungedruckte Urkunde.
[3]) Moser, Cap. 3, §. 10, pag. 357.

in der Klosterkirche zu Marienstadt, ihm und seiner Gemahlin Elisabeth von Sirck errichtet, bezeichnet seine Ruhestätte.

Seine Ehe war mit neun Söhnen und sieben Töchtern gesegnet, von denen die meisten in früher Kindheit starben. Eine Tochter Eva war 1464 mit dem Grafen Heinrich IV. von Nassau-Beilstein vermählt.

Seine beiden ältesten Söhne Gerhard und Sebastian kamen zur Regierung. Der Vater hatte kurz vor seinem Tode in seinem am 24. Mai 1491 niedergelegten Testamente verordnet, daß die Grafschaft unter den genannten Söhnen getheilt werden solle. Es heißt in demselben:

„Item soll Sebastian, unser Sohn, haben das Land „Freusburg, Homburg und Friedewald, nichts davon aus= „geschieden, sondern allein die Weiher auf dem Weitenfeld, „die bleiben sollen der Kellerei Hachenburg, indem die außer „Freusburg keine Fischerei hat" [1].

Die Theilung ging 1494 nach Vorschrift vor sich und

13. Graf Gerhard III.
(1494—1506)

erhielt Hachenburg und Altenkirchen. Sein Geburtstag fiel auf den 3. Februar 1454 und seine Vermählung mit Johannette, des Grafen Friedrich I. von Wied Tochter, in das Jahr 1498 [2] Ihre Brüder zu Wied wiesen ihr zur Erb= steuer 10,000 Gulden an, nämlich 3000 auf die Zehnten zu Hebbersdorf ablöslich, 4000 auf den Hof zu Nette, 3000 aus den Gerichten und Kirchspielen: Höchstenbach, Almers= bach und Schöneberg, und zwei wollene Röcke, „so einer Gräfin wohl anstehet und gebühret". Es scheint ihr auch ein Antheil an Irlich geworden zu sein. Die genannten Gerichte und Kirchspiele sind seit dieser Zeit mit der Graf= schaft Sayn vereinigt geblieben.

Auch wurde während der Regierung dieses Grafen das Gericht und Kirchspiel Gebhardshain von Jülich ertauscht.

Die Gräfin Johannette war Mutter von fünf Töchtern, von welchen sich die älteste, Anna, 1515 mit dem Grafen Otto von Rietberg, die zweite, Elisabeth, 1523 mit dem Grafen Philipp von Nassau-Weilburg vermählte und am 5. Septem= ber 1531 starb; die dritte, Marie, ward 1524 Gemahlin des Grafen Reinhard von Solms, die vierte wurde 1513 Nonne im Kloster Engelthal zu Bonn und die fünfte Tochter 1514 Nonne zu Boppard.

---

[1] Günther, Cod. Dipl. Tom. IV, pag. 700, Nr. 388.
[2] Moser, Cap. 9, §. 3, pag. 396.

Graf Gerhard schied am 16. Januar 1506 aus diesem Leben und seine Gattin folgte ihm 1529 im Tode nach. Da er nur Töchter hinterließ, so fiel dieser Landestheil an seines Bruders Sebastian Sohn, welcher den sayuischen Mannesstamm fortpflanzte.

14. Sebastian I.
(1494 — 1498).

Dieser nannte sich in der brüderlichen Erbtheilung Graf zu Sayn und wegen der erhaltenen mütterlichen Herrschaften: Herr zu Monklar und Menzenberg. Seine Geburt fällt auf den Sebastianstag, als den 23. Januar des Jahres 1464.

Sebastian scheint kein guter Haushalter, oder doch von dringender Noth umgeben gewesen zu sein, denn er verkaufte seine Stadt Friedewald für 2500 Gulden an den Philipp von Bicken, die aber später wieder eingelöset wurde.

Bald darauf, am 12. November 1498, starb er und hinterließ seine Gemahlin Marie, eine geborene Gräfin von Limburg, mit drei minderjährigen Kindern: Johannes, Irmgard und Wilhelmine, über welche sein älterer Bruder Gerhard die Vormundschaft führte.

Diese Kinder erwuchsen unter der Pflege und Erziehung ihrer Mutter, welche im Jahre 1525 in die Gruft sank.

Nach beendeter Vormundschaft trat

15. Johann V.
im Jahre 1515 die Regentschaft an.
(1515 — 1529).

Er war geboren 1491, vermählte sich 1516 mit Ottilie, Gräfin von Nassau-Saarbrücken, welche 1554 das Zeitliche segnete. Sie hatte ihm zwei Söhne und eine Tochter Elisabeth geboren, die noch unmündig waren, als ihr Gemahl 1529 den Regentenstab niederlegte und einging in die seligen Gefilde eines bessern Jenseits. Die Vormundschaft führte die Mutter.

Zum Obervormund war der Graf Bernhard von Liebenscheid, ein kluger und erfahrner Herr, der von den benachbarten Höfen bei allen nur einigermaßen wichtigen Verhandlungen zu Rathe gezogen wurde, angeordnet; und er stand mehrere Jahre der Regierung in der Grafschaft Sayn würdig vor.

Beide Söhne, Johann und Sebastian, regierten nach erlangter Großjährigkeit 1530 zuerst gemeinschaftlich, darnach aber theilten sie das Erbe ihres Vaters am 10. Aug. 1555 dargestellt, daß Johann die Burgen Hachenburg und

Altenkirchen nebst Zubehör, und Sebastian die Herrschaften Freusburg, Friedewald, Meinzberg und den saynischen Antheil von Homburg erhielt. Es folgt daher

16. Johann VI.
(1529 — 1560).

Er war geboren 1518; lebte in der Ehe seit 1540 mit der Gräfin Elisabeth von Holstein-Schauenburg, und als diese 1545 die Augen schloß, so trat er nach vollendetem Trauerjahre in die Ehe mit Anne, Gräfin von Hohenlohe, die ihn überlebte und 1594 mit Tode abging.

Kaiser Karl V. exemirte ihn und die Seinigen unter dem 3. November 1547 von dem Hofgericht zu Rothweil, den westphälischen und allen fremden ausländischen Gerichten und Kaiser Maximilian II. erneuerte seinen Nachkommen dieses Exemptions-Privilegium am 9. November 1570 [1]).

Johann VI. schied am 20. März 1560 aus der Zeitlichkeit und hinterließ seine Wittwe, nebst drei Söhnen und drei Töchtern, von denen sein ältester Sohn Adolph, nach der von seinem Vater errichteten Primogenitur, zum Regierungsnachfolger bestimmt war, während die beiden andern gräflichen Brüder: Heinrich und Hermann, dem Willen des Vaters gehorsam, den geistlichen Stand ergriffen.

17. Sebastian II.
(1529 — 1573).

Dieser war geboren 1520, residirte zu Freusburg und starb unvermählt am 1. Januar 1573. Er und sein Vetter Adolph begannen in ihren Landestheilen gegen das Jahr 1561 die Einführung der Reformation nach den Grundsätzen der Wittenbergischen Theologen. Sebastian war ein strenger Eiferer gegen die mit jedem Tage mehr überhandnehmende Sittenlosigkeit, und ließ in seinem Landestheile eine allgemeine Kirchenrevision abhalten, welche viele Uebelstände an das Licht brachte. Er erließ daher im Jahre 1569 ein sehr scharfes Mandat, in welchem das Zusammenleben der jungen Leute streng gerügt wird, ordnete zugleich an, daß Verlobungen ferner nur noch mit Vorwissen der Eltern, oder in Gegenwart dreier ehrbaren Zeugen stattfinden, und Verehelichungen unter Verwandten nur im fünften Grade erlaubt sein sollten. Ebenso wird das unnatürliche, schändliche und unchristliche Vollsaufen, so wie die Nachtsgänge, Nachtszechen, Mummereien, Spinnstuben auf das Strengste untersagt, und die Uebertreter mit peinlichem Rechte, Schandstein, Halseisen, Thurm und Stock bedroht.

[1]) Moser, Cap. 3, §. 11, S. 358.

2

Unter den Söhnen Johann VI. kam zunächst zur Regierung:

18. Adolph, Graf zu Sayn.
(1560 — 1568).

Er kam 1538 in die Welt; feierte am 22. Jan. 1560 seine Vermählung mit Marie, einer gebornen Gräfin von Mansfeld. Wie sein Oheim Sebastian, so begann auch er mit der Einführung der lutherischen Lehre, welche Einführung von den nachfolgenden Brüdern fortgeführt und vollendet wurde.

Er eröffnete gleichzeitig mit dem damals entsittlichten Kloster Marienstadt, welches dem Grafen das Recht der Advocatie über dasselbe nicht anerkennen wollte, einen Rechtsstreit.

Dieser Prozeß währte durch mehrere Jahrhunderte und blieb endlich unentschieden liegen, als das Kloster aufgehoben wurde.

Der Kaiser Ferdinand I. beschenkte 1560 am 21. September die Flecken des Grafen Adolph: Bendorf, Flammersfeld und Niederfischbach mit zwei Jahrmärkten und zwar zu Bendorf auf Montag vor Michaelis und folgends den Donnerstag post omnium Sanctorum, zu Flammersfeld auf Sonntag Cantate und Montag vor Martini, und dann zu Niederfischbach auf St. Walpurgen-Tag und nochmals vor Bartholomäi jährlich zu halten [1]). Derselbe Kaiser erlaubte 1560 am 21. September diesem Grafen, mit rothem Wachs zu siegeln [2]).

Der Graf erließ unter dem 1. März 1565 von Hachenburg aus eine Holz- und Waldordnung, welche dem überhandnehmenden Frostfrevel steuern und die Wald- und Holzkulturen befördern sollte.

Nach kaum achtjähriger Regierung schied der Graf Adolph am 30. Juni 1568 aus diesem Leben und hinterließ eine Tochter, Dorothea Catharine, welche sich 1585 mit dem Grafen Carl Ludwig von Sulz, dem sie die Herrschaften Munklar und Meinzberg als Mitgift zubrachte, vermählte und 1609 starb.

Der Tod des Grafen Adolph veranlaßte seine beiden Brüder, Heinrich und Hermann, zur Niederlegung ihrer Dompräbenden und zur Uebernahme der Regierung, die sich bei Hermann über Hachenburg und Altenkirchen und bei Heinrich über Freusburg und Homburg erstreckte.

---

1) Moser, Cap. 3, §. 12, S. 358.
2) Ib. §. 13, S. 360.

Wir führen als Regenten zunächst auf:

19. Hermann, Graf zu Sayn.
(1568 — 1588).

Er war geboren 1543, widmete sich dem geistlichen Stande und war Canonikus zu Speier, trat die Regierung an, und vermählte sich den 28. Mai 1571 mit Elisabeth, gebornen Gräfin von Erbach, die ihm 1572 am 1. Februar eine Tochter, Anne Elisabeth, gebar.

Graf Hermann schloß am 17. März 1588 die Augen und hinterließ seine Wittwe und eine Tochter und die ganze Grafschaft fiel jetzt an seinen ältern Bruder:

20. Heinrich, Graf zu Sayn.
(1569 — 1605).

Derselbe ist geboren 1539, war bisher Probst zu Cöln, trat in den weltlichen Stand zurück, übernahm die Regierung über die Herrschaften Freusburg und Homburg und erkor sich die Feste Freusburg, die er zuvor in einen bewohnbaren Zustand setzen ließ, zur Residenz.

Zur Gemahlin erwählte er sich Jutta von Mallingkrot, mit der er sich am 6. Februar 1574 ehelich einsegnen ließ. Diese Ehe war aber keine glückliche und zufriedene, weshalb der Graf die Absicht hatte, sich von ihr scheiden zu lassen.

Der Kaiser Maximilian II. übergab dem Grafen 1570 am 25. September die Confirmations-Urkunde über das Hachenburger Zoll-Privilegium von 1357 und 1463 [1]). Auch erlaubte ihm derselbe 1570 am 26. August, Bergwerke zu bauen und silberne Münzen schlagen zu lassen, und Kaiser Rudolph II. bestätigte 1585 diese Privilegien. Der Kaiser Maximilian II. erkannte ihm im Jahre 1570 die Reichsunmittelbarkeit und Landeshoheit zu.

Graf Heinrich war übrigens ein friedliebender Herr und suchte die Mißhelligkeiten, welche seine Vorfahren mit den benachbarten Grafenhäusern geführt hatten, gütlich beizulegen. Zuerst mit dem Grafen zu Wied in Betreff der Oberherrlichkeit über das Dorf Irlich; dann aber schlichtete er auch die Zwiste, die Jahrhunderte lang zwischen den Grafen zu Sayn und Nassau über die Herrschaft im Grunde Seel- und Burbach geherrscht hatten, und zwar durch den sogenannten Burbacher Vertrag vom 4. Dezember 1584, in welchem das Rechtsverhältniß daselbst von beiden Grafen geordnet und festgesetzt wurde [2]).

---

1) Moser, Cap. 3, §. 14, S. 362.
2) Ib. §. 16, S. 370.
3) Arnoldi, B. III, pag. 16. Ungedruckte Urkunde.

2*

Graf Heinrich war ein frommgesinnter Herrscher, indem er wahrhafte Religiosität und Sittlichkeit bei seinen Unterthanen zu befördern suchte. Auch brachte er die bereits in der Grafschaft begonnene Einführung des protestantischen Christenthums, welches nach den Lehrsätzen der augsburgischen Confession gepredigt wurde, zum Abschluß und erließ 1589 von seiner Residenz Freusburg aus eine Kirchenordnung, in der das Kirchen- und Schulwesen geregelt wurde.

Graf Heinrich setzte 1592 durch letztwillige Anordnung seine Nichte (Gemahlin des Grafen Wilhelm von Wittgenstein) zur Erbin der Grafschaft ein, mit der Clausel: Wenn Graf Wilhelm früher sterben sollte, als seine Nichte und nur Töchter hinterließe, so sollte er dieses Erbe gegen eine gebührende Abfindungssumme abtreten, und die Grafschaft auf Wilhelms ältesten Bruder Georg und dessen Mannserben übergehen, welches Testament später viele Abänderungen erlitt ¹).

Diese Clausel veranlaßte Graf Wilhelms Vater, Ludwig den Aelteren zu Wittgenstein — welcher bei dem churpfälzischen Hofe das Amt eines Großhofmeisters bekleidete — für sich die Belehnung auf Sayn von Pfalz zu erwirken. Die Belehnung wurde ihm auch 1594 am 27. März für den Fall, daß Graf Heinrich keine lehnsfähige Leibs-Mannserben hinterließe, wirklich ertheilt.

Graf Heinrich, der von seinen Brüdern viele Schulden überkommen hatte, scheint in seinen letzten Lebensjahren in drückenden Vermögensverhältnissen gelebt zu haben, denn er verkaufte Rheinbröl an Trier und wollte auch unter dem 22. April 1600 das Schloß und Thal Freusburg für 40,000 fl. dahin veräußern ²).

Dagegen setzte sich Graf Ludwig von Wittgenstein am 15. Februar 1601 in einem Codicill, damit Sayn nicht zerrissen an seine Söhne komme.

Hierauf sandte Churpfalz 1602 am 13. Januar den Grafen Wilhelm von Solms als Sequester, — um ungerechte Käufe zu verhüten und das Recht zu ermitteln —, mit Mannschaft in die Herrschaft Freusburg, auch sollte er Bendorf, Hachenburg und Altenkirchen besetzen und sich wo möglich auch des Grafen Heinrich bemächtigen, ihn auf ein Schloß bringen und ihn daselbst verwahren lassen, damit er nicht entfliehe ³).

---

¹) Moser, Cap. 2, §. 20, S. 29—32.
²) Ib. §. 27, S. 37.
³) Ib. §. 30, S. 39.

Graf Heinrichs Gemüth war darüber so erbittert, daß
er nun den Verkauf von Freusburg beschleunigte. Er schloß
mit Churtrier unter dem 21. Juni desselben Jahres den
Kauf ab, und dieses nimmt 6 Tage nachher Freusburg in
Besitz.

Ja, er ging in seinem erregten Gemüthe so weit, daß
er 1602 am 27. Juni seiner Cousine, Gräfin Dorothea
Catharina von Sulz, unter Vorbehalt eines Jahrgehaltes,
die Grafschaft Sayn schenkte, die auch unter dem 1. October
1602 von Churköln die Belehnung erhielt [1]). Diese verkaufte im folgenden Jahre am 28. März in Graf Heinrichs Namen den saynischen Antheil von Homburg für
36,000 fl. an den Herzog von Jülich.

Hierdurch, wie durch Vermittlung, fand sich Graf Heinrich bewogen, die Schenkung der Grafschaft an Sulz 1603
am 15. Juli zu widerrufen, und letzteres Haus trat dieselbe bis auf Monklar und Meinzberg wieder ab [2]).

Von jetzt an stellte sich ein friedlicheres Verhältniß
zwischen den Grafen Heinrich und Wilhelm dar, so daß
nach einem Vergleich, den beide am 13. November 1603
zu Engers schlossen, der erstere den letztern zum Mitregenten
annahm.

Graf Heinrich übergab 1605 am 12. September bei
zunehmender Altersschwäche dem Grafen Wilhelm die Graf-
schaft mit Land und Leuten und bereitete sich in aller
Stille auf ein ruhiges Sterbestündlein vor, welches am 17.
Januar 1606 auf der Burg Sayn erfolgte. Seine irdischen
Ueberreste fanden am 17. März in der Familiengruft zu
Hachenburg ihre Ruhestätte.

21. Wilhelm III.,
Graf zu Sayn und Wittgenstein,
(1605 — 1623)

war ein Sohn des Grafen Ludwig des Aelteren zu Sayn-
Wittgenstein, welcher kurz vor seinem am 2. Juli 1605
erfolgten Tode seine Besitzungen unter seine drei Söhne
theilte. So entstand durch den ältesten, Georg, die Linie
Sayn-Wittgenstein-Berleburg; durch den zweiten, Wilhelm III.,
Sayn-Wittgenstein-Sayn und durch den dritten, Ludwig,
Sayn-Wittgenstein-Hohenstein, von welchen Linien gegen-
wärtig nur noch die erstere und letztere bestehen.

Graf Wilhelm war am 14. März 1569 in's Dasein
getreten, vermählte sich am 1. Juni mit Anne Elisabeth,
Gräfin zu Sayn, und durch diese Vermählung wurden dann

[1]) Moser, Cap. 2, §. 34, S. 48.
[2]) Ib. §. 44, S. 60.

nach einem Zeitraume von 300 Jahren die beiden Linien, die ältere oder Johannische und die jüngere oder Engelbert'sche, in einem Hause wieder vereinigt.

Graf Wilhelm konnte weder vom Kaiser noch von Churtrier die Belehnung empfangen; aber von Churpfalz, und zwar von Friedrich IV., wurde er 1606 im Besitze der Grafschaft investirt. Er leistete auf sein Wittgensteiner Erbe Verzicht. Dagegen verzichteten seine Brüder Georg und Ludwig auf das von ihrem Vater, dem Sohne und Erben der Gräfin Johannette von Isenburg und Neumagen, herrührende Drittheil der Herrschaft St. Johannesberg durch eine Urkunde vom letzten Juli [1]).

Im Jahre 1609 ließ Graf Wilhelm die Festung und Burg Friedewald, die inmittelst verfallen war, wieder renoviren, zu welchem Ende er am 28. Februar desselben Jahres mit den Unterthanen des Amtes Friedewald einen Vertrag abschloß, nach welchem die Bürger Hand- und Spanndienste und eine Beisteuer von 300 Gulden Hachenburger Währung zu leisten versprachen.

Graf Wilhelm war ein Mann von unglaublicher Energie und Thatkraft. Er zeigte dieses namentlich bei der Einführung der reformirten Lehre, in welcher Lehre er erzogen war. Sein Lehrer — der berühmte Professor Dr. Caspar Olevianus, Mitarbeiter des Heidelberger Catechismus — hatte als Hofprediger und Lehrer zu Berleburg (1576 bis 1584) sein Herz erwärmt für die Lehren der reformirten Kirche, so daß er es nicht nur für das höchste Glück hielt, dieser Lehre anzugehören, sondern sich sogar verpflichtet fühlte, seine Unterthanen zur Annahme dieses Glaubensbekenntnisses zu bewegen. Dieses geschah mit Gewalt.

Auch in andern Gebieten war er Reformator. Durch eine Verordnung vom 5. Februar 1610 regelte er die Rechtspflege und setzte namentlich der Willkür der Beamten in Ansetzung und Beitreibung der Gerichtssporteln Schranken, indem die nunmehr ermäßigten Sporteln nach einem vorher festgestellten Tarif gesetzt und erhoben werden sollten.

Als seine Gattin Anne Elisabeth am 11. März 1608 mit Hinterlassung eines Sohnes und zweier Töchter verschieden war, so trat er nach beendigtem Trauerjahre am 18. November 1609 in die zweite Ehe mit Anne Ottilie, Tochter des Grafen Albert von Nassau-Saarbrücken, aus welcher Ehe eine Tochter, Anne Marie, (die 1634 an den Grafen Ernst Casimir von Nassau-Weilburg vermählt war,) und drei Söhne entsprossen:

---

[1]) Fischer, S. 157 und Moser, 1. Cap.

a. **Wilhelm Philipp**, geboren 1613 am 4. Februar, starb ledig auf dem Felde der Ehre am 2. (12.) October 1662.

b. **Ludwig Albrecht**, geb. 1617 am 8. September, vermählt mit Johannette Marie, Gräfin von Wied, welche 1715 starb. Er war ihr bereits 1664 am 22. October im Tode vorangegangen.

c. **Christian**, geb. 1621 am 1. September, starb zu Wien 1675, war zuerst vermählt 1646 am 5. Dez. mit Anne Amalie, Tochter des Fürsten Ludwig Henrich zu Nassau-Dillenburg und Wittwe des Grafen Ludwig zu Wied, . Sie war geboren 1616 den 1. Nov. und starb 1649 am 6. Juli. Die zweite Gattin war Philippine, Tochter des Grafen Wolfgang Henrich von Jsenburg-Offenbach, copulirt 1651 den 16. Febr. Sie starb 1655 den 24. Oct. und beide Gattinen haben ihre Ruhestatt in der Kirche zu Altenkirchen gefunden.

Diese drei Brüder traten später als Prätendenten der Grafschaft auf.

Die zweite Gemahlin des Grafen Wilhelm war in der lutherischen Lehre erzogen worden, blieb auch derselben nach ihrer Vermählung getreu, und es war ihr gewähret, sich einen lutherischen Caplan zu halten.

Schon bei dem Regierungs-Antritte des Grafen Wilhelm erhoben sich von manchen Seiten vielerlei Streitigkeiten, die eine Reihe von Jahren andauerten.

Als der Graf Heinrich tödtlich erkrankte, nahm Chur-trier als Lehnshof von der Saynburg gewaltsam Besitz, wobei der Pförtner erschossen wurde. Nachdem aber Graf Heinrich auf derselben geendet hatte, und Graf Wilhelm von der Begleitung der Leiche, die am 17. März 1605 nach Hachenburg in die Familiengruft gebracht worden war, nach Sayn zurückkam, hatte der Erzbischof Lothar von Metter-nich zu Trier das Schloß Sayn verschließen, das Trier'sche Wappen anheften und das saynische Archiv nach Trier bringen lassen [1]).

Auch Rheinbröel und das Kirchspiel Heimbach und die saynischen Höfe und Vogteien zu Jrlich und Ormütz wurden von Trier besetzt.

Graf Wilhelm erhob gegen diese Anmaßungen Triers sofort Protest; ebenso Churpfalz; letztere aber wurde von Trier damit abgefertigt, daß bei Sayn eine alte pfälzische Burg gestanden habe, die möchte es suchen. Der Graf Wil-helm suchte bei dem Reiche die Belehnung mit den Zöllen Engers und Kaiserswerth, so wie mit den Höfen zu Jrlich und Ormütz nach und wiederholte diese Muthung 1608, jedoch vergeblich.

Sayn-Wittgenstein konnte, seit der Flucht des bei Prag besiegten Churfürsten Friedrich V. von der Pfalz, der Auf-lösung der evangelischen Union und den Siegesschritten der

---

[1]) Moser, Cap. 2, §. 55, S. 71.

katholiſchen Liga, keine Hilfe gegen die erzbiſchöflichen Gewaltthätigkeiten, weder vom Kaiſer, noch von dem Reichsgerichte, erwarten.

Graf Wilhelm ſtarb vor Beendigung dieſes Streits am
29. October 1623 Nachts zwiſchen 1 und 2 Uhr und ſeine
Gebeine wurden am 27. November e. a. im Chorgewölbe
der Kirche zu Hachenburg beigeſetzt.

Von ſeinen vier Kindern erſter Ehe überlebte ihn eine
Tochter, Johannette, welche den 24. Juli 1604 geboren war
und ſich 1624 mit Ludwig, Grafen zu Erbach, vermählte
und am 13. Februar 1666 ohne Erben ſtarb; und ein Sohn,
der ihm in der Regierung folgte. Dieſer war:

22. Ernſt,
Graf zu Sayn-Wittgenſtein und Homburg.
(1623 — 1632).

Derſelbe war geboren am 26. Auguſt 1600 und vermählte ſich mit Louiſe Juliane, Gräfin von Erbach.

Alle Anträge auf Belehnung mit der Grafſchaft wurden
von den Lehnshöfen zurückgewieſen.

Auch Graf Ernſt ſetzte den Prozeß gegen Churtrier in
Betreff der Wegnahme der Herrſchaft Freusburg und an-
derer Landestheile fort; aber er vermochte gegen den mäch-
tigen Churſtaat, am wenigſten gegen die ſtarrſinnige Unge-
rechtigkeit des ſeit 1623 regierenden Erzbiſchofs von Trier,
Philipp Chriſtoph, Herrn zu Sötern, nichts auszurichten.
Vielmehr erkannte das Reichskammergericht durch einen
Rechtsſpruch vom 7. Juli 1626 dem Erzbiſchofe von Trier
die Burg und Herrſchaft Freusburg mit den vier Kirchſpielen
Daaden, Gebhardshain, Kirchen und Fiſchbach zu, welche
Dorfſchaften er nun auch ſofort in Beſitz nehmen ließ[1]).

Nachdem der Graf mit allen ſeinen gerechten Anſprüchen
beim Kammergerichte abgewieſen war, wandte er ſich an den
frommen, edlen Schwedenkönig, Guſtav Adolph, der bei dem
raſchen, alles überwältigenden Vordringen an dem Rhein,
ſeit den letzten Monaten des Jahres 1631 ſein Hoflager in
Mainz und in Frankfurt a. M. hielt, und bat denſelben
unter dem 24. Februar 1832, ihm wieder zu dem zu ver-
helfen, was ihm Trier ſeit 27 Jahren widerrechtlich entzogen und vorenthalten habe.

Aber der bald erfolgte Tod des Grafen, der während
der eingeleiteten Verhandlungen zu Frankfurt a. M., den
2. Mai 1632, im Alter von nur 32 Jahren die Welt verließ, vereitelte alle gemachten Zuſicherungen. Sein Leichnam

---

[1]) Moſer, Cap. 2, §. 72. S. 80.

wurde nach Hachenburg gebracht und fand hier am 15. Juni
e. a. in dem Erbbegräbniß der Stadtkirche seine Ruhestatt.

In dem Testamente, welches er wenige Tage vor seinem
Tode zu Frankfurt errichtet hatte, setzte er seinen Sohn
Ludwig zum rechtmäßigen Erben ein und weil derselbe noch
unmündig war, so übertrug er die Vormundschaft über ihn
und seine beiden Töchter seiner Gattin Louise Juliane, sowie den Grafen Ludwig von Erbach und Vollrad von Waldeck.
Zum Obervormund ernannte er den Landgrafen Georg von
Hessendarmstadt und das Kammergericht bestätigte diese Vormundschaft sub dato Speier, den 12. September 1642. Im
Falle aber Ludwig ohne Leibeserben die Welt verlassen würde,
sollten die Töchter als rechtmäßige Besitzerinnen der Grafschaft anerkannt werden [1]).

23. Louise Juliane,
als Vormünderin ihrer Kinder.
(1632—1651).

Sie steht als eine liebende und geliebte Gattin, als spar-
same, sorgsame Hausfrau, als eine treue Mutter gegen ihre
Kinder und als muthvolle Dame, den unberechtigten Prätendenten gegenüber — einzig in der Geschichte des Sayner
Landes da, weßhalb hier ein Bild ihres vielbewegten Lebens
in einen Rahmen gefaßt werden soll.

Gräfin Louise Juliane entsproß aus einem edlen Grafen-
geschlechte des Hauses Erbach im Odenwalde. Hier begrüßte
sie am 8. Juli 1603 zuerst die Welt. Viele Thränen hat
sie in ihrem Leben weinen müssen, aber aus dieser Thränen-
saat erwuchs eine reiche Freudenernte.

In dem Hause Erbach verlebte sie die glücklichen Jahre
ihrer Jugend unter der erziehenden Aufsicht ihrer frommen
Mutter. Bei ihrer einfachen und schlichten Erziehung erlernte
sie auch dem Hauswesen wohl vorzustehen.

Sie wurde in den Lehrsätzen der lutherischen Kirche unterwiesen und legte bei diesem Unterrichte ein frommes Gemüth
an den Tag. So wuchs sie unter der Aufsicht ihrer Eltern
und unter der Education ihres Hofmeisters und ihrer Gouvernante zu einer verständigen, frommen, gottergebenen, aber
auch zu einer blühenden und kräftigen Jungfrau heran.

Noch nicht volle 21 Jahre alt, am 8. Januar 1624,
vermählte sie sich mit dem vorgenannten Grafen Ernst zu
Sayn. Sie führten eine glückliche und zufriedene Ehe, und
sie beschenkte ihn während eines achtjährigen Beisammenseins
mit sieben Kindern, von denen vier in zarter Jugend star-

---

[1]) Moser, Cap. 2, §. 79, S. 82.

ben; nur ein Sohn, Ludwig, und zwei Töchter, Ernstine und Johannette, überlebten den Vater, der viel zu früh seiner schutzbedürftigen Familie durch den Tod entrissen wurde.

Graf Ernst hatte seiner Gattin 1624 den 8. November beim Abschluß der Ehepacten das Schloß Friedewald, das Kirchspiel Daaden und den Grund Seel- und Burbach zu ihrem dereinstigen Wittwensitze bestimmt. Allein er hatte im Jahre 1629 am 24. Juni, vielleicht im Vorgefühle seiner nahen Auflösung, für seine geliebte Gattin eine Verbesserung ihres Wittums angeordnet, und ihr die drei Kirchspiele: Almersbach, Schöneberg und Höchstenbach zugewiesen [1]. In der betreffenden Urkunde, in welcher der Graf so recht sein Herz offen legt, heißt es unter Anderm: „Und weil das „Schloß zum Wittwensitze unbequem und nicht gebaut sein „möchte, wie denn auch der Augenschein lehret, daß dasselbe „zur Nothdurf übel versehen, auch bei jetzigen beschwerlichen „Läuften nicht wohl zu repariren, so stellen wir zu Ihrer „Lyebden selbsteigenem Gefallen, entweder das Haus Friede- „wald allmählich unter der Hand aus unsern Renten und „Gefällen zu bessern und zur bequemen Wohnung bereiten „zu lassen, oder aber im Schlosse zu Hachenburg zu bleiben „und daselbst dero Wittumssitz anzustellen.

„Auf solchen Fall aber, und weil unser künftiger Erbe „und Successor bei noch währendem, gleichmäßigem Wittumb „(für seine Stiefmutter) zu Altenkirchen schwerlich seinen „Aufenthalt und Residenz anderswo als zu Hachenburg wird „haben können, werden Ihro Liebden demselben Ab- und „Zugang in dem Schloß gestatten, auch eine Zeitlang auf „seine eigenen Kosten, ohne Ihr Liebden Schaden, Hinder- „niß oder Eintrag darin verbleiben und die Grafschaft da- „raus aufs Beste zu administriren. Sollte aber die Wittumb „zu Altenkirchen nach dem Willen Gottes bei Beziehung Ihrer „Liebden Wittums wieder los und ledig sein, so lassen wir „abermal zu Ihrer Liebden Willkühr und Election gestattet „sein, ob dieselbe lieber zu Hachenburg im Schloß verblei- „ben und unsern Erben und Successoren das Haus Alten- „kirchen cum pertinentiis lassen oder aber lieber Hachenburg „räumen und Altenkirchen zum Wittumb beziehen wolle, auf „solchen Fall die Renten und Gefälle, so Ihre Liebden gen „Friedewald geordnet, und aus dem Kirchspiel Daaden und „Freiengrund fällig, eingewechselt und aus denen nächstgele- „genen Kirchspielen umb Altenkirchen genommen werden sollen.“

In dieser zarten Sorgfalt offenbart sich so recht die Liebe gegen seine Gattin, der er das Zeugniß gibt, „daß sie mit

---

[1] Moser, Cap. 2, S. 81, §. 77.

sonderlicher Sorgfalt, Mühe und Arbeit bei dieser gefährlichen Zeit und befundenem beschwerlichen Zustand der Grafschaft dir Hofhaltung selber geführt, sodann dabei ein gut Theil der von den Voreltern gemachten Beschwernisse, wo nicht gar gedämpft und abgeleget, doch durch Ersparung und gute Haushaltung merklich gemildert und geringer gemacht habe".

So stand nun die Wittwe mit ihren unmündigen Kindern allein da, ohne Trost, Beistand und Hülfe in einer Zeit, wo die Kriegsfurie ganz Deutschland durchzog, und die auch von ihren Erbländern nicht fern blieb. Verschiedene Prätendenten streckten ihre gierigen Hände nach dem Gute ihrer Kinder aus. Doch das Mutterherz wird stark und muthig, wenn das Glück ihrer Kinder gefährdet wird.

Sie vertheidigte ihre Rechte an Sayn, Freusburg, Rheinbrüel 2c. zunächst gegen Churtrier in Druckschriften, erhielt auch von den Juristenfakultäten Marburg, Tübingen, Ingolstadt und Mainz ein Anerkenntniß ihres Rechtes; aber sie konnte weder auf ihre Vertheidigungsschriften gegen Trier Bescheid, noch für ihre Kinder die Belehnung mit Sayn empfangen.

Doch kam die Gräfin auf wenige Jahre wieder in den Besitz der Burg und Herrschaft Freusburg. Die in die Grafschaft eindringenden Schweden belagerten und eroberten das Schloß Freusburg, verschanzten sich darin und gaben dasselbe Ende 1633 der Gräfin zurück, die es sofort mit ihren eigenen, dazu geworbenen Söldnern besetzen ließ und sich auch bis den 30. August sowohl im Besitze der Feste, als auch der dazu gehörenden vier Kirchspiele behauptete. Auch die Saynburg hielten die Schweden von 1632 bis 1633 besetzt.

Ein neuer tiefer Schmerz durchdrang das bekümmerte Mutterherz, als ihr einziger Sohn, Graf Ludwig, als ein siebenjähriges Kind am 6./16. Juli zwischen 2 und 3 Uhr morgens aus der Welt ging. Mit ihm erlosch die männliche Linie aus dem Hause Sayn-Wittgenstein.

Am Tage nach dem Tode ihres Sohnes ließ Graf Ludwig Casimir von Wittgenstein für sich als Stammältesten und Louise Juliane als Vormünderin ihrer Töchter ein notarielles Besitzergreifungs-Patent wegen der Grafschaft Sayn anfertigen und nahm sofort im Namen des Gesammthauses zu Freusburg, Hachenburg, Altenkirchen, Friedewald und Daaden die Huldigung der Unterthanen entgegen.

Ueber diese augenblicklich unbegreifliche Hintenansetzung der Rechte ihrer Töchter gibt uns die Gräfin-Wittwe erst in einer zu Friedewald unter dem 7./17. September ausgefertigten notariellen Protestation gegen dieses Verfahren ihres Vetters Aufschluß. Sie erklärt nämlich darin, „daß „sie damals in ihrer höchsten Herzensbekümmerniß, da sie „fast nicht bei sich selbst gewesen, weniger nachsinnen oder „bedenken können, was ihr zu thun oder zu unterlassen „nütze oder schädlich wäre, zu ihrer Namensunterschrift „verleitet worden sei" [1]).

Die Vormünderin sprach den drei Halbbrüdern ihres Gemahls das Successionsrecht ab und suchte die weibliche Erbfolge, als in der Grafschaft Sayn hergebracht, für ihre beiden Töchter geltend zu machen.

Doch jetzt brach der Sturm von allen Seiten auf sie los. Die sämmtlichen Lehnshöfe, bis auf Hessen, erklärten die Grafschaft als öffentliches Mannslehen für heimgefallen.

Der Abt zu Laach occupirte das Kirchspiel Bendorf unter dem Präterte, daß es ein altes Besitzthum des dasigen Klosters sei, während Sayn nur das Vogteirecht daselbst habe. Doch blieb er nur kurze Zeit in diesem Besitze, indem der Gouverneur der Feste Ehrenbreitstein, Freiherr Heinrich v. Metternich, ihm dasselbe am 26. Januar 1638 mit Gewalt der Waffen wieder entriß, und, auf seine vom 18. März 1637 erhaltene churtrierische Belehnung sich stützend, nicht nur in Besitz nahm, sondern auch die Huldigung der Unterthanen erzwang.

Auf Entscheidung des Reichshofraths 1645 erhielt jedoch die Abtei Laach Bendorf zurück.

Churköln nahm das Kirchspiel Hamm und die Stadt und das Amt Hachenburg (jedoch Kirburg ausgeschlossen) an sich, weil es glaubte, als Lehnsherr das Recht zu haben, die lehnbare Nutznießung oder das sogenannte dominium utile mit dem Eigenthum wieder zu vereinigen. Er belehnte alsbald damit den Bischof Franz Wilhelm von Osnabrück und dessen Brüder, die baierischen Grafen von Wartenberg.

In dieser hülfsbebürftigen Lage wendete sich die Gräfin Louise Juliane an das Kaiserliche Reichskammergericht. Sie erwirkte auch unter dem 14. October 1636 und 9. Januar 1637 gegen Churköln, den Bischof zu Osnabrück und die Grafen von Wartenberg, so wie unter dem 11. Januar 1637 gegen den Abt zu Laach ein kaiserliches Mandat, sie nicht weiter in ihrem Besitze zu stören.

Aber dieser Befehl blieb in jener traurigen und gesetzlosen Zeit unberücksichtigt.

Vielmehr kamen schon am 25. April 1637 Osnabrück'sche Soldaten nach Hachenburg, bloquirten das Schloß bis zum 2. (12.) Juli und schnitten alle Lebensmittel ab, so daß

---

[1]) Moser, Cap. 2, §. 85, S. 84.

die Gräfin nebst ihren beiden Töchtern endlich durch Hunger genöthigt wurden, das Schloß zu verlassen, welches die Grafen von Wartenberg sofort besetzten, sich huldigen ließen, und sich 13 Jahr in Possession hielten.

Die Gräfin bezog nun mit ihren Kindern das von den Schweden zurückerhaltene Schloß Freusburg, aber nur kurz war ihr dasiger Aufenthalt; denn schon am 20. (30.) August 1637 wurde sie durch das Domkapitel zu Trier aus demselben und den dazu gehörigen Kirchspielen mit bewaffneter Hand vertrieben und die Trier'schen Beamten von Holdinghausen und Egid Schickhard nahmen auch alsbald die Huldigung ein.

Nun flüchtete die geängstigte Wittwe mit ihren Kindern nach Friedewald, als dem einzigen ihr noch übrig gebliebenen, festen Orte und erhob gegen die Churtrier'sche Besitznahme Klage bei dem Reichshofrath.

Ein hierauf erfolgter Restitutionsbefehl an Churtrier, der späterhin mehrmals wiederholt wurde, blieb eben so erfolglos für die Wittwe, wie die Kaiserliche Protection und achtmalige Aufforderung an Churköln wegen Zurückgabe des Schlosses und des Amtes Hachenburg.

Die Gräfin sollte selbst in ihrem Wittwensitze noch keinen sichern Aufenthalt finden, denn jetzt erhoben sich die drei Halbbrüder ihres verstorbenen Gemahls, die Grafen von Sayn Wittgenstein: Wilhelm Philipp, Ludwig Albrecht und Christian, und machten wiederholt alte Erbansprüche gegen sie geltend, obgleich sie von ihrem Vater von der Erbschaft der Grafschaft Sayn ausgeschlossen waren. Verschiedenemale hatten diese versucht, die Gräfin Wittwe gegen Annahme einer gewissen Abfindungssumme für ihre Töchter zur völligen Verzichtleistung auf die Grafschaft zu überreden, was jedoch an der Standhaftigkeit der treuen Mutter gescheitert war.

Da einigten sich die Grafen von Wittgenstein im Feldlager zu Neuß am 12./22. August 1642 über die Besitzergreifung der Grafschaft Sayn, und übertrugen diese durch eine formelle Cession vom 17. September e. a. ihrem jüngsten Bruder, dem Grafen Christian.

Dieser, ein roher Krieger, welcher bei dem Heere des Herzogs Bernhard von Weimar diente, säumte auch nicht, die Einnahme der Grafschaft zu bewerkstelligen.

Mit Ende des Jahres 1642 brach er mit seiner Söldnerschaar in die Grafschaft ein, nahm den Grund Seel- und Burbach, die Vogtei Roßbach, den Bann Marsain, die Gerichte und Parochien: Höchstenbach, Almersbach und Schöneberg, auch Schloß, Stadt und Amt Altenkirchen hinweg, und ließ sich am 20. Februar des folgenden Jahres huldigen; so daß die Wittwe vor dem westphälischen Frieden nichts mehr als Friedewald und einige Kirchspiele besaß. Doch sie zagte nicht! Im Vereine mit dem Obervormund, Landgrafen zu Hessen, reichte sie dem Kaiser Ferdinand eine Klageschrift gegen den Grafen Christian ein, in welcher sie diesen des Friedensbruchs beschuldigte.

Der Kaiser schenkte dem Rechte der verlassenen Wittwe Gehör und erließ unter dem 19. März 1643 ein Edict, worin er dem Friedensstörer bei Strafe von 30 Mark löthigen Goldes befahl, der Gräfin ihr Eigenthum zurück- zugeben, den ihr zugefügten Schaden zu ersetzen, auch die dem Lande aufgedrungene Huldigung zu entkräftigen und die Unterthanen an ihre rechtmäßige Herrschaft zurückzu- weisen.

Aber was half solches in damaliger Zeit? Graf Chri- stian ließ vielmehr das kaiserliche Edict durch seines Amt- manns Sohn auf die Landstraße werfen und fuhr fort, der Gräfin allen nur möglichen Abbruch zu thun.

Inmittelst hatten 1643 die Verhandlungen zum west- phälischen Frieden zu Osnabrück und Münster ihren Anfang genommen, welche aber, von ausländischer Anmaßung ver- zögert und verhindert, einen bedaurungswürdigen Fortgang nahmen.

Auch die Gräfin, diese muthige Dame für das Recht ihrer Kinder, bevollmächtigte am 24. November 1645 von ihrer Residenz Friedewald aus ihren getreuen Jodokus Henner, unter Rath und Beistand des „Dr. Justus Sinott, „Hessischen Geheime-Raths, die Session und das Votum „der Grafschaft Sayn zu beobachten, was proponirt wird „anzuhören, und was zur Erlangung des lieben Friedens „dienlich und für unsere Zustände erforderlich ist, deliberiren „zu helfen.“

Durch gedruckte Deductionen ihres Rechtes suchte sie desgleichen ihren Forderungen den gehörigen Nachdruck zu geben. Nach langen Berathschlagungen des Friedenscon- gresses kam dann 1648 der langersehnte Friede zu Stande. Die Gräfin Juliane wurde mit ihren Ansprüchen auf die beregte Grafschaft, besonders durch Schwedens Hülfe, als rechtmäßige Eigenthümerin derselben anerkannt und eine Commission niedergesetzt, welche die Zurückgabe der einzelnen Lehnsstücke mit den betreffenden Lehnhöfen ver- mitteln sollte; und so erhielt die Gräfin Wittwe für ihre beiden Töchter wieder zurück:

a. 1649 am 22. Februar Hachenburg nebst Zubehörungen.
b. 1651 am 14. Juli das Kirchspiel Bendorf, trotz der
  Protestation von Seiten des Abtes zu Laach.
c. 1652 am 22. Juli das Schloß und die Herrschaft
  Freusburg, nebst den Besitzungen zu Selters, Marsain und Vallendar; Churtrier behielt jedoch das
  Schloß und Thal Sayn, Stromberg, Mühlhofen, die
  Vogteien zu Ormütz und Jrlich, die Renten zu Engers,
  die Weinzehnten zu Andernach, den saynischen vierten
  Theil des Kirchspiels Heimbach; und übernahm die
  darauf haftenden Schulden.
d. 1662 Altenkirchen nebst Zubehör.

Wittgenstein sträubte sich, auf seine Ansprüche zu verzichten, und führte den Prozeß noch über 150 Jahr durch
fortgesetzte Reklamationen an das Reichskammergericht fort,
bis es endlich bei dem Reichsdeputationsschluß im Jahre
1803 durch eine Geldentschädigung beschwichtiget wurde.

Gräfin Louise Juliane, eine Lutheranerin, die auch ihre
Kinder, nach dem Tode ihres Gemahls, in der lutherischen
Lehre erziehen ließ, stellte 1649, bei Wiedereinnahme der
Grafschaft, die lutherische Kirche in derselben wieder her.

Louise Juliane, die im Kampfe für das Recht ihrer
beiden Töchter ihres Lebens Ruhe zum Opfer gebracht
hatte und auf den Wogen einer stürmischen Zeit hin und
her geworfen worden war, durfte jetzt mit Befriedigung
auf ihr vollbrachtes Werk hinblicken. Im Januar 1652
legte sie die vormundschaftliche Regierung nieder und die
Last auf die jüngern Schultern ihrer beiden Töchter. Sie
bezog nun ihren Wittwensitz zu Friedewald, wo sie in stiller
Abgeschiedenheit lebte. Doch ihre Lebenszeit neigte sich
dann dem Ende zu, und am 28. September 1670 beschloß
sie, im Alter von 67 Jahren, ihr vielbewegtes Leben.

Auf ihren Tod wurden Seitens ihrer dankbaren Töchter
zwei Denkmünzen geprägt, die eine in Form eines Guldens,
die andere von der Größe eines Groschens.

Die beiden Erbtöchter verglichen sich 1652 zunächst
wegen der gemeinschaftlichen Regierung und ordneten gleichzeitig eine interimistische gemeinsame Canzlei an, die zu
Hachenburg ihren Sitz haben sollte.

In eben demselben Jahre wurde auch der langjährige,
oft wiederkehrende Streit, den Sayn mit Wied wegen der
Oberhoheit in dem Dorfe Jrlich geführt hatte, dadurch beigelegt, daß die saynischen Erbtöchter die reichslehnbare
Vogtei zu Jrlich mit deren Rechten an Wied abtraten.

Ueber die nun allmählich wieder herbeigekommenen
Landestheile stellten die beiden Schwestern 1649 am 18.

December, 1652 am 19. August, 1654 am 15. Mai, 1664 am 16. Januar und 18. (28.) Juni; 1668 am 18. (28.) Januar, 1671 den 27. October (6. November) Theilungs-Recesse auf. In dem Recesse sub dato 15. Mai 1654 setzten sie zugleich fest, daß Evangelische und Katholische in ihrer Grafschaft gleiche Rechte behalten und freie Religionsübung haben sollten.

Nach den genannten Recessen zerfiel die Grafschaft Sayn in die beiden Grafschaften Sayn-Altenkirchen und Sayn-Hachenburg, von denen die erstere an die Gräfin Johannette und die andere an die Gräfin Ernestine kam.

Die Geschichte der Regenten einer jeden Grafschaft soll hier besonders abgehandelt werden, und zwar zunächst:

B. Die Grafen von Sayn-Altenkirchen.

Diese Grafschaft, welche nach jener Theilung der Gräfin Johannette zugefallen war, bildete ein separates Territorium, und nach obigen Recessen vereinigte sie das Schloß und Amt Freusburg mit den Kirchspielen: Kirchen, Fischbach, Gebhardshain, ferner das Schloß und Amt Altenkirchen mit den Kirchspielen: Altenkirchen, Almersbach und Mehren, sowie auch Schloß und Amt Friedewald mit dem Kirchspiele Daaden. Die übrigen Landesgebiete, als Bendorf, Bann Marxain, Vogtei Roßbach, Grund Seel- und Burbach und Kirchspiel Kirberg sind unter beiden Herrschaften oft gewechselt worden und gehörten bald zu dieser, bald zu jener Grafschaft.

Zur Zeit der Brandenburg-Onolzbach'schen Regierung begriff Sayn-Altenkirchen folgende Theile der Grafschaft Sayn:

1) Das Amt Altenkirchen und die dazu gehörigen Kirchspiele: Altenkirchen, Almersbach und Mehren.

2) Das Amt Freusburg mit den Kirchspielen: Kirchen, Gebhardshain und Fischbach.

3) Das Amt Friedewald mit der Parochie Daaden und

4) den Flecken Bendorf, der bis 1742 gemeinschaftlich war.

Zu jedem Kirchspiel gehören verschiedene Dörfer und Ortschaften, die sich zusammen auf 107 belaufen, ohne die Höfe und anderen einzelnen Stücke.

Die Gräfin Johannette, die am 27. April 1632 geboren ist, vermählte sich im Alter von 15 Jahren am 17. September 1647 mit dem Landgrafen zu Hessen-Eppstein-Braubach, welche Ehe jedoch kinderlos blieb. Letzterer starb am 1. April 1651.

Nach zehnjährigem Wittwenstande trat sie am 29. Mai 1661 in die Ehe mit dem lutherischen Herzoge Georg I. zu Sachsen-Weimar-Eisenach. Der erste Regent ist also:

1. Johann Georg I.,
(1661—1686)

der Aeltere, Herzog zu Sachsen-Weimar-Eisenach,

unter welchem 1670 am 28. December der erläuternde Notenreceß zwischen ihm und dem Erzbischof von Trier in Betreff der Kirchspiele in der Herrschaft Freusburg ausgefertigt wurde.

Herzog Georg war der fünfte Sohn des Herzogs Wilhelm zu Weimar, wo er am 13. Juli 1634 geboren. Im Jahre 1662 residirte er nach der mit seinen Brüdern gemachten Abtheilung zu Mark-Suhl, als aber 10 Jahre später 1672 die Altenburgische Linie erlosch, auch Herzog Wilhelm zu Sachsen-Eisenach verstarb und eine neue Erbtheilung gemacht wurde, bekam er Eisenach zu seiner Hofhaltung.

Sowohl er als seine Gemahlin waren in der Lehre der augsburgischen Confession erzogen und derselben treu ergeben, daher stellten sie nur solche Beamte an, die lutherisch waren und die sie größtentheils aus dem Sachsen-Eisenach'schen beriefen. So auch Geistliche und Lehrer.

Im Jahre 1665 vocirten sie den Wiederhersteller der lutherischen Kirche in der Grafschaft Hachenburg, den früheren Hofprediger und damaligen Pfarrer zu Höchstenbach: Johann Ludw. Dumphius, an die Pfarrei Schöneberg und Almersbach.

Dieser bewohnte das reformirte Pfarrhaus zu Almersbach, was vorher in baulichen Zustand gesetzt worden war.

Von hier aus bewirkte dieser eifrige und unermüdliche Geistliche unter Beistand der Landesregierung in den reformirten Kirchdörfern die Bildung lutherischer Gemeinden und Pfarreien, wobei bestimmt und angeordnet wurde, daß die Reformirten den Lutheranern den Mitgebrauch ihrer Kirchen zu gestatten hätten.

Die Wiedereinführung des lutherischen Cultus war um so leichter, als fast in allen reformirten Gemeinden neben den Beamten noch lutherische Familien saßen, die bei der gewaltsamen Einführung der reformirten Lehre ihrem alten Glauben treu geblieben waren, denn die Art und Weise dieser Einführung hatte bei vielen Gemeindegliedern eher Ab- als Zuneigung zu dieser Lehre erweckt.

Herzog Johann Georg starb am 19. September 1686. Seine Wittwe Johannette folgte ihm zu Jena 1701 am

28. September im Tode nach und hinterließ zwei Söhne und zwei Töchter.

   a. **Eleonore Erdmuth Louise**, geboren 1662 den 14. April, vermählt 1682 den 4./14. November an Johann Friedrich, Markgraf zu Brandenburg-Onolzbach, welcher am 8. October 1654 geboren war und 1686 am 13. März starb.

   Sie vermählte sich 1692 an Johann Georg IV., Churfürsten zu Sachsen. Bei ihrem Tode, der 1696 am 9. September erfolgte, hinterließ sie eine Tochter, Wilhelmine Charlotte, geb. am 1. März 1683, welche an den König Georg August von Großbritannien 1705 den 2. Sept. vermählt war und 1737 am 1. Decbr. starb mit Hinterlassung eines Sohnes: Wilhelm Friedrich. Dieser war geboren 1685 den 29. Decbr., vermählte sich 1709 am 28. August mit Christine Charlotte, Prinzessin von Würtemberg, welche am 25. Decbr. 1729 starb. Er selbst starb 1723 im Januar.

   b. **Johann Georg**, geb. 1665 den 15. Juli, vermählte sich am 10. Nov. 1688 mit Sophie Charlotte, Prinzessin von Würtemberg. Er starb am 10. Nov. 1698 ohne Erben.

   c. **Johann Wilhelm** (folgt unten).

   d. **Friedrike Elisabeth**, geb. 1669 den 5. Mai, vermählt 1698 am 7. Januar an Johann Georg, Herzog zu Sachsen-Weißenfels. Er starb 1712 den 16. März, sie 1730 den 11. Nov. ohne männliche Erben.

Der jüngste Sohn Johann Wilhelm wurde durch das Testament seiner Mutter von 1685, welches durch das väterliche Testament vom 30. November desselben Jahres seine Bestätigung erhielt, zur Succession in der Grafschaft Altenkirchen berufen, doch mit dem Anhange, daß, wenn er ohne männliche Erben verschiede, sein älterer Bruder, Johann Georg, ihm succediren solle. Würden aber alle beide ohne männliche Nachkommen mit Tode abgehen, so sollte die Grafschaft dem Alter nach an die beiden noch lebenden Schwestern, Markgräfin zu Brandenburg-Onolzbach und Herzogin zu Sachsen-Weißenfels, und deren männliche Erben fallen; für letztere wurde zugleich eine besondere Abfindungssumme festgesetzt. — Es folgt daher:

2. Johann Wilhelm.
(1686 — 1729).

Dieser war am 17. October 1666 zu Mark-Suhl geboren. Er hat in vier Ehen gelebt:

   a. mit Amalie, Prinzessin von Nassau-Diez, seit dem 28. November 1690; sie war geboren 1654 im Juli und starb 1695 am 6. Februar;

b. mit Christine Juliane Margarethe von Baden-Durlach, seit 1697 dem 27. Februar; geb. 1678 den 12. Sept., gest. 1707 am 10. Juli;

c. mit Margarethe Sybille, Prinzessin von Sachsen-Weißenfels, seit 1708, 28. Juli, geb. 1673 am 3. Septbr., starb 1726 den 28. November;

d. mit Marie Christine Felicitas, Gräfin von Leiningen-Dachsburg, verwittweten Markgräfin von Baden-Durlach, seit 1727, 6. Mai; geb. 1692 am 30. Decbr., starb 1734 am 4. Juni.

Aus den drei ersten Ehen waren drei Kinder vorhanden, nämlich ein Sohn und zwei Töchter:

a. Wilhelm Heinrich.

b. Caroline Christine, geboren 1699 am 15. April, starb 1743 am 25. Juli; vermählt 1725 am 24. November an Carl, Landgraf zu Hessen-Philippsthal.

c. Christiane Wilhelmine, geboren 1711 am 3. September, starb 1740 am 27. November; vermählt 1734 am 26. December an Carl, Fürst zu Nassau-Usingen, welcher 1712 am 1. Januar geboren war.

Unter die Regierung dieses Regenten fällt die Einführung des verbesserten Gregorianischen Kalenders. Durch das landesherrliche Edict vom 26. December 1699 wurde angeordnet, daß die neue Zeitrechnung mit dem 1. März, der nach dem 18. Februar (also vom 19. Februar) des neuen Jahrhunderts (1700) folgen solle, ihren Anfang nehme, damit die durch den alten Julianischen Kalender in Rückstand gebliebenen 10 Tage gedeckt würden.

Herzog Johann Wilhelm bestellte über die Grafschaft Altenkirchen Seine Excellenz den Geheimerath Baron Joh. Henrich v. Griesheim zum Oberaufseher. Dieser war verehelicht mit Charlotte von Marschalk, ließ zu Altenkirchen drei Söhne taufen, und starb im Alter von 54 Jahren zu Altenkirchen am 20. Mai 1728 und wurde am 23. ejusd. in der dasigen Kirche feierlichst beerdigt.

Durch die Vorsorge und Vermittelung dieses Mannes, der ein warmer Lutheraner war und durch seine Anordnungen zu manchen Beschwerden der bedrückten Reformirten Veranlassung gab, wurde durch die Landesherrschaft 1712 die Pfarrei Kirchen gegründet und mit dem in der Nähe liegenden herrschaftlichen Brühlhof dotirt, der von da an bis 1756 der Sitz des lutherischen Pfarrers war.

Johann Wilhelm verfügte über die Grafschaft eine Zwangsanleihe und zwar im Jahre 1721 1500 Thlr.; 1724 1200 Thlr.; und 1726 nochmals 1500 Thlr., also zusammen 4200 Thlr., die aber mit 6% verzinset wurden.

3*

Johann Wilhelm schied am 4. Januar 1729 aus dieser Welt. Ihm succedirte sein Sohn

3. Wilhelm Henrich.
(1729—1741).

Er war geboren 1691 den 10. November und war vermählt:

a. seit 1713 am 15. Februar mit Albertine Juliane, Prinzessin von Nassau-Idstein, welche 1698 am 29. März geboren und 1722 am 10. October gestorben ist;

b. seit 1723 am 3. Juli mit Anne Sophie Charlotte, Markgräfin zu Brandenburg und Prinzessin zu Preußen, geboren 1706 am 22. December.

Viele saynische Einsassen sahen die sächsische Herrschaft mit ungünstigen Augen an; namentlich zeigte sich die Unzufriedenheit im Amte Freusburg bei dem Regierungsantritte des Herzogs Wilhelm Henrich. Als dieser alle seine Unterthanen auf den 27. Juli 1729 nach Altenkirchen zur Huldigung eingeladen hatte, folgten die Freusburger nicht, unter dem Vorgeben, daß das Schloß zu Freusburg der Ort sei, wo sie die Huldigung leisten müßten. Nach einem vom Herzoge erlassenen scharfen Mandate waren sie folgsam.

In den 1730er Jahren entstand zu Altenkirchen eine große Feuersbrunst, die den größten Theil der Stadt einäscherte, so daß nur das Schloß und einige abgelegenen Privathäuser verschont blieben.

Wilhelm Henrich starb am 26. Juli 1741, als der letzte seiner Linie, ohne Erben und die Grafschaft Altenkirchen kam jetzt an die Seitenlinie Brandenburg-Onolzbach. Nach dem Testamente seiner Großmutter, Herzogin Johannette, hätte die Grafschaft auf deren ältesten Sohn Johann Georg übergehen müssen. Da indessen dieser 1698 ohne männliche Posterität aus dem Leben geschieden war, so hatten ihre beiden Töchter, Eleonore Erdmuth Louise und Friederike Elisabeth, den nächsten Anspruch auf die Grafschaft Altenkirchen. Von diesen Schwestern war die letztere an den Herzog von Sachsen-Weißenfels vermählt gewesen und ebenfalls ohne männliche Erben gestorben. Die erstere dagegen war mit dem Markgrafen zu Brandenburg-Onolzbach (Ansbach) vermählt. Aus dieser Ehe entsproß eine Tochter, Caroline, Königin von England, die 1727 allen etwaigen Ansprüchen zu Gunsten ihres Neffen förmlich entsagt hatte, und ein Sohn, Wilhelm Friedrich, Markgraf zu Brandenburg-Onolzbach. Letzterer starb im Jahre 1723 am 7. Januar und sein Sohn war alleiniger Erbe in der Grafschaft Sayn-Altenkirchen, der jetzt succedirte. Es war dies

4. Markgraf Carl Wilhelm Friedrich.
(1741 — 1757).

Dieser nahm durch ein Patent, welches vom Todestage seines Antecessors datirt war, die Grafschaft in Besitz. Den folgenden Tag, um 10 Uhr Abends, empfing der Oberamtmann zu Altenkirchen die Special-Vollmacht, die Grafschaft unter den üblichen Formalitäten in Besitz zu nehmen. Noch in derselben Nacht ließ er alle Räthe, Beamte, Geistliche, Offiziere, Schöffen und Gemeinde-Vorsteher auf's Schloß beordern, nahm sie im Namen des neuen Landesherrn in Eid und Pflicht, vertauschte die affigirten sächsischen Wappen mit denen des Brandenburg-Onolzbach'schen, bestehend aus einem rothen Adler auf schwarzweißem Grunde, nahm die Schlüssel von dem Schlosse, den Stadtthoren und dem Canzlei-Archive in Empfang, zündete in der Schloßküche Feuer an und ließ es wieder auslöschen, mit der Erklärung, daß man hiermit von der ganzen Grafschaft Besitz genommen hätte. Ein Gleiches geschah an den folgenden Tagen in den übrigen Aemtern der Grafschaft. Die Huldigung der Unterthanen im Amte Altenkirchen wurde zu Altenkirchen am 4., zu Freusburg den 8., zu Bendorf den 11. und zu Friedewald den 14. August e. a. entgegengenommen.

Diese schleunigen Vorkehrungen waren um so nothwendiger, als schon auf der andern Seite Prätendenten bereit standen, die Grafschaft als ihr Eigenthum in Empfang zu nehmen. Zunächst beschwerte sich der Abt Benedictus zu Laach über die Wegnahme Bendorf's, als seines ursprünglichen Eigenthums.

Dann erhob sich klagend und beschwerdeführend die Landgräfin von Hessen-Philippsthal, eine Tochter des Herzogs Johann Wilhelm. Sie verwarf das Testament ihrer Großmutter Johannette und verlangte die Grafschaft als ihr Erbtheil.

Weder ihre, noch die Ansprüche des Abtes zu Laach wurden anerkannt.

Zu derselben Zeit trat auch Churpfalz mit seinen Ansprüchen hervor und versuchte, die Grafschaft als heimgefallenes Lehen einzuziehen, um sie den Grafen von Sayn-Wittgenstein zu übertragen; und legte dadurch den Grund zu langen, processualischen Verhandlungen.

Am 19. Januar 1742 rückten 100 Pfälzische Kriegsleute in das Hachenburgsche. Mit ihnen besetzte Graf zu Sayn-Wittgenstein das Schloß Schöneberg und mehrere Kirchspiele. Die Einwohner wurden aufgefordert, der Pfäl-

zischen Lehnsherrschaft und dem Grafen zu Sayn-Wittgenstein zu huldigen.

Der Burggraf Georg Friedrich von Kirchberg sollte
ebenfalls in seinem Besitzthum geschmälert werden. Er behielt nur gemeinschaftlich mit Onolzbach: Hachenburg, Mar-
sein, Flammersfeld und Vendorf, in den andern Ortschaften
ließ Pfalz seine Patente anschlagen. Inzwischen wurden
die Pfälzer durch den preußischen König Friedrich den
Großen zum Abzuge genöthigt. Als hierauf am 7. Febr.
1743, Abends 9 Uhr, ein wittgensteinisches Commando von
27 Mann in Croppach einfiel, um von hieraus den folgenden
Tag Schöneberg zu besetzen, so sandte der Graf Alexander,
Schwiegersohn des hiervon benachrichtigten Burggrafen,
von Neuwied aus bewaffnete Mannschaft.

Die wittgensteiner Soldaten wurden aufgehoben, nach
Hachenburg geführt, die Ungehorsamen unter den Bauern
zur Ruhe gebracht und die Pfälzischen Placade abgenommen.

Es kam bald nachher durch fortgehende Vergleiche 1744
Vendorf an Onolzbach, und die Vogtei Roßbach an Kirchberg.

Nachdem nun die Ruhe im Lande hergestellt war, schritt
die Onolzbach'sche Regierung zur Ausführung der durch den
Regentenwechsel nothwendig gewordenen Reformen in der
Verwaltung.

Die Grafschaft behielt ihre Selbstständigkeit, die Aemter
und die Zusammensetzung des Canzlei-Directorii, die bis
hierhin die oberste Landesbehörde war, blieben unverändert
bestehen. Dagegen wurde 1741 am 20. September ein
saynisches Administrations-Collegium, welches zu Onolzbach
residirte, eingeführt. Dieses hatte die oberste Leitung über
die gesammte Verwaltung aller betreffenden saynischen Angelegenheiten. Es stand unmittelbar unter der Aufsicht des
Landesherrn und dessen Geheimen Rathes. Später erhielt
das Land einen besondern Gouverneur in der Person des
Freiherrn Friedrich Franz Johann von Pöllnitz[1]. Demselben war die unmittelbare Aufsicht über die Grafschaft
übertragen, und er bildete eine Mittelbehörde zwischen dem
Administrations-Collegium und dem Canzlei-Directorium.

Unter dem 21. April 1742 erließ der Markgraf eine
neue Hüttenordnung, die noch bis vor wenigen Jahren ihre

---

[1] Derselbe war im Onolzbach'schen am 8. Februar 1728 geboren,
trat 1751 am 7. September in den Ehestand mit Marie Christine Hoen
in Anspach, und starb, nach treu vollbrachter Oberaufsicht, in dem hohen
Alter von 83 Jahren 2 Monaten und 2 Tagen am 10. April 1811.

Geltung hatte, und zwei Jahre später eine neue Taxordnung, welche im Wesentlichen mit der Anspach'schen übereinstimmte.

Markgraf Carl Friedrich Wilhelm betrat den Schauplatz der Welt am 12. März 1712 und war ein Sohn des am 29. März 1685 gebornen und am 7. Januar 1723 gestorbenen Markgrafen Wilhelm Friedrich und dessen Vermählter, Christine Charlotte, einer gebornen Prinzessin von Würtemberg, geboren 1694 am 28. August und gestorben am 25. December 1729, mit welcher er am 28. August 1709 ehelich eingesegnet wurde.

Zur Lebensgefährtin hatte der Markgraf Carl Friedrich Wilhelm sich Friedrike Louise, des Königs Friedrich Wilhelm I. in Preußen Tochter erkoren, mit der er am 30. Mai 1729 den Ehebund schloß. Sie war geboren den 28. September 1814. Dieser Ehe entsprossen zwei Prinzen, von denen einer in seiner Kindheit starb.

Der Markgraf schied den 3. August 1757 am Schlagflusse aus diesem Leben. Sein Alter hatte er gebracht auf 46 Jahre. Die Gedächtnißrede in den Kirchen seines Landes wurde über den Text: Jesaia 38, 12 gehalten. Die Beisetzung seiner Gebeine fand am 12. October statt.

Seine Gemahlin Friedrike Louise folgte ihm erst am 4. Februar 1784 in die Ewigkeit nach.

Ihm folgte als Regent sein Sohn

5. Christian Friedrich Carl Alexander.
(1757 — 1791).

Der 24. Februar 1736 war sein Geburtstag. Schon als Erbprinz vermählte er sich im November 1754 mit der Prinzessin Friedrike Caroline, Tochter des Herzogs Franz Josias zu Sachsen-Coburg-Saalfeld, bei welcher Gelegenheit die Grafschaft Altenkirchen dem jungen Brautpaare durch den Minister, Geheim-Rath Christoph Ludwig, Freiherrn von Seckendorf [1], Huldigung und Glückwünsche und

----

[1] Geheime Rath Freiherr von Seckendorf (1738 bis 1757) stammte von einem altadeligen fränkischen Geschlechte ab, wurde in Franken 1709 geboren, wo sein Vater Philipp Albrecht, Freiherr von Seckendorf, nachmaliger Fürstl. Anspach'scher Kammerjunker, auf seinem Rittergute ohne Dienst lebte. Seine Hofmeister waren: Johannes Jacob Furkel, Pfarrer baselbst, und ein Jurist Ebert. Darnach besuchte er das Gymnasium zu Hildburghausen, weiter das Pädagogium zu Halle, wo ihm sein Präceptor Hasser wegen seines bösen und falschen Gemüths, bei aller Fähigkeit des Geistes, ein schlechtes Zeugniß geben mußte; er studirte 1728 zu Leipzig und dann zu Halle. Im Jahre 1732 nahm ihn der Reichsgraf Friedrich Heinrich von Seckendorf — ein naher Verwandter — zu sich nach Berlin, wo er anfangs Haussecretär, nachgehends aber kaiserlicher Gesandtschafts-Secretär wurde. 1736 brachte ihn Graf v. Seckendorf nach Wien und verschaffte ihm die Charge eines wirklichen Reichshof-

ein kostbares Geschenk überreichen ließ, wofür sein Vater
unter dem 6. Dezember seinen besondern Dank aussprach.

Er trat nach dem Tode seines Vaters, im Alter von
20 Jahren, die Regierung an.

Dieser Fürst, ein Neffe Friedrich des Großen von Preußen,
war sehr schwächlicher Natur und schwebte eine geraume
Zeit zwischen „Sein und Nichtsein".

Seine Gemahlin überfiel ein gleiches Mißgeschick. Letztere
besuchte 1760 zur Wiederherstellung ihrer zerrütteten Gesundheit das Bad Ems und erfreute dann auf ihrem
Rückwege die Residenzstadt Altenkirchen mit ihrem Besuche.

Während ihres Aufenthaltes zu Ems war die Grafschaft verpflichtet, gegen eine Entschädigung die herrschaftliche Küche mit Proviant zu versorgen.

Am 29. Juli 1760, Abends halb 8 Uhr, hielt die Landes-
mutter mit ihrem Bruder, einem Prinzen von Sachsen-
Coburg, und dem gräflichen Gefolge unter dem Donner
der Geschütze und dem Geläute sämmtlicher Glocken ihren
Einzug in die Stadt Altenkirchen, die mit Ehrenbogen, Krän-
zen und Transparenten geschmückt war. Ein Festzug der
Bürger, denen die Beamten vorangingen, war der Markgräfin entgegengezogen, empfing selbige auf die freundschaft-
lichste Weise und begleitete sie bis zu dem Hause des Canzlei-
Directors Salzmann, wo sie abstieg und die Begrüßung
der Geistlichkeit entgegennahm. Am folgenden Tage verließ
die Markgräfin unter dem Ehrengeleite sämmtlicher Bürger
wieder die Residenz, die sie nie wiedersehen sollte, und setzte
ihre Reise nach Anspach fort.

Die heißesten Wünsche des Landes für einen Erben gingen
nicht in Erfüllung, da schon die Fürstin am 18. Februar
des folgenden Jahres mit Tod abging.

Der siebenjährige Krieg übte auf die Grafschaft durch
den Einfall feindlicher Truppen und durch die Brand-
schatzungen einen höchst schädlichen Einfluß.

---

raths; 1738 wurde er Geheime-Rath des regierenden Markgrafen zu
Onolzbach. Er trat 1739 in die Ehe mit der Fürstl. Anspach'schen Ober-
hofmeisterin v. Diepenbrock, gebornen Gräfin von Wartensee. 1641,
bei dem Tode Wilh. Henrich's von Eisenach, nahm er Namens seines
Landesherrn die Grafschaft Sayn-Altenkirchen in Besitz. Bald ward er
Präsident des Saynischen Verwaltungs-Collegiums zu Anspach und erhielt 1754 auch die Ritterhauptmannsstelle des Cantons Altmühl. Er
verfiel durch seine Ungerechtigkeiten in Ungnade, verlor 1757 sein Amt
zu Onolzbach und auch 1761 die Ritterhauptmannsstelle.

Er starb in seiner Heimath 1781 an Raserei, die ihn schon 1763
überfallen hatte. Ehrgeiz und Geldgierde sollen sein Herz zu mancher
strafbaren That verführt haben.

Von den Brandenburg-fränkischen Besitzungen, welche schon der Churfürst Albrecht Achilles für seine beiden jüngeren Söhne durch das Hausgesetz von 1473 in die beiden Markgrafschaften Anspach und Baireuth spaltete, starb die markgräflich-baireuth'sche Linie im Jahre 1769 mit dem Markgrafen Georg Friedrich Carl aus und der Markgraf Alexander von Anspach nahm als nächster Erbe Baireuth an sich, und so vereinigte er wieder beide fränkische Besitzungen unter seiner Herrschaft.

Da der Markgraf Alexander ohne Erben war, so beschloß er im Jahre 1783, die Grafschaft Altenkirchen an das Churhaus Braunschweig-Lüneburg-Hannover, welches zugleich den Thron Englands einnahm, in der Art zu übertragen, daß dasselbe vorläufig in den Mitbesitz gesetzt wurde; alle Landes- und Hoheitsrechte jedoch bis zum Ableben des Markgrafen ungeschmälert in dessen Händen verbleiben sollten.

Der König von England ging auf diese Vorschläge ein und von beiden Seiten erschienen Abgeordnete zu Altenkirchen, nämlich: der Großbritannische Legationsrath Diedrich Heinrich Ompteda und der Anspach'sche Minister Carl Friedrich Reinhard, Freiherr zu Gemmingen, um den Staatsvertrag aufzunehmen. Dieser wurde am 25. Juni 1783 vollzogen. England zahlte für die ihm garantirten Rechte und Ansprüche 60,000 Rthlr. an das Haus Anspach. Die vorbehaltene eventuelle Huldigung wurde durch den Canzlei-Director Cankrinius zu Altenkirchen im Beisein des Gouverneurs Freiherrn v. Pöllnitz und des englischen Rathes Ompteda zu Altenkirchen am 28., zu Friedewald am 29., zu Freusburg am 30. October und zu Bendorf am 1. Novbr. entgegen genommen. Doch ist von England die Besitzergreifung nie vollzogen worden.

Der kinderlose Markgraf, der sich des Regierungsgeschäftes zu entäußern und in stiller Zurückgezogenheit sein Leben zu beschließen wünschte, erbat sich 1790 für die Verwaltung seiner Länder vom Könige von Preußen einen Minister und dieser empfahl ihm den Freiherrn Carl August von Hardenberg. Unter dem 9. Juni 1791 bevollmächtigte er von Ostende aus, wo er sich im Bade befand, denselben zur gesammten Verwaltung seiner Länder, ernannte ihn zum dirigirenden Minister und bezeichnete den König von Preußen als denjenigen Herrn, bei welchem er sich in zweifelhaften Fällen Raths und Verhaltungsbefehle einzuholen hätte.

Durch den letzten Passus dieser Vollmacht scheint der Markgraf Alexander die Geneigtheit, seine Gebietstheile an die Krone Preußen erblich abzutreten, erkennen geben zu wollen.

Preußen ging darauf ein und nicht lange darauf waren die dieserhalb gepflogenen Verhandlungen so weit gediehen, daß der Markgraf mit Preußen am 2. Decbr. 1791 einen Staatsvertrag abschloß, in dem er erklärte, die Regierung niederzulegen und die Markgraffchaften Anspach und Baireuth, gegen eine Jahresrente von 300,000 fl., darunter 33,570 fl. 51³/₄ kr. von Sayn-Altenkirchen, an Preußen abzutreten. Die Grafschaft Altenkirchen, die früheren Verträgen gemäß nach seinem Tode an das Haus Hannover fallen sollte, stellte er für seine Lebenszeit unter preußische Verwaltung.

In Folge dieses Vertrags ließ der König Friedrich Wilhelm II. am 3. Januar 1792 von den beiden fränkischen Fürstenthümern Besitz und durch den Minister von Hardenberg die Huldigung entgegen nehmen [1]).

Einzig die Liebe zu der Lady von Craven, gebornen Gräfin von Berkelei, die ihren Gemahl, dem sie sieben Kinder geboren, wegen übler Behandlung verlassen hatte, konnte den Markgrafen bestimmen, im kräftigsten Mannesalter die Regentschaft niederzulegen. Er hatte auf einer Reise durch Italien diese berühmte Touristin kennen gelernt und sie hielt es nicht unter ihrer Würde, den Markgrafen durch einen Besuch in Anspach zu beglücken.

Die Zuneigung zu ihr erwuchs bei fortgesetzter Correspondenz zur Leidenschaft. Mit dem Fürstenmantel sich zu bekleiden, war der Lady sehnlichster Wunsch, weßhalb sie ihrem Gemahl, Lord Craven, Vorschläge zur Ehescheidung machte. Aber er hielt sich zähe, bis der Markgraf selbst durch eigenhändiges Schreiben ihm, der eben in Constantinopel weilte, 50,000 Pfd. Sterling bot, falls er in die Auflösung seiner Ehe willigen wollte. Lord Craven erwiederte ihm ohne Verzug: „Es gereiche ihm zu nicht geringem Erstaunen, daß Durchlaucht das viele Geld an den Besitz eines duraus werthlosen Gegenstandes zu wenden geneigt seien. Von dergleichen Verkehrtheiten Gebrauch zu machen, gezieme sich nicht für ihn; willig und ohne Entgeld gebe er hiermit seine Rechte zu dem fraglichen Gegenstande auf."

Die sofort eingeleitete Ehescheidung war noch nicht spruchreif, als Lord Craven am 26. Septbr. 1791 mit Tode abging. Kaum war die Todesnachricht eingelaufen, als der Markgraf mit der Lady nach Lissabon reisete, wo ihm die Wittwe Craven am 30. October 1791 angetraut wurde. Er nahm seinen bleibenden Sitz in England, wo er der

---

[1]) Rheinischer Antiquar. II. Abth. Band II, pag. 196. 197. 198.

Familie Craven Landhaus zu Hammersmith bei London, von ihm zum Feensitze Brandenbourghouse umgeschaffen, käuflich erworben hatte. Auf Sollicitation des Markgrafen erhielt die Lady 1793 vom Kaiser Franz II. den Titel einer „Prinzessin von Berckelei".

Nach dem Tode des Markgrafen, der zu Benham in Berkshion am 5. Januar 1806 starb, lebte seine Wittwe, die er zur Erbin eingesetzt hatte, bald in England, bald in Neapel. Am letztern Orte schied sie am 13. Januar 1818 aus diesem Leben.

Sie hatte vornehmlich durch ihren angenehmen Verkehr, durch geistreiche Unterhaltung, durch ihre Meisterschaft in mimischen Darstellungen den Markgrafen bezaubert. Sie sprach und schrieb englisch, französisch und deutsch mit Leichtigkeit und Eleganz, wie sich letzteres aus ihren Gedichten, Romanen und Schauspielen ergiebt. Ihre dramatischen Schöpfungen finden sich in dem „Nouveau théatre d'Anspach et de Triesdorf." (Anspach 1789. 2 Bde.).

Der Minister Hardenberg behielt auch unter preußischer Herrschaft die Verwaltung der fränkischen Fürstenthümer, und dieser bekundete glänzend seine Begabung für die Regierungsgeschäfte.

Ebenso erwarb er sich auch bei der Verwaltung der Grafschaft Altenkirchen viele Verdienste und suchte sie aus ihrem vernachläfsigten Zustande zu reißen und sie einer ihren Verhältnissen angemessenen Entwickelung zuzuführen; wurde aber darin durch die Kriege der französischen Republik vielfach gehemmt. Doch gedachte er auch dieses Landesgebietes beim Abschlusse des Friedens zu Basel am 5. April 1795, welchen er als Bevollmächtigter seines Königs mit Frankreich abschloß.

Die Insassen des Amtes Friedewald erließen dieserhalb eine Dankadresse an den Minister, dessen leutseliges Antwortschreiben, an die Herren Beamten, Vorsteher und Bürgermeister gerichtet, also lautete:

„Auf den Erlaß vom 27. dieses Monats erwiedere ich, daß es mir selbst das lebhafteste Vergnügen gemacht hat, nach mehreren harten Kriegsjahren dem dortigen Lande, seinen guten Einwohnern einen Frieden bewirken zu können, dessen es zu seiner Erholung so sehr bedurfte.

„Ich rechne dieses Ereigniß unter die glücklichsten meiner dortigen Administration und werde es mein pflichtgemäßes Bestreben sein lassen, letztere ferner so zu führen, daß das bestehende glückliche Vernehmen zwischen Regenten und Unterthanen erhalten wird, und ich im Besitze der schmeichelhafteiten und belohnenden Gesinnungen bleibe, welche bei dieser Gelegenheit zu meiner innigsten Rührung gegen mich geäußert worden sind.   Berlin, den 24. Juni 1795.

Königl. Preuß. wirkl. Geh. Etats= und Cabinetsrath, wie auch zur Regierung der Grafschaft Sayn=Altenkirchen bevollm. dirig. Minister

Hardenberg."

Die Bestimmungen des zwischen Oesterreich und der Republik Frankreich am 9. Februar 1801 zu Lünneville abgeschlossenen Friedens, der den Frieden zu Campo Formio, resp. den Rastätter Frieden bestätigte, hatten bei ihrer Ausführung in Deutschland eine theilweise Umwandlung der Ländergebiete zur Folge und gaben der Grafschaft Altenkirchen einen neuen Landesherrn.

Dieser Friede setzte unter Anderm fest: Frankreich erlangt die Rheingränze, die deutschen Erbfürsten, die jenseits des Rheines ihre Besitzungen verlieren, sollen diesseits des Rheines durch Sekularisation der geistlichen Territorien und durch Aufhebung der meisten Reichsstädte, so wie durch Herrschaften der mediatisirten Fürsten entschädigt werden.

Das Entschädigungswerk verblieb den Ständen des deutschen Reiches unter der Aufsicht und Vermittelung Rußland's und Frankreich's.   Zu diesem Ende wurde eine Reichsdeputation in Regensburg niedergesetzt, welche die Verhandlungen vorläufig schon am 23. November 1802 schloß.

Die Unterzeichnung des Reichsdeputations=Recesses, welcher inmittelst noch Veränderungen erlitt, geschah am 25. Februar 1803, worauf auch bald die Ratification desselben vom Kaiser und Reich erfolgte.

Durch die Reichsdeputation wurden auch die über 170 Jahre währenden Ansprüche, welche Sayn=Wittgenstein auf die Grafschaft Altenkirchen machte, beseitigt und zwar dadurch, daß Nassau=Usingen die Herrschaft Lahr, an dem Flusse Schütter in der Ortenau, an Baden abtrat, wogegen dieses an Wittgenstein die Entschädigungssumme von 312,000 Gulden zahlte.

Die Fürsten wurden für die jenseits des Rheines erlittenen Verluste von der Reichs=Deputation reichlich entschädigt.   So hatte Nassau=Usingen mit Saarbrücken, Ottweiler und Lahr nur 20 ☐Meilen mit 60,000 Einwohnern verloren, und bekam dagegen 36 ☐Meilen mit 92,000 Einwohnern wieder.   Mehr aber, als die Vergrößerung seines neuen Gebietes, war es von Werth, daß sich die, als Entschädigung erlangten Aemter und Dörfer den alten Stammlanden unmittelbar anschlossen und dadurch die Regierung derselben sehr erleichtert wurde.

Zu den an Nassau-Usingen gefallenen Entschädigungs-ländern gehörte auch die Grafschaft Altenkirchen, welche nun in der Person des Fürsten von Nassau-Usingen einen neuen Herrscher bekam.

Der Minister Hardenberg trat nun von der Administra-tion dieser Grafschaft zurück, nachdem der Markgraf Alexander durch Patent vom 23. December 1802, unter Zustimmung der Krone Preußen, seine Hoheitsrechte in die Hände des Fürsten von Nassau-Usingen niedergelegt hatte.

Die völlige Uebergabe an dieses Herrscherhaus erfolgte am 21. Februar 1803. Zur Huldigungsfeier trafen am 18. Februar die beiden Commissare: der preußische Pupillen-rath Kerl und der Nassau-Usingen'sche Regierungspräsident, Freiherr von Kruse, unter Kanonendonner und Glockenge-läute in Altenkirchen ein und wurden von einer Escorte der Bürger-Cavallerie und einem Husaren-Detachement zu Walroth in Empfang genommen. Am 21. Februar be-gann die Huldigung unter Begleitung vieler Festlichkeiten.

Der Fürst von Nassau-Usingen war:

6. Carl Wilhelm.
(1802—1803).

Er ist geboren am 9. November 1735, regierte über Usingen seit dem am 21. Juni 1775 erfolgten Tode seines Vaters Fürst Carl. Er war vermählt seit 1760 mit Caro-line Felicitas, einer Gräfin von Leiningen-Heidesheim, welche Ehe nur mit zwei Töchtern gesegnet war, von denen Caroline Polexine 1780 sich mit dem Landgrafen Friedrich von Hessen-Kassel vermählte.

Der Fürst erfreute sich dieser, für sein Haus eingetretenen glücklichen Verhältnisse nicht lange, da er schon am 17. Mai 1803 seinen Herrscherstab niederlegte und einging in die Wohnungen der seligen Geister. Es folgte, da er keine männ-lichen Erben hinterließ, in der Regierung sein Bruder

7. Friederich August,
(1803—1816),

geboren 1738 am 23. April. Er widmete sich dem Wehr-stande und ward österreichischer Feldmarschall, vermählte sich 1775 mit Louise, Tochter des Fürsten Carl August Friedrich von Waldeck. Dieser Ehe entsprossen 5 Töchter, von welchen die älteste, Christiane Louise, sich 1791 mit dem Markgrafen Friedrich von Baden vermählte. Nach einer 13jährigen, gesegneten Regierung ging dieser hochbejahrte Herzog, ein erfahrener, gerechter und wohlwollender Fürst, am 24. März 1816, den Weg alles Fleisches.

Dieser, der weilburger, und noch 14 andere süddeutsche Reichsfürsten schlossen am 12. Juli 1806 den Rheinbund in Paris, erklärten ihre Trennung vom deutschen Reiche und ihre Souverainetät unter dem Portectorate Napoleons. Fürst Friederich August von Nassau-Usingen nahm den Titel eines Herzogs und der Fürst Friederich Wilhelm von Nassau-Weilburg den eines souverainen Fürsten von Nassau an.

Diese Nachricht wurde in Altenkirchen mit Glockengeläute und Kanonendonner begrüßt. Aber es war das Grabgeläute des bis dahin bestandenen tausendjährigen Reiches; denn beim Abschluß des Rheinbundes erklärte Napoleon, daß er das deutsche Reich nicht mehr anerkenne. In Folge dieser Erklärung sprach der deutsche Kaiser Franz II., der schon zwei Jahre früher den Titel: „Kaiser von Oesterreich" angenommen hatte, die Auflösung des deutschen Reiches unter dem 6. August desselben Jahres aus, und legte die deutsche Kaiserwürde nieder.

Der Rheinbund war für Deutschland eine Zeit der tiefsten Erniedrigung und schmachvoller Abhängigkeit von der Willkühr eines fremden, unersättlichen Eroberers. Der Mitverbündeten conscriptionspflichtige Unterthanen mußten in dem Heere Napoleons gegen ihre deutschen Brüder in Preußen und Oesterreich, dann in Spanien und Rußland fechten und für die Herrschsucht und Eroberungslust dieses Mannes ihr Blut vergießen.

Viele Söhne der Grafschaft Altenkirchen haben als Krieger in fremder Erde ihr Grab gefunden.

Doch laßt uns unsere Blicke von diesen traurigen Ereignissen wegwenden; denn sie waren ja nur der Schmelztiegel, aus dem das Gold der deutschen Kraft bald darauf glänzender hervorgehen sollte.

Nach siebenjähriger schmachvoller Knechtschaft schlug endlich die Stunde der Befreiung.

Was selbst die vereinten irdischen Mächte nicht vermochten, das bewirkte jenes furchtbare Strafgericht, welches in den Eisfeldern Rußlands über Napoleon gehalten wurde. Seine große, glänzende Armee fand in Rußland ihren Untergang und nur 20,000 Mann kamen in einem höchst elenden und kläglichen Zustande an die Gränze des Reichs zurück.

Die bedrückten Herrscher und Völker sahen dieses Gericht als ein Zeichen an, daß ihre Erlösung nahe sei.

Die nordischen Mächte schlossen mit einander einen Bund, der Herrschaft Napoleons ein Ende zu machen; und nach

der großen Entscheidungsschlacht bei Leipzig war Napoleons
Macht gebrochen und er zog sich nach Frankreich zurück.

Als nun die verbündeten Heere über den Rhein rückten,
um den Krieg in Feindesland fortzusetzen, da beeilten sich
Herzog Friedrich August und Fürst Friedrich Wilhelm von
Nassau, dem Beispiele anderer Fürsten folgend, sich vom
Rheinbund loszusagen, und gingen am 23. November 1813
mit dem Kaiser von Oesterreich, Namens der Allirten, einen
Vertrag ein, wodurch sie in den großen Bund zur Unab-
hängigkeit aufgenommen wurden.

In Folge der Schlacht bei Leipzig wurde am 20. Decbr.
1813 das Oranien-Nassauische Territorium, welches seit
1806 mit dem Großherzogthum Berg vereinigt war und
dessen Gesetzgebung theilte, wieder hergestellt. Der Minister
Freiherr von Gagern nahm es für Oranien in Besitz und
gab der alten Gesetzgebung wieder Geltung [1]).

Die beiden nassauischen Fürsten hatten, da der Herzog
schon hoch betagt und keine Erben hatte, ihre Ländergebiete
mit einander geeinigt, so daß sie fortan nur ein gemeinschaftliches Ganze ausmachten, und für das Ganze nur
eine Gesetzgebung und Militairverfassung, ein Ministerium
und eine Staatskasse bestand.

Durch das Edict vom September 1814 verliehen sie
ihren Unterthanen eine den Bedürfnissen der Zeit und des
Staats angemessene, auf den Grundsätzen der constitutionellen
Monarchie beruhende Verfassung, welches die erste in ganz
Deutschland war.

---

[1]) Hans Christoph Ernst, Freiherr von Gagern, der ein politi-
scher Schriftsteller, ausgezeichneter Staatsmann und Redner war, ist am
25. Januar 1766 zu Kleinniederrheim bei Worms geboren. Es wurde
ihm, fast noch in den Jünglingsjahren stehend, die Leitung der nassau-
weilburg'schen Geschäfte als Präsident aller Tribunale anvertraut; ging
nach dem lüneviller Frieden als Gesandter nach Paris, mußte aber 1808
durch ein Decret Napoleons, welches jedem auf dem linken Rheinufer
Gebornen untersagte, einem andern Staate als Frankreich zu dienen, den
nassau-weilburg'schen Dienst aufgeben. Er ging nach Wien, von wo aus
er in mehreren anonymen Schriften zu dem deutschen Volke redete. Da
er am Aufstande in Tyrol 1812 und 1813 Theil genommen, mußte er
im letzteren Jahre nach England flüchten. Er stand mit dem preußischen
Minister von Stein im innigsten Verkehr. Allenthalben wirkte er für
die Befreiung Europa's und die Ehre Deutschlands. 1814 verwaltete
er als dirigirender Staatsminister die oranischen Länder und nahm 1815,
als Gesandter des Königs der Niederlande, Theil an dem Congresse zu
Wien; sprach 1818 auf dem Bundestage zu Frankfurt kräftig für die
Einheit Deutschlands. 1820 wählte man ihn zum Mitgliede der Hessen-
Darmstädtischen Landstände.
Seitdem er im Jahre 1821 von dem niederländischen Hofe pensionirt
worden war, privatisirte er auf seinen Landgütern.

Dieser Ländercomplex fiel jedoch 1815, der Wiener Con-
greß-Acte gemäß, als Entschädigung gegen Luxemburg, an
die Krone Preußen. Diese trat denselben durch den Staatsvertrag vom 31. Mai desselben Jahres theilweise an das
herzogliche Haus ab, wogegen andere nassauische Landestheile
Preußen zu Theil wurden.

Sayn-Hachenburg blieb mit Nassau vereinigt; Sayn-
Altenkirchen aber kam an Preußen.

Der König Friedrich Wilhelm III. von Preußen nahm
die Grafschaft Altenkirchen vermittelst Patent vom 5. April
1815 in Besitz und vereinigte sie mit dem Regierungsbezirke
Coblenz, seit welcher Zeit sie einen eigenen Landrathskreis
bildet.

Die Grafschaft Altenkirchen verschwand nun als solche
für immer und der Kreis gleichen Namens war die neue
Form, unter welcher sie als Glied eines großen Ganzen
aufs Neue zum Leben und zur Entwickelung auf dem Wege
einer vernünftigen und fortschreitenden Heranbildung auf-
erstand.

Der Kreis selbst ist in 9 Bürgermeistereien oder Aemter
eingetheilt, nämlich: Altenkirchen, Daaden, Flammersfeld,
Friesenhagen, Gebhardshain, Hamm, Kirchen, Weyerbusch
und Wissen.

Der Kreis enthält nach der statistischen Nachweise des
Landraths Kamperi vom Jahre 1863 [1]) 11,62 ☐Meilen,
zählt 164 Dorfschaften inclus. 3 Flecken, 404 Weiler und
Gehöfte, 150 politische Gemeinden bildend.

Die Bevölkerung beträgt 43,014 Seelen, von denen 22,128
Evangelische, 20,169 Katholiken, 6 Mennoniten und 187
Juden sind. Öffentliche Gebäude sind 236 und Privat-
wohnhäuser 6317 vorhanden.

Hiermit sei denn die geschichtliche Darstellung der Grafschaft Sayn-Altenkirchen geschlossen. Kurz soll nun hier
noch die Geschichte der Grafschaft Sayn-Hachenburg und
ihren Regenten berührt werden.

Von seinen Schriften zeichnen sich aus: Resultate der Sittengeschichte
(1806—1822. 6 Bände); Nationalgeschichte der Deutschen. 1813; „Mein
Antheil an der Politik" (1823—1833).

[1]) Altenkirchener Kreisblatt, Jahrgang 1863.

C. Die Grafen von Sayn-Hachenburg.

Die Stammfürstin dieses Hauses war, gemäß des im Jahre 1652 abgeschlossenen Vergleiches, die Gräfin Ernestine, welche am 23. April 1626 geboren und seit dem 21. Oct. 1651 mit dem katholischen Grafen Salatin Ernst zu Manderscheid-Blankenheim vermählt war.

Die Reihe der Regenten eröffnet also

1. Salatin Ernst,
Graf zu Manderscheid-Blankenheim.
(1652—1705).

Seine Geburt fällt in das Jahr 1630. In dem Vergleiche von 1654 verspricht er, die Evangelischen seines Landes in der Ausübung ihres Bekenntnisses nicht zu stören.

Während seiner Regierung wurden die reformirten Pfarreien, welche früher, bei der Wiedereinführung der lutherischen Lehre, unbesetzt geblieben waren, wieder hergestellt und zwar zu Alpenrod 1654, zu Hachenburg und Hamm 1664, zu Schöneberg 1669 und zu Höchstenbach 1671.

Im Jahre 1665 stiftete der Graf zu Hachenburg ein Franziskanerkloster, welches 1802 aufgehoben wurde.

Die Gräfin Ernestine ging bereits am 13. October 1661 ihrem Gemahl im Tode voran und hinterließ einen Sohn und vier Töchter.

Diese waren:

a. Anne Louise, geboren am 11. April 1654; vermählt am 23. October 1675 mit Moritz Henrich, Fürst zu Nassau-Hadamar, welcher 1626 am 24. April geboren und 1679 am 24. Januar gestorben ist. Sie erhielt als Heirathsgut die 5 Kirchspiele: Kirburg, Bann-Marxain, Alpenrod, Birnbach und Grund Seel- und Burbach. Sie schied aus dieser Welt 1692 am 13. (23.) April und hinterließ eine Tochter Albertine Johannette Catharine, welche 1679 am 5. Juli (posth.) geboren und 1700 am 20. Juli an Ludwig Otto, Fürst zu Salm, vermählt war. Dieselbe starb 1716 im Juni.

b. Maximilian Johann Ferdinand, geboren am 20. April 1655; starb zu Rom 1675 am 21. Januar.

c. Franziska Eleonore Clara, geboren am 4. Februar 1657, vermählt den 4. October 1678 an Anton Leopold, Graf zu Pöttingen, welcher 1657 am 4. Febr. geboren und 1703 am 30. September gestorben ist.

4

Sie segnete das Zeitliche am 30. September 1714, ohne Leibeserben zu hinterlassen.

d. Magdalene Christine, erblickte das Licht der Welt am 15. März 1658, feierte den 7. September 1673 ihre Vermählung mit Georg Ludwig von Kirchberg, einer thüringenschen Familie angehörig. Sie starb zu Hachenburg am 19. Juli 1715, begraben den 19. October, und hinterließ einen Sohn und sieben Töchter. Ihr Gemahl starb am 5. Juli 1685.

c. Salome Sophie Ursula, geboren 1659, vermählt 1675 am 31. August mit Ludwig Friedrich, Graf zu Wied-Runkel. Derselbe verlor seine Gattin 1678 am 24. Juni durch den Tod. Sie hinterließ keine Kinder. Ihr Gemahl starb 1709 ohne Erben.

Als der einzige Sohn Prinz Maximilian Johann Ferdinand im minderjährigen Alter ohne Erben gestorben war, errichteten seine vier Schwestern noch bei Lebzeiten des Vaters im Jahre 1675 einen Erbvergleich und bestimmten in demselben, daß einer jeden Schwester ältester Sohn den mütterlichen Antheil erhalten solle. Sie nahmen 1675 am 26. October die Huldigung der Unterthanen entgegen.

Dieser Vergleich verlor nach dem Tode der mit dem Grafen zu Wied vermählten Schwester Salome, die 1678 ohne Erben starb, seine Gültigkeit. Die drei Schwestern verglichen sich den 13. (23.) December des nächsten Jahres mit Ludwig Friedrich, Graf zu Wied, in Betreff des Nießbrauchs, welcher in dem Erb-Vertrag von 1675 bestimmt war, zum Besten der Gemahle der übrigen drei sahnischen Erbtöchter der Manderscheid'schen Linie, welche 1685 am 13. August einen neuen Theilungs-Vertrag errichteten.

Nach dem im Jahre 1692 erfolgten Tode der Fürstin Anne Louise von Nassau-Hadamar, welche nur eine Tochter hinterließ, nahmen die beiden Schwestern, Gräfin zu Pöttingen und Magdalene Christine, Burggräfin von Kirchberg, deren Erbantheil, nämlich die Kirchspiele Kirburg, Marxain, Alpenrod, Birnbach, Selters und Burbach in Besitz, wogegen der Vormund der Prinzessin von Hadamar, Fürst Bernhard von Nassau, protestirte und 1695 die Klage bei dem Reichskammergericht erhob, die aber ohne Erfolg blieb [1]).

Da aber nur die eine Schwester, Magdalene Christine, Gemahlin des Burggrafen Georg Ludwig von Kirchberg, männliche Erben hatte, so ging die Regierung nach dem Tode der letzten Schwester, Franziska, Gräfin von Pöttingen,

---

[1]) Moser, Cap. 2, §. 184, pag. 241.

im Jahre 1714 auf jene allein, und von dieser wieder (1715) auf deren Sohn über.

Es war dies

2. Georg Friedrich,
(1715—1749)

Burggraf von Kirchberg und Graf zu Sayn-Hachenburg [1]); geboren zu Farnrode am 3. März 1683. Schon im 4. Lebensjahre nahm der Tod seinen Vater hinweg und die Mutter besorgte die Erziehung. Nach vollendetem 13. Lebensjahre war er befähigt, sich den Studien zuzuwenden. Er besuchte 1696 die Universität zu Halle, 1698 die zu Gießen, dann 1699 die zu Utrecht, wandte sich 1700 abermals nach Gießen. Zu seiner anderweitigen Ausbildung machte er Reisen nach Holland und England und besuchte dann die vornehmsten Höfe Deutschlands.

Im Jahre 1704 übergab ihm seine Mutter die Regierung über die Herrschaft Farnrode, während diese die Regentschaft über die Grafschaft Hachenburg unter Beirath ihres Sohnes beibehielt. Vermählt war er seit dem 9. Mai 1708 mit Sophie Amalie, des Grafen Friedrich Ludwig zu Nassau-Saarbrücken Tochter, welche 1688 am 8. October geboren war. Nach seiner Mutter Tode im Jahre 1715 übernahm er auch die Regierung über die Grafschaft Hachenburg. Zu derselben gehörten die Kirchspiele: Kirburg, Neunkirchen im Freiengrund, Croppach, Hachenburg, Alpenrod, Altstadt, Schöneberg, Höchstenbach, Flammersfeld, Birnbach, Hamm, Marxsain und Roßbach.

Er nahm seine Residenz zu Hachenburg und starb 1749. Seine Tochter Caroline, die am 19. October 1720 geboren, vermählte sich am 2. Januar 1739 mit Johann Friedrich Alexander zu Wied-Neuwied, welcher später Erbansprüche auf die Grafschaft machte.

In der Regierung folgte ihm sein Sohn

3. Wilhelm Ludwig.
(1749—1767).

Dieser war geboren am 30. März 1709. Seine Eltern ließen es nicht an einer tüchtigen Erziehung in den standesmäßigen Tugenden und Wissenschaften fehlen, so daß er schon 1729 die academischen Studien vollendet hatte und von jetzt an Reisen in fremde Länder antrat.

Bei seinem Aufenthalte in Wien 1731 erhielt er vom Kaiser ein Expectanz-Decret auf eine Reichshofrathsstelle und 1733 den Kammerschlüssel. [2])

---

[1]) Avemann, III. Th., S. 299. [2]) S. 301.

4*

Seine Vermählung mit Louise, Wild- und Rheingräfin zu Daun und Kyrburg, die 1721 am 27. Februar in die Welt trat und derselben schon 1751 wieder valet sagte, fand am 19. Juni 1744 statt. Er starb im Jahre 1767 und ihm succedirte sein Sohn

4. Wilhelm Georg.
(1767—1777).

Derselbe war geboren 1751, trat 1771 in die Ehe mit Isabelle Auguste, gebornen Fürstin von Reuß zu Schleiz. Nach einer kurzen Regierung starb dieser Fürst 1777, kaum 26 Jahr alt, wurde 1777 am 10. Februar in der Kirche beigesetzt und hinterließ seine Wittwe und eine 5jährige Tochter, Louise Isabelle Alexandrine Auguste, die 1772 am 29. April geboren war und sich im 17. Jahre mit Friedrich Wilhelm, Fürsten von Nassau-Weilburg, vermählte und Erbin der Grafschaft Hachenburg wurde.

Ihm succedirte sein Oheim

5. Johann August.
(1777—1799).

Er war zu Farnrode am 6. Juli 1714 geboren; studirte mit seinem Bruder Friedrich Ernst zu Jena und Lausanne, trat dann in kaiserliche Kriegsdienste und erwarb sich durch seinen Muth und Tapferkeit Ruhm. Er schied als Major aus dem Dienste.

Nach dem Tode seines Neffen, der keine männlichen Erben hinterließ, trat er die Regierung an.

Mit dem Fürsten Alexander von Wied gerieth er in einen Rechtsstreit, indem derselbe nach dem Tode des Grafen Wilhelm Georg Erbansprüche auf die Grafschaft Hachenburg machte. Der Graf fing mit ihm 1785 in Güte zu unterhandeln an. Nach dem endgültigen Vergleich von 1799 sollte Wied nach des Grafen Tode den Bann Marxain mit den Dörfern Marxain, Zürbach, Freylingen, Wölferlingen, den Hachenburgischen Antheil an dem Dorfe Steinebach, Zehnten von verschiedenen Dörfern und den Höfen Schönerlen, Kaulbach und von dem Hause Nassau-Weilburg 300,000 Gulden Entschädigung erhalten.

Nach dem Reichsdeputations-Receß 1803 wurde dieser Gegenstand vollends berichtigt.

Graf Johann August starb nach einer 22jährigen Regierung, ohne Erben, am 11. April 1799 und beschloß mit seinem Leben zugleich den kirchbergischen Stamm.

Wied nahm nun den Bann Marxain ꝛc. in Besitz und die Grafschaft Hachenburg ging an das Haus Nassau-Weilburg über.

6. Friedrich Wilhelm von Nassau-Weilburg.
(1799 — 1816).

Seine Geburt fällt auf den 25. Juli 1768 und seine Vermählung mit Louise Isabelle Alexandrine Auguste, Burggräfin von Kirchberg, auf den 31. August 1788. Er nahm 1799 am 17. April zu Hachenburg die feierliche Erbhuldigung ein.

Er erließ für sein Land eine Schul-Ordnung, so wie verschiedene kirchliche und andere weise Verordnungen. Seinen thätigen und gewandten Minister v. Gagern mußte er 1808 in Folge eines Decrets vom Protector des Rheinbundes, dem er sich angeschlossen hatte, bimittiren und der seitherige Usingen'sche Minister von Marschall in Wiesbaden war nunmehr der einzige Minister, welcher beiden Fürsten den Vortrag zu halten hatte.

Seit dem Jahre 1806, wo er seine Länder mit denen des Herzogs vereinigt hatte, gaben beide Fürsten gemeinschaftlich für das Gesammtland eine Menge von Gesetzen, die eine völlige Umgestaltung der frühern veralteten Verhältnisse im Geiste der Aufklärung, der Freiheit und des Rechts bezweckten; sie handhabten die vollkommenste Duldung religiöser Meinungen und freie Uebung jedes Gottesdienstes in ihren Landen; gestatteten den Unterthanen den freien Abzug mit ihrem Vermögen, nach erfüllter Militärpflicht, in alle diejenigen Staaten, wo gleiche Abzugsfreiheit nach Nassau bestand; hoben die Leibeigenschaft, da wo sie noch existirte, von Grund aus auf; löseten den Frohn- und Dienstzwang unter Entschädigung der Dienstherrn ab; schafften körperliche Züchtigungen als Strafmittel ab und erkannten erbliche Vorrechte auf höhere Staatsämter nicht mehr an. Die Justizpflege ließen sie von den Justizbehörden unabhängig verwalten, stellten die freie Benutzung des Grundeigenthums unter den Schutz schirmender Gesetze und erließen, unter Aufhebung der vielen alten Steuern und Abgaben, ein neues, einfaches, auf dem Grund der Besteuerung des reinen Einkommens beruhendes Steuergesetz. 1814 in der Hälfte September gaben sie ihren Unterthanen eine landständische Verfassung.

Beide Fürsten traten 1813 vom Rheinbunde zurück und schlossen sich dem Bunde für die Unabhängigkeit Deutschlands an; sie traten 1815 am 8. Juni dem in Wien gestifteten deutschen Bunde bei; und die Bundesacte bestimmte, daß das Herzogthum Nassau in dem engern Rathe der Bundesversammlung gemeinschaftlich mit Braunschweig die

13. Stimme und in der Plenarsitzung zwei Stimmen führen sollte.

Der Fürst Friedrich Wilhelm von Nassau starb, 49 Jahr alt, am 8. Januar 1816 in Folge eines unglücklichen Falles im Schlosse zu Weilburg, geliebt von seinen Unterthanen und darum tief betrauert. Ihm succedirte sein Sohn:

7. Wilhelm,
(Georg August Belgicus)
(1816 — 1839)

Herzog, im 24. Lebensjahre. Derselbe war geboren 1792 am 14. Juni, vermählte sich 1813 am 24. Juni mit Charlotte Friederike Amalie, des Herzogs Friedrich zu Sachsen-Altenburg Tochter, die 1794 am 28. Januar geboren und 1825 am 6. April mit Tode abging, und trat in die zweite Ehe 1829 am 23. April mit Pauline Friederike Marie, Tochter des Prinzen Paul von Würtemberg (geboren 1810 am 25. Januar und gestorben 1856 am 7. April.)

Nachdem seine beiden Regierungsvorgänger auf eine neue zeitgemäße Verwaltungs-Organisation des Landes ihre Aufmerksamkeit gerichtet hatten, gab er dem Lande eine landständische Verfassung, einen Staatsrath neben dem Ministerium und den acht höhern Justiz- und Landes-Collegien. So vollendete Herzog Wilhelm, was jene beiden angefangen hatten, theilte das Herzogthum in 28 Amtsbezirke, erließ eine Amtsverwaltungs- und eine Gemeinde-Ordnung, so wie ein Conscriptionsgesetz, gab Verordnungen über die Armenpflege, Forstverwaltung, die öffentlichen Unterrichtsanstalten, Medicinalverwaltung und über die äußern Verhältnisse der evangelischen Kirche. Auch eröffnete er den ersten Landtag. An die Stelle der aufgehobenen alten Hochschule zu Herborn errichtete er ein theologisches Seminar für evangelische Candidaten der Theologie. Am dritten Reformations-Jubelfeste, 1817 am 31. October, vereinigten sich die Reformirten und Lutheraner des Landes zu einer evangelisch-christlichen Kirche. Letztere erhielt vom Herzog durch das Edict vom 8. April 1818 ihre Verfassung und stellte einen Landesbischof an die Spitze der evangelischen Geistlichkeit.

Der Herzog Wilhelm errichtete ferner ein Landesgymnasium zu Weilburg, eine Taubstummenanstalt zu Camberg und ein landwirthschaftliches Institut zu Hof Geisberg bei Wiesbaden, trat 1836 am 11. Januar dem allgemeinen deutschen Zollverbande bei und gab 1838 die Concession zur Taunuseisenbahn, soweit sie das Herzogthum berührte.

Die Männer, welche dem Herzog in der Ausführung zur Seite standen, waren Jball, v. Marschall, Möller, v. Mühlmann, v. Pfeiffer, v. Rößler und Vigelius.

Der Erfolg in seiner 24jährigen Regierung rechtfertigte die Weisheit und die Nützlichkeit der von ihm und seinen beiden Vorfahren getroffenen neuen Einrichtungen.

Herzog Wilhelm starb am 20. August 1839 im Bade Kissingen, wohin er sich zur Stärkung seiner wankenden Gesundheit begeben hatte, an einem Schlaganfalle und nahm die Liebe seiner Unterthanen mit ins Grab.

Ihm folgte in der Regierung sein ältester damals 22=jähriger Sohn,

8. Herzog Adolph,
Wilhelm Carl August Friedrich,
(1839—1866)

geboren 1817 am 24. Juli; vermählt 1844 am 31. Januar mit Elisabeth Michailowna, Großfürstin von Rußland, welche 1826 am 26. (14.) Mai geboren ist. Doch kaum ein Jahr währte diese glückliche Ehe, denn schon am 28. Januar 1845 ging die edle Frau in die Ewigkeit. Herzog Adolph vermählte sich wiederum 1851 am 23. April mit Adelhaid Marie, Tochter des Prinzen Friedrich August von Anhalt=Dessau, welche 1833 am 25. December geboren ist.

Zu den ersten Regierungshandlungen des Herzogs Adolph zählt man die Errichtung der Zehntablösungscommission und der Landescreditcasse, die Verordnung über das Land=bauwesen, die Regulirung der Waldsteuer, die Gesetze über das gerichtliche Hülfsvollstreckungsverfahren und über die Besoldungen der Offiziere und der Civilstaatsdiener. Er gab 1841 ein neues Gesetz über die Gewerbsteuer, traf wegen Schiffbarmachung der Lahn Vereinbarungen mit andern dabei betheiligten Regierungen, stiftete 1843 ein Ehrenzeichen für Rettung aus Lebensgefahr und nahm in Folge des Bundesbeschlusses 1844 statt der bisherigen Titulatur „Durchlaucht" das Prädicat „Hoheit" an.

Im Jahre 1848, wo fast in allen Ländern Deutschlands sich Unzufriedenheit und drohende Volksunruhen zeigten, blieb auch das Nassauer Land nicht davon verschont. Namentlich gab es in der Residenz Wiesbaden Unruhen und tumultuarische Auftritte, bei welchen die Leiter des Volkes allerhand Ansprüche an die Regierung stellten.

Durch preußische Truppen aus Mainz wurden jedoch diese Unruhen bald beseitigt, und das vorübergehend gestörte Verhältniß zwischen Fürst und Volk wieder hergestellt.

Durch das Gesetz vom 4. April 1849 wurden die Verwaltungszweige von der Justizpflege getrennt und den neu errichteten Verwaltungs- oder Kreisämtern übergeben, deren Geschäfte durch eine Verwaltungsordnung von demselben Tage geregelt wurden. Zu Hachenburg bestand ein solches Kreisamt.

Die Kreisämter wurden jedoch als unpractisch durch das Gesetz vom 20. Juli 1854 aufgehoben und die Verwaltung wieder mit den Justizämtern vereinigt. Indeß ist eine Trennung derselben von der Justiz in der Art factisch beibehalten worden, daß der Amtmann die Verwaltung, und ein oder zwei Amtssecretäre, die nach dem Edicte vom 1. Juli 1859 den Titel Assessor führten, die Justizpflege besorgten.

So erfreuten sich die Bewohner einer guten Staatsregierung. Doch sollte diese nicht mehr von langer Dauer sein.

In dem denkwürdigen Jahre 1866 kam die lange schon obschwebende Rivalität zwischen Oesterreich und Preußen, betreffend die Hegemonie in Deutschland, endlich zum Austrag.

Am 9. April e. a. hatte Preußen in außerordentlicher Sitzung des Bundestags den Antrag einer Bundes-Reform gestellt. Hiergegen agirte Oesterreich, warf Preußen den Bundesbruch vor, (namentlich wegen des Einmarsches seiner Truppen aus Schleswig nach Holstein) und beantragte unter dem 11. Juni b. J. beim Bundestage die Mobilmachung der ganzen Bundesarmee, außer der drei preußischen Corps.

Schon am 14. Juni kam es hierüber in Frankfurt zur Abstimmung und die Mehrzahl der Stimmen, darunter auch Nassau, nahmen den Antrag Oesterreichs an. Hierauf gab der preußische Gesandte sofort die Erklärung ab, daß Preußen den Bundesvertrag als gebrochen betrachte.

So kam es denn zu dem Kriege, der einen so raschen, für Preußen günstigen, für Nassau aber verhängnißvollen Erfolg hatte.

Auch der Herzog von Nassau ließ sich nicht abhalten, mit seinen Truppen sich der Bundesarmee anzuschließen. Das Ende davon war denn, daß der Herzog von Nassau depossedirt und sein Land, wie die freie Stadt Frankfurt, mit der preußischen Monarchie, durch das Gesetz vom 20. September [1]) und das Patent vom 3. October [2]), gemäß des zweiten Artikels der Verfassung, sowie mit Zu-

---

[1]) Gesetzsammlung 1866 Nr. 47, pag. 555.
[2]) Ib. Nr. 6422, pag. 597.

stimmung der beiden Häuser des Landtages, für immer vereinigt wurde.

Die preußische Verfassung trat in diesen Landestheilen mit dem 1. October 1867 in Kraft [1]).

Nassau mit Frankfurt und einigen Theilen Hessens bildet seitdem einen in 12 landräthliche Kreise getheilten Regierungsbezirk (Wiesbaden) der Provinz Hessen-Nassau.

Die ehemalige Grafschaft Hachenburg kam zu dem Oberwesterwaldkreis, den die Aemter Marienberg, Hachenburg und Rennerod bilden, und der zum Kreisorte Marienberg hat.

So sind denn nun die sämmtlichen Nassauischen Lande wieder unter preußischem Scepter vereinigt.

Freilich kommen die hiermit verbundenen neuen Einrichtungen zur Zeit noch vielen Einwohnern ungewohnt vor. In Zukunft aber werden ohne Zweifel sie alle die dadurch erlangten Vortheile anerkennen und schätzen lernen.

---

[1]) Gesetzsammlung Jahrg. 1867, pag. 273.

II.

Die Reichsgrafschaft Sayn in kirchlicher Beziehung.

A. Allgemeine Bemerkungen.

Die heidnischen Bewohner der Grafschaft Sayn sind im achten Jahrhundert durch den irländischen Benedictinermönch Winfried oder Bonifacius zum Christenthum bekehrt worden.

Der Vollmachtsbrief, den er vom Papste Gregor II. an die Fürsten und Völker Deutschlands mitbrachte, war — seiner Ueberschrift nach — unter andern an die Bewohner der Nister, der Lahn und der Wetterau gerichtet [1]).

Von dieser Zeit an wurden auf dem Lande Capellen und Kirchen gebaut, Klöster errichtet und Pfarreien ge- gründet.

Die ersten Kirchsprengel waren sehr groß und umfaßten oft mehrere Territorien. Die Filialdörfer derselben hatten meistentheils nur Oratorien oder auch Capellen.

In späterer Zeit spalteten sich die großen Parochien in mehrere kleinere, in denen manche Filial-Capellen, sich von der Mutterkirche trennend, zu Pfarrkirchen umgewandelt und die umliegenden Dörfer, Ortschaften und Höfe dahin einge- pfarrt wurden.

In der Grafschaft Sayn scheint diese Trennung, nament- lich von der Mutterkirche zu Haiger, so wie die Bildung besonderer Kirchen- und Pfarrsprengel im elften Jahrhundert Statt gefunden zu haben.

Ueber 700 Jahre lang gehörten die sämmtlichen Kirchen der Grafschaft, theils zum Erzstifte Köln, theils zum Erz- stifte Trier. In der letzten Diöcese lagen die Parochien der Herrschaft Freusburg, nämlich: Daaden, Kirchen, Fisch-

---

[1]) Kremer, Origg. Nassoic. pag. 4, Urk. II.

bach, Neunkirchen, Burbach und Gebhardshain, welche unter dem Archidiakonate Dietkirchen und dem Ruralkapital Haiger standen. Die Collatur dieser Pfarrkirchen besaß der Bischof von Worms.

Vormals waren die Eingesessenen dieser Kirchen Pfarrkinder von der Mutterkirche Haiger [1]).

Zu demselben Erzstifte und Archidiakonate, aber zum Landkapitel Engers, gehörten die Kirchen und Pfarreien zu Almersbach, Bendorf (Bedendorf), Höchstenbach und Nordhofen (Maxsain).

Die im Erzstifte Köln liegenden Kirchen und Pfarreien: Hachenburg, Altstadt, Alpenrod, Kroppach, Kirburg und Roßbach standen unter dem Archidiakonate Bonn und dem Landcapitel Siegburg.

Die Pfarrer dieses Decanats versammelten sich alljährlich am 4. Tage nach Cantate in der Servatiuskirche zu Siegburg, um dort Synode zu feiern.

Auch die Kirchen und Pfarreien des Amtes Altenkirchen scheinen, als zum Avelgau gehörend, unter der Diöcese Köln, dem Archidiakonate Bonn und dem Ruralcapitel Siegburg gestanden zu haben, wenngleich sie in dem vorerwähnten Archidiakonatsverzeichniß nicht namentlich genannt werden.

Alle Einsassen der Grafschaft Sayn bekannten sich bis zur Mitte des sechszehnten Jahrhunderts zur römisch-katholischen Kirche.

Von da ab aber wandten sie sich der gereinigten deutschen Kirchenlehre zu, die schon in vielen deutschen und außerdeutschen Ländern Eingang gefunden hatte.

Die allmähliche Einführung derselben geschah durch den Grafen Sebastian II. und dessen Vettern, die regierenden Grafen Adolph, Hermann und Heinrich IV. Sie erklärten sich für das lutherische Bekenntniß, welches auch von den Gemeindegliedern ohne Widerstreben angenommen wurde. Der Grund der willigen Annahme dieser neuen Lehre möchte vielleicht in dem Geiste der damaligen Zeit, in welcher sich überall ein Verlangen nach Verbesserung der kirchlichen Zustände und eine Sehnsucht nach der Verkündigung des reinen, lautern Wortes Gottes kund gab, zu suchen sein.

Die saynischen Grafen entzogen nun sich und ihre Unterthanen der geistlichen Jurisdiction der Archidiakonen,

---

[1]) **Kramer**, Origg. **Nassoic.** pag. 120.

verwalteten diese entweder in eigener Person oder ließen solche durch ihre Räthe ausüben.

Auch die Collatur der Pfarreien ihres Gebietes nahmen sie an sich, besetzten diese mit solchen lutherischen Geistlichen, die sie — nach bestandenem Examen — für das Predigt-amt als tauglich und würdig erachteten, und überließen die specielle Aufsicht über die Geistlichen und Lehrer ihrem an-geordneten Superintendenten oder Inspector, welcher auch die Mitaufsicht über die kirchliche Vermögens-Verwaltung führte.

Die Kirchenverfassung ordneten die Grafen nach der von ihnen angenommenen churpfälzischen Kirchenordnung.

Graf Heinrich, der die Einführung der Reformation zum Abschluß brachte, ließ aus derselben einen Auszug an-fertigen und publicirte ihn d. d. Freusburg 1589 den 22. December als Gesetz.

Diesen Auszug ließ er in genügender Anzahl Exemplare zu Frankfurt a. M. unter der Ueberschrift drucken: „Kirchen-ordnung des Wolgebornen Herrn Grafen Heinrich, Grafen zu Sayn: Frankfurt 1590. 4°."

Derselbe wurde 1683 unverändert abgedruckt unter dem Titel: „Kirchenordnung, welchermaaßen in der Lehre des göttlichen Worts, Administration der heiligen Sacramente, in den Ceremonien und andern zum Kirchendienste gehörigen Stücken, auch Versehung der Schulen in Unser, Heinrichs, Grafen zu Sayn, Herrn zu Homburgk, Monklar und Mentz-berg 2c., Graff- und Herrschaften, unserm Superintendenten, Pfarrherrn und andern Kirchen- und Schul-Diener sich verhalten sollen 2c. Eisenach, gedruckt bey Johann David Kolb, Fürstlicher Buchdrucker, 1683. 4°."

Der Vorbericht enthält das Einführungsgesetz Heinrich IV. d. d. Freusburg 1589 vom 22. December und lautet: „Wir Heinrich, Graf zu Sayn, Herr zu Homburgk, Monklar und Mentzberg 2c., Entbieten allen und jeden, unsern Superintendenten, Pfarrherrn, Predikanten, Kirchen- und Schuldienern unsern Gruß, und fügen auch hiemit zu wissen, als wir nach christlichem Absterben, Weiland des Wolgebornen Sebastians, Grafen zu Sayn 2c., unsers freundlichen lieben Vetters, Gottseligen, in seinen Lbd. Hinterlassenen, uns angeerbten Landen, die Lehr und Glauben der Augspur-gischen Confession 2c. wie dieselbige der Röm. Kayserl. Majestät von den Evangelischen Chur- und Fürsten, und andern Ständen des Heil. Reichs auf dem Reichstag zu Augspurg, im Jahr 1530 übergeben wurden, darzu denn auch Wir, durch verliehne Gottes Gnade, uns bekennen, in Christlicher übung befunden haben, folgendes nach Weiland des auch Wolgebornen Hermanns, Grafen zu Sayn ꝛc., unsers freundlichen lieben Bruders, Gottseligen tödtlichen Abgang, von seinen L. uns gleichfalls durch sonderliche Schickung Gottes angefallener Graf- und Herrschaften, Kirchen vorgemelten Augspurgischen Confession gemäß, (in sonderlicher Betrachtung, daß Wir uns in Kraft obliegenden Obrigkeitlichen Amts schuldig wissen, ein sorgfältig und ernst Aufsehen zu thun, daß vor allen Dingen Gottes Ehre gesucht, und die reine Lehre Göttlichen Wortes, zu unser selbst, und uns von Gott befohlener zugehörigen und Unterthanen Seelen Heyl, in unsere Kirchen fleißig getrieben, fortgepflanzt und in allewege befördert werde), haben reformiren lassen ꝛc.

„Damit dann hierinnen dem Befelch St. Pauli, daß alle Dinge in der christlichen Kirche richtig und ordentlich gehandelt werden sollen, um so viel desto mehr gehorsamlich gelebt, und schuldige Folge geleistet werde, auch zu solchem Ende unserer Superintenbenten, Pfarrherrn, Prädicanten, Kirchen- und Schuldiener eine richtige Ordnung haben, dero gemäß sie sich in der Lehr des göttlichen Worts und Austheilung der heiligen Sacramenten auch in den Ceremonien und in ihrem ganzen Kirchen- und Schuldiensten zu Verhütung gefährlicher Spaltung, Zweytracht und daraus wachsenden Unraths, und zu desto besserer und fruchtbarlicher Erbauung der Kirchen Christi, sich einträchtig zu verhalten wissen mögen: So haben wir aus Wailand des Durchlauchtigen und Hochgebornen Fürsten und Herrn, Herrn Wolffgangs, Pfalzgrafen beim Rhein, Herzogen in Bayern, und Grafen von Veldenz ꝛc., Hochlöblichen Gedächtniß, Kirchenordnung, welche denn auch in den Kirchen dieses Orts eine geraume Zeit gebraucht worden, einen Auszug, soviel unsern Kirchen dienlich und nöthig erachtet worden, fertigen und in nachfolgender Form und Ordnung bringen lassen.

„Ist demnach unser gnädiges Gesinnen, auch ernster Befelch an alle unsre Superintenbenten, Pfarrherrn, Prädicanten, Kirchen- und Schuldiener, daß ihr solche unsere Kirchenordnung auch ernstlich befehlen sein lassen, euer Lehr und Predigten, die Administration der Heiligen Sacramente, die Kirchen-Ceremonien, und all euer Kirchenämpter und Schuldienste derselben Gemäß treulich anstellen und fleißig verrichten, darneben auch euer Gebühr und Pflicht nach, eines Gottseligen tapffern eingezogenen Lebens, andern zum guten Exempel und Christlichen Nachfolge, auch zu eurer und ihrer zeitlichen und ewigen Wolfahrt euch jederzeit befleißigen.

„Das wollen wir uns gnädiglich zu euch allen, und einem jeden besonder, euer Schuldigkeit noch versehen, und ihr thut daran unsere gnädige Wolmeinung und zuverlässigen ernsten Willen.

„Datum Freußburg am 22. Decembris, im Jahr unsers Heyls, nach Christi Geburt, Fünffzehn Hundert, Achzig Neun ꝛc."

Diese Kirchenordnung entspricht der Consistorial-Verfassung. Das Consistorium, welches aus weltlichen und geistlichen Mitgliedern zusammengesetzt war, und seinen Sitz zu Hachenburg hatte, sollte jedes Vierteljahr, nach einer besondern Instruktion, über Streitigkeiten in Ehe- und Kirchensachen entscheiden.

Die erwählten zwei Kirchmeister jeder Gemeinde mußten die Verwaltung der Kirchengüter wahrnehmen und über dieselbe die Jahresrechnung vor den Räthen und dem Inspector legen.

In dieser Verfassung blieb die lutherische Kirche bestehen bis zum Abgange des Grafen Heinrich IV. Derselbe hatte, wegen Altersschwäche, bereits am 12. September 1605 seinem Nachfolger, dem Grafen Wilhelm I. zu Sayn-Wittgenstein, als legitimem Erben, die Regierung übertragen.

Dieser, ein warmer, eifriger Reformirter, ließ noch in demselben Jahre, in welchem er die Regierung übernommen hatte, die Einführung des reformirten Cultus bei den Pfarrgemeinden seiner Grafschaft beginnen.

Zu diesem Werke berief er die beiden Geistlichen Johannes Jacobus Hermannus [1]) und M. Reinhard Susenbethus [2]), denen er folgende Ordre zugehen ließ: „Wir

---

[1]) Dieser Hermannus, welcher ein geborner Straßburger war, bekleidete seit 1604 die Hofpredigerstelle zu Dillenburg und mit Genehmigung des Grafen Johann des Aelteren, betheiligte er sich auf den Wunsch des Sayn-Wittgensteinschen Grafen Wilhelm an dem Reformationswerke in der Grafschaft Sayn, ging nach baldiger Vollendung seiner Mission nach Dillenburg zurück, und wurde 1607 am 27. November vom Grafen Ludwig Heinrich zu Dillenburg nach Herborn als Pfarrer und Inspector, aber auch als Professor der Theologie an die dasige Hochschule berufen. Diese Aemter versah er pünktlich und mit gewissenhafter Treue 22 Jahre lang, wenngleich ihn in den letzten 13 Jahren das Licht seiner Augen verlassen hatte. Der Herr über Leben und Tod rief diesen treuen Arbeiter am Freitage vor Pfingsten, als den 14. Mai 1630, ab und führte ihn in sein ewiges Reich, um ihm den verheißenen Lohn der Treue zu geben. Seine Lebenszeit hatte er auf 77 Jahre gebracht. Geliebt und geachtet im Leben, wurde er im Tode tief betrauert. Selbst Graf Ludwig Henrich von Dillenburg und seine Räthe Hoen und Daum begleiteten die Leiche zur stillen Gruft, die derselben unter dem Pfarrstuhle in der oberen Kirche zu Herborn bereitet war.

[2]) Ueber Susenbeth siehe Nr. 1 des Verzeichnisses der Geistlichen von Altstadt.

„befehlen, daß uff den 9. dieses (9. October 1605) der
„Anfang mit der Reformation gemacht werde, um zu sehen,
„wie sich die Geistlichen anstellen; wenn sie nicht wollen,
„ist ihnen der Termin bis uff den letzten solchen Monats
„anzudeuten, mit der Drohung, da sie nicht unsere Lehre
„annehmen wollten, sollen sie mit Gewalt ausgeschafft werden;
„so in gleichen auch die Unterthanen bei Verlust ihres
„Habes und Guts. Darnach Ihr Euch zu richten."

Gemäß dieses Auftrags zogen nun die beiden Reforma-
toren von Pfarrei zu Pfarrei, um die Glaubensmeinung
eines jeglichen Geistlichen der Grafschaft zu vernehmen, zu
protokolliren und demnächst dem Grafen den verlangten
Bericht erstatten zu können.

Der Bericht enthält nun Folgendes:

Johannes Scipio, Pastor in Kirburg, hat die gezeigte
Wahrheit erkannt, sich erboten, die reformirten Schriften
fleißig zu lesen und gebeten, daß man ihn ferner in der
wahren Lehre unterweisen wolle.

Die Pastoren:

    Bartholomäus Textorius in Höchstenbach,
    Eberhardus Worniger in Kirchen,
    Laurentius Ellen in Roßbach,
    Honoricus Willrich in Mehren,
    Valentinus Apiarius in Birnbach,
    Georgius Tragius in Hamm,

haben um Bedenkzeit gebeten.

Die Pastoren:

    Heimann Mudersbach in Gebhardshain,
    Adamus Klingspan in Fischbach-Freusburg,
    Alexander Zitopäus in Croppach,
    Henricus Hachenburg in Almersbach,
    Petrus Merkator in Schöneberg,
    Zacharias Stazelius in Flammersfeld und
    Engelbertus Salchendorf in Daaden

haben sich gegen das reformirte Bekenntniß erklärt. Ad
marginem resolvirt der Graf Wilhelm zu Wittgenstein in
Betreff der letztern: „Sollen Angesichts weggejagt werden."

Es hat auch Magister Grymeus, Pfarrherr zu Neunkirchen sich ziemlich erklärt, etliche Bücher von mir (Susenbethus) begehrt, und verheißen, wenn er sich in seinem
Gewissen überzeugt finden könne, der Wahrheit Raum zu
geben; — wir besorgen aber aus etlichen Conjecturen, daß es
ihm mit der Sache kein Ernst sei. Graf Wilhelm schrieb
hierauf am Rande dieses Berichtes: „Dem ist nicht zu
trauen, und wohl am Besten, daß ihm ein Termin gesetzt
werde, wann er trollen soll."

„Auch M. Casparus, Schuldiener zu Hachenburg, hat sich ganz zweifelhaft erklärt, also, daß wir wenige Hoffnung seiner Person halber sagen mögen." —

Wie der Graf den Geistlichen hatte androhen lassen, so geschah es auch.

Alle, bis auf den Pfarrer Laurentius Ellen in Roßbach, erhielten ihre Entlassung. Die nun nicht gutwillig die Pfarrei verließen, wurden mit bewaffneter Hand ausgetrieben und die Pfarrstellen sofort mit reformirten Geistlichen, welche der Graf meistentheils aus der benachbarten Grafschaft Dillenburg berief, besetzt.

Im folgenden Jahre, am 21. Mai, befahl er die unverzügliche Einführung des Heidelberger Katechismus und die Abschaffung der Altäre und der Kirchenorgeln.

Bei der rigorösen Einführung der neuen Lehre waren viele Gemüther erbittert und blieben, ohne sich von den Vorzügen derselben zu überzeugen, der lutherischen Lehre getreu. Doch durfte für dieselben kein lutherischer Prediger fungiren; auch war ihnen der Besuch einer auswärtigen lutherischen Kirche verboten und verpönt.

Die Grafschaft bestand damals aus folgenden 20 Kirchengemeinden:

Almersbach, Alpenrod, Altenkirchen, Altstadt, Bendorf, Birnbach, Croppach, Daaden, Flammersfeld, Fischbach-Freusburg, Gebhardshain, Hachenburg, Höchstenbach, Kirburg, Kirchen, Mehren, Marsain, Neunkirchen, Roßbach, Schöneberg.

Während des 30jährigen Krieges hatten die Reformirten der Grafschaft viele Bedrückungen und Verfolgungen von Seiten der fanatischen, feindlichen Kriegsvölker, deren Hauptaugenmerk auf die Vertreibung und Verfolgung der reformirten Geistlichen und auf Zernichtung der Pfarrdokumente und Kirchenbücher gerichtet war, zu erdulden. Von jetzt an wurde der Calvinismus selbst nicht nur in seinen Fortschritten gehemmt, sondern auch sogar aus einigen Kirchspielen verdrängt. Zunächst vertrieb Churtrier für immer die reformirten Prediger aus den Kirchsprengeln der Herrschaft Freusburg, die von ihm 1626 gewaltsam in Besitz genommen wurde, und sandte Missionäre dorthin, um den katholischen Cultus einzuführen.

Dann nahm auch die Gräfin Louise Juliane, nachdem sie von der Grafschaft Hachenburg wieder Besitz ergriffen hatte, auf die Wiederherstellung der lutherischen Kirche in derselben Bedacht.

Die Ausführung dieses Vorhabens übertrug sie ihrem Hofprediger, Johann Ludwig Dumphius, einem warmen Lutheraner, der aber auch ein mäßiger und kluger Mann war.

Seine erste desfallsige Wirksamkeit begann er 1649 in der Residenzstadt Hachenburg, deren Bewohner von uralten Zeiten her in die naheliegende Kirche zu Altstadt eingepfarrt waren. Seit der Einführung der Reformation hatte der Altstädter Pastor, der zugleich mit dem Amte eines Inspectors betraut war, die Verpflichtung, die Filialkirche zu Hachenburg, nach Beendigung des Gottesdienstes in der Mutterkirche, allsonntäglich mit Predigt und zu gewissen Zeiten mit Spenden des heiligen Mahles zu versehen.

Anfangs hielt der Hofprediger den lutherischen Gottesdienst für die dortigen Beamten und die gräflichen Domestiken in der Schloßkirche ab, der beim dritten Läuten in der reformirten Kirche seinen Anfang nahm [1]).

Später bedeutet der Hofprediger seine kleine Gemeinde, daß sie am nächsten Sonntage schon beim zweiten Läuten auf dem Schlosse sein müßte. Sie erschien und beim dritten Läuten zog sie, vom Hofprediger geführt, processionsmäßig in die Stadtkirche und die Kirchthüren waren während des Gottesdienstes mit Soldaten besetzt.

„Herr Franz Priester" — so fährt der Berichterstatter fort — „damaliger Pastor und Inspector in der Altstadt, so die Stadt mitbedient, kommt, um in die Kirche zu gehen, dem läuft Herr Hoffmann, Herrn Alberti Hoffmanns Vater, entgegen und sagt: „Herr Franz, die Lutherischen sind in der Kirche", welcher antwortet:

„Wenn die darin sind, brauch ich nicht hineinzugehen!" Kehrt also um; ist auch ohne Tumult abgegangen. —"

Von dieser Zeit an wurde die Stadtkirche ein Simultaneum, und der reformirte und lutherische Pfarrer alternirten mit erster und zweiter Predigt.

Auch in anderen Gemeinden dieser Grafschaft wurde das lutherische Bekenntniß eingeführt. Dies war um so leichter, weil bei den meisten Gemeinden die alten reformirten Pfarrer entweder mit Tode abgegangen waren, oder wegen Altersschwäche mit der Hälfte des Gehaltes pensionirt wurden. Diese Pfarrstellen wurden nun mit lutherischen Predigern besetzt und ihnen die Revenüen der reformirten Geistlichen ganz oder zum Theil überwiesen.

Lutherische Pfarreien wurden gegründet: Zu Hamm 1650, zu Bendorf 1654, zu Höchstenbach 1651, zu Alpenrod 1650.

Die reformirten Gemeindeglieder wurden mündlich damit getröstet, daß bei der nächsten Vacanz wieder ein reformirter Pfarrer angestellt werden sollte, aber diese Versprechungen

---

[1]) Nach einem Berichte des Pfarrers Müller in Hamm.

wurden nicht gehalten, und erst später auf vielfaches Solicitiren realisirt, nachdem in eine Theilung des Pfarreinkommens war gewilligt worden.

Hergestellt wurden die reformirten Pfarreien mit verminderten Einkünften: 1664 zu Hamm und Hachenburg, 1671 zu Höchstenbach, 1652 zu Alpenrod. Vendorf blieb lutherisch.

Die Gräfin Louise Juliane übergab nach niedergelegter Vormundschaft den beiden Erbtöchtern die Grafschaft Sayn. Diese theilten selbige durch den Theilungs-Receß vom 19. August 1652 in die beiden Grafschaften: Sayn-Altenkirchen und Hachenburg ab, jedoch blieb der Flecken Vendorf gemeinschaftlich und wurde erst 1744 mit Altenkirchen vereinigt. Das religiöse Exercitium erhielt unter diesen neuen Regierungsverhältnissen wesentliche Veränderungen; und deshalb wollen wir solche zunächst angeben.

B. Die einzelnen Kirchspiele.

I. In der Grafschaft Altenkirchen,
nachdem einige generelle Bemerkungen vorangehen.

Die Grafschaft Altenkirchen, welche aus den Parochien: Almersbach, Altenkirchen, Daaden, Freusburg-Fischbach, Gebhardshain und Kirchen bestand, zu denen später noch Birnbach, Flammersfeld, Hamm und Schöneberg kamen, erhielt die Gräfin Johannette, verwittwete Gräfin zu Hessen-Eppstein.

Ein in demselben Jahre am 22. Juli zwischen Sayn und Trier abgeschlossener Separatvertrag ordnete das kirchliche Verhältniß in der Herrschaft Freusburg, gab den dort wohnenden Lutheranern und Katholiken freie Religionsübung, erhob die bisher reformirten Kirchen zu Freusburg-Kirchen, Fischbach, Gebhardshain und Daaden zu Simultaneen und zwar am letzteren Orte für Lutheraner und Reformirte und in den drei übrigen Kirchdörfern für Lutheraner und Katholiken, bestimmte die Gleichtheilung der Pfarrgefälle einer jeden Gemeinde zwischen den lutherischen und katholischen Geistlichen und sprach den letztern die Pfarrwohnungen zu Fischbach und Freusburg zu, während das Pastorathaus zu Gebhardshain dem lutherischen Prediger verblieb.

So war durch die Landgräfin Johannette die reformirte Lehre aus der Herrschaft Freusburg verdrängt, während sie dieselbe in den übrigen Kirchspielen ihres Gebietes ungekränkt bestehen ließ.

Nachdem sie aber mit dem lutherischen Herzoge Johann Georg zu Sachsen-Eisenach in die zweite Ehe getreten war, so stellte sie in allen Branchen nur lutherische Beamten an, die sie meistens aus dem Eisenach'schen berief.

Sie beabsichtigte in den Pfarrdörfern neben der reformirten Gemeinde auch eine lutherische zu gründen.

Im Jahre 1665 fand sich dazu eine passende Gelegenheit. Es starb nämlich der Pfarrer zu Schöneberg, der seit mehr als dreißig Jahren die Pfarrei Almersbach gegen Genuß der Pfarremolumente mitverwaltet hatte.

Die Gräfin berief zu der letztern Stelle den Johann Ludwig Dumpf, der damals als lutherischer Prediger zu Höchstenbach fungirte.

Von der Landesherrschaft unterstützt, begann er die Wiedereinführung der lutherischen Lehre. Die Pfarrkirchen zu Almersbach, Schöneberg und Altenkirchen wurden zu Simultankirchen und die reformirte Capelle zu Hilgenroth zu einer lutherischen Pfarrkirche erhoben.

Nur in Mehren wollte es nicht gelingen, eine lutherische Pfarrei zu bilden, obgleich der dortige alte Richter Cramer es dahin brachte, daß des Jahres zwei- bis viermal in der dasigen Kirche lutherischer Gottesdienst, für sich, seine Familie ꝛc., 12 Personen an der Zahl, abgehalten wurde.

Die Pfarrgemeinden Birnbach, Flammersfeld, Kroppach und Kirburg blieben in ihrem reformirten Bekenntnisse unangefochten, da diese zu der Zeit, als in der Grafschaft Hachenburg die lutherische Lehre eingeführt wurde, zur Grafschaft Altenkirchen gehörten; und als hier dieselbe Eingang fand, an Hachenburg ausgetauscht waren, wo der Reformationseifer unterdeß erkaltet war.

Die Eisenach'sche Regierung begünstigte die Lutheraner, bedrückte aber die Reformirten in ihrem Kirchenwesen. Letztere sahen sich zu mannigfachen Klagen und Beschwerden, die sie in den Jahren von 1715 bis 1718 erhoben, veranlaßt, erwirkten auch bei dem Könige von Preußen und Landgrafen von Hessen-Kassel ꝛc. Intercessionales, aber sie führten nur härtere Bedrückungen und Bestrafungen herbei.

Es blieb den Reformirten die Presbyterialverfassung versagt, und dieselben wurden im Ganzen nach den Grundsätzen der Consistorialverfassung, welche für die Lutheraner zur Anwendung kam, behandelt. Für die Letztern blieb die alte von Heinrich IV. erlassene Kirchenordnung fortwährend in Gebrauch.

Die Regierungs-Canzlei, welcher ein lutherischer Inspector beigegeben, verwaltete die Consistorialsachen.

Der Kirchenvorstand, welcher von der Regierung bestellt wurde, bestand aus den Vorstehern, den Geschworenen und Ortsschöffen.

Das Sachsen-Eisenach'sche Herrschergeschlecht erlosch 1741 und die Grafschaft Altenkirchen fiel an das Brandenburg-Onolzbach'sche Haus, dessen letzter Markgraf Christian Friedrich Carl Alexander die beregte Grafschaft 1792 unter preußische Verwaltung stellte. Während der Onolzbach'schen Regierung wurde im Kirchenwesen wenig geändert.

Durch den Reichsdeputationsbeschluß gelangte im Jahre 1803 Nassau-Usingen zur Regierung über Altenkirchen, welche jedoch 1806 an das Herzogthum Nassau überging.

Die Regierungs-Canzlei zu Altenkirchen, welche bisher die Consistorial- und Ehesachen behandelt hatte, wurde 1806 aufgehoben und ein Consistorial-Convent, bestehend aus dem Justiz-Amtmann als Director, dem lutherischen und reformirten Inspector als Beisitzern, und dem Amtsactuar als Sekretär, angeordnet, und demselben die Ertheilung der Copulationsscheine, die Dispensationen wegen Ehehindernisse, die Revision der Kirchenordnungen, die Bestrafung der Fornicationsfälle, die Entscheidung der Alimentations- und Satisfactionsklagen unehelich geschwächter Weibspersonen ꝛc. überwiesen. Die Appellation in den Conventsachen ging an das Consistorium.

Die Oberaufsicht über die Geistlichen führte der damalige General-Inspector Gieße, der seinen Sitz zu Weilburg hatte.

Als im Jahre 1816 die Grafschaft Altenkirchen mit den Kirchspielen: Birnbach, Flammersfeld, Hamm und Schöneberg an Preußen überging, wurde sie dem Regierungsbezirke Coblenz einverleibt und der Altenkirchener Consistorial-Convent dem unter dem 22. April 1816 in Wirksamkeit getretenen Consistorium zu Coblenz zugewiesen.

Nachdem die Union am 31. October 1817 bei dem Sekularfeste der Reformation Eingang gefunden hatte und am 19. Dezember 1817 die neue Kreiseintheilung des Regierungsbezirks Coblenz festgesetzt war, wurde Altenkirchen zur Kreisstadt erhoben. Dieser Kreis bildete von nun an mit seinen Pfarreien den Synodalbezirk Altenkirchen.

Unter dem 5. März 1835 bestätigte der König Friedrich Wilhelm III. von Preußen die neue Kirchenordnung für alle Gemeinden beider evangelischen Confessionen Rheinlands und Westphalens und ertheilte derselben unter Aufhebung aller frühern entgegengesetzten Bestimmungen Gesetzeskraft [1]).

Dieser Kirchenordnung gemäß steht die Aufsicht und Verwaltung aller kirchlichen Angelegenheiten der rheinischen evangelischen Kirche unter dem Ministerium der geistlichen, Unterrichts- und Medicinal-Angelegenheiten zu Berlin.

In Folge der inmittelst eingetretenen Veränderung der Staatsverfassung wurde durch Allerhöchsten Erlaß vom 26. Januar 1849 [2]) die oberste Verwaltung der innern evangelischen Kirchensachen künftig einer von dem Minister der geistlichen Angelegenheit unabhängigen Behörde übertragen und zugleich bestimmt, daß bis zu dem Zeitpunkte, wann die evangelische Kirche sich über eine selbstständige Verfassung geeinigt hat, mithin der Artikel 12 der Verfassungsurkunde vom 5. December 1849 [3]) in Vollziehung zu setzen sein wird, die nach der Dienst-Instruction für die Provinzial-Consistorien vom 23. October 1817 [4]), der Ordre vom 31. December 1825 [5]) und der Verordnung vom 27. Juni 1845 §. 1 [6]) zu dem Ressort der Consistorien gehörenden Angelegenheiten in der höhern Instanz von der evangelischen Abtheilung des Ministeriums unter dem Vorsitze des Directors derselben selbstständig und collegialisch bearbeitet werden sollen. Sie hat das Recht der allgemeinen Anordnung innerhalb der bestehenden Gesetze und Vorschriften.

Dem Minister der geistlichen Angelegenheiten verbleibt bis zu dem, in der Allerhöchsten Ordre vom 26. Januar 1849 bezeichneten Zeitpunkte der Herstellung einer selbstständigen Kirchenverfassung, die höhere Verwaltung der gegenwärtig den Provinzialregierungen übertragenen äußeren Angelegenheiten der evangelischen Kirche [7]), so wie die zur Zeit noch zu seiner verfassungsmäßigen Verantwortlichkeit gereichende Verwaltung und Verwendung der Staatsfonds zu den bestimmten kirchlichen Zwecken; während ein Zusammenwirken des Ministers der geistlichen Angelegenheiten, mit der evangelischen Abtheilung des Ministeriums in den kirchlichen Angelegenheiten, in denen nach der Verordnung vom 27. Juni 1845 §. 3 und §. 5 [8]) die Regierungen an-

---

[1]) Von Kampz, Annalen, Band 19, Seite 104.
[2]) Gesetz-Sammlung 1849, Seite 125, Nr. 3104.
[3]) Ib. 1848, Seite 375—391, Nr. 55.
[4]) Ib. 1817, Seite 237—245, Nr. 438.
[5]) Ib. 1826, Seite 5, Nr. 1.
[6]) Ib. 1845, Seite 440—443, Nr. 2587.
[7]) Ib. 1817, Seite 248—282, Nr. 440.
[8]) Ib. 1845, Seite 440, Nr. 2785.

gewiesen sind, sich mit den Consistorien in Einvernehmen zu setzen, stattfindet. In diesen gemeinschaftlichen Sachen erfolgen die Entscheidungen im Namen des Ministers.

Im Jahre 1850 unter dem 29. Juni bestimmte ein abermaliger Allerhöchster Erlaß [1]), daß diese Abtheilung des Ministeriums unter Beibehaltung der von ihr bisher aus- geübten und durch ein beigefügtes Ressort-Reglement [2]) näher bezeichneten amtlichen Befugnisse, in Zukunft die Bezeich- nung „Evangelischer Oberkirchenrath" führen sollte, er steht im directen Verkehr mit den übrigen Behörden und be- richtet unmittelbar an des Königs Majestät.

Unmittelbar von demselben ressortiren das Consistorium, welches die Interna und die Regierungen in der Provinz, welche die Externa ordnen und verwalten.

Zwischen dem Ministerium und diesen Behörden steht ein General-Superintendent, welcher die Superintendentur- Sprengel, nach den ihm von dem Ministerium der geistlichen Angelegenheiten ertheilten Instructionen, beaufsichtigt.

Das Organ für das königliche Consistorium und für die Regierungen sind die Superintendenten, welche den Kreis- synoden vorgesetzt sind, und als Zwischenbehörde die Wei- sungen des Consistoriums und der Regierungen an die Pfarrer und Presbyterien zu bringen haben.

Kirchenordnungsmäßig wurde nun alljährlich, gewöhnlich im Nachsommer, die Kreissynode abgehalten. Das jedesmal durch den Scriba aufgenommene Protocoll mußte in Abschrift der Königlichen Regierung, dem Consistorium, dem Präses der Provinzialsynode, demnächst auch sämmtlichen Presby- terien eingesandt werden. Um jedoch das vielfache Ab- schreiben zu ersparen, wurden auf Beschluß der Kreissynoden die jährlichen Verhandlungen in einer entsprechenden Anzahl Exemplare als Manuscript abgedruckt und den betreffenden Behörden und Presbyterien übermacht.

Mit der Kirchenordnung wurde auch die Einführung der schon am 20. April 1834 genehmigten Preußischen Agende angeordnet, jedoch die Einführung der liturgischen Gesänge dem Ermessen der Geistlichen anheimgestellt.

Das neue, nach den Beschlüssen der Synode Jülich, Cleve, Berg und der Grafschaft Mark herausgegebene evan- gelische Gesangbuch, welches schon 1834 den 28. August vom Ministerium bestätigt war, kam gleichfalls in Gebrauch.

---

[1]) Gesetzsammlung 1850, Seite 343, Nr. 3285.
[2]) Ib. 1850, S. 344, Nr. 3285.

Durch die Cabinets-Ordre vom 17. December 1839 ist das Gnadenjahr für die Wittwen und Waisen allen evangelischen Predigern in Rheinland und Westphalen zugesichert.

Der Synodalbezirk Altenkirchen umfaßt 12 Mutterkirchen mit 14 Pfarrern und zwei Töchterkirchen mit zwei Pfarrern, nämlich:

1)	Almersbach	mit	1	Pfarrer.
2)	Altenkirchen	„	2	„
3)	Birnbach	„	1	„
4)	Daaben	„	2	„
5)	Flammersfeld	„	1	„
6)	Freusburg-Fischbach	„	1	„
7)	Gebhardshain	„	1	„
8)	Hamm	„	1	„
9)	Hilgenroth	„	1	„
10)	Kirchen	„	1	„
11)	Mehren	„	1	„
12)	Schönberg	„	1	„ und die

Vicariatsgemeinden:

1) Struthütte-Herdorf mit 1 Pfarrer,
2) Wissen „ 1 „

Der Superintendent hat zur Zeit seinen Sitz zu Almersbach.

Der Synodalkreis mit seinen 71 Schulen und 76 Lehrern ist in die beiden Schulinspections-Bezirke: Almersbach und Flammersfeld abgetheilt. Zu dem ersteren Bezirke (Almersbach) gehören 35 Schulen und 39 Lehrer, von denen auf die Kirchspiele:

1)	Almersbach	5	Schulen mit	4	Lehrern,	
2)	Daaben	13	„	„	14	„
3)	Freusburg-Fischbach	3	„	„	3	„
4)	Gebhardshain	3	„	„	3	„
5)	Hamm	8	„	„	10	„
6)	Kirchen	3	„	„	4	„

kommen.

Zu dem andern Bezirke gehören: 36 Schulen und 37 Lehrer, von welchen die Kirchspiele:

1)	Altenkirchen	12	Schulen und	13	Lehrer,	
2)	Birnbach	4	„	„	4	„
3)	Flammersfeld	8	„	„	8	„
4)	Mehren	5	„	„	5	„
5)	Schöneberg	3	„	„	3	„
6)	Hilgenroth	4	„	„	4	„

zählen.

Nach dieser generellen Uebersicht folgt nun die Reihenfolge der Geistlichen jeder Pfarrgemeinde.

1. Das Kirchspiel Almersbach.

Das Kirchdorf Almersbach, ungefähr eine Stunde von Altenkirchen liegend, war ehemals der Sitz eines Cent-Gerichtes.

Das Kirchengebäude steht auf einer Anhöhe, bei welchem sich auch der Todtenhof befindet. Das Baujahr der Kirche ist nicht bekannt.

Das Kirchspiel gehörte in älterer Zeit zur Grafschaft Isemburg-Wied, und ist 1498 mit der Grafschaft Sayn vereinigt worden; kam 1652 an die Altenkirchener Linie und 1815 an Preußen.

Am 31. December 1688 wurde Almersbach zum großen Theile durch die Franzosen eingeäschert.

Die seit 1560 hier bestehende lutherische Kirche mußte 1605 der reformirten weichen. Seit 1636 blieb die hiesige Pfarrstelle unbesetzt und wurde bis 1665 von Schöneberg aus verwaltet. Im letztern Jahre besetzte die Landesherrschaft die reformirte Pfarrstelle mit einem lutherischen Pfarrer und wies demselben das Pfarrhaus nebst den Pfarrgefällen zu. Die reformirte Gemeinde erhielt die mündliche Zusage, daß nach dem Abgange dieses angestellten Geistlichen wieder ein reformirter Pfarrer eingesetzt werden solle. Als aber dieses bei der nächsten Erledigung nicht geschah, so fanden unter dem nachfolgenden Geistlichen allerhand tumultuarische Auftritte statt. Dreimal wurden demselben die Kirchthüren verschlossen, so daß der Gottesdienst auf dem Kirchhofe gehalten werden mußte.

Die dasige Kirche diente seit 1669 als Gemeinkirche für Lutheraner und Reformirte. Letztere wurden alle 14 Tage vom reformirten Prediger zu Schöneberg mit einer Predigt versehen.

Seit 1709 versah der zweite reformirte Prediger zu Altenkirchen alle 14 Tage den Gottesdienst.

1716 reichten die Reformirten dem Landesherrn zum Anschluß an die mit andern reformirten Gemeinden der Grafschaft übergebenen generellen auch noch ihre besonderen Religionsbeschwerden, die in acht Paragraphen vertheilt waren, ein, welche aber unberücksichtigt blieben und nur Geld- und Thurmstrafen zur Folge hatten.

Seit dem Jahre 1722, wo den Reformirten das Pfarrhaus und die halben Pfarr-Renten zurückgegeben wurden, wohnte wieder ein reformirter Pfarrer daselbst und der

Gottesdienst fand nun jeden Sonntag statt, wobei die beiden Confessionen mit Früh- und Spätkirche von 8 zu 8 Tagen abwechselten.

Die Pfarreinkünfte dieser Gemeinde wurden Anno 1724 durch den Ertrag einer auswärtigen Collecte wesentlich verbessert.

Die lutherischen Pfarrer daselbst waren seit 1688 zugleich zweite Prediger in Altenkirchen und wurden erst 1768 von diesen Functionen entbunden.

Beide Gemeinden traten 1819 der Union bei.

In dem letztern Jahre, wo der reformirte Geistliche auf seinen Antrag pensionirt wurde, sind beide Pfarrgemeinden unter Einem Pfarrer vereinigt, der auch von da an nur Ein Kirchenbuch führt.

Der Kirchsprengel, der 1847 an 1000 Seelen mit 5 Presbytern und 20 Repräsentanten zählte, ist aus folgenden Ortschaften zusammengesetzt: Almersbach, Amtroth, Fluterschen, Gielroth, Herbteroth, Oberwambach mit einer Kapelle, Stengelbach mit den Höfen Mahlenroth, Treuenhausen, Fürstenberg, Breibach und Widderstein diesseits des Baches.

Bei dieser Gemeinde war früher das Elberfelder Gesangbuch eingeführt.

a. Verzeichniß der reformirten Pfarrer zu Almersbach.

Der letzte lutherische Pfarrer Henricus Hachenburg, welcher 1604 in dem Kirchenbuche zu Hachenburg erwähnt wird, wurde 1605 vom Grafen Wilhelm zu Sayn-Wittgenstein entlassen. An seine Stelle trat der reformirte Pfarrer

1. Johannes Alexius (1605—1612),

gebürtig von Haiger, studirte 1592 zu Herborn, stand 1604 als Diakonus zu Herborn, wurde 1605 nach Almersbach berufen, zog 1612 an die Pfarrei Freudenberg, ging 1618 als Pfarrer nach Limburg an der Lenne und bald darauf nach Elberfeld, wo er am 12. Mai 1625 gestorben ist. Sein Successor war:

2. Johannes Rinkel (1612—1625),

wird in dem Hachenburger Conventsverzeichnisse und in den dortigen Kirchenbüchern 1616 und 1618 als Pfarrer zu Almersbach erwähnt.

3. Ludwig Rosenstein (1625—1636),

gebürtig von Flammersfeld (vid. Neunkirchen).

Nach seinem Abgange wurde die Pfarrei nicht wieder besetzt, sondern von den Geistlichen zu Schöneberg mit verwaltet. Diese waren:

a. Johannes Jungnitius (1636—1665).

Die Pfarrei Schöneberg blieb von 1665 bis 1669 unbesetzt, während dort eine lutherische Pfarrei errichtet wurde; dann folgte:

b. **Andreas Wilhelms Seel** (1669—1678).

c. **Andreas Bellersheim** (1678—1691).

d. **Wilhelm Friedrich Loos** (1691—1703).

e. **Friedrich Höcker** (1704—1707).

Dieser hat das älteste in der Pfarrregistratur zu Almersbach befindliche reformirte Taufbuch unter der Ueberschrift: „Neu angeordnetes und aufgerichtetes Tauf=, der zum Abendmahl des „Herrn zugelassenen Pflanzen der Kirche, Ehe= und Todtenbuch für „die reformirte Gemeinde des Kirchspiels Almersbach" angelegt.

Von 1707 bis 1709 wurden die Amtshandlungen und Predigten von dem zweiten reformirten Pfarrer zu Altenkirchen wahrgenommen, bis er 1709 als wirklicher Pfarrer zu Almersbach angestellt wurde und dieser war:

4. Wilhelm Ueberfeldt (1709—1722).

Er wurde 1709 ben 11. Juli in Gegenwart des Joh. Heinr. v. Griesheim, Oberaufseher der Grafschaft Sayn und des Canzlei-Directors Johs. Sanz vom Inspector Bingelio als ordentlicher Prediger eingesetzt, nachdem er seine Antrittspredigt über Hebr. 12, 1 und 2 gehalten hatte. (vid. Caplanei-Verzeichniß).

5. Johann Gerhard Goebel (1722—1732).

Derselbe war geboren 1700 am 17. October zu Birnbach, wo sein Vater Joh. Philipp nach fast dreijähriger Führung des Seelsorgeramtes 1702 am 10. Januar starb; lebte bis zum neunten Jahre bei seinem Großvater Kilian Goebel, emerttirten Pfarrer und Inspector in der Altstadt, studirte auf der hohen Schule zu Herborn 1719, war 1722 Candidat der Theologie. Nachdem Hochfürstliche Durchlaucht mit der basigen reformirten Gemeinde auf die halben Pfarr-Renten accordirt hatte, wurde Candidat Goebel als Pfarrer hierher berufen und am 22. August 1722 vom Inspector Bingelio in Anwesenheit des Geh. Raths v. Griesheim und des Pastors Prollins zu Mehren introducirt.

Zur Verbesserung des Pfarrfonds erwirkte er 1724 eine Collecte im Bergischen und war selbst ein halbes Jahr mit Einsammeln der Collectengelder beschäftigt.

1732 folgte er dem Rufe eines Predigers nach Solingen, wo er am 11. Mai o. a. seine Antrittspredigt hielt, und starb daselbst nach zehnjährigem treuen Wirken 1742 am 6. Februar, von seiner Gemeinde tief betrauert.

Er war seit dem 26. April 1726 verehelicht mit Anna Sophie, des Johann Georg Melzbach, Kaufmanns zu Neuwied, Tochter, und wurde in Neuwied durch den basigen Inspector Joh. Chr. Gudenus copulirt. Diese Ehe war mit mehreren Kindern gesegnet, von denen zu Almersbach geboren wurden:

a. Georg Hermann am 5. Juli 1727,

b. Ursula Alex. Christine am 5. Mai 1729,

c. Ottilie Marie Sybille am 9. April 1730.

Ein Sohn, Gerhard Wilhelm, welcher zu Solingen geboren, war 1765 Pastor in Mettmann, ging 1779 nach Rheidt, wurde 1812 pensionirt und starb 1813 bei seinem Sohne zu Gatzweiler.

6. Johann Ernst Wilhelm Rhodius (1732—1744)

war von 1732 an ein Jahr Vicar zu Almersbach, wurde dann am 1. März 1733, im Beisein des Oberamtmanns v. Schütz, vom Pfarrer Günther zu Daaden und Pf. Leicher zu Mehren, — als der zweite Prediger, nach dem beigelegten Streite — präsentirt, ordinirt und confirmirt, ging 1744 als Pastor nach Daaden (cfr. Daaden).

7. Conrad Hermann Gerhard Gisberti 1744—1752),

gebürtig von Marsain. Er wurde 1744 am 29. November als am 1. Adventssonntage, im Beisein des Canzlei-Directors Avemann, von seinem Schwager Altgelt als Prediger installirt. Am 3. December 1572 hielt er hier seine Abzugspredigt und zog nach Birnbach (vide Birnbach.)

8. Johann Conrad Reuhoff (1753—1776),

aus Altenkirchen gebürtig. Seine Einführung hierselbst geschah, in Anwesenheit des Geh. Raths v. Salzmann, vom Pfarrer Altgelt 1753 am 1. April, nachdem er seine Eintrittspredigt über Jesaia 62, 6 gehalten hatte. Er zog 1776 als erster Pfarrer nach Altenkirchen (cfr. Altenkirchen).

Während der Vacanz von 1776—1777 versah der zweite Pfarrer zu Altenkirchen, Joh. Leonh. Pfeiffer, die Pfarrgeschäfte.

9. Johann Daniel Andreas Preusing (1777—1819).

Derselbe war von Neuwied gebürtig, wurde unter dem 30. März 1761 als Studiosus theol. in das Album Studiosorum der Duisburger Universität eingetragen. Wo derselbe vor seiner Hierherkunft stand, ist nicht bekannt.

Er hielt bei seiner Introduction in Almersbach am 8. Juni 1777 seine Antrittspredigt über das Schriftwort 2. Tim. 4, 2, wurde wegen seines hohen Alters 1819 emeritirt, in welchem Jahre die reformirte Pfarrstelle mit der lutherischen vereinigt wurde.

b. Die lutherischen Pfarrer.

1. Johann Ludwig Dumphius (1665—1688),

war zugleich erster Pfarrer zu Altenkirchen. Derselbe war aus dem Eisenach'schen gebürtig, hatte zu Jena studirt, wurde 1648 von der lutherischen Gräfin Louise Juliane zu ihrem Hofprediger angenommen, bildete zu Hachenburg 1649 eine lutherische Gemeinde, zog 1654 an die erledigte Pfarrstelle zu Bendorf, ging 1659 nach Höchstenbach und 1665 als Pfarrer nach Almersbach.

Auf seiner Heimkehr aus den Filialen ertrank er 1688. Sein entseelter Körper wurde im Rothbruch gefunden und zu Almersbach beerdigt. Seine hinterlassene Wittwe, Marie Christine, schied zu Altenkirchen am 23. October 1700 im Alter von 70 Jahren aus diesem Leben und wurde am 25. ejusd. begraben.

2. Johann Anton Reusch (1688—1725),

war gleichzeitig zweiter lutherischer Prediger zu Altenkirchen. Derselbe ist aus Daaden gebürtig; geboren daselbst am 3. October 1648, studirte zu Jena, kam 1673 am Sonntage 1. p. Tr. als Pastor nach Freusburg. Nach 15jähriger Dienstführung erhielt er 1688 die Jacobi die Pastoratstelle zu Almersbach. Hier wurde ihm von den Reformirten dreimal die Kirche verschlossen, so daß er auf dem Kirchhofe den lutherischen Gottesdienst abhalten mußte. Pfarrer Reusch hatte Altenkirchen, Mehren und Schöneberg bis 1717 mitbedient, wie Inspector Ungewitter berichtet.

Als Wittwer ehelichte er am 19. Februar 1703 Anne Marie, des Pfarrers Wirz zu Neunkirchen bei Weilburg, Wittwe. Nachdem er 40 Jahre als treufleißiger Seelsorger hier gestanden, starb er als Consistorial-

Asseffor, Stadtprediger und Pfarrer zu Almersbach am 11. Juni 1728 in Benborf, wohin er am 8. Juni gereiset war, um seinen Enkel, Amts-Verwalter Rhobius, zu besuchen, in der Nacht am Stickfluß und wurde daselbst am 13. ejusd. begraben. Sein Alter belief sich auf 79 Jahre 7 Monate und 28 Tage.

3. Maximilian Ferdinand Reuther (1728—1731),

gebürtig aus Märzhausen, A. Usingen, ging 1731 als Pfarrer nach Daaden.

4. Johann Henrich Kraufold (1732—1768).

Die Präsentation geschah dominic. 13 p. Tr. und die Antrittspredigt doica 23. p. Tr. 1731; er zog als Inspector nach Altenkirchen (cfr. Pf. v. Altenkirchen).
Ihm folgte sein Sohn:

5. Christoph Friedrich Kraufold (1768—1786).

Seine Einführung fand am 20. März doica Judica 1768 statt. In demselben Jahre wurden die Pfarrer zu Almersbach von dem Amte eines zweiten Predigers zu Altenkirchen entbunden (vide Pf. v. Hilgenroth).

6. Georg Diemar Dormann 1786—1823).

Derselbe ist den 24. April 1755 zu Wibberstein, Kirchspiel Almersbach, geboren und ist der älteste Sohn des Landeshauptmanns Friedrich Ernst Dormann und dessen Gattin, Marie Christine Wilhelmine, geb. Schütz, wird 1781 als stud. theol. genannt, war vermuthlich erst zweiter Pfarrer zu Altenkirchen, erhielt 1786 die Vocation als Pfarrer nach Almersbach, wurde 1819 bei Einführung der Union, wo gleichzeitig die Pensionirung des reformirten Pfarres Breusing stattfand, Pfarrer beider evangelischen Gemeinden und als solcher am 2. April 1819 introducirt, nachdem er seine Antrittspredigt über 2. Timoth. 2, 8 gehalten hatte.

Er blieb in Function bis 1823, wo er emeritirt wurde, zog dann nach seinem Geburtsorte Wibberstein und starb daselbst 1835 am 9. Mai, im Alter von 79 Jahren und 15 Tagen und im 37. Jahre des Pfarramtes.

7. Friedrich Ernst Conrad Rehorn (1823—1861),

geboren am 24. März 1798 zu Schwalbach, in Solms-Braunfels. Seine Gymnasialbildung empfing er zu Wetzlar; seine Universitätsstudien machte er zu Gießen. Nach wohlbestandenem Examen wurde er im Juli 1820 als Pfarrvicar zu Mehren angestellt und als solcher am 31. December o. a. in der Kirche von Altenkirchen ordinirt, wo er bis zum Anfang des Jahres 1823 blieb, in welchem Jahre er zum Pfarrer in Almersbach berufen und am 26. Januar daselbst eingeführt wurde.

1844 erhielt er die Superintendentur und seit dieser Zeit ist Almersbach der Sitz der Superintendentur geblieben. Am 23. Januar, als am 3. Sonntage Epiphaniä, 1848 feierte er seine 25jährige Verbindung mit seiner Gemeinde und erneuerte dieselbe in einer Predigt über 1. Cor. 1, 4 bis 9. Er starb am Himmelfahrtstage, als den 9. Mai 1861 im Alter von 63 Jahren und 15 Tagen, und eine Wittwe und 8 Kinder trauern ihm nach. Unter seinen Söhnen ist Emil als Oberhelfer in das rauhe Haus bei Hamburg 1853 angestellt und mit Neujahr 1855 zum ordinirten Prediger der neuen evangelischen Gemeinde zu Bittburg, Filialgemeinde Prüm, berufen worden und hat Anfangs Februar daselbst seinen Dienst angetreten. Sein anderer Sohn war 1863 Candidat.

8. Johannes Branneck, jetziger Pfarrer seit 1862.

Er ist der älteste Sohn des verlebten Steuerempfängers Christian Branneck und dessen Gattin, Catharine, geb. Löhr, zu Wetzlar, geb. daselbst am 10. December 1817, besuchte 9 Jahre lang das Gymnasium seiner Vaterstadt und machte dort 1836 den 9. März seine Abiturienten-Prüfung, studirte 4 Semester von 1836 bis 1838 in Halle und von da ab zwei Semester in Bonn; machte 1838 im October und 1841 im Februar seine theologische Examina zu Coblenz, kam zuerst 1841 als Vicar nach Bendorf zur Unterstützung des altersschwachen Pfarrers Blum; erhielt 1844 am 10. December die Pfarre Nr. 2 und 1848 am 14. Juli die Nr. 1 zu Daaden, wurde 1861 zum Superintendenten der Altenkirchener Synode erwählt, folgte 1862 dem Rufe als Pfarrer nach Almersbach, woselbst er 1862 den 13. Juli durch den Synodal-Assessor Schmidtborn eingeführt wurde, nachdem er seine Antrittspredigt über 2. Corinth. 4, 5 gehalten hatte. Pf. Branneck lebte seit 1845 den 9. October in der Ehe mit Auguste Denhard von Obernwetz, welche Weihnachten 1862 starb.

2. Die Pfarrei Altenkirchen.

Die freundliche, an der Wied liegende Stadt Altenkirchen ist ungefähr 5 Stunden von Coblenz entfernt und zählt jetzt in 276 Wohnhäusern 1487 Einwohner. Sie war viele Jahre lang die Residenz der Grafen von Sayn. Das dasige Schloß, unfern der Kirche, wurde seit dem 18. Jahrhundert nicht mehr von den Landesherrn bewohnt und von der Zeit an auch nicht mehr im baulichen Zustand erhalten und ist vor einigen Jahren, fast zu einer Ruine herabgesunken, abgebrochen worden. Ehemals war dieses Schloß, die Stadt und das Amt, unter welchen letzteres die drei Kirchspiele: Altenkirchen, Birnbach und Mehren in sich begriff, Eigenthum der Grafen von Neuenar, von welchen es 1298 an das Grafenhaus Sayn kam. 1642 occupirte dieses Amt der Graf Christian von Wittgenstein, mußte es aber 1662 wieder an Sayn abtreten, und es fiel dem Herzogshause Sachsen-Weimar-Eisenach anheim. 1741 ererbten es die Markgrafen von Brandenburg-Onolzbach, deren letzter Regent es 1793 unter preußische Verwaltung stellte, bis es 1802 an Nassau-Usingen und 1814 an Preußen fiel.

Altenkirchen erhielt vom Kaiser Ludwig dem Baier 1314 am 17. Januar Stadtrechte. Die Stadt brannte 1730 fast ganz ab und ist seitdem schöner wieder aufgebaut worden.

Im Jahre 1796 litten die Bewohner sehr durch die französischen und österreichischen Truppen und Erzherzog Carl von Oesterreich bestand hier in der Stadt ein siegreiches Treffen gegen den französischen General Jourdan, bei welchem das Kirchengebäude sehr beschädigt wurde.

Die dasige Kirchengemeinde, bei der ein Pfarrer, ein Caplan und ein Ludimoderator fungirte, war seit der Einführung der Reformation lutherisch, wurde 1605 reformirt.

In derselben bildete sich 1665 auch wieder eine lutherische Gemeinde, die bis zum Jahre 1688 von Almersbach aus bedient wurde, während zu Altenkirchen nur ein Hülfsgeistlicher wohnte. Darnach aber wurde am letztern Orte eine selbstständige lutherische Pfarrei gegründet und die Geistlichen von Almersbach erscheinen von dieser Zeit an nur als Hülfsprediger zu Altenkirchen. Im Jahre 1768 entband man die Pfarrer zu Almersbach von diesen Functionen und wies solche dem Rectorate zu Altenkirchen zu.

Im Jahre 1716 übergab die hiesige reformirte Gemeinde dem Landesherrn ihre Religions-Gravamina in 10 Paragraphen.

Die reformirte Gemeinde hatte das Präsentationsrecht, während die lutherischen Pfarrer von dem Landesherrn nominirt wurden.

Seit dem 10. October 1819, unter welchem Datum die Union der reformirten und lutherischen Gemeinde zu Einer evangelischen von dem Königlichen Consistorium zu Coblenz bestätigt wurde, sind die beiden Pfarrer daselbst vollständig coordinirt und gleichberechtigt und heißen evangelische Pfarrer der unirten Gemeinde Altenkirchen.

Beide wechseln im Predigen an Sonntagen von 8 zu 8 Tagen, in der Führung der Kirchenbücher von Jahr zu Jahr ab.

Derjenige Pfarrer, welcher die Predigt nicht hat, verrichtet die Amtshandlungen.

Die seit dem 1. October 1817 erledigte reformirte, sowie die lutherische zweite Pfarrstelle, gewöhnlich Caplanei genannt, blieben unbesetzt und sind darnach aufgehoben worden.

Die Einkünfte derselben wurden zu einem gemeinschaftlichen Fonds während der Jahre 1818 bis 1822 ultimo December gesammelt und der Gesammtbetrag von 1352 fl. an die drei Pfarrer zu Altenkirchen und (ausnahmsweise) auch an den Rector daselbst (eine Remuneration für geleistete Dienste) durch Verfügung der Königl. Regierung vertheilt. Die Renten der lutherischen Caplanei und das Caplaneigebäude wies man dem Rectorate zu. Der Rector hat zwölfmal in der dasigen Stadtkirche zu predigen.

Mit dem 1. Januar 1820 wurde der Verordnung vom 10. October 1819 gemäß für beide bisherigen Pfarrgemeinden nur ein gemeinschaftliches Kirchenbuch angelegt und geführt.

Die alten lutherischen Kirchenbücher heben mit dem Jahre 1688 an, wogegen das älteste reformirte Kirchenbuch mit 1605 anfängt und bis 1621 fortgeführt ist. Dann aber tritt eine Lücke ein und das nächstfolgende setzt die Eintragungen mit dem Jahre 1638 fort.

Der Kirchsprengel, welcher die Ortschaften: Altenkirchen, Bachenberg, Busenhausen, Dieberzen, Hellmenzen, Heupelzen, Hüttenhofen, Kettenhausen, Leutzbach, Mammelzen, Michelbach, Niedererbach, Niederringelbach, Oberringelbach, Reuselbach und Sorth bilden, — zählt gegenwärtig 2800 Seelen und hat 12 Elementarschulen mit 13 Lehrern und 1 Rectoratschule mit einem Rector und zwei Hülfslehrern.

Die jetzige evangelische Kirche ist nach dem Risse und Kostenanschlage des Bauinspectors Maeber unter Leitung des Baumeisters Schmidt zu Coblenz und des Bau-Conducteurs Still daselbst in den Jahren 1822 bis 1826 incl. laut Baurechnung für 10,653 Thlr. gebaut und im Jahre 1827 zu ihrer Bestimmung geweihet worden; nachdem der Abbruch der alten baufälligen Kirche, die schon seit Januar 1821 geschlossen, im October des zuletzt genannten Jahres vollendet war. Für diesen Bau bewilligte, laut Cabinets-Ordre vom 2. Juni 1821 Se. Majestät der König Friedrich Wilhelm III. eine allgemeine Kirchen- und Haus-Collecte; das Holzwerk zu Thurm und Dach erhielt die Gemeinde unentgeltlich aus den Königlichen Forsten nächster Umgebung und die Baumaterialien wurden auf dem Wege der Frohnden herbeigebracht, so daß der wirkliche Werth des ganzen solid aufgeführten Gebäudes wenigstens 18000 Thlr. beträgt. Vom Februar 1821 ab bis zur Vollendung des Baues wurde der evangelische Gottesdienst in der im Münzflügel des alten Schlosses sich befindlichen katholischen Capelle gehalten.

Die Orgel in derselben ist von den Orgelbauern Gebrüdern Weil in Neuwied für circa 1500 Rthlr. neu erbaut worden. Sie besteht aus zwei Manualen und einem freien Pedale und erhält zureichenden Wind durch drei neben der Orgel liegende, gut gearbeitete Spanbälge. Das Oberwerk hat sechs klingende Stimmen, nämlich: Octave 2', Octave 4', Fleute 4', Salcional 8', Flöte 8', Principal 4', Manualcoppel. Das Untermanual hat 10 Stimmen: Trompete 8', Mixtur 1' und dreifach, Gedact 4', Octave 2', Quinte 3', Octave 4', Gedact 8', Viola di Gamba 8', Gedact 16' und Principal 8', Pedal-Oct.-Coppel und Pedalcoppel. — Das Pedal hat fünf Stimmen: Posaune 16', Trompetbaß 4', Octavbaß 8', Subbaß 16' und Violonbaß 16'.

Im Jahr 1810 wurde der Kirchhof, um die alte Kirche gelegen, geschlossen und der Begräbnißplatz an der Chaussee, die nach Wissen führt, eröffnet. Nachdem dieser 26 Jahre seinem Zwecke gedient, wurde er am 27. December 1856 ebenfalls geschlossen und der neue Begräbnißplatz an der Hachenburger Straße am 26. November 1856 eingeweiht.

Im laufenden Jahrhundert bildete sich dort auch eine katholische Gemeinde, die in der neuen Zeit sich ein schönes Gotteshaus erbaut hat.

a. Die reformirten Geistlichen der ersten Pfarrei zu Altenkirchen.

Der letzte lutherische Pastor war hier Johannes Crollius, welcher, wie sein Caplan Schonbach, noch 1604 genannt wurde. Darnach berief die Landesherrschaft als reformirten Prediger:

1. Georg Wilhelm Jungwirth (Neoxenius) (1605, Decbr. —1612).

Derselbe war um das Jahr 1574 zu Altenkirchen geboren, hatte hier seine erste Schulbildung genossen, besuchte dann die academische Schule zu Herborn und befand sich dort 1592 unter den Studirenden. Im December 1605 trat er sein geistliches Amt zu Altenkirchen an und wurde von dem Superintendenten und Inspector der Grafschaft Sayn, M. Reinh. Susenbeth, in dasselbe eingeführt.

Pfarrer Jungwirth legte kurz nach seinem Amtsantritt die Tauf-, Confirmations-, Communions-, Ehe- und Sterbecataloge an; es sind die ältesten, welche sich in dem Pfarrarchive vorfinden. Der Name des Pfarrers wird in den Kirchenbüchern öfters erwähnt.

Das Taufbuch enthält: 1607 doica 9. p. Tr. Georg Wilh. Jungwirth, zur Zeit Pastor, und Cathrine, seine Ehefrau hier, lassen einen Sohn taufen, der den Namen Matthias erhalten hat. Eben so wird er 1610 am 6. Juli genannt, wo seinem Sohne in der Taufe die Namen Hans Philipp beigelegt worden sind.

Seine Handschrift in den Kirchenbüchern hört in der letzten Hälfte des Jahres 1611 auf und es steht zu vermuthen, daß er am Ende dieses Jahres entweder verzogen oder gestorben ist.

Sein Successor ist:

2. Jacob Braß senior (1612—1621),

der Sohn des zweiten Pfarrers Johannes Braß zu Siegen, geboren daselbst im Jahre 1566; er studirte 1584 unter dem Prorectorate des Johannes Piscator in Herborn, dedicirte 1589 dem Grafen Johann dem Aeltern zu Nassau eine Schrift und ward zum Präceptor der 4. Classe der academischen Schule zu Herborn angenommen, erhielt 1694 am 8. October daselbst die Secunda und wurde 1596 an das Ministerium berufen, wollte aber noch bis zum 10. Mai die zweite Classe zu Siegen versehen, wohin die Schule unterdeß von Herborn war verlegt worden. Im Jahre 1605 folgte er dem Rufe als reformirter Pfarrer an die Gemeinde zu Fischbach und mit Anfang des Jahres 1612 ward ihm die Oberpfarrei Altenkirchen verliehen. Im nächsten Jahre betraute ihn die Landesherrschaft mit dem geistlichen Inspectorate der Grafschaft Sayn, da der seitherige Superintendent und Inspector Eisenbeth zu Altstadt am 14. October 1612 mit Tode abgegangen war.

Mit seiner Gattin Margarethe zeugte er einen Sohn, der in dem Sakramente der Taufe 1616 am 6. April den Namen Johannes erhielt.

Pfarrer Braß ist, nach den Kirchenbüchern zu urtheilen, am Ende des Jahres 1621 zu Altenkirchen gestorben. Sein Nachfolger ist:

3. Thomas Dorn (1622—1637).

Dieser war aus Hamm a. d. Lippe gebürtig, hatte zuerst in seiner Vaterstadt die Classen des Gymnasiums frequentirt und ließ sich 1602 zu Herborn als Studiosus theol. inmatriculiren. Zur Candidatur gelangt, finden wir ihn 1613 zuerst als reformirten Pfarrer zu Sinzig, hernach zu Montjoie. Im Jahre 1622 wurde er an die erste Pfarrei zu Altenkirchen berufen, wo er bis 1637 fungirte. Ob derselbe verzogen, oder hier gestorben, ist nicht bekannt. In die erledigte Pfarrstelle trat

4. Philipp Altgelt (1637—1658),[1]

geboren 1603 zu Siegen, wo seine Eltern, Philipp Altgelt und Evane, geb. Stroin aus Altenkirchen, als Bürgersleute wohnten; er nahm zuerst an dem Unterrichte der lateinischen Schule seiner Geburtsstadt Theil, studirte von 1620 an zu Herborn. Man findet ihn zuerst als Caplan zu Bendorf, wo seiner 1630, in einem dem Kirchenbuche zu Hachenburg beigefügten Namens-Verzeichnisse der Pastoren und Capläne, welches wahrscheinlich aus den Conventsprotocollen zusammengestellt ist, Erwähnung geschieht, wurde dann Pfarrer zu Roßbach-Höchstenbach. Seine Frau, Agnes, starb zu Hachenburg am 26. April 1636 und wurde daselbst den 28. ejusd. begraben. Seine Tochter folgte der Mutter im nämlichen Jahre am 6. Juni (begraben am 8. ej.) im Tode nach.

Pfarrer Altgelt tritt am 22. November 1636 in die zweite Ehe mit Ursula, geb. Bakin aus Hachenburg. Er erhielt 1637 die Vocation zu der ersten Pfarrei Altenkirchen. Seine Installation durch den Inspector Franz Priester zu Altstadt geschah hier am 14. Januar 1637.

Von seinen neun zu Altenkirchen gebornen Kindern, sechs Söhnen und drei Töchtern, soll hier nur Johann Hermann, der 1644 am 11. September geboren war und Theologie studirte, erwähnt werden.

Pfarrer Altgelt starb hier im Alter von 55 Jahren am 12. December 1658 und wurde am 15. ejusd. in dortiger Kirche beerdigt. Sein Nachfolger war:

5. Henricus Quitterus (1659—1666).

Hilchenbach ist seine Geburtsstadt, in der er um das Jahr 1602 das Licht der Welt erblickte. Sein Vater, Peter Quitter, functionirte um diese Zeit daselbst als Pastor. Er ließ sich 1616 als Studiosus der Theologie der Herborner Matrikel einverleiben. Von 1632 bis 1636 war er Pastor in Freudenberg, ging dann, durch das Jesuiten-Collegium in Siegen vertrieben, als Pastor in seine Vaterstadt, erhielt darnach 1645 die Pfarrei Crombach, wo er durch den Inspector Johs. Irlen am 17. April inaugurirt wurde, ging 1655 als Pfarrer nach Hachenburg und 1658 als erster Pfarrer und Inspector nach Altenkirchen. Er überschreibt das Taufbuch: Anno 1659 Catalogus baptizatorum abs me Henrico Quittero legitime vocato pastore Altenkirchensi.

Pf. Quitter ging am 12. December 1666 zur ewigen Ruhe und die irdischen Ueberreste wurden am 14. ejusd. der Erde zurückgegeben. Ihm folgte:

---

[1] Nach dem Altgelt'schen Stammbaume.

6. M. Andreas Schulz (1666—1668).

Von seinen Lebensumständen kann nichts Näheres angegeben werden. Im Anfange des November 1666 scheint er die hiesige Stelle angetreten zu haben. Seine Inauguration erfolgte aber erst am 22. Sonntage nach Trinitatis. Seine Ehefrau gebar ihm 1667 eine Tochter, welche die 19. p. Tr. getauft wurde und die Namen Eleonore Catharine erhielt. Am 28. October 1668 siedelte er nach Marburg über. Die erledigte Stelle nahm ein:

7. Caspar Trau (1669—1677)

aus Oberwinter im Herzogthum Jülich, wo er 1636 geboren ward. Er hatte die akademischen Classen der Herborner Schule besucht und auch einige Jahre daselbst studirt, setzte aber am 9. Februar 1654 seine Studien der Theologie zu Duisburg fort. Vor seiner Hierherkunft stand er als Prediger zu Hebbersdorf, wo ihm sein Sohn Friedrich geboren wurde, der später Theologie studirte und als Pfarrer zu Nordhofen und hernach als solcher zu Hebbersdorf fungirte. Mit seiner Gattin Johannette zeugte er mehrere Kinder, von denen drei Töchter und ein Sohn zu Altenkirchen geboren wurden.

Seine Zwillingstochter Anna Marie ehelicht 1695 am 29. Januar Johann Matth. Fischer, Quartiermacher hier.

Pfarrer Trau starb zu Altenkirchen am 13. November 1677.

Sein Successor war:

8. Johann Hermann Bingelius (1678—1727),

geboren 1652 zu Gröningen in der Wetterau, Grafschaft Hohensolms, wo seine Eltern, Pfarrer Johannes Bingelius und Barbara Cathar., wohnten. Nachdem er seine Studien der Theologie in Marburg vollendet und sein Examen bestanden hatte, wurde er zuerst 1674 als Caplan zu Altenkirchen angestellt, rückte am Ende des Jahres 1677 an die erste Pfarrei daselbst. Das Consistorium übertrug ihm zugleich das Inspectorat. Das Taufbuch setzte er fort: Baptizati pastore me Johanno Bingelio Gröninga-Wetterano 1677 am 17. December. Er hat in zwei Ehen gelebt, zuerst mit Anne Catharine geb. Ellenberger aus Homburg, welche 1681 am 5. Januar starb und am 8. ejusd. begraben wurde, dann in zweiter Ehe seit 1681 vom 5. Mai mit Agnese Catharine, Ehren Hermann Sohlbach, weiland Pfarrers zu Crombach, Tochter, die 1696 am 16. August im Alter von 38 Jahren starb. Es sind ihm zu Altenkirchen acht Kinder, drei Söhne und fünf Töchter, geboren, von denen ich nur anführe:

a. Tochter Catharine Elisabeth, geboren 1686 am 26. December, ehelichte 1703 am 3. August Martin Fleischhut, Pfarrer zu Wasmuthshausen, Amts Homburg, des Johann Henrich Christoph Fleischhut, Bürgers zu Homburg, Sohn.

b. Tochter Marie Johannette Louise, geboren 1692 am 26. Jan., ehelicht 1709 am 3. October Johann Daniel Hentsch, Pfarrer zu Puderbach, Grafschaft Wied, des Johann Jacob Hentsch Sohn.

c. Tochter Marie Catharine, geboren 1695 am 6. Februar, ehelicht 1718 am 3. Juni Joh. Christoph Leuthausen, des Pfarrers Nicolaus Leuthausen Sohn, Pfarrer zu Nassau-Erfurt, Herrschaft Hessen-Cassel.

d. Tochter Eleonore-Christine, geboren 1696 am 15. August; ehelicht 1720 am 4. October Bruno Martreß aus Bremen.

Inspector und pastor primus Bingelius ging am 1. September 1727 mit Tod ab, war vier Jahre Diakonus gewesen und hatte sein Alter auf 75 Jahre und drei Wochen gebracht. Zum Nachfolger wurde ernannt:

9. Johann Friedrich Neuhoff (1727—1735),

gebürtig aus Altenkirchen, wo er 1703 am 20. Juni geboren wurde. Seine Eltern waren Hans Ernst Neuhoff und Eulalie Elisabeth. Nachdem derselbe die Rectoratsschule seines Geburtsortes, sowie das Gymnasium zu Düsseldorf mehrere Jahre besucht hatte, bezog er 1722 die Universität zu Duisburg und ließ sich daselbst am 4. October immatriculiren. Nach bestandenem Examen kam er im Alter von kaum 24 Jahren am Ende des Jahres 1727 an die erste reformirte Pfarrstelle zu Altenkirchen, wo er 7¹/₂ Jahre segensvoll gewirkt hat und starb unverehelicht in der Kraft seiner Jahre am 4. November 1735, erreichte somit ein Alter von 32 Jahren 4 Monaten und 14 Tagen und wurde am 7. ejusd. bei einer großen Trauerversammlung beerdigt. Sein Nachfolger war:

10. Johann Hermann Altgelt (1736—1775),

jüngster Sohn des Pfarrers und Inspectors zu Dierdorf im Neuwiedschen, Johann Hermann Altgelt und dessen Gattin Timothea, geborene Cramer, geboren 1703 am 20. Mai in Dierdorf, studirte 1721 zu Herborn, wurde 1726 als Pfarrer zu Kirburg, Amts Hachenburg, angestellt, ehelichte daselbst 1627 Louise Marie Catharine, geb. Rhodius, welche 1742 am 14. Juni im Alter von 36 Jahren starb. Als Oberpfarrer nach Altenkirchen berufen, zog er am 13. Mai 1736 dorthin und wurde am 17. Juni introducirt. Im Jahre 1743 am 31. Juli trat er in die zweite Ehe mit Marie Dorothea Johannette, des Pfarrers Joh. Caspar Gisberti zu Marxsain Tochter, die 1782 am 21. Juni, 67 Jahre 4 Monate 27 Tage alt, starb.

Von seinen 15 Kindern sind 4 zu Kirburg und 11 zu Altenkirchen geboren; die erste Ehe war mit 8 und die zweite Ehe mit 7 Kindern gesegnet, von denen hier genannt werden:

a. Andreas Conrad, geboren 1728 am 28. März, war Pfarrer 1756 zu Hachenburg, 1762 zu Schöneberg, 1775 Inspector in der Altstadt und starb 1787 am 3. April.

b. Johann Daniel, geboren 1730 am 31. August, war Pfarrer 1758 in Alpenrod, 1762 zu Kroppach, ist gestorben 1808 am 21. August.

c. Johann Hermann, geboren 1740 am 2. August, war zu Amsterdam verheirathet und ist dort gestorben.

d. Johann Caspar Henrich, geboren 1744 am 7. Juni, starb 1823 am 26. August als Pfarrer zu Daaden.

e. Johann Conrad Anton, geboren 1745 am 21. September, wohnte zu Elberfeld verheirathet und starb 1786 am 15. November.

f. Joh. Ludwig, geboren 1747 am 16. April, gestorben 1789 am 2. Februar als Pfarrer in Neviges.

g. Joh. Wilhelm, geboren 1749 am 25. November, war Materialist in Crefeld und starb unverheirathet 1833.

h. Carl Philipp, geboren 1752, gestorben 1821 am 21. November als Pfarrer in Crefeld.

Prediger Altgelt schied im Alter von 52 Jahren, 5 Monaten und 23 Tagen am 13. November 1775 aus diesem Leben und wurde am 15. ejusd. begraben. Die Leichenpredigt über 2. Cor. 12, 9 hielt Pfarrer Jacob Klauer zu Bendorf.

Sein Sohn Joh. Caspar Henrich war von 1774 bis 1775 Gehülfe seines Vaters und dann bis 1776 Pfarrverwalter.

Das Pfarramt wurde wieder besetzt mit:

11. Johann Conrad Neuhoff (1776—1777).

Sein Vater Johann Jacob hatte das Bäckerhandwerk erlernt und sich mit seiner Ehefrau Anne Marie zu Altenkirchen häuslich niedergelassen. Hier wurde ihm am 28. October 1721 ein Sohn geboren, welcher bei der am 13. November erfolgten Taufe die Namen Johann Conrad erhielt. Seinen ersten Unterricht hatte er in der Rectoratschule seines Geburtsortes empfangen, besuchte dann das Gymnasium zu Düsseldorf, ließ sich 1742 am 12. Januar zu Duisburg als studiosus theol. immatrikuliren. Nachdem er seine theologischen Studien vollendet und sein Examen bestanden hatte, wurde er 1744 als reformirter Caplan und Mitprediger in seiner Vaterstadt angestellt, trat als solcher 1749 am 7. November in den Ehestand mit Anna Catharine Marie Magdalene, des Georg Wilhelm Reißert, Gräflich Wied'schen Landkommissarius zu Lahrbach, Kirchspiels Niederwambach, Tochter.

Er erhielt 1753 den Ruf als Pastor nach Almersbach und vertauschte diese Stelle im Mai 1776 mit der zu Altenkirchen. Hier starb er schon nach kaum elfmonatlicher Dienstführung im Alter von 55 Jahren 3 Monaten und 3 Tagen am 1. Februar 1777 und seine irdischen Ueberreste wurden am 3. ejusd. der Erde zurückgegeben. Seine Lebensgefährtin A. C. Marie Magdalene folgte ihm 1796 am 9. März im Tode nach. In die erledigte Pfarrstelle trat:

12. Johann Conrad Rhodius (1778—1818),

geboren am 3. September 1738 zu Almersbach, ein Sohn des am 3. August 1775 zu Daaden verstorbenen Pfarrers Joh. Ernst Wilh. Rhodius, welcher vorher als Pfarrer zu Almersbach stand. Nachdem er seine Studien der Theologie vollendet und sein Examen bestanden hatte, wurde er zu Daaden 1767 am 25. Januar ordinirt, seinem Vater sub spe succedendi adjungirt und erhielt, nach dessen Ableben, 1775 die Pfarrei. Nach zweijähriger Wahrnehmung des dasigen Predigtamtes wurde er an die erste reformirte Pfarrstelle zu Altenkirchen vocirt, hielt hier am 1. Februar 1778 seine Eintrittsrede und stellte sich selbst der Gemeinde dar; trat 1779 am 9. Februar in die Ehe mit Catharine Johannette, des Bürgermeisters Adolph Albert Dresler zu Siegen Tochter, welche Ehe mit 5 Kindern gesegnet wurde:

a. Adolph Christian, geboren 1780 am 13. Januar, studirte Theologie, ward 1811 zweiter reformirter Pfarrer und 1818 quiescirt. Er starb 1866 am 27. August.

b. Marie Henriette Christine Wilhelmine, geboren 1782 am 17. April.

c. Johann Christian Eberhard, geboren 1783 am 28. Juni.

d. Catharine Charlotte Louise, geboren 1785 am 22. Februar.

e. Franz Ferdinand Jacob Henrich, geboren 1785 am 22. März, studirte Theologie. Er starb zu Kirchberg im dreiundachtzigsten Lebensjahre am 5. Februar 1871, Abends 6¼ Uhr, als emeritirter Pfarrer.

Pfarrer Rhodius starb zu Altenkirchen am 7. März 1818, Nachmittags 3 Uhr, und wurde am 11. ejusd. beerdigt, 79 Jahre alt. Seine am 16. März 1748 geborene Gattin war bereits vor ihm am 4. April 1815 gestorben.

Sein jüngster Sohn Franz Ferdinand Henrich Rhodius, welcher zu Herborn und Marburg studirt hatte, versah in dem Wittwenjahre bis 1819 die erste Predigerstelle, führte die Kirchenbücher und confirmirte 1818 am 3. Juni die Kinder. Derselbe kam am 12. Septem ber 1819 als Pfarrer nach Kirchberg und am 30. Mai 1824 in selbiger Eigenschaft nach Dill, Kreissynode Simmern. —

Die erste Pfarrei hier wurde wieder besetzt mit:

13. Friedrich Conrad Girshausen (1819—1830),

geboren am 1. März 1780 zu Hachenburg, wo sein zu Altstadt 1819 als Pfarrer verstorbener Vater Henrich Carl Wilhelm zu der Zeit Pfarrer war, besuchte zuerst die lateinische Schule zu Hachenburg, dann das Gymnasium zu Weilburg, studirte zu Herborn und Marburg, war 1805 Candidat und erhielt in demselben Jahre die Anstellung als Collaborator an der lateinischen Schule seines Geburtsortes. Nachdem er 5½ Jahr dieses Amt verwaltet hatte, berief ihn das herzogliche Consistorium zu Wiesbaden 1811 am 8. Mai an das Pfarramt zu Birnbach, und wurde daselbst durch den General-Superintendenten Friedrich Gieße zu Weilburg am 8. September inaugurirt. Hier ehelichte er am 9. Juni 1813 Christiane Henriette Amalie, geb. Schäfer zu Burbach, (cop. zu Dreßelndorf durch Pfarrer Rhobius) deren Ehe 7 Kinder, 5 Knaben und 2 Mädchen, entsprossten, von welchen 2 zu Birnbach und 5 zu Altenkirchen geboren wurden:

a. Friedrich Wilhelm Carl Emil, geboren 1814 am 15. März, starb jung.

b. Ernst Wilhelm Ludwig Eduard, geboren 1818 am 22. Juni, besuchte das Gymnasium zu Wetzlar, wohin die Mutter nach dem Tode ihres Mannes, um der Ausbildung ihrer Kinder willen gezogen war; studirte zu Bonn und Halle Theologie, machte seine beiden Examina zu Münster und starb als Candidat den 28. December 1846 am Typhus in Burbach.

c. Ludwig Wilhelm, geboren 1820 am 13. März, widmete sich dem Kaufmannsstande und lebt jetzt in Braunschweig.

d. Adolph Friedrich August Ferdinand, geboren 1822 am 18. Juni, ist Kaufmann und hat sich in Burbach etablirt.

e. Caroline, geboren 1824 am 22. Februar.

f. Friedrich Carl Wilhelm Christian, geboren 1826 am 28. October, ist Apotheker und hat sich zu Neunkirchen im Saarbrück'schen als solcher niedergelassen.

g. Franziska, geboren 1829 am 23. Februar.

Pfarrer Girshausen wurde 1819 an die erste Pfarrei Altenkirchen befördert und dort am 6. Juni introducirt. Schon am 5. October 1815 hatte ihn das Coblenzer Consistorium zum Superintendentur-Assistenten ernannt und die königliche Regierung betraute ihn 1830 mit dem Amte eines Schulinspectors. Letzteres Amt bekleidete er nicht lange, denn er starb schon am 22. März 1830 im Alter von 50 Jahren und 21 Tagen, hatte 19 Jahre im Ministerium, 7 Jahre zu Birnbach und 12 Jahre zu Altenkirchen gestanden. Seine hinterlassene Wittwe starb zu Burbach am 6. Mai 1854, 62 Jahre 12 Tage alt (geb. 1792 am 24. April).

Als Nachfolger wurde ernannt:

14. Christian Gottfried Höhne (1830—1832).

Sohn des Fabrikanten Johann Samuel Höhne und dessen Ehefrau Anne Christine, geb. Raßtrof, zu Langensalza in Thüringen, geboren daselbst am 18. Januar 1795, studirte in seiner Vaterstadt und Jena, bestand zu Erfurt und Coblenz die vorgeschriebenen Examina, wurde 1823 am 8. Mai Pfarrvicar zu Steeg, 1824 am 4. Mai Rector und Hülfsprediger zu Altenkirchen, heirathete daselbst am 5. April 1825 Auguste Friederike Louise, die zweite Tochter des Superintendenten Albrecht zu Altenkirchen.

Am 15. November 1830 wurde er zum Pfarrer der vormals refor=
mirten Stelle daselbst ernannt und am 5. December durch seinen Schwie=
gervater eingeführt.

Durch seine Anstellung hielten sich die früheren Reformirten beschwert,
es entstanden heftige Streitigkeiten und Höhne verließ anfangs April
1832 die Pfarrei Altenkirchen und zog an die Pfarrei Dudenhofen im
Kreise Wetzlar. Hier starb er am 25. Mai 1867 als Superintendent.
Seine Familie lebt noch größtentheils in Dudenhofen.

Die erledigte Pfarrei zu Altenkirchen blieb einstweilen unbesetzt und
wurde verwaltet durch den Superintendenten Albrecht und die umwoh=
nenden Pastoren bis zum 2. Januar 1836, an welchem Tage der vor=
malige Prediger zu Oberwinter,

15. Peter Schroot (1836—1845),

hier eingesetzt wurde. Seine Eltern waren der Fabrikaufseher Johann
Adolph Schroot und dessen Gattin Helene Dormann zu Moers, Regie=
rungsbezirk Düsseldorf, woselbst er geboren wurde, besuchte das Progym=
nasium zu Moers und das Gymnasium zu Duisburg, die Universitäten
zu Bonn und Berlin, war zuerst Hülfsprediger in Oberwinter und dann
dort seit dem 18. December 1832 als Pfarrer, wo er zugleich ordinirt
wurde, verheirathete sich am 7. Februar 1834 mit Gerhardine Friederike
Lehnkering aus Arnheim in Holland; im Herbst 1835 wurde er zum
Pfarrer nach Altenkirchen benominirt. Er starb hier am 23. November
1845 an der Auszehrung und hinterließ von 4 Kindern einen Knaben
und ein Mädchen:

a. **Adolph**, geboren 1835 am 17. Februar, lebt als Verwalter der
   Grube Phönix in der Nähe von Ruhrort.
b. **Caroline Friederike Helene**, geboren 1836 am 13. Novem=
   ber, war eine Zeitlang Gouvernante und zog dann zu ihrem Bruder.
   Die Mutter dieser Kinder starb bereits 1841 am 18. Mai.

16. Carl Friedrich Anton Wilhelm Bungeroth (seit 1847 am 21. März).

Er ist der Sohn des Lehrers Johann Adam Bungeroth und dessen
Gattin Julie, geb. Franz, geboren zu Hamm an der Sieg am 9. Octo=
ber 1815, besuchte von 1827 an sieben Jahre lang das Gymnasium zu
Coblenz und machte dort am 29. August 1834 seine Maturitätsprüfung,
studirte von da ab zu Bonn, machte 1838 und 1839 seine theologi=
schen Examina zu Coblenz, wurde 1843 am 31. October zweiter Pfarrer
zu Dierdorf und 1847 als Pfarrer nach Altenkirchen berufen, wo er am
21. März d. J. durch den Superintendenten Rehorn in sein Amt ein=
geführt wurde, nachdem er über das Schriftwort Ps. 25, 4 seine Intro=
ductionspredigt gehalten hatte; er ist seit dem 17. April 1844 verhei=
rathet mit Henriette Charlotte, geb. Arnoldi zu Winningen.

b. Die Caplanei oder die spätere reformirte zweite Pfarrei zu Altenkirchen.

Die Caplanei findet ihren Ursprung in der vorreformatorischen Zeit. Das Amt eines Caplans, der dem parochus
untergeordnet war, bestand zur damaligen Zeit hauptsächlich
im Messelesen; jedoch mußte er auch den Geistlichen in seinen
übrigen Functionen unterstützen.

Bei Einführung der Reformation blieb die Caplanei bestehen und die Amtsverrichtungen eines dasigen ordinirten Caplans bestanden im Predigen und in Assistenz der Geistlichen bei ihren übrigen geistlichen Handlungen, weßhalb er auch später Mit- oder Hülfsprediger genannt wird. Außerdem war ihm die Führung des Amtes eines Ludimagisters bei der dort bestehenden lateinischen Schule übertragen.

Diese Schulen waren in der Grafschaft bei Eingang der Reformation zur Beförderung einer sicheren und rascheren Ausbreitung der neuen Lehre und zur Heranbildung eines tüchtigen Lehrstandes für Kirche und Schulen in den Städten, Flecken und Kirchdörfern gegründet worden und mit wissenschaftlich ausgebildeten Lehrern — Candidaten der Theologie — besetzt.

Als kirchliche Institute verfolgten sie auch fernerhin den Zweck, christliches Leben und kirchlichen Sinn bei der Jugend zu wecken, zu fördern und zu befestigen, weshalb in diesen Schulen nicht blos Unterricht im Latein, sondern auch der Katechismusunterricht und die Unterweisung im Singen der geistlichen, kirchlichen Lieder ertheilt werden sollte.

Diese Lehranstalten bestanden schon vor dem Jahre 1570, wie aus einem Schreiben des Grafen Johann des Aeltern von Nassau an den Grafen Sebastian II. von Sayn hervorgeht.

In der von Heinrich IV. in seiner Grafschaft Sayn publicirten Kirchenordnung vom 22. December 1589 heißt es in Betreff der Schulen: „Unser Befehl ist, daß die Schul-„diener auf den Dörfern, wie auch in den Flecken und „Städten die Praecepta Philippi Melanchtonis und den „Catechismum Lutheri teutsch und lateinisch, fleißig mit „ihren Schülern treiben, und andere Autores einzuführen „sich nicht unterstehen sollen. Schuldiener sollen von unseren „Consistorialibus examinirt werden."

Der §. 24 derselben Kirchenordnung: „Von den Schul-dienern und ihren Lectionibus" ordnet an, wie folgt:

„Dieweil es auch nöthig ist, daß die Jugend in den „Schulen, als welche Seminaria Eclesia seind, anfänglich „in Erlehr des Catechismi und förters in allen Artikeln „unseres christlichen Glaubens recht instruirt werde, so sollen „unsere in den Städten, Flecken und Dörfern bestellte „Ludimagistri keine andere Bücher brauchen und ihren „Discipulis vorlesen, denn allein, welche mit vorbemeldeter „Augsburgischen Confession übereinstimmen. Desgleichen „auch solche politische Autores lesen, daraus die Jugend „Zucht, Ehrbarkeit, die Sprüche und **artes liberales** ohn

„einig Aergerniß lernen können, wie derowegen ihnen nach
„Gelegenheit jeder Schulen, hierneben absonderlich eine ge-
„wisse Ordnung soll präscibiret und zugestellet werden.“

Kurze Zeit nach dem Ausbruche des verheerenden drei-
ßigjährigen Krieges, in welchem die Bewohner der dortigen
Gegend von den wilden und fanatischen Kriegsvölkern große
Drangsale erlitten und die Geistlichen und Lehrer auf flüch-
tigen Fuß gesetzt wurden, zu welchen Nothständen noch
Hungersnoth, Pest und Hexenprocesse kamen, stockte jeglicher
Unterricht und die lateinische Schule zu Altenkirchen löf'te
sich auf; sie konnte bei der gänzlichen Verarmung der
Leute einstweilen nicht wieder hergestellt werden.

Die Caplane dienten fortan nur zur Assistenz des Pfarrers
und nahmen später den Titel „zweiter Pfarrer“ an.

Nachstehende Reihenfolge und Namen der Caplane können
nur vom Jahre 1605 an mitgetheilt werden; dieselben sind
aus den dortigen Kirchenbüchern und anderen vorgelegenen
Acten extrahirt worden.

1. Philipp Niesener (1606—1615),

erster reformirter Caplan, auch Diakonus oder Schulrector genannt.
Er war geboren zu Herborn, wo sein Vater Hans Niesener als Bürger
lebte, studirte noch 1604 in seiner Vaterstadt, wo er auch das akademische Pädagogium frequentirt hatte, ehelichte als Caplan zu Altenkirchen
1606 dominica 23. p. Tr. Eva, des Ehren Jost F. (Fischer), gewesenen
Pfarrers zu Mehren Tochter, läßt 1609 Sonntag den 5. nach Epiph.
eine Tochter Catharine und 1611 einen Sohn Henrich taufen.

Caplan Niesener soll als Pfarrer nach Diefenbach versetzt worden sein.

2. Henrich Pithan (1615—1620),

Caplan. Ein Sohn des Johannes Pithan zu Siegen. Er studirte 1608
zu Herborn und ventilirte 1610 unter Gutberleh, Decas quaestion.
philos. Im Jahre 1615 wurde er vom Saynischen Inspector Braß
als Caplan zu Altenkirchen inaugurirt, heirathete am 23. Juli 1616
Margarethe, eine Tochter des Johs. Kraft zu Herborn, welche ihm zu
Altenkirchen zwei Töchter: Anne Christine (getauft 1618 am 22. Juli)
und Marie Catharine (getauft 1619 am 9. Juni) gebar. Er ging am
14. Mai 1620 als Caplan nach Siegen, wurde jedoch von hier durch
das von dem katholisch gewordenen Grafen Johann dem Jüngeren erlassene Religions-Edict vom 6. Januar 1626 seines Amtes entsetzt und
vertrieben, und nachdem er sich kurze Zeit in Dillenburg aufgehalten
hatte, fand er wieder Anstellung im August 1626 als zweiter Caplan zu
Herborn.

Der reformirte Graf Moritz von Nassau-Siegen, der Brasilianer genannt, berief ihn 1632 nach der Besitzergreifung des Siegerlandes und
nach Wiederherstellung des reformirten Cultus an die erste Caplanei
nach Siegen, wo er am 11. März vom Dr. und Inspector Irlen nach
gehaltener Antrittsrede bei einer außerordentlich zahlreichen Versammlung
in sein Amt eingesetzt wurde.

3. Jacob Brasius (Siegenensis) (1630—1625),

Diakonus. Nachdem er das Pädagogium seiner Geburtsstadt mehrere Jahre frequentirt hatte, bezog er 1616 die Hochschule zu Herborn und wurde 1620 als Caplan zu Altenkirchen eingeführt. Seine eheliche Hausfrau beschenkte ihn 1621 am 5. August mit einem Sohne, der in der heiligen Taufe den Namen Wilhelm erhielt.

Caplan Brasius ging als Pfarrer nach Roßbach (vid. Pfarrer-Verzeichniß von Roßbach).

4. Johannes Jungnitius (1626—1633).

(Cfr. Pfarrer-Verzeichniß von Schoeneberg.)

5. Johann Wilhelm Reif (1633—1611),

Caplan, des Bürgers Conrad Reif zu Herborn Sohn, studirt 1628 zu Herborn, wird 1633 als Caplan eingeführt und heirathet in demselben Jahre Marie, des Herborner Rathsherrn Jacob Henschen Tochter.

6. Johann Conrad Priester (1641—1666).

7. Andreas Seel (1667—1669.

(Vid. Pfarrer-Verzeichniß von Schöneberg.)

8. Johannes Eberhard Rau (1669—1674),

Diakonus genannt; war von Siegen gebürtig, studirte 1666 zu Herborn, wurde 1669 zu Altenkirchen in sein Amt eingeführt, lebte in der Ehe seit 1670 am 7. Juni mit Anne Christine, Ehren Daniel Elling Saccelani zu Siegen, Wittwe, die ihm zwei Söhne: Daniel Ludwig (geb. 1671 am 5. August) und Johannes Caspar (geb. 1673 am 19. October) gebar, ging 1674 als Pfarrer zum Nöbgen, 1682 in gleicher Eigenschaft nach Holzklau und 1689 als Pfarrer und Inspector nach Wehrdorf, wo er gestorben ist.

9. Johann Hermann Bingel, Caplan (1674—1678).

(Cfr. Verzeichniß der ersten Pfarrei.)

10. Wilhelm Ueberfeldt (1678—1721),

Diaconus und Mitprediger, geboren im August 1648 zu Hattingen in der Grafschaft Mark, wo sein Vater, Peter, Kauf- und Handelsmann war, studirte zu Duisburg, wurde 1678 zweiter Pfarrer zu Altenkirchen, ehelicht als solcher 1679 am 25. November Johannette, des Ehren Caspar Trau, past. pr., hinterlassene Wittwe zu Altenkirchen. Er verwaltete seit 1709 bis zu seinem Tode von Altenkirchen aus die Pfarrei Ammersbach und wird beßhalb auch als Pfarrer dieser Gemeinde genannt.

Ehren Ueberfeldt starb (nach dem Todtenbuche) als Diakonus zu Altenkirchen im Alter von 73 Jahren 3 Monaten am 12. November 1721 und wurde am 16. ejusd. feierlichst in der Kirche beerdigt.

11. Johannes Brücher Wildenfis (1721—1727).

(Cfr. Pfarrer-Verzeichniß von Neunkirchen.)

12. Wilhelm Christian Emelius 1727—1736)

aus Hachenburg, geboren daselbst 1704 und ein Sohn des Ehren Ludwig Emelius, Pfarrers zu Flammersfeld, besuchte 1718 das Herborner Pädagog und studirte auch daselbst, wird 1727 als zweiter Pfarrer nach

Altenkirchen vocirt, ehelichte daselbst 1728 am 30. Mai Marie Sibille, des Kaufmanns Joh. Georg Melsberg Tochter, und läßt zu Altenkirchen folgende Kinder, 3 Söhne und 2 Töchter, taufen:

a. Sohn Johann Bertram, geb. 1729 am 4. April, gestorben am 11. September desselben Jahres.
b. Sohn Johann Friedrich, geboren 1730 am 11. August.
c. Tochter Catharine Wilhelmine, geboren 1732 am 21. Jan.
d. Sohn Ludwig Ernst, geboren 1733 am 28. Juli.
e. Tochter Christine Elisabeth, geboren 1735 am 18. Mai.

Am 17. Juni 1736 valedicirte er und folgte dem Rufe als Pfarrer nach Haan in der jetzigen Kreissynode Düsseldorf, wo er 1776, 72 Jahre alt, starb, nachdem er 49 Jahre im Amte gewesen.

13. Johannes Joseph Schindler (1736—1740).
(Cfr. Pfarrer-Verzeichniß von Mehren.)

14. Conrad Hermann Gerhard Gisberti (1741—1744).
(Vide Pfarrer zu Birnbach.)

15. Johann Conrad Neuhoff (1745 Dezbr.—1753).
(Cfr. I. Pfarrei Altenkirchen.)

16. Hermann Conrad Altgelt (1753—1766).
Im Taufbuche bemerkt er: 1753 am 8. April bin ich, Hermann Conrad Altgelt, installirt (vide Pfarrei Mehren).

17. Johann Ludwig Pfeiffer (1766—1808), Caplan.

Sein Vater Johann Anton Pfeiffer war Präceptor zu Mehren; geboren am letztern Orte 1739 am 28. März, studirte er zu Duisburg. Zur Candidatur gelangt, erhielt er 1766 die zweite reformirte Predigerstelle in Altenkirchen, gründete 1767 am 29. December einen Hausstand mit Philippine Catharine, des weiland Andreas Neißert, Weinhändlers zu Steimel, Kirchspiels Niederwambach, nachgelassenen Tochter.

Nachdem er seinem Amte mit vieler Treue 42 Jahre lang vorgestanden hatte, rief ihn der Herr über Leben und Tod 1808 am 20. März im Alter von 68 Jahren, 11 Monaten und 22 Tagen zu sich in sein ewiges Reich. Er wurde am 23. ejusd. beerdigt. Seine Ehegattin war schon zwei Jahre früher, am 19. Januar 1806, 71 Jahre 8 Tage alt, gestorben.

Von seinen sieben Söhnen lebten bei seinem Tode noch vier, nämlich:
1. Philipp Friedrich, geboren 1770 am 13. März.
2. Johann Ludwig Anton, geboren 1771 am 25. November.
3. Johann Gerhard Wilhelm, geboren 1773 am 25. April.
4. Christian Clemens, geboren 1778 am 30. December, starb als Pfarrer zu Usingen.

Nachfolger in Altenkirchen wurde sein zweitjüngster Sohn,

18. Christian Clemens Pfeiffer (1808—1811).

Derselbe wurde am 26. Juni 1808 in hiesiger Kirche durch den Inspector Rhodius als reformirter Caplan und Conrector eingeführt. Er folgte dem Rufe als Pfarrer nach Usingen, wo er am 5. Juli 1814 gestorben ist. Ihm folgte:

19. Adolph Christian Rhodius (1811—1818),

Pfarradjunct und zweiter Pfarrer. Zugleich war ihm täglich eine Lehrstunde bei der dortigen lateinischen Schule übertragen. Er war geboren am 13. Januar 1780 zu Altenkirchen, wo sein Vater Johann Conrad erster Pfarrer und Inspector war. Hier trat er in die Ehe im Februar 1818 mit Wilhelmine, des Bürgers Friedrich Peter Schütz in Siegen Tochter; wurde 1818 quiescirt. Er war der letzte reformirte Caplan, da diese Stelle aufgehoben wurde. Er blieb ohne Anstellung und starb am 27. August 1866, 86 Jahre alt, und hinterließ zwei Söhne und drei Töchter.

c. Das reformirte Präceptorat.

Schon am Ende des sechzehnten Jahrhunderts war zu Altenkirchen neben der lateinischen Schule noch eine deutsche Kirchspielsschule gestiftet worden.

Lehrgegenstände waren: Lesen, Schreiben, Rechnen, Catechismus und Singen der Kirchenlieder.

Zur ersten Einrichtung und Dotirung dieser Kirchspiels- schulen verwandte man wegen Mangel an sonstigen Fonds die Revenuen und Gefälle der ehemaligen Küsterei. Die Custodie verwandelte man zur Reformationszeit in ein so- genanntes Glockenamt; da ja die wesentlichen Functionen eines Custos aufhörten und ihr Amt nur in Reinhaltung der Kirche, in Besorgung des kirchlichen Läutens und Wahr- nehmung eines Cantoramtes fortbestanden.

Glocken- und Schulamt wurden combinirt. Bei der Wahl und Anstellung eines Glöckners nahm man auf seine Quali- fication zum Schulamte Rücksicht und hatte derselbe seine Tüchtigkeit durch vorgelegte Zeugnisse oder durch ein Exa- men bei dem Inspector nachzuweisen.

Das reformirte Präceptorat bestand fort bis zum Jahre 1665, wo es bei Anstellung eines lutherischen Präceptors, der die lutherische wie die reformirte Schuljugend unterrich- tete, aufgelöst und erst 1702 wieder hergestellt wurde.

Der erste Schuldiener, der in den Kirchenprotocollen genannt wird, ist:

1. Valentin Mercator (Craemer) (1607—1612),

Lubimoberator, Schulmeister genannt. Er war Candidat der Theologie und hatte 1603 zu Herborn studirt. Vielleicht unterrichtete derselbe auch einige Stunden bei der lateinischen Schule. Er wird erwähnt 1607, 1610 und 1611. Das Copulationsbuch enthält über ihn die Notiz: 1610 am 6. November wurde Valentin Merkator, Carl Craemers Sohn zu Wetzlar, mit Magdalene, Ehren Wilhelm Rolnhii (?), gewesenen Pfar- rers und Inspectors zu Dierdorf Tochter, copulirt. — 1611 dom. 1. Ad- vent erhielt der ihm geborene Sohn in der Taufe den Namen Johannes. Gegen 1612 zog er ab als Pfarrer nach Kirchen, wo er später exulirt wurde.

2. Johann Philipp Wirich (1612—1626),

Schulmeister hier. Seine Ehe mit Eva wurde mit zwei Söhnen gesegnet:
a. Johannes Heinrich, geboren 1615 am 12. Juli.
b. Johannes, geboren 1619 am 19. September.

3. Johannes Corvinus (1626—1645),

starb 1945 am 3. April.

4. Peter Schreun (1645—1651).

Margarethe wird seine Hausfrau genannt, läßt 1648 einen Sohn taufen.

5. Laurent Bock (Tragius) (1651—1653),

war vorher bis 1649 Präceptor zu Daaben, kam dann als solcher und Organist nach Hachenburg und 1661 am 8. September nach Altenkirchen.

6. Berthold Glasner (1653—1665),

wird praeceptor loci genannt. Er tritt 1653 am 11. October in die Ehe mit Margarethe, Henrich Mommann, Bürgers hier, Tochter.

Für den Zeitraum von 1665 bis 1702 waren nur lutherische Lehrer hier.

Die Glöckner in dieser Zeit waren:

a. **Hans Hermann Lorent** (1665—1684), wird 1681 am 24. März als „unser Glöckner" erwähnt.
b. **Anton Herder** (1684—1595). Ihm stirbt 1686 am 21. December ein Sohn Johann Henrich.
c. **Johann Hermann Herder** (1695—1720).

Gegen 1702 nahm die reformirte Gemeinde wieder einen Lehrer an:

7. Johann Christian Sartor (1702—1720),

gebürtig aus der Pfalz aus dem Orte Dalheim, wo sein Vater, Johann Abam Sartor, Gerichtsschreiber und Präceptor war; ehelicht 1709 am 3. Mai Marie Catharine, geb. Weber.

8. Hieronimus Schneider (1720—1723),

reformirter Präceptor, von Neunkirchen in Freiengrund gebürtig, wo sein Vater Johann Henrich Hüttenmeister war; tritt in die Ehe 1721 am 24. Juni mit Elsa Christine, geb. Wagener, läßt 1722 dom. 22. p. Tr. einen Sohn Johann Gerhard taufen. Schneider stand 1818—1819 als Lehrer zu Altenseelbach im Freiengrunde.

9. Johann Hermann Schurrius (1723—1728),

Sohn des Kirchspielpräceptors Georg Schurrius zu Kattenhausen, geboren zu Kettenbach 1679 am 22. März. Er trat als Präceptor und Organist 1700 am 7. November mit Christine, geb. Wurkhausen zu Fleugert, in die Ehe, welche mit 9 Kindern gesegnet war; war von 1700 bis 1702 Schuldiener zu Hachenburg; kam 1703 nach Kroppach, 1723 nach Altenkirchen, 1729 nach Oberwambach und 1443 wieder nach Kroppach, wo er 1754 am 21. November sein Amt niederlegte und im achtzigsten Jahre dort starb. Seine Wittwe starb 1757 am 2. Decbr., 76 Jahr alt.

10. Georg Christoph Preusing (1729—1735).

11. Friedrich Valentin Daniel Busch (1736—1739).

Seine Ehefrau Marie Catharine gebar ihm 1737 am 31. Januar einen Sohn, der Albert Henrich genannt wurde.

12. Hartmann Büsert, Präceptor (1739—1745).

Er wird 1740 am 27. April, 1742 am 17. September und 1744 am 9. Juni genannt.

13. Johann Friedrich Breusing (1745—1795),

reformirter Präceptor und Organist, war geboren 1716 am 16. Mai, vermuthlich ein Sohn von Nr. 10, lebte seit 1741 in der Ehe mit Sophie Helene Johannette, die ihn mit 4 Söhnen und 3 Töchtern beschenkte. Er starb 1795 am 15. März, alt 78 Jahre 10 Monate und 29 Tage, war 50 Jahre lang Präceptor zu Altenkirchen gewesen und hatte 54 Jahre in glücklicher Ehe gelebt. Sein jüngster Sohn,

14. Johann Ernst Friedrich Breusing (1795—1835),

war sein Nachfolger; geboren hier 1765 am 15. September, ehelicht 1795 am 3. Mai Susanne Margarethe, Gottfried Müller, Lehrers am Pädagog zu Herborn, Tochter. Diese Ehe war mit 6 Kindern, 3 Söhnen und 3 Töchtern, gesegnet.

Nach eingeführter Union wurden im Jahre 1820 die beiden (reformirte und lutherische) Schulen zu einer vereinigt und die Schüler in 2 Abtheilungen getheilt, von denen der seitherige lutherische Lehrer, Cantor Fries, die größeren und Präceptor Breusing die kleineren unterrichtete.

Lehrer Breusing wurde 1835 am 1. October pensionirt, zog zu seinem Schwiegersohne Lehrer Fries in Coblenz und starb daselbst 1852 am 10. December in hohem Alter.

15. Lehrer Carl Hundhausen, seit 1835 am 2. October,

wo er von dem Superintendenten Albrecht eingeführt wurde, geboren 1812 am 29. December zu Leuscheid im Siegkreise, wo seine Eltern Joh. Dieterich Hundhausen und Henriette, geb. Hundhausen, wohnten. Fürs Lehrerfach vorbereitet, wurde er im siebzehnten Lebensjahre Gehülfe des Lehrers Fuchs zu Elberfeld, wo er vier Jahre blieb, besuchte dann von 1833 bis 1835 das Seminar zu Neuwied, welches damals unter Leitung des Directors Braun stand, machte im Juli 1835 seine Abiturienten-Prüfung, verehelichte sich 1839 mit Charlotte Beinhauer, welche 1847 starb, trat dann 1854 in die zweite Ehe mit Justine Wagner aus Solingen.

Der zweite Sohn erster Ehe, Julius, geboren 1843 am 13. März, studirte in Bonn und Berlin Theologie, war von 1868—1869 Privatlehrer in Neunkirchen. Sein Sohn Carl ist Kaufmann in Cöln und Ida, seine Tochter, ist an den Kaufmann Knabe in Hamm verheirathet.

d. Die Pfarrer der vormals lutherischen Gemeinde zu Altenkirchen.

Der erste lutherische Pfarrer war:

1. Johann Ludwig Dumphius (1665—1688).

(Cfr. lutherisches Pfarrerverzeichniß von Almersbach.)

2. M. Johannes Laubinger (1688—1690).

Derselbe fungirte zuerst als reformirter Pfarrer zu Cassel, trat aber, weil ihm daselbst Einer vorgezogen wurde, zur lutherischen Kirche über, kam 1688 hierher und legte kurz nach seiner Installation die ältesten Tauf-, Copulations-, Communions- und Todten-Cataloge an, die sich in der hiesigen Pfarr-Registratur der lutherischen Gemeinde finden. Weil er gegen die Reformirten zu scharf war, so versetzte ihn die Landesherr- schaft mit dem Titel Superintendent von hier 1690 nach Kalten-Norb- heim, wo er gestorben ist.

3. Johann Christian Dumphius (1690—1702),

wahrscheinlich ein Sohn von Nr. 1, wurde 1688 als Hof- und Stadt- prediger berufen und versah die Gemeinde Hilgenroth mit.

Zu Altenkirchen wurden ihm von seiner Ehegattin Elisabeth 3 Söhne und 3 Töchter geboren, von denen bei seinem Abzuge von hier noch 2 Söhne und 1 Tochter lebten.

Hof- und Stadtprediger Dumphius wurde 1702 als Inspector und Hofprediger nach Eisenach berufen, ging später als Superintendent und Pastor nach Alstaedt, wo er 1722 gestorben ist.

4. M. Johann Simon Purgold (1702—1705),

Hof- und Stadtprediger, geboren zu Waltershausen in Sachsen-Gotha, wo seine Eltern, Johann Simon Purgold, als Gerichtsverwalter und Rathsverwandter und Anne Cunigunde wohnten.

Er studirte zu Jena, trat in den Ehestand zu Hamm, von Pfarrer Reusch copulirt, am 28. April 1703 mit Catharine Margarethe, des luthe- rischen Predigers M. Johannes Müller zu Hamm Tochter, und läßt 1704 am 18. August eine Tochter Elisabeth Hedwig taufen. Er wurde 1705 nach dem Eisenach'schen zurück versetzt.

5. M. Georg Ludwig Marschalk (1706—1710).

Ueber seine Abkunft kann nichts gesagt werden: Im Taufbuche be- merkt er: „Anno 1706 am 24. Juni bin ich p. t. verordneter Pastor „M. G. L. Marschalk nach vorher empfangener Vocation uff Johannis- „tag allhier in Altenkirchen kommen und den 27. Juni als den Son- „tag 4. p. Tr. vom Hrn. Mautzius, Pastor in Daaben, nachdem der- „selbe über den Text Hebr. 13, 17, die Investiturpredigt gehalten, die- „ser evangelischen lutherischen Gemeinde vorgestellet und zu meinem „Amte angewiesen und da der Herr Landschreiber Crämer die Hochfürst- „liche Confirmatoren öffentlich der Gemeinde abgelesen, solche mir in die „Hand gegeben."

Er confirmirt 1708 seine Tochter Anne Christine. In demselben Jahre wird sein Sohn Joh. Theoph. Ludwig erwähnt. Sein erstes Pfarrkind, welches er 1706 am 20. Juli taufte, war Anne Marie Catha- rine, des Chirurgen Johann Georg Wappner Tochter.

Bei Anton Tobias, des Henrich Heiderichs Sohn, der 1706 am 18. Juli im Alter von 13 Jahren 4 Monaten begraben wurde, bemerkt er: „Dieser Knabe ist das erste Pfarrkind, dem ich verordneter Pastor allhier „M. G. L. M. das heilige Abendmahl gereicht, und da er starb, von „meinem Collegen die Leichenpredigt gehalten worden."

Kurz nach seiner Hierherkunft trägt er in 14 Paragraphen in das Kirchenbuch ein, wie es damals in kirchlichen Angelegenheiten hier ge- halten worden ist und gibt eine kurze Uebersicht der bis dahin erschiene- nen kirchlichen Verordnungen.

Pastor Marschalk scheint hier gestorben zu sein, wenngleich sich sein Hingang in dem Todtenregister nicht eingeschrieben findet, denn sein Mitprediger setzt 1710 in das Taufbuch: „Etliche Kinder von mir Joh. A. Reusch, Stadtprediger, getauft, vom seligen Herrn Collegen nicht finde!"

6. Vitus Henrich Biedermann (1710—1721),

geboren gegen 1671 zu Rudolstadt, hatte zu Jena studirt, wurde 1701 als lutherischer Prediger und als Garnisonsprediger der Stadt Cöln angestellt, und hielt dort den ersten Gottesdienst 1701 am 15. Mai in einem Hause in der Krebsgasse, verließ diese Gemeinde 1704 und kam als Hof= und Stadtprediger nach Hachenburg, von wo er 1710 am 25. April als Pfarrer und Inspector nach Altenkirchen berufen wurde, valedicirte daselbst am 17. November 1721 und ging als erster Pfarrer nach Wetzlar, functionirte daselbst bis zum Jahre 1731, wo er im sechzigsten Lebensjahre am 11. Mai sanft entschlief.

Seine Gattin Marie Catharine, geb. Fabari, gebar ihm hier zwei Söhne und eine Tochter, von welchen ein Sohn bald starb.

Sohn Carl Friedrich Christian, geboren 1713 am 18. April, getauft am 20. April.

Tochter Auguste Henriette, geboren 1717 am 15. August.

Seine zweite Tochter Jacobine Sibille Elisabeth ehelichte 1732 am 9. December Johann Georg Reuther, mod. lic. und Landphysicus der Grafschaft Sayn, des weiland Ehren Georg Henrich Reuther, Pfarrers zu Daaden, Sohn.

7. Johannes Balthasar Jahn (1722—1731),

vorher Pfarrer zu Scherbba bei Eisenach. Derselbe hielt 1722 am 11. Januar eine Probepredigt zu Altenkirchen, empfing am 1. Februar e. a. seine Vocation von Hochfürstlicher Durchlaucht, hielt darauf am 14. März seinen Einzug und wurde am 22. März, als am Sonntage Jubica, investirt. Die Investitur geschah von dem Pfarrer Reusch zu Almersbach und zwar hielt derselbe einen Sermon vor dem Tisch, nach dessen Beendigung der Landschreiber Schloßstein die Confirmation öffentlich ablas und sie dann dem Pfarrer übergab. Am 26. März fand die Introduction als Assessor des Consistorii statt. Er lebte in der Ehe mit Christine Marie, geb. Schmidt, die ihm hier einen Sohn und eine Tochter gebar.

Johann Henrich Christoph, geboren 1723 am 26. Januar.
Die Tochter starb bald.

Pfarrer Jahn schied aus dem Leben als Inspector und erster Pfarrer zu Altenkirchen im Jahre 1731 am 23. August, Morgens zwischen 4 und 5 Uhr, vom Schlage gerührt, und wurde am 26. ejusd. bei zahlreicher Versammlung in der Kirche, zwischen der Kanzel und dem Altar, begraben. Er hatte sein Lebensalter auf 53 Jahre 2 Monate und 3 Tage gebracht.

8. Johann Christian Hermann (1732—1742),

geboren 1696 am 11. August. Er war vorher 13 Jahre Pastor zu Kalbs=Rieth in der Synode Altstädten, berufen von Durchlaucht Herzog Wilhelm Henrich von Sachsen-Eisenach unter dem 1. Mai 1732 als Pfarrer und Inspector nach Altenkirchen, und ist am 5. November e. a. in seine Aemter eingeführt worden.

Nach zehnjähriger treuer Amtsführung legte derselbe am 1. Mai 1742 seinen Hirtenstab nieder und ging ein in die Wohnung aller Seligen. Seine sterblichen Ueberreste fanden am dritten Tage darauf, am Feste der Himmelfahrt Christi, in der Kirche ihre Ruhestatt. Er hatte ein Lebensalter von 45 Jahren 9 Monaten weniger 10 Tagen erreicht.

9. M. Christoph Ungewitter (1743—1767),

geboren 1687 am 26. November zu Altstädt in der vormaligen sächsischen Pfalz, wurde zuerst 1723 als Rector und zweiter lutherischer Pfarrer nach Altenkirchen zur Unterstützung des Pfarrers Reusch zu Almersbach und des Pastors und Consistorial-Assessors Zahn hierselbst berufen, kam 1725 am 1. April als Pfarrer zum Brühl bei Kirchen und 1738 am 24. September nach Freusburg, investirt dom. oculi 1739. Unter dem 30. Mai 1742 berief ihn der Markgraf Carl Friedrich Wilhelm von Brandenburg-Onolzbach zum Pfarrer und Inspector nach Altenkirchen, er ging aber erst am 7. Mai 1743 dorthin und wurde am 12. desselben Monats von dem Pfarrer Friederici zu Hilgenroth in sein Amt eingeführt.

Nachdem er dieses Amt mit vielem Eifer und großer Treue 22 Jahre lang geführt hatte, ging er in einem Alter von 79 Jahren 2 Monaten und 15 Tagen am 11. Februar 1767 aus dieser Zeitlichkeit und sein Leichnam fand in der Kirche seine Ruhestatt. Er war überhaupt 44 Jahre Seelsorger gewesen.

Er stand in erster Ehe mit Sophie Magdalene, geb. Krausoldt aus Eisenach, welche mit Hinterlassung dreier Kinder am 16. Februar 1728 starb, sodann in zweiter Ehe seit 1728 am 12. October mit Marie Anne Catharine, des Pfarrers zu Obenspiel Johann Anton Deubel ältester Tochter. In erster Ehe wurde 1724 am 23. April zu Altenkirchen ein Sohn Johann Wilhelm Heinrich August geboren, der später Theolog war. Außerdem wurden ihm zu Altenkirchen in zweiter Ehe geboren:

a. Friederike Elisabeth Catharine, geboren 1746 am 8. September, ehelicht 1764 am 4. September Anton Ludwig Ebhardt, Pfarrer zu Gebhardshain.

b. jüngste Tochter Louise Eleonore Wilhelmine, geboren 1750 am 2. August; heirathet 1768 am 24. März Henrich Ernst Friedrich Hertel, Pfarrer zu Hilgenroth.

c. Susanne Regine Elisabeth, ehelicht 1763 am 23. Januar den Magister Johann Georg Adam Friedrich Eugen Deitelmoser.

d. Sohn zweiter Ehe Johann Wilhelm Christian, ehelicht 1763 am 23. Januar als Pfarrer zu Freusberg-Fischbach, Margarethe, Georg Marc. Ludwig Vogel, Pfarrers zu Westerburg, Tochter.

10. Johann Henrich Krausoldt (1767—1770),

aus Eisenach gebürtig, welcher 37 Jahre lang, seit 1731, Pastor in Almersbach war, erhielt vom Markgrafen Chr. Friedrich Carl Alex von Brandenburg-Onolzbach im Jahre 1767 am 21. März die Vocation als Inspector und erster Pfarrer nach Altenkirchen und wurde hier am 24. April besagten Jahres durch den Pfarrer Sturm in Daaden eingeführt; starb an einem Blutsturz am 30. Juli 1770, 67 Jahre 10 Monate alt, und wurde am 1. August e. a. mit einer Leichenpredigt über Daniel 13, 3 in der Kirche beerdigt. Seine Wittwe Johannette Elisabethe Christine, geb. Bathe aus Lutterbach in Hessen, folgte ihm 1778 am 6. Aug., alt 71 Jahre 5 Monate, im Tode nach.

11. Johann Peter Sturm (1770—1781),

aus Eisenach gebürtig, war erst drei ein halb Jahr, vom 1. August 1738 an, Pfarrer zu Kirchen=Fischbach, darauf seit 1742 den 19. März 29 Jahre lang Pfarrer zu Daaden, zuletzt berufen als Inspector und past. prim. nach Altenkirchen, wo er am 10. December 1770 introducirt wurde. Hier schloß er seinen Lebenslauf in einem Alter von 76 Jahren 7 Monaten und 10 Tagen, am 20. August 1781.

12. Johann Ferdinand Andreas Dörner, gen. Ziegler, (1782—1807),

geb. am 19. Januar 1744 zu Anspach, erhielt 1771 seine Berufung als Pfarrer zu Gebhardshain und 1782 als Inspector und erster Pfarrer nach Altenkirchen und endete seine Erdenlaufbahn den 26. November 1807, nach 25 Jahre und 3 Monate lang geführtem Inspectorate, 63 Jahre 9 Monate und 7 Tage alt, und wurde am 23. November e. a. begraben.

13. Johann Jacob Albrecht (1808—1843),

geb. in der vormaligen Markgrafschaft Anspach, im Dorfe Bornhof, bei Bürglein am 17. April 1768, woselbst sein Vater, Carl Friedrich Albrecht, Landjäger und Forstaufseher, und seine Mutter, Sabine Rose, domicilirten; erhielt seine Vorbildung in dem Gymnasio academico zu Erlangen und machte seine theologischen Studien auf der dortigen Universität. Nach vollendetem Triennio begann er seine erste amtliche Wirksamkeit als Collaborator an dem Gymnasium zu Erlangen, am 30. September 1795 zum zweiten lutherischen Prediger und Rector hierselbst ernannt und den 22. Februar 1796 in Erlangen ordinirt, trat er Anfangs März e. a. diese Stelle an.

Hierauf wurde er am 10. Februar 1808 erster lutherischer Pfarrer und Inspector zu Altenkirchen, am 11. März e. a. Assessor des Consistorial=Convents daselbst, am 19. December 1817 Königlich Preußischer Superintendent und in den Jahren 1836 und 1842 von der hiesigen Kreissynode zu diesem Amte wiedergewählt und bestätigt. Nach dreiwöchentlicher Krankheit starb er am 8. September 1843. Seine Leiche wurde am 11. September bei einer außerordentlich zahlreichen Begleitung beerdigt. Pfarrer Rehorn hielt die Grabrede über Maleachi 2, 6, und Pfarrer Schroot die Gedächtnißpredigt. Als Rector trat er in den Ehestand am 5. Juli 1797 mit Wilhelmine, des weiland Registrators Joh. Ernst Goebel Tochter. Von seinen Kindern werden erwähnt:

a. Auguste Sabine, geb. 1800 am 26. December, lebt unverheirathet in Nassau=Diez.

b. Carl Friedrich, geb. 1802 am 30. October, war 20 Jahre Soldat, dann ein Jahr Secretariatsgehülfe auf dem Justizamte in Altenkirchen, starb 1849 am 18. Januar.

c. Auguste Friederike Louise, geb. 1804 den 9. October, verehelicht 1825 den 5. April mit dem Rector und Hilfsprediger Chr. Gottfr. Höhne zu Altenkirchen.

d. Christian Franz Carl Ludwig, geb. 1812 am 22. October, starb als Forstcandidat 1831 am 12. September.

14. Johann Caspar Rümpel (1844—1861),

geboren am 27. August 1801 zu Frauenbreitungen im Herzogthum Sachsen=Meiningen, studirte zu Jena, war seit 1826 den 16. Februar Pfarrer zu Traben a. d. Mosel, Synode Trarbach, wurde 1844 den

27. August durch die Königliche Regierung zum Pfarrer nach Alten=
kirchen ernannt, und am 17. November e. a. durch den Superintendent
Rehorn in sein Amt eingeführt, erhielt 1855 ein neues Pfarrhaus und
wurde 1861 emeritirt.

Er war verheirathet mit Caroline Louise, geb. Simon. Seine Tochter
Bertha verehelichte sich 1868 mit Friedrich, Sohn des Gerbers Carl
Furdel und dessen ebenfalls noch lebender Gattin, Louise Brandt, früher zu Daaden, später zur
Lipperhöhe. Pfarrer Kümpel zog zu seinem Schwiegersohne nach Lipper=
höhe und starb daselbst am Schlagflusse am 18. Januar 1870, Morgens
2½ Uhr, im Alter von 68 Jahren 4 Monaten 22 Tagen und wurde
am 21. ejusd. auf dem Kirchhofe zu Lippe begraben.

Die Stelle wurde verwaltet durch den Candidaten

15. Carl August Pott (seit 1861 den 4. December),

der aber am 23. September des nächsten Jahres zum Pfarrer ernannt
wurde. Er ist der Sohn des nunmehr emeritirten Pfarrers Carl Joseph
Pott und dessen ebenfalls noch lebender Gattin, Caroline geb. Goering,
zu Berschweiler, Kreis St. Wendel, Regierungsbezirk Trier; geboren am
17. März 1835 zu Niederbrombach, Fürstenthum Birkenfeld, besuchte
seit 1849 das Gymnasium zu Saarbrücken, seit 1852 das zu Wetzlar,
woselbst er 1855 das Abiturienten=Examen machte. Nachdem er in
Bonn und Halle studirt und einige Zeit im Hause des Kammerherrn
v. Jean zu Nettelbeck in der Ostpriegnitz Lehrer gewesen, machte er im
Herbst 1859 zu Coblenz sein erstes Examen, war mehrere Monate Ge=
hilfe des Pfarrers Müller zu Dillheim bei Wetzlar, besuchte das Seminar
zu Neuwied und legte, nach einigem Aufenthalte in der Heimath, im
Herbste 1861 das zweite Examen zu Coblenz ab, worauf er vom 20. No=
vember 1861 an als Pfarrverwalter zu Altenkirchen fungirte. Bei der
Ordination und Introduction am 4. December predigte er über die
ersten Worte von Luc. 8, 5. Nach erfolgter Anstellung als Pfarrer
am 23. September 1862 verheirathete er sich am 14. Juli 1863 mit
Elise Schöler, Tochter des Pfarrers und Schulpflegers Schöler zu
Ründeroth, Kreis Gummersbach.

Aus dieser Ehe entsproß ein Sohn, Carl Gustav, welcher 1867 am
25. December geboren wurde.

Zweite lutherische Pfarrer.

1. Johann Leonhard Titius, Diakon (1679—1688),

gebürtig von Biebenkopf. Er wird in dem Freusburger Taufbuche 1680 als
Diakon zu Altenkirchen erwähnt, ging von hier 1688 als Pfarrer nach
Freusburg, an die Stelle des dort abziehenden Pfarrers Reusch, welcher
als Prediger nach Almersbach vocirt war. Zu Freusburg blieb er
fast 1½ Jahre, bis 1691, wo er zu einer andern, uns unbekannten
Stelle zog.

Vom Jahre 1688 an sind die Pfarrer zu Almersbach
zugleich Hülfsprediger in Altenkirchen.

2. Johann Anton Reusch (1688—1722).

Er war auch Consistorial=Assessor.

3. Maximilian Ferdinand Reuther (1728—1731).

(Cfr. Pfarrei Daaben.)

4. Johann Henrich Kraufoldt (1731—1768).

Dieser war der letzte Hülfsprediger zu Altenkirchen, da im Jahre
1768 diese Hülfspredigerstelle mit dem dasigen Rectorate verbunden wurde.

5. **Johann Martin Köhler** (1768—1770).

6. **Johann Bernhard Trabert** (1770—1773).

Siehe weiter das Verzeichniß der Rectoren.

Mit dem 1. October 1817 wurde die lutherische zweite Pfarrei aufgehoben.

e. Die Rectoratsschule und ihre Lehrer.

Schon im Jahre 1699 wird ein Johs. Braun, lateinischer Präceptor und Organist, genannt.

Eine höhere Lehranstalt scheint daher für manche Bürger und die Beamten, die ihren Kindern eine wissenschaftliche Bildung geben wollten, dringendes Bedürfniß gewesen zu sein.

Vereint trugen nun beide Stände bei den höchsten Landesbehörden auf Wiederherstellung der vormals dort bestandenen lateinischen Schule an, und sowohl die dasige Canzlei, als auch der Gräflich Saynische Oberaufseher der Grafschaft, Se. Excellenz Geheim-Rath v. Grießheim, gewährten 1701 den Antragstellern die Gründung einer solchen Unterrichtsanstalt.

In eben dasselbe Jahr fällt auch die Erhebung der Capelle zu Hilgenroth zu einer lutherischen Kirche und die Fundirung einer lutherischen Pfarrei daselbst. Der zu dieser Stelle 1702 ernannte und eingeführte Pfarrer, welcher einstweilen, in Ermangelung einer Pfarrwohnung zu Hilgenroth, sein Domicil in Altenkirchen nehmen sollte, wurde zugleich mit der Wahrnehmung des Unterrichts an der lateinischen Schule seines temporären Wohnortes beauftragt. Dieses Lehramt wurde erst dann von der Pfarrei Hilgenroth getrennt, als deren neu errichtetes Pfarrhaus von dem Pfarrer 1710 bezogen wurde. Nach dessen Abgang erhielt Altenkirchen einen lutherischen Pfarrgehülfen unter dem Titel „Rector" oder Collaborator, der neben seinen geistlichen Amtsverrichtungen auch zur Ertheilung des Unterrichts an der Rectoratsschule verpflichtet war.

Wegen vermehrter Schülerzahl fungirte an dieser Anstalt von 1743—1751 neben dem Rector ein Conrector.

Im Jahre 1768 wurde die seither mit der Pfarrei Almersbach verbunden gewesene und nunmehr von ihr getrennte zweite lutherische Predigerstelle mit dem Rectorate vereinigt. Der Rector hatte von nun an, als zweiter Pfarrer, mit dem lutherischen Inspector und ersten Pfarrer alternative den Wochendienst und die Verrichtung aller Casualien zu besorgen.

7*

Die Brandenburg-Onolzbach'sche Regierungsverwaltung erhob im Jahre 1793 das Rectorat zu einem Gymnasium inferius von 3 Classen, welche von einem Rector, Conrector und Prorector bedient wurden.

Die oberste Classe überwies man dem Rector, dessen pfarramtliche Verrichtungen in so weit vermindert wurden, daß er nunmehr von dem alternativen Wochendienste frei war und nur an den hohen Festtagen und am ersten Sonntag jedes Monats eine Predigt (also 16 Predigten jährlich) zu halten hatte. Außerdem war er verpflichtet, den Inspector in Krankheitsfällen zu vertreten und ihn gratis zu unterstützen. Die zweite Classe versah als Conrector der zweite reformirte Prediger. Der dritten Classe stand der Prorector vor, der zugleich als zweiter lutherischer Prediger fungirte.

Die zu lösende Aufgabe dieser Unterrichtsanstalt war, die Söhne einiger Bürger und der Beamten zum Besuche einer Universität zu befähigen, weil dazumal die Reise zur Hochschule einen viel geringeren Bildungsgrad erforderte als jetzt.

Theils wegen der Kriegsunruhen, theils wegen Kränklichkeit der Lehrer ruhete von 1794—1796 fast der Unterricht, weshalb die fürstliche Canzlei zu Altenkirchen unter dem 22. Januar 1796 eine Verfügung erließ, nach welcher der damalige reformirte Caplan als Conrector sämmtliche Schüler zu unterrichten hatte. Noch in demselben Jahre wurde die seit 1794 erledigte Rectorstelle wieder besetzt. Nach der Union wurde die unter dem 1. October 1817 ausgesprochene Auflösung der lutherischen und reformirten zweiten Pfarrstelle vollzogen, doch verblieben dem Rectorate die sich auf 622 fl. 30 kr. belaufenden Gefälle und Renten der zweiten lutherischen Pfarrei und deren Pfarrhaus, welches seitdem als Rectoratsgebäude von der Stadt und dem Kirchspiel erhalten wurde. Der Rector aber war, nach wie vor, verbunden, die oben erwähnten 16 Predigten, die später auf 12 reducirt wurden, zu halten.

Vom Jahre 1830—1838 blieb die Rectorstelle unbesetzt. Unterm 26. October 1838 wurde die Anstalt als höhere Classe der evangelischen Elementarschule, jedoch mit Ausschluß des wissenschaftlichen Unterrichts, wieder hergestellt. Die so gestellte Anstalt ging ihrer Auflösung entgegen und kam erst dann wieder in Aufnahme, als bald darauf die Ertheilung des wissenschaftlichen Unterrichts wieder gestattet wurde. 1849 machte man Reorganisationsvorschläge zur Umwandlung der Rectoratschule in ein Progymnasium, welches Vorhaben aber nicht zur Ausführung gebracht

werden konnte. Unterm 4. März 1853 trägt der evangelische Schulvorstand in einer Eingabe an die Königl. Regierung zu Coblenz abermals auf eine Erweiterung dieser
Schule an.

Die Erweiterung wurde in so fern verwirklicht, daß
außer dem Rector noch zwei Hülfslehrer angestellt wurden.

Reihenfolge der Rectoren.

1. Johann Henrich Reusch (1702—1708),

Pfarrer in Hilgenroth. (Vid. Verzeichniß Hilgenroth.)

2. Jacob Heinrich Herzog (1708—1710),

Pfarrer in Hilgenroth. Derselbe legte 1710 die Rectorstelle nieder und
bezog das neuerbaute Pfarrgebäude zu Hilgenroth.
(Cfr. Verzeichniß Hilgenroth.)

3. Johann Henrich Langen (1711—1712 den 1. Mai),

aus Alsfeld, im Hessen-Darmstädtischen, wurde am 2. Januar 1711
eingeführt. (Cfr. Pfarrverzeichniß von Kirchen.)

Als Conrector wird 1710, 1711, 1712 Hermann Groß genannt,
ehelicht als solcher 1711 Marie Margarethe, Paul Capito zu Kirchen
Tochter.

4. N. Schultheis, Pfarrer und Magister (1713—1720).

5. Johann Ernst Stockmann (1721—1723),

aus Altstädt, in der ehemaligen sächsischen Pfalz, kommt im letztern Jahre
(1723) als Pfarrer nach Scherbba an die Stelle des als Pfarrer und
Inspector nach Altenkirchen versetzten Joh. Balth. Zahn.

6. M. Christoph Ungewitter (1723—1725),

aus Altstädt in Pfalz-Sachsen, zweiter Pfarrer und Rector, ging 1725
als Pfarrer nach Brühl bei Kirchen, 1738 nach Freusburg und 1743
nach Altenkirchen. (Vide erste lutherische Pfarrei Altenkirchen.)

7. Maximilian Ferdinand Reuther (1725—1728),

aus Märzhausen, Amts Usingen, wurde 1728 Pfarrer zu Almersbach und
1731 Pfarrer in Daaden. (Vid. Daaden).

8. Georg Friedrich Grovius (1734—1746),

aus dem Eisenach'schen gebürtig, wurde zuerst im Juli 1730 Pfarrer
zu Gebhardshain, tritt daselbst 1731 in die Ehe mit Elisabeth Barbara,
Tochter seines Vorgängers, Pfarrers Friedrich Goebel, welche 1751 am
20. April mit Hinterlassung zweier Kinder: Georg Ernst, geb. 1740
den 11. September, und Elisabeth Christine Margarethe, geb. 1744 den
9. März, starb.

Pfarrer Grovius erhielt 1734 die Rector- und Pfarrstelle zu Altenkirchen, wo er 1746 den 12 October mit Tod abging.

9. Johann Henrich August Ungewitter (1746—1751),

des Inspectors Ungewitter zu Altenkirchen Sohn, geboren daselbst 1724
den 23. April, studirte zu Jena. Zur Candidatur gelangt, wurde er

burch seinen Vater am 19. Mai 1746, als am Himmelfahrtstage, ordinirt, wobei die Geistlichen Friederici zu Hilgenroth und Collaborator Gronius assistirten, erhielt 1746 die Anstellung als Gehülfe im Ministerium und als Rector der lateinischen Schule zu Altenkirchen, folgte 1751 dem Rufe als Pfarrer nach Herchen im Siegkreise und 1767 in derselben Eigenschaft nach Leichlingen, wo er 1712 im Alter von 47 Jahren, nach 26jähriger Amtswirksamkeit die Welt verließ.

Als Conrector fungirte hier von 1743 bis 1758 **Johann Jacob Deusener.** Er war gebürtig von Idstein im Nassauischen, und zuerst 8 Jahre, von 1726 an, Rector, Collaborator und Abjunct im Ministerium zu Daaden, erhielt dann 1733 nach Michaelis die Pfarrstelle zu Gebhards-hain, siedelte zuletzt nach Altenkirchen über, wo er im November 1743 als Conrector eingeführt wurde. Hier schied er 1750 den 18. Februar aus diesem Leben.

10. Anton Ludwig Ebhardt (1751, Michaelis, bis 1762),

als Rector 1752 den 27. Januar eingeführt.
(Vid. Verzeichniß Hilgenroth).

11. M. Johannes Georg Adam Friedrich Eugen Deitelmoser (1762—1764),

geboren 1724 zu Wittenberg, wo er auch seinen Studien obgelegen hatte. Er wurde 1762 als Rector und Collaborator nach Altenkirchen berufen, und war schon vor seiner Hierherkunft ordinirt worden. Einen Hausstand gründete er mit Catharine Wilhelmine, geb. Goutermann, die ihm 1762 den 24. Mai einen Sohn gebar, der Henr. Pet. Elias genannt wurde.

Diese Ehe wurde durch den Tod der Frau am 13. September 1762 gelöset, und er trat in die zweite Ehe 1763 den 21. Januar mit Susanne Reg. Elisab., des Inspectors Ungewitter Tochter, die ihn 1763 den 17. December mit einem Sohn, Theob. Wilh. Henr. Christoph, beschenkte.

Rector Deitelmoser schied im Alter von 40 Jahren, 1764 den 18. August, aus der Zeitlichkeit und wurde am 18. ejusd. mit einer Leichenrede über Psalm 37, 12, in der Kirche beerdigt. Seine Wittwe überlebte ihn nur ein Jahr, sie starb 1765 am 10. Mai.

12. Henrich Ernst Friedrich Hertel (1765—1766),

wurde 1765 den 28. Januar investirt. (Vid. Verzeichniß Hilgenroth).

13. Johann Martin Köhler (1766—1770).

Er wurde 1766 den 30. Mai installirt.

Nach der Trennung der Almersbacher Pfarrei von Altenkirchen wurde der Collaborator und Rector der lateinischen Schule, Köhler, 1768 den 27. März, dom. Palmarum, als zweiter Pfarrer der Stadt und des Kirchspiels eingesetzt. (Vid. Verzeichniß von Kirchen.)

14. Johann Bernhard Trabert (1770—1773),

eingeführt als Pfarrer und Rector 1770 den 25. August.
(Vid. Verzeichniß Bendorf.)

15. Andreas Daniel Beer (1773—1782),

zweiter Pfarrer und Rector. (Cfr. Verzeichniß Gebhardshain).

16. Georg Diemar Dormann (1782—1785).

(Cfr. luth. Verzeichniß Almersbach Nr. 6.)

17. Henrich Wilhelm Christian Schmeisser,
Rector und Pfarrer, (1785—1789.)

(Vid. luth. Verzeichniß Daaden.)

18. C. Ebhard (1789—1794),

Rector und Pfarrer, war ein Verwandter von Nr. 22. Er starb im Jahre 1794.

Prorector und Pfarrer war von 1789—1793 Johann Peter Sturm (cfr. Nr. 8 Pf.-Verzeichniß Kirchen) und Conrector und zweiter reformirter Pfarrer war Johann Ludwig Pfeifer.

Von 1793—1796 war Prorector Joh. Wilh. Friedr. Ebharb. Derselbe war ein Sohn des Pfarrers A. L. Ebharbt zu Hilgenroth, geboren am 5. Juni 1770 zu Gebhardshain, frequentirte das Gymnasium zu Weilburg mehrere Jahre, studirte zu Jena und Gießen, angestellt als Pfarrvicar zu Bendorf im Monat August 1791, dann nach zwei Jahren als Prorector zu Altenkirchen Anfangs März, und starb bei seinen Eltern an einer mit vielen Schmerzen verknüpften Krankheit am Sonntag den 14. Februar 1796, Morgens 7 Uhr. Er wurde am folgenden Mittwoch gegen Abend, als ben 17. Februar, in der Stille, nur von seinem Vater und dem Schulmeister Schmidt begleitet, am Eingange der Kirche linker Hand beerdigt. Sein Alter belief sich auf 25 Jahre 7 Monate und 19 Tage.

19. Johann Jacob Albrecht (1796—1808),

zweiter Pfarrer und Rector. Als Conrector blieb der Pfarrer Pfeifer; die Prorectorstelle wurde nicht wieder besetzt.

(Cfr. Verzeichniß der ersten Pfarrer von Altenkirchen.)

20. Wilhelm Ernst Ludwig Carl Krausold (1808—1809),

eingeführt als zweiter Pfarrer und Rector am 15. Mai 1808.

(Vid. Pf.-Verzeichniß Freusburg).

Von 1808—1811 fungirte als Caplan und Conrector Christian Clemens Pfeifer, ein Sohn des reformirten Caplans Joh. Ludw. Pfeifer. (Vid. zweite ref. Pfarrer.)

21. Georg Philipp Schmidtborn (1809—1812),

Rector und Pfarrvicar. (Cfr. Pf.-Verz. Hilgenroth.)

Conrector und zweiter Pfarrer war von 1811—1818 Abolph Christian Rhodius; er war der letzte Conrector.

(Vid. Caplanei Altenkirchen.)

22. Rector N. Graff (1812—1818).

23. Johann Franz Fischer (1819—1834),

gebürtig von Biskirchen, Rector und Hülfsprediger, wurde 1824 nach Obenhausen berufen und 1833 quiescirt.

24. Friedrich Gottfried Höhne (1824 den 4. Mai bis 1830).

(Vid. Verzeichniß der ersten Pfarrer von Altenkirchen.)

Von 1830—1838 blieb die Rectorstelle unbesetzt.

25. Gustav Adolph Lang (1838—1840),

Candidat zu Sobernheim, geboren am 4. Juni 1813 zu Sargenroth bei Simmern, studirte in Heidelberg und Bonn, wurde 1838 den 26. November als Rector und Hilfsprediger ernannt, ging 1840 an die Pfarrei Laufersweiler, Kreis Simmern.

Als Rector wurde unter dem 8. Februar 1840 ernannt: der seitherige Pfarrer zu Bretzenheim:

26. Eduard Schneegans (1840—1853).

Er trat die Stelle am 1. April 1840 an. Das Consistorium nahm ihn laut Rescript vom 28. Dezember 1844 als Synodcandidat auf. Am 31. März 1853 ging er als Lehrer an die Privatschule zu Gütersloh.

27. Friedrich Trost (1853—1855),

erhielt seine Ernennung als Rector unter dem 9. April 1853 und trat die Stelle noch in demselben Monat an, er wurde laut Verfügung vom 21. November 1854 mit dem 1. Januar 1855 zum Rector an der höheren Stadtschule in Coblenz befördert.

Als Hülfslehrer war der hier als Privatlehrer beschäftigte Candidat der Theologie, Anton Müller von Altenburg, mit 12, und die beiden Elementarlehrer Fries und Hundhausen zu Altenkirchen, jeder mit 4 Stunden wöchentlich, ersterer im Rechnen, letzterer zwei Stunden Gesang und zwei Stunden Naturbeschreibung, beauftragt. Nach der Lösung des Verhältnisses mit dem Privatlehrer Müller wurde unter dem 4. April 1854 der Lehrer Zimmermann als zweiter Lehrer angestellt.

28. Georg Schwindt (1855 den 1. Januar bis 1860),

aus Märzhausen in Hessen-Homburg, wurde 1854 am 11. December zum Rector ernannt, trat mit Januar des folgenden Jahres die Stelle an, wurde 1860 den 16. November als Pfarrer nach Kirn berufen.

Der am 4. April 1854 angestellte Lehrer Zimmermann wurde am 1. October 1856 commissarisch als Lehrer an das Rectorat zu Auen ernannt und mit der von ihm bekleideten Stelle wurde der Candidat des höheren Schulamts, Lindenborn, vertraut. Nach Verlauf eines Jahres wurde derselbe Behufs Ablegung seiner Prüfung pro facultate docendi auf seinen Wunsch entlassen. Zu seinem Nachfolger wurde der Lehrer Waldmann vom 1. October 1865 ab ernannt.

29. Ferdinand Guericke (1860 November bis 1865),

geboren 1836 den 16. Juni zu Halle an der Saale. Sein Vater ist dort Professor der Theologie; er studirte in seiner Vaterstadt von 1855 bis 1858, ward dann zu Elberfeld angestellt, trat zu Altenkirchen sein Amt 1860 den 25. November an und führte es fort bis zum Schlusse des Schuljahres 1865, wo er der Berufung zum Pfarrer nach Viernau bei Benshausen, Kreis Schleusingen, folgte.

Der jetzige Rector ist:

30. Otto Keferstein (seit dem 1. October 1865),

geboren 1838 am 29. März zu Mühlhausen, Reg.-Bezirk Erfurt, studirte in Halle von Michaelis 1858 bis Ostern 1860 und in Erlangen bis Ostern 1862; übernahm Michaelis 1862, nachdem er zu Halle sein Examen pro lic. concionand. absolvirt hatte, eine Lehrerstelle am evangelischen Lehrerseminar zu Düsselthal bei Düsseldorf, wurde dann nach 3 Jahren 1865 am 26. Januar commissarisch und 1867 am 25. November definitiv zum Rector in Altenkirchen ernannt. Er trat die Stelle am 1. October 1865 an.

Der zweite Lehrer Friedrich Waldmann übernahm 1865 die hiesige Elementarschule und trat vom Unterrichte am Rectorate zurück. An seine Stelle kam Wilh. Joegers, und 1868 der Lehrer Zipp.

f. Lutherische Elementarlehrer — Cantoren genannt — zu Altenkirchen.

Mit der Gründung der lutherischen Gemeinde zu Altenkirchen wurde zugleich (1665) die Errichtung einer lutherischen Schule in's Werk gesetzt, indem die reformirte Schulstelle einstweilen unbesetzt blieb und der nunmehr angestellte lutherische Lehrer sowohl die Kinder lutherischer als reformirter Eltern unterweisen sollte. Diese Lehrer fungirten auch als Cantoren und Organisten beim lutherischen Gottesdienste.

Der erste lutherische Lehrer war:

1. Lorenz Keck, Präceptor, (1654—1701),

ehelichte nach dem Freusburger Copulationsbuche 1664 den 11. Juni Agnes, Theis vom Beilu Tochter. Nach 35jähriger Wahrnehmung des Schul- und Cantoramtes starb er im Alter von 66 Jahren am 16. März 1701. Seine eheliche Hausfrau Agnes war ihm schon 1700 am 29. April im Alter von 59 Jahren im Tode vorangegangen.

2. Johann Georg Schroeter (1701—1703),

Präceptor und Organist; verheirathete sich 1702 den 19. Juli mit Catharine, Tochter seines Antecessors. Nach dem Todtenbuche hat er nach einer zweijährigen Verwaltung seines Kirchen- und Schulbienstes am 12. April 1703 der Welt valet gesagt.

3. Sebastian Cuprian (1703—1710),

Präceptor und Organist; er trat 1704 am 4. April in den Ehestand mit Gertraud Friedr. Elisab., Tochter des Hofgärtners Johannes Petri, welche Ehe mit drei Kindern gesegnet wurde, 1705, 1707 und 1709.

4. Hermann Gros (1711—1718).

Seine Ehefrau Marie Margarethe, geb. Capito, gebar ihm hier 1712 am 4. März eine Tochter und 1717 den 4. April einen Sohn. Er zog von hier weg und wird 1748 als Schuldiener und Organist zu Eckenhagen genannt.

5. Johann Gerhard Cramer (1718—1722).

Mit seiner Gattin, Anne Rosine, zeugte er einen Sohn, Johann Ernst, der am 9. Februar getauft wurde.

6. Caspar Andreas Ruhland (1723—1767),

Cantor und Glöckner. Er war 1699 den 24. September zu Ebers=hausen a. d. Werra geboren. Seine Installation fand im Juni 1723 statt. Nach 40jähriger Dienstführung starb er im Alter von 67 Jahren 7 Monaten und 16 Tagen am 10. Mai 1767. Er hatte in 5 Ehen gelebt. In den letztern Jahren vor seinem Tode erhielt er einen Amts=gehülfen in der Person des

7. Johann Georg Köhler (1758—1760),

wird Cantorabjunct. Er ehelichte die Tochter des Cantors Ruhland, Friederike Elisabeth. Köhler starb schon im Jahre 1760 und hinterließ eine Wittwe und einen Sohn, Joh. Carl Andreas, geboren 1759 den 4. August.

8. Johann Christoph Plegmann (1761—1780),

Cantorabjunct, von Miehla im Eisenach'schen gebürtig. Er wurde 1761 am 6. Mai in sein Amt eingeführt; verehelichte sich mit der Wittwe seines Vorgängers 1761 am 14. Mai und starb 1780 den 14. April, 42 Jahr 8 Monate alt, mit Hinterlassung seiner Wittwe nebst 2 Söhnen und 2 Töchtern.

9. Johann Balthasar Overkott (1780—1795),

Sohn des Lehrers Johann Jacob Overkott zu Daaden, geboren baselbst 1738 am 8. December. Zum Schulamte würdig vorbereitet, wurde er um Michaeli 1767 seinem alten Vater abjungirt und succebirte ihm 1774; ehelichte 1767 am 18. October Johanne Henriette Dorothea, geb. Preußer aus Jdstein, welche 1803 am 22. September starb, kam Mar=tini 1780 als Cantor nach Altenkirchen, wo er 1795 am 15. April aus der Zeitlichkeit schied.

10. Wilhelm Keller (1795—1805),

Cantor, ehelichte 1802 am 18. October Sophie, Johann Schmidts Wittwe zu Cöln. Ihm wurde 1803 am 24. Juli ein Sohn geboren, Ludwig Carl Wilhelm.

11. Johann Peter Fries (1806—1838),

geboren zu Friedewald 1780 am 1. Mai, Sohn des Johann Gerlach Fries und der Marie Catharine, geb. Wieb. War Lehrer zu Weitefeld, Herdorf, Biersdorf, Alsdorf, kam 1806 als Cantor nach Altenkirchen und verwaltete hier das Schulamt bis zum November 1838, wo sein Sohn Carl sein Nachfolger wurde. In die Ehe trat er mit Sophie Schneiber aus Alsdorf 1805 am 2. November. In dieser Ehe wurden 8 Kinder geboren, von welchen bei seinem Tode noch 6 lebten. In die zweite Ehe trat er mit Friederike Schneiber aus Alsdorf, 1828 am 2. November.

12. Jacob Carl Daniel Fries (1838—1863),

geboren 1819 am 11. Januar. Sohn des Vorigen; verheirathet 1843 am 24. Februar zu Feldkirchen mit der noch lebenden Anna Maria Bodenknecht von Andernach. Von 7 Kindern leben noch 4 Mädchen.

Er starb 1863 am 2. November. Nach seinem Tode wurde die Stelle vom Januar 1864 bis April 1865 verwaltet durch den Schulamts-Candidaten Friedrich Wilhelm Schneider aus Kirchberg, jetzt Lehrer in Essen.

Am 16. April 1865 erhielt die Stelle

13. Friedrich Waldmann aus Monzingen a. d. Nahe,

welcher zuvor 8½ Jahr Lehrer am hiesigen Rectorate, noch früher 3 Jahre Lehrer zu Böckelheim bei Kreuznach war; verheirathet seit 1859 am 13. Juni mit Karoline Schauß, aus welcher Ehe 3 Kinder vorhanden sind.

g. Kirchspiels-Präceptoren.

Die meisten reformirten Dörfer um Altenkirchen beerdigten ihre Todten noch vor 20 Jahren fast alle nach Hilgenroth und es hatte bei diesen Beerdigungen der zunächst wohnende Lehrer von Nieder-Erbach den Gesang zu leiten und eben so früher bei dem Gottesdienste zu Hilgenroth, den die reformirten Geistlichen von Altenkirchen dort abhielten, vorzusingen. Sie wurden dieser Functionen wegen Kirchspielspräceptoren genannt.

Diese waren:

1. Georg Schurrich (1670—1712),

Kirchspielspräceptor zu Kettenhausen, gebürtig aus Rodenberg im Meißenschen. Er wird in dem Taufkataloge 1673, 76, 86, 90 und 96 erwähnt.

2. Alexander Heuzroth (1712—1739),

Präceptor zu Niedererbach; starb 1739 am 19. November im Alter von 55 Jahren.

3. Anton Sybelius (1740—1747),

Kirchspielspräceptor zu Niedererbach. Er schloß 1747 am 9. December im Alter von 64 Jahren seine Erdenlaufbahn.

4. Georg Schurrius (1748—1769),

Kirchspiels-Präceptor zu Niedererbach, verheirathete sich als Wittwer 1750 am 17. Juni mit A. Catharine, geb. Caßgens, die ihm 1762 am 17. August einen Sohn gebar: Johann Wilhelm.

5. Johann Hermann Pick (1770—1811),

zu Niedererbach, geboren 1751 am 6. Februar zu Isert, war zuerst verheirathet mit Anne Catharine, geb. Kalb, die 1782 am 4. December zu Hilgenroth starb; trat in die zweite Ehe mit Marie Catharine, geb. Klein von Obernau, Kirchspiels Netphen, die 1802 am 23. December starb; in die dritte Ehe mit A. Clara, geb. Herings von Neußelbach. Er starb 1811 am 14. Januar als Schuldiener und Vorsänger von Hilgenroth zu Niedererbach, war alt 59 Jahre 11 Monate und 8 Tage.

6. Arnold Pick (1811—1814),

provisorischer Kirchspielsschuldiener zu Niedererbach. Ließ sich im September 1814 unter die schwarzen Husaren einreihen, machte die Schlacht bei Waterloo mit und zog mit in Paris ein. Er kehrte zu Anfang des Jahres 1817 hierher zurück, verheirathete sich in demselben Jahre mit Margarethe Catharine, geb. Ramseger, verwittwelen Schneider zu Naßen, welche 1845 starb. Er wurde ein Tingschullehrer zu Isert=Rechsen, Naßen, Michelbach, Leutzbach, zuletzt in Mamelzen. Seit Ende 1852 trat er aus dem Schulamte aus und lebt seitdem bei seiner Stieftochter A. Clara Schneider zu Neusselbach.

7. Peter Philipp Pick (1814—1822),

Kirchspiels=Schuldiener zu Niebererbach, wo er 1787 am 5. August geboren war, er ist zweimal verehelicht gewesen. Er starb, nachdem er früher vom Schulamte abgetreten war, 1835 am 26. September.

8. Johann Wilhelm Jünger,

Bezirksschuldiener zu Niebererbach, geboren 1799 am 10. August. Sein Vater, Henrich Jünger, und seine Mutter, Anna Margarethe, geb. Crämer, wohnten im Kirchspiel Hamm.

9. Wilhelm Durbach

war 47 Jahre Lehrer zu Oelsen, Eichelhardt, Michelbach und Niebererbach, verheirathet 1840 mit Marie Sophie Schücher. Er starb 1865 am 10. Juni zu Hechsen im Hause seiner Tochter.

3. Das Kirchspiel Bendorf.

Der Marktflecken Bendorf, in schöner Umgebung am Rheine und an der Heerstraße nach Coblenz liegend, gehörte schon vor 1202 zur Graffschaft Sayn. Im Jahre 1636 zog es der Abt von Laach, als eröffnetes Lehen an sich, dem es aber 1638 der Gouverneur von Ehrenbreitstein, Heinrich von Metternich, wieder entriß und es erst 1645 an die Abtei Laach zurück gab; 1651 kam es wieder an Sayn, verblieb den beiden Häusern Sayn=Altenkirchen und Sayn=Hachenburg gemeinschaftlich, bis Georg Friedrich, Burggraf von Kirchberg, seinen Antheil an Bendorf laut Austausch=Receß vom 20. November 1744 gegen Empfangnahme der Vogtei Roßbach, an Carl Wilhelm Friedrich, Markgraf zu Brandenburg=Onolzbach erb= und eigenthümlich abtrat. Im Jahre 1816 fiel es an Preußen. Jetzt wurde es von Altenkirchen getrennt und zu dem Kreise Coblenz gelegt.

Bendorf (Bebendorf) erhielt am 21. September 1560 vom Kaiser Ferdinand I. zwei Jahrmärkte, nämlich auf Montag vor Michaelis und Donnerstag nach Allerheiligen.

Die dortige Pfarrgemeinde war seit der Einführung der Reformation lutherisch, wurde 1605 reformirt und 1654 wieder lutherisch und von dieser Zeit an ist die reformirte Kirche von Bendorf ganz verdrängt worden. Die Reformirten mußten außerhalb Befriedigung ihrer kirchlichen Bedürfnisse suchen.

Die dasige Kirchengemeinde, welche jetzt zum Synodal-kreise Coblenz gehört, zählt 800 Seelen. Zu derselben sind eingepfarrt die Evangelischen zu Sayn, Engers, Vallendar und die des Kirchspiels Heimbach.

Den in Bendorf und der Umgegend wohnenden Refor-mirten wurde erst durch den Markgrafen Carl Wilhelm Fried-rich unter dem 27. October 1747 freie Religionsübung ge-stattet und zugleich die Erlaubniß ertheilt, zur Erbauung einer Schule und Kirche in allen reformirten Ländern eine Beisteuer zu sammeln. Diese Collecte brachte auch so viel ein, daß 1753 eine Kirche erbaut werden konnte.

Vor Erbauung einer Kirche wurde durch einen Candi-daten oder von den benachbarten Geistlichen zu Neuwied oder Grenzhausen der Gottesdienst in einem Privathause abgehalten, die Abendmahlsfeier fand in den benachbarten reformirten Kirchspielen statt.

Ob die Reformirten nun seit 1753 eigene Pfarrer ge-habt haben, ist nicht zu ermitteln gewesen. Der Prediger, durch den das dortige reformirte Kirchenbuch angelegt, ist:

Philipp Jacob Klauer (1774—1803),

er beginnt dasselbe 1774 und führt es fort 1803.

Seit 1803 hatten die Reformirten keinen eigenen Geist-lichen. Der lutherische Pastor verrichtete die actus ministeria-les. Die Gemeindeglieder besuchten die lutherische Kirche und ließen sich nur von Zeit zu Zeit das Abendmahl durch einen Geistlichen ihrer Kirche reichen, bis unter dem 22. Septem-ber 1817 die Vereinigung beider Kirchen eintrat.

Reihenfolge der Geistlichen.

Der erste erwähnte lutherische Pfarrer ist

Conrad Ambroster von Marburg,

Pfarrverweser, 1585 am 25. August.

Bei der Einführung der reformirten Lehre (1605) wurde als Prediger angestellt:

1. **Wilhelm Schenkelberg** (1605—1628).

Sein Caplan, der zugleich Ludimoderator war, ist Engelbert Cramer, der nach dem Abgange des Pfarrers Schenkelberg Pfarrer wurde.

2. **Engelbert Cramer** (1629—1653).

Als Caplan fungirte Philipp Altgelt 1630 (cfr. Verzeichniß der ersten Pfarrei von Altenkirchen).

Die Landesherrschaft besetzte nach dem Tode des refor-mirten Pfarrers Cramer die Pfarrei mit einem lutherischen Prediger, und zwar mit:

3. **Johann Ludwig Dumphius** (1654—1659),
vorher Hofprediger zu Hachenburg (cfr. Verzeichniß von Almersbach).

4. **M. Johann Pandel** (1659—1679).

5. **N. N. Ueiher** (1679—1697),
ist nach dem Verzeichniß des Inspectors Ungewitter zu Altenkirchen Pfarrer.

6. **Johannes Reusch** (1697—1718),
vermuthlich von Daaden. Er wird am 3. Juli 1697 in sein Amt ein=
geführt, tritt 1699 am 25. November in die Ehe mit Marie Christine,
Herrn Canzlei=Directors Bunzen ältester Tochter zu Altenkirchen. Er
starb 1718. Von seinen hinterlassenen Kindern tritt seine Tochter Elisa=
bethe Magdalene 1728 am 10. August in den Ehestand mit Johann
Gerhard Eutenener, Pfarrer zu Walbbröhl.

7. **M. Johann Georg Schmidt** (1718—1737).

8. **M. Johann Henrich Schüler** (1737—1738).
Er war von Eisenach gebürtig, wo sein Vater, Henrich Schüler,
Bürger und Metzger war. Von 1720 bis 1725 war er zweiter luthe=
rischer Pfarrer zu Hamm a. d. Sieg, wo er sich 1723 am 24. Februar
mit Johanne Marie, des M. Georg Friedrich Ringelmann, Pfarrers zu
Volgins im Hessen=Darmstädtischen Tochter, verehlichte. Welche Stelle er
von 1725—1737 einnahm, ist nicht bekannt. Am 11. März 1737 wurde
er als Prediger zu Benborf installirt. Dieser wurde — so berichtet
Inspector Ungewitter — nachdem er kaum ein Vierteljahr da gestanden,
nach fränkisch Grumbach in Hessen vocirt und hielt seinen Abzug dominica Exaudi.

9. **Johann Christoph Ludwig Winter** (1738—1773).
Er hielt seinen Angang fest. circums. Christi 1738 und wurde hier=
nach dom. 6. p. Tr. investirt. Nach 35jähriger Amtsführung starb er
1773 am 19. Juni.

10. **Johann Bernhard Traber** (1773—1792),
gebürtig aus Mihla in Sachsen=Eisenach, wurde als Rector und zweiter
Pfarrer zu Altenkirchen angestellt und am 25. August 1770 durch den
Inspector Sturm in seine Aemter eingeführt. Als Lebensgefährtin wählte
er sich Louise Wilhelmine, des Amtsverwalters Johann Ernst Cramer zu
Altenkirchen Tochter, mit welcher er 1771 am 3. April durch den In=
spector Sturm copulirt war. Hier ist ihm ein Sohn und eine Tochter
geboren worden:

    a. Tochter **Wilhelmine Friederike Christine**, geboren 1772
        am 20. April.

    b. Sohn **Ludwig Christian Valentin**, geb. 1773 am 19. Aug.

Pfarrer Trabert erhielt 1773 die Predigerstelle zu Benborf, wo er am
7. November nach gehaltener Einzugspredigt durch den Inspector Sturm
inaugurirt wurde. Hier legte er am 7. März 1792 seinen Hirtenstab
nieder und ging ein zu seines Herrn Freude.

11. **Friedrich Christian Carl Largardt** (1793—1812),
gebürtig aus Anspach, kam 1788 an die Pfarrei Kirchen und 1793 als
Pfarrer nach Benborf, wo er 1812 das Seelsorgeramt niederlegte und
nach Braubach ins Nassauische überzog.

12. Heinrich Theodor Ferdinand Otto (1812—1821),

geboren zu Weilburg, wo sein Vater Joh. Franz Otto, nachmaliger Kirchenrath und Pfarrer in Brandobernborf, damals Stabtpfarrer war, wurde 1812 nach Benborf vocirt und daselbst am 30. Mai investirt. Unter seiner Dienstführung erfolgte am 22. September 1817 die Union. Mit dem 19. August 1821 versetzte man ihn als Rector an das Pro-gymnasium zu Sobernheim.

13. Dr. Carl August Groos (1821—1827),

Sohn des am 8. August 1832 in Ebersbach verstorbenen Hofraths Wilhelm Henrich Groos zu Laaspe, kam 1821 als Pfarrer nach Ben-borf, erhielt 1827 die Militärpredigerstelle zu Coblenz, wo er als Con-sistorial-Rath gestorben ist.

14. Georg Anton Blum (1828—1847).

Er war geboren am 24. März 1778 zu Weilburg, studirte in Halle und Gießen, war zuerst 1800 dritter, und 1802 zweiter Pfarrer zu Wetzlar, kam 1814 als Pfarrer nach Dudenhofen und 1828 nach Ben-borf, wo er am 20. Januar eingeführt wurde, hielt am 10. October 1847 seine Abschiedspredigt, nachdem er sich mit Pension in den Ruhe-stand hatte setzen lassen.

15. Friedrich Wilhelm Hack,

seit dem 19. März 1848, an welchem Tage er über 2. Cor. 4, 5, seine Antrittsrede hielt; geboren am 3. Mai 1806 zu Berlin, studirte zu Bonn und Berlin, war seit dem 24. November 1833 Pfarrer in Würrich auf dem Hundsrücken, erhielt am 5. Januar 1840 die Pfarrei Bacharach und 1848 die zu Benborf.

4. Das Kirchspiel Birnbach.

Das Kirchdorf Birnbach liegt theilweise um die Kirche, einige Häuser, und unter diesen das alte, mit Stroh ge-deckte Pfarrhaus, sind etwas von derselben entfernt und durch einen Wiesengrund von einander getrennt.

Der Kirchsprengel Birnbach kam 1298 an Sayn, wurde 1643 von Sayn-Wittgenstein occupirt, ging 1662 an den Grafen von Manderscheid zu Hachenburg über, fiel 1675 an Nassau-Habamar und 1692 an den Burggrafen von Kirchberg; 1799 mit Nassau-Weilburg vereinigt, kam es 1806 an das Herzogthum Nassau und 1816 an Preußen.

Die Kirchengemeinde war seit 1561 lutherisch, wurde 1605 reformirt und trat am 21. December 1817 der Union bei.

Der Pfarrsprengel ist aus folgenden Ortschaften zusam-mengesetzt: Birnbach, Ober- und Niederölfen, Reiterschen mit Fladernbach, Hammelzen, Hilkhausen, Weyerbusch, Hassel-bach, Werkhausen mit Acker-Laingen-Ochsenbruch, Marenbach, Rimbach, Oberirsen und Wölmersen, und zählt circa 2000

Seelen, hat 13 Presbyter und 24 Repräsentanten, eine Pfarrschule und 3 Filialschulen mit 4 Lehrern. Das Pfarreinkommen beträgt 400 Thaler. Die Kirchenbücher gehen bis auf das Jahr 1667 zurück.

Reihenfolge der Geistlichen.

Der letzte lutherische Pfarrer, Valentinus Apiarius, der sich zur Annahme des reformirten Cultus Bedenkzeit erbeten hatte, wurde 1606 vom Grafen Wilhelm zu Sayn-Wittgenstein seines Pfarrdienstes entbunden und an seine Stelle trat:

1. David Gumpel (1606—1624).

Derselbe wird in einem Verzeichnisse genannt, welches sich bei der Pfarrei zu Hachenburg befindet. Er soll hier gestorben sein.

2. Johannes Roselius (ober Ruchelius) (1624—1644).

Er versah auch eine Zeitlang die Pfarrei Flammersfeld mit.

3. Hubertus Johnius (1645—1646).

(Vide Pfarrei Neunkirchen.)

4. Johann (Hans) Conrad Riesener (1646—1660),

geboren 1610 zu Rennerod, wo sein Vater, Joh. Jacob Riesener, der zu Herborn als pastor prim. und Inspector am 8. Juni 1646 starb, damals Pfarrer war. Er studirte 1641 zu Herborn, wo er auch die academischen Classen besuchte. Nach dem Herborner Trauungsregister trat er 1646 dom. 19. p. Tr. als Pfarrer zu Birnbach in die Ehe mit Veronica, Pantalon Krämer, Schultheißens zu Birnbach, Tochter. Vermuthlich ist er später nach Mehren versetzt worden und hat eine Zeit lang die Birnbacher Pfarrstelle mit versehen; denn nach dem Driedorfer Copulationsregister heißt es: Johann Ludwig Riesener, Sprachmeister, des Hans Conrad Riesener, Pfarrers zu Mehren und Birnbach, ehelicher Sohn mit Anne Dorothea, Heinrich Kolb, Bürgers zu Dillenburg, hinterlassener Wittwe, cop. 1681 am 16. März.

5. Johann Wilhelm Cramer (1660—1662).

(Cfr. Pfarrei Neunkirchen.)

6. Ludwig Sohn (1662—1670),

steht 1666 am 7. September als Pfarrer hier. Er wird 1688 gewesener Pfarrer zu Nimbrecht genannt.

7. Johann Conrad Riesener (1670—1682),

versieht als Pfarrer zu Mehren wegen Mangel an Predigtamts-Candidaten die Pfarrei Birnbach mit (Nr. 4).

8. Balthasar Ribelius von Driedorf (1682—1695),

studirte 1656 zu Herborn, war daselbst bei der Bürgerschule angestellt, ging in demselben Jahre an die Schule nach Haiger, wurde 1661 als

Pfarrer nach Alpenrod berufen und 1682 in gleicher Eigenschaft nach Birnbach. Hier ist er im Jahre 1695 gestorben. Sein Sohn Jost Henrich war Kirchspielsschuldiener zu Birnbach.

9. Johann Jacob Bierbrauer (1696—1699),

Sohn des Hans Gerhard des Jüngeren zu Hachenburg, getauft daselbst am 7. Juni 1673, studirte 1691 zu Herborn, wird als Pfarrer zu Birnbach am 27. Juli 1696 introducirt, setzt das Taufbuch 1697 am 18. Januar fort, wird 1699 als Pfarrer nach Runkel, Graffschaft Wied, versetzt.

10. Johannes Philipp Goebel (1699—1702),

ein Sohn des zu Altstadt 1709 am 28. Februar verstorbenen Pfarrers und Inspectors Kilian Goebel und dessen Gattin Anna Magdalene, geb. Pircks, geboren zu Altstadt 1678, studirte zu Herborn, wurde 1698 examinirt und ordinirt und den 29. Juni 1699 durch seinen Vater als auf St. Petritag inaugurirt, ehelichte 1699 am 17. November Marie Sibille, des Johs. Georg de Sever, Bürgermeisters zu Neuwied, Tochter, welche ihn mit 2 Söhnen beschenkte:

a. **Johann Gerhard**, geboren 1700 am 1. October, studirte Theologie.

b. **Kilian Ludwig**, geboren 1701 am 22. November.

Nach dreijähriger Führung des Predigtamtes starb Pfarrer Goebel am 10. Januar 1702 im Alter von 24 Jahren und wurde am 13. ejusd. bei volkreicher Versammlung in der Kirche unter der Kanzel begraben. Pfarrer Arndorf in Hachenburg hielt die Leichenpredigt über 2. Petri 1, 13—15. Seine hinterlassene Wittwe ehelichte 1703 den Pfarrer Andreas Jacob Weidenbach zu Urbach und starb als Wittwe am 27. März 1750.

11. Philipp Wilhelm Schellewald (1702—1729).

Ein Sohn des Pfarrers und Inspectors Schellewald zu Neuwied und dessen Gattin Dorothea Elisabeth. Er zeugte mit seiner Ehefrau Christine Wilhelmine, geb. Brandt, mit der er 1704 am 2. October copulirt wurde, hier 5 Kinder:

a. **Georg Ludwig**, geboren 1709 am 25. März, getauft am 28. März.

b. **Dorothea Elisabeth**, geboren 1710 am 16. März, getauft am 25. März.

c. **Justine Catharine Henriette**, geboren 1712 am 28. März, getauft am 3. April.

Im Jahre 1729 verzog Pfarrer Schellewald, wohin? ist nicht bekannt.

12. Albert Georg Wilhelm Heerhausen (1729—1742),

geboren 1672 zu Hamm a. d. Sieg, wo sein Vater Jacob Röbgerus Pfarrer war, studirte 1690 zu Herborn, erhielt 1693 den Ruf als Pfarrer nach Hamm, ging 1704 nach Alpenrod und 1729 nach Birnbach, wo er am 1. Mai e. a. durch Pfarrer Wehler zu Schöneberg in Gegenwart des Canzlei-Directors Grün introducirt wurde. Er zog 1742 ins Homburg'sche, wo er gestorben ist.

13. Abraham Wurm (1742—1748),

gebürtig von Oberwinter, Amts Sintzig, im Jülicher Lande. Derselbe vikarirte die hiesige Pfarrstelle vom 22. März bis 3. December 1742, an welchem Tage er zum Pfarrer nach Birnbach in Gegenwart des Directors Avemann investirt wurde. Seine Gattin wird Anna Eva genannt.

Von 1748 bis 1750 blieb die Pfarrstelle unbesetzt und wurde von den benachbarten Geistlichen mit versehen.

14. Johann Martin Reinhard (1750—1752).

(Cfr. Pfarrei Kroppach.)

15. Conrad Hermann Gerhard Gisberti (1752—1760).

Sein Vater Johann Caspar war Pfarrer zu Marsain; geboren 1713 am 19. März zu Waleroth, studirte zu Duisburg. Seine erste Anstellung erhielt er 1740 als zweiter Pfarrer zu Altenkirchen. Im Jahre 1744 berief ihn der Landesherr als Prediger nach Almersbach und 1752 im December als solchen nach Birnbach. Hier schloß er seinen Lebenslauf am 20. September 1760, 47 Jahre 5 Monate und 3 Tage alt. Seine Gattin Dorothea Elisabeth, geb. Cäsar, war ihm bereits im Tode vorangegangen, und hatte mit ihm 14 Jahre 4 Monate in glücklicher Ehe gelebt. Er hinterließ 2 Söhne und 2 Töchter.

16. Johann Daniel Altgelt (1762—1771).

(Cfr. Pfarrei Kroppach.)

17. Johann Wilhelm Andreas Schindler (1771—1811),

geboren am 22. December 1739 zu Altenkirchen, wo sein Vater J. Joseph Schindler damals zweiter Stadtpfarrer war. Seine Mutter Margarethe Elisabethe, geb. Cäsar aus Alsbach, starb 1779 am 13. Februar, 61 Jahr alt. Nachdem er seine Studien beendet und sein Examen bestanden hatte, wurde er 1763 zu Hamm und 1771 als Pfarrer zu Birnbach angestellt, wo er im Jahre 1811 emeritirt wurde. Er zog nach Neuwied und starb daselbst bei seinem Schwiegersohne Pfarrer Melsbach zu Obersonnefeld im folgenden Jahre. Er war am 6. September 1768 in die Ehe getreten mit Anne Marie, des Amtsverwalters Cäsar zu Selters Tochter, welche den 25. März 1808, 62 Jahre 10 Monat alt, starb und 1 Sohn und 3 Töchter hinterließ:

a. Marie Margarethe Elisabethe Jacobine, geboren 1769 7. November.
b. Dorothea Catharine Wilhelmine Alb., geboren 1773 am am 28. April.
c. Louise Marie Jacobine, geboren 1775 am 26. November.
d. Friedrich Jacob, geboren 1786 am 25. April, wurde Chirurg und war verehelicht mit Christine, des Pfarrers Girshausen zu Altstadt Tochter.

18. Friedrich Conrad Girshausen (1811—1818).

(Cfr. Pfarrei Altenkirchen.)

Vom 16. Juni 1818 bis zum 22. Juli 1819 versah der Pfarrer Ludwig Wilhelm Molly von Schöneberg aus die hiesige Stelle.

19. Christoph Gottlieb Schmidtborn seit dem 26. Januar 1819.

Derselbe ist geboren am 19. Mai 1788 zu Altenkirchen, herzoglichen Amts Weilburg, erhielt seinen ersten Unterricht vom Bikarius Lindenborn, erlangte die erforderliche Gymnasialbildung am Pädagogium zu Gießen von 1800 bis 1806, studirte auch auf der dasigen Universität vom Frühjahr 1806 bis Herbst 1807 und dann ein Semester bis Frühjahr 1808 zu Marburg, machte sein theologisches Examen 1808 zu Weilburg, fungirte dann 3 Jahre lang als Informator zu Niederwellstadt bei Friedberg, erhielt dann am 10. November 1811 die Caplanei und die Knabenlehrerstelle bei der Naſſauiſchen Gemeinde Reichelsheim, unweit Friedberg, ſodann am 6. Januar 1813 die Verwaltung der Pfarrei Hilgenroth. Am 26. November 1819 wurde er zum Pfarrer nach Birnbach vocirt und am Sonntag Sexageſimä 1820 durch den Superintendenten Albrecht introducirt, nachdem er über das Bibelwort 2. Tim. 4, 2 ſeine Eintrittsprebigt gehalten hatte. Er trat in den Eheſtand im November 1813 mit Henriette Margarethe Kaiser aus Hanau, welche 1856 ſtarb. Von 4 Kindern ſind 2 Söhne und 1 Tochter geſtorben. Eine Tochter lebt noch bei ihm.

Sein 50jähriges Amtsjubiläum wurde am 10. November 1861 von der Synode gefeiert, bei welcher Feier ihn Conſiſtorial-Rath Eberts im höheren Auftrage mit dem Adlerorden 4r Claſſe becorirte.

Schuldiener zu Birnbach.

Der erſte Schuldiener, von dem in den Kirchenbüchern Erwähnung geſchehen, iſt:

1. Gerhard Jung,

läßt 1667 am 9. October einen Sohn Franz Lubwig taufen.

2. Joſt Henrich Ribelius (1685—1729),

Kirchſpielsſchuldiener. Er iſt ein Sohn des bortigen Pfarrers Balthaſar Ribelius, erwähnt 1684, 1690, 1695; ehelicht 1704 am 31. October Veronica, Matthias Zimmermanns Tochter, welche 1709 am 1. December ſtarb.

3. Johann Peter Knauh (1729—1773),

Sohn des Landmanns Johann Georg Knauh zu Derſchen, ehelicht 1737 am 17. Mai Anne Catharine, Johann Henrich Schneider zu Hilfhauſen Tochter, welche 1748 am 18. November ſtarb; trat 1754 am 16. April in die zweite Ehe mit Eva Maria, geborne Lichtenthäler, die ihn überlebte und als Wittwe 1790 am 24. November aus dieſer Welt ging. Er ſtarb 1773 am 24. April im Alter von 60 Jahren und war 44 Jahre im Amte geweſen.

4. Johann Wilhelm Schaefer (1773—1778).

Seine Frau Anne Marie gebar ihm 1775 am 26. November eine Tochter, die in der heiligen Taufe die Namen Louiſe Marie Jacobine erhielt.

5. Johann Friedrich Schaefer (1778—1793).

Er war verehelicht ſeit 1778 am 30. October mit Anne Eva, geb. Biſchof, welche 1801 am 18. Januar, 52 Jahr 7 Monate alt, das Zeitliche ſegnete. Er war ihr bereits im Alter von 41 Jahren, nach 14jähriger Ehe, am 8. Juni 1793 im Tode vorangegangen. Er hinterließ 5 Kinder.

6. Schulvicar Friedrich Schmidt (1793—1795).

Nachdem er nur zwei Jahre ſeinem Schulamte vorgeſtanden hatte, ſtarb er am 22. November 1795 im Alter von 32 Jahren und 7 Monaten und im britten Jahre der Ehe. Er hinterließ ſeine Wittwe und einen Sohn.

7. Henrich Christian Schaefer (1795—1830),

geboren 1780, ehelicht 1802 am 17. December als Kirchspielspräceptor Anne Louise, des Sendschöffen Christian Ehrenstein zu Hasselbach Tochter.

8. Johann Wilhelm Schaefer (1830—1841),

des Vorigen Sohn, geboren 1805 am 1. Juli. Er starb unverehelicht im Alter von 35 Jahren 9 Monaten und 15 Tagen am 16. April 1841.

9. Henrich Ersfeld (1841—1853),

angestellt als Lehrer und Küster, war vorher Lehrer zu Kirchen, und ging später nach Wetzlar.

10. Christian Vetter (1853—1861),

war gebürtig von Freusburg. Er stand vor seiner Hierherkunft als Lehrer zu Elkenrod, kam 1853 nach Birnbach und segnete hier das Zeitliche im Jahr 1861.

Sein Nachfolger wurde:

11. Andreas Theis (seit 1861),

gebürtig von Urbach.

5. Das Kirchspiel Flammersfeld.

Der Kirchort Flammersfeld war in grauer Vorzeit der Sitz einer Adelsfamilie gleichen Namens. Das Kirchspiel war der Grafschaft Hachenburg einverleibt und mit dieser ein Lehen des Erzstiftes Cöln. Graf Diederich I. setzte es um das Jahr 1435 für 700 fl., welche er vom Churfürsten Diederich von Cöln empfing, zu Lehen an.

Im Jahr 1560 am 21. September ertheilte der Kaiser Ferdinand I. diesem Marktflecken zwei Jahrmärkte und zwar den erstern auf Sonntag Cantate und den andern auf Montag vor Martini.

Hier bestand von Alters her ein Centgericht, bei welchem 1702 Matthias Fuchs als Richter fungirte.

Im Jahr 1636 zog Churköln das Kirchspiel Flammersfeld als Lehen ein und übergab es dem Grafen von Wartenberg; 1643 occupirte es Wittgenstein, 1662 kam es an die Kirchbergische Linie, 1799 an Nassau-Weilburg, 1806 an das Herzogthum Nassau und 1816 an Preußen, von welcher Zeit an es der Sitz einer Bürgermeisterei wurde.

Im Jahr 1367 empfing Johann IV. von Wied die Herrschaft Greifenstein nebst dem Kirchsatze zu Daaden und Flammersfeld von dem Bischofe Diederich zu Worms als herkömmliches Lehen.

Die Pfarrgemeinde war seit 1561 lutherisch, wurde 1605 reformirt und trat 1817 der Union bei. Im Jahr 1855 erhielt sie ein neues Pfarrgebäude.

Den Pfarrsprengel bilden die Gemeinden: Flammersfeld, Ahlbach, Eichen, Roth, Kescheid, Orfgen, Reiferscheid, Schürdt, Seelbach, Strickhausen, Walterschen. Er zählt 2098 Seelen mit 4 Presbytern und 20 Repräsentanten, 8 Schulen und 8 Lehrern.

Die dortige Kirchenorgel, welche 1850 durch die Orgelbauer Gebrüder Weil in Neuwied für circa 800 Thlr. neu gebaut ist, hat ein Manual, ein freies Pedal und zwei Spanbälge, die unter der Orgel liegen, geben dem Werke hinlänglichen Wind. Ihre Disposition ist folgende:

a. Manual.

1. Principal 8'; 2. Salcional 8'; 3. Gedact 16'; 4. Flauto 8'; 5. Quinte 3'; 6. Gedact 4'; 7. Octave 2'; 8. Mixtur 1' dreifach; Trompete 8' getheilt in Baß und Discant.

b. Pedal.

1. Subbaß 16'; 2. Pedal-Octav-Coppel.

Reihenfolge der Geistlichen.

An die Stelle des 1605 entlassenen lutherischen Pfarrers Zacharias Statzelius trat der reformirte Pfarrer:

1. Henrich Rosenstein (1605—1626).

Er wird in dem Verzeichnisse aufgeführt, welches sich in dem Kirchenbuche zu Hachenburg findet. Sein Sohn Ludwig studirte zu Herborn und war später Pfarrer zu Neunkirchen, Grafschaft Sayn.

2. Johannes Roselius (1627—1650).

Er wird ebenfalls in dem vorhin erwähnten Verzeichnisse genannt und zwar als Pfarrer zu Birnbach und Flammersfeld.

3. Johannes Corvinus junior (1650—1667),

Sohn des gleichnamigen Pfarrers zu Wilnsdorf, studirte 1607 zu Herborn, war von 1611 Prediger zu Siegburg-Blankenberg und Neunkirchen, ward 1618 durch den Inspector Bisterfeld in sein Vaterland zurückberufen und seinem Vater abjungirt. Er unterschreibt 1622 die Convents-Statuten der Siegener Classe. Im Jahre 1626 wurde er bei Wiedereinführung des Katholicismus durch Johann den Jüngeren, Graf zu Nassau-Siegen, mit seinem Vater vertrieben, ging als zweiter Pfarrer nach Hachenburg, wo er durch den Inspector Priester am 4. Mai 1627 introducirt wurde; und nachdem er seine Sachen zu Wilnsdorf geordnet hatte, zog er am 30. Mai d. Js. in Hachenburg ein. Diese Stelle verließ er schon im nämlichen Jahre ultimo September und folgte dem Rufe an die Pfarrei Marsain, blieb daselbst bis 1632 und wurde nach Wilnsdorf zurückberufen, mußte aber im Jahre 1636 abermals weichen und erhielt 1637 die Pfarrei Beilstein-Wallendorf, welches Pfarramt er 13 Jahre lang wahrnahm. Den dasigen letzten Taufact trug er unter dem 17. März 1650 ins Taufbuch ein, zog ins Saynische und übernahm das erledigte Predigtamt bei der Gemeinde Flammersfeld. Hier starb er gegen das Jahr 1767. Seine zweite Gattin, Margarethe, geb. Heupel aus Siegen, mit der er am 25. Januar 1648 kirchlich eingesegnet war, überlebte ihn und folgte ihm, als Wittwe bei ihrem Schwager, Pfarrer Asbach wohnend, am 22. April 1669 im Tode nach und wurde in der Kirche zu Kroppach beerdigt.

Der Kroppacher Todten-Catalog enthält die Nachricht: Margarethe Heupelin, Ehren Johannes Corvinus selig, gewesenen Pastors zu Flammersfeld hinterlassene Wittwe, starb 1669 am 22. Mai und zwar bei ihrem Schwager, dem Pastoren Asbach zu Kroppach.

(Cfr. Pfarrverzeichniß von Hachenburg.)

4. Ludwig Ernst Jokenius (1668—1700),

gebürtig von Neunkirchen im Grund Seel- und Burbach, studirte zu Herborn, wurde 1663 Pfarrer in Kirburg, ehelichte daselbst in demselben Jahre Anne Catharine, geb. Hoevel, welche 1684 am 10. October im 43. Jahre des Lebens und 21. Jahre der Ehe mit Tode abging.

Pfarrer Jokenius wurde 1668 an die Pfarrei Flammersfeld versetzt; legte daselbst 1669 am 1. Januar Tauf-, Copulations- und Sterbeprotokolle an, die ältesten im Pfarrarchive.

Am 14. dom. p. Tr. 1700 hat er die letzte Taufhandlung eingetragen und wird bald darauf gestorben sein. 1692 mußte er wegen Kriegsunruhen flüchten.

Von seinen Kindern werden genannt:

a. Tochter Cathar. Elisab., geb. 1670 am 16. März.
b. Sohn Phil. Henrich, geb. 1672 am 15. Mai, ehelicht 1705 am 21. August Magdalene Hauperich von Seelbach.
c. Tochter Mar. Cathar., ehelicht 1686 am 15. März Johannes, Henrich Fuchs Sohn zu Walderschen.
d. Tochter Demuth, ehelicht 1702 am 18. November Johann Peter Orffgen zu Walderschen.
e. Sohn Georg Thomas, ehelicht 1713 am 29. November Gertrud Cornie Weingarten zu Orsoi.

Sein Nachfolger war:

5. Ludwig Emelius (1701—1719),

geboren 1653 zu Greifenstein im Mediatgebiete Solms-Braunfels, wo sein Vater Nicolaus Pfarrer und Inspector war.

Er bezog 1674 die Hochschule zu Herborn. Durch Vocation erhielt er im December 1680 die Pfarrei Alpenroth, pastorirte hier bis 1701, wo er zur Pfarrei Flammersfeld berufen wurde. Seine Ehefrau wird Gütha Margaretha genannt. Seine zwei Söhne:

1. Philipp Ludwig, geb. 1685 am 16. März zu Hachenburg, studirte 1700 zu Herborn Theologie.
2. Wilhelm Christianus, geb. zu Hachenburg, studirte ebenfalls Theologie 1718.

Von seinen Töchtern war:

a. Maria Magd., geb. 1682 am 1. März, seit 1702 am 27. Februar an Joh. Matth., des Pfarrers Albert Himmelsbürger zu Ohnhausen Sohn,
b. Anne Sibylle, geb. 1684, seit 1708 am 8. April an Joh. Andr. Barth., Pfarrer zu Hamm,

c. Cathar. Elisab., geb. 1687 am 22. Mai, seit 1712 am 24. August
an Thomas Eck, Pfarrer und Hofprediger zu Greifenstein, und

d. Anne Doroth. Cathar., geb. 1691 am 1. December, seit 1729 an
den Pfarrer Honnefeller verehelicht.

Pfarrer Emelius schied am 7. April 1719 aus diesem Leben, hatte
ein Lebensalter von 66 Jahren erreicht und war 18 Jahr 3 Monate
Seelsorger dieser Gemeinde. Den 11. April e. a. war sein Begräbniß=
tag. Pfarrer Schellewald hielt ihm die Leichenrede über Num. 20, 27—28.

6. Johann Henrich Schnabelius (1719—1742).

Er war der Sohn des Inspectors der Grafschaft Homburg, Pfarrer
Christian Schnabelius zu Marienhagen. Nachdem er in Herborn, wo
er sich 1714 unter den Studirenden befindet, seine theologischen Studien
vollendet und sein Examen bestanden hatte, berief ihn das Consistorium
zu Hachenburg zum Pfarrer nach Flammersfeld und wurde er hier durch
den Inspector Simonis in Altstadt und den Pfarrer Seel zu Neunkirchen
am 24. September 1719 ordinirt und installirt.

Unter dem 9. October ds. Js. trägt er die erste Taufhandlung ins
Kirchenbuch ein. Am 18. April 1720 trat er in die Ehe mit Anne
Catharine, des Professors Theod. Eberh. Brandt zu Herborn Tochter,
die ihm folgende Kinder gebar:

a. Tochter Dorothea, geb. 1721 am 5. März.
b. Sohn Phil. Henr., geb. 1722 am 28. April.
c. Sohn Wilh. Christian, geb. 1723 am 28. Mai.
d. Sohn Friedr. Wilh., geb. 1725 und gest. 1725 am 30. April.

Pfarrer Schnabelius zog 1742 von hier an die zweite Pfarrei zu
Laasphe und demnächst 1749 als zweiter Pfarrer nach Kaiserslautern.

7. Johann Wilhelm Honnefeller (1743—1751).

Derselbe war 1685 am 10. Juni zu Wied geboren, wurde 1714 am
10. Juni als Pfarrer zu Höchstenbach eingesetzt, wo während seiner
Pastoration 1738 ein neues Pfarrhaus gebaut wurde; folgte 1739 dem
Rufe eines reformirten Predigers an die Gemeinde Alpenroth, von wo
er 1743 an die Pfarrei Flammersfeld vocirt wird, macht hier am 17.
März d. Js. mit dem Einschreiben in die Kirchenbücher den Anfang.
Nach 8½ Jahr langer Amtsführung nahm ihn der Herr, dem er treu
gedient hatte, am 9. August 1751 zu sich in sein ewiges Reich, um ihm
den Lohn der Treue zu geben. Er hatte sein Lebensalter auf 61 Jahre
und 2 Monate, weniger 1 Tag gebracht.

Auf dem Kirchhofe fand er seine Ruhestatt am 19. ejusd. Pfarrer
Künkel von Schöneberg hielt ihm die Leichenpredigt über Phil. 1, 29.

Sehen wir auf seinen Hausstand, so lebte er in erster Ehe mit Juliane Elisab., welche ihm vier Kinder, einen Sohn und drei Töchter gebar,
und 1726 am 22. August diese Zeitlichkeit segnete, dann seit 1729 in
zweiter Ehe mit Anne Doroth. Cathar., Pfarrer Emelius Tochter, welche
1769 am 12. Mai starb und mit einer Rede des Pfarrers Höcker zu
Alpenroth begraben wurde.

8. Johann Friedrich Heinr. Höcker (1752—1790).

Derselbe ist in der Laab (Labina), Kirchspiels Altstadt, 1714 geboren,
wo sein Vater Simon Henrich Höcker als vormaliger Landeshauptmann
und dessen Gattin, Juliane Elisabeth, domicilirten; frequentirte die latei=
nische Schule zu Neuwied und wurde unter dem 8. November 1737 als
stud. theol. zu Duisburg immatriculirt. Im April 1739 als Pfarrer
nach Höchstenbach erwählet, wurde er im Juni, nach gehaltener Probe=
predigt, auf der Hochfürstlichen Canzlei examinirt und nach Höchstenbach

vocirt und hier am 26. Juli von seinen Examinatoren, Pfarrer Schnabelius zu Hachenburg und Inspector Simonis von Altstadt, in der Kirche
zu Höchstenbach ordiniret und introducirt.

Er trat in die Ehe 1740 am 6. Juli mit Sophie Christine, des
1752 am 27. Mai verstorbenen Georg Herrmann Hachenberg, Hoch-
gräflichen Richters zu Schöneberg und Julie Cathar.
Margaretha Eheleute Tochter, welche an ihrem Geburtsorte 1790 am
10. Juli im Alter von 75 Jahren 2 Monaten selig verschied.

Nach 13jähriger Führung des Pfarramtes zu Höchstenbach folgte er
im Jahre 1752 dem Rufe eines Predigers und Seelsorgers an die
Gemeinde Flammersfeld. 1785 wurde er mit dem Amte eines geistlichen
Inspectors betraut. Nach 38jährigem treuen Wirken bei dieser Gemeinde schied er als Pfarrer und Inspector aus der Zeitlichkeit am
14. Juli 1790 in einem Alter von 76 Jahren, hatte 50 Jahre in der
Ehe gelebt und hinterließ von sechs Kindern, nämlich einen Sohn und
fünf Töchtern, noch zwei Töchter.

Nach seinem Tode meldete sich zu dieser vacanten Pfarrstelle sein
Vetter Johann Andreas Hachenberg, seit 1784 Pfarrer zu Süch-
teln, Kreissynode Glabbach, vorher Rector in Solingen. Bei seiner
Hierherkunft wurde er krank und starb hier am 27. October 1790 im
Alter von 29 Jahren.

9. Johann Ernst Wilhelm Balzer (1791—1809),

geboren 1748 in der Leiugen, Kirchspiels Birnbach, wo sein Vater Christian Ludwig Schultheiß war. Er studirte zu Herborn und wird 1752
Candidat genannt. Er wurde 1767 Pfarrer zu Höchstenbach, demnächst
1771 Pfarrer zu Hamm, dann 1779 Pfarrer zu Roßbach und 1791 im
Juni Pfarrer zu Flammersfeld. Hier schied er am 13. März 1809
gegen 6 Uhr Abends aus dieser Welt und wurde am 3. April zur Erde
bestattet. 42 Jahre hatte er in der Ehe gelebt und sein Lebensalter auf
69 Jahre 1 Monat gebracht. Seit 1768 am 4. März lebte er in glücklicher Ehe mit Henriette Elisabeth, des Rathes und Amtmanns zu Beilstein, Andreas Jäckeln Tochter, welche Ehe mit 13 Kindern gesegnet wurde,
von denen bei seinem Tode noch 9 Kinder, nämlich 7 Söhne und 2
Töchter, lebten.

Sein Sohn Adolph Christian, geb. 1774 am 2. October, ehelichte
1794 am 17. October Henriette, Pfarrer Höckers Tochter.

Sein Sohn Johann Wilhelm, geb. 1784, wurde Theolog.

10. Johann Peter Goest (1809—1811),

geb. 1773 am 12. Juli zu Oberbrechen bei Selters, wurde durch die
Oranische Regierung zum reformirten Prediger nach Dortmund, (diese
freie Reichsstadt war seit 1802 Nassau-Oranisch geworden) bestellt, und
dort am 28. September 1806 ordinirt und introducirt. Am Ende 1809
erhielt er seinen Beruf als Pfarrer nach Flammersfeld. Nach zweijähriger treuer Amtsverwaltung kam er am 4. December 1811, eine
Viertelstunde von Kircheib nach Uckerath zu, auf dem Nachhauseritt,
durch einen unglücklichen Sturz vom Pferde, um sei thatenreiches Leben.

Der Leichnam wurde am 5. desselbigen Monats nach Grissenbach,
Amts Asbach, von da den 6. nach Mehren gebracht und dort am 7.,
Nachmittags 3 Uhr, auf dem basigen Kirchhof beerdigt. Seine unglück-
liche Wittwe Friederike, geb. Ebhardt von Weilburg, mit welcher er am
11. März 1810 sich verehlichte, beweinte mit seinen Eltern, deren
Stütze er sein sollte, seinen frühen Tod.

Nachdem die Pfarrstelle von den Predigern: Girshausen,

Altgelt, Balzer und Böhm eine Zeitlang versehen worden war, wurde sie besetzt mit:

11. Johann Ludwig Christian Böhm (1812—1814),

geboren 1761 zu Birnbach. Nach bestandenem Examen wurde er am 16. December 1787 als Prediger nach Höchstenbach berufen, ging am 11. Mai 1791 an die Pfarrei Alpenroth und 1812 an die Pfarrei Flammersfeld. Sein Wirken war hier nur kurz. Schon nach zwei Jahren schloß er am 2. Februar 1814, im Alter von 53 Jahren, seine Erdenlaufbahn und wurde am 5. ejusd. beerdigt.

Zu eheliche Verbindung trat er den 5. Juli 1791 mit Marie Sophie Johannette, des Pfarrers Altgelt zu Alpenroth Tochter, welche den 13. Januar 1813, 49 Jahr weniger 14 Tage alt, mit Hinterlassung von zwei Söhnen und 5 Töchtern, ihren Lebenslauf schloß.

Das Pfarramt versah der zweite Pfarrer Adolph Rhodius zu Altenkirchen 1 Jahr lang.

12. Johann Hermann Conrad Altgelt (1815--1833).

Seine Geburtsstätte ist Alpenroth. Im Jahre 1760 am 24. März erblickte er das Licht der Welt. Sein Vater Johann Daniel war damals Pfarrer daselbst. Seine erste Anstellung als Pastor erfolgte 1791 den 7. Juni zu Höchstenbach und dann 1794 zu Hachenburg, wo er am 28. November inaugurirt wurde, demnächst erhielt er am 3. Mai 1797 das Pastorat Schöneberg und im Februar 1815 die Vocation nach Flammersfeld. Hier fungirte er bis zum 11. Juli 1833, wo er pensionirt wurde. Nach zweijähriger Krankheit schied er am 6. März 1834 im Alter von 73 Jahren 11 Monaten und 12 Tagen an der Gicht aus diesem Leben, hatte 49 Jahre 3 Monate 1 Tag das Predigtamt versehen und 40 Jahre 5 Monate 22 Tage in glücklicher und zufriedener Ehe gelebt.

Bei seinem Tode lebten von 9 Kindern noch 1 Sohn und 5 Töchter. Seine hinterlassene Wittwe, Catharine Wilhelmine, geb. Cäsar von Massain, hatte er am 24. März 1793 geehelicht.

13. Friedrich Marias Müller (seit dem 22. März 1833),

geboren am 11. Februar 1798 zu Oberwetz, wo seine Eltern, der Capitän Heinrich Ernst Müller und Wilhelmine, geb. Denhard, domicilirten, erlangte die Reise zum Studium auf der Universität im Privat-Institute des Decan Spieß zu Okriftel, studirte zu Gießen sechs Semester von 1816 bis 1819, machte sein erstes Examen kurz vor Pfingsten 1819 und das zweite im October 1820 zu Coblenz. Er wurde angestellt als Caplan in Winnigen a. d. Mosel 1809 den 14. Juli, wo er auch ordinirt wurde, dann 1823 den 21. August als Pfarrer zu Würrich auf dem Hundsrück, 1833 als Pfarrer zu Flammersfeld und wurde hier am 10. Juni nach gehaltener Antrittsrede über 2. Thim. 2, 15, durch den Superintendenten Rehorn in sein Amt eingesetzt. 1836 den 2. April wurde er mit dem Amte eines Schulinspectors betraut, verehlichte sich 1824 den 15. September mit Caroline Volkmar aus Elberfeld, aus welcher Ehe noch 1 Sohn Julius und 3 Töchter leben. 1871 feierte er im Kreise der Lehrer seines Aufsichtskreises sein 25jähriges Jubiläum als Schulinspector.

Schuldiener zu Flammersfeld.

Der erste Schuldiener, der in den Kirchenbüchern erwähnt wird, ist:

1. N. Jacob (1669, 1672).

Später (1678) wird des Schulmeisters Sohn, Heinr. Jacob, genannt.

Seine Ehefrau, Anne Veronica, stirbt als Wittwe 1700 den 30. April 60 Jahre alt. Er wird im Jahre 1684 gestorben sein und eine Reihe von Jahren den dasigen Schuldienst wahrgenommen haben.

2. Theodorus Conradus Iskenius (1685—1690).

Er war ein Sohn des dortigen Pfarrers Iskenius.

3. Johann Diederich Iskenius (1690—1714),

Präceptor. Seine Ehefrau war Elisabeth Margarethe.

4. Peter Iskenius praec. (1714—1734).

Er stirbt 1734 den 3. Januar.

5. Johann Henrich Löhr (1734—1745),

Präceptor, des Conrad Löhr zu Wahlbach Sohn. Er tritt in die Ehe 1737 den 24. April mit Marie Gertraud, Johann Balthasar Sayuisch, Gerichtsschöffen zu Altenkirchen Tochter, welche 1747 den 15. Juni zu Altenkirchen als Wittwe starb.

6. Johann Peter Zimmermann (1745—1748).

Er geht am 23. Februar 1748, 45 Jahr 3 Monate alt, mit Tode ab.

7. Johann Anton Zimmermann (1748—1780),

ein Sohn des Vorigen, geboren am 5. Januar 1730, verheirathet sich den 8. August 1753 mit Anne Marie, Hieronym. Schneiders Tochter. Nach 32jähriger Amtsführung starb derselbe am 19. Mai 1780 im Alter von 50 Jahren 4 Monaten 14 Tagen, nachdem er 26 Jahre 9 Monate und 11 Tage in der Ehe gelebt hatte.

Ihm folgte im Amte sein ältester Sohn:

8. Johann Friedrich Zimmermann (1780—1781),

welcher 1756 den 14. Mai geboren war. Nach 8monatlicher Versehung des Schuldienstes starb derselbe 1781 am 5. März, 24 Jahre 9 Monate und 3 Wochen alt.

9. Johann Adam Sanner (1781—1823),

geboren den 7. Januar 1758 zu Wölferlingen in der Parochie Marsayn, wurde hier am 2. November 1781 in sein Amt eingeführt. Seine eheliche Hausfrau, Anne Gertraud, gebar ihm 12 Kinder, 5 Söhne und 7 Töchter, von denen bei seinem Tode noch 3 Söhne und 3 Töchter lebten. Er schied am 28. August 1823 aus dem Leben, 65 Jahr 7 Monate 23 Tage alt, nachdem er 41 Jahre 9 Monate 26 Tage im Schulamte gestanden hatte.

10. Johann Adam Sanner (1823—1830),

des Vorigen Sohn, geboren den 5. Januar 1799 zu Flammersfeld. Nachdem derselbe die hiesige Stelle während der Krankheit seines Vaters 1 Jahr als Vicar und 7 Jahre als Schuldiener wahrgenommen hatte, starb er am 29. August 1830, 31 Jahre 6 Monate 24 Tage alt.

11. Johann Henrich Fries (1830—1831),

Sohn des Cantors Fries zu Altenkirchen, war 2 Jahre Seminarist zu Neuwied, wurde am Ende des Jahres 1830 als Präceptor, Küster und

Glöckner zu Flammersfeld mit 400 fl. Gehalt angestellt, ging aber schon nach 4 Monaten, am 10. März 1831, nach Wetzlar und von da nach Coblenz.

12. Engelbert Meier (1831—1855),

von Derschen, war vorher Lehrer zu Fischbach. Er starb zu Flammers= feld am 10. Juli 1855.

13. Christian Ernst Strunk (seit 1855),

geboren zu Mehren am 4. Januar 1826. Seine Eltern waren der Lehrer Johann Ernst Strunk und Marie Margarethe, geb. Knautz. Er besuchte von 1844—1846 das Seminar zu Neuwied, machte Ende Juli 1846 seine Abiturientenprüfung daselbst.

Die erste Anstellung erhielt er bei der Gemeinde Maulsbach, wo er am 4. Januar 1847 durch den Pfarrer und Schulinspector Rehorn ein= geführt wurde.

Nach 8jähriger Verwaltung dieser Stelle erhielt er die Berufung als Lehrer nach Flammersfeld und wurde durch Pfarrer Müller am 23. November eingesetzt. Er hat in zwei Ehen gelebt, zuerst seit 1859 mit Louise, geb. Lamprecht, und nach deren Tode, seit 1861, mit Louise, geb. Hammacher.

6. Das Kirchspiel Hamm.

Hamm, ein freundliches Kirchdorf, unfern der Sieg, an der Landstraße von Au nach Roth liegend, ist der Sitz einer Bürgermeisterei. In der Nähe dieses Dorfes befindet sich ein nicht unbedeutendes Hüttenwerk.

Das Kirchspiel war in alter Zeit ein Allodium der Grafschaft Sayn, darnach wurde es 1636 mit Hachenburg von Churköln als eröffnetes Lehen eingezogen und an die Grafen von Wartenberg lehnbar übertragen, fiel jedoch 1649 mit Hachenburg wieder an Sayn.

Zur Grafschaft Hachenburg gerechnet, theilte es von jetzt an den Regentenwechsel mit Hachenburg, bis es 1816, von Preußen übernommen, mit dem Kreise Altenkirchen vereinigt wurde.

Die dortige Pfarrgemeinde bekannte sich seit Einführung der Reformation zur lutherischen und seit 1605 zur refor- mirten Kirche, neben welcher sich 1650 eine lutherische Gemeinde bildete, deren Pfarrer von der Landesherrschaft die Hälfte der reformirten Pfarr=Emolumente zugewiesen erhielt.

Die dasige Kirche wurde nun eine Gemeinkirche für beide Confessionsverwandte und es wurde zugleich festgestellt, daß die beiden Geistlichen in der Abhaltung des Früh= und Spätgottesdienstes alterniren sollten.

So blieben beide Pfarrgemeinden nebeneinander bestehen bis zum 26. October 1817, wo sie der Union beitraten. Der Beitritt zur Union fand von allen Gemeinden des Kreises hier am ersten statt.

Als der letzte lutherische Prediger im Jahre 1828 versetzt wurde, vereinigte man beide Pfarreien, und Ein Pfarrer übte von jetzt an das Seelsorgeramt aus, und schon von 1820 an wurde nur Ein Kirchenbuch geführt.

Die lutherischen Kirchenbücher gehen bis 1659 und die reformirten bis 1694 zurück.

Das Kirchspiel umfaßt die Ortschaften Pracht, Birkenbeul, Niederwissen, Breitscheid, Seelbach, Haderschen, Bruchertseiffen, Roth, Etzbach, Fürthen, Bitzen und Forst und zählt circa 2600 Seelen, hat 4 Presbyter und 16 Repräsentanten, 8 Schulen mit 10 Lehrern.

. Das Kirchengebäude ist 1707 neu erbaut worden. Das lutherische Pfarrhaus, 1687 errichtet, kostet ohne Hand- und Spanndienste 588 Thlr. 12 alb. 3 Pf. 1714 kam noch eine Pfarrscheuer und ein Backhaus dazu.

Der Thurm hat eine Uhr und zwei Glocken, von denen die kleinere die Inschrift:

Peter Wirtz,
Philipp Demmer, } Kirchenmeister,
Heinrich Weissenbruch, Richter,
Christian Ebben, } Provisoren,
Georg Krämer,
Matthias et Gottfried Helling gossen mich Anno 1652;

und die größere die Inscription führt:

Severinus heiße ich, zum Gottesdienste rufe ich, die Todten beklage ich; Du Sünder bekehre Dich,
Matthias et Gotthard gossen mich.
Johannes Fellerus, Pastor,
Henrich Weißenbruch, Richter,
Christian Ebben, } Kirchenmeister.
Arnold Geilhausen,
Georg Krämer,

Anno 1648.

Das dasige Orgelwerk scheint aus dem 18. Jahrhundert zu sein und hat nur ein Manual mit 11 klingenden Stimmen und ein angehängtes Pedal; 3 Bälge liefern hinlänglichen Wind. Ihre Disposition ist folgende:

1. Principal 8', 2. Bordun 16', 3. Flaute 2', 4. Hohlflöte 4', 5. Octave 4', 6. Gedact 4', 7. Spitzflöte 2', 8. Viola di gamba 8', 9. Mixtur 3fach, 10. Trompete 8,' 11. Flauto d'amour 8'. —

Auch die reformirte Gemeinde Hamm gab 1716 außer den generellen auch noch ihre besonderen Religionsbeschwerden, aber ohne Erfolg, in acht Paragraphen dem Landesherrn ein. —

Namen der Pfarrer.

Der letzte katholische Pfarrer, welcher 1523 erwähnt wird, war:

1. Johannes Schlebusch (1523).

Vermuthlich ist unter seiner Amtsführung und vielleicht unter seiner Mitwirkung die lutherische Lehre nach und nach hier eingeführt worden.

Sein Nachfolger war nach einer Notiz des Pfarrers Feller:

2. Engelbert.

Er wird genannt 1565 den 27. April.

3. Georg Bock (Tragius) (1570—1605),

war der letzte lutherische Prediger, soll als Pfarrer nach Ruppichteroth gekommen sein, findet sich aber in dem dortigen Pfarr-Verzeichnisse nicht.

Reformirte Prediger.

4. Johannes Manderbach (1605—1609.

Derselbe war von Haiger gebürtig, hatte 1602 zu Herborn studirt. Er zog 1609 von hier ab, wohin? ist nicht bekannt. Vermuthlich ist es derselbe der etwas später in dem Pfarrverzeichnisse zu Aslar im Mediat-gebiete Solms-Braunfels sich findet.

5. Johannes Feller (1609—1663).

Er ist zu Wissenbach, Amts Dillenburg, gegen das Jahr 1586 geboren, wo sein Vater Johannes Feller wohnte, besuchte die lateinische Schule zu Dillenburg; studirte 1603 vom 6. Februar unter dem Protectorate des Prof. Johannes Althusius zu Herborn; kam im August 1609 als Pfarrer nach Hamm und ehelichte als solcher (nach dem Copulations-register von Frohnhausen, Amts Dillenburg) 1609 den 1. October Catha-rine, Hermann Stricks, Krämers zu Wagenthal, Grafschaft Hachenburg, Tochter.

Prediger Müller berichtet über Pfarrer Feller:

Von ihm sind noch Anno 1628 einige Nachrichten vorhanden, denn er setzt noch in dem Kirchenbuche von Anno 1636: „Es haben die Krie-ger das Buch zerrissen, darin ich die Kirchensachen geschrieben", weil er etliche Wochen hat flüchtig sein müssen; hebt mit 1628 dom. 10. p. Tr. die Copulationsregister an, welche bis 1651 fortgeführt worden sind.

Anno 1650 wurde ihm ein lutherischer Geistlicher zur Seite gesetzt, der wie jener an jedem Sonn- und Feiertage Gottesdienst abhielt. 1651 den 8. September giebt der reformirte Inspector Fr. Priester zu Altstadt dem Pfarrer Feller in Betreff der Abhaltung des Gottesdienstes die Weisung: „Es soll Pfarrer Krüger künftigen Sonntag die Frühpredigt halten und Ehren Feller nachher, den nächsten Sonntag aber soll Ehren Feller die Frühpredigt thun und Krüger nachher."

Pfarrer Feller wurde 1663 mit der Hälfte seines Pfarreinkommens in den Ruhestand gesetzt und die reformirte Pfarre mit dem Pfarrhaus dem lutherischen Prediger Krüger übergeben.

Ehren Feller lebte noch 1669 und wird in dem Burbacher Tauf=
Register „ein alter Pfarrherr in Hamm" genannt. Wann er gestorben,
ist nicht bekannt.

Die reformirte Pfarrstelle blieb einstweilen unbesetzt.
Die Reformirten des Kirchspiels wurden 1664 auf ihre
Bitte um Wiederanstellung eines reformirten Geistlichen
kurz beschieden: „Es soll auch bald ein calvinischer Prediger
kommen."

Es wurde noch in demselben Jahre berufen:

6. Johann Caspar Hofmann (1664—1670),

geboren 1637 den 12. Juni zu Hachenburg, wo seine Eltern, Canzlei=
Secretär Anastasius Hofmann und Anne Catharine, Bürgersleute waren;
besuchte zuerst die lateinische Schule seiner Vaterstadt und dann 1655
die academischen Classen zu Herborn, wo er seine theologischen Studien
vollendete; wird 1660 Candidat genannt. Seine erste Anstellung fand
er 1661 als Pfarrer zu Niederbiber, von wo er 1664 als Pfarrer nach
Hamm berufen wurde. Seine Introduction fand hier am 8. September
durch den Pfarrer und Inspector Kilian Goebel zur Altstadt statt.
Als Pfarrer zu Niederbiber trat er in eheliche Verbindung am 6. März
1661 mit Marie Elisabeth, Ehren Johannes Irlen Dr. der Theologie
und Inspector, Tochter; ließ als Pfarrer in Hamm zu Hachenburg, wo
er einstweilen sein Domicil aufgeschlagen hatte, 1664 den 7. Juli eine
Tochter taufen, die den Namen Christine Margarethe erhielt. Er bezog,
wie es in einer Notiz heißt, 1664 den 10. December als calvinischer
Pastor das Pfarrhaus. Pfarrer Hofmann valedicirte 1670 und zog als
Prediger nach Arnsheim in der Nieder=Pfalz; wird 1673, 75, 84, Pfarrer
an der Bergstraße in der Pfalz (Lasterbach) genannt.

7. Jacob Röttgerus Heerhausen (1670—1682),

hielt 1682 dom. laetare seine Probepredigt zu Hachenburg und wurde
noch in demselben Jahre dorthin als Pfarrer versetzt.
(Vid. Pfarrverzeichniß Hachenburg).

8. Johann Jodocus Nies (1682—1693).

Er hielt hier 1682, Sonntag Lätare, eine Probepredigt. Er war
der Sohn des Franz Nies zu Herborn, geboren daselbst 1657 im August;
studirte 1676 in seiner Vaterstadt; ehelichte zu Herborn, als Candidat
der Theologie, 1681 den 2. Juni Johannette, Joh. Jacob Heuschen,
Bürgers zu Herborn, Tochter. Als Pfarrer zu Hamm läßt er 1684 den
27. Mai einen Sohn taufen: Johann Wilhelm. Pfarrer Nies protestirt
1683 den 26. November in Gemeinschaft mit dem lutherischen Pfarrer
Müller gegen das katholische Begräbniß, so daß der Guardian des
Klosters Marienthal, Jodocus Rumpf, eine Leiche zu Hamm nicht be=
graben kann.
Pfarrer Nies ging 1693 als Pfarrer nach Zetzenhain und später in
gleicher Eigenschaft nach Sprenglingen, wo er noch 1700 als Prediger
und 1713 als gewesener Pfarrer genannt wird.

9. Albert Georg Wilhelm Heerhausen (1693—1704),

ein Sohn von Nr. 7, geboren zu Hamm, Grafschaft Sayn, studirte
1690 zu Herborn. Von ihm sind die ältesten Tauf=, Copulations= und
Sterbeprotocolle, welche sich in der reformirten Pfarr=Registratur befinden,
Anfangs Januar 1694 angelegt. In dem Taufprotocoll stehen von ihm
2 Söhne verzeichnet:

a. **Johannes Maximilian**, geb. 1696 den 19. August.

b. **Johann Friedrich**, gest. 1694 den 4. September.

In Ermangelung eines reformirten Präceptors errichtete Pfarrer Heerhausen eine Privatschule, in welcher er von 4—6 Uhr Abends das ABC hersagen und „Gelobet seist Du, Jesus Christ 2c." singen ließ. Er wurde deßhalb 1702 den 27. November bei der Canzlei verklagt. 1704 bezog er die Pfarrei Alpenroth.

10. Johann Andreas Barth (1704—1714),

introducirt 1704 den 10. December, ging 1714 nach Mehren.

(Cfr. Pfarrei Mehren.)

11. Johann Heinrich Hofmann (1714—1735).

(Cfr. Pfarrei Schöneberg.)

12. Johann Daniel Seel (1735—1738),

erhielt die Vocation vom 13. December 1735 und wurde am 5. Januar 1736 introducirt, ging als Pfarrer nach Croppach.

(Vid. Kroppach.)

13. Johann Ludwig Künkel (1738—1749),

erhielt seine Vocation 1738 den 16. December, installirt 1738 den 21. December.

(Cfr. Neunkirchen.)

14. Wilhelm Heinrich Seel (Neunkirchensis) (1749—1755),

berufen 1749 den 14. Mai; eingesetzt den 18. Mai.

(Cfr. Kroppach.)

15. Adolph Emil Boehm (1756—1761),

gebürtig von Hanstädten in der Grafschaft Diez, studirte 1743 zu Herborn, wurde 1746 den 17. Januar Candidat, stand zuerst seit 1749 als Prediger an der St. Peters-Gemeinde bei Diez, von wo er auch Hadamar mitbedient hat, zog aber schon 1750 nach Hachenburg, ehelichte daselbst 1750 am 20. November Anne Christine, Herrn Rabanus Attenborn, Weinhändlers, Tochter, welche ihn mit zwei Kindern: Johann Gottfried Raban, geb. 1753 den 6. März, und Christine Wilhelmine Catharine, geb. 1755 den 23. März, beschenkte, und 1755 mit Tod abging. 1756 versetzte ihn der Landesfürst als Prediger nach Hamm. Hier trat er 1759 den 5. September in die zweite Ehe mit Anne Elisabeth Louise, Herrn Amrands, zweiten Pfarrers zu Neuwied, Wittwe, aus welcher Ehe zwei Kinder entsprossen: Friedrich Christian Andreas, geb. 1757 den 15. April, und Johann Carl, geb. 1760 den 2. Juni.

Pfarrer Böhm fungirte zu Hamm bis 1761, zog von dannen; es ist aber nicht bekannt, wohin er gezogen ist.

16. Johann Ludwig Barth (1761—1763),

wurde 1761 den 12. Mai in sein Amt eingeführt.

(Vid. Pfarrer von Alpenroth.)

17. Johann Wilhelm Andreas Schindler (1763—1771),

introducirt 1763 den 11. December, ging 1771 nach Birnbach.

(Cfr. Pfarrer von Birnbach.)

18. **Johann Ernſt Wilhelm Balzer** (1771—1779),

eingeführt 1771 den 8. December, ging 1779 nach Roßbach.
(Cfr. Pfarrer von Flammersfeld.)

19. **Hermann Chriſtian Rhodius** (1779—1781),

berufen 1779 den 9. Auguſt; inſtallirt 21. September 1779; ging nach
Kirburg und 1791 nach Roßbach.
(Cfr. Pfarrer zu Roßbach.)

20. **Johannes Israel Molly** (1787—1799),

wurde 1787 den 9. December in ſein Amt eingeführt, ging 1799 nach
Kirburg.
(Vid. Pfarrer zu Kirburg.)

21. **Jacob Caeſar** (1799—1813),

berufen 1799 den 26. Auguſt, introducirt am 3. November e. a., bezog
1813 die Pfarrei Alpenroth.
(Cfr. Pfarrer zu Alpenroth.)

22. **Ludwig Wilhelm Molly** (1813—1815),

eingeführt durch Inſpector Schroeder 1813 den 17. Februar, ging 1815
nach Schöneberg.
(Vid. Pfarrer zu Schöneberg.

23. **Georg Wilhelm Henrich Seippel** (1815—1850),
Pfarrer und Schulinſpector.

Seine Eltern waren der hierſelbſt verſtorbene lutheriſche Pfarrer Joh.
Conrad Seippel und die ebenfalls hier verſtorbene Maria Regina, geb.
Garenſelb. Er wurde hier 1788 am 17. Mai geboren. Nachdem er
ſeine theologiſchen Studien beendigt hatte, wurde er 1710 den 10. November ſchon als Candidat ordinirt. Seine erſte Anſtellung erhielt er
zu Dierdorf, wo er von 1812—1815 das Amt eines zweiten Predigers
bekleidete. Von dort wurde er als reformirter Pfarrer nach Hamm verſetzt. (Er war nämlich nach dem Abſterben ſeines Vaters von ſeinem
Oheim, dem reformirten Pfarrer Molly in Hamm in dem reformirten
Bekenntniß confirmirt worden.) 1815 am 26. Februar wurde er durch
den Inſpector Rhodius in ſein Amt dahier zu Hamm eingeführt und
verwaltete daſſelbe neben dem gleichzeitigen lutheriſchen Pfarrer Stiehl bis
zum Jahre 1828, wo dieſer nach Freusburg verſetzt wurde. Im Jahre
1819 wurden die beiden bisher getrennten Pfarreien durch Annahme
der Union zu einer Pfarrei vereinigt, ſo daß die nunmehr gemeinſchaft-
lichen Kirchenbücher mit Anfang 1820 beginnen. Von 1828 an war
Seippel alleiniger Pfarrer der Pfarrei.
Im Jahre 1821 am 28. October trat er in die Ehe mit Sophie
Charlotte Wilhelmine Altgelt, Tochter des zu Neviges verſtorbenen Pfarrers
Joh. Ludw. Altgelt und Sophie Charlotte, geb. Reinhard. Dieſe Ehe
iſt kinderlos geblieben. Er ſtarb 1850 am 17. Juni, Morgens 1 Uhr,
an einem Schlagfluſſe in einem Alter von 62 Jahren 1 Monat, von
welchen er 35 Jahre 3 Monate Prediger geweſen war. Seine Gattin
folgte ihm in die Ewigkeit 1858 am 16. Januar, 70 Jahre 2 Monate
6 Tage alt.

24. **Adolph Friedrich Chriſtian Lindenborn** (1851—1858),

geboren 1806 am 21. Auguſt zu Ebersgöns, wo deſſen Vater Conrad
Wernhard Lindenborn Pfarrer war.

Er besuchte das Gymnasium zu Wetzlar und die Universität Gießen. Seine erste Anstellung fand er als Pfarrer zu Kleinrechtenbach, wo er am 2. März 1831 introducirt wurde. Von hier erhielt er unter dem 10. Juli 1851 von Königl. Consistorium zu Coblenz seine Vocation als Pfarrer nach Hamm und seine Einsetzung in dieses neue Amt geschah am 10. dom. p. Trin., als den 24. August, durch den Superintendenten Rehorn. Er verließ die Gemeinde Hamm, bei der er sieben Jahre gestanden, indem er einen an ihn ergangenen Ruf zur Gemeinde Kirn als deren erster Pfarrer annahm. Auf einer Reise starb er in den letzten Tagen des August 1866 am Schlagflusse im Eisenbahnzuge zu Wetzlar.

Die Pfarrstelle zu Hamm wurde vom 3. Decbr. 1856 bis Ende März 1859 durch den Candidaten Henrici verwaltet, der darauf zum vierten Pastor in Cöln erwählet wurde und ·seit 1865 Pastor in Bremen ist.

25. Henrich Carl Keefer (seit 1859).

Derselbe ist geboren zu Hahn, Pfarrei und Bürgermeisterei Ründeroth, Kreis Gummersbach, im Jahre 1813 am 20. April von den Ehe- und Ackerleuten Henricus Keifer und Anne Marie, geb. Willmsünden. Er besuchte die Elementarschulen zur Bickenbach und zu Ründeroth und von Januar 1828 bis Herbst 1829 die höhere Bürgerschule zu Gummersbach unter der Leitung des Directors Kortegarn (gegenwärtig zu Bonn Director eines Handels-Instituts). Vom 14. Juni 1830 bis 31. Mai 1831 versah er die Elementar-Hülfslehrerstelle zu Kalkkuhl, Pfarrei Hüllenbusch, Kreis Gummersbach, unter Leitung des sel. Lehrers Theis. Den 10. Oct. 1831 betrat er als Quartaner das Archigymnasium zu Soest, unter dem Director Dr. Pape, war 5 Jahre Schüler desselben, bis er um Michaelis 1836 mit dem Zeugnisse der Reife abging, um auf der Universität zu Bonn dem Studium der Theologie obzuliegen. Dort verweilte er das ganze Triennium und hörte Vorlesungen bei den Professoren Dr. C. Nitzsch, Dr. Augusti, Dr. Sack, Dr. Redepenning, Dr. A. W. v. Schlegel, Dr. Fichte minor, Dr. Windischmann, Dr. Loebell, sowie bei den Privatdocenten Licentiaten Kinkel und Sommer. Um Michaelis 1839 ging er ab. Im Mai 1840 machte er vor dem rheinischen Consistorium zu Coblenz das Examen pro licentia concionandi und im Jahr 1841 im Juli ebendaselbst das Examen pro ministerio. Durch einen Revers trat er der unirten Kirche bei. Gleich nach dem zweiten Examen kam er nach Wahlscheit im Kreise und in der Synode Mülheim am Rhein, um den dortigen erkrankten Pfarrer Lungstraß in seinem Amte zu unterstützen. Er blieb daselbst bis Pfingsten 1842, wo er nach Hause zurückkehrte. Am 3. Decbr. desselben Jahres zog er nach Daaden, um den seelenkranken Pfarrer Ulfer zu vertreten. Dieß währte bis Michaelis 1844. Von da an bis Michaelis 1845 versah er die vacant gewordene Rectorstelle an der höhern Bürgerschule zu Gummersbach, wurde dann nach Iserlohn, Reg.-Bez. Arnsberg, berufen, um dort eine höhere Töchterschule einzurichten, die er dann noch bis zum 30. Januar 1847 verwaltete. Schon unterm 31. Decbr. 1846 war er von Königl. Consistorium zu Coblenz zum Pfarrvicar zu Horn, Kreissynode Simmern, ernannt und wurde er am 28. Februar 1847 durch den Superintendenten Bach zu Castellan eingeführt. Seine Ordination erfolgte jedoch erst am 11. Nov. desselben Jahres. Unterm 27. Oct. 1848 berief ihn das Königl. Consistorium zum Pfarrer der evang. Gemeinde zu Prüm in der Eifel, Reg.-Bez. Trier, wo er am 17. Decbr. durch den Superintendenten Ludovici zu Mülheim a. d. Mosel eingeführt wurde. Er hielt seine Antrittspredigt über Joh. 2, 15—17.

Am 20. August 1849 verheirathete er sich mit Franziska Wilhelmine

9

Rohl, Tochter des Superintendenten, Schulinspectors und Pfarrers Carl Adolph Rohl zu Marienhagen, Aggersynode, und der Charlotte, geb. Groos. Diese Ehe ist mit 2 Töchtern gesegnet: Martha Marie, geb. zu Prüm 1853 am 21. Juli, und Marie Auguste, geb. daselbst 1855 am 26. Novbr.

Durch Consistorial-Verfügung vom 24. Januar 1859 wurde er zum Pfarrer an die Gemeinde Hamm a. d. Sieg berufen. Am 27. März hielt er seine Abschiedspredigt in Prüm über 1. Cor. 2, 1—3, und am 10. April wurde er zu Hamm von dem Superintendenten Rehorn von Almersbach introducirt. Seiner Antrittspredigt lag der Text 1. Cor. 3, 9, zu Grunde.

Lutherische Prediger.

Nachdem die lutherische Gräfin Juliane 1649 durch ihren Hofprediger Dumphius eine lutherische Gemeinde zu Hachenburg hatte gründen lassen, war sie auch bemüht, eine solche zu Hamm zu bilden. Dieses war ihr nun so leichter, weil die nach Hamm eingepfarrten Bergischen lutherisch waren, und diese um Anstellung eines Predigers ihrer Confession in Hamm supplicirten. Ihrer Bitte wurde gern willfahrt und die Canzlei zu Hachenburg ertheilte den Supplicanten sub dato 17/24. Decbr. 1649 die Erlaubniß, einen lutherischen Prediger annehmen zu dürfen. Dieses geschah und die dasige Kirche wurde zu einem Simultaneum erhoben.

Der erste lutherische Prediger war:

1. Laurentius Krüger (1650—1664).

Er wurde nach dem Kirchenbuche des Pfarrers Feller: „1650 die Stephani durch den Sekretair Valentinus Gerlach der Gemeinde präsentirt und hat Herr Krüger nachgehends die actus ministeriales verrichtet, weil die eingepfarrten Bergischen lutherisch gewesen."

Von seinen Kindern werden genannt:

a. Johann Henrich, welcher, als evangelischer Präceptor zu Hachenburg, am 22. Octbr. 1695 in den Stand der Ehe tritt mit Margarethe Catharine, Tochter des Pfarrers Joh. Heinr. Wricke zu Neunkirchen, Amts Weilburg.

b. Johann Georg, ehelichte am 28. Octbr. 1697 Elisabeth Margarethe, des Anton Bäumers zu Oberzau Tochter, die als Wittwe 1724 am 1. Febr. den Berggeschwornen Joh. Andr. Bazius, des gewesenen Schichtmeisters Johs. Bazius zu Freiberg in Sachsen Sohn, heirathete.

Als der reformirte Pfarrer Feller 1663 mit der Hälfte seines Einkommens pensionirt ward, wurde die Pfarrei unterm 8. Januar dem lutherischen Pfarrer Krüger übergeben und dieser nahm noch im nämlichen Jahre dem Abzuge des Pfarrers Feller am 25. April das reformirte Pfarrhaus in Besitz „und Ehren Krüger soll gemäß der Verfügung des Dr. und Canzlei-Directors Johannes Heidfeld de dato 20/30. Januar 1663 in den Pfarrdienst eingesetzt werden".

Pfarrer Krüger versah nicht lange mehr diesen beschwerlichen Pfarrdienst. Er war leibend und sein Zustand verschlimmerte sich von Tag zu Tage, so daß er auf Donnerstag den 8. (18.) Febr. 1664 selig in dem Herrn verschied. Sein Leichnam wurde am nächsten Sonntag in der Kirche beigesetzt.

Auf Befehl des Amtmanns Wilhelm Gottfried v. Holdinghausen zu Hachenburg sollte die Wittwe des Pfarrers Krüger so lange im Besitze des Widdumshofes bleiben, bis wieder ein Pfarrer angestellt wurde.

Während der Krankheit des Pfarrers Krüger nahm der Studios. theol. Albert Weißenbruch zu Hamm, der noch seine Studien fortsetzen wollte, den Gottesdienst wahr, während zur Verrichtung der pfarramtlichen Handlungen die benachbarten Pfarrer beauftragt waren.

Nach dem Tode des Pfarrers Krüger trugen die lutherischen Gemeindeglieder auf Anstellung des Candidaten Weißenbruch als ihres Predigers an. In Folge dieses Antrags erhielt der Candidat Weißenbruch, welcher zu Gießen studirt hatte, von der Canzlei die Aufforderung, sich auf die Canzlei zu begeben, um sich daselbst durch die Geistlichen Dumphius zu Höchstenbach und Israel Müller art. lib. Magister et pro temp. Aulus et civit. Hachenburg. pastor examiniren zu lassen und im Fall er capable erachtet würde, sollte er zu Hachenburg seine Probepredigt thun und alsbald der Gemeinde Hamm als Pfarrer präsentirt werden.

Nachdem noch vorhandenen lateinischen Examinationsprotokoll vom 10. März bestand er am 8. März 1664 seine theologische Prüfung, hielt am folgenden Tage seine Probepredigt und wurde noch an demselben Tage zu Hamm ordinirt und eingesetzt.

2. Albertus Weißenbruch (1664—1675),

geboren zu Hamm, wo sein Vater, Henrich Weißenbruch, vordem Richter gewesen war. Von ihm sind die ältesten Kirchenbücher im Januar 1669 angelegt. Er gründete einen Hausstand am 26. Juni 1669 mit Cathar. Apollonie, des Johann Tisch, jur. lic. und Amtmanns zu Lauterbach, Tochter. Bei ihm starben sein Bruder, Andr. Peter, 1669 am 2. Januar, und dessen Gattin Margarethe, geb. Ohrenmann, 1669 am 2. Februar, und wurden beide in der Kirche beerdigt.

Während seiner Dienstführung fand die Ausführung der von der Canzlei 1668 befohlenen Reparirung des verfallenen Pfarrhauses statt. Durch die Canzleiverfügung sub dato 31. März 1668 wurde der langjährige sogenannte Begräbnißstreit mit den Katholiken angeregt, denen es nach jener Verfügung erlaubt wurde, ihre Todten auf dem Kirchhofe zu Hamm durch einen Geistlichen ihrer Confession begraben zu dürfen, wobei der dortige Glöckner und Schulmeister mit Glockengeläute und Singen, seinem Vermögen nach, dienlich sein sollte.

Pfarrer Weißenbruch zeigt 1675 am 16. Januar dem Grafen und seiner Canzlei seine Versetzung nach Engelrode in Hessen an, wobei er bemerkt, daß er vor 6 Jahren eine Vocation ins Bergische ausgeschlagen, weil ihm die Gemeinde versprochen, daß ihm jedes lutherische Haus 1 Meste Korn oder 1 Reichsort geben wollte, welches Versprechen aber nicht gehalten worden sei.

Die nachgesuchte Entlassung wird ihm alsbald ertheilt und er zieht am 27. Januar 1675 von Hamm nach Engelrode, wo er vor 1705 gestorben sein mag, denn die Hammer Kirchenkataloge führen ihn 1705 als gewesenen Prediger daselbst auf.

9*

Der Canzlei-Director Conrad Fischer zu Hachenburg spricht in einem Schreiben vom 3. Februar 1675 an den Hofprediger Dr. Israel Müller zu Hachenburg den Wunsch aus, daß letzterer durch seinen Bruder, M. Johannes Müller, der sich besuchsweise bei ihm aufhielt, den Gottesdienst zu Hamm interimsweise administriren lassen möchte. Dieses geschah. Das Gesuch der lutherischen Bewohner des Kirchspiels Hamm, den Candidaten Müller ordiniren und als ihren Prediger präsentiren zu lassen, wird gnädig aufgenommen und als Successor des Pfarrers Weißenbruch erscheint: ↟

3. M. Johannes Müller (1675—1731).

Derselbe war von Münden im Hannöverschen gebürtig, wo er gegen 1648 geboren war. Er trat in den Stand der Ehe mit Catharine Elisabeth, geb. Bube (geb. 1646 am 9. Januar), aus Hannöverisch Münden, welche 1713 am 4. Februar, 67 Jahre 15 Tage alt, aus dieser Welt schied. Dieser Ehe entsprossen mehrere Kinder, von denen hier genannt werden:

a. Catharine Margarethe, geb. 1679; ehelicht 1703 am 8. April den Hof- und Stadtprediger zu Altenkirchen, M. Johann Simon Purgold, des Joh. Simon, gewesenen Gerichtsverwalters und Rathsverwandten zu Waltershausen und Anne Cunigunde, Eheleute zu Sachsen Gotha, Sohn.

b. Clara Hedwig, geb. 1685; copulirt 1713 am 21. Januar mit Joh. Herm. Wirths, Canzlei-Sekretair zu Hachenburg, des wailand Herm. Wirths zu Niederhof, Kirchspiels Waldbröhl, Sohn.

Pfarrer Müller war ein sehr amtstreuer Seelsorger. Auch die Kirchenbücher führte er sehr prompt und sorgte auch für die Vermehrung des Kirchen- und Pfarrvermögens.

Während seiner Amtirung wurde im Jahre 1687 das lutherische Pfarrhaus, nach dem Kostenanschlage vom 1. Decbr. 1686 für 588 Rthlr. 12 alb. 3 hell. gebaut, wozu noch 1714 die Pfarrscheuer und das Backhaus kamen.

Unter ihm wurde auch die neue Kirche gebaut; denn unterm 10. Mai 1707 rescribirt der Canzlei-Director Grün, daß übermorgen der Grundstein gelegt, darin soll gelegt werden: „Die saynische Kirchenordnung, die Augsburgische Confession und ein Stück der saynischen Landesmünze, so wie die Notiz über das Jahr und den Tag dieser Grundsteinlegung." Die Geistlichen werden aufgefordert, das Volk oder vielmehr die Gemeindeglieder zur Theilnahme an dieser Feier einzuladen, bei welcher der Hofprediger einen kleinen Sermon thun wird.

Pfarrer Müller starb am 16. October 1731 in dem ehrenvollen Alter von 83 Jahren und im 57. Jahre seines Pfarramtes zu Hamm und wurde am 19. ejusd. in die hiesige Kirche beerdigt. Zu seinen letzten Lebensjahren war ihm ein Helfer am Worte Gottes in der Person des

a. Johann Heinrich Schüler

beigegeben worden, welcher von 1720—1725 die Pfarrgeschäfte wahrnahm. (Vid. Pfarrei Bendorf.)

Nach seinem Abzuge von hier ward als Mitprediger:

b. Johann Sebastian Philippi (1725—1731),

angestellt.

Er wurde 1732 Pfarrer, welches Amt er mit dem Pfarrer Reusch bis 1761 gemeinschaftlich wahrnahm.

Pfarrer Philippi war am 13. October 1692 zu Usingen geboren, und hatte zu Gießen studirt. Als Hülfsprediger tritt er hier am 15. Mai 1727 in die Ehe mit Johannette Marie, geb. Sommer. Von acht Kindern, mit denen diese Ehe gesegnet war, lebten bei seinem Tode noch zwei Töchter und ein Sohn, nämlich:

a. Christine Marie, geb. 1731 am 9. Oct., copulirt 1750 am 7. April mit dem Pfarrer Georg Emmanuel Schlosser zu Gemünden, Grafschaft Westerburg.

b. Marie Regine, geb. 1740 am 14. März.

c. Johannes, geb. 1742 am 15. Oct.

Pfarrer Philippi ging den 25. Juni 1761, Morgens 4 Uhr, zur ewigen Ruhe ein, sein Leichnam wurde am 18. ejusd. in der Kirche beigesetzt. Er hatte ein Alter von 68 Jahren 8 Monaten erreicht, und war 36 Jahre Prediger bei der Gemeinde Hamm gewesen.

Als erster Prediger wurde angestellt:

4. Johannes Reusch (1732—1744),

präsentirt am 27. December 1732, Sohn des Johannes Reusch von Daaben, geboren daselbst den 4. Sept. 1701, hatte zu Gießen studirt. In der Ehe lebte er seit Jan. 1733 mit Regina Margarethe, Valentin Hopf, Kammer= und Capell=Musici am Eisenach'schen Hofe, Tochter, welche ihm 6 Söhne und 2 Töchter gebar, von denen bei ihrem Tode, welcher im Alter von 49 Jahren 2 Wochen am 29. Decbr. 1756 erfolgte, noch 2 Söhne und 2 Töchter lebten, nämlich:

a. Marie Joh. Cathar., geb. 1734 am 7. Juli und gest. 1766 am 26. März.

b. Christine Mar. Margar., geb. 1737 am 9. Jan., ehelicht 1756 am 14. Aug. Joh. Anton Eulenener, Pfarrer in Walbbröhl.

c. Ernst Ludwig, geb. 1739 am 31. März.

d. Joh. Daniel, geb. 1741 am 6. Juli, studirte Theologie, und wurde seines Vaters Gehülfe.

Pfarrer Reusch ging am 13. Juni 1774 mit Tod ab und wurde am 16. ejusd. in der Kirche begraben.

Er hatte 42 Jahre das Seelsorgeramt zu Hamm bekleidet, war 18 Jahre Wittwer und hatte sein Lebensalter auf 72 Jahre 6 Monate und 6 Tage gebracht.

Als Mitprediger wurde angestellt sein Sohn:

Johann Daniel Reusch (1769—1773),

geboren zu Hamm am 6. Juli 1741. Nach vollendeten Studien und nach zurückgelegtem Examen, und 1769 am 28. Mai vom Inspector Wrobow ordinirt, wurde er als Pfarr=Abjunct seinem Vater im 69. Jahre seines Alters, cum spe successionis laut einer schriftlichen Vocation beigesetzt.

Im Ehestande lebte er seit dem 10. Decbr. 1771 mit Anne Rosine Wilh., Joh. Christian Capibo, Handelsmannes zu Daaben, Tochter, welche an ihrem Geburtsorte 1796 starb. Mitprediger Reusch starb noch vor seinem Vater den 29. April 1773, Abends 8 Uhr, und hinterließ seine Wittwe und 1 Tochter Cathar. Christiane Wilh., welche 1772 geb. wurde und 1803 am 13. Februar zu Daaben starb.

5. Johann Conrad Seippel (1774—1794),

geb. zu Butzbach im Hess. Darmstädtschen am 10. Januar 1731. Sein Vater Andreas Seippel war kaiserlicher Postverwalter und seine Mutter Johanne eine geborne Ort. Nachdem er seine Studien der Theologie zu Gießen und Marburg vollendet und die Candidatur erlangt hatte, wurde er zuerst als Rector zu Hachenburg angestellt, erhielt 1766 am 3. Juni die Pfarrei Schöneberg und 1774 die zu Hamm und wurde dort am Sonntage 8. p. Trinit. in sein Amt eingeführt.

Nachdem er 36½ Jahr zu Hamm sein Amt treu geführt hatte, nahm ihn der Herr über Leben und Tod in einem Alter von 62 Jahren 9 Monaten und 23 Tagen am 7. Novbr. 1794 zu sich in sein himmlisches Reich.

Er hat in 2 Ehen gelebt. Zuerst seit dem 24. Februar 1768 mit Louise Eleonore Wilhelmine, jüngster Tochter des Inspectors Christoph Ungewitter von Altenkirchen, aus welcher Ehe 1 Sohn und 1 Tochter entsprossen. Sie starb 1773 am 12. April. Zu Hamm trat er in die zweite Ehe 1774 am 30. Aug. mit Marie Regine, des weiland Matth. Bernh. Garenfeld, Pfarrer zu Eckenhagen, Tochter, welche Ehe mit 9 Kindern gesegnet wurde, von denen bei des Pfarrers Tode noch 2 Töchter und 1 Sohn lebten.

Seine Wittwe starb am 15. April 1798, im Alter von 53 Jahren 4 Monaten.

6. Johann Georg Heinrich Schlosser (1798—1814),

gebürtig aus Schöneberg, wo sein Vater Oberförster war. Seine erste Anstellung fand er 1786 zu Hachenburg, wo er am Sonntage 1. p. Epiph. in der Kirche zu Hachenburg als zweiter Prediger und Colla-borator ordinirt und eingeführt wurde, ging am 3. Sept. 1788 als Pfarrer nach Schöneberg, wo er am 28. Octbr. inaugurirt wurde, und zog am 8. Novbr. 1795 auf die Pfarrei Hamm.

Hier fand seine Introduction am Sonntage 19. post Trinit. statt. Er fungirte bis Mitte Octbr. 1814 und kam dann an die Pfarrei Steinfischbach im Usingen'schen. Er war verehelicht mit Sophie Charlotte. Bei seinem Abzuge von hier hatte er noch 5 Kinder, 2 Söhne: Georg und Wilhelm, und 3 Töchter: Sophie, Friederike und Amalie. Zu Steinfischbach wurde er seines Dienstes entlassen, zog nach Hachenburg, wo er gestorben sein soll.

7. Henrich Conrad Ferdinand Stiehl
(1814 Octbr. bis Novbr. 1828).

Pfarrer Stiehl war hier der letzte lutherische Pfarrer. Die beiden Pfarreien wurden bei seinem Abgange als Pastor nach Freusburg ver-einigt. (Conf. Pfarrei Freusburg-Fischbach.)

Reformirte Schuldiener zu Hamm.

Bei Einführung der Reformation wurde hier eine latei-nische Schule errichtet, die noch kurz vor dem dreißigjährigen Kriege bestand.

1. Johannes Corvinus (1630).

2. Johann Heinrich Siem.

Von 1650 bis 1719 bestand hier nur eine lutherische Schule. Dann wurde die reformirte Schule wieder herge-stellt, und der erste Lehrer, der in den Kirchenbüchern er-wähnt wird, ist:

3. Albert Stehmann,

wird 1719 gewesener Privatschuldiener genannt.

4. Wilhelm Jacob Helmeroth (1719).

Seine Ehefrau Anna Ursula beschenkte ihn den 26. Decbr. 1719 mit einem Sohn, der Johann Henrich genannt wurde.

5. Johann Conrad Jahn (1735—1744),

geboren 1694 zu Niusdorf, Kirchspiels Röbgen, wo sein Vater, Hans Wolf Jahn, Landmann war. 1718 versah er die Schule zu Eiserfeld, 1721 bis zu Weidenau, war 1732 Lehrer zu Seelbach, Kirchspiels Neunkirchen und kam 1735 an die Schule zu Hamm. Am 4. Juni 1741 begab er sich in den Ehestand mit Johann Henrich Braggerseifens Wittwe zu Oberndorf, welche am 31. Decbr. 1747 starb.

Er starb am 13. Febr. 1744 an einer Lungenentzündung, hatte fast 9 Jahre bei dieser Gemeinde als ein treufleißiger Schuldiener gestanden und ein Lebensalter von 50 Jahren erreicht.

6. Johann Gerhard Schlosser (1744—1755),

gebürtig aus Scheib, Kirchspiels Hamm. (Cfr. Schuldiener von Kroppach.)

7. Johann Peter Müller (1755—1783),

geboren am 5. Decbr. 1728 zu Heimborn, Kirchspiels Kroppach. Er schied aus diesem Leben am 9. Octbr. 1783 mit Hinterlassung seiner Wittwe und zweier Kinder, und war 29 Jahre hier Schuldiener gewesen.

8. Johann Daniel Koch (1783—1785),

gebürtig von Oberwiesen, Kirchspiels Birnbach. (Cfr. Schuldiener zu Neunkirchen.

9. Johann Adam Sanners (1785—1793),

war 1784 ein Jahr lang Lehrer zu Zeppenfeld, trat am 15. März 1784 in die Ehe mit Marie Catharine, geb. Grau, die ihm 2 Söhne und 2 Töchter gebar. Sein Lebensende trat an ihn heran am 10. Mai 1793, 30 Jahre alt. Er war hier 7½ Jahre Präceptor, hatte 9 Jahre in der Ehe gelebt und hinterließ seine Wittwe und einen Sohn und eine Tochter.

10. Johann Daniel Anton Auen (1793—1804),

war geboren am 14. Novbr. 1774, verheirathete sich den 27. Novbr. 1807 mit Wilhelmine Phil. Ernstine, des Hofraths Dormann zu Altenkirchen Tochter. Er wurde pensionirt und starb am 3. Mai 1855, 80 Jahre 6 Monate alt.

11. Johann Adam Bungeroth (1809—1819).

Seine Eltern waren: Wilhelm Bungeroth, Maurermeister, und Johannette, geb. Schmidt zu Hachenburg, woselbst der Sohn am 17. Novbr. 1790 geboren wurde. Sein Vater starb schon am 28. Decbr. 1800 und er erwuchs unter der Leitung einer dürftigen aber gottesfürchtigen Mutter zum Jüngling heran. Ausgestattet mit guten Anlagen, wurde es ihm nicht schwer, die Aufgaben der Schule (einer höheren Lehranstalt unter Leitung des Pfarrers Schulz) anzufertigen und darneben noch Privatstunden zu ertheilen. Den 10. Octbr. 1805 starb die Mutter. Nun mußte der im 16. Jahre stehende Jüngling sich die Subsistenzmittel größtentheils durch eigene Thätigkeit erwerben. Frühzeitig erlangte er eine männliche Festigkeit des Characters; mit 17 Jahren wurde er vom Pfarrer Schulz als Collaborator verwendet. Bei der zu Weilburg von ihm absolvirten Prüfung erhielt er ein sehr günstiges Zeugniß von dem Superintendenten Müller unter dem 23. Novbr. 1809 und ward in Folge dessen zu einer der besten Schulstellen hiesigen Kreises, nämlich nach Hamm

a. b. Sieg, im Alter von 19 Jahren berufen. Hier wirkte er eifrig und im Segen. Er verehlichte sich mit Julie, geb. Franz von Hachenburg, die ihm eine treue Lebensgefährtin, eine tüchtige Helferin in der Erziehung seiner Kinder und eine umsichtige Leiterin des Hauswesens ward.

Im Jahre 1819 wurde er von der Königl. Regierung zu Coblenz nach dem letztgenannten Orte an die evangelische Schule berufen, welche unter seiner Führung sich eines guten Rufes erfreute und nach und nach zu einer fünfklassigen Anstalt erwuchs. Seine äußere ökonomische Stellung war eine so günstige, daß drei seiner Söhne Theologie studirten und einer das Seminar besuchen konnte.

Im Jahre 1836 verlor er seine erste Gattin und er trat im folgenden Jahre zum zweiten Male in die Ehe mit Julie, geb. Lück. Seine Tüchtigkeit verschaffte ihm den rothen Adlerorden IV. Classe und den Titel: Dirigent der evangelischen Schule. Er starb am Typhus, welcher sich aus der Cholera entwickelt hatte, im Octbr. 1849. Er hinterließ eine Wittwe, 6 Kinder erster Ehe und 4 Kinder aus zweiter Ehe.

12. N. N. Weinbrenner (1819—1833).

13. Jacob Enke

von Burg, Kreises Lennep, seit 1833 Küster, Organist und Lehrer zu Hamm, geb. am 9. Novbr. 1803. Seine Eltern waren Peter Enke und Doroth., geb. Fix. Seinen ersten Unterricht empfing er in der Schule seines Wohnortes vom Lehrer Faßbender, der später an die Schule zu Ronsdorf kam, erhielt dann 1819 ein halbes Jahr Unterricht bei dem Lehrer Schürmann in Remscheid, besuchte dann die Privatschule des Pfarrers Reuther zu Burg; kam 1820 nach Barmen als Lehrgehülfe, besuchte zu seiner Fortbildung gleichzeitig die Conferenzen beim Lehrer Wilberg, ging 1826 im September als Gehülfe des Lehrers Faßbender nach Ronsdorf, wo er 1½ Jahre blieb, nahm dann die Privatlehrerstelle zu Kirchen an, bei welcher er 4½ Jahre wirkte, wurde 1833 im Januar Lehrer, Organist und Küster zu Hamm; verheirathete sich daselbst 1843 am 24. Mai mit Henriette Auen, welche 1849 im Mai mit Hinterlassung eines Sohnes starb, trat in die zweite Ehe 1851 im März mit Louise Reibeisen. Aus dieser Ehe lebt ein Sohn.

Wegen großer Anzahl der Schüler wurde 1865 eine zweite Schule errichtet. Lehrer waren:

    a. Friedrich Romünder (1865—1867).

    b. Otto Hilfinger (1867—1869).

Lutherische Schuldiener.

1. Henrich Eberhard Pringenberg (1650—1696),

wird 1657 Präceptor genannt. Sein Sohn, Jacob Rotgerus, starb 1676 am 18. März. Zu seiner Zeit wurde das Schulhaus gebaut.

2. Johann Ernst Müller (1696—1727),

geboren zu Hamm am 18. Juni 1671, introducirt im Januar 1696, cop. den 26. Juni desselben Jahres mit Anna Catharine N. Es wurde 1703 Beschwerde über ihn erhoben, aber es heißt: Schuldiener Müller hat Besserung versprochen, soll wieder in seinen vorigen Schul- und Glockendienst eintreten, (steht jetzt 7 Jahre).

3. Henrich Christoph Kleinsteuser (1727—1740),

von Farnrode gebürtig, wo sein Vater, Johann Christoph, wohnte, ehelicht 1729 den 30. Sept. Marie Cathar., geb. Hochstein, zu Usingen. 1733 und 1735 wurden ihm Söhne geboren.

4. Salomo Ernst Cuno (1740—1744),

des weiland Präceptors Joh. Ab. Cuno zu Eisenach Sohn, tritt in die Ehe 1741 27. Oct. mit Anna Magdalene, geb. Gerhardt zu Operzau, die ihm 2 Söhne gebar. Er starb 1744 den 30. Mai, 32 Jahre alt, mit Hinterlassung eines Sohnes und seiner Wittwe, die 1756 Johann Anton Meier, Schultheiß zu Schöneberg, ehelichte.

5. Friedrich Gerhard Nolden (1744—1749),

Sohn des Lehrers Johs. Nolden von Gebhardshain, ehelicht 1747 am 14. Januar Johanne Marie Lucie, des Pfarrers Seebach zu Verlenburg Tochter, die ihm 1748 am 22. Decbr. eine Tochter (Marie Elisabeth) gebar. Er starb den 2. Juni 1749, 27 Jahre 2 Wochen alt.

6. Johann Philipp Weber (1749—1750),

ehelicht als gewesener Schuldiener am 22. Juli 1750 die Wittwe seines Vorgängers.

7. Johann Matth. Harteroth (1750—1751),

tritt 1751 am 13. Juli mit Marie Christine, des Pfarrers Sommer zu Totzenheim, Grafsch. Diez, Tochter in die Ehe. Er starb den 22. Sept. desselben Jahres, war 30 Jahre alt und 1 Jahr 3 Monate Schuldiener hier. Seine Wittwe ehelicht 1761 den 30. August den Friedr. Salomo Mathäus, Gerichtsschreiber und luth. Präceptor zu Gemünden.

8. Johannes Gerlach Rick (1751—1785),

des Präceptors Johannes Rick zu Hilgenroth Sohn. Er lebte in erster Ehe seit 24. Juli 1751 mit Anne Marie, geb. Wagener von Neunkirchen, die ihm 6 Kinder gebar und 1772 den 1. Mai mit Tod abging, und dann in zweiter Ehe seit 17. August 1774 mit Marie Christ. Margar., des Pfarrers Joh. Ant. Enteneuers Wittwe, einer gebornen Reusch. Er starb am 27. Juli 1785, 58 Jahre 3 Monate alt, und war 32 Jahre Präceptor hier.

9. Johann Georg Kattensee (1785—1794),

geboren 1754 den 27. April zu Sondern, Kirchspiels Säbelstadt in Sachsen-Gotha, kam 1785 hierher. Er starb hier 1794 den 4. Sept.

10. Johann Martin Köhler (1794—1817),

ehelicht 1796 den 3. April die Wittwe seines Vorgängers, Louise Marie Jacob., welche den 18. August 1800 starb; trat 1801 den 5. Januar in die zweite Ehe mit Eleonore Cathar. Tapp von Seifen, welche 1804 den 29. März starb.

7. Das Kirchspiel Hilgenroth.

Die ehemalige reformirte Kapelle zu Hilgenroth war seit den ältesten Zeiten eine Filiale von der Kirche zu Altenkirchen und erhielt auch von deren Geistlichen ihre Bedienung. Bei der Wiedereinführung des lutherischen Bekenntnisses im Jahre 1665 bildete sie ein Simultaneum für Reformirte und Lutheraner.

Den lutherischen Gottesdienst nahm zuerst, bis zum Jahre 1688, der Geistliche von Almersbach und von da ab, bis 1702, der Hof- und Stadtprediger von Altenkirchen wahr.

Die Landesherrschaft erhob 1702 die dortige Kapelle zu einer lutherischen Kirchspielskirche und gründete und dotirte daselbst eine Pfarrei.

Die Reformirten der Pfarrei Hilgenroth erhielten die Seelsorge von dem reformirten Pfarrer zu Altenkirchen. Derselbe verrichtete alle actus ministeriales, begrub ihre Todten, taufte ihre Kinder, copulirte ihre Brautpaare, spendete an den hohen Festtagen nach gehaltener Predigt das heilige Abendmahl und hielt im Sommer bei ihnen alle vierzehn Tage mit ihren Kindern die sogenannte Kinderlehre. Seit dem Jahre 1819, wo die Union eingeführt wurde, hörte dieser Gebrauch auf und wurde dem hiesigen Geistlichen, der bisher blos die Lutheraner bediente, die ganze Verwaltung des Gottesdienstes und der geistlichen Amtsverrichtungen übertragen. Doch blieb die dasige Kirche eine Tochterkirche von der Mutterkirche Altenkirchen bis in die neueste Zeit und hat mit Altenkirchen eine gemeinschaftliche Repräsentation, wozu sie 11 Mitglieder stellt. Erst am 24. Juli 1867 willigte die Gemeinde-Vertretung zu Altenkirchen-Hilgenroth in die Lösung der bisherigen Verhältnisse der beiden Pfarrgemeinden, und Hilgenroth wurde von nun an eine selbstständige, unabhängige Pfarrgemeinde.

Der Kirchsprengel, welcher aus den Ortschaften: Hilgenroth, Olzen, Obererbach, Hacksen, Volkersen, Eichelhard, Idelberg, Flögert, Helmeroth, Langenbach, Hofacker, Nacksen, Nassen und Isert, zusammengesetzt ist, zählt circa 900 Seelen, hat 4 Schulen und 4 Lehrer, ein Presbyterium von 4 Presbytern und 11 Repräsentanten.

Das erste und älteste Kirchenbuch fängt 1702 an, um darin die Geburten, Copulationen und Sterbefälle zu verzeichnen.

Die Kirche hat eine neue Orgel, die von den Orgelbauern Gebrüder Schlaudt zu Waldlaubach und Heim bei Kreuznach für 600 Thaler gebaut ist. Sie hat folgende Disposition:

   a. Manual: Mixtur 3fach 1'; Octave 2'; Kleingedact 4'; Quinte 3'; Bordun-Diskant 8'; Bordun-Baß 8'; Salcional 8'; Prinzipal 4'.

   b. Pedal: Subbaß 16'; Octavbaß 8' nebst Pedalkoppel.

Den Wind liefern zwei Bälge, die unter der Orgel liegen.

Reihenfolge der Pfarrgeistlichen.

1. **Johann Ludw. Dumphius**, Pfarrer zu Almersbach (1665—1688).

(Cfr. Pfarrer von Almersbach.)

2. **Johann Christian Dumphius**, Hof= und Stadtprediger zu Altenkirchen (1688—1702).

(Vid. Altenkirchen.)

Die Pfarrgeistlichen zu Hilgenroth,

welche hier seit 1702 gestanden haben, waren:

1. Johann Heinrich Reusch (1702—1708),

Pfarrer zu Hilgenroth und daneben lateinischer Präceptor zu Alten=kirchen, an welchem letztern Orte er auch seinen Wohnsitz hatte, weil ein Pfarrhaus zu Hilgenroth fehlte. Er war der Sohn des Pfarrers Jo=hannes Anton Reusch, früher Pfarrer in Kirchen, darnach zu Almersbach. Nachdem er seine academische Laufbahn vollendet hatte, übernahm er das Amt eines Feldpredigers, welches er bis gegen 1700 wahrgenommen hatte; trat 1701 am 16. Jan. als gewesener Feldprediger in den Ehe=stand mit Johannette Alexandrine, geb. Silber, des Canzleirath Joh. Bunzen Stieftochter, welche Ehe hier mit 2 Kindern gesegnet wurde.

Er legt 1703 das erste Kirchenbuch an, welches von seinen Nach=folgern regelmäßig fortgeführt wird. Ob er 1708 von hier abgezogen und wohin? hat nicht ermittelt werden können.

2. Jacob Heinrich Herzog (1708—1717).

Derselbe war zugleich Rector zu Altenkirchen, legte jedoch im Jahre 1710 die Stelle nieder und bezog am 31. Decbr. d. J. das zu Hilgen=roth neuerbaute Pfarrhaus.

Nur kurz war hier sein Wirken. In der Kraft seiner Jahre rief ihn der Herr über Leben und Tod am 15. Aug. 1717 im Alter von kaum 30 Jahren in sein ewiges Reich. Seine Gattin war ihm bereits 1712 am 9. April, 19 Jahre und 22 Wochen alt, im Tode vorange=gangen.

3. N. Hertel (1717—1718).

Sein Vorname und Amtsantritt, so wie sein Tod oder Abgang ist nicht aufzufinden.

Es scheint derselbe, nach der Handschrift im Kirchenbuche zu urtheilen, bis zum 29. Mai 1718 hier gewesen zu sein.

4. Johann Christoph Friederici (1718—1762),

geboren 1687 am 28. März zu Isle, Amts Kreuzburg, wo sein Vater Johannes Pfarrer war, der dort auch noch später als Emeritus bei seinem ältern Sohne, Johann Georg, seinem Nachfolger, lebte; studirte 1707 zu Jena, wurde hier auf Jakobi=Tag 1718 in sein Amt einge=führt und führte seit 1718 eine glückliche und zufriedene Ehe mit Marie Magdalene, einer Tochter des emeritirten Rectors zu Lübeck, Joh. Heinrich Heß und dessen Gattin Anne Dorothea, geb. Sander, welche letztere hier als Wittwe am 27. März 1734, 77 Jahr alt, starb.

Seine Ehe war mit 6 Söhnen und einer Tochter gesegnet, von denen hier genannt werden:
a. Sohn Johann Wilhelm, geb. 1719 am 3. April, wurde Theologe.
b. Sohn Joh. Christoph Henr., geb. 1727 am 25. März, war 1757 Schultheiß zu Altenkirchen.

Wegen der Kriegsunruhen konnte hier im Jahre 1759 vom 14. April bis 15. Mai kein Gottesdienst gehalten werden.

Pfarrer Friederici endete seine Pilgerbahn nach 10tägigem Leiden am Freitage, Nachmittags 2 Uhr, den 29. Octbr. 1762, in dem ehren=vollen Alter von 75 Jahren 29 Wochen, nach 44jähriger Amtsthätig=

keit, nachdem er 38 Jahre in der Ehe und 6 Jahre im Wittwenstande gelebt hatte. Er wurde am Allerheiligen-Tage in der Kirche beerdigt. Pfarrer Krausolbt von Almersbach hielt die Leichenpredigt über den Text: Phil. 3, 21 und 22.

Seine Gattin Marie Magd., geb. Heß, war im Alter von 64 Jahren und einigen Wochen am 14. Octbr. 1756 gestorben; an ihrem Grabe that der Pfarrer Krausolbt die Parentation und der Inspector Ungewitter die Leichenrede.

5. Johann Wilhelm Friederici (1762—1765),

Sohn des Vorigen. Zur Candidatur gekommen, wurde er den 6. Oct. 1743 zu Gebhardshain durch Inspector Ungewitter zum Predigtamte eingesegnet, wobei sein Vater und Pfarrer Krausolbt assistirten, welche ihn zugleich der hasigen Gemeinde als ihren Seelsorger vorstellten. Hier gründete er am 17. Juni 1744 einen Hausstand mit Johannette Dorothea, geb. Ungewitter, welche als Wittwe, im Alter von 60 Jahren 20 Tagen am 26. Jan. 1787 die Augen schloß.

Pfarrer Friederici wurde zu Hilgenroth am 18. April 1762 investirt. Nach dreijähriger Führung des Predigtamtes ging er ein in das Land des ewigen Friedens am 3. December 1765; er hatte ein Alter von 46 Jahren 7 Monaten erreicht und war im Ganzen 22 Jahre Pastor gewesen.

6. Henrich Ernst Friedrich Hertel (1766—1770).

Er war bereits 1765 am 3. Febr., am Sonntage Sexagesimä, durch den Inspector Ungewitter, unter Assistenz der Pfarrer Krausolbt und Friederici, ordinirt worden. Seine Inauguration zu Hilgenroth geschah am 1. Juni 1766. Er war im Sept. 1740 zu Crelingen im Anspach'schen geboren und seit 1765 am 28. Jan. Rector und Collaborator zu Altenkirchen, ließ sich an seinem Einführungstage zu Hilgenroth mit seiner Verlobten Catharine Elisab. Phil., des Kammer-Commissars Joh. Gerh. Cramer aus Altenkirchen Tochter, kirchlich einsegnen.

Pfarrer Hertel genoß nur eine kurze Lebensdauer, indem er nach dreijähriger Amtsführung, im Alter von 29 Jahren 8 Monaten am 19. Mai 1770 aus dieser Welt schied. Bei seinem Begräbniß am 22. ejusd. hielt Pfarrer Krausolbt die Gedächtnißpredigt.

Seine Ehefrau überlebte ihn noch lange und schied erst 1810 am 7. März, 68 Jahre 3 Monate 20 Tage alt, aus diesem Leben.

10. Anton Ludwig Ebhardt (1770—1798).

Er stammte von Bendorf a. Rhein, wo er am 4. Octbr. 1729 das Licht der Welt erblickte. Sein Vater Joh. Jac. Ebhardt war daselbst Amtsverwalter, der auf die Erziehung und Ausbildung seines Sohnes alle Sorgfalt verwendete. In seinem 19. Jahre war er für die Universität reif. Nach vollendeter academischer Laufbahn wurde er um Michaeli 1751 als Rector und Collaborator nach Altenkirchen berufen. Am 13. Octbr. e. a. bestand er sein theologisches Examen, empfing am 15. December die Ordination, und wurde als Rector und zweiter Pfarrer 1752 am 11. Jan. eingeführt. Er folgte 1762 dem Rufe als Pfarrer nach Gebhardshain, wo er am 12. April, in Gegenwart des Geheimen Raths v. Salzmann, durch den Inspector eingesetzt wurde, kam 1770 nach Hilgenroth. Hier fand seine Introduction durch den Inspector Sturm 1770 am 4. Nov., am Sonntage 21. p. Trinit. statt. 1779 führte er bei der Gemeinde das Marburger Gesangbuch ein.

Pfarrer Ebhardt schloß im Alter von 68 Jahren 3 Monaten und 3 Wochen am 25. Jan. seine Pilgrimschaft und wurde von dem Inspector Dörner zu Altenkirchen mit einer Leichenpredigt in der Kirche beerdigt.

Seine hinterlassene Wittwe Friedr. Elisab. Catharine, des Inspectors Ungewitter Tochter, mit der er am 4. Sept. 1764 kirchlich eingesegnet worden war, folgte ihm 1805 den 16. Sept. im Tode nach. Von seinen 5 Töchtern und 2 Söhnen, die in Hilgenroth geboren wurden, will ich hier nur erwähnen:

a. Christian Henrich Wilh., geb. 1785 am 23. Sept., lebt als Rentner in Bonn und hat vor einigen Jahren der Gemeinde Hilgenroth einen Beitrag von 200 Thlr. zur Beschaffung der Orgel gegeben, und auf mannigfache Weise Liebe und Anhänglichkeit an seine Heimathsgemeinde bethätigt.

b. Ernestine Elisab. Charlotte, geb. 1790 am 22. April, ist bei ihrem Bruder in Bonn.

8. Christoph Friedr. Kransoldt (1798—1811),

geboren zu Almersbach den 24. Juni 1744, wo sein Vater Joh. Henr. Pfarrer war. Nach vollendeten Studien verweilte er bei seinem Vater und als letzterer 1768 als 1. Pfarrer und Inspector nach Altenkirchen vocirt wurde, berief man ihn zum Pastor nach Almersbach, welche Pfarrei von jetzt an von Altenkirchen getrennt wurde. Seine Einführung geschah am 20. März, am Sonntage Judica 1768. Er trat in den Stand der Ehe mit Christine Wilh., des Landeshauptmanns Friedr. Ernst Dormann zu Widderstein Tochter, mit der er am 18. Jan. 1769 copulirt ward. Auf sein Ansuchen erhielt er 1786 am 23. Sept. seine Demission und folgte dem Rufe eines Pfarrers bei der neu errichteten Pfarrei Wipperfürth, von wo er nach 12 Jahren an das Pastorath Hilgenroth ging. Hier wurde er den 28. Octbr. 1798 in Gegenwart des Hofrathes v. Avemann von dem Inspector Dörner der Gemeinde vorgestellt.

Er starb hier im Alter von 66 Jahren mit Hinterlassung eines Sohnes und 4 Töchtern am 9. Octbr. 1841; seine irdischen Ueberreste wurden am 12. ejusd. der Erde übergeben, wobei der Rector Schmidtborn die Leichenrede hielt. Seine Ruhestatt fand er in der Kirche an der Seite seiner Gattin, die ihm bereits am 12. Octbr. 1805 im Tode vorangegangen war.

Die Pfarrstelle wurde verwaltet durch
Georg Philipp Schmidtborn
vom Mai bis Novbr. 1812. Derselbe wurde hier 1812 den 3. Mai eingeführt und ging als Caplan nach Mehrenberg, wurde darnach Pfarrer und kam 1825 nach Essershausen.

9. Christoph Gottlieb Schmidtborn (1813—1820).
Cfr. Pfarrei Birnbach.

Nach seinem Abzuge besorgte vom Novbr. 1820 bis Ende August 1821 der zeitige Pfarrer G. W. Seippel zu Hamm hier die Amtsgeschäfte.

10. Friedrich Wittmann (1821—1866),

geboren zu Kreuznach am 18. Juli 1796 als der Sohn des Elementarlehrers Louis Wittmann und dessen Ehegattin Barbara, geb. Henrich.

Nachdem er den Elementarunterricht seines Vaters genossen, besuchte er das Gymnasium und trat im Jahre 1814 als 18jähriger Jüngling bei dem Corps der freiwilligen Jäger ein, unter denen er den Feldzug nach Frankreich mitmachte und an der Belagerung von Charlemont Antheil nahm. Aus dem Kriege zurückgekehrt, besuchte er die Universität Heidelberg, bestand, nach absolvirtem Triennium, zu Coblenz sein Candidaten-Examen, wurde im Jahre 1820 zum Pfarrvicar in Laubenheim

bei Kreuznach ernannt und am 31. Juli 1821 als Pfarrverwalter nach
Hilgenroth versetzt, wo er am ersten Sonntage im Octbr. ordinirt und
am 3. August 1825 als wirklicher Pfarrer angestellt wurde. Am 8. Decbr.
1823 trat er in die Ehe mit Wilhelmine Stahl aus Habamar, die ihm
7 Kinder gebar, von denen eins in früher Jugend durch den Tod hin=
weggenommen wurde. Seine Ehe war eine viel und hoch gesegnete.
Trotz des beschränkten Einkommens seiner Pfarrstelle gelang es ihm mit
Hülfe seiner sorgsamen Gattin, einen wohlausgestatteten Hausstand zu
begründen und seine Kinder standesgemäß auszubilden.

Nach dem Tode seiner Gattin, der am 14. August 1856 erfolgte,
stand ihm eine erwachsene Tochter zur Seite, die das Hauswesen mit
musterhafter Umsicht leitete und für seine Bedürfnisse mit kindlicher Treue
sorgte, so daß er einen freundlichen Lebensabend hatte, der ihm indessen
durch den Tod einer verheiratheten Tochter, der Mutter zahlreicher Kinder,
getrübt wurde. Während seiner Krankheit ließ er nicht ab, seine pfarr=
amtlichen Geschäfte, so weit er in seinem Hause konnte, mit gewohnter
Pünktlichkeit zu erledigen; erst in den letzten Tagen seines Lebens gab
er sich der Ruhe hin, welche ihm sein Zustand immer mehr zum Bedürf=
niß gemacht hatte. Er starb in einem Alter von 70 Jahren und 15 Tagen,
nachdem er 45 Jahre sein Amt zu Hilgenroth geführt. Am 6. Aug., Nach=
mittags um 3 Uhr, fand sein Leichenbegängniß statt, bei dem Pfarrer
Keefer die Standrede vor dem Hause, Pfarrer Bott die Grabrede und
Superintendent Brauneck die Leichenpredigt in der Kirche hielt.

Nachdem im Wittwen= und Waisenjahr die Stelle durch
die Prediger des Synodalkreises verwaltet worden war,
designirte das Königl. Consistorium den Pfarramtskandidaten
Doll von Kirchen unterm 9. Juli 1867 zum Pfarrer und
die größere Gemeindevertretung erklärte unter dem 24. Juli,
daß sie gegen seine Lehre und seinen Wandel nichts zu er=
innern habe.

10. Ludwig Karl Doll (seit 1867),

geboren zu St. Goar am Rhein den 10. Juli 1841. Die Eltern des=
selben sind: der damalige Pfarrer von dem zehn Minuten von St. Goar
entfernt gelegenen Pfarrdorfe Biebernheim, Jacob Doll, und die verstor=
bene Susanne, geb. Leist. Als der Vater nach Kirchen versetzt worden,
besuchte sein Sohn seit Octbr. 1846 die dasige Elementarschule bis 1853,
hatte dann Privatunterricht bei seinem Vater bis zum Herbste 1855, in
welchem Jahre er auch confirmirt wurde. Michaelis 1855 bezog er
das damals unter dem Director Dr. Knebel stehende Friedrich=Wilhelm=
Gymnasium zu Cöln, wo er in die Untersecunda aufgenommen wurde.
Im Herbste 1859 bestand er seine Maturitätsprüfung und ging dann
als Studiosus theol. nach Halle, wo er besonders die Collegien der Pro=
fessoren Tholuck und Müller besuchte, studirte von Michaelis 1860--61
zu Berlin und vollendete 1862 seine Studien in Bonn, machte dann
sein Examen pro licentia concionandi 1863, ging hiernach auf 6 Wochen
nach Meurs, um dort den Seminarkursus durchzumachen; bestand 1865
sein Examen pro ministerio. Zu Michaelis 1866 wurde er als Lehrer
der Religion, der Geschichte und der deutschen Sprache an eine höhere
Töchterschule in Cöln berufen und von da siedelte er im Decbr. 1866
als Agent für innere Mission nach Barmen über. Von hieraus meldete
er sich zu der vacanten Pfarrstelle nach Hilgenroth. Er wurde im Juli
1867, nachdem er seine Antrittspredigt über 2. Cor. 5, 6, gehalten hatte,
durch den Superintendenten Brauneck in sein Amt eingeführt.

In Barmen hielt er am 1. Sept. 1867 seine Abschiedspredigt über
das apostolische Wort Phil. 1, 6.

Schuldiener zu Hilgenroth.

1. Johann Matth. Schmidt (1702—22),

Glöckner. Er starb am 15. Mai 1722, 40 Jahre alt.

2. Christian Ungewitter (1722—34),

Präceptor und Glöckner. Seine Ehefrau hieß Dorothea Marie; er ließ 1726 den 4. August eine Tochter, Johannette Marie Christine, taufen. (Cfr. Schuldiener zu Fischbach).

3. Johannes Rick (1740—52),

Schuldiener und Glöckner. Er war erst Wildschütz zu Biersdorf und dann 1740 Schuldiener zu Hilgenroth. Er starb am 1. Januar 1787, 81 Jahre 2 Monate alt.

4. Johann Peter Rick (1752—75),

ein Sohn des Vorigen. Zuerst war er Substitut bei seinem Vater, ging 1775 von hier an das Schulamt zu Höchstenbach, wo er am 10. Decbr. 1800 das Zeitliche segnete.

5. Georg Philipp Schmidt,

Schulabjunct von Decbr. 1783 bis 1787 und dann Lehrer bis 1832. Er war ein Sohn des Johann Georg Schmidt, welcher 1799 am 11. Februar bei ihm im Alter von 84 Jahren starb. Seine Mutter Catharine war eine geborne Müller, welche 1806 am 5. März ebenfalls zu Hilgenroth starb. Er war geboren 1760 den 10. Decbr. zu Gemünden, ehelichte am 19. Decbr. 1783 Anna Elisabeth, einzige Tochter zweiter Ehe seines Vorgängers, welche 1799 den 26. Novbr. starb, trat in die zweite Ehe am 6. Mai 1800 mit Anna Marie, geb. Schuster, die 1814 im April starb, und in die dritte Ehe 1815 den 7. März mit Anna Marie, geb. Entebach. Er verschied im Alter von 61 Jahren 2 Monaten 10 Tagen am 20. Febr. 1832 und war hier 48 Jahre 2 Monate 12 Tage Lehrer gewesen.

5. Friedrich Zinkel (1832—58),

Lehrer und Küster, geb. den 14. Juli 1808 zu Schöneberg, wo sein Vater Christian Hutmacher war, copulirt 1837 am 18. Juni mit Justine Cathar. Veronica, geb. Fries. Er starb nach 26jähriger Dienstführung am 14. Juli 1858.

6. Schulcandidat Schmidt von Bielefeld

kam 1858 nach Hilgenroth und ging im Sept. 1861 nach Crefeld.

7. Heinrich Meyer (seit Januar 1862),

geboren am 12. August 1832 als der Sohn des Lehrers Engelbert Meyer zu Mehlen und der Christine, geb. Jörg. Als Schulamts-Aspirant erhielt er im Jahr 1852 die Verwaltung einer kleinen Schule, besuchte 1853 das Seminar zu Neuwied und legte dort 1855 im Juni seine Maturitätsprüfung ab, trat 1855 am 31. Octbr. in die Ehe mit Gertrude, geb. Stammel aus Orleroth, Kirchspiels Ruppichteroth, übernahm 1856 am 1. Novbr. die neugegründete Schule zu Reichenstein, Pfarrei Puderbach, erhielt 1858 am 18. Octbr. die Schule zu Gebhardshain (eingeführt am 1. Novbr.) und wurde 1862 am 18. Januar an die Pfarrschule zu Hilgenroth versetzt; machte 1866 im April seine Wiederholungsprüfung und erhielt 1867 am 18. October die definitive Anstellung.

8. Das Kirchspiel Mehren.

Das Kirchspiel Mehren blieb bei der seit 1605 einge-
führten reformirten Lehre, bis es 1818 der Union beitrat.
Eingepfarrt waren hier die Ortschaften: Maulsbach, Hirz-
bach, Neuenhof, Kircheib mit seiner Capelle, Fiersbach,
Vetterschen, Forstmehren, Cram, Ersfeld, Giershausen und
Ziegenhahn.

Die Gemeinde zählt 1560 Seelen, hat 6 Presbyter,
24 Repräsentanten, 5 Schulen mit 5 Lehrern.

Namen der Pfarrer.

Honorius Willrich war der letzte lutherische Prediger, welcher 1605 weichen mußte.

Nach dem Hachenburger Verzeichniß war der erste reformirte Prediger:

1. Johannes Korff (1605—18),

gebürtig von Schöneberg, studirte 1599 zu Herborn, darnach in Heidelberg und kam 1601 nach Herborn zurück, wurde 1605 vom Grafen
Wilhelm zu Sayn-Wittgenstein an die Pfarrei Mehren berufen, ging
1618 an die erste Caplanei zu Herborn, wo er noch 1632 fungirte und
auf Befehl des Grafen von Nassau-Dillenburg aus der Capelle Burg
bei Herborn eine jährliche Zulage von 8 fl. erhielt.

Es wird auch 1617 ein Jost Fischer als gewesener
Pfarrer zu Mehren erwähnt, aber die Zeit, wann er hier
gestanden, kann nicht ermittelt werden.

Von 1618—1622 scheint die Pfarrei von Birnbach aus
verwaltet worden zu sein.

Nach dem Hachenburger Verzeichniß folgt:

2. Sebastian Wetzlar (1622—30),

geboren zu Marienberg, wo sein Vater, Christian Wetzlar, Pastor war;
studirte 1601 zu Herborn, fand zuerst Anstellung bei der Herborner Stadtschule, wird dort 1604 unterm 27. August lobend erwähnt, wurde dann
1605 zweiter und 1611 erster Caplan, ging 1613 als Caplan nach Hachenburg und wurde hier am Sonntage quasimodogeniti präsentirt. Im
Jahre 1622 folgte er einem Rufe als Pfarrer nach Mehren, bezog 1630
die Predigerstelle zu Driedorf, erhielt 1636 den 1. Februar die Stadtpfarre zu Dillenburg und 1646 das geistliche Inspectorat des Fürstenthums Dillenburg. Hier starb er eines schnellen Todes am 18. April
1665 und wurde am 24. ejusd. in der Pfarrkirche begraben.

Er trat zuerst in die Ehe 1608 am 4. Sonntage nach Ostern mit
Marie, Tochter des Pfarrers J. G. Stoever zu Ferndorf, welche aber
noch in demselben Jahre gestorben sein muß, da er schon 1609 als Herborner Diakonus in die zweite Ehe tritt mit Anna Catharine, Adam
Siefers zu Hachenburg Tochter, die 1644 am 20. Novembr., 47 Jahre
alt, starb und am 23. ejusd. begraben wurde.

3. Erasmus Floretus (1630—54),

war zu Schönberg, Kirchspiels Höhn im Amte Marienberg, geboren, wo
sein Vater Sebastian Floretus Pfarrer war.

Er studirte 1579 zu Herborn, ward 1602 der Amtsnachfolger seines Vaters, ehelichte 1613 am 4. November Jals Pfarrer zu Hoen Elisabeth, Theis, Bierbrauers zu Hachenburg Tochter, ward am 23. Juni 1630 durch den Grafen Ludwig von Hadamar bei Wiedereinführung des Katholicismus seines Amtes entsetzt, und erhielt wieder Anstellung bei der Pfarrei Mehren, wo er gegen 1654 gestorben sein wird.

4. Johannes Sartor (1654—57),

des Wilhelm Sartor, Bürgers zu Herborn Sohn, frequentirte das academische Pädagog seiner Vaterstadt, wo er auch 1650 studirte, ehelichte als Pfarrer zu Mehren 1650 im Novbr. Anne Catharine, Hrn. Antoni Jäger, Saynischen Schultheißen zu Altenkirchen, Tochter. Er ward 1657 an die Pfarrei Neunkirchen und 1662 an die zu Burbach versetzt, wo er in der Mitte des Jahres 1698 starb.

5. Johann Gotthard Steuz (1657—75),

Sohn des Christoph Steuz, Bürgers zu Herborn, besuchte das dasige Pädagogium und studirte daselbst 1653, wurde 1657 Pfarrer zu Mehren und trat als solcher in die Ehe 1678 am 28. Juli mit Anne Elisabeth, Johannes Richle zu Herborn, Tochter, ließ am letzteren Orte 1662 am 25. Mai eine Tochter Anne Catharine taufen. Pfarrer Steuz folgte 1675 dem Rufe eines Predigers an die Gemeinde Freudenberg und ging 1681 an die Pfarrei Oberbiel, Kreises Wetzlar, wo er bis 1698 das dasige Pfarramt verwaltete.

6. Hans Henrich Niesener (1675—82).
(Cfr. Pfarrei Birnbach).

7. Wilhelm Schenkelberg (1682—97).

8. Johann Ludwig Altgell (1697—1714),

ein Sohn des 1705 am 2. November zu Dierdorf verstorbenen Pfarrers und Inspectors Johann Hermann Altgell; geboren gegen 1671 zu Roßbach im Hachenburgischen, wo sein Vater zu der Zeit Pfarrer war; machte 1690 vom 8. Mai an seine theologischen Studien zu Duisburg, erhielt nach bestandenem Examen auf der Saynischen Canzlei 1697 seine Vocation als Pfarrer zu Mehren, wo er bis zum Jahre 1714 fungirte.

9. Johann Andreas Barth (1714—19),

wurde 1704 als Prediger zu Hamm an der Sieg angestellt, ehelichte als solcher 1708 am 4. Juli Anne Sibille, des Pfarrers Ludwig Emelius zu Flammersfeld Tochter, und ließ daselbst 1709 am 9. Februar einen Sohn Johann Ludwig taufen. 1714 wurde er an die Pfarrei Mehren befördert, wo er 1719 starb.

10. Conrad Wilhelm Proll (1719—22),

kam nach Roßbach (vid. Pfarrei Roßbach).

11. Johann Theodor Leucker (1722—40),

war ein geborener Hachenburger, besuchte die lateinische Schule seines Geburtsortes und studirte dann seit 1708 zu Herborn. Nach beendigtem Studium und nach bestandenem Examen vor dem Consistorium zu Hachenburg, wurde ihm 1717 die Pfarrei Roßbach übertragen; er ehelichte daselbst 1718 am 27. October Anne Elisabeth, des Pfarrers Johann Daniel Seel zu Neunkirchen Tochter. Er wurde 1722 an die Pfarrei Mehren vocirt, welche Stelle er bis 1740 bekleidete, wo er starb.

12. Johann Joseph Schindler (1740—66).

Er war gebürtig von Wallendorf, Kirchspiels Feldkirchen, Kreissynode Neuwied, wo sein Vater Johannes Andreas domicilirte, wurde 1736 als zweiter Pfarrer und Diakonus in Altenkirchen angestellt, gründete daselbst einen Hausstand mit Margarethe Elisabeth, Ehren Johann Wilhelm Cäsar, Pfarrers zu Alsbach, Tochter, mit welcher er 1737 am 4. December copulirt wurde. In dieser Ehe wurde ihm 1739 am 22. März ein Sohn geboren, der in dem Sakrament der Taufe die Namen Joh. Wilh. Andreas erhielt. Pfarrer Schindler ging 1740 an die Pfarrei Mehren und schloß hier 1766 seinen Lebenslauf.

13. Hermann Conrad Altgeld (1766—1804),

fand seine erste Anstellung zu Altenkirchen 1753, wo er am 8. April als zweiter reformirter Pfarrer eingeführt wurde, von wo er nach 13jähriger Verwaltung der Pfarrei als Prediger nach Mehren vocirt wurde, woselbst er 1804 gestorben ist.

14. Wilhelm Ludwig Kling (1804—10).

Er wurde 1810 als Pfarrer nach Usingen versetzt, wo er gestorben ist.

15. Adam Abraham Stöhr (1810—28),

war früher Pfarrer in Usingen, kam 1810 an die Pfarrei Mehren, wurde 1828 pensionirt und starb als Pastor emeritus 1834, war verehelicht mit Philippine Poletine geb. John. Während seiner langjährigen Krankheit fungirten als ordinirte Bikare:
a. Christian Schnabel (1819—20). Starb daselbst.
b. Friedrich Rehorn (1820—22).
(Cfr. Pfarrer von Almersbach).

16. Christian Jacob Stöhr, Bikar von Anfang 1823—28,

wo er Pfarrer wurde. Er ist ein Sohn von Nr. 15, geboren 1801 am 1. August; besuchte von 1817—18 ein Jahr lang das Gymnasium zu Weilburg und machte im Septbr. 1818 zu Wetzlar seine Maturitätsprüfung; studirte seit Herbst 1818 vier Semester in Heidelberg und im Frühjahre 1821 zu Bonn; machte seine theologischen Examina 1822 und 23 zu Coblenz, vikarirte seit 1823 die Pfarrei Mehren, woselbst er 1828 Pfarrer wurde. Der Superintendent Albrecht führte ihn am 28. Novbr. desselben Jahres in sein Amt ein, nachdem er über 2. Tim. 4, 5 seine Antrittspredigt gehalten hatte. Er war verehelicht seit 1830 am 15. October mit Rosette Möller. Sein Sohn Carl, geb. 1838, hat Theologie studirt und ist seit 1863 Candidat.

9. Das Kirchspiel Schöneberg.

Die Parochie Schöneberg, zu der die Dörfer: Schöneberg, Bettgenhausen, Berzhausen, Reiterschen und Kahlhardt, Obernau, Seifen und Niederähren gehören, zählt 670 Seelen und hat 7 Presbyter und 20 Repräsentanten, 3 Schulen mit 3 Lehrern. Die Parochie, welche zugleich ein Amt bildete, gehörte ehemals zu dem Gebiete der Grafen von Isenburg-Wied und kam 1489 durch die Heirath des Grafen Gerhard zu Sayn mit Gräfin Johannette von Wied an das Haus Sayn.

Im Jahre 1605 trat an die Stelle des bis dahin hie bestandenen lutherischen Bekenntnisses die reformirte Lehre;

jedoch wurde hier 1665 neben der reformirten Lehre eine lutherische Pfarrei gegründet.

Die Gemeindeglieder traten am 31. Octbr. 1817 der Union bei.

Es brannten hier den 23. Mai 1854 die Kirche, die Pfarrgebäude und die Schule ab. Am 23. Mai 1864 wurde der Grundstein zur neuen Kirche gelegt. Anfangs hatten sich dem Bau mancherlei Schwierigkeiten entgegengestellt, da das Fundament vom Thurme in einer Tiefe von 23 Fuß gesucht werden mußte, desto rascher schritt der Bau später fort und sein Fortschreiten war zugleich das Hervortreten schöner, angemessener Formen.

Der Bau, welcher 8340 Rthlr. kostete, stand im Herbste 1865 vollendet da; am 20. Octbr. konnte die Einweihung Statt finden, welche, in Vertretung des General-Superintendenten, vom Consistorial-Rath Korten vollzogen wurde und bei welcher der Assessor der Provinzial-Synode, Superintendent Roßhoff, die Segenswünsche der Provinzialsynode der Gemeinde darbrachte.

a. Reformirte Pfarrer.

Petrus Mercator, der letzte lutherische Prediger, mußte 1605 sein Amt niederlegen und seine Stelle nahm ein:

1. Johannes Ferrarius (1605—13),
wo er mit Tode abging.

2. Johann Thomas Beyer (1613—20),
von Herborn, zog nach Offenheim in der Pfalz und starb daselbst vor 1650.

3. Jacob Künemundus (1620—33),
starb an der Pest. Er stand vor dem seit 1616 als Prediger in Marfain und wurde 1620 zu Schöneberg introducirt.

4. Hermann Pithan (1634—36),
gebürtig von Siegen, studirte 1621 zu Herborn, wurde 1627 als Prediger an die Pfarrgemeinde Roßbach in der Grafschaft Sayn und 1634 als Pfarrer zu Schöneberg berufen. Seine Ehefrau Margarethe, geb. Rhodius, starb den 26. Octbr. 1635 und wurde am 28. ejusd. zu Hachenburg begraben.

Ehren Pithan zog in die Pfalz und kehrte als Prediger nach Daaden zurück. Hier starb er und ist in der Capelle zu Friedewald begraben.

Pfarrer Johann Rhodius zu Hachenburg trägt in's Todtenbuch ein: „Anno 1651, am 23. Juni, starb Anne Ottilie, Ehren Hermann Pithan, gewesenen Pfarrers zu Daaden Tochter, meine Enkelin."

5. Johannes Angnitius (1635—65),
gebürtig von Berleburg in der Grafschaft Wittgenstein, studirte 1613 zu Herborn, wurde zuerst 1622 als Präceptor an die lateinische Schule zu Siegen angestellt, mußte aber 1626 bei Wiedereinführung des römisch-katholischen Cultus weichen und erhielt dann die zweite Pfarrei Altenkirchen, und 1635 die Pfarrei Schöneberg, mit der auch die Verwaltung der Pfarrei Almersbach verbunden wurde.

Er stand beiden Aemtern bis zu seinem im Jahre 1665 erfolgten Tode vor. Schon in Siegen hatte er einen Hausstand gegründet mit Anne Marie, Johann Heiderich Dilthey zu Siegen Tochter. Nach dem Hachenburger Taufkataloge läßt 1648 dom. Cantate Johannes Jungnitius, Pfarrherr zu Almersbach, und Anne Marie, einen Sohn Ernst Christian taufen.

Gemäß eines im Stadtarchive zu Siegen von ihm befindlichen und unter dem 2. Mai 1631 von Altenkirchen aus datirten Schreibens, in welchem er sich als Diener am Worte Gottes zu Altenkirchen unterzeichnet, giebt er dem Amtmann zu Siegen den Auftrag, seinen dortigen Gläubigern das am Salzwerk in Siegen stehende Wohnhaus, welches er 1624 am 23. Januar für 1042 Fl. 8 all. erkauft und mit 100 Fl. in einen bewohnbaren Zustand gesetzt hat, zu diesem Kaufpreise zu übertragen.

6. Andreas Seel (1669—78),

geboren zu Hachenburg, lag 1661 seinen Studien zu Herborn ob, wurde 1667 als zweiter Prediger nach Altenkirchen vocirt, ging 1669 als Pastor nach Schöneberg, wo seit 4 Jahren kein reformirter Prediger mehr fungirt hatte. Er mußte auch alle 14 Tage die Almersbacher Gemeinde mit einer Predigt versehen. Er verwaltete das hiesige Pfarramt bis zum Jahre 1678. Ob er in Schöneberg gestorben ist oder verzogen, ist nicht bekannt.

7. Andreas Bellersheim (1678—91).

Herborn nennt er seine Geburtsstadt. Er wurde 1673 als Seelsorger nach Höchstenbach berufen und setzt unter dem 11. Januar 1674 das Taufbuch fort. 1678 vocirte ihn die Landesherrschaft zum Pfarrer nach Schöneberg, woselbst er bis zum Jahre 1691 fungirte.

8. Wilhelm Friedrich Loos (1691—1703),

Er starb am 29. Juni 1703 und hinterließ seine Wittwe Eleonore Sophie und einen Sohn Johann Georg, welcher am 14. Septbr. 1719 zu Altenkirchen starb.

9. Friedrich Höcker (1704—07),

präsentirt dahier 1704, stand hier bis 1707, wo er den 1. März starb und den 4. ejusd. in die hiesige Kirche begraben wurde.

10. Hermannus Wehler (1707—14),

geboren zu Kirburg, wo sein Vater, Johannes Wehler, Prediger war. Nach dem Tode seines Vaters 1693 erhielt er dessen Stelle, wurde 1708 nach Schöneberg translocirt, wo er am 19. März 1714 starb und am 22. ejusd. in die dasige Kirche beerbigt wurde. Er war seit 1696 mit Justine Margarethe, des Franz Textor, Caplans zu Marienberg Tochter, verehelicht.

11. Johann Michael Wehler (1714—35),

des Vorigen Bruder. Nachdem er zu Herborn studirt hatte, erhielt er 1693 das Präceptorat an der Stadtschule zu Herborn, folgte 1697 dem Rufe als Pfarrer an die Gemeinde Breitscheid und ging 1714 an die Pfarrei Schöneberg, wo er am 25. Novbr. e. a. installirt wurde. Nach 21jährigem Wirken bei dieser Gemeinde starb er den 4. Juni 1735 und wurde am 6. ejusd. neben seinen Bruder in die Kirche beerbigt.

Er ist zweimal verheirathet gewesen. Zuerst den 20. April 1693 als studios. theol. zu Herborn mit Anne Magdalene, Johann Conrad Münzen zu Herborn Tochter, welche am 11. Juli 1695 starb, dann am 13. Juni 1697 mit Anne Catharine, des Johann Jacob Ludowici, Pfarrers zu Breitscheid, Tochter.

Zu seinem Successor wurde hierhin vocirt:

12. Johann Henrich Hofmann (1735—44),

geboren den 21. März 1687 zu Hachenburg, wo seine Eltern Albert und Elisabeth Hofmann Ehe- und Bürgersleute waren, führte seinen Taufnamen von dem Pfarrer Johann Henrich Aßbach zu Croppach, besuchte zuerst die lateinische Schule seiner Vaterstadt, studirte 1706 zu Herborn, wird noch 1708 stud. theol. genannt.

Die Landesherrschaft berief ihn 1714 als reformirten Pastor nach Hamm. Nach bestandenem theologischen Examen auf der Canzlei zu Hachenburg wurde er durch den Inspector Simonis in sein Amt eingeführt. Hier trat er in die Ehe 1725 mit Elisabeth Christine, des Pfarrers Wilhelm Friedrich Schnabelins zu Hachenburg Tochter, die ihm zu Hamm

a. 1726 am 3. April eine Tochter (Helene Cathar.) und
b. 1728 am 5. Januar einen Sohn (Henrich Wilhelm) gebar.

Im Novbr. 1735 wurde er an die Pfarrei Schöneberg beförbert, wo er am 27. Novbr. e. a. inaugurirt wurde. Hier functionirte er bis 1744, in welchem Jahre er in die Pfalz zog. 1750 wird er als Pfarrer in Pfaberheim genannt.

Sein Nachfolger war:

13. Johann Christian Riefener (1744—49).

Er stand hier bis zum 5. März 1749, wo er seinen Abschied forderte und auch erhielt.

Auf ihn folgte:

14. Johann Ludwig Künkel (1749—55),

welcher hier am 9. Mai installirt wurde.
(Cfr. Pfarrei Neunkirchen).

15. Wilhelm Henrich Seel (1756—62),

Neunkirchensis. eingesetzt am 16. Mai 1756.
(Vid. Pfarrei Kroppach.)

16. Andreas Conrad Altgelt (1762—75)

wurde im Sommer 1762 hier introducirt.
(Vid. Pfarrei Altstadt).

17. Johann Adam Hecker (1775—96)

von Zeppenfeld, im Grunde Seel- und Burbach gebürtig, wo sein Vater Johann Philipp Hecker Verwalter bei dem Herrn von Stepprob war, geboren am 5. Febr. 1735. Seine Mutter wird Anne Gertrud genannt. Derselbe besuchte 1748 die lateinische Schule zu Siegen, studirte zu Herborn. Nach bestandenem Examen erhielt er 1761 die Pfarrstelle zu Höchstenbach, wo er am 19. Juli c. a. von dem Inspector Simonis unter Assistenz der Geistlichen zu Hachenburg und Roßbach orbinirt und und investirt wurde, zog 1767 als Prediger nach Alpenroth und 1775 an die Gemeinde Schöneberg, wo er 1796 mit Tod abging.

Er lebte in glücklicher Ehe mit Marie Catharine Friederike, des lutherischen Pfarrers Johann Friedrich Schlosser zu Höchstenbach Tochter, mit der er am 14. April 1763 ehelich eingesegnet war, und welche Ehe mit 4 Söhnen gesegnet wurde:

a. Johann Friedrich Philipp, geboren 1763 am 22. Juli, getauft am 24. Juli,
b. Johann Christian Ludwig, geboren 1765 am 9. October, getauft am 16. October,

c. Carl Friedrich Theodor, geboren 1770 am 15. Februar, getauft am 23. Februar,

d. Johann Wilhelm Christian Theodor, geboren 1774 am 15. October, getauft am 21. October, gestorben! 1800 am 17. November, 26 Jahre alt.

18. Hermann Conrad Altgelt (1797—1815),

wurde am 3. Mai 1797 hier eingeführt.

(Cfr. Pfarrei Flammersfeld.)

19. Ludwig Wilhelm Molly (1815—33).

Seine Eltern waren der Stadtsecretär und Rentmeister Johann Philipp Molly und dessen Ehefrau Susanne Wilhelmine Charlotte, geborene Hatzfeld zu Driedorf, geboren daselbst am 3. April 1778. Seinen ersten Unterricht empfing er an seinem Geburtsorte, frequentirte von 1791 die Schule zu Herborn, studirte hernach daselbst und zwar vom Herbste 1794 bis Frühjahr 1796; und vollendete seine Studien zu Marburg bis Frühjahr 1798, ließ sich dann im Juni 1800 examiniren und ging noch in demselben Jahre als Hauslehrer zu Herrn von Niedenheim in der Gegend des Niederrheins, unweit Duisburg, kehrte 1803 in's Vaterland zurück und wurde zur Aushülfe bei dem altersschwachen Pfarrer Schnabelius zu Marienberg angestellt. Er verweilte hier bis zum Frühjahr 1805, wo er als Vikar nach Danborn ging; im Sommer 1806 kam er als Pfarrvikar zu der Gemeinde Flacht, von wo er im Februar 1813 als Prediger nach Hamm berufen und am 17. Februar e. a. vom Inspector Schröder zu Hachenburg installirt wurde. Bei seiner Einsetzung predigte er über 1. Petr. 5, 2—4.

Im Januar 1815 erhielt er seine Vocation als Pfarrer nach Schöneberg, zog am 17. Februar von Hamm ab und wurde am 19. Februar durch den Inspector Rhodius der Gemeinde vorgestellt. Hier starb er am Zehrfieber am 19. November 1833.

20. Theodor Emil Müller (1834—56),

Sohn des holländischen Hauptmanns Heinrich Ernst Müller und der Wilhelmine, geb. Denhard, geboren 1792 am 21. April zu Amsterdam, wurde im dritten Lebensjahre von seinen Eltern in deren Heimathland — in das Gebiet des Fürsten von Solms-Braunfels — herübergeführt, daselbst erzogen und vorgebildet, bis er auf der Universität zu Marburg seine theologischen Studien vollendete. Vom Königl. Consistorium zu Coblenz geprüft und unter die Zahl der Predigtamts-Candidaten aufgenommen, übertrug ihm die hohe Behörde die Verwaltung der Pfarrstelle zu Hüsselheim im Kreissynode Kreuznach im Jahre 1818, von wo er nach zwei Jahren zum Pfarrer der evangelischen Gemeinde zu Büchenbeuren, Synode Trarbach, berufen ward. Von dort zu der Gemeinde Schöneberg versetzt, wurde derselbe am vierten Sonntage nach Trinitatis, den 22. Juni 1834 in sein Amt eingeführt, worin er bis zu seiner höhern Berufung weilte, welche am 6. April 1856 Mittags, 1 Uhr, erfolgte, als er ein Lebensalter von 62 Jahren 11 Monaten 15 Tagen erreicht hatte. Am 9. April erfolgte die Leichenbestattung mit einer Grabrede des Superintendenten Rehorn. Sein Sohn Eduard wurde 1852 Hauslehrer zu Crefeld und wurde dort als Hülfskandidat angestellt.

Nach dem Wittwenjahr wurde hier Pfarrer:

21. August Franz (seit 1857).

Sohn des Dr. med. Ferdinand Franz und der Wilhelmine, geb. Wentzig, zu Trarbach a. d. Mosel; geboren daselbst 1812 am 12. Mai besuchte erst das Proggymnasium seiner Vaterstadt, von Ostern 1830 an das Gymnasium zu Kreuznach, machte hier im Herbste 1832 seine Abiturientenprüfung und bezog nun die Universität zu Berlin, wo er vom Herbst 1832 bis 35 sein Triennium absolvirte, machte im Sommer 1836 zu Coblenz sein erstes und im Herbst 1837 sein zweites theologisches Examen, war von 1839—43 Pfarrgehülfe des alten Consistorialraths Bartz zu Wolf a. d. Mosel, kam dann 1843 als Pfarrer nach Gebhardshain, 1857 als Prediger nach Schöneberg und wurde hier am Trinitatis-Sonntage den 7. Juni durch den Superintendenten Rehorn introducirt, nachdem er seine Antrittspredigt über 2. Cor. 5, 19—20 gehalten hatte.

Er war verehelicht seit dem 18. Juni 1844 mit Auguste Ludovici, Tochter des Superintendenten Ludovici zu Mülheim, a. d. Mosel. Er starb 1871.

b. Lutherische Pfarrer.

Von 1665 bis 1717 wurde diese Pfarrei von Almersbach aus versehen:

1. **Johann Ludwig Dumpf** (1665—88), Pfarrer zu Almersbach.

2. **Johann Anton Reusch** (1688—1717).

3. **A. Gravenhorst** (1717—18), wird in dem Freusburger Taufbuche als Pfarrer zu Schöneberg genannt, war vorher Mitprediger zu Hachenburg.

4. **Johann Peter Kayser** (1718—29), war vorher Pfarrer zu Höchstenbach.

Ihm folgte, vom Burggrafen Georg Friedrich berufen:

5. **Johann Theodor Garenfeld** (1729—30), von Burscheid aus dem Bergischen gebürtig, trat sein Amt an dom. palmarum den 10. April 1729. Er wurde am 10. October 1730, nachdem eine von Hattingen nach Schöneberg abgesandte Deputation eine wohl disponirte, geistreiche und erbauliche Predigt von ihm gehört, und das Zeugniß eines stillen, frommen und exemplarischen Lebens und Wandels erfahren hatte, nach Hattingen zum sogenannten Stadtprediger gewählt, hielt am 11. December, am dritten Advent-Sonntage seine Antrittspredigt, wurde 1736 nach Elberfeld berufen und hielt am 6. Juni, am Quartal-Bettag seine Abschiedspredigt über 2. Corinth., 13, 10 und starb zu Elberfeld am 4. Juli 1741.

6. **Johann Philipp Hartheroth** (1732—34), eingeführt dom. palm. 1732.

7. **Johann Arnold Heinrich Sortorius** (1734—66), introbicirt am 3. Sonntage p. Epiph. 1734 durch Pfarrer Philippi. (Cfr. Pfarrei Höchstenbach).

8. **Johann Conrad Seippel** (1766—74), eingesetzt durch Inspector Wrebow am 2. Sonntage p. Trin., den 3. Juni 1766. (Cfr. Pfarrei Hamm).

9. **Wilhelm Anton Gottlieb Orth** aus Erba (1774—78), inaugurirt am 16. November 1774, am 20. Sonntage p. Tr., durch den Inspector Wrebow. (Vid. Pfarrei Altstadt.)

10. **Johann Georg Heinrich Schlosser** (1788—95). (Cfr. Pfarrei Hamm).

Nach deſſen Abzuge blieb die lutheriſche Pfarrſtelle von 1796—1801 unbeſetzt und wurden die actus ministeriales von Höchſtenbach aus beſorgt. Im letztgenannten Jahre wurde dieſe Pfarre wieder beſetzt mit:

11. **Johann Friedrich Heye** (1801—10), aus Rieb-Nordhauſen im Herzogthum Sachſen. Er wurde am 11. October 1801 als am 19. Sonntage p. Tr. von dem Hofprediger Orth zu Hachenburg ordinirt und inſtallirt und blieb hier bis 1810, wo er als Pfarrer nach Wellenrod ging.

Von 1810 bis 15. April 1819 wurde die hieſige lutheriſche Pfarrſtelle von dem Prediger Dormann zu Almersbach mitverſehen und ſodann nach der in dem zuletzt genannten Jahre ſtattgefundenen Vereinigung beider Confeſſionen (Union) dem damaligen, bisher reformirten Pfarrer Molly zu Schöneberg, unter Uebergabe der sacra vasa, Literalien und Kirchenbücher der bisher lutheriſchen Gemeinden die Verſehung der nunmehr evangeliſchen Geſammtgemeinde Schöneberg übertragen.

Die Vicariats-Gemeinden.
A. Herdorf-Struthütten.

Die beiden Dorfſchaften Herdorf und Struthütten, die ſeit alten Zeiten zur Pfarrkirche Daaden gehörten, bilden ſeit dem Jahre 1862 ein Vicariat von Daaden, welches von der Paſtoralgeſellſchaft in Barmen gegründet worden iſt. Der Gottesdienſt bei dieſer Gemeinde wird in der Kirche oder Capelle zu Herdorf abgehalten. Dieſes Kirchlein iſt im Jahre 1797 neu erbaut und am 22. Sonntage nach Trinitatis als den 4. November 1798 von den beiden Pfarrern zu Daaden, Schmeißer und Altgelt, und dem katholiſchen Pfarrer Pingeler zu Herdorf geweiht worden und iſt ein Simultaneum für die Evangeliſchen und Katholiken.

Die Bewohner von Herdorf, die jenſeits der Heller wohnten, gehörten ehemals zur Pfarrkirche nach Kirchen, und in dieſem Theile des Dorfes, welches zur Herrſchaft Freusburg gehörte, führte der Erzbiſchof von Trier im Jahre 1626 reſp. 1637 durch Jeſuiten den Katholicismus wieder ein.

Im Anfange des Jahres 1818 wurden die Evangeliſchen dieſes Dorftheiles durch Conſiſtorial-Verordnung nach Daaden umgepfarrt.

Das Dorf hatte von jeher ſeinen eigenen Todtenhof.

Der Pfarrer hat ſeinen Wohnſitz in dem Dorfe Struthütten. Dieſes Dorf gehörte in früheren Zeiten nach gebräuchlicher Redensart: „lebend nach Daaden und todt nach Neunkirchen"; denn am letzteren Orte begruben ſie bis zum

Jahre 1829 alle ihre Todten und entrichteten auch dem Pfarrer zu Neunkirchen die jura stolae, während die Confirmationen, Taufen und Copulationen von den Pfarrern zu Daaden vollzogen wurden.

Im Jahr 1828 legte diese Gemeinde in der Nähe des Dorfes einen eigenen Todtenhof an, welcher am 5. Febr. 1829 von dem Pfarrer Schmeißer in Daaden eingeweiht wurde.

Im Jahre 1865 erbaute die dasige Gemeinde ein neues Schulgebäude mit einer Lehrerwohnung für circa 4000 Thlr., welches am 11. Novbr. 1866 durch den Pfarrer Mühlendyck geweihet wurde.

Die Reihe der Prediger eröffnet:

1. Der Pfarrvicar **Wilhelm Conrad Eduard Berghauer**, gebürtig aus Beverungen (1862—64).

Er wurde von Eickel berufen und am 30. Septbr. 1862 in sein Amt eingeführt. Derselbe hatte zu Erlangen, Halle und Bonn studirt. Am 23. Octbr. 1864 legte er sein Amt nieder und folgte dem Rufe der Pastoral-Hülfsgesellschaft an die evangelische Gemeinde zu Beverungen a. d. Weser, Diöcese Paderborn, an die Stelle des abgegangenen Pfarrverwesers Witte, wurde 1868 zweiter Pfarrer zu Werther.

Ihm succedirte:

2. **Johann Mühlendyck,**

Pfarrvicar seit 1864. Derselbe ist geboren den 14. Decbr. 1834 zu Roßkothen bei Kettwig, wo seine Eltern Hermann Mühlendyck und Anna, geb. Rosen, domicilirten, frequentirte, nachdem er 2½ Jahr in Filb bei Mörs gewesen, das Gymnasium zu Duisburg 3 Jahre lang, machte daselbst seine Maturitätsprüfung am 15/16. August 1856, absolvirte seine Studien auf der Hochschule zu Halle vom Herbst 1856 bis dahin 1858 und von da an in Bonn bis Ostern 1860, bestand zu Coblenz das erste theologische Examen im Frühling 1860 und das zweite im Herbste 1861. In die Reihe der Predigtamts-Candidaten aufgenommen, empfing er — in den Dienst der Pastoral-Hülfsgesellschaft für Rheinland und Westphalen eingetreten — seine Ordination in der Kirche zu Unterbarmen durch den Superintendenten Tauber unter Assistenz der Geistlichen der Unterbarmer Gemeinde am 7. Decbr. 1862. Zuerst als Vertreter des Pastors Fischer in Oberwinter den 14. Decbr. 1860 eingetreten, von da am 14. Mai 1863 zur Vertretung des Pfarrers Molly in Roßbach a. d. Sieg, von da am 22. Novbr. 1863 zur Vertretung des Pastors Ziegner in Rheine, von da am 20. Mai 1864 zur Vertretung des Pfarrers Vorster in Solingen, wurde er an die Vicariatsgemeinde Herdorf-Struthütten berufen und durch den Superintendenten Braune am 30. Octbr. 1864 eingeführt. Er hielt seine Antrittspredigt über 2. Cor. 4, 5.

Am 1. Mai 1866 trat er mit Auguste, geb. Nickel, in die Ehe.

B. Wissen a. d. Sieg.

Die Vicariats-Gemeinde Wissen ist in dem Jahre 1859 durch die Pastoral-Hilfsgesellschaft unter Beihülfe des Oberkirchenraths und der Gustav-Adolphs-Vereine gegründet worden, und gehört zur Muttergemeinde Hamm a. d. Sieg.

Schon seit anderthalb Jahrhunderten waren evangelische Christen zu Wissen ansässig, die aber, mit wenigen rühmlichen Ausnahmen, ihrer Kirche mehr und mehr entfremdet wurden, da die nächste evangelische Kirche in Hamm für die nächstwohnende Gemeindeglieder 1½ Stunden und für weiter wohnenden bis zu 3½ Stunden entfernt lag. Ihre Kinder konnten deshalb noch weniger eine evangelische Schule besuchen.

Die evangelische Bevölkerung vermehrte sich daselbst, als zwei Eisenhütten in den Besitz evangelischer Gewerke übergingen und daran auch evangel. Beamten und Arbeiter angestellt wurden; ganz besonders auch durch den Bau der Deutz-Gießener Eisenbahn, so daß sie bis zur Zahl 422 stieg.

Im Sommer 1857 wurde der Reiseprediger des Rheinischen Provinzial-Ausschusses für innere Mission, Herr Meyeringk, beauftragt, das Agger- und Siegthal zu besuchen und dieser machte auch alsbald auf Eitdorf und Wissen aufmerksam, als die beiden Orte, an welchen evangelische Gemeinden zu gründen seien.

Mit Advent 1857 wurde darauf zu Wissen ein evangelischer Nachmittags-Gottesdienst eröffnet und von den Pfarrern zu Hamm, Gebertshain und Holpe und dem Rector Schwindt zu Altenkirchen je einen Sonntag über den andern in einer Miethswohnung, und zwar fünfviertel Jahre lang unterhalten.

Im Jahre 1859 erwarben die dortigen Evangelischen durch Kauf das Haus, in welchem seither der Gottesdienst gehalten worden war, sammt Nebengebäuden und Garten für 3100 Thlr., um die Anstellung eines Pfarr- und Schulvicars zu ermöglichen.

Zu dem Gehalte desselben bewilligte fast gleichzeitig (im Herbste 1859) der Oberkirchenrath zu Berlin eine jährliche Summe von 150 Thlr., die Gemeinde steuerte jährlich 110 Thlr. und im Febr.ar 1860 versprach die Pastoral-Hülfsgesellschaft im Wupperthal einen Zuschuß von 120 Thlr. womit also das Gehalt des Pfarr- und Schulvicars außer freier Wohnung auf 380 Thlr. festgestellt wurde.

Die Bildung einer evangelischen Gemeinde zu Wissen war nun so weit fortgeschritten, daß der von der Pastoral-Hülfsgesellschaft zum Pfarr- und Schulvicar dahin designirte Candidat Altgelt vom Königl. Consistorium zu Coblenz unter dem 23. Febr. 1860 bestätigt und am Sonntage Rogate den 13. Mai a. c. durch den Superintendenten Rehorn in sein Amt eingeführt wurde.

Die bürgerliche Gemeinde Wissen räumte den dortigen Evangelischen einen Platz zum Gottesacker ein.

Nach der am 1. Juli 1860 stattgefundenen Eröffnung der Deutz-Gießener Eisenbahn, welche hierselbst eine Station errichtet hat, sind die Baubeamten, wie die auswärtigen Eisenbahnarbeiter von hier weggezogen. Dennoch betrug nach dem Abgang derselben die Zahl der Gemeindeglieder 202 Seelen.

Die dortige evangelische Schule wurde am 1. Juli 1860 eröffnet. Im Jahre 1863 waren, nachdem 8 Kinder confirmirt worden waren, noch 42 Kinder im Unterricht. Einige Jahre später belief sich die Schülerzahl auf 60.

Der Gottesdienst wurde ferner jeden Sonn- und Feiertag in dem Schulzimmer des angekauften Pfarr- und Schulhauses abgehalten. Aber der Raum war für die Zuhörerschaft viel zu klein, so daß ein Theil der Kirchengänger auf der Haustreppe und vor den Fenstern stehen mußte.

Eine Kirche war daher dringendes Bedürfniß, zu deren Bau fortan die nöthigen Vorkehrungen getroffen wurden. Zu dem Ende kaufte man zunächst einen Bauplatz an, er kostete 750 Thlr.; dann ließ man durch technische Beamte einen Bauplan (Riß) nebst Kostenanschlag anfertigen, welcher von der Königl. Regierung zu Coblenz genehmigt wurde.

Der Kaufpreis des Bauplatzes zu 750, wie die dem Kostenanschlage gemäße Bausumme von 8000 Thlr., in Summa 8750 Thlr., wurde theils durch eine vom Oberpräsidenten v. Pommer-Esche zu Coblenz bewilligte Kirchen- und Hauscollecte in der Rheinprovinz, theils von den Gaben der Gustav-Adolphs-Vereine, sowie durch Schenkungen von Privaten aufgebracht.

Die Collecte brachte einen Ertrag von 6000 Thlr.; von den Gustav-Adolphs-Vereinen gingen 3079 Thlr. 10 Sgr. 8 Pf. ein und der Graf von Haßfeld schenkte einen Betrag von 100 Thlr. also waren im Ganzen eingegangen 9179 Thlr. 10 Sgr. 8 Pf.

Der Kirchenbau wurde im Jahre 1861 begonnen und der Grundstein zu demselben am 14. Juli desselben Jahres gelegt.

Der vom Baumeister Vogler mit Umsicht geleitete Bau wurde nach zweien Jahren fertig und die feierliche Einweihung des neuen Gotteshauses geschah auf Dienstag den 29. Septbr. 1863.

Den Weihact vollzog der General-Superintendent Ebertz, die Begrüßungsrede hielt der Präses der Provinzial-Synode, Superintendent Maß aus Neuwied, Superintendent Brauneck hatte die Liturgie, Pfarrvicar Altgelt hielt die Festpredigt, und der Präses der Pastoral-Hilfsgesellschaft Thümmel aus Unterbarmen eine Ansprache an die Gemeinde.

1863 erfolgte die Einpfarrung der Evangelischen der Bürgermeisterei Friesenhagen in die Gemeinde Wissen.

Die Reihe der Geistlichen eröffnet:

1. Johann Wilhelm Carl Altgelt (1860—64)

geboren zu Elberfeld am 25. Febr. 1834, ältester Sohn des Kaufmanns Wilh. Friedr. Altgelt und der Maria. geb. Velleuer, frequentirte 6 Jahre lang vom Herbste 1845 bis zum Herbst 1851 das Gymnasium zu Elberfeld und 2 Jahre lang das Gymnasium zu Duisburg, wo er am 26. August 1853 die Maturitätsprüfung bestand. Vom Herbste 1853 bis Ostern 1855 studirte er Theologie zu Bonn, im Sommersemester 1855 zu Heidelberg, vom Herbste 1855 an ein Jahr zu Berlin und im Wintersemester 1856/57 wieder zu Bonn. Im Herbste 1857 machte er zu Coblenz sein erstes und im Herbste 1859 ebendaselbst sein zweites theologisches Examen. Inzwischen war er vom 21. März 1858 ab bis Mai 1859 Hülfsprediger an der reformirten Gemeinde zu Kronenberg und von Mai 1859 ab, im Dienste der Pastoralhülfsgesellschaft, Hülfsprediger an der reformirten Gemeinde zu Düssel bei Elberfeld.

Als der Superintendent Rehorn zu Almersbach sich im Frühjahre 1860 an die Pastoralhülfsgesellschaft wandte, um durch deren Vermittlung und Hülfe einen Pfarr- und Schulvicar für die neu zu begründende Gemeinde Wissen a. d. Sieg zu erhalten, wurde Altgelt hierzu bestimmt und am dreihundertjährigen Todestage Melanchthons, dem 19. April 1860, in der Kirche zu Unterbarmen durch den Assessor der Elberfelder Kreissynode, Pastor Taube zu Unterbarmen (jetzt Consistorialrath in der Provinz Posen), unter Assistenz des Präses der Pastoralhülfsgesellschaft, Pastor Thümmel zu Unterbarmen, und der Pastoren Banning ebendaselbst, und Müller zu Oberfischbach ordinirt und am Sonntage Rogate, den 13. Mai 1860, durch den Superintendenten Rehorn in Wissen introducirt, bei welcher Gelegenheit er seine Eintrittspredigt über das Schriftwort 1 Cor. 2, 1. 2 gehalten hat.

Vom Herbste 1862 ab wurde ihm zugleich die Verwaltung der evangelischen Pfarrstelle zu Gebhardshain übertragen.

Am 8. Januar 1865 schied er von Wissen. Seiner Abschiedspredigt lag der Text Evang. Joh. 17, 17 zu Grunde.

Er folgte der Berufung zum Pfarrer der reformirten Gemeinde in Hattingen, wo er am 15. Januar 1865 introducirt wurde. Er ist verheirathet seit dem 12. Decbr. 1860 mit Emma Müller, Tochter des Pfarrers Theodor Müller zu Schöneberg bei Altenkirchen.

Sein Nachfolger wurde:

2. Pfarrvicar Friedrich Wilhelm Doll,

seit dem 25. Januar 1865. Er ist der Sohn des Friedrich Wilhelm Doll und der Juliane, geb. Metzger zu Trarbach an der Mosel, geboren daselbst am 26. Februar 1840, besuchte das Progymnasium seiner Vaterstadt bis Herbst 1855, dann das Gymnasium zu Coblenz und machte im Herbste 1858 seine Abiturientenprüfung, besuchte die Universität zu Bonn bis Ostern 1862, machte im Herbste desselbigen Jahres sein erstes und Ostern 1864 sein zweites theologisches Examen zu Coblenz, war vom Herbste 1862 bis zum Januar 1865 Hauslehrer bei dem Herrn Jean Schmidt in Kreuznach, wurde von da nach Wissen berufen, wo er am 25. Januar 1865 durch das Moderamen der Synode ordinirt und durch den Superintendenten Braune zu Almersbach introducirt wurde, wobei er die Antrittspredigt über 2. Cor. 4, 5 hielt. Er ist verheirathet seit dem 19. Juni 1865 mit Marie Magdalene, des Pfarrers Doll zu Kirchen Tochter.

II. Die Herrschaft Freusburg.

Die Herrschaft Freusburg (Vroizberg, Vroisberg), zu deren Gebietstheile die vier Kirchspiele: Kirchen, Fischbach, Gebardtshayn ganz, Daaden nur zum Theil, und der saynische Theil des Grundes Seel- und Burbach gerechnet werden*) — trägt ihren Namen von dem auf schöner, waldiger Bergeshöhe stehenden Schlosse, an dessen Seite sich das bis an die Landstraße hindehnende und über 650 Einwohner und 40 Häuser zählende Dorf gleichen Namens erhebt.

Am Fuße des Berges schlängelt sich rauschend der Siegfluß, der in seinem Laufe Mühlen und Fabriken in Bewegung setzt.

Der Schloßberg gewährt eine herrliche Aussicht nach Westen und nach Süden; malerisch liegt vor ihm das liebliche Pfarrdorf Kirchen.

Der Name Freusburg mag vielleicht von Fraiß herrühren, unter welchem die alten Deutschen peinliche Gerichtsbarkeit verstanden, weshalb Fraißberg oder Freusburg einen Ort bedeutet, an welchem die Gerichtsbarkeit ausgeübt wurde.

Es ist daher sehr wahrscheinlich, daß auf dem Plateau des Berges, auf welchem sich die Veste und das Dorf erhebt, ein solcher Platz war, wo man die groben Verbrecher verurtheilte und hinrichtete.

Diese Vermuthung wird noch dadurch bestärkt, daß seit alten Zeiten dort der Sitz eines Fehmgerichtes war. Noch heutigen Tages zeigt man im Schlosse den Ort, wo die Fehm ihre nächtlichen Sitzungen gehalten haben soll.

Zur Zeit der Gauverfassung lag diese Burg im Haigergau und kommt 1048 in der Einweihungsurkunde der Kirche Haiger unter den Namen Fruodesbrohdero fane vor.**)

Von dem ursprünglichen Bau der Burg, sowohl in ihrer äußeren wie innern Anlage, mag wohl nur Weniges mehr vorhanden sein, und ist dieselbe vor und nach, namentlich als die Burgen als Plätze ihre Bedeutung verloren hatten, zu ihrer gegenwärtigen Gestalt umgeschaffen worden.

Der hintere Bau ist, außer zwei Thürmen, von denen der eine, so lange das Justizamt dort existirte, als Gefängniß eingerichtet und benutzt wurde, abgetragen, während der größte Theil desselben, wie eine Inschrift über dem Eingangsthor besagt, aus dem Jahre 1580 herrührt. Heinrich IV.

*) Mosers Staatsrecht, S. 397 §. 4.
**) Kremer Origg. Nassov. I., 15. II., 120.

nämlich restaurirte und erneute das Schloßgebäude und erkor es sich zu seiner Residenz.

Die Inschrift lautet also:

Quando ter centum sex postcunabula Christi
Complessent numerum lustra decemque suum
Aedes has posuit venturae posteritati
De Sayna Henricus nobilis ille comes
Hunc Deus in columen conservit, omnibus ornet
Dotibus, aeternam vivere detur ei.   Das heißt:

Dreimal Hundert und sechs und zehn, seit Christus erschienen,
Hatte vollendet das Jahr fünffach im Kreise den Lauf;
Als er begann die Erhebung der Feste für künftige Erben,
Jener hochherzige Graf, Heinrich war es von Sayn.
Ueber ihn wachte die göttliche Gnade und schenkte ihm reichlich
Segen allhier und dort ewigen Frieden und Heil.

Das Schloß diente verschiedenen Grafen zur Residenz. Als solches aber von ihnen nicht mehr bewohnt wurde, diente es theilweise zur Wohnung der Schloßbeamten.

Nur wenige Namen derselben sind uns aufbewahrt worden.

In den beiden letzten Jahrhunderten war es der Sitz eines Justizamtes.   Das Beamtenpersonal desselben bestand aus einem Richter (Amtmann), Gerichtsschreiber (Actuar) und Gerichtsknecht (Amtsdiener).

Im Jahre 1856 verlegte man das Amt Freusburg, als Gerichts-Commission des Kreises Altenkirchen fortbestehend, nach Kirchen.

Der Zahn der Zeit hat Manches von der Schönheit dieses Schlosses zernagt und ist namentlich seit dem Jahre 1848 Vieles im Innern verfallen; es wird, wenn keine bedeutende Reparaturen daran vorgenommen werden, in wenigen Jahren in Trümmer versunken sein, und nur Ruinen sein früheres Dasein bekunden.

Vor der südlichen Schloßmauer, im Schatten mächtiger Weidenbäume, liegen noch drei Kanonen, welche von den Schweden im dreißigjährigen Kriege zurückgelassen worden sind, und von denen eine bei der ersten Geburtstagsfeier des Königs Friedrich Wilhelm IV. sprang.

Die Herrschaft Freusburg hatte vor dem ihre eigenen Grafen, die in alten Urkunden benannt werden.*)

1) Eberhard v. Broitzberg, starb 1131, in welchem Jahre auch seine Kinder Jda und Adelbert genannt werden,

2) Reinerus v. Broisberg, 1161—90,

3) Wiedekin v. Freusburg, 1190,

---

*) Seibertz S.

4) Heinrich v. Freusburg, 1190—93,

5) Adelungus v. Freusburg, 1244,

6) Heinrich v. Freusburg, 1244.

Ob dieser Heinrich von Freusburg der letzte seines Geschlechtes gewesen ist, kann zwar durch Urkunden nicht festgestellt werden; doch so viel ist gewiß, daß Freusburg 1247 saynisch war und dem Grafen Heinrich III. von Sayn zugehörte. Dieser setzte, weil er keine Leibeserben hinterließ, durch letztwillige Anordnung seine mit dem Grafen Johann v. Sponheim vermählte Schwester Adelheid und deren Söhne, die Gebrüder v. Sponheim: Johann, Graf Henrich, Herr zu Heinsberg, Simon und Eberhard genannt, zu seinen Erben ein, jedoch in der Weise, daß seine Wittwe Mathilde, eine geborne v. Wied-Neuenburg, im Genusse aller hinterlassenen Besitzungen lebenslang bleiben sollte.

Doch schloß diese schon 1247 einen Vertrag mit den Grafen v. Sponheim ab, wonach sie jenen einen großen Theil derselben und darunter auch die Grafschaft Sayn nebst der Burg Freusburg, mit den zubehörigen Kirchspielen abtrat *).

So war nun Sponheim mit Sayn vereinigt, doch dauerte diese Vereinigung nicht lange, denn schon im Jahre 1264 theilten sich die beiden Söhne des Johann v. Sponheim, Heinrich und Gottfried, die väterliche Nachlassenschaft in der Weise, daß Graf Heinrich die Grafschaft Sponheim und Gottfried die Grafschaft Sayn bekam **). Seitdem blieben die Grafen von Sayn aus dem Sponheim-Starckenburgischen Hause Herren zu Freusburg.

Der Graf Johann III. von Sayn wurde 1372 vom Kaiser Karl IV. mit einem freien Richtstuhl zu Freusburg belehnt ***).

Die Grafen zu Sayn trugen 1378 dem Erzstifte Trier die Feste und Burg zu Freusburg „zu rechtem aufgebigem, ledigem Hause und Feste auf, mit Manen, Burgmanen, Vorburg, Thal und Leuten dazu gehörig."

Johann IV. von Sayn übertrug 1386 die Herrschaften Valendar und Freusburg dem Erzstifte Trier zu Lehen, von dem er sie wieder zu Lehen empfing.

Vom Jahre 1506 bis 1529 hatte Graf Johann V. die Grafschaft inne. Dann folgten seine Söhne Johann VI. und Sebastian, welche 1555 in der Theilung der Grafschaft sich dahin einigten, daß Johann Hachenburg, Altenkirchen

---

*) Moser, S. 19, §. 6; Avemann, Urkb. S. 147.

**) Avemann, S. 145; Moser, S. 20, §. 7.

***) Moser, S. 356, §. 9.

und Zubehör, und Sebastian Freusburg, Friedewald und den saynischen Theil von Homburg erhielt.

Sebastian, auf Freusburg wohnend, begann in seinem Landestheile gegen 1561 die Kirchenreformation einzuführen. Seine Vettern, Johann des VI. Söhne: Adolf, Heinrich IV. und Hermann thaten dasselbe. Als Graf Sebastian 1573 gestorben, dem schon sein Vetter Adolph 1568 im Tode vorangegangen war, vollzogen die Gebrüder Heinrich und Hermann, eine neue Theilung, in welcher Heinrich IV. Freusburg, Friedewald und Seelbach übernahm.

Da auch sein Bruder Hermann 1588 mit Tode abging, so wurde ihm die ganze Grafschaft zu Theil. Er erließ 1589 von Freusburg aus eine Kirchenordnung, wodurch er den kirchlichen Organismus festsetzte.

Mit voller Seele war er der lutherischen Lehre ergeben und befestigte diese immermehr bei seinen Unterthanen.

Mit Heinrich IV., welcher im Januar 1606 auf dem Schloße zu Sayn starb und in demselben Jahre am 17. März, gemäß seines letzten Willens, zu Hachenburg in der Kirche beerdigt wurde, erlosch der männliche Sayn-Sponheimische Stamm der Johannes-Linie und Heinrich hinterließ die Grafschaft Sayn seiner Nichte Anne Elisabeth, einer Tochter seines verstorbenen Bruders Hermann. Diese war seit 1591 mit dem Grafen Wilhelm zu Sayn-Wittgenstein, aus der Engelbert'schen Linie, vermählt, und wurde durch testamentliche Bestimmung vom 15. April 1592 zur Erbin der Grafschaft eingesetzt.

Dieses Testament verordnete zugleich, daß die Erben und Nachkommen in der Grafschaft und den Herrschaften keine andere Religion, Lehre und Glauben einführen, noch Anderen gestatten sollen, solches zu thun, denn allein die in der im Jahre 1530 dem Kaiser Carl V. von den evangelischen Chur- und Fürsten zu Augsburg übergebenen und folgends im Jahre 1555 in der Constitution des Religionsfriedens bestätigten Confession begriffen ist.*)

Trotz dieser näheren Bestimmung führte Graf Wilhelm, welchen Graf Heinrich unter dem 19. Novbr. 1603 zum Mitregenten angenommen und demselben 1605 am 12. September seine Lande förmlich übergeben hatte, in dem letzten Jahre, also noch zu Lebzeiten des Grafen Heinrich, die reformirte Lehre mit Beihülfe zweier Geistlichen, des Johann Jacob Hermann und des aus Hessen gebürtigen M. Reinhard Eusenbeth, eines energischen und rührigen Mannes, die er zu diesem Werke eigens berufen hatte, gewaltsam

---

*) Moser, §. 1 pag. 448.

ein und gab zu dieser Einführung am 9. Octbr. e. a. den Befehl.

Das Erzstift zu Trier, resp. Erzbischof Lotharius von Metternich von Trier, nahm 1606, nach dem Tode des Grafen Heinrich, der, so lange er lebte, im Mitbesitze von Freusburg blieb, das Schloß Freusburg als heimgefallenes Lehen in Besitz.

Graf Wilhelm führte jedoch in den 4 Kirchspielen dieser Herrschaft die Reformation durch, indem er die lutherischen Prediger vertrieb und reformirte an ihre Stelle setzte.

Als aber Ersterem durch eine Kammergerichts-Entscheidung vom 7. Juli 1626 die Herrschaft Freusburg mit den 4 Kirchspielen Kirchen, Fischbach, Gebhardshain und Daaden zuerkannt wurde, so occupirte er die Herrschaft sofort, wiewohl der Graf v. Wittgenstein in Beziehung auf Daaden Einsprache dagegen erhob*).

Der Churfürst Philipp Christian v. Sötern suchte nun mit Eifer die Gegenreformation einzuführen, und den Catholicismus daselbst zu begründen.

Zu dem Ende verjagte er die reformirten Geistlichen und sandte Jesuiten dorthin, die reformirten Unterthanen in den Schooß der alten Kirche zurückzuführen. Diese fanden jedoch großen Widerstand, und ihr Werk ging sehr langsam von Statten; aber dieser scheiterte doch endlich an der Beharrlichkeit, dem Eifer, der Klugheit, Umsicht und der Leutseligkeit der Jesuiten.

Nur in wenigen Dorfschaften des Kirchspiels Daaden, namentlich in dem Theile des Dorfes Herdorf, welcher jenseits der Heller lag und zur Pfarrgemeinde Kirchen gehörte, wurde die katholische Religion wieder eingeführt**).

Als die Stürme des 30jährigen Krieges das Siegthal durchbrausten, da blieb auch die Herrschaft Freusburg nicht verschont. Von streifenden Parteien des niederländischen Corps wurden hier vor allen die katholischen Geistlichen und Schultheißen eingefangen, lange mit umhergeführt und übel behandelt, bis sie sich durch ein schweres Lösegeld loskauften.

---

*) Moser, S. 26 pag. 80.

**) Es kam in dieser Herrschaft der interessante Fall vor, daß ein Mann von 120 Jahren, der seit seinem 70. Lebensjahre keinen katholischen Gottesdienst mehr gesehen hatte, seine Freude demselben wieder beizuwohnen, laut bezeugen konnte. Er trat dem Jesuiten, der eben die Kanzel verlassen, freudig mit den Worten entgegen: „Mit Wonne begrüße ich wieder das Heiligthum, welches ich nun in 50 Jahren, seitdem der alte Glaube nicht mehr an dieser Stätte verkündigt wurde, zu betreten unterlassen habe. (Maßen, 2, 498, 50).

Der Churfürst von Trier, Philipp Christian v. Sötern, befahl daher unter dem 30. Januar 1630 von Coblenz aus, daß der Amtmann zu Freusburg mit Hülfe von Commandos die streifenden Parteien verfolgen sollte.

Nachdem aber die Schweden 1633 die Feste hart belagerten, sie einnahmen und sich darin verschanzten, da verließen auch die Jesuiten in dem Amte Freusburg den Schauplatz ihres erfolglosen Wirkens*).

Die Wittwe des Grafen Ernst, Luise Juliane, erhielt von den Schweden das Schloß und die Herrschaft Freusburg wieder, ließ solche mit ihrem eigenen dazu geworbenen Volke besetzen und behauptete sich vier Jahre lang in deren Besitz.

Der Churfürst von Trier, welcher vom Kaiser und den Ligisten keine Hülfe erwarten konnte und sich unter den Schutz der Franzosen begeben hatte, unterhandelte mit den Schweden gegen den Willen des Domkapitels und der Landstände, und begünstigte diese.

Daher läßt es sich auch erklären, daß er auf den Kopf des Trier'schen Commandanten zu Freusburg, Matthias Nagel, eine Belohnung von 1000 Rthlr. setzte, weil letzterer einen Trupp schwedischer Soldaten angegriffen und den von den Schweden gefangen genommenen Grafen von Wartenberg aus der Hand derselben befreit hatte.

Ein Theil der Truppen des baierischen Generallieutenants Johann de Werth lag 1637 in der Grafschaft Dillenburg und breitete sich mit Rauben und Plündern bis ins Amt Freusburg aus.

Am 20. (30.) August 1637 wurde die Gräfin Juliane mit ihren Kindern durch das Domcapitel zu Trier aus dem Schlosse verdrängt. Die Gebrüder Obristen Lothar und Heinrich von Metternich nahmen die ganze Herrschaft mit Gewalt der Waffen ein und ließen die Burg mit der Kellerei und dem Thale Freusburg durch den Oberst-Wachtmeister Nagel besetzt halten. Die Trier'schen Beamten von Holdinghausen und Egied Schickhard nahmen alsbald die Huldigung an.

Nun begann Trier von Neuem die Einführung des katholischen Cultus. Doch erst 1652 gelang es Trier, in den Kirchspielen Kirchen, Fischbach und Gebhartshain katholische Pfarreien zu gründen, wie der nachfolgende Vergleich lehrt.

Gemäß des unter dem 22. Juli 1652 zu Coblenz zwischen dem Freiherrn Carl Caspar v. d. Leyen, (seit 1652 Erzbischof zu Trier) und den saynischen Erbtöchtern, Ernestine

---

*) Moser, S. 83, §. 82.

und Johannette, abgeschlossenen Vergleichs fiel die Herrschaft Freusburg an Sayn zurück.

Durch einen Neben-Receß von demselben Tage wurde das kirchliche Verhältniß in der Herrschaft also geregelt:

1. Sollen in den drei Kirchspielen: Kirchenfreusburg, Gebertshain und Fischbach beider Religionen offene exercitia successivis horis, deren man sich in loco durch allerseits Deputirte zu vergleichen hat, und zwar die Katholische ihr Exercitium am ersten, auch von demselben der neue Kalender, ohne herrschaftliche Beschwerung, uff ihren Feiertagen observirt und gehalten werden.

2. Die ordinari Pfarr-Gefäll zu den benannten drei Pfarren sollen zwischen beiden, den katholischen und augsburgischen Confessionsverwandten Pfarrherren, in gleiche Theile abgetheilt, die Behausungen aber, weil sie nicht theilbar sind, zu Kirchen-Freusburg und Fischbach dem katholischen, Gebertshain aber dem Augsburgischen Confessionsverwandten verbleiben *).

3. Die katholischen Priester, die jetzo seind oder nachher an die Pfarren kommen werden, sollen in temporalibus Ihrer weltlichen und in ecclesiasticis Ihrer geistlichen Obrigkeit unterworfen sein **).

Dieser Nebenreceß wurde 1671 am 20. Decbr. durch den zwischen Churtrier und dem Herzog Johann Georg von Sachsen-Eisenach geschlossenen Receß erläutert und näher bestimmt.

Sobald die Streitigkeiten zwischen Sayn und Trier beigelegt waren, theilten sich nach dem Tode ihres Vaters und Regierungsnachfolgers Ernst die beiden Erbtöchter am 19. August 1652 die Grafschaft Sayn, in die Grafschaften Sayn-Hachenburg und Sayn-Altenkirchen dergestalt, daß Johannette, verwittwete Landgräfin von Hessen-Braubach-Eppstein, Sayn-Altenkirchen mit der Herrschaft Freusburg übernahm.

Gedachte Gräfin vermählte sich 1661 am 21. Mai auf's Neue mit Herzog Johann Georg zu Sachsen-Eisenach und brachte diesem die Grafschaft Altenkirchen zu. Seit jener Theilung bildete das Amt Freusburg einen integrirenden Theil von Altenkirchen.

---

*) An dem lutherischen Pfarrhause zu Gebhardshain befindet sich die Inschrift:

Pax intrantibus, salus exountibus. Pastor bonus ponit animam pro ovibus suis. 1667. (Auf deutsch: Friede den Eintretenden, Heil den Herausgehenden. Ein guter Hirte läßt sein Leben für die Schafe.)

**) Moser, S. 154 und 155.

Freusburg kam 1741 mit dem Lande an Brandenburg-
Onolzbach und ward, als der letzte Markgraf Carl Alexander
sein Fürstenthum Anspach-Baireuth 1791 am 2. December
an seinen Lehnserben König Friedrich Wilhelm II. von
Preußen abtrat, von diesem die Herrschaft am 5. Januar
1792 übernommen.

Durch den Reichsdeputations-Receß vom 25. Februar
1803 kam Altenkirchen an das fürstliche Haus Nassau-
Usingen, von welchem es 1806 auf das Herzogthum Nassau
überging; endlich 1815 fiel es dem preußischen Staate
anheim und wurde dem Regierungsbezirke Coblenz und
nachher dem neugebildeten Kreise Altenkirchen einverleibt.

Als das Schloß zu Freusburg nicht mehr von der
gräflichen Familie bewohnt wurde, diente es fernerhin zur
Wohnung der Schloßbeamten, bis es später der Sitz eines
Justiz-Amtes wurde.

Als freusburgische Beamte werden erwähnt:

I. Festungs-Commandanten und Landeshauptleute:

1. Matthias Nagel (1616—37), Festungs-Commandant.
2. Dorstel (1678), Hauptmann.
3. Joh. Georg Neumann (1681), Landeshauptmann.
4. Johann Heinrich Cassen, Schloß-Commandant, starb
   hier 1712 am 30. März im Alter von 54 Jahren.
5. Andreas Ludwig Reichwald, Hauptmann.

II. Keller-Amtskeller.

1. Fischer, Keller (1659. 1664).
2. Nicolaus Wagner, Amtskeller, starb 1669 den
   16. August.
3. Lauer, Keller (1670).
4. Steuber, Keller (1673).
5. Gerlach Reusch, Amtskeller (1703—1709).
6. Johann Fried. Euteneuer, Amtskeller, wohnt zu
   Kirchen 1712—37, wo er am 30. Juli im Alter
   von 61 Jahren starb.
7. Johann Henr. Clamrath, Amtskeller (1737—43).
8. Fried. Thomas Wurm, Rent- und Amtsverwalter.

III. Wildmeister,
welche die Stelle eines Oberförsters vertraten.

1. Carl Reuther (1703).
2. Gruner (1738) wohnt zu Kirchen.
3. Müller, ehelicht 1737 Doroth. Soph., geb. Ottel.
   Seine Tochter war an den Hauptmann Buchwald
   verheirathet.

4. Johann Balthasar Emmerich, starb 1772 den 31. December, 29 Jahre 11 Monate 1 Tag alt.
5. Ludw. Aug. Weth, wohnt zu Kirchen, ehelicht 1786 den 23. August Johanna Otto, H. Amtmanns Otto zu Obersondheim Tochter. Er starb 1810 den 6. December, 63 Jahre 6 Monate alt. Ihm folgte sein Sohn:
6. Joh. Carl Phil. Weth (1810), Oberförster.

Nach der Auflösung der 4 Cent- oder Schöffengerichte im 17. Jahrhundert bestanden in der Herrschaft Freusburg zwei Gerichte unter dem Namen Justizämter fort, von denen das eine auf dem Schlosse Freusburg und das andere auf dem Schlosse Friedewald residirte.

Das Justizamts-Personal bestand aus einem Einzelrichter unter dem Titel: Amtsverwalter, einem Amtsactuar und einem Gerichtsdiener. Sie besorgten sowohl die Rechtspflege, als auch die Verwaltung.

A. Die Beamten des Gerichtes zu Freusburg.

1. Johann Wilhelm Weigel,
Saynischer Rath und Amtsverwalter zu Freusburg, gestorben 1636, am 8. Juli.

2. Amtmann Schütz (1659—74).
Er ließ hier sieben seiner Kinder taufen.

3. Amtmann Fischer (1674—77)
war vorher (1659—64) Amtskeller.

4. Amtsverwalter Johann Andreas Wagner (1694—1723).
Er trat in die Ehe 1695 am 3./13. Januar mit Margarethe Gertraud, des Pfarrers Mantzius zu Daaden Tochter, die aber schon im 25. Lebensjahre am 1. November 1702 verschied. In die zweite Ehe tritt er 1706 am 20. Januar mit Dorothea, herrschaftlichen Kanzlei-Directors Fabari zu Altenkirchen Tochter. Von den 8 Kindern dieser beiden Ehen will ich nur nennen:
a) Johann Daniel, geboren 1699 am 15./25. October, studirte die Rechte, ist 1725 jur. pract., ward 1726 Bergverwalter zu Kirchen und starb 1754 als hessen-cassel'scher Bergrath zu Cassel.
b) Johann Wilhelm, geboren 1711 am 9. December, war 1731 jur. cand.
Amtsverwalter Wagener starb, im Alter von 62 Jahren, am 22. Februar 1723 und wurde am 24. ejusd. in der dasigen Capelle beerbigt.

Actuar Andreas Ludw. Reichwald war zugleich Hauptmann und Festungs-Commandant. Er starb den 29. August 1743, 74 Jahre 8 Monate 20 Tage alt.

5. Amtsverweser Joh. Philipp Reichard (1723—30).
Er lebte seit 1723 den 23. September in der Ehe mit Christine Soph. Fried., des Joh. Christoph Drach, Amtsverwesers zu Friedewald Tochter, die ihm 1725 den 3. Februar eine Tochter Marie Christine Johanne gebar.

Nach siebenjähriger Amtsführung segnete er das Zeitliche am 8. Februar 1730, 55 Jahre alt, und wurde am 10. ejusd. in der dortigen Capelle beerbigt.

6. Amtsverwalter Ernst Emanuel Heiligenstadt (1730—40).

Auch er nahm die Amtsgeschäfte nur 10 Jahre wahr und starb, 35 Jahre alt, am 12. November 1740. Seine Ruhestätte fand er in der dasigen Capelle.

7. Kammerrath und Amtmann Johann Wilhelm Storch (1741)

verwaltete nur kurze Zeit das Amt. Er war ein Sohn des Oberförsters Johann Daniel Storch und dessen Gattin, geb. Schnitter, geboren am 10. August 1682 und starb mit Hinterlassung von 9 Kindern, 7 Söhnen und 2 Töchtern, am 10. März 1764; er wurde begraben in der Capelle am 12. März. Sein Alter war 82 Jahre und 7 Monate. Der Leichentext war Römer 14, 7 und 8. Er ruht neben seiner Gattin Susanne Margarethe Rudolphi, die ihm im Alter von 63 Jahren am 14. November 1750 im Tode vorangegangen war.

8. Amtsverwalter und später Rath Friedrich Thomas Wurm (1742—1780),

geboren am 2. October 1712, war 38 Jahre lang Beamter gewesen und starb am 30. November 1780 nach $2\frac{1}{2}$ Wochen langer Krankheit im Alter von 68 Jahren 3 Monaten und 12 Tagen. Seine Gattin Friederike Christine, mit der er seit dem 30. März 1744 verehelicht war, war eine Tochter des Kammerraths Joh. Wilh. Storch, die ihm 8 Kinder gebar. Ihm folgte sein Sohn.

9. Amtsverwalter und Rentmeister Christian Friedrich Wurm (1780—92).

Er war geboren am 19. October 1749, trat in den Ehestand mit Clara Marie Zink am 22. August 1786.

a) **Actuar Ludwig Henrich Reichwald** (1743—73) war auch Landeshauptmann, trat in die Ehe am 19. October 1755 mit Johanne Eleonore, Tochter des Wildmeisters Müller, welche Ehe mit 11 Kindern gesegnet war, von denen bei des Vaters Tode, der am 25. September 1779, im Alter von 59 Jahren 4 Monaten und 10 Tagen erfolgte, noch sechs Kinder lebten. Er war 6 Jahre blind, weßhalb er seine Stelle niederlegen mußte. Seine Wittwe starb 1779 am 10. Januar. Seine Tochter Christ. Jacobine Doroth. Johanne schloß 1798 am 17. Juli einen Ehebund mit Joh. Heinrich Ax, weiland Max. Heinr. Ax, Schichtmeisters auf der Malscheid, einzigem Sohn.

b) **Actuar Carl Phil. Engelberth Reuther** (1773—1822), Sohn des Dr. med. Johann Georg Reuther zu Daaden, geboren 1747 den 16. September; heirathet 1774 den 30. November Elisabeth Christine Henriette Louise, Wittwe des Wildmeisters Johann Balthasar Emmerich, welche Ehe mit 13 Kindern gesegnet wurde. Er starb 1822 den 31. Januar, 74 Jahre 4 Monate 11 Tage alt; er war 47 Jahre Gerichtsactuar gewesen.

10. Amtsverwalter Wilhelm Ludwig Leonhardi (1793-1807).

Er starb hier 1807 den 11. März, im Alter von 58 Jahren, und wurde am 15. ejusd. stille beerbigt. Er war vorher 14 Jahre Amtsverwalter in Altenkirchen, ein halbes Jahr in Bendorf und 14 Jahre zu Freusburg.

Amtsassistent Christian Reuther, Sohn des Amtsactuars Reuther, ehelicht 1804 den 19. Novbr. Wallburga Bender von Kirchen,

11. Amtmann und Rentmeister Carl Friedrich Kern (1807—35).

12. Amtmann Karl James (1836—56).

Er war 1799 den 8. Juli in Braunfels geboren, kam 1836 als Richter nach Freusburg, trat 1838 in die Ehe mit Eleonore Stein, einer Tochter des Hüttenbesitzers Daniel Stein in Kirchen, zog 1856, bei Verlegung des Gerichtes von Freusburg nach Kirchen, nach letzterem Orte und starb an der Auszehrung 1863 den 8. Juli im Bade Homburg, wohin er sich zur Stärkung seiner wankenden Gesundheit begeben hatte. Er hinterließ seine Wittwe, 2 Söhne und 2 Töchter.

13. Kreisrichter Kuhfuß (1863—68)

kam als Kreisgerichtsrath nach Wetzlar.

14. Kreisrichter Bock

aus Düsseldorf ging im August 1868 nach Daaden.

15. Kreisrichter Joseph Ley (1868—69),

Sohn des Kreisgerichtsraths Ley in Attendorn, kam im August 1868 von Daaden, wurde im Februar 1869 Rechtsanwalt in Warstein und fungirt seit 1871 als solcher zu Steele.

Nachdem der Assessor Busch die Stelle hier kurze Zeit versehen hatte, kam hierher:

16. Kreisrichter Wossidlo (Ostern 1869).

B. Das Justizamt Friedewald.

Das Pfarrdorf Daaden war seit der Begründung der Gau- und Centgerichte der Sitz eines Gerichtes, dessen Sprengel mit dem des Kirchspiels zusammenfiel. Doch hatten auch die saynischen Unterthanen des Freiengrundes hier eine Zeitlang ihr Recht zu suchen (1542).

Nach der Auflösung der Cent- oder Schöffengerichte, gegen Ende des 17. Jahrhunderts und Besetzung der Gerichte — von da an Aemter genannt — mit Einzelrichtern, wurde das Gericht Daaden von hier in das Schloß zu Friedewald gelegt, wo zugleich alle Beamten Wohnung erhielten. Erst im Jahre 1865 verlegte man das Gericht, welches seit 1849, bei Einführung der Kreisgerichte, als eine Gerichts-Commission des Kreisgerichtes Altenkirchen fortbestand, von hier wieder nach Daaden.

Die kurze Geschichte der Stadt und des Schlosses Friedewald ist durch den nunmehr verstorbenen Lehrer Schneider zu Roth, Kirchspiels Hamm, in dem Altenkirchener Kreisblatte, Jahrgang 1864, Nr. 4 und in den folgenden Nummern mitgetheilt worden, weßhalb dieselbe hier nicht weiter berührt wird.

Beamte dieses Gerichtes waren:

1. Amtsverwalter Matthias Friedrich Schulz zu Friedewald (1700—17),

kam 1717 als Amtsverwalter nach Altenkirchen, tritt hier 1718 am 14. Februar in die Ehe mit Anne Marie, des Licentiaten Wilh. Henrich

Cramer Tochter, welche mit Hinterlassung ihres Ehemannes, dreier Töchter und eines Sohnes im 30. Jahre am 10. Mai 1730 starb. Er verschied am 6. December 1749. Seine Tochter Marie Friederike Cathar., am 1. October 1719 geboren, war seit dem 12. Januar 1737 verehelicht mit Wilh. Friedr. Ernst Schulz, Wied-Runkel'schem Regierungsrathe, einem Sohne des Raths- und Oberamtmannes Joh. Ernst Schulz.

2. Amtsverwalter Johann Christoph Drach (1717—29)

war 1712 Landschultheiß, 1715 Amtsverwalter zu Altenkirchen, ging 1717 an das Amt zu Friedewald. Seine Frau Anne Marie Magdalene war eine geborne Cramer von Altenkirchen. Von seinen 8 Kindern, 2 Söhnen und 6 Töchtern, war seine Tochter Christine Soph. Fried. an den Bergrath Joh. Daniel Wagner verheirathet und 1740 von ihm geschieden; sie starb am 3. Mai 1757 zu Biersdorf in armseligen Umständen.

Drach ertrank in der Sieg bei Kirchen, und wurde am 22. Juni 1757 todt gefunden.

3. Johann Paul Mantzius, Amtsverwalter (1729—38).

4. Amts-Adjunct Johann Engel Buhl (1737).

5. Lorenz Christoph Gärtner, fürstlicher Amtsverwalter (1741).

6. Johann Heinrich Lamprecht (1744—49),

gebürtig von Aschersleben, wo sein Vater Ernst Jacob Lamprecht Amtsverwalter war. Er war seit 1740 Amtsactuar. In der Ehe lebte er seit dem 28. Juli 1746 mit Sophie Johannette Catharine, geb. Duncker aus Winnungen, die ihm am 9. April 1748 einen Sohn (Ernst Jacob) gebar.

Lamprecht starb den 3. Januar 1749 an der Auszehrung, 30 Jahre 17 Tage alt und wurde in der Capelle zu Friedewald beerdigt.

Amtsactuar Johann Ernst Cramer (1744) ward 1754 Amtsverwalter zu Altenkirchen.

7. Julian Siegesmund Schmidt (1749—52).

Sein Vater, Johannes Laurentius Schmidt, war königlich preußischer Hofrath und ortsritterschaftlicher Consulent zu Rügland in Franken.

Seine Frau Susanne Marie, geb. Helb von Rotenburg ob der Tröster, gebar ihm am 6. März 1752 einen Sohn, Johann Laurentius.

8. Georg Ludwig Billing, Amtsverwalter (1753—63).

Seine Gattin Anne Marie, geb. Steinbrück, starb im Alter von 65 Jahren am 26. April 1763 und wurde in der Capelle zu Friedewald neben ihrem Eheherrn beerdigt, der 15 Tage früher, am 11. April 1763, ihr im Tode vorangegangen war und sein Alter auf 58 Jahre 7 Monate gebracht hatte.

9. Christoph Ludwig Hertel (1763—1800)

aus Crelingen, wurde 1800 als Amtsverwalter nach Altenkirchen versetzt, wurde später Justizrath zu Ehrenbreitstein und starb 1814 zu Wiesbaden.

Seine Eltern waren Georg Samuel Hertel, Onolzbach'scher Stadt- und Amtschreiber zu Crelingen und dessen Gattin Justine Charlotte Hertel.

Er ehelichte am 26. Mai 1763 die verwittwete Frau Ester Sophie Cramer, geb. Billing, welche den 25. Januar 1792 im Alter von 62 Jahren 2 Monaten und 10 Tagen aus diesem Leben schied.

Von seinen 6 Kindern war Dorothea Johannette Wilh., geboren den 14. Januar 1769, zuerst an den Amtmann Neidhardt, nachher an den Hauptmann Bechtold verheirathet und starb zu Wiesbaden am 1. Februar 1814.

a) **Actuar Christoph Friedrich Wilh. Cramer** (1754—62). Er starb 1762 und hinterließ seine Wittwe Ester Sophie, geb. Billing, und 1 Tochter, Susanne Catharine Wilhelmine Henriette, geboren am 23. Juli 1760.

b) **Actuar Johann Friedrich Kohn** (1762—94). Seine Gattin Sophie Catharine war eine geborne Buhl zu Daaben. Von seinen Kindern war Wilhelmine seit dem 27. September 1803 an den Kaufmann Albrecht Conr. Carl Macco zu Daaben verheirathet, des Kammerraths Joh. Friedr. Macco von Uffenheim im Anhalt'schen Sohn, welcher am 1. September 1778 zu Crelingen geboren und den 13. Juni 1806 mit Hinterlassung einer Tochter, Clementine Agnese Mathilde, und seiner Wittwe starb. Ein Sohn Carl Friedrich wurde nach dem Tode des Vaters am 17. August 1806 geboren. Die Mutter zog am 14. September 1808 nach Siegen zu Hermen.

Actuar Kohn starb am 3. März 1794, 64 Jahre 1 Tag alt.

c) **Actuar Johann Friedrich Macco** (1794—1829), geboren zu Crelingen 1763, ehelicht am 6. August 1794 Juliane, geb. Hahn aus Baireuth. Er starb am 11. Februar 1836, 72 Jahre 5 Monate 5 Tage alt. Sein Sohn, Amtsaccessist Carl Ferd. Friedr. Macco, der sich als Actuar zu Schönstein am 22. December 1826 mit Juliane Cathar. Schäfer aus Crelingen verheirathet hatte, starb im Alter von 33 Jahren 9 Tagen am 21. Juli 1828.

10. Amtmann Neidhardt (1800—1808).

11. Friedrich Bergsträsser (1808—1811),

geboren den 15. October 1779 zu Hanau, kam im September 1808 als Amtmann nach Friedewald, und zwar von Wiesbaden aus, wo er Hofkammer-Secretär war. Seine Frau Eleonore war eine geborne Sterzing von Wiesbaden. Amtmann Bergsträßer endete sein Leben durch einen Flintenschuß am 13. Juni 1811; er wurde am 16. ejusd. begraben.

Von da bis 1829 wurde die Richterstelle verwaltet durch

a) **Christoph Carl Friedr. Ludw. Hertel**, Amtsverwalter zu Altenkirchen 1811—1812.

b) **Johann Conrad Schramm**, Amtmann und Bergrichter zu Freusburg, wohnhaft in Kirchen (1812) nur einige Monate lang. Er erschoß sich 1812.

c) **Joh. Friedr. Ludw. Dunker**, 1812—1822 Amtmann zu Neunkirchen.

d) **Carl Friedr. Kern**, 1822—1829 Amtmann zu Freusburg.

Danach wurde die Stelle wieder besetzt durch

12. Amtmann Neuenburg (1829—1832),

gebürtig von Linz, zog 1832 als Amtmann nach Bendorf, wurde später Ober-Staatsanwalt zu Neuwied, wo er 1864 pensionirt wurde.

13. Amtmann Carl James

von Braunfels, kam im Juni 1832 nach Friedewald und ging 1836 als Amtann nach Freusburg.

14. Amtmann Joseph Schumann

aus Wetzlar, Sohn des Justizrathes Schumann daselbst, vom Juni 1836 bis März 1851, ist gegenwärtig Gerichtsrath zu Wetzlar.

15. **Amtmann Zimmermann** (vom März 1851 bis 1. October 1865), gebürtig aus Linz, war erst Amtssecretär, nachher Kreisrichter zu Friedewald.

16. **Kreisrichter Joseph Ley** (vom 1. October 1865 in Daaden), kam nach Altenkirchen, dann nach Kirchen, wurde erst Rechtsanwalt zu Warstein und dann zu Lippstadt.

17. **Kreisrichter Bock,**
ging 1868 im August nach Daaden.

1. Das Kirchspiel Daaden.

Die In- und Umwohner des Kirchdorfes Daaden gehörten um das Jahr 1048 noch zu dem großen Kirchenverbande Haiger.

Das Kirchspiel Daaden scheint erst im Anfange des zwölften Seculi von Haiger getrennt und zu einer selbstständigen Pfarrgemeinde erhoben worden zu sein.

Schon 1219 unterzeichnet sich als Zeuge Gerardus, sacerdos de Daadene, und zwar in der lateinischen Gründungsurkunde des Klosters Seligenstadt.

Den Kirchensatz besaßen bis zum Jahre 1367 die Bischöfe von Worms. Im letzteren Jahre belieh der Erzbischof Dieterich von Worms den Grafen Johann IV. von Wied mit dem Kirchensatze zu Daaden als herrschaftliches Lehen, von welchem es später an die Grafen von Sayn überging. Die Letzteren hatten das Kirchspiel zum Theil von Edelleuten erkauft.

Im Jahre 1652 scheint das fürstliche Haus Dillenburg die Collatur der Pfarrei Daaden beansprucht zu haben. Es ward am 3. Februar e. a. dem Pfarrer Franciscus Deichmann daselbst vom Fürsten Ludwig Henrich von Nassau-Dillenburg anbefohlen, „daß er sonsten niemand neben Ihme die dortige Kanzel besteigen lassen sollte"*).

Zur Kirche Daaden sind eingepfarrt: Daaden, Biersdorf, Derschen, Emmertshausen, Friedewald, Mauden, Niederdreisbach, Nisterberg, Oberdreisbach, Schutzbach, Struthütten, Herdorf und Weitefeld.

Von diesen waren Capellendörfer: Herdorf, Friedewald, Nisterberg, Emmertshausen, Biersdorf, Oberdreisbach, von welchen die fünf letzteren ihre baufälligen Capellen abbrachen, neue Schulhäuser bauten und mit denselben die Capellen insoweit verbanden, daß sie die Betsäle in die neuen Schulhäuser verlegten.

---

*) Nach einer ungedruckten Urkunde.

Friedewald legte 1823 die alte Capelle nieder und verband sie mit dem neuen Schulhause, welches in dem nämlichen Jahre am 2. Februar durch den Pfarrer Altgelt mit dem Schriftworte 2. Chronica 7, 15 geweiht wurde.

Die alte Pfarrkirche zu Daaden, welche um das Jahr 1136 gebaut sein mag, wurde im Jahre 1722 Baufälligkeit halber abgebrochen und an deren Stelle in den Jahren 1722 bis 1724 eine neue Kirche nach dem Muster der Weilburger Kirche aufgeführt. Am 30. Juli, als am achten Sonntage nach Trinitatis 1724 wurde dieselbe feierlich geweiht und drei Kinder darin getauft.

Seit der Einführung der Reformation war die Daadener Gemeinde lutherisch, trat 1606 dem reformirten Bekenntnisse bei, und erst nach dem Jahre 1651 gründete die Landesherrschaft neben der reformirten eine lutherische Gemeinde, wobei die dasige Pfarrkirche zu einem Simultaneum erklärt wurde. Die beiden Geistlichen wechselten Sonntag für Sonntag in der Weise in Abhaltung des Gottesdienstes ab, daß der reformirte Prediger einen Sonntag der reformirten und lutherischen Gemeinde — und den andern Sonntag der lutherische Pfarrer beiden Gemeinden das Wort des Heils verkündigten. Gewiß eine seltene Vereinigung.

Die Union, welche schon theilweise am 22. December 1817 und am 21. März 1824 eingeführt, aber wieder gelockert war, wurde erst durch die Bemühungen des General-Superintendenten Küpers im April 1840 hergestellt und unter dem 17. November desselben Jahres durch die königliche Regierung zu Coblenz bestätigt.

Das Kirchspiel, welches circa 4400 Seelen zählt, hat 12 Presbyter und 40 Repräsentanten, 13 Schulen mit 13 Lehrer.

Das Kirchspiel ist 1862 in zwei Seelsorger-Bezirke geschieden, in deren Verwaltung die Pfarrer alljährlich alterniren sollen.

Die alten reformirten Kirchenbücher gehen bis auf das Jahr 1636 zurück, und ist das älteste vom Pfarrer Deichmann angelegt worden, während die lutherischen Tauf-, Copulations- und Todtenkataloge mit dem Jahre 1671 anheben und das älteste vom Pfarrer Manzius angefangen worden ist. Im Jahre 1841 ist ein gemeinschaftliches Kirchenbuch angelegt.

Anfangs des Jahres 1818 ist der jenseits der Heller gelegene Theil von Herdorf, welcher bisher zu Kirchen gehörte, sowie der zu Gebhardshain bisher gehörige

Theil von Schutzbach ganz mit der lutherischen Pfarrei Daaden- verbunden worden.

Das reformirte Pfarrhaus ist 1715 unter der Dienstführung des Pfarrers Günther junior und das lutherische 1680 erbaut worden.

Die Begräbnißstätte für beide Confessionen lag um die Kirchspielskirche. Seit alter Zeit hatte ein jedes Haus seine Familiengruft, und fast alle Leichen wurden mit einem Leichenbegängnisse unter Gesang zu Grabe geleitet und eine Leichen- oder Trauerrede in der Kirche von der Kanzel abgehalten.

Im Jahre 1788 wurden durch Verordnung des Markgrafen Christian von Anspach alle Erbbegräbnisse im hiesigen Lande aufgehoben und dagegen das Begräbniß der Todten nach der Reihe angeordnet. Die erste Leiche in der Reihe war der Sendschöffe Joh. Heinrich Held von Nisterberg. Die Gemeinden, welche auf diesen Kirchhof zu beerdigen von jeher berechtigt waren, sind:

1. Daaden mit der Daabener Hütte, 2. Biersdorf, 3. Ober- und 4. Niederdreisbach, Weitefeld, Derschen, Mauden, Emmertshausen und Schutzbach. Die Capellendörfer Friedewald und Herdorf haben von jeher das Privilegium gehabt, auf den Todtenhöfen bei ihren Capellen ihre Leichen zu beerdigen, und zwar mit Begleitung ihres Geistlichen, der die Trauerrede in der Capelle zu halten hatte.

Die Gemeinde Struthütten gehörte mit allen pfarramtlichen Handlungen lebend nach Daaden, todt aber nach Neunkirchen, denn am letzteren Orte begruben sie ihre Todten.

Im Jahre 1828 legte die Gemeinde Struthütten innerhalb ihrer Gemarkung auf der östlichen Seite ihres Dorfes an dem Wege nach Neunkirchen ihren eigenen Todtenhof an.

Durch ein Decret der königlichen Regierung zu Coblenz vom 15. Mai 1829 wurde entschieden, daß das Pfarramt zu Daaden nicht nur die Einweihung desselben vornehmen, sondern auch die dortigen Leichen auf demselben gegen Erlegung der im Daaden'schen Kirchspiele herkömmlichen Gebühren beerdigen, solche auch in die Kirchenbücher dieses Kirchspiels einzutragen habe.

Vor der Einweihung des Gottesackers, welcher bei Gelegenheit der Beerdigung des Kindes des lutherischen Joh. Gottlieb Schmidt vom Pfarrer Schmeißer am 25. Juni 1829 erfolgte, waren schon einige Kinder darauf beerdigt worden.

Es wurde der Gemeinde Nisterberg während der Amtsführung der Pfarrer Altgelt und Schmeißer mit Genehmigung der Canzlei erlaubt, alle ihre Todten auf dem neben
der Capelle liegenden Kirchhofe, auf den sie von alten
Zeiten her das Privilegium hatten, ihre gestorbenen, nicht
confirmirten Kinder zu begraben, beerdigen zu dürfen.

Späterhin sind alle Filialgemeinden von dem Kirchspielskirchhofe getrennt worden und haben mit Genehmigung höherer Behörde vom 6. April 1821 in der Gemarkung
ihrer Dorfschaften eigene Friedhöfe anzulegen. Gleichzeitig
wurde der Kirchhof geschlossen und auch Daaden legte in
seiner Dorfgemarkung ebenfalls für sich einen Todtenhof an.

Der angelegte Todtenhof zu

1. Weitefeld wurde am 8. Februar 1823 durch den
Pfarrer Altgelt bei Gelegenheit der ersten Leiche (Johann
Theis Langenbach) über den Text Hesekiel 37, 1—3
geweiht.

2. Derschen, geweiht am 11. Mai 1822 bei der
Beerdigung der ersten Leiche (Anne Marie, Johann Ludwig Meier's Tochter) durch den Pfarrer Altgelt mit Psalm
45, 11 und 12.

3. Emmertshausen, geweiht am 24. Juni 1822.
Die erste Leiche war Elisabeth Catharine, Tochter des
Johann Anton Thielmann daselbst.

4. Oberdreißbach, geweiht am 24. Juli 1822. Die
erste Leiche war Johann Gerlach, Sohn des Johann Peter
Fäcketer zu Oberdreißbach. Text Matthäi 21, 6.

5. Biersdorf, geweiht am 12. Juni 1821 bei Beerdigung der Leiche des Engelbert Hensgen, Schuldieners
und Bildwebers zu Biersdorf.

6. Schutzbach, geweiht durch Pfarrer Schmeißer am
20. November 1822 bei Beerdigung der Catharine Elisabeth Zöllner daselbst.

7. Daaden, geweiht am 21. September 1822 durch
Pfarrer Schmeißer bei Beerdigung der Leiche des Johann
Peter Sander.

8. Nieberdreißbach, geweiht am 6. Mai 1810.

~~~~~~~~~

Reihenfolge der Geistlichen zu Daaden.
A. Die reformirten Prediger.

Engelbertus Salchendorf war der letzte lutherische Pfarrer;
er wurde, weil er sich gegen die Einführung des reformirten Lehr-
begriffs erklärte, im Jahre 1606 entlassen.

Als erster reformirter Prediger wurde nun angestellt:

1. Antonius Perzenius (1606—28),

geboren zu Daaden um das Jahr 1546. Seine Eltern waren Donges Perz und Agnese Jung, Tochter des Conrad Jung, welcher beim dortigen Gerichte angestellt war. Er besuchte die Schulen zu Herborn und Hamm a. d. Lippe und studirte zu Wittenberg und Marburg Theologie, kam zuerst als Caplan nach Burbach 1576, wo er zugleich Schulmeister bei der neuerrichteten Schulanstalt war, erhielt 1579 die Pfarrei Hirzenhain im Fürstenthum Dillenburg. Hier wurde er in der Woche vor Pfingsten inaugurirt und legte hier auf Befehl des Grafen Johann ein Register der Copulirten, Gebornen und Gestorbenen an; verehelichte sich am 10. August 1579 mit Margarethe, Tochter des Hermann von Frenz, Vogt zu Burbach, mit welcher er 6 Kinder zeugte, von denen 2 Söhne Theologie studirten; der jüngste, Petrus, starb als Pfarrer zu Hanau und Wilhelm als Pfarrer zu Höchstenbach im Saynischen.

Perzenius legte 1628 sein Amt nieder, zog nach Dillenburg und ehelichte dort noch in seinem hohen Alter, als Wittwer und gewesener Pfarrer zu Daaden, 1629 dom. 14. post. Trinitatis: Stine, Jacob Beckers, gewesenen Bürgers zu Dillenburg Wittwe.

Hier starb er am 6. Mai 1636 in einem Alter von 90 Jahren.

Als Diaconus und Schulmeister waren angestellt:

a) Johannes Fischlern (1606—21).

b) Jodocus Wetzlarius (1622—33), gebürtig von Marienberg, wo sein Vater, Christian Wetzlarius, Pfarrer war. Von 1628 bis 1633 scheint er die Daadener Pfarrei verwaltet zu haben, wenn er nicht zum Pfarrer ernannt worden ist.

2. Franciscus Deichmann (1633—56),

geboren zu Siegen, wo sein Vater, Anton Deichmann, Bürger und Rathsverwandter war, studirte 1616 zu Herborn. Er erhielt 1631 die Pfarrei Oberfischbach, ging um Pfingsten 1633 an die Pfarrei zu Daaden, wo er 1636 das Copulations- und 1637 das Taufregister anlegte. Verehelicht war er mit Gertraud, Pfarrers Perzenius Tochter. Er wird 1656 zu Daaden gestorben sein.

In den Jahren von 1644 bis 1650 wird ein Hermann Pithahn Pfarrer zu Daaden genannt; ob derselbe die bortige Caplanei-Stelle bekleidet, oder ob er einer Partei gedient hat, ist nicht zu ermitteln. Kurz, er wohnte in Friedewald, starb daselbst und ist in der bortigen Capelle beerdigt worden. Anno 1651 wird er gewesener Pfarrer zu Daaden genannt. Sein Schwiegervater, Johannes Rhodius, Pfarrer zu Hachenburg, trägt in das bortige Todtenprotokoll ein: „Anne Ottilie, Ehren Hermann Pithahn, gewesenen Pfarrers in Daaben Tochter, meine Enkelin, starb am 23. Juni 1651.

Deichmann's Nachfolger war:

3. A. Grück (1656—64)

aus Westphalen wurde am 19. Sonntag nach Trinitatis 1656 in sein Amt eingeführt und versieht dasselbe bis 1664. Ihm folgt:

4. Hermann Richter (1664—68).

Derselbe war aus Siegen gebürtig, wo er mehrere Jahre die lateinische Schule besuchte, studirte 1660 zu Herborn, war von 1662—64 den 17. November, Mitlehrer am Pädagogium zu Siegen, wurde 1664 nach Daaden berufen. Von seinem Einführungstage, den 11. December 1664, setzte er die Taufprotokolle fort bis zum Jahre 1668, wo er gestorben ist. 1671 wird noch seine Wittwe Catharine genannt.

5. Johann Joſt Weidenbach (1668—87),

geboren den 8. September 1645 zu Herborn, wo ſein Vater, Johann Georg Weidenbach, Bürger und Kirchenälteſter war; ſtudirte 1662 zu Herborn, folgte dann, zur Candibatur gelangt, dem Rufe als reformirter Pfarrer nach Daaben und wurde hier am 23. Mai 1668 introbucirt, ehelicht am 24. April 1670 Juliane Margarethe, Johann Jacob Lindler, Hüttenſchreibers zu Dillenburg Tochter, verließ 1687 Daaben und wohnt 1688 in Herborn und läßt hier am 13. April 1688 als weiland Pfarrer zu Daaben einen Sohn taufen, desgleichen am 22. März 1690 einen Sohn Johann Jobſt. 1691 wurde er an die Pfarrei Fleisbach berufen, wo er 1691 caſſirt worden iſt.

(Vid. Pfarrer von Fleisbach).

6. Johann Wilhelm Günther (1687—1712),

geboren im Mai 1661 zu Herborn, Sohn des dortigen Bürgers Wilh. Ernſt Günther, beſuchte das dortige Päbagogium, wo er auch 1681 ſtudirte, erhielt 1687 die Vocation als Pfarrer nach Daaben und ehelicht als ſolcher (nach dem Herborner Copulations=Regiſter) am 24. Juli 1687 Anna Maria, des Gaſthalters Johann Georg Margold Tochter zu Herborn.

Pfarrer Günther ſtarb 1712 und hinterließ ſeine Wittwe mit mehreren Kindern. Eine Tochter Anna Maria ehelicht 1724 Johann Jacob Schmidt, Präceptor zweiter Claſſe zu Herborn, deſſen Vater, Johann Jacob, Fähnrich zu Herborn war. Ein Sohn Johann Peter ehelicht am 4. November 1721 Anna Maria, des Bürgers Philipp Reichart zu Herborn Tochter.

7. Georg Wilhelm Günther (1712—44),

des vorigen Sohn, geboren zu Daaben 1688, ſtudirte 1705 zu Herborn, wurde am 25. Februar 1712 durch Pfarrer Bingelius in ſein Amt eingeführt. Er bemerkt barüber im Taufbuche: Am 25. Februar 1712 bin ich, Georg W. Günther, propter corporis imbecillitatem adjungiret, und vom Pfarrer Johanno Hermanno Bingelio, ecclesiae reformatae Altenkirchen pastor primarius, bei der hieſigen Daabener reformirten Gemeinde auf ihr beſtändiges Suppliciren bei Jhro Durchlaucht unſers Herrn Johann Wilhelm, Herzog zu Sachſen, präſentirt; er trat in die Ehe 1715 mit Marie Albertine, des Pfarrers Philipp Henrich Tilemann zu Langsdorf (Grafſchaft Huugen) Tochter. Aus dieſer Ehe entſproßten 8 Kinder, 4 Töchter und 4 Söhne, von denen ein Sohn, Philipp Chriſtian Henrich, nat. 25. Juni 1718, Medicin ſtudirte und ſich als Arzt in Siegen niederließ.

Pfarrer Günther ſtarb am 15. Mai 1744.

8. Johann Ernſt Wilhelm Rhodius (1744—75),

geboren zu Gielroth Anfangs Juni und getauft am 11. Juni 1708. Sein Vater, Johann Gerhard Rhobius, war Poſthalter in Gielroth, Kirchſpiels Almersbach. Zur Canbibatur gekommen, erhielt er im November 1732 ſeine Anſtellung als Pfarrer zu Almersbach, wurde 1744 nach Daaben verſetzt und hier am 3. September durch den Inſpector Altgelt inſtallirt. Seine Ehefrau Anna Chriſtine Gertraud, geb. Attenborn, ging am 31. März 1782 zu Altenkirchen, 69 Jahre 6 Tage alt, aus der Zeitlichkeit. Von ſeinen Kindern werden erwähnt:

1. Johann Conrad, nat. 3. September 1738, ſtudirte ſpäter.
2. Johann Ludw. Wilhelm, nat. 26. September 1741, ſtarb zu Altenkirchen am 16. April 1796, 54 Jahre alt.
3. Anna Sophie Florentine Marie, ehelicht am 8. Juli 1777 Johann Lucas Ecker, Präceptor zu Bieber im Neuwied'ſchen.

Pfarrer Rhobius starb zu Daaden am 3. August 1775 und wurde auf Sonntag, den 6. August, beim öffentlichen Gottesdienste in der Kirche, und zwar im Schöffenstuhle, in Oberamtmann Schulz's Grab beerdigt. Der lutherische Pfarrer Furkel hielt die Trauerpredigt über Phil. 3, 14, 15. Pfarrer Rhobius erreichte ein Alter von 67 Jahren, war 12 Jahre Pfarrer zu Almersbach, 31 Jahre Pfarrer zu Daaden, hat also fast 43 Jahre das Pfarramt bekleidet.

Sein Sohn, welcher schon am 25. Januar 1767 ordinirt und ihm sub spe succedendi abjungirt war, wurde sein Nachfolger:

9. Johann Conrad Rhobius (1775—78).

(Cfr. 1. Pfarrverzeichniß von Altenkirchen).

10. Johann Caspar Henrich Altgelt 1778—1823),

Sohn des Pfarrers Johann Hermann Altgelt aus zweiter Ehe mit Maria Dorothea Johanne Gisberti zu Altenkirchen, geboren daselbst am 4. Juni 1744. Zur Candidatur gekommen, wurde er als Vicarius oder Assistent seines Vaters am 28. Februar 1773 öffentlich eingesetzt; er verehelicht sich 1774 mit Anna Elisabeth Thimothea Bülsgen.

Als am 13. November 1775 sein Vater starb, so hoffte er dessen Nachfolger zu werden, wie ihm mündlich zugesichert war, aber die Stelle erhielt ein Anderer, und er folgte 1776 dem Rufe als Pfarrer an die Gemeinde zu Werbohl, bei welcher er aber nur elf Monate fungirte und am 3. Sonntage des Monats Februar 1778 über die Worte Act. 20, 32 seine Abschiedspredigt hielt. Er wurde als Pfarrer nach Daaden versetzt. Bei seiner Inauguration, den 8. Februar 1778, hielt er seine Antrittspredigt über Jeremias 15, 19, und der Oberpfarrer Rhobius die Installationsrede über die Worte Joh. 21, 15—17.

Er feierte den 26. Februar 1822 sein 50jähriges Amts-Jubiläum, wobei er seine Predigt an diesem Tage über Psalm 71, 5—9 hielt.

Nach einer 46jährigen Dienstthätigkeit und 49³/₄ Jahren der Ehe, starb derselbe in einem Alter von 79 Jahren 22 Tagen am 26. August 1823 und wurde am 29. ejusd. durch Pfarrer Schmeißer beerdigt. Seine Wittwe starb am 9. Februar 1825, 73 Jahre 10 Monate 2 Tage alt.

Von seinen 11 Kindern will ich nur Folgende erwähnen:

a) Johann Hermann Wilhelm, geb. 1775 am 31. Mai, erlernte die Kaufmannschaft und ließ sich zu Elberfeld nieder, ehelichte 1805 am 7. Sept. Wilhelmine, geb. Breunscheid in Altona. Er starb bei seinem Vater zu Daaden 1822 am 17. Juni.

b) Marie Elisab. Luise Friedr., geb. 1777, ehelicht 1809 Peter Arnold Zimmermann, Peters Sohn von Ohl bei Gummersbach.

c) Justine Wilh. Christine, geb. 1779 am 5. October, ehelicht 1813 am 15. December den zweiten Pfarrer zu Burbach Carl Alex. Schnabelius, welcher 1817 am 13. Februar als Pfarrer zu Oberholzklau starb. Sie ging 1828 zur ewigen Ruhe.

d) Carl Wilhelm Friedr., geb. 1788 am 2. April, studirte Theologie, erhielt 1818 die Pfarrei Oberholzklau und 1828 die zu Oberfischbach und starb daselbst 1852 am 26. Januar. Er war verheirathet seit 1819 am 21. März mit Anne Juliane Oechelhäuser aus Siegen.

e) Charlotte Fried. Wilhelmine, geb. 1790 am 4. März, ehelicht 1818 am 18. November Christoph Ludw. Carl Stetter, Oberförster zu Kirchen, geb. 1783 am 8. Juli, gest. 1833.

f) Elisabeth Amalie Wilh. Henr., geb. 1793 am 23. März, ehelicht 1826 am 3. Oct. den Wittwer und Pfarrer Joh. Heinrich Fuchs zu Daaden.

11. Johann Heinrich Fuchs (1824—30),

Sohn des Chirurgen Carl Wilhelm Fuchs und dessen Gemahlin Marie Agnese Soual zu Siegen; geb. daselbst 1772 am 18. Aug., besuchte das Pädagogium seiner Geburtsstadt, studirte zu Herborn, wurde zuerst 1809 als dritter Prediger zu Siegen angestellt und verwaltete von dort aus von 1809—1811 die Pfarrei Netphen mit, erhielt 1821 die Pfarrei Freudenberg und ging 1824 als reformirter Prediger nach Daaden, wo er am 12. Sept. introducirt wurde.

Er starb nach kurzer Dienstführung daselbst am 23. September 1830, fast erblindet, und wurde am 26. ejusd. in der Stille beerdigt.

Er hat in zwei Ehen gelebt, zuerst seit dem 19. Juni 1807 mit Catharine Elisab., des Bürgermeisters Hermann Fölzer Tochter, welche 1821 am 23. April im Alter von 44 Jahren 3 Monaten 15 Tagen mit Hinterlassung einer Tochter starb. Die Tochter Amalie, geb. 1810, ehelichte 1832 am 26. Decbr. den Justiz-Commissar Fried. Ludw. Heinrich Ax in Burbach und starb am 9. Oct. 1835. Pfarrer Fuchs trat dann 1826 am 3. October in die zweite Ehe, zu Flammersfeld copulirt, mit Elisab. Amal. Wilh. Henr., geb. Altgelt aus Daaden, welche Ehe mit zwei Töchtern gesegnet wurde:

a) Emilie Henr. Wilh., geb. 1827 am 11. Juli, gest. 1833 am 16. April.
b) Bertha Henr. Julie, geb. am 31. Juli 1829, heirathete in Siegen und zog nach Amerika.

12. Carl Philipp Bast (1831—47),

geboren 1788 am 6. August zu Pleizenhagen, studirte in Heidelberg, wurde 1807 Pfarrer in Pleizenhagen und 1831 Pfarrer zu Daaden, wo er am 28. April seine erste Taufhandlung verrichtete. Hier starb er an der Schwindsucht am 5. Juni 1847. Seine Beerdigung fand am 8. ejusd. statt. Die Leichenrede wurde über Ps. 58, 9—29 gehalten. Er lebte in der Ehe seit 7. Sept. 1817 mit Sophie Louise Gottliebe, Tochter des Pfarrers zu Winnigen.

Von seinen 12 Kindern ehelichte Eleonore Henriette (geb. 1831) im Juli 1864 Matth. Haberfelder in Düren.

13. Johannes Braunetk (1848—62),

wurde vom Consistorium auf den mehrstimmigen Wunsch der Gemeinde von der Pfarrstelle Nro. 2 (lutherische) unter dem 14. Juli 1848 zur Pfarrstelle Nro. 1 berufen und am 13. Aug. desselbigen Jahres durch den Superintendenten Rehorn in diese Stelle eingeführt, wurde 1862 als Pfarrer nach Almersbach berufen.

(Cfr. Pfarrverzeichniß Almersbach.)

14. Johann Ludwig Geibel (seit 1862),

Sohn des Lehrers Peter Geibel zu Scheidt bei Saarbrücken und dessen Gattin Catharine Wilh., geb. Schramm; geboren daselbst am 19. Juni 1820, frequentirte die Gymnasien zu Saarbrücken, Trier und Wetzlar, bestand seine Maturitätsprüfung 1842 zu Bonn, studirte von 1842 bis 1845 zu Utrecht und Bonn, machte seine beiden theologischen Examina im Jahre 1847 zu Coblenz, nahm zuerst eine Hauslehrerstelle in Hermesskeil bei Trier (1845—47) an, wurde dann Rector zu Ottweiler bis 1848, fungirte dann wieder als Hauslehrer in Vaels bei Maslrich, erhielt 1848 die Pfarrei Malmedy, 1853 die zu Steeg am Rhein, wurde 1857 Pfarrer in Crosdorf, 1858 zu Ebergönz und 1859 in Gebhardshain, von wo er am 4. September 1862 als provisorisch und am 3. November definitiv als Pfarrer zu Daaden angestellt wurde.

Seine Einführung geschah am 4. December 1862 durch den Superintendenten Brauneck, nachdem er seine Antrittspredigt über 1. Cor. 13, 8

12

gehalten hatte; verehelicht am 7. September 1851 mit Lina Sindica von Kreuznach.

B. Lutherische Pfarrer.

1. M. Johannes Groos (1651—54).

Er kam 1654 als Pfarrer nach Obenspiel, wo er 1667 starb *).

2. Johann Ebert Gremelsen (1654—71)

wird 1668 als solcher in dem Taufbuche zu Freusburg als Taufzeuge erwähnt.

3. M. Johann Manzius (1671—1708),

gebürtig von Lauterbach in Hessen. Seine Frau Elisabeth Catharina gebar ihm 1684 ein Söhnlein, welchem in der Taufe am 28. September die Namen Friedrich Ernst beigelegt wurden. Pfarrer Manzius war vorher, von 1670 bis 1671, Pfarrer zu Freusburg=Fischbach. Nach dem Todtenbuche zu Freusburg starb er zu Daaben am 21. März 1708 im Alter von 67 Jahren, und wurde mit einer Leichenrede des Pfarrers Stockhausen von Freusburg beerdigt.

4. Egidion Günther Helmund (1709—11),

geboren 1680 in der Grafschaft Schwarzburg=Sondershausen, studirte zu Jena und Halle, wurde 1701 Feldprediger, 1707 Pfarr=Adjunct in Berka a. d. Werra im Eisenach'schen, 1709 Pfarrer in Daaben, valedicirte am 24. Juni 1711, ging am 2. Juli 1711 als dritter Pfarrer nach Wetzlar, wurde daselbst wegen pietistischer Umtriebe suspendirt, am 10. März 1713 removirt und am 27. October 1714 wieder installirt, zog 1721 als Oberprediger, Hofprediger und Inspector nach Wiesbaden, wo er 1749 gestorben ist.

Die Pfarrstelle wurde hier vom Juni bis October 1749 vom Inspector Biedermann zu Altenkirchen verwaltet. Demnach wurde angestellt:

4. Georg Heinrich Uenther (1711—31),

gebürtig von Merzhausen, an welchem Orte er auch zuerst Pfarrer war und von dort nach Daaben kam, wo er Anfangs November 1711 introducirt wurde. Nach 20jähriger Amtsführung starb derselbe im Jahre 1731 an der Wassersucht und hinterließ eine Wittwe Anna, welche in einem Alter von 65 Jahren am 16. Januar 1740 ihm im Tode nachfolgte, und mehrere Kinder, von denen in den Kirchenbüchern angeführt werden:

a) Maximilian Ferd., war 1720 cand. theol.
b) Christian Heinrich, war 1725 stud. jur.
c) Regine Susanne, verheirathete sich am 25. Juli 1720 mit Johann Andreas Schrage, des Chirurgen Christoph Schrage Sohn, med. pract. zu Eichsfeld im Darmstädt'schen.

Während der Krankheit des Pfarrers besorgte der dortige Rector Johann Jacob Deusner (vid. Altenkirchen) die Eintragungen in die Kirchenbücher.

5. Maximilian Ferdinand Uenther (1731—38),

des Vorigen Sohn, geboren zu Merzhausen 1700, confirmirt am 24. Februar 1712 zu Daaben, im 12. Jahre, wird 1720 Candidat der Theologie genannt. Angestellt 1725 als Collaborator und Minister=Adjunct zu Altenkirchen, 1728 als Pfarrer in Almersbach und 1731 als Prediger zu Daaben.

*) Nach dem Verzeichnisse des Inspectors Ungewitter, welches dem lutherischen Kirchenbuche zu Altenkirchen beigefügt ist.

Als Mitprediger zu Altenkirchen tritt er in die Ehe am 25. November 1727 mit Anna Elisabeth, des weiland Johannes Reusch, Pfarrers zu Bendorf Tochter, welche als Wittwe am 28. April 1746, 34 Jahre 5 Monate alt, das Zeitliche segnete.

Pfarrer Reuther starb an der Auszehrung am 7. November 1738.

6. **M. Johann Georg Zeising** (1739—42), hielt am 1. Januar 1739, am Fest. circumf. Christi, seine Antrittspredigt und wurde am Sonntag Palmarum den 22. März 1739 investirt. Im Taufbuche bemerkt er: Initium scribendi hic fecit Johann Georg Zeising.

Er war eines thüring'schen Bauern Sohn, ging 1742 als Doctor und Professor der Theologie und als Superintendent nach Jena, an die Stelle des bisherigen und emeritirten Dr. Professors und Superintendenten Johann Majus (Groß) zu Jena, ebenfalls eines Bauern Sohn, der 1564 geboren und 1654, 90 Jahre alt, ins Grab sank.

Pfarrer Zeising starb 1760 in Jena in den besten Jahren.

7. **Johann Peter Christian Sturm** (1742—71). (Cfr. Pfarrerverzeichniß von Kirchen, Nr. 15.)

8. **Johann Paul Benedictus Furkel** (1771—78), geboren am 1. October 1716 zu Oberzenn in Franken, wo seine Eltern, der Pfarrer Johann Jacob Furkel und dessen Gattin Helene Catharine, geborene Billing, wohnten; frequentirte 7 Jahre lang das Gymnasium zu Windsheim (Reichsstadt), darauf das Casimirianum zu Coburg, studirte dann auf den Universitäten zu Jena und Halle, wurde am 24. August 1741 zu Cöln a. d. Spree examinirt und von dem Probst Reinbeck ordinirt. Er trat zuerst als preußischer Feldprediger ein, wurde dann freiherrlich Gemming'scher Pastor, von woher er durch den Markgrafen von Anspach am 3. April 1750 als Pfarrer nach Kirchen befördert wurde. Seine Installation vollzog der Inspector Ungewitter am 4. October, als den 19. Sonntag nach Trinitatis e. a.

Von Kirchen ging er am 3. December 1771 als Pfarrer nach Daaben. Hier starb er nach 17jähriger Dienstwaltung am 16. August 1788, Morgens 3 Uhr, am Schlagflusse, in einem Alter von 71 Jahren 10 Monaten.

Er lebte seit dem 16. Juli 1761 in der Ehe mit Veronica, des weiland Handelsmannes Johann Henrich Bender Tochter, welche als Wittwe am 25. Mai 1809 in einem Alter von 69 Jahren 17 Tagen mit Tod abging. Dieser Ehe entsprossen 3 Kinder:

a) Friedrich Florentin, geb. den 10. Mai 1762, gest. den 8. Juli 1762.

b) Johann Friedrich, geb. den 6. November 1736, war wohnhaft zu Daaben und starb daselbst am 5. November 1832.

c) Friedrich Felix, geb. den 9. Januar 1771, studirte jura, war 1799 Canzlei-Secretär zu Altenkirchen, ehelichte daselbst am 12. August 1800 Wilhelmine Friederike Christine, des weiland Pfarrers Johann Bernhard Trabert Tochter, welche am 20. April 1772 geboren war.

Er ging gegen 1807 als Kriegsrath nach Bieberich, wo er entlassen wurde, ward dann Amtmann zu Alsbach und im Jahre 1816 Landrath zu Wetzlar, wo er in den 1840er-Jahren im dortigen Casino einen Schlagfluß erhielt, der sein Leben endete.

Im Wittwenjahre versah zu Daaben die Pfarrgeschäfte der reformirte Pfarrer Altgelt daselbst.

9. **Henrich Wilhelm Christian Schmeißer** (1789—1840), Sohn des Registrators Christian Schmeißer und dessen Gattin Johannette, geb. Reichwald zu Altenkirchen, geboren daselbst am 25. Juli 1758. Nachdem er die Schule seiner Vaterstadt und darauf die Universität Gießen besucht und sich für das Pfarramt tüchtig gemacht hatte, ernannte ihn der Markgraf von Onolzbach unterm 19. Juli 1785 zum dritten Pfarrer und Rector nach Altenkirchen, welche Aemter er fünf Jahre verwaltete. Am 19. Juli 1789 wurde er als lutherischer Pfarrer nach Daaden befördert. Hier feierte er am 19. Juli 1835 sein 50jähriges Amtsjubiläum. Mit dem 1. Februar 1840 wurde er mit einem Ruhegehalte von 420 Rthlrn. pensionirt und starb noch in demselben Jahre am 5. December, 82 Jahre 4 Monate und 10 Tage alt.

In der Ehe lebte er mit Jacobine Henriette Eleonore Louise, geb. Reichwald von Frensburg.

Aus dieser Ehe werden zwei Söhne und eine Tochter genannt:
a) Henriette, geb. den 10. Februar 1794, copulirt den 7. Januar 1824 mit Wittwer Pfarrer Carl Friedrich Simons zu Puderbach, welcher 1837 starb. Sie starb am 4. November 1826.
b) Christian Ludwig Adolph, geb. 1790, starb als Secundaner zu Idstein am 25. April 1807.
c) Christian Friedrich Carl Henrich, geboren am 19. August 1809, studirte zu Gießen und Berlin Medicin, wurde 1836 Arzt zu Siegen und ehelichte am 2. August 1839 Marie Charlotte, des Henrich Adolph Treßler Tochter.

Nach der Pensionirung des Pfarrers Schmeißer wurde die Pfarrei einstweilen verwaltet. Pfarrer Stiehl war Präses des Presbyteriums, Pfarrer Bast übernahm die Führung der Kirchenbücher und die vier Pfarrer in dem oberen Theile des Synodalkreises besorgten den sonntäglichen Gottesdienst und die Casualien.

Darnach wurde berufen:

10. **Carl Lebrecht Ufer** (1840—42), gebürtig aus Hüllenbusch im Kreise Gummersbach, war seit 1831 Pfarrer zu Holpe in der Aggersynode, wurde am 9. August 1840 als Pfarrer zu Daaden durch den Superintendenten Albrecht zu Altenkirchen in sein Amt eingeführt, wurde 1842 geisteskrank und zur Heilung in die Irrenanstalt zu Siegburg gebracht. Da aber nach dem Zeugnisse der dortigen Aerzte keine Besserung zu hoffen war, wurde er mit dem 28. Februar 1844 mit 318 Thlrn. 5 Sgr. emeritirt. Zu Siegburg starb er.

Die Pfarrstelle versah während der Krankheit des Pfarrers Ufer der Pfarrcandidat:

11. **Heinrich Carl Reefer** (1842—44).
(Cfr. Pfarrverzeichniß zu Hamm.)

12. **Johannes Brauneck, Wetzlariensis** (1844—48).
Seine Ordination und Introduction wurde am 10. December 1844 durch den Superintendenten Rehorn unter Beistand des Pfarrers Müller zu Schöneberg und Pfarrers Bast zu Daaden vollzogen; er wurde am 14. September 1848 auf die dortige Pfarrei Nr. 1 berufen.

13. **Leopold Hollmann** (seit 1848), geboren am 1. April 1808 zu Hackenberg, Gemeinde Neustadt, wo seine Eltern, Johann Leopold Hollmann und dessen Gattin Amalie, geborne

Pickhard, wohnten; besuchte zuerst das Gymnasium in Weilburg vom Herbst 1824 an, ging dann um Ostern 1827 zum Gymnasium nach Soest, machte daselbst 1831 seine Abiturienten-Prüfung, studirte darauf 1½ Jahre in Bonn und fernere 1½ Jahre in Berlin, machte sein erstes theologisches Examen im Herbst 1834 und sein zweites im Frühjahr 1836, war zuerst zwei Jahre lang Hauslehrer beim Pfarrer Kind in Neunkirchen, dann zur Aushilfe der Geistlichen in Düren beim Pfarrer Müller 1 Jahr, vicarirte dann zu Walbbroel und Marienhagen, erhielt 1848 die Pfarrei Daaden provisorisch und 1849 definitiv, wurde am 17 März ejusd. durch den Superintendenten Rehorn installirt, nachdem er seine Antrittspredigt über Jesaia 52, 6—8 gehalten hatte; er verehelichte sich am 21. December 1844 mit Wilhelmine, geborne Viebahn, Tochter des verstorbenen Communal-Empfängers Viebahn zu Bernburg, welche am 2. September 1862 starb.

2. Das Kirchspiel Freusburg-Fischbach.

Die Parochie Fischbach bestand schon vor der Reformationszeit. Dagegen war Freusburg, welches nur eine Capelle hatte, nach Kirchen eingepfarrt. Die jetzige Capelle zu Freusburg ist nach der Jahreszahl, die über der Eingangsthür in Stein gehauen sich findet, im Jahre 1592 gebaut.

In dem vom dortigen Rath und Amtmann Wurm consignirten Lagerbuche der politischen Gemeinde Freusburg ist das Baujahr derselben auf 1522 gesetzt und zugleich ihre Rechte verzeichnet. Wörtlich heißt es: „Die Capelle ist Anno 1522 erbaut worden, und ganz allein dem evangelischen Gottesdienste gewidmet; jedoch dürfen die katholischen Burgsassen ihre Todten auf dem Kirchhof begraben und ihr Pastor zu Fischbach bei Haltung der Leichenpredigt die Canzel, nicht aber den Altar betreten, noch einig andere actus darinnen vornehmen, auch nicht innerhalb der Festung und herrschaftlichen Gebäude einen Kranken versehen." — Früher, und noch 1762, hatte die Capelle eine Orgel, später, als die Orgel baufällig wurde, ist dieselbe abgebrochen und nicht durch eine neue ersetzt worden.

In Folge des Separatvertrages zwischen Sayn und Churtrier wurde sowohl zu Kirchen als zu Fischbach eine katholische Pfarrei mit der Hälfte der reformirten Pfarrgefälle fundirt, wobei den katholischen Geistlichen die Pfarrwohnungen zugewiesen wurden.

Doch gründete auch bald darauf die evangelische Landesherrschaft für die Lutheraner der ehemaligen Parochien Kirchen-Freusburg und Fischbach eine Pfarrei in Freusburg nebst Wohnung daselbst.

Als die 1712 zu Kirchen fundirte zweite Pfarrstelle im Jahre 1743 zu einer selbstständigen Pfarrei erhoben wurde, blieb Freusburg mit Fischbach vereinigt.

Der Pfarrsprengel Freusburg-Fischbach umschließt gegenwärtig die Dorfschaften: Freusburg, Fischbach, Harbach. Hüttseifen und Wiegendorf, zählt 704 Seelen, hat 4 Presbyter und 20 Repräsentanten. Das Kirchspiel hat drei Schulen mit drei Lehrern. Seit 1817 ist diese Gemeinde der Union beigetreten. Die Taufbücher gehen bis 1659 und die Todten- und Copulationsbücher bis zum Jahre 1660 zurück.

Das Kirchdorf Niederfischbach erhielt 1560 vom Kaiser zwei Jahrmärkte, nämlich auf St. Walburgentag und auf Montag vor Bartholomäi.

Im Jahre 1776, am 11. November, Nachmittags 2 Uhr, brach hier in dem Hause des Daniel Ferneberg Feuer aus, welches sich schnell über das ganze Dorf ausbreitete.

57 Häuser, ohne die Scheuern und Schoppen, auch das Schulgebäude, wurden ein Raub der Flammen. 9 Wohnhäuser und die Kirche blieben stehen. Vor achtzig Jahren soll Niederfischbach ein gleiches Schicksal gehabt haben.

Die reformirten Geistlichen zu Fischbach.

Der letzte lutherische Prediger war Adam Klingspan. Er wurde 1605 entlassen. An seine Stelle kam der reformirte Pastor:

1. **Jacob Brasius** (1605—12)

ging als Pfarrer und Inspector nach Altenkirchen.

(Vid. Pfarrei Altenkirchen.)

Ihm folgte:

2. **Jodocus Baumius** (1613—26).

Derselbe wurde 1626 durch den Erzbischof von Trier vertrieben wohin er gegangen, ist nicht bekannt.

Von 1626—1652, wo mit einiger Unterbrechung der Erzbischof von Trier durch Jesuiten den Katholicismus zu begründen suchte, waren keine protestantische Prediger dort. Fernerhin wurden auch nur lutherische Pfarrer bei dieser Gemeinde angestellt.

Lutherische Pfarrer für Kirchen, Freusburg und Fischbach.

Der erste, der hier genannt wird, ist:

1. N. N. **Leuchter** (1655—56),

gebürtig von Darmstadt.

2. N. N. **Wilthagen** (1657—59),

aus Braunschweig gebürtig.

3. **Anton Platten, Kircheneusis** (1659—69).

Nach 10jähriger Dienstführung starb derselbe im Monat September 1669. Von ihm sind die ältesten Kirchenbücher angelegt.

4. M. Johannes Manzius (1670—71)

aus Lauterbach in Hessen, ging als Pfarrer nach Daaden.
(Cfr. Pfarrei Daaden.)

5. Johann Anton Reusch (1671—88)

aus Daaden. Seine Gattin Marie Magdalene, welche 1703 mit Tod abging, gebar ihm drei Töchter und einen Sohn.
a) Tochter Marie Margarethe, getauft 1681, Sonntag reminisc.
b) Sohn Johann Gerlach, 1. (11.) Januar 1683.
c) Tochter Anna Doroth. Ernstine, 5. Januar 1684.
d) Tochter Johanne Catharine, 2. December 1686.
Pfarrer Reusch erhielt 1688 die Pfarrei Almersbach.
(Vid. Pfarrei Almersbach.)

6. Johann Leonhard Ditius (1686—91)

von Biedencopp; er war vorher seit 1680 Hilfsprediger in Altenkirchen, ging 1686 nach Freusburg, wo er 3½ Jahr stand.

7. Johann Peter Stockhausen (1691—1738),

geboren zu Hausen bei Gießen am 10. Februar 1662, wo sein Vater, M. Johann Daniel Stockhausen, Pfarrer war; studirte zu Marburg und Gießen. Er wurde 1686 Adjunct des Pfarrers Johann Conrad Klemm zu Lützellinden, Kreis Wetzlar, kam 1691 als Pfarrer nach Freusburg und wurde daselbst am 17. Juni inaugurirt. Nachdem er hier 47 Jahre und zu Lützellinde 5 Jahre, also im Ganzen 52 Jahre, dem Predigtamte vorgestanden hatte, ging er am 24. April 1738 im Alter von 76 Jahren, 2 Monaten und 14 Tagen mit Tod ab. Er trat als Pfarrgehilfe zu Lützellinde in die Ehe mit Anna Catharina, des Pfarrers Klemm Tochter, die am 19. Juli 1738 zu Freusburg starb.

Von seinen Kindern werden genannt:
a) Anna Dorothea, ehelicht am 17. April 1708 Johann Henrich Möller, Professor in Gießen.
b) Juliane Catharine, ehelicht am 21. März 1718 Henrich Christian Contze, Apotheker aus Corbach, Antons Sohn.
c) Johann Henrich, geboren am 4. Februar 1702, starb am 29. Mai 1719 als stud. phil.
d) Anna Elisabeth Eleonore, geboren am 20. September 1699, tritt in die Ehe am 21. März 1724 mit Christian Michael Grauer, Wildmeisters Johann Tobias Grauer, sächsischen Forstmeisters, Sohn (geb. den 10. Februar 1662).

8. M. Christoph Ungewitter (1738—43).

(Vid. Pfarrer von Altenkirchen.)

9. Carl August Leonhardi (1743—59),

Sohn des 1746 verstorbenen Joh. Ernst Leonhardi, Brandenburg-Onolzbach'schen Raths zu Altenkirchen, und der Martha Eleonore, geb. Rosa zu Eisenach, geboren 1717 zu Berka im Herzogthume Weimar, erzogen zu Altenkirchen, wohin sein Vater versetzt war.

Nach vollendeten Studien wurde er am 1. Mai 1742 nach Freusburg berufen, machte sein theologisches Examen am 21. Juni desselben Jahres auf der Kanzlei zu Altenkirchen und wurde noch an demselben Tage von seinen Examinatoren, dem Inspector Ungewitter, unter Assistenz der Geistlichen Friederici und Kransoldt, auf Befehl Serenissimi nach der saynischen Kirchenordnung ordinirt, aber erst am 5. Mai des folgenden Jahres zu Freusburg introducirt.

Am 14. Juli 1744 wurde sein Ehebund mit Elisabeth Dorothea, Joh. Daniel Birkholz, Amtsverwesers zu Schöneberg Tochter, durch den Pfarrer Sartor kirchlich eingesegnet.

Nach 16jährigem gesegneten Wirken schied dieser edle Mann am Sonntage Reminiscere, Abends 7 Uhr, als am 11. März 1759, im Alter von 42 Jahren 2 Wochen aus der Zeitlichkeit mit Hinterlassung seiner Wittwe, welche die Pfarrbesoldung für das Jahr 1759 allein bezog. Sie starb an der Auszehrung nach vierwöchentlicher Krankheit, am 6. November 1761, 33 Jahre, 3 Monate und 4 Tage alt.

10. Johann Wilhelm Christian Ungewitter (1759—1800),

geboren am 27. December 1731 auf dem Brühler Pfarrhofe bei Kirchen, ein Sohn des Inspectors zu Altenkirchen.

Nachdem er seine theologischen Studien absolvirt hatte, wurde er von seinem Vater, unter Beistand der Geistlichen zu Hilgenroth und Almersbach, nach vorhergegangenem Examen zum Predigtamt ordinirt.

Am 27. März 1759 zum Pastoren in Freusburg berufen, wurde er am 31. August desselben Jahres eingeführt. Sein Vater copulirte ihn am 11. October 1763 mit Magarethe, des seligen Consistorial-Assessors und Inspectors Vogel zu Westerburg Tochter, die ihm zwei Söhne und drei Töchter gebar.

Pfarrer Ungewitter schied am 7. März 1800, 68 Jahre, 2 Monate und 8 Tage alt, im 41. Jahre seines Ministeriums, aus dieser Welt. Seine Wittwe, Amalia Julie, folgte ihm am 5. December 1807 im Tode nach.

11. Johann Christian Pantel (1801—9),

geboren 1764 zu Roßbach im Herzogthume Berg, ehelichte am 14. April 1799 als Pfarrvicar die Tochter seines Antecessors. Er erhielt am 19. Februar 1801 den Ruf als Pfarrer nach Freusburg und wurde noch in demselben Jahre am 10. Mai inaugurirt. Nach 8jähriger treuer Dienstführung starb derselbe am 31. Januar 1809 im Alter von 45 Jahren und hinterließ eine Wittwe und drei Kinder.

Seine irdischen Ueberreste wurden am 3. Februar zur Erde bestattet, wobei der Pfarrer Sturm die Trauerpredigt hielt.

Vom Januar bis October 1809 verwaltete der Pfarrer Sturm zu Kirchen die Pfarrstelle.

Darnach wurde berufen:

12. Wilhelm Ernst Ludwig Carl Kraufoldt (1809—28),

geboren am 24. Februar 1784 zu Almersbach, wo sein Vater Christian Friedrich zu der Zeit Pfarrer war; wurde am 15. Mai 1808 Rector und zweiter lutherischer Pfarrer zu Altenkirchen, erhielt am 1. October 1809 die Vocation als Pastor nach Freusburg und starb daselbst am 8. Februar 1828 mit Hinterlassung seiner Wittwe Charlotte, geborne Cramer.

13. Henrich Conrad Stiehl (1828—40),

geboren zu Idstein den 22. September 1788, seit 1814 Pfarrer zu Hamm a. d. Sieg, wurde am 9. November 1828 als Pastor zu Freusburg introducirt und erhielt zugleich das Amt eines Schulinspectors. Er wurde nach sechsmonatlichen Leiden am 11. December 1840 aus der Arbeit im Weinberge des Herrn abberufen. Die Pfarrer Reinhard und Beer haben mit Gebet und Rede den Leichnam des Vollendeten zu seiner Ruhestätte begleitet, und der Synodal-Assessor Nehorn hat ihm an dem darauf folgenden Sonntag eine Gedächtnißpredigt zu Fischbach gehalten.

14. Carl Ludwig Lindenborn (1842—61),

geboren den 2. Juli 1808 zu Obergöns im Kreise Wetzlar, wo sein Vater Conrad Bernhard Lindenborn seit 1798 Pfarrer war, studirte in Gießen, angestellt zuerst am 11. März 1832 als Pfarrer zu Laufersweiler, Kreis Simmern, und von da nach Freusburg berufen, wo er am 20. März 1842 durch den Superintendenten Rehorn in sein Pfarramt eingesetzt wurde, nahm 1861 am Sonntag Misericordias Domini Abschied von seiner Gemeinde und folgte dann dem Rufe als Pfarrer nach Wolf an der Mosel.

15. Peter Reinhard Eduard Jüllig Bornemann (seit 1862 im Juli).

Derselbe ist der Sohn des Pfarrers Johann Wilhelm Bornemann und der Albertine, geborne Scholten, geboren zu Wallach bei Niederwesel am 29. August 1810; besuchte von 1824 bis Herbst 1827 das Progymnasium zu Mörs, vom Herbst 1827—1829 das Gymnasium zu Duisburg, machte am letzteren Orte im September 1829 seine Maturitätsprüfung, studirte von da an bis zum Herbst 1830 in Bonn und dann bis Herbst 1831 in Berlin und zuletzt bis zum Herbst 1832 wieder zu Bonn; machte in den Jahren 1833 und 1834 seine beiden theologischen Examina in Coblenz, war zuerst Hilfscandidat des Pfarrers Adam Esch in Bluyn, dann Hauslehrer, erhielt 1840 die Pfarrei Prüm in der Eifel, wo er am 21. März 1841 introducirt wurde, folgte im August 1848 dem Rufe als Pfarrer nach Bacharach, kam 1859 als Prediger nach Croßdorf, von woher er, nach Freusburg-Fischbach versetzt, am 27. Juli 1862 durch den Superintendenten Brauneck von Almersbach in sein Pfarramt eingesetzt wurde, nachdem er seine Antrittspredigt über Römer 1, 16 gehalten hatte.

Er trat in den Ehestand am 10. März 1841 mit Helene Esch von Bluyn.

3. Das Kirchspiel Kirchen.

Das Pfarrdorf Kirchen, dessen Häuser sich auf einem Bergabhang ausbreiten, hat eine katholische und eine evangelische Pfarrei und für beide Religions-Verwandte eine Simultankirche, die in den Jahren 1770 und 1771 auf der Stelle der alten, vom Blitze zerstörten und deßhalb abgebrochenen Kirche erbaut worden ist.

Am Fuße dieses Berges im Siegthale, zwischen der Sieg und der in dieselbe hier mündenden Asdorf, finden wir das sogenannte Jungenthal, ein Etablissement der Gebrüder Jung zu Kirchen, von denen es auch den Namen trägt. Es ist dieses eine bedeutende Baumwollengarn-Spinnerei. Die ganze Maschine mit ihren einzelnen Getrieben, wird durch das Wasser der Asdorf, die hier ein Gefälle von 12 Fuß hat, in Bewegung gesetzt.

Der Gründer dieses großen Etablissements ist Johann Christian Jung, der zweite Sohn des Lehrers Tilmann Jung zu Kirchen, der mit dem berühmten Augenarzt und Schriftsteller Jung-Stilling aus einem Stamm entsprossen ist.

Derselbe wurde am 9. März 1732 zu Kirchen geboren, verehelichte sich am 29. Mai 1759 mit Anna Maria Ermert aus Alsdorf und segnete im Jahre 1808 das Zeitliche.

Kirchen und Freusburg bildeten von jeher eine Pfarrgemeinde, bei welcher Kirchen als Residenz bestimmt war.

Das 1605 eingeführte reformirte Bekenntniß wurde 1626 verdrängt und durch Jesuiten der Katholicismus eingeführt.

Doch erst durch den Separatvertrag von 1652 erhielten die dortigen Katholiken und Lutheraner freie Religionsübung, die dortige Kirche als ein Simultaneum und die dortigen reformirten Pfarr-Renten zu gleichen Theilen; nur fiel das Pfarrhaus den Katholiken zu.

Die lutherische Landesherrschaft stiftete nun zu Freusburg eine Pfarrei für die beiden Kirchspiele Kirchen-Freusburg und Fischbach.

In dieser großen Pfarrei gründete der Herzog Johann Wilhelm von Sachsen-Eisenach 1712 eine zweite Pfarrstelle zu Kirchen und dotirte sie mit der Hälfte des herrschaftlichen Brühlhofes nebst Wohnung daselbst.

Der zweite Pfarrer war dem ersten Pfarrer subordinirt und diente nur zu dessen Assistenz.

Doch wurden im Jahre 1743 beide Kirchspiele von einander getrennt und so abgetheilt, daß Freusburg mit Fischbach vereinigt wurde und Kirchen eine eigene Pfarrgemeinde bildete, so daß der Pfarrer zu Kirchen von da an selbstständiger Pfarrer wurde.

Die Pfarrwohnung auf dem Brühlhofe blieb bis 1756 bestehen. Der Platz, auf welchem dieses Pfarrhaus steht, hat ehemals Jacob Wunderlich in Kirchen zugehört. Johannes Birk, Bergmeister, hat darauf gebaut und den beiden Pastoribus zu Freusburg und Kirchen jährlich 8 Albus von der Währung gezählt. Johann Daniel Wagener, der als hessischer Bergrath 1754 verstorben ist, erkaufte das Haus 1734 für 700 Rthlr. und renovirte es.

Nach dessen Ableben erhielt es der Pfarrer Furkel zu einer beständigen Pfarrerwohnung, und nachdem es in baulichen Zustand gesetzt war und eine neue Scheune und zugemachten Hof erhalten hatte, bezog er es auf Martini, als den 11. November 1756.

Am 19. Mai 1727 entstand zu Mittag eine Feuersbrunst in Kirchen, durch welche 7 Häuser, 10 Scheuern und 2 Gebäude in Asche gelegt wurden, sowie 3 Personen umkamen und 6 Personen an erhaltenen Brandwunden starben.

Der Pfarrsprengel Kirchen umschließt die evangelischen Bewohner der Dorfschaften: Kirchen, Alsdorf, Betzdorf, Brachbach, Bruch, Dernbach, Dauersberg, Grünebach, Katzenbach, Sassenroth, Scheuerfeld, Wallmerroth, Wehbach, Offhausen und die Capellendörfer Heckersdorf und Mudersbach.

Die Gemeinde zählt 800 Seelen und hat 6 Presbyter, 24 Repräsentanten, 3 Elementarschulen mit 4 Lehrern, eine höhere Privatschule mit zwei Lehrern und eine Fabrikschule, die von 30 Kindern besucht wird.

Die Gmeinde trat 1818 der Union bei.

Reihenfolge der Geistlichen.

1. M. Leopoldus Oblichius,
war 1574 lutherischer Pastor in Kirchen und vielleicht der erste.

Der letzte lutherische Pfarrer war

2. Eberhardus Worniger,
welcher das Pastorat auf Befehl des Grafen 1605 verließ.

Der erste reformirte Prediger

3. Caspar Jungnitius (1605—12)
war aus Berleburg gebürtig. Ob er hier gestorben oder verzogen, ist nicht bekannt.

Ihm folgte:

4. Valentin Mercator (1612—1626).
Derselbe ist zu Wetzlar geboren, wo sein Vater Carl Crämer (Mercator) als Bürger wohnte. Seine Studien machte er zu Herborn 1603.

In die Reihe der theologischen Candidaten eingereiht, übernahm er zuerst die Schule zu Altenkirchen, wo er in den bortigen Taufprotocollen 1607, 1610 und 1611 als Ludimoderator und Schulmeister genannt wird. Das Copulationsbuch enthält über ihn die Notiz: Anno 1610 am 16. November wurde Valentin Mercator, Carl Krämer's Sohn zu Wetzlar, mit Magdalene, Ehren Wilhelm Rolnty, gewesenen Pfarrers und Inspectors zu Dierdorf Tochter, copulirt. 1611 dom. 1. Advent erhielt der ihm geborene Sohn in der heiligen Taufe den Namen Johannes.

1612 erging an ihn der Ruf als Prediger nach Kirchen, wo er 1626 exulirt wurde.

Die Studenten-Matrikel zu Herborn fügt zu seinem Namen: Valentinus Mercator Wetzlariensis, pastor Kirchensis nunc exulirt ob religion, postquam in Comitato Braunfeldis (cfr. Matricula studiosorum Herbornensiorum 1603).

Es folgen nun hier die sieben ersten Prediger von Freusburg. Seit der Gründung der zweiten Pfarrei zu Kirchen waren hier angestellt:

1. Johann Henrich Langen (1712—24),
Diaconus, von Alsfeld im Hessen-Darmstädt'schen gebürtig, wo er gegen 1687 geboren war, erhielt zuerst die Rectorstelle zu Altenkirchen und wurde als solcher am 2. Januar 1710 introducirt. Schon im folgen=

ben Jahre wurde er zum Pfarrer in Kirchen ernannt, siedelte aber erst 1712 dahin über und wurde am 1. Mai d. J. in sein Amt eingeführt.

Er war ein frommer Pfarrherr, welcher der Spener'schen Richtung angehörte, wurde aber vielfältig verkannt und angefeindet.

Nach 12jähriger treuer Amtswirksamkeit starb er im 37. Jahre seines Alters an einer hitzigen Krankheit am 3. Mai 1724 und wurde mit einer Leichenrede des Pfarrers Stockhausen in die hiesige Kirche beerdigt.

Seine Gattin Maria Christine, geborne Cesarii, und seine vier Kinder waren bereits vor ihm verstorben.

Nach seinem Tode verwaltete die dortige Pfarre ein Jahr lang der Candidat Johann Gerhard Euteneuer, welcher darnach im Jahre 1727 als Prediger zu Waldbröhl im Bergischen angestellt wurde.

2. M. Christoph Ungewitter (1725—38).
(Cfr. erste lutherische Pfarrei Altenkirchen.)

Se. Durchlaucht Herzog Johann Wilhelm hatte das Einkommen des Pfarrers zu Kirchen dem des Pfarrers zu Freusburg gleich gemacht, seit welcher Zeit Friede und Einigkeit zwischen den beiden Geistlichen herrschte.

3. Johann Peter Christian Sturm (1738—42)

von Eisenach, geboren daselbst 1705 ben 10. Januar. Sein Vater Georg Michael Sturm war Stifts-Collector bei St. Annen zu Eisenach und seine Mutter Marie Elisabeth, geb. Schilling, welche am 2. März 1744 im Alter von 61 Jahren zu Daaden starb und am 5. ejusd. in der hiesigen Kirche ihre Ruhestatt fand.

Er hatte zu Jena studirt, folgte 1738 dem Rufe als Pfarrer nach Kirchen, wo er die erste Investitur-Predigt am Sonntage 1. adv. 1737 hielt und am Sonntage Oculi 1738 mit Pfarrer Ungewitter zusammen durch den Inspector Hermanni investirt wurde.

Die Landesherrschaft ernannte den Pfarrer Sturm unter dem 19. Mai 1742 als Pfarrer nach Daaben. Hier fand seine Inauguration am Sonntage 7. p. Tr. als den 8. Juli o. a., durch den Inspector Ungewitter statt; er kam am 10. December 1770 als Pfarrer und Inspector nach Altenkirchen, wo er am 25. August 1785 seinen Lebenslauf schloß.

Er hat in drei Ehen gelebt, zuerst seit dem 26. April 1739 mit Elisabeth Ernestine Sophie, des weiland Kammer-Directors Laurentius Miltenberger zu Siegen Tochter, welche am 5. November 1742 im Alter von 21 Jahren 6 Monaten nach einem unglücklichen Wochenbette starb; dann seit dem 12. December 1743 mit Felicitas Amalie Henriette, des Hofverwalters Friedrich Dähler zu Geudem Tochter, die aber schon am 12. September 1745 im ersten Wochenbette starb, und zuletzt seit 1746 mit Marie Elisabeth, geborne Bellini, die ihm 5 Kinder gebar.

Seine Tochter erster Ehe, Elisabeth Amalie Sophie, geb. den 13. Mai 1741, wurde copulirt den 17. Juni 1761 mit Elias Lux, Hüttenverwalter, und 1762 mit Flor, Hüttenverwalter zu Eir, Herzogthum Aremburg.

Kinder dritter Ehe waren:

a) Henriette Wilhelmine Angela, geb. den 27. Juli 1747.
b) Sophie Julie Henr. Doroth., geb. den 5. Juni 1749, starb 1830 als Gattin des Pfarrers Köhler zu Höchstenbach.
c) Johann Georg Wilhelm, geb. den 25. Juni 1751.
d) Tochter Philippine Christine, geb. 1753, gest. 1828.
e) Sohn Johann Peter, geb. den 20. März 1766; studirte Theologie.

4. Johann Georg Christoph Beck (1742—50)

aus Sinnbrunn, Fürstenthum Anspach. Er war vorher drei Jahre Vicar in Lehrberg und drei Jahre in Unter-Bibert im Fürstenthume Anspach. Zur hiesigen Stelle vom Markgrafen Carl Wilhelm Friedrich am 19. Mai 1742 denominirt, wurde er am 6. Sonntage p. Tr., als dem 1. Juli, nach der Probepredigt in Kirchen vom Inspector Ungewitter privative eingeführt, also daß er Kirchen allein bedienen soll.

Am 3. Juli 1750 zum Pfarrer nach Dittenheim an den Altmühlgrund im Anspach'schen ernannt, zog er am 19. Juli v. a. von hier ab. Er war ein Mann ernst frommer Richtung.

Er war zuerst verehelicht mit Anna Margaretha, geborne Schmeißer, welche am 30. November 1744 im Alter von 40 Jahren 8 Monaten starb; dann trat er in die zweite Ehe mit Sophie Blondine, geborne Jacobansin aus Klein-Longheim. Die zwei Kinder erster Ehe starben jung. Aus zweiter Ehe lebte bei seinem Abzuge von hier noch eine Tochter.

5. Johann Paul Benedict Surkel (1750—71).
(Vide Pfarrei Daaden.)

6. Johann Martin Köhler (1771—87).

Derselbe war gebürtig von Brandoberndorf, einem Orte in dem gemeinschaftlichen hessen-darmstädtischen und Weilburgischen Amte Cleeberg. Vorbereitet in der Schule des Waisenhauses von Glaucha in Halle, bezog er 1759 die Universität Gießen 1½ Jahre, darnach 2 Jahre Halle bis 1763, ward 1766 Rector in Altenkirchen und daselbst unter dem 30. Mai durch den Inspector Ungewitter introducirt, empfing von demselben unter Beistand der Pfarrer zu Hilgenroth und Almersbach am 17. August des nämlichen Jahres die Ordination, wurde dann 1768, nachdem die Almersbacher Pfarrer von dem Amte eines zweiten Pfarrers entbunden worden, am 27. März, am Sonntage Palmarum, als zweiter Pfarrer der Stadt und des Kirchspiels Altenkirchen investirt; erhielt 1770 die Pfarrei Gebhardshain und ging von da an die Pfarrei Kirchen, wo er am 29. April 1787 starb. Er hinterließ eine Wittwe, Friederike Margarethe Caroline, des Bürgermeisters Johann Philipp Zimmermann zu Hachenburg älteste Tochter, deren Ehebund am 7. August 1771 durch den Inspector Sturm kirchlich eingesegnet worden war — und acht Kinder, 6 Söhne und 2 Töchter.

Pfarrer Köhler war ein Mann Semmler'scher Richtung, philosophisch gebildet. Er führte das neue Berliner Gesangbuch ein, ein Machwerk jener glaubensarmen Zeit.

7. Friedrich Christian Carl Fargardt (1788—93)
aus Anspach. (Vide Pfarrei Benborf.)

8. Johann Peter Sturm (1793—1814),

jüngster Sohn dritter Ehe von Nr. 3 dieses, geboren zu Daaden am 20. März 1766, verehelicht mit Susanne Christine Friederike, Tochter des am 15. April 1795 als Präceptor zu Altenkirchen verstorbenen Johann Balth. Overkott. Seine Schwiegermutter, Joh. Dor. Overkott, geborne Preußer, starb am 22. September 1803 bei ihm zu Kirchen.

Er hatte von 1779—1781 in Gießen studirt und war von da an bis 1789 Hauslehrer bei Pfarrer Wuppermann zur Schüren in Barmen und bei Herrn Kriegsrath Liebrecht zu Sundern bei Gevelsberg, wurde 1789 Prorector an der lateinischen Schule zu Altenkirchen und zugleich dritter Pfarrer, ging am 14. März 1793 an die Pfarrei Kirchen, Ende Juni 1814 an die Pfarrei Cronberg vor der Höhe und am 1. Juli

1816 an die zu Sulzbach, wo er am 22. Juni 1819 starb. Er scheint einer etwas flach-rationalistischen Richtung angehört zu haben.

9. Tobias Philipp Jacob Reinhard (1814—45)

war der Sohn des weiland Regiments-Auditeurs Wilhelm Reinhard und der Charlotte, gebornen Vitrarius, geboren zu Pirmasens in Rheinbaiern am 15. Juli 1782. Seinen Vorbereitungs-Unterricht erhielt er auf dem Gymnasium zu Idstein, studirte auf der Universität Gießen, wurde im Frühjahre 1805 Pfarrer zu Blasbach im Mediatgebiete Hohensolms-Lich, im Herbste 1811 Pfarrer zu Adolphseck im Herzogthum Nassau und um Michaelis 1814 Pfarrer zu Kirchen.

Während seiner Dienstführung feierte die Gemeinde am 18. Januar 1816 das große Friedensfest; am 31. October 1817 das 300jährige Jubiläumsfest der Reformation; am 25. Juni 1830 das Erinnerungsfest an die vor 300 Jahren geschehene Uebergabe der Augsburgischen Confession. 1818 vereinigten sich die bis dahin getrennten Lutherischen und Reformirten zu einer evangelischen Gemeinde. Er führte 1815 statt des bis dahin gebräuchlichen Sailer'schen den Snell'schen Catechismus ein, und 1843 vertauschte er diesen mit dem Snethlage-Leipold'schen Catechismus.

Am 19. April (Ostern) 1835 wurde die Agende und am Sonntage Jubilate (7. Mai) 1843 das neue Gesangbuch eingeführt.

Das neugebaute Schulhaus wurde am 13. December (Lucastage) 1838 durch ihn geweiht, nachdem die Grün-Grube-Kluft und Enk'sche seit 1808 bestandene Privatschule 1832 mit der öffentlichen Elementarschule vereinigt worden war.

Von 1840—1843 verwaltete er commissarisch die Schul-Inspection. Er starb nach zweimonatlichem Leiden an der Wassersucht am 1. Februar 1845, Mittags 1 Uhr. Pfarrer Franz sprach die Grabrede, Pfarrer Lindenborn aus Freusburg in der Kirche die Leichenrede und Superintendent Rehorn am Sonntage Invacavit (9. Februar) über Apostelgeschichte 20, 25 und 26 des Gedächtnißpredigt.

10. Jacob Doll (seit dem 3. Mai 1846),

Sohn des Bäckers und Gastwirths Christian Doll und der Sophie, geborne Haudt zu Kirn a. d. Mosel; er wurde am 5. September 1811 geboren, besuchte das Proggymnasium zu Kreuznach bis Ostern 1831, darnach vier Semester bis Ostern 1833 die Universität zu Berlin und von da bis Ostern 1834 bis zu Bonn, machte 1834 und 1836 seine theologischen Examina in Coblenz, war vom Himmelfahrt 1835 bis 4. November 1839 Hauslehrer bei dem Ober-Präsidenten von Bodelschwingh, vom 6. November 1839 bis 26. April 1846 Pfarrer in Vinbernheim, Kreis St. Goar; am 3. Mai 1846 wurde er als Pfarrer zu Kirchen introducirt, nachdem er seine Antrittspredigt über 1. Cor. 3, 9—15 gehalten hatte. Er ist verheirathet am 28. November 1739 mit Susanne, geborne Leist, verwittwet seit dem 25. Mai 1858. Von seinen Kindern hat sein ältester Sohn:

    a) Carl Ludwig, Theologie studirt, war Pfarrer in Bremen, jetzt zu Hilgenroth.

b) Tochter Maria Magdalena, verehelicht am 19. Juni 1865 mit dem Pfarrer Wilhelm Toll in Wissen.

c) Jüngster Sohn Ludwig Christian Carl hat das Friedrich-Wilhelm-Gymnasium zu Cöln besucht und studirt zu Halle Theologie.

4. Das Kirchspiel Gebhardshain.

Das Kirchspiel Gebhardshain, der ehemalige Sitz einer Adelsfamilie gleichen Namens, gehörte dem Herzog von Jülich und ist von demselben durch den Grafen von Sayn am Ende des fünfzehnten Jahrhunderts ertauscht worden.

Die dortige evangelische Pfarrgemeinde, zu welcher die Dorfschaften: Gebhardshain, Dickendorf, Elkenroth, Elken und Steinroth, sowie das Capellendorf Katzenroth gehören, war von der Reformation an bis 1605 lutherisch, dann reformirt bis 1626 und seit 1652 wieder lutherisch. Im Jahre 1817 trat sie der Union bei.

Das Erzbisthum Trier bildete hier kurz nach 1652 eine katholische Pfarrei, doch verblieb das dortige reformirte Pfarrhaus der lutherischen Gemeinde. Dieser war auch der Mitgebrauch der dortigen Kirche gestattet.

Durch die Bemühungen des Landrathes Kampens wurde am 31. Juli 1859 ein Vergleich der beiderseitigen Kirchenvorstände wegen Aufhebung der Simultanei zu Gebhardshain zu Stande gebracht und unter dem 16. August e. a. von dem bischöflichen General-Vicariat in Trier und unter dem 23. December e. a. von dem königlichen Consistorium zu Coblenz genehmigt. Gemäß dieses Vergleiches überließen die Evangelischen den Katholiken die dortige Kirche gegen eine gewisse Summe zum alleinigen Gebrauch; dagegen erbauten in den Jahren 1862 und 1863 die Evangelischen eine neue Kirche für sich, wozu der Grundstein am 23. März 1862 gelegt und welche am 22. Juli 1863 feierlichst eingeweiht wurde.

Eine zum Bau bewilligte Hauscollecte brachte 1500 Reichsthaler ein.

Die Seelenzahl beträgt 300 mit 4 Presbytern und 16 Repräsentanten. Das Kirchspiel hat 3 Schulen und 3 Lehrer. Das Pfarreinkommen beträgt 230 Rthlr.

Series Pastorum.

1604 wird ein Pfarrer Peter Küster zu Gebhardshain erwähnt.

Der letzte lutherische Pfarrer war Heimann Mudersbach; er wurde 1605 vom Grafen Wilhelm entlassen. An seine Stelle trat der reformirte Pfarrer:

1. Johannes Rhodius (1606—26).

Derselbe wurde durch Churtrier verjagt, zog nach Hachenburg, wo er am 18. Juli 1636 starb.

Sein Sohn Johannes, welcher Schulbiener zu Höchstenbach war, ehelicht am 30. October 1627 Elsa, Johann Kersenich's Tochter.

Von 1626—1652 fungirt kein evangelischer Pfarrer dort.

Nach dem Jahre 1652 wurden die Lutheraner dieses Kirchspiels von den lutherischen Pfarrern zu Daaden bedient, und zwar von

Pfarrer Johannes Groos, 1652—54;

Pfarrer Johann Ebert Gremeisen, 1654—71;

Pfarrer M. Johann Manzius, 1671—1708.

1709 wurde die Pfarrei daselbst wieder mit eigenen Geistlichen besetzt.

1. Georg Balthasar Cellarius (1709—17)

aus dem Hessischen; er zog aber, wie Inspector Ungewitter sagt, wegen ungleicher Heirath von hier weg.

2. Friedrich Goebel (1717—29)

wurde am ersten Pfingsttage, als den 16. Mai 1717, durch den Inspector Biedermann von Altenkirchen in sein Amt eingeführt und starb nach 13jähriger Amtsführung daselbst im Alter von 52 Jahren am 14. Februar 1729. Seine Frau war bereits vor ihm, am 28. März 1721, 42 Jahre alt, verstorben.

3. Georg Friedrich Grovius (1730—33)

hielt am elften Sonntage nach Trinitatis seine Antrittspredigt über Matth. 5, 20—27 und ging 1733 nach Altenkirchen.

(Vid. Rectoren-Verzeichniß Nr. 8.)

4. Johann Jacob Peußener (1733—43).

(Vid. Rectoren-Verzeichniß von Altenkirchen Nr. 9.)

5. Johann Wilhelm Friederici (1743—62),

von Hilgenroth gebürtig. (Vid. Hilgenroth.)

6. Anton Ludwig Ebhardt (1762—70),

von Bendorf gebürtig; eingeführt am ersten Ostertage, den 12. April 1762. (Vid. Pfarrer von Hilgenroth.)

7. Johann Martin Köhler (1770—71).

(Cfr. Pfarrer von Kirchen.)

8. Johann Ferdinand Andreas Doerner, dictus Ziegler, (1771—82).

(Cfr. Pfarrer zu Altenkirchen.)

9. Andreas Daniel Beer (1782—1815),

geboren gegen das Jahr 1743 zu Altenstädten bei Hohensolms, wo sein Vater, Johann Carl Ferdinand Beer, hessischer Inspector war. Er ehelichte zu Altenkirchen, wo er seit 1773 zweiter Pfarrer und Rector war, am 5. September des Cantors Biegmann nachgelassene Wittwe Friederike Elisabeth, geborne Ruhland.

Im Jahre 1782 verſetzte ihn die Landesherrſchaft als evangeliſchen Prediger an die Gemeinde zu Gebhardshain, an welchem Orte er, 72 Jahre alt, am 28. Auguſt 1815 ſeinen Lebenslauf ſchloß.

10. Friedrich Förtſch (1816—22),

geboren am 1. September 1794 zu Hauskirchen in der Grafſchaft Neuſaarwerben, ſtudirte in Gießen und Marburg, wurde angeſtellt 1816 zu Gebhardshain, 1822 zu Obercleen, 1825 um Martini zu Biskirchen und am 2. Januar 1834 als zweiter Pfarrer zu Wetzlar, wo er ſpäter zur erſten Pfarrei befördert wurde.

11. Friedrich Kilian Abicht (1822—26),

Sohn des Lehrers und Cantors Johann Nicolaus Abicht zu Walbau, Regierungsbezirks Erfurt, geboren daſelbſt am 10. Februar 1788, frequentirte von 1802—10 das Gymnaſium zu Schleuſingen, ſtudirte von 1810—13 zu Leipzig, wurde am 6. October 1813 zu Dresden examinirt, nahm 1814 eine Hauslehrerſtelle an, vicarirte ſeit 1817 bei mehreren alten Geiſtlichen der Rheinprovinz, machte 1822 zu Coblenz beim Conſiſtorium ſein Examen pro ministerio, wurde angeſtellt 1822 zu Gebhardshain als Pfarrer, im März 1826 als Pfarrer zu Obercleen, Kreis Wetzlar; am 11. November 1830 als Pfarrer zu Hochelheim und ſeit 1842 Pfarrer zu Gemünden, Kreis Simmern.

12. Johann Friedr. Chriſtian Beer (1826—43),

Sohn von Nr. 9, geboren zu Gebhardshain den 2. Januar 1803, ſtudirte in Bonn, war zuerſt Pfarrvicar zu Gebhardshain, vom Charfreitage 1826 bis zum erſten Sonntage in Auguſt; wurde den 5. Auguſt 1827 Pfarrer und ging am 7. Mai 1843 als Pfarrer nach Dorlar.

13. Auguſt Franz (1843—47).
(Cfr. Pfarrer von Schöneberg.)

14. Pfarrvicar Emil Wilhelm Richter (1857—59)

zu Ahrweiler, wurde 1857 zum Pfarrvicar der evangeliſchen Gemeinde Gebhardshain berufen und am 1. Sonntage p. Trinit. in ſein Amt eingeführt; er hielt dort 1859, am 11. Sonntage p. Tr., als den 4. September, ſeine Abſchiedspredigt und nahm dann, dem an ihn ergangenen Rufe folgend, die Pfarrei Bacharach (Synode Coblenz) an.

Nachdem der Pfarrvicar Raquot die Gemeinde drei Monate lang in Predigten bedient, wurde die Pfarrei übertragen:

15. Johann Ludwig Philipp Geibel (1. December 1851—62).
(Cfr. Die erſten Pfarrer von Daaben.)

Zunächſt verwaltete der Vicar Thomas vom 12. Auguſt 1862 bis Anfangs November 1863, wo er als Pfarrverwalter nach Ebergöns ging, und dann der Pfarrvicar zu Wiſſen, Johann Wilhelm Carl Altgelt, von 1863—64 die Pfarrſtelle.

Darnach wurde ſie beſtellt mit

16. Julius Adler (ſeit dem 15. Februar 1865),

Sohn der Eheleute Johann Georg Adler und Helene, geborne Klöpper zu Crefeld, geboren daſelbſt den 27. November 1830; er zog 1844 mit ſeinen Eltern nach Düſſeldorf, beſuchte daſelbſt die Realſchule bis 1847, wo er confirmirt wurde, dann das Gymnaſium bis 1851, von da ab

bis 1854 das Gymnasium zu Gütersloh. Nach absolvirtem Abiturienten=
Examen studirte er bis 1855 zu Halle und von 1855—57 zu Bonn;
machte seine beiden theologischen Examina 1858 und 1859 beim Consi=
storium zu Coblenz, wurde zuerst Lehrer der Candidatenschule zu Preuß.=
Oldendorf von 1857—60, dann Hilfsprediger zu Neviges und 1865
Pfarrer in Gebhardshain, wo er am 15. Februar ordinirt und ein=
geführt wurde.

Die Kirchspielsschulen in der Herrschaft Freusburg.

1. Verzeichniß der Lehrer zu Daaden.

Der erste Schuldiener, der nach Aufhebung der dorti=
gen lateinischen Schule erwähnt wird, ist:

1. **Johannes Gilzbach** (28. Februar 1615). Er hat Schuld=
scheine ins Pfarr=Rentenbuch eingetragen.

2. **Laurentius Bock**, geht 1649 als Präceptor und Organist
nach Hachenburg und am 8. September 1651 in gleicher Eigenschaft
nach Altenkirchen.

3. **Michael Müller** (10. April 1673, 1674, 1684). Seine Tochter
Elisabeth Margarethe ehelicht 1673 Policarp Hähner, Bergmann aus
Neustadt in Sachsen.

4. **Johannes Braun**, 1697 Präceptor, ehelicht am 18. April
1699 Marie Gertraud, Constantin Phlug's Tochter zu Altenkirchen.

5. **Caspar Glaeser**, 1700—1702 Schuldiener.

6. **Georg Weber** aus Großenbehringen in Thüringen (1702 bis
1708), geboren am 22. Februar 1681. Sein Vater, Johannes Weber,
war Wangenheim'scher Verwalter und Forstbediener auf dem Hause
Hitzscharbe, vier Stunden von Großbehringen. Seine Mutter, Anna
Elisabeth, war eine geborne Holzhäuser, Tochter des Marcus und der Su=
sanne Holzhäuser.

Als er dreizehn Jahre alt war, starb sein Vater, und bei seiner
Mutter Tode mußte er in die Fremde und kam zum Rath und Amt=
mann Friedrich Jacob Fabario in Jena, bei welchem er über zwei Jahre
Scribent war und mit ihm nach Wien reiste. Fabario wurde Kanzlei=
Director zu Altenkirchen, und Weber kam als Präceptor und Organist
nach Daaden, an welchem Orte er sechs Jahre stand, legte dann die
Stelle nieder und war ein Jahr lang Küchenschreiber zu Hachenburg
bei der Gräfin v. Kirchberg, darnach drei Jahre lang Verwalter beim
Adeligen v. Stepproth zu Catzenelnbogen, war darnach über sieben
Jahre zu Coblenz am Rhein Secretär beim Obristen und Commandan=
ten Philipp Ludwig Hilchen v. Lorch und trat dann aus dessen Dienste.

Er war seit 1714 verehelicht mit Dorothea Elisabeth v. Trümborn
von Burbach, welche Ehe mit vier Kindern, drei Söhnen und einer
Tochter, gesegnet war.

Georg Weber starb zu Burbach am 2. August 1745, 64 Jahre alt.
Seine Wittwe folgte ihm am 23. Juni 1768 im Alter von 80 Jahren
im Tode nach.

7. **Johann Peter Overkott** (1707—33),
geboren im September 1670 zu Hohenlimburg an der Lenne, erhielt
am 29. November 1707 den Ruf als Präceptor nach Daaden und trat
mit dem 1. December desselben Jahres seinen Dienst an, war vorher
Lehrer zu Vollberg im Niederbergischen. Er lebte seit dem 4. October
1701 im Ehestande mit Elisabeth, geborne Schonenberger, welche am

7. August 1677 geboren war und am 8. Februar 1758, 81 Jahre alt, starb. Diese Ehe war mit zehn Kindern, sechs Knaben und vier Mädchen, gesegnet.

Overkott stand hier 26 Jahre im Amte und starb 1733, 63 Jahre alt. Ihm succedirte sein Sohn, welcher ihm schon das Jahr vorher abjungirt war.

8. Johann Jacob Overkott (1733—74),

geboren zu Vollberg am 8. August 1702, war von seinem Vater zum Schul- und Kirchendienst ertüchtigt worden, trat am 31. Januar 1737 in die Ehe mit Regine Susanne, Wolfgang Nicolaus Beinhauer's Tochter, welche, am 16. Januar 1719 geboren, am 3. October 1759, 41 Jahre alt, gestorben ist. Dieser Ehe entsprossen zehn Kinder, drei Knaben und sieben Mädchen.

Lehrer Overkott starb am 15. Februar 1774 am Brustfieber und wurde am 17. ejusd. beerdigt; er war 54 Jahre Präceptor, und zwar 12 Jahre in Odenspiel und 42 Jahre hier, hinterließ seine Wittwe, zwei Söhne und zwei Töchter; er lebte 22 Jahre in der Ehe und starb im Alter von 71 Jahren, 6 Monaten und 7 Tagen.

9. Johann Balthasar Overkott (1774—80),

ältester Sohn des Vorigen, geboren zu Daaden den 18. Februar 1738, confirmirt 1753 am Sonntage Quasimodogeniti; vorbereitet zum Schulfache und Organistendienste von seinem Vater, wurde er demselben (welcher zugleich Mechanicus war) um Michaelis 1767 abjungirt. Er gründete einen Hausstand mit Johannette Henriette Dorothea, Tochter des Georg Daniel Preußer, gewesenen Chirurgen und Posthalters zu Idstein, mit welcher er am 18. October 1767 kirchlich eingesegnet war. Diese Ehe war mit einigen Kindern gesegnet. Seine Gattin starb am 22. September 1803 bei ihrem Schwiegersohne, dem Pfarrer Sturm in Kirchen.

Um Martini 1780 ging er als Cantor nach Altenkirchen, wo er am 15. April 1795 im Alter von 57 Jahren und 27 Tagen mit Tode abging. — Sein Nachfolger zu Daaden war:

10. Wilhelm Henrich Overkott (1780—1835),

ein Bruder des Vorigen, geboren zu Daaden am 2. October 1753, verheirathete sich am 18. October 1780 mit Wilhelmine Christine, des Johann Balthasar Ar einziger Tochter zu Daaden, welche am 26. Februar 1784 dem Rufe in die Ewigkeit folgte. Diese Ehe war mit acht Kindern, fünf Söhnen und drei Töchtern, gesegnet.

Er erhielt 1818 seinen jüngsten Sohn zum Abjuncten und starb am 11. November 1835, Morgens 5 Uhr, in dem seltenen Alter von 82 Jahren, 1 Monat und 9 Tagen.

11. Wilhelm Henrich Overkott (seit 1818),

Sohn des Vorigen, geboren zu Daaden am 7. August 1794, unterwiesen von seinem Vater in der Musik und in den Elementarschulkenntnissen, besuchte dann das Idsteiner Gymnasium bis Tertia; geprüft zu Altenkirchen im Jahre 1815 durch den Superintendenten Albrecht, bestand er 1817 eine abermalige Prüfung bei der Kirchen- und Schulcommission zu Coblenz und wurde unter die Zahl der befähigten und wählbaren Schulcandidaten aufgenommen; zuerst wurde er als Gehilfe seines Vaters durch die nassauische Behörde angestellt, erhielt dann laut Decret vom 28. Juli 1818 definitiv die Lehrer-, Vorsänger- und Organistenstelle zu Daaden mit circa 300 Thalern Gehalt. Zugleich wurde eine Mädchenschule errichtet und mit einem Lehrer besetzt. Er verehe-

lichte sich am 2. October 1818 mit Wilhelmine, Johann Jacob Reifen=
rath's Tochter, welche am 1. Mai 1800 geboren war. Dieser Ehe
entsprossen zehn Kinder, sieben Knaben und drei Mädchen.

Am 17. März 1865 feierte er im Kreise seiner Freunde das fünf=
zigjährige Dienstjubiläum, bei welcher Gelegenheit die Huld Sr. Majestät
ihm das allgemeine Ehrenzeichen verlieh. Bei Anstellung eines dritten
Lehrers im Jahre 1861 behielt er sich den Unterricht der dritten
Classe vor.

Lehrer bei der Mädchenschule.

1. **Johann Ludwig Hengen** (1817—21), Sohn des Johann
Gerlach Hengen in Daaden, ehelichte im April 1821 Marie Elisabeth
Ebener zu Mühlenborf, kam 1821 von hier nach Kirchseifen und später
nach Burtscheid bei Aachen, wo er gestorben ist.

2. **Johann Gerlach Fries** (1821—51), Sohn des Johann
Engelbert Fries und dessen Gattin Marie Elisabeth, geborne Knauz zu
Biersdorf, geboren daselbst am 21. August 1789, vorbereitet zum Schul=
amte vom Präceptor Overfott; er war fünf Jahre Lehrer zu Herdorf,
zwei Jahre zu Weibenfeld, fünf Jahre zu Niederbreißbach und dreißig
Jahre zu Daaden; copulirt zu Daaden am 30. December 1828 mit
Marie Elisabeth Richter, welche am 3. März 1855 mit Tode abging.
Lehrer Fries starb am 17. Februar 1851 an der Brustkrankheit.

3. **Wilhelm Röcher** (1853—60), geboren zu Aachen im Kreise
Siegen am 17. April 1816, verheirathet seit dem 19. Februar 1845 mit
Amalie Benber von Plittershagen; ein Nervenfieber endete am 25. März
1860 seine Erdenlaufbahn; er hinterließ seine Wittwe und drei Kinder.

4. **Philipp Barz** aus Rengsdorf bei Neuwied, vom August 1860.
Wegen Krankheit wurde er 1861 durch die königl. Regierung vom Schul=
dienste entbunden.

5. **Wilhelm Wagner** (seit 1861), geboren am 8. December 1839
zu Wahlenau, Kreis Zell, besuchte von 1857—59 das Lehrerseminar zu
Neuwied, bekleidete die Schulstelle zu Biersdorf vom 1. August 1859
bis dahin 1861. Seit dem 1. August 1861 zweiter Lehrer zu Daaden,
tritt er in den Ehestand am 13. November 1861 mit Wilhelmine, ge=
borne Brand zu Daaden.

Dritte Lehrerstelle.

Die dritte Lehrerstelle existirt seit dem 1. August 1861.

1. **Engelbert Zimmer** (1861—64) aus Neuwied, ernannt am
1. Juni 1861, trat die Stelle am 1. August an und ging am 1. Juni
1864 an die Töchterschule zu Elberfeld.

2. **Heinrich Rödig** von Hahnroth bei Dierdorf, seit dem 1. Juni
1864.

2. Die Schule zu Fischbach.

Der erste Lehrer, der in den Taufprotocollen erwähnt
wird, ist:

1. **Hans Henrich Hartkopf** (1677, 1681, 1693).

Sein Nachfolger war:

2. **Johann Martin Breuner** (1698—1730).

Er ließ am 4. März 1726 einen Sohn (Johannes) taufen und starb,
nach dem Tobten=Kataloge, am 19. Juli 1730.

3. Christian Augewitter (1730—71).

Er war aus Altstädt in Thüringen gebürtig und ein Bruder des am 11. Februar 1767 als Inspector und Prediger zu Altenkirchen verstorbenen Magisters Christoph, der ihn frater meus, sowie dessen Sohn Johann Wilhelm Christ. Augewitter, Pfarrer zu Freusburg, ihn Oheim nennt.

Seine erste Anstellung fand er 1722 zu Hilgenroth, ging dann an eine Schulstelle ins Bergische, von wo er 1730 an die Schule zu Fischbach kam. Im ehelichen Bunde lebte er seit 1725 mit Dorothea Maria, geborne Frieberici, welche am 18. August 1772, 77 Jahre alt, zu Fischbach verschied. Er war ihr bereits am 29. November 1771 im Tode vorangegangen, hatte 47 Jahre im Schulamte gestanden und ein Lebensalter von 71 Jahren 5 Monaten erreicht und wurde am 1. December beerdigt. Bei seinem Tode lebten von fünf Kindern noch vier.

4. Johann Anton Jörg (1771—99),

gebürtig von Fischbach, wo sein Vater Johannes Gerichtsschöffe war, trat am 8. Juli 1756 in den Ehestand mit Friederike Marie Sophie, seines Vorgängers Tochter, welche mit Hinterlassung ihres Mannes und sechs von acht Kindern am 1. November 1794 der Welt valet gab und ein Alter von 59 Jahren, 7 Monaten und 3 Tagen erreicht hatte.

Lehrer Jörg war seit 1766 der Adjunct seines Schwiegervaters und wurde nach dessen Tode als definitiver Lehrer angestellt. Nachdem er dem Schuldienste zu Fischbach 30 Jahre lang rühmlichst vorgestanden statte, starb er am 25. Februar 1799 im Alter von 64 Jahren. Sein Sohn:

5. Johann Henrich Jörg (1799—1825),

trat erst bei seinem Vater als Adjunct ein und wurde nach dem Tode seines Vaters als Lehrer angestellt, ehelichte am 7. September 1789 Anna Catharina, Johann Henr. Dornseifer's Tochter von Oberholzklau. Er fungirte hier als Lehrer bis zum Jahre 1825, wo er am 6. Novbr. seine Erdenwallfahrt vollendete; er war 26 Jahre Schuldiener und 66 Jahre 3 Monate alt.

7. Engelbert Meier (1826—31),

gebürtig von Derschen, kam 1831 als Lehrer nach Flammersfeld, wo er am 10. Juli 1850 starb.

7. Ludwig Schroeder (1732—38),

geboren 1804 zu Laasphe, wo sein Vater Christian Rathsherr und Bürger war. Von 1829—30 war er Verwalter der Schule der vereinigten Gemeinden Lindenberg und Oberhäuslingen und hatte am letztern Orte seinen Wohnsitz, 1830 wurde er Lehrer und Organist zu Oberfischbach und 1832 desgleichen in Niederfischbach, von wo er 1838 als Lehrer nach Kreuznach ging. Hier ist er vor einigen Jahren gestorben (1868).

8. Johannes Dormann (1839—42)

aus Breckerfeld, war vorher zu Oberhäußlingen, wurde 1842 entlassen.

9. Christian Balzer (1842—43).

Sein Vater Henrich Wilhelm war Lehrer zu Wehrdorf. Er war geboren baselbst am 8. August 1822, besuchte von 1840 bis 1842 das Seminar zu Neuwied, machte am 26. Juni dieses Jahres seine Abiturienten-Prüfung; war zuerst in Fischbach, 1843 zu Bauernfeld und 1859 zu Hilchenbach angestellt.

10. Otto Rohl (1843—45),

gebürtig von Neuwied, ist gegenwärtig Rector in den Eichen bei Krombach.

11. Friedrich Runkel (1845—48)

wurde am 13. Februar 1845 eingeführt und 1848 suspendirt.

Die Schulstelle wurde sechs Wochen lang durch den Aspiranten Köster aus dem Kreise Wetzlar verwaltet und dann verliehen:

12. Philipp Hähner (1849—56)

aus Werlau.

13. Henrich Jacob Kuntzig (1856—60),

geboren am 20. October 1836 zu Peun im Kreise Wetzlar, wo seine Eltern, Lehrer Philipp Kuntzig und Elisabeth, geborne Simon, domici= lirten. Den Elementar=Unterricht empfing er von seinem Vater, der ihn auch zum Lehramte so weit vorbereitete, daß er am 23. bis 25. April 1856 vor der Prüfungs=Commission zu Neuwied seine Maturitäts= Prüfung bestand; machte 1859 seine Wiederholungsprüfung, wodurch er Befähigung zur definitiven Anstellung erlangte; wurde zuerst 1856 als provisorischer Lehrer zu Fischbach, dann 1859 definitiv angestellt und am 8. October förmlich in sein Amt eingeführt; er siedelte am 17. Juni 1860 als Lehrer nach Eiserfeld über.

14. Ferdinand Petter (1860—68)

aus Freusburg.

15. Wilhelm Rüdig (seit 1868).

3. Die Schule zu Freusburg.

Der erste lutherische Lehrer, der in den Kirchenbüchern vorkommt, ist:

1. Christoph Keyser.

Derselbe wird 1706 und 1709 als Ludimoderator genannt. Vielleicht ist er der erste Lehrer, der seit der Einrichtung der dortigen Pfarrei an= gestellt, für welchen Fall er eine geraume Zeit hier als Lehrer fungirt hat. Er starb hier als Schuldiener am 3. März 1709 in einem Alter von 69 Jahren.

2. Johann Adolph Milchsack (1709—49).

Am 11. November 1711 trat er in die Ehe mit Johann Valentin Henning's Wittwe, Catharine Margarethe, die nach zehnjähriger Ehe am 30. September 1721 aus diesem Leben schied und ihren Mann und einen Sohn, Johann Henrich, welcher am 10. October 1714 geboren war, hinterließ. Er trat in die zweite Ehe am 23. Februar 1722 mit Anna Dorothea Benigna Cleß' Wittwe, welche am 16. Mai 1747, 76 Jahre alt, die Zeitlichkeit verließ.

Präceptor Milchsack schied nach 40jähriger treuer Dienstführung aus diesem Leben; der Todten=Katalog führt seinen Hingang also an: Anno 1749 am 19. Juli ist unser alter, ehrlicher Herr Präceptor J. A. Milch= sack gestorben, alt 63 Jahre weniger zwölf Tage, nachdem er 40 Jahre als Präceptor hier gewesen.

Sein einziger Sohn Johann Henrich, der ihn im Amte unterstützte und von dem er hoffte, daß er sein Nachfolger werden würde, starb vier Monate später, am 20. November 1749, 35 Jahre alt, und wurde am folgenden Tage beerdigt.

3. Auguſt Wilhelm Beinhauer (1749—55)
wurde am 10. September in ſein Amt eingeführt, wird noch 1754 genannt.

4. Auguſt Henrich Ungewitter (1755—77)
ging 1777 als Lehrer nach Kirchen.

5. Jacob Salomon Schmidt (1777—83).
Derſelbe war von Gemünden gebürtig und vorher von 1775—77 Gehilfe des Kirchener Präceptors Jung, ging dann nach Freusbnrg. Er lebte in der Ehe mit Rahel Chriſtine Friederike und ließ am 30. Juni 1873 eine Tochter (Sara Chriſtine) taufen. Im Herbſte dieſes Jahres muß er verzogen ſein, denn es wird hier

6. Jacob Weber (26. Juni 1783—91)
als Schuldiener genannt. Wohin derſelbe verzogen, iſt nicht bekannt.

7. Johann Philipp Vetter (1791—1832),
gebürtig von Altenkirchen, geboren am 17. Juli 1769, wurde am 26. Juni 1791 in ſein Amt eingeführt. Seine Ehefrau Maria Catharina, mit der er am 26. Februar 1794 getraut war, war die Tochter des Johann Henrich Scheneld, mit der er acht Kinder zeugte. Er ſtarb am 21. März 1832, 62 Jahre 8 Monate und 4 Tage alt. Als Abjunct ſtand ihm ſein Sohn Carl Chriſtian Julius Johannes, welcher am 10. November 1794 zu Freusburg geboren war, zur Seite, und zwar von 1818—25. Im Jahre 1825, am 17. Juni, ging der Letztere mit Tode ab und an ſeine Stelle trat Joh. Philipp Vetter, 1825—32.

8. Matthias Müller (18. April 1832—43)
von Langenbach.

9. Johannes Kroh (24. October 1843—48)
von Wetzlar.

10. Wilhelm Karl Balzer (10. Januar 1848—54),
geboren am 29. Januar 1824 zu Wehrdorf, wo ſein Vater Lehrer war, ging 1854 an die Mädchenſchule in Siegen und 1859 als zweiter Lehrer nach Hilchenbach.

11. Chriſtian Schneller (1854—61)
von Dierdorf. Seine Eltern, Johann Moritz Schneller und Chriſtine, geborne Latz, wohnten zu Dierdorf; geboren daſelbſt am 13. December 1833, für das Seminar vorgebildet durch den Lehrer Fetz, beſuchte er von 1852 an zwei Jahre lang das Seminar zu Neuwied; wurde examinirt im Juli 1854, proviſoriſch angeſtellt zu Freusburg und daſelbſt am 8. Auguſt eingeführt, erhielt die definitive Anſtellung daſelbſt am 16. December 1857 und kam 1861 als erſter Lehrer nach Freudenberg.

12. Matthias Schaefer (ſeit 1861)
von Gebhardshain.

4. Die Schule zu Kirchen.

Als für Kirchen 1712 ein Pfarrer angeſtellt und eine Pfarrei daſelbſt dotirt war, wurde auch einige Jahre darauf eine Schulanſtalt dort errichtet. Als erſter Lehrer wird genannt:

1. Tilmann Jung (1719—1763),

Sohn des 1731 zu Freusburg verstorbenen Burgschulzen Henrich Jung und dessen Ehefrau Elisabethe, geb. Jaeger aus Freusburg. Er war geboren daselbst am 15. August 1702, wurde Lehrer zu Kirchen und am 19. Novbr. 1719 durch den Diakonus Lange in sein Amt eingeführt. Späterhin übertrug man ihm auch das Amt eines Kirchen- und Kastenmeisters, welche Aemter er unter der Dienstführung der fünf ersten evangelischen Prediger in Kirchen mit vieler Treue verwaltet hat.

Er gründete einen Hausstand mit Marie Elisab., des Schreinermeisters Nolben zu Kirchen Tochter, mit welcher er sich am 29. October 1726 kirchlich trauen ließ. Diese Ehe wurde mit 9 Kindern, 6 Söhnen und 3 Töchtern, gesegnet, von denen bei seinem Tode noch 6 Kinder, 4 Söhne und 2 Töchter, lebten.

Ihm wurde 1721 Anton Guteneuer zum Abjuncten beigegeben, allein dieser starb schon nach 11 Wochen am 11. September.

Schuldiener Jung starb, nachdem er 44 Jahre lang evang. lutherischer Lehrer und Kirchenmeister gewesen war, im Alter von 60 Jahren 6 Monaten 3 Wochen und 3 Tagen am 10. März 1763 und hinterließ 6 Kinder und seine Wittwe, und er wurde mit einer Leichenrede über Ps. 34, 23. 24 vom Pfarrer Junkel am 13. ejusd. begraben. Am Tage seines Begräbnisses folgte ihm seine Wittwe, die ihm eine treue Lebensgefährtin gewesen war, im Tode nach. Sie war geboren 1705 am 12. April und hatte somit ein Lebensalter von 58 Jahren erreicht und 36½ Jahre in der Ehe gelebt. Als Lehrer folgte ihm sein zweiter Sohn:

2. Johann Christoph Jung (1763—1766),

geboren zu Kirchen am 25. März 1736, zum Lehrerfach ausgebildet durch seinen Vater und durch die Geistlichen des Orts, war seit dem 29. Juli 1758 5 Jahre lang Adjunct seines Vaters. Als solcher trat er 1759 am 31. Juli in die Ehe mit Anna Ursula, Tochter des Joh. Christoph Mittler, Bürgers und Wagnermeisters zu Lautershausen im Anspach'schen. Dieser Ehe entsprossen 8 Kinder, die aber alle in den Jahren der Kindheit dahinstarben.

Sein Wirken währte nur 13 Jahre. In den letzten Jahren seines Lebens kränkelte er, so daß er ein Jahr vor seinem Tode sich einen Lehrgehülfen, Jacob Salomo Schmidt, von Gemünden gebürtig, hielt, der auch die Stelle noch ein halb Jahr nach seinem Tode für die Wittwe verwaltete. Sein Tod erfolgte am 5. November 1776 nach einem Blutsturz. Er hatte im Ganzen 18 Jahre in der Schule gehalten, 17 Jahre in der Ehe gelebt und ein Lebensalter von 30 Jahren 7 Mon. und 11 Tagen erreicht, und wurde mit einer Leichenrede über Hiob 7, 2—4 am 7. Novbr. beerdigt.

Seine Wittwe trat nach beendigtem Trauerjahre 1777 am 9. Decbr. wieder in die Ehe mit Joh. Lorenz Röger, Lieutenant zu Altenkirchen.

5. August Heinrich Ungewitter (1777—97).

Sein Vater war Johann Christian Ungewitter, Lehrer zu Fischbach. Er wurde vorgebildet für's Schulfach durch seinen Vater und seinen Oheim, Pfarrer Ungewitter, der ihn auch im Jahre 1743 confirmirte. Er war 1754 Lehrer in Alsdorf, kam im folgenden Jahre in gleicher Eigenschaft nach Freusburg, von wo er 1777 als Lehrer nach Kirchen übersiedelte. Hier starb er am 8. November 1797 unter Hinterlassung seiner Wittwe und sieben Kindern, sechs Söhnen und einer Tochter.

Ihm folgte als Präceptor sein dritter Sohn:

6. Johann Carl Henrich Ungewitter (1798—1829),

geboren zu Freusburg am 3. October 1770. Er war verheirathet mit Elisabeth Jung, die ihm vier Kinder gebar. Sie starb 1824. Er schied

am 10. Februar 1832 aus der Zeitlichkeit. — Im Jahre 1829 über=
nahm der älteste Sohn Carl für den Vater die Verwaltung der Schul=
stelle, die ihm nach dessen Tode definitiv übertragen wurde.

7. Carl Ungewitter (seit 1829),

geboren zu Kirchen am 14. November 1808. In den Schulmeister=
kenntnissen von seinem Vater unterwiesen, besuchte er von 1826—29
das Seminar zu Neuwied.

Angestellt zu Kirchen, begann er am 15. Juli 1829 seine Lehrer=
thätigkeit, verehlichte sich 1845 mit Amalie Schnabelius, welche Ehe
mit vier Töchtern gesegnet wurde.

Die Privatschule zu Kirchen.

Außerdem existirt seit 1808 zu Kirchen eine höhere Lehr=
anstalt, eine sogenannte Rectoratsschule. Lehrer dieser Schul=
anstalt waren:

1. Carl Grün (1808—20).
2. Friedrich Wilhelm Grube (1820—25), geboren am
16. Februar 1795, verehelicht am 22. October 1823 mit Marie Elisa=
beth, geboren am 23. October 1803; Tochter des Johannes Gregor
Diez von Netphen, die sich als Dichterin bewährt hat. Grube zog später
mit Familie nach Düsseldorf.
3. Kluft, Privatlehrer (1825—28).
4. Jacob Enke (1828—33) zog im letzten Jahre als Lehrer nach
Hamm a. d. Sieg. (Cfr. Lehrer-Verzeichniß zu Hamm.)
5. Schmick, Privatlehrer (1850—52) von Unglinghausen.
6. Henrich Wilhelm Günnemann (seit dem 1. April 1852),
geboren den 28. Februar 1826 zu Dortmund, besuchte von 1839—44
das Gymnasium, respective die Realschule zu Dortmund; von 1844 bis
1846 das Seminar zu Soest, war zuerst zweiter Lehrer an der Privat=
schule zu Laasphe vom 1. September 1846—1852, und von da an bis
jetzt zu Kirchen.

III. In der Grafschaft Sayn=Hachenburg.

Nach Vorausschickung einiger allgemeiner Bemerkungen.

Die Grafschaft Hachenburg mit den Parochien: Alpen=
roth, Altstadt, Hachenburg, Höchstenbach, Kroppach, Marxsain
und Roßbach gehörte in kirchlicher Beziehung bis zur Re=
formation zum Erzstifte Cöln, und zwar zu dem Archi=
diaconate Bonn und dem Landcapitel Siegburg.

Die Grafschaft fiel in der Theilung 1652 der Gräfin
Ernestine von Sayn zu, welche an den katholischen Grafen
von Manderscheid=Blankenburg vermählt war, der seinen
Unterthanen freie Religionsübung reversirte.

Nach dem Tode des Grafen führten seine vier Töchter,
welche an Nassau=Hadamar, Pöttingen, Kirchberg und Wied=
runkel vermählt waren, die Regierung fort und errichteten
eine gemeinsame Kanzlei zu Hachenburg.

Das bis dahin zu Hachenburg bestehende Consistorium, welches aus zwei weltlichen Räthen und aus einem lutherischen und einem reformirten geistlichen Inspector zusammengesetzt war, fungirte als gemeinsame Behörde für beide evangelische Kirchen.

Die geistlichen Inspectoren führten die unmittelbare Aufsicht über die Pfarrer und ihre Gemeinden.

Während des gräflich Manderscheid'schen Regimentes genossen Lutheraner und Reformirte freie Religionsübung.

Sobald aber die Grafschaft dem burggräflich Kirchbergschen Regentenhause anheimgefallen war, wurden hier, wie es in der Altenkirchener Grafschaft geschah, die Reformirten seitens der Landesherrschaft vielfach bedrückt, während die Lutheraner sehr begünstigt wurden.

So blieb unter Anderem das geistliche reformirte Inspectorat der Grafschaft unbesetzt, als man 1697 den bisherigen Inspector durch Emeritirung beseitigt hatte.

Diese und andere kirchliche Neuerungen erfüllten die Herzen der reformirten Unterthanen mit Unwillen und Bitterkeit gegen ihren Landesherrn.

Der Burggraf Georg Friedrich ließ daher 1714 kurz vor seinem Regierungsantritte und seiner Huldigung den sayn'schen Unterthanen durch den Bevollmächtigten, Canzlei-Director Grün, die Versicherung geben, daß der Burggraf nicht die Absicht habe, Jemanden in seiner Religionsübung und was damit zusammenhinge, zu stören; sondern vielmehr die bis dahin eingeschlichenen kirchlichen Neuerungen wieder abzuthun. Auch sollte einem Jeden gestattet sein, vor der Huldigung seine Religions-Gravamina, die nicht unberücksichtigt bleiben sollten, einzureichen.

Sämmtliche reformirte Gemeinden gaben nun gemeinschaftlich eine allgemeine und jegliche Gemeinde ihre besondere specielle Beschwerdeschrift ein. Erstere lautete nun dahin, daß sie keine ordentliche Classe bilden, auch keine Convente halten könnten, daß ihnen ein Inspector fehle, daß weder Aelteste, noch Vorsteher, noch Schulmeister bei den Gemeinden vorhanden seien, daß sie auch keine reformirte Kirchenordnung hätten und man damit umgehe, ihnen die lutherische Kirchenordnung aufzudringen.

Aber alle Beschwerden halfen nichts, vielmehr erfolgte große Ungnade und starke Bedrohungen. Die fortgesetzte Beschwerdeführung, die Verwendungen verschiedener reformirten Fürsten und selbst die Entscheidungen der Reichsgerichte, bei welchen die Klagen angebracht waren, halfen zwar einigen Beschwerden ab, aber die Herrschaft der

reformirten Kirche in der Grafschaft war schon seit dem
Ende des 17. Jahrhunderts für immer beseitigt.

Der Burggraf, welcher zu Hachenburg residirte, organi-
sirte 1716 eine neue Regierungs-Kanzlei, der auch die
Functionen eines Consistoriums übertragen wurden.

Sie behandelte als solches die Consistorial-, Ehe- und
andere Kirchensachen in einer Freitags stattfindenden Session und erließ die Verordnungen in geistlichen äußern und
innern Angelegenheiten im Namen der Landesherrschaft.
Die kirchliche Disciplin wurde unter der Aufsicht der Canzlei
durch die Sendschöffen und die Prediger, in wichtigen
Fällen durch die Canzlei selbst ausgeübt. Der Pfarrgeistliche mußte regelmäßig jeden Monat über alle kirchliche
Ereignisse an die Canzlei berichten, die Schulen überwachen
und visitiren und die Kirchenrechnungen abhören.

Jedoch errichtete der Burggraf Georg Friedrich 1743
zu Hachenburg ein Landes-Consistorium, besetzte es mit
weltlichen und geistlichen Räthen, trennte die Functionen
eines Consistoriums von der Canzlei und übertrug solche
nun dieser Behörde, die fortan über die äußeren und
inneren geistlichen Angelegenheiten durch die geistlichen Inspectoren die Oberaufsicht führte.

Die bisherigen kirchlichen Einrichtungen blieben auch
unter den nachfolgenden Herrschern der burggräflich Kirchberg'schen Linie bestehen.

Unter der Regentschaft des nachfolgenden fürstlich Weilburg'schen Hauses, welches seit 1806 einen Theil des Herzogthums Nassau bildete, wurde am 1. September 1809
das zu Hachenburg bestehende Landes-Consistorium aufgehoben und alle Consistorialien an das Consistorium zu
Wiesbaden verwiesen. Ueberhaupt unterlag die Grafschaft
Hachenburg in kirchlicher Beziehung von da an den Verordnungen und Gesetzen des Herzogthums.

Die kirchlichen Verhältnisse wurden im Umfange des
Herzogthums durch das herzogliche Edict vom 8. April
1818 geregelt.

Seitdem bildet die Grafschaft Hachenburg ein Decanat,
welches die Aufsicht über die geistlichen Personen und
Sachen in den sieben Parochien: Alpenrod, Altstadt, Hachenburg, Höchstenbach, Kirburg, Kroppach, Ober- und Niederroßbach führt und von Zeit zu Zeit stille und öffentliche
Kirchen-Visitationen abhält.

An der Spitze der gesammten evangelischen Geistlichen
steht seit dem Jahre 1828 der Landesbischof, der auch die
Mitaufsicht über die Verwaltung des Kirchen- und Pfarr-

vermögens hat. Ihm zur Seite steht ein evangelischer Kirchensenat, bestehend aus fünf bis sechs Mitgliedern. — Bei der 300jährigen Reformations-Jubelfeier am 31. October 1817 vereinigten sich die lutherischen und reformirten Gemeinden zu einer evangelisch-christlichen Kirche.

Die herzogliche Landesbehörde verordnete durch hohes Rescript vom 28. Mai 1816, die Todtenhöfe außerhalb der Ortschaften zu verlegen und stille Beerdigungen einzuführen; doch wurden vermittelst eines Schreibens des Landesbischofs Dr. Heidenreich vom October 1847 die öffentlichen Beerdigungen mit Gesang und einer Rede beim Grabe wieder eingeführt.

Ein General-Rescript der herzoglichen Landesregierung vom 9. Mai 1838 ordnete für die evangelischen Geistlichen eine neue Amtskleidung (Chorrock und Barret) an, welche am 1. Juli dom. 3. post. Trinit. zuerst angelegt werden sollte.

Ein bischöfliches Rescript vom 12. Januar 1839 ordnete während der Fastenzeit die mittwöchentlichen Passions-Andachten an.

Im Februar 1842 erhielt die evangelische Kirche ein neues Gesangbuch, 800 Lieder enthaltend, nebst einem neuen, vierstimmig mit Interludien bearbeiteten Choralbuche, und 1843 eine neue Liturgie für den öffentlichen Gottesdienst.

1. Die Pfarrgemeinde Alpenroth.

Das auf einer mächtigen Anhöhe liegende Kirchdorf Alpenroth — in alten Urkunden Albrechtenrode genannt — soll seinen Namen von einem der dort früher wohnenden Adeligen Albrecht von Schönhals erhalten haben.

Dieses Adelsgeschlecht, welches schon 1303 in Urkunden erscheint, hatte oberhalb des Dorfes auf dem sogenannten Michel seine Burg, deren Wallgräben erst 1848 ganz geschleift worden sind.

Dieses Geschlecht starb im 16. Jahrhundert aus. Der letzte Johann Schönhals von Albrechtenrode stiftete um das Jahr 1520 in der dortigen Kirche den Liebfrauen-Altar.

Eine Frau v. Schönhals trug einen wesentlichen Beitrag zu dem Gusse der größten Glocke bei, die auch den Namen dieser Frau bewahrt.

Unter den dortigen alten Pfarrliteralien findet sich eine Urkunde aus dem Jahre 1469, aus welcher sich ergiebt, daß die Gründung der ersten Kirche in's hohe Alterthum hinauf reicht. Dieselbe wird als eine Mutterkirche, vom

Grafen zu Sayn geftiftet, bezeichnet. Auch verwahrt diefe
Urkunde den Namen des damaligen Pfarrers und des
Junkers Johann v. Schönhals zu Albrechtenrode.

Zur Erneuerung und Auffrifchung der alten Kirche bewilligt der Landesherr eine Collecte und Churköln einen
vierzigtägigen Ablaß.

Diefe Kirche, welcher eine Orgel fehlte, ftand an derfelben Stelle, wo die jetzige fteht, nur war fie viel kürzer
und fchmaler und hatte ein halbrundes Chor. Ihr Inneres
war wegen der kleinen Fenfter ziemlich düfter. Sie wurde
bis zum Jahre 1822 zur Abhaltung des Gottesdienftes
benutzt, mußte da aber wegen gänzlichen Verfalls und des
drohenden Einfturzes des Gewölbes gefchloffen werden.

Der Gottesdienft wurde von da ab und über zwanzig
Jahre lang in dem kurz vorher neuerbauten Schulhaufe
abgehalten.

Der Abbruch der Kirche begann am 6. Juni 1824;
das Material verkaufte man am 26. desfelben Monats.
Der alte Thurm blieb ftehen.

Erft am 29. Auguft 1839 fand die feierliche Grund-
fteinlegung der neuen Kirche, die zu acht- bis zehntaufend
Gulden veranfchlagt war, in Anwefenheit des Juftizrathes
Spieß, Baumeifters Schneider, Decans Keim, Pfarrers
Caefar und des Kirchenvorftandes und der Gemeinde, unter
den üblichen Reden und Gebeten ftatt.

Der Kirchenbau wurde 1843 vollendet und die feierliche Einweihung gefchah durch den Decan Keim in einer
Rede über 2. Chron. 5, 1—5, 12 und 13, und 6, 1—10,
14 und 21, und den Pfarrer Caefar in einer Predigt über
Offenb. Joh. 21, 1—7 und 22 am 5. October 1843.

Die Kirchhofsmauern find erft 1847 fertig geworden.
Zur Bezahlung der durch den Kirchenbau bei dem Central-
Kirchenfonds gemachten Schuld wurde von der Landes-
behörde die interimiftifche Verwaltung der Pfarrei angeordnet.
Im Jahre 1869 waren noch 1500 Rthlr. zu decken.

Diefen Reft in anderer Weife aufzubringen, wäre gewiß wünfchenswerth, damit die Pfarrei wieder definitiv
beftellt werden könne.

Der Thurm, welcher eine reparaturbedürftige Uhr und
drei Glocken hat, ift im Jahre 1856 reparirt und neu gedeckt worden, wozu die hohe Landesregierung eine Collecte
bewilligte, die 1100 fl. einbrachte.

Die beiden kleinen Glocken find 1857 durch den Glockengießer Schippang aus Neuwied für 364 fl. 12 kr. um-
gegoffen und mit der größten in einen harmonifchen Drei-

klang gebracht worden. Das Einstuhlen der neuen Glocken
geschah am 27./28. August, und die Weihe mit einer Predigt am Sonntage 12 p. Tr., als dem 30. August 1857.
Die kleinste Glocke hat die Inschrift: „Der Meister ist da
und rufet dich", Joh. 11, 28, und Pf. 47, 7; die mittlere
aber Matth. 11, 28, und Off. Joh. 19, 9.

Die dortige Pfarrei war auf den halben Zehnten in
der Gemarkung fundirt. Das St. Cassiusstift zu Bonn
hatte denselben an die Pfarrei abgetreten. Sie erwarb die
Ottenstein'schen Zehnten laut Urkunden von 1586 und 1657
käuflich für 31 Rthlr.

Das Kirchdorf Alpenroth bildete mit den Dörfern:
Dahlingen, Hirtscheid und Lochum den Kirchsprengel, zu
welchem später die evangelischen Bewohner der katholischen
Ortschaften Bellingen, Büdingen, Enspel, Püschen, Rotzen-
hahn, Stockum und Todtenberg eingepfarrt wurden.

Die Seelenzahl beträgt 800. Die Gemeinde war erst
lutherisch, dann 1605 reformirt und 1649 bildete sich neben
der reformirten Gemeinde eine lutherische. Beide traten
1817 der Union bei.

Reihenfolge der Geistlichen.

Der letzte lutherische Pfarrer war Simon Dipelius, der
sich für das reformirte Bekenntniß entschied und blieb.

1. Simon Dipelius, (1605—1608),

aus Haiger gebürtig. Er wird als erster reformirter Prediger in dem
Verzeichnisse genannt, welches aus den Conventsacten zusammengestellt
ist und sich in dem ältesten reformirten Kirchenbuche zu Hachenburg
befindet. Nach demselben Verzeichnisse ist zweiter Pfarrer:

2. Cyriacus Dorberti (1608—12).

Er soll zu Alpenroth gestorben sein.

3. Johannes Sommerus (1612—28).

Derselbe ist wegen der Kriegsunruhen nach Hachenburg gezogen und
dort, nach dem Todtenbuche, am 11. Mai 1636 gestorben.

Sein Nachfolger war:

4. Michael Heßerod (1628—48),

aus der Pfalz gebürtig, war zuerst Pfarrer zu Steeg bei Bacharach in
der Pfalz. Von hier als Pfarrer nach Hachenburg berufen, wurde er
am 30. September 1627 daselbst präsentirt, trat aber erst am 21. Octbr.
die Stelle an. Er ließ am 13. August 1628 eine Tochter (Anna Maria)
taufen, ging in demselben Jahre als Pastor nach Alpenroth und später
von dort an eine Pfarrei im Pfälzischen.

Indem die Stelle von da ab unbesetzt blieb, wurde sie
von 1649—61 von Altstadt und Hachenburg aus versehen,
sowie die dortigen Lutherischen von den Hofpredigern Johann
Ludwig Dumphius und M. Israel Müller bedient wurden.

Als reformirter Prediger wurde angestellt:

5. Balthasar Ribelius (1661—65).

Derselbe begann im Februar 1662 das älteste noch vorhandene Taufbuch zu führen und hat dasselbe, sowie das Beerdigungs-Protocoll bis zum 11. November 1665 fortgeführt. Er wurde mit zwei Kindern begnadigt:

    a) Tochter Gertraud Barbara, geb. den 4. November 1662, getauft den 16. November.

    b) Sohn Johannes, geb. den 4. Juni 1665.

Pfarrer Ribelius nahm an einem uns unbekannten Orte den Pfarrdienst an, von welchem er 1662 nach Birnbach ging.

(Cfr. Pfarrei Birnbach.)

6. Gangolf Balthasar Stippius (1669—71)

fing am 7. März 1669 das Taufbuch an und beschloß dasselbe am 7. December 1670. Er war der Sohn des Caspar Stippius, weiland Pfarrers zu Tierdorf, geboren am 11. April 1647 zu Frohnhausen, Amts Dillenburg, studirte zu Herborn, wurde 1669 Pfarrer zu Alpenroth, tritt als Stud. theol. am 12. Juni 1668 mit Dorothea, Tochter des Jacob Hentsch zu Herborn, in die Ehe.

Seine Gattin beschenkte ihn am 7. März 1769 mit einem Sohne, der in der Taufe am 27. März den Namen Peter erhielt.

Pfarrer Stippius wird später Pfarrer zu Rosenem in der Pfalz, an welchem Orte er noch 1710 fungirte.

7. Johannes Weier (1671—77).

Das Taufbuch beginnt er den 26. April 1671 und beschließt dasselbe am 7. März 1677. Er war ein geborner Herborner, studirte daselbst 1663. Seine Frau Anna Maria gebar ihm hier einen Sohn und eine Tochter:

    a) Sohn Johann Michael, geboren den 27. December 1671.

    b) Tochter Gertraud, geboren den 9. Februar 1673, getauft den 17. Februar.

Im Jahre 1671 erhielt er den Ruf als Pfarrer nach Alpenroth und 1677 nach Kirburg, wo er 1693 starb.

8. Matthias Conradi (1677—80).

Seine Eintragungen in das Taufbuch heben mit dem 26. Juli 1677 an und enden mit dem 6. November 1680.

(Cfr. Pfarrei Hachenburg.)

9. Ludwig Emmelius (1680—1701).

Den Tauf-Katalog fängt er am 1. October 1681 an. Er bezog im December 1680 die Pfarrei Alpenroth und vertauscht diese 1701 mit der zu Flammersfeld. Zu Alpenroth wurden ihm folgende Kinder geboren:

    a) Magdalene Margarethe, geb. den 1. März 1682.

    b) Philipp Ludwig, geb. den 16. März 1685, getauft den 24. März.

    c) Catharine Elisabeth, geboren den 22. Mai 1687, getauft den 6. Januar.

    d) Marie Catharine, geb. den 24. März 1689, getauft den 27. März.

    e) Anna Doroth. Cathar., geb. den 1. November 1691, getauft den 7. November.

    f) Wilhelm Christian, geb. 1700.

(Cfr. Pfarrei Flammersfeld.)

10. Johann **Wilhelm** Ludwig Pfaffius (1701—1704).

Sein Vorgänger schloß das Taufprotocoll am 26. Januar 1701 und Pfarrer Pfaffius trägt am 13. Februar die erste Taufhandlung ein. Er war geboren am 27. April 1674 zu Greifenstein, wo sein Vater, der als emeritirter Pfarrer zu Höchstenbach starb, damals wohnte; studirte 1687 zu Herborn, hielt sich mit seiner Familie bis zu seiner hiesigen Anstellung bei seinem Vater auf, kam Anfangs Februar als Prediger nach Alpenroth, blieb hier bis 1704 und siedelte dann zu der Pfarrei Burgsolms über, wo er am 3. Januar 1743 die Welt verließ. Seine Frau Juliane Elisabeth gebar ihm zu Alpenroth einen Sohn und eine Tochter.

a) Johann Wilhelm, nat. 18. April 1702.
b) Johannette Catharine Elisabeth, nat. 2. November 1703, getauft den 25. November.

11. Albert Georg Wilhelm Heerhausen (1704—29).

Zu Alpenroth wurde er am 28. September 1704 angestellt, legte ein zweites Kirchenbuch an und bemerkte darin das Verzeichniß seiner Vorgänger.

(Cfr. Pfarrer zu Birnbach.)

12. Ludwig Christian Textor (1729—39).

Derselbe wurde hier am 15. Mai introducirt und war der Sohn des Pfarrers Johann Franz Textor und dessen Gattin Apollonie, geborne Nieba, Eheleute zu Marienberg, geboren daselbst am 15. December 1671, studirte 1697 zu Herborn, war 1701 als Caplan nach Marienberg berufen, ging 1712 als Pfarrer nach Kirburg, kam 1729 nach Alpenroth, starb daselbst am 15. Januar 1739 und wurde am 20. ejusd. beerbigt; er war hier zehn Jahre lang Pfarrer gewesen. Am 21. Juni 1733 legte er ein neues Taufbuch an. Seit dem 25. Juni 1704 lebte er in der Ehe mit Christine Margarethe, geborne Seelbach von Hachenburg, welche am 25. März 1740 zu Alpenroth im Alter von 54 Jahren zum ewigen Leben einging. Zu Marienberg wurde ihm 1708 domin. 1. post Epiph. eine Tochter Marie Margarethe und 1711 dom. Sexag. ein Sohn Johann Ludwig getauft.

13. Johann **Wilhelm** Honnefeller (1739—43)

wurde im Juni 1739 von Höchstenbach hierher berufen und am 2. August installirt, sodann 1743 nach Flammersfeld versetzt.

(Vid. Pfarrer zu Flammersfeld.)

14. Wilhelm Henrich Creviranus (1743—58),

gebürtig von Bicken, Amts Herborn, wo sein Vater Henrich Gottfried, 35 Jahre lang Pfarrer war und am 1. Januar 1749 mit Tode abging, studirte 1723 zu Herborn, wurde 1743 nach Alpenroth vocirt, wo er am 24. März e. a. introducirt wurde, ging Anfangs Februar 1758 als Pfarrer nach Marsain, wo er nach fünfjähriger Amtsführung am 12. April 1763 ledigen Standes mit Tode abging.

15. Johann Daniel Altgelt (1758—62)

wurde am 10. Februar 1758 hierorts eingeführt.

(Cfr. Pfarrei Kroppach.)

16. Jacob Caesar (1762—67),

geboren am 17. Februar 1735 zu Bendorf, studirte 1754 zu Herborn, erhielt zu Kroppach, wo er sieben Monate vicarirt hatte, die Vocation zur Pfarrei Alpenroth und wurde hier am 25. Juli 1762 installirt;

copulirt wurde er am 25. Juli 1763 mit Charlotte Marie Friederike Gisberti, des Pfarrers Conrad Hermann Gerhard Gisberti zu Birnbach Tochter, welche Ehe mit sechzehn Kindern gesegnet war. Er folgte im Mai 1767 dem Rufe als Pfarrer nach Marxain.

Er zeichnete sich durch seine Gelehrsamkeit aus, wurde zu Marxain mit dem Amte eines Inspectors betraut und hatte als solcher Theil an den Prüfungen der Candidaten der Grafschaft.

Pfarrer Caesar starb am 17. December 1808 im Alter von 73 Jahren 10 Monaten, nachdem er 46½ Jahre in der Ehe gelebt und 47 Jahre im Ministerium gestanden, nämlich 6 Jahre zu Alpenroth und 41 Jahre in Marxain; er kam mit seiner Gattin, die drei Tage später starb, in Ein Grab.

17. Johann Adam Hecker (1767—76).
(Cfr. Pfarrer zu Schöneberg.)

18. Johann Ludwig Barth (1776—82),

Sohn des als Pfarrer zu Mehren 1719 verstorbenen Johann Andreas Barth; geboren zu Hamm a. d. Sieg am 9. Februar 1709, studirte zu Herborn, machte sein Examen auf der Kanzlei zu Hachenburg; angestellt als Pfarrer zu Höchstenbach, fand seine Installation am 20. Februar 1752 statt; er bezog am 12. Mai 1761 die Pfarrei seines Geburtsortes, welche er 1763 mit der zu Roßbach vertauschte, siedelte den 14. Februar 1768 zu der Gemeinde Hachenburg über, von wo er an das Pfarramt zu Alpenroth versetzt und am 18. Februar 1776 inaugurirt wurde. Hier schloß er seine Lebenstage am 20. Juni 1782 im Alter von 73 Jahren 18 Tagen; er war zu Alpenroth 6 Jahre 4 Monate Prediger gewesen und hatte im Ehestande 30 Jahre 4 Monate gelebt. Seine Gattin hatte ihn mit mehreren Kindern beglückt:

a) Carl Friedrich, nat. 15. August 1753, getauft den 19. August.

b) Wilhelm Valentin, nat. 8. Juni 1755, getauft den 15. Juni.

c) Christian Martin Philipp, nat. 6. September 1757, getauft den 11. September.

19. Johann Christoph Friedrich Büsgen (1782—91).
(Vid. Pfarrei Neunkirchen.)

20. Johann Ludwig Böhm (1791—1812).
(Cfr. Pfarrverzeichniß Flammersfeld.)

21. Jacob Caesar (1822—44).

Derselbe war den 23. November 1767 zu Marxain im Bann geboren, wo sein Vater, Wilhelm Jacob, Pfarrer und Inspector war. Den Unterricht in den Schulwissenschaften erhielt er mit seinem Bruder, dem Pfarrer zu Marxain, von seinem Vater, bis er mit seinem Bruder, um Theologie zu studiren, die Universität Marburg beziehen konnte. Im März 1799 bestand er vor dem Consistorium zu Hachenburg unter Pfarrer Schütz und Girshausen seine Prüfung in der lateinischen Sprache, worüber ihm ein ehrenvolles Zeugniß gegeben ward. Am 26. August 1799 wurde er zur reformirten Pfarrei Hamm berufen und am 3. November eingesetzt, wo er 12½ Jahre blieb.

Den 23. December 1812 erhielt er sein Anstellungsdecret nach Alpenroth. Hier verwaltete er sein Amt bis zum 13. October 1844, wo ihn der Herr, dem er hier lange und treu gedient hatte, zu sich rief. Er starb am Schlagflusse, der ihn während einer Grabrede im 46. Amts- und 77. Lebensjahre traf.

14

Kurz vorher half er noch die neugebaute Kirche einweihen. Er bewirthschaftete selbst die 72 Morgen Landes der Pfarrei, die nachher für 144 Thaler verpachtet sind.

Einen Hausstand gründete er am 23. November 1806 mit Johanne Friederike, des Pfarrers Carl Meß zu Freirachdorf Tochter, welche ihm drei Töchter und zwei Söhne gebar:

a) Johannette Jacob. Charl., geb. den 8. Juli 1808.
b) Christiane Wilh. Joh. Carol., geb. den 19. October 1810.
c) Emil Friedrich Wilh., geb. 7. October 1814.
d) Johannette Friedr. Bernhard., geb. den 6. Juni 1817.
e) Carl Henr. Max. Friedr., geboren 17. December 1819.

Seit dem Jahre 1843, wo die neue Kirche geweiht wurde, wird das Pfarr-Einkommen von 468 Rthlrn. zur Hälfte zum Abtragen der Kirchenbauschuld verwandt, die andere Hälfte, 228 Rthlr., bildet den Gehalt der Vicare, die nun in langer Reihe folgen:

22. Emil Friedrich Wilhelm Caesar (1844—1848),

Sohn des Vorigen, geboren am 7. October 1814 zu Alpenroth, besuchte die hiesige und kurze Zeit die Elementarschule zu Hachenburg, sodann bis zu seiner Confirmation das Pädagogium zu Dillenburg, worauf er das Gymnasium zu Weilburg besuchte und dasselbe nach einer halbjährigen Unterbrechung absolvirte. Ostern 1836 bezog er die Universität Marburg und 1837 die zu Göttingen. Im Herbste 1838 machte er seine Aufnahmeprüfung in das theologische Seminar zu Herborn, welches er im Frühjahr 1839 verließ. Er übernahm dann ein Privat-Institut in Rüdesheim am Rhein, bestand im März 1839 sein Staats-Examen, wurde 1841 Hilfslehrer an dem Institute des Pfarrers Meß zu Neuwied.

Am 29. September 1841 erhielt er das Pfarrvicariat zu Altstadt, im März 1842 das zu Bicken, im Juli 1842 das zu Breitscheid, wurde dann am 11. November 1842 Caplan bei der neuerrichteten Caplanei zu Soden, von wo er, nach seines Vaters Tode, durch Decret vom 27. December 1844 nach Alpenroth versetzt wurde, bewirkte kurz nach Neujahr des anderen Jahres seinen Ueberzug und wurde vom Decan Keim zu Hachenburg in sein Amt eingesetzt, bei welcher Gelegenheit er seine Antrittspredigt über Act. 18, 9, 10 hielt. Anfangs 1849 ging er als Pfarrer nach Anspach, 1852 nach Elkerhausen und 1863 nach Beilstein-Wallendorf. Von ihm rührt der größte Theil der Alpenrother Pfarrchronik her, besonders die Geschichte des Kirchenbaues, wozu der Herzog 100 fl., der Gustav-Adolphsverein 1033 fl. gab; außerdem wurde eine Collecte im Lande bewilligt.

23. Eduard Friedrich Philipp Schilling (1849—51),

geboren am 14. August 1820 zu Hannöverisch-Münden, woselbst sein Vater Steuer-Einnehmer war, besuchte die Elementarschule zu Northeim, dann von Ostern 1837 das Gymnasium zu Göttingen, machte 1841 seine Maturitäts-Prüfung, studirte dann von Ostern e. a. bis dahin 1844 auf der Universität daselbst, machte sein erstes Examen am 1. April 1844 und privatisirte ein halbes Jahr in Göttingen. Auf sein Ansuchen wurde er nach bestandener Aufnahmeprüfung am 31. October 1844 ins Seminar zu Herborn aufgenommen, machte 1845 sein Staats-Examen, kam dann nach Brandobernddorf zum Kirchenrathe Bickel als aushelfender Candidat, woselbst er laut Regierungs-Decret vom 29. August 1846 als Pfarrvicar vom 1. Juli e. a. angestellt war, erhielt durch Rescript vom 14. April 1849 seine Anstellung als Pfarrvicar zu Alpenroth, vom 1. April 1849 an bestimmt, und zog am 2. Mai ein, ging am 27. Octbr. 1851 als Pfarrer nach Kleeberg, 1853 nach Fleisbach und 1859 nach Kördorf.

24. Wilhelm Julius Wagner (1851—55),

geboren am 10. October 1823 zu Hartert, Amts Nastätten, woselbst sein Vater Pfarrer war, bildete sich aus in den Schulen zu Habamar und Weilburg, den Hochschulen zu Gießen und Bonn und dem theologischen Seminare zu Herborn. Nach vollendetem Staats-Examen trat er 1847 in den Pfarrdienst zu Arnoldshain. Im Jahre 1848 kam er als Caplan nach Weilmünster und nach einer achtwöchentlichen Pfarrverwaltung zu Steinfischbach 1851 als Pfarrvicar nach Alpenroth, wurde am 1. August 1855 Pfarrer in Niederlauken, 1860 in Steinfischbach und 1866 in Wörsdorf.

25. Georg Philipp Heinrich Christian Bender (1855—57),

geboren am 27. Januar 1830 zu Kettenbach, Sohn des Pfarrers Carl Daniel Bender daselbst, besuchte mit dem 13. Lebensjahre das Pädagogium zu Ibstein, 1846 die Sexta in Wiesbaden, 1847 die Quarta. Im Frühlinge kam er nach Secunda des Gymnasiums zu Weilburg, machte 1851 die Maturitätsprüfung und bezog die Universität zu Bonn und 1852 die zu Halle. Nach drei Semestern und nach bestandenem Examen wurde er 1853 in das theologische Seminar zu Herborn aufgenommen. Im Herbste 1854 machte er zu Wiesbaden sein Staats-Examen und erhielt bald darauf die Ordination, wurde am 1. Februar 1855 Caplan zu Weilmünster, und nach fünf Monaten kam er mit dem 1. August 1855 als Pfarrvicar nach Alpenroth, woselbst er den 26. August seine Antrittspredigt hielt. Dann wurde er unter dem 1. Januar 1857 zum Pfarrvicar nach Beilstein ernannt, zog im Monat Februar dahin und hielt zu Alpenroth seine Abschiedspredigt am 15. Februar über Luc. 8, 4—15. Er wurde 1862 Pfarrer zu Anspach und 1864 zu Frohnhausen.

26. Friedrich Carl Heinrich Franz Kurtz (1857—61),

geboren am 20. Oct. 1829 zu Sonnenberg bei Wiesbaden, Sohn des jetzt als Pfarrer zu Altstadt lebenden Johann Heinrich Nicolaus Kurtz, frequentirte von 1841—45 das Gymnasium zu Wiesbaden und von 1845—49 zu Habamar, studirte von 1849—51 zu Gießen, absolvirte vom Herbste 1851 bis dahin 1852 den Seminar-Cursus zu Herborn, machte 1852 sein Staats-Examen, worauf er kurze Zeit nachher in der Schloßkirche zu Wiesbaden ordinirt wurde. Angestellt am 2. März 1853 als provisorischer Vicar in Massenheim, am 9. Juni u. a. in Merzhausen, 1854 zu Beilstein, am 13. Januar 1857 als Pfarrvicar in Alpenroth, wo er den 22. Februar d. J. den Dienst antrat. 1861 ging er als Pfarrer nach Arnoldshain und 1865 nach der Neukirch.

27. Friedrich Theodor Westerburg (1861—63),

geboren am 18. Juli 1835 zu Anspach, Amts Usingen, wo sein Vater, Carl Friedrich, Pfarrer war. Bis zum 17. Jahre Privatunterricht genossen, wurde er in die Tertia des Gymnasiums zu Wiesbaden aufgenommen und bestand nach vier Jahren seine Maturitäts-Prüfung; er beabsichtigte erst in's Bergfach zu treten und besuchte dieserhalb ein Semester das chemische Laboratorium des Geheimen Hofrathes Fresenius zu Wiesbaden; abgehend von diesem Plane, ging er auf die Universität Heidelberg; nach drei Semestern studirte er zwei Semester in Göttingen, hielt sich dann ein ganzes Jahr bei seinem Vater in Brandobernborf auf. Im Februar 1860 besuchte er das Prediger-Seminar zu Herborn, machte dann sein Staats-Examen und trat, am 1. Januar 1861 zum Pfarrvicar nach Alpenroth ernannt, diese Stelle am 24. Februar an, kam 1863 nach Brandobernborf an die Stelle seines Vaters, welcher pensionirt war, 1864 als Caplan nach Heringen und wurde dann Pfarrer zu Niederlauken.

28. Albert Adolph Friedrich Schenk (1863—65),

geboren am 18. Juli 1838 zu Dillenburg. Nachdem er die dortige Elementarschule, das dortige Pädagogium und sodann das Gymnasium zu Weilburg besucht hatte, ging er auf die Universität Marburg, wo er seine ganze Studienzeit zubrachte, besuchte im Herbst 1861 das theologische Seminar in Herborn, machte sodann im Herbste 1862 das Staats=Examen in Wiesbaden und wurde daselbst im December desselben Jahres ordinirt. Mit dem 1. Januar 1863 wurde er Pfarrvicar zu Alpenroth, hielt daselbst am 25. Januar o. a. seine Antrittspredigt über 1. Cor. 2, 1—5, erhielt am 1. Januar 1865 die Pfarrei Liebenscheid und valedicirte in einer Predigt am 12. November zu Alpenroth über 1. Joh. 2, 28; er kam am 1. März 1870 als Pfarrer nach Niederweibbach, Decanats Gladenbach.

29. August Heintze (1865—66),

Sohn des Pfarrers Friedrich August Heintze zu Blofeld, der ihn in der lateinischen und griechischen, französischen und hebräischen Sprache unterrichtete, wurde 1854 confirmirt; trat dann mit seinem jüngeren Bruder in das churhessische Gymnasium zu Marburg, blieb dort bis April 1857, bezog dann im Herbste desselben Jahres das großherzoglich hessische Gymnasium zu Büdingen als Secundaner, machte im Herbste 1860 mit 17 Commilitonen die Maturitäts=Prüfung, ließ sich im November desselben Jahres als Stud. theol. zu Gießen immatriculiren und unterzog sich im August und September 1863 der Facultäts=Prüfung, besuchte seit October 1863 das Prediger=Seminar zu Herborn bis 7. September 1864, machte beim großherzoglich hessischen Consistorium zu Darmstadt vom 6. bis 16. Februar 1865 sein Examen pro ministerio. Seine Probepredigt hielt er am folgenden Sonntage über act. 4, 12 in Gegenwart des Consistorialrathes Göring in der Kirche zu Bessungen bei Darmstadt. Er wurde laut Erlasses vom 18. Mai 1865 zur Verwaltung der Pfarrei Wehrheim und durch Regierungs=Rescript vom 9. Mai als Pfarrverwalter zu Wehrheim ernannt. Seine Ordination, vom Decan Dörr zu Usingen vollzogen, fand in der Kirche daselbst am 21. Mai statt, wobei Pfarrer Haardt von Usingen und Seminarlehrer Götz assistirten. Er ging am 1. April 1866 als Pfarrer nach Dreiselben. Von hieraus wurde vom 1. April bis 15. November 1866 die Pfarrei Alpenroth verwaltet.

30. Carl Dindewald (1866—67),

geboren den 17. Januar 1833 zu Freiensteinau im Großherzogthume Hessen, wo sein Vater Pfarrer war, der ihm 1846 durch den Tod entrissen wurde. Er kam im Juli 1848 auf das Gymnasium zu Büdingen, das er Ostern 1852 mit einem Zeugniß der Reife verließ; bezog zum Studium der Theologie die Universität Gießen. Nachdem er Ostern 1856 das Facultäts=Examen in Gießen absolvirt hatte, brachte er ein Jahr lang auf dem Prediger=Seminar zu Friedberg zu. Mit Ostern 1857 entlassen, übernahm er unmittelbar darnach eine Instituts=Lehrerstelle zu Lich bei Gießen an, welche er Ostern 1858 wieder aufgab und als Hauslehrer nach Gienew bei Wangerin in Hinterpommern ging; im Herbste 1859 von da zurückgekehrt, übernahm er die Leitung einer Privatschule zu Herborn, und am 1. Januar 1861 ging er als Pfarrverwalter nach Driedorf. Mit einigen Unterbrechungen verwaltete er ferner die Pfarreien zu Dellenheim, Rob a. d. Weil und Striny=Trinitatis, von wo er am 14. November als Pfarrvicar nach Alpenroth zog. Durch Decret vom 26. September 1867 wurde er als Pfarrer nach Arnoldhein versetzt.

31. Franz Schlag, Pfarrvicar (1867—69),

geboren zu Nackenheim bei Mainz am 18. November 1842, Sohn eines Cataster-Geometers. Als sein Vater nach Volkershain versetzt worden war, bereitete der dortige Pfarrer Landmann den jungen Schlag vom Mai 1855 an für das Gymnasium vor. Derselbe kam Ostern 1856 nach Büdingen auf Tertia, machte seine Maturitäts-Prüfung im Herbste 1861 und besuchte dann die Universität Gießen, ging 1864 im Herbste ein Jahr lang an das theologische Seminar zu Friedberg, nahm im Herbste 1865 eine Hauslehrerstelle im Fürstenthume Birkenfeld an, bestand im Frühjahre 1866 das Staats-Examen in Darmstadt und wurde am Sonntage Cantate ordinirt. Angestellt in der hessischen Enclave als Vicar zu Wimpfen am Neckar, wurde er am 1. October 1866 Vicar in Allendorf, Amts Weilburg.

Nachdem der dortige Pfarrer Chr. Friedr. Thilo gestorben und das Pfarrhaus reparirt war, wurde die bortige Stelle wieder besetzt und Vicar Schlag wurde im Herbste 1867 nach Alpenroth versetzt, kam 1869 als Pfarrverweser nach Oberliederbach, Decanats Kronberg.

32. Friedrich Adalbert Grevel (1869—70),

geboren am 6. August 1837 zu Iserlohn, wo sein Vater, Johann Wilhelm Friedrich, Pfarrer war, und confirmirt 1853. Nachdem er bereits drei Jahre die Rectoratsschule zu Iserlohn besucht hatte, absolvirte er die Tertia und Secunda des Gymnasiums zu Gütersloh, ging 1857 im Herbst auf's Gymnasium in Soest, wo er 1859 das Abiturienten-Examen machte, studirte in Bonn, Tübingen und Berlin und kehrte 1862 in die Heimath zurück, machte 1863 sein erstes und 1865 sein zweites Examen zu Münster, absolvirte den gesetzlichen Seminar-Cursus zu Petershagen und erhielt bald darauf eine Stelle als Pfarrverweser zu Dellwig bei Unna und blieb hier vier Monate lang, folgte sodann dem Rufe als Conrector an die Rectoratsschule zu Limburg a. d. Lenne, welche Stelle er bis 1868 wahrnahm, trat dann im October a. a. in den Dienst der Pastoral-Hilfsgesellschaft für Rheinland und Westphalen, die ihn als Hilfsprediger nach Herscheid sandte. Am 25. November 1868 fand zugleich mit der Ordination des Pfarrers Pötter in der Pfarrkirche zu Plettenberg seine Ordination statt. Kurz darauf trat er in den nassauischen Kirchendienst.

Am 14. Februar 1869 hielt er eine Gastpredigt zu Wiesbaden und wurde als Pfarrvicar nach Alpenroth versetzt, wo er am 2. Mai durch den Herrn Decan Menke in sein Amt eingeführt wurde, bei welcher Gelegenheit er seine Antrittspredigt über act. 4, 12 hielt.

Die Schule zu Alpenroth.

Das alte Schulhaus zu Alpenroth stand an der Nordseite des Kirchhofes und wurde 1751, weil es zu klein und zu baufällig war, verkauft und ein anderes Haus gekauft südlich vom Kirchhofe. Im unteren Stockwerke war die Küche und die Schulstube, welche 13' tief, 15' lang und 8' hoch war. Die obere Etage hatte eine eben so große Stube, die als Wohnstube des Lehrers diente.

Das Einkommen des Lehrers bestand in 6 Kr. jährlichem Schulgeld von jedem Kinde, Antheil am Gemeindenutzen, von jeder Familie zu Weihnachten und auch zu Ostern ein Brod und 10 kr., vom Vorsingen und Läuten bei Beerbigung einer großen Leiche drei und einer Kinderleiche zwei und von jeder Taufe ein Brod; außerdem noch drei-viertel Morgen Acker zur Benutzung, wie auch die Kirch-spielsschulwiese im Oberheß, die 60 Centner Heu liefert, und jährlich 60 Mesten Gülthafer.

Die Obliegenheiten des Lehrers waren: Er mußte im Winter 5 bis 6 Stunden und im Sommer 2 bis 3 Stun-den Unterricht geben.

Als Kirchendiener lag ihm folgende Verpflichtung ob: Er hatte beim öffentlichen Gottesdienste und bei Beerdi-gungen vorzusingen und das Läuten zur Kirche und bei Beerdigungen, sowie Morgen-, Mittag-, Abend- und Sturm-läuten zu besorgen.

Auch mußte er an Sonn- und Feiertagen den Klingel-beutel tragen. Bei der Schul-Organisation im Jahre 1817 vereinigte man die beiden Dorfschaften Hirtscheid und Deh-lingen mit der Schulgemeinde Alpenroth, sowie auch die hier seit 1792 entstandene katholische Schule.

Im Jahre 1818 wurden alle Schulgüter verkauft, die Schulbesoldung neu regulirt und auf 200 fl. festgesetzt. Da sich die Schülerzahl auf 170 belief, so ordnete die Landesbehörde einen Schulgehilfen mit 150 fl. Gehalt an. Das Gehalt des Lehrers wurde später auf 300 fl. und das des Gehilfen auf 200 fl. erhöht.

Der erste Lehrer zu Alpenroth, der in den Kirchen-büchern genannt wird, ist:

1. Asmann Kracken.

Seine Wittwe starb am 23. Februar 1688.

2. Johann Michael Leucher (1696—1701),

geboren am 15. Mai 1677, des Schultheißen Johannes Leucher Sohn. Als er sich am 23. October 1701 mit Anna Maria, Daniel Böckeler's Tochter, verehelichte, hatte er kurz zuvor den Schuldienst niedergelegt.

3. Philipp Magnus Ludovici (1701—1706).

Seine Ehe mit Anna Magdalena wird am 18. Februar 1701 mit einem Sohne gesegnet, der in der Taufe die Namen Johann Wilhelm erhielt. Er zog 1706 an die Schule zu Roßbach, wo er 1730 starb.

4. Johann Henrich Reyter (1706—15).

Seine Frau wird Maria Margaretha genannt, die ihm hier drei Töchter geboren:

a) Anna Maria, geb. den 28. März 1709.
b) Anna Sybille, geb. den 1. September 1711.
c) Ursula Maria, geb. den 20. Mai 1714.

5. Johannes Leucher (1715—19)

von Alpenroth, starb am 2. Mai 1719.

6. Johannes Bäumer (1723—32),

des Landmannes Johann Henrich Bäumer zu Salchendorf Sohn, war von 1712—1713 Schulbiener in Seelbach, 1721 zu Salchendorf, von Michaeli 1722 zu Reß, Kirchspiels Emmerichenhain, und 1723 zu Alpenroth, ehelichte daselbst am 27. Juni 1725 Anna Catharina, Henrich Michael Leucher's Tochter, die ihm am 11. November 1727 einen Sohn (Johann Ludwig) und am 13. November 1729 eine Tochter (Maria Catharina) gebar. Bäumer starb am 29. März 1732, im Alter von 33 Jahren.

7. Johann Jost Türk (1732—58).

Sein Vater war Johann Jacob Türk, Landmann zu Reße, Kirchspiels Emmerichenhain, geboren daselbst 1707; er kam 1732 als Schulbiener hierher und ehelichte am 11. Februar 1733 Anna Catharina, Tochter des Johann Martin Röber von Hirtscheid, die ihm fünf Kinder gebar, von denen ein Sohn, Johann Christian, geboren am 5. December 1733, im Jahre 1769 Schulbiener zu Altstadt war.

Der hiesige Lehrer Türk starb am Donnerstag den 16. März 1758 und wurde am 19. ojusd. beerdigt. Er hatte ein Alter von 50 Jahren 19 Wochen erreicht und 25 Jahre das Schulamt zu Alpenroth wahrgenommen.

8. Johann Peter Schaefer (1758—86),

Sohn des Landmannes Johann Philipp Schaefer zu Alpenroth, angestellt als Lehrer 1748 zu Salchendorf, 1750 zu Zeppenfeld, 1754 zu Burbach und 1758 zu Alpenroth, wo er 1786 starb. Zu Zeppenfeld trat er am 23. October 1752 in die Ehe mit Anna Maria, Tochter des Joh. Peter Huppert zu Neunkirchen, die ihm sechs Kinder gebar, von denen sich Johann Henrich — geboren am 14. September 1755 und confirmirt am 3. Juni 1770 — am 17. Mai 1776 mit Elisabeth Catharina Fischer von Ermilhausen, Kirchspiels Kirburg, verehelichte.

9. Daniel Roch (1786—92)

von Obererscheid, Kirchspiels Birnbach, kam im letzten Jahre als Lehrer nach Neunkirchen im freien Grund.

In demselben Jahre wurde die bisherige Brodabgabe in eine Haferabgabe verwandelt, jedes Brod mit drei Achtel Hafermesten. Im Jahre 1791, am 21. Juni, brach in Alpenroth Feuer aus; 22 Wohnungen mit Pfarr- und Schulhaus brannten ab. Das Schulhaus wurde im nämlichen Jahre wieder aufgebaut, die Grundfläche desselben betrug 135 Quadratfuß.

10. Wilhelm Sort (1792—96)

von Wölferlingen, Amts Selters. Er hatte sich zu Hattersdorf beim Cantor Ecker gebildet und wirkte mit großem Erfolge, ging 1796 an die Schule zu Kirburg.

11. Johannes Heß (1796—1821)
von Freilingen.

Das alte Schulhaus wurde, weil es zu beengt war, 1819 an Peter Quad verkauft und ein neues zu bauen beschlossen, wozu der Landbaumeister Wolf den Bauplan entworfen hatte, der von höherer Behörde genehmigt war. Am 5. Juni 1819 wurde dasselbe in Gegenwart des Justizrathes Milchsack aufgeschlagen. Die Länge betrug 68', Tiefe 28' und Höhe 24'.

Es enthielt zwei Lehrzimmer, von denen jedes 30' lang, 58' tief und 13' hoch war. Jede Außenwand hat drei vierflügelige, 6' hohe und 3½' weite Fenster. Außerdem enthielt das Schulhaus die Lehrerwohnung, bestehend in einer Küche, Keller, Stallung, Heuboden und vier Zimmern, zwei im obern und zwei im untern Stockwerke. Das Schulhaus wurde in demselben Jahre so weit fertig, daß am 20. November darin der Unterricht ertheilt werden konnte. Im Jahre 1819 am 2. December wurden Schulgüter angekauft, und zwar 20 Ruthen Wiese und am Schulhause 115 Ruthen Acker und 18 Ruthen Gartenland. Am 8. März 1821 starb der Lehrer Heß und der Hilfslehrer versah die erste Schule mit bis zu Ende des Wintersemesters.

12. Heinrich Weinbrenner (1821—31),

geboren den 7. Februar 1792 zu Nennthausen, Amts Hachenburg, besuchte von 1811 bis 1812 die Bildungsanstalt des Pfarrers Schulz und von 1812 bis 1814 die des Pfarrers Schröder zu Hachenburg von Korb aus, wo er als Lehrer fungirte; er wurde 1815 Lehrer zu Mörlen und vom 1. October 1815 bis 1817 zu Langenbach, Amts Hachenburg. Vom 1. October 1817 bis 1818 besuchte er das Seminar zu Idstein, wurde dann Lehrer zu Wied und Merkelbach mit 200 fl. Gehalt. Am 1. Mai 1821 kam er nach Alpenroth mit 230 fl. Einkommen. Am 1. Mai 1831 erhielt er die Schulstelle zu Esch, Amts Idstein.

13. Johann Georg Grün (1831—35)

von Langenbach, Amts Marienberg, wurde laut Decret vom 17. Mai 1831 mit dem 1. Juni als Lehrer nach Alpenroth bestellt, wo er am 20. Juni c. a. eingeführt wurde. Mit dem 2. November 1834 ordnete man die Anlegung einer neuen Baumschule an. Die Landesregierung versetzte ihn am 1. Juli 1835 an die Schule zu Offdilln.

14. Johannes Dörr (1836—59),

geboren den 20. März 1803 zu Wissenbach, Amts Dillenburg, wo seine Eltern, Daniel und Elisabeth Dörr, Landleute waren; besuchte vom April 1820 bis zur Abiturienten-Prüfung im Frühjahre 1822 das Seminar zu Idstein; angestellt am 1. April 1822 als Lehrvicar zu Langenbach, Amts Hachenburg, mit 150 fl.; am 1. Juni 1826 als Lehrer und Organist zu Herborn-Seelbach mit 200 fl.; am 1. October 1827 wieder als Lehrer zu Langenbach; am 20. Juni 1836 nach Alpenroth, wo er durch den Schul-Inspector Menke am 15. August eingeführt wurde. Lehrer Dörr ging am 1. April 1859 als Lehrer nach Höchstenbach.

15. Johann August Groos (1859—64),

bisher Lehrer zu Croppach, geboren den 7. September 1822 zu Langenaubach, wo seine Eltern, Johann Heinrich und Anna Elisabeth Groos, geborne Schmidt, Landleute waren; er wurde confirmirt 1836, frequentirte vom 24. Mai 1839 bis 27. April 1842 das Seminar zu Idstein, wurde am 1. Mai 1842 Lehrvicar zu Flammersbach, am 1. Juni 1846 Lehrer in Niederhartert, 1852 in Kroppach, und kam am 1. April 1859 nach Alpenroth, wo ihn der Pfarrer Kurtz in seinen Dienst einführte. Lehrer Groos starb in Alpenroth am 19. Mai 1864.

16. Johann Jost Hofmann (1864—69),

geboren zu Erbbach, Amts Herborn, am 31. Januar 1828, nahm von 1844—1847 am Lehrercurus des Seminars zu Idstein Theil; angestellt am 1. Februar 1847 als Lehrvicar zu Salzburg, Amts Rennerod; am 1. August 1852 als Lehrer zu Freilingen und Zürbach, Amts Selters; am 1. April 1855 als Lehrer zu Eibelshausen, Amts Dillenburg, ging er am 1. Juli 1864 nach Alpenroth. Am 2. Nov. 1869 ging Hofmann als erster Lehrer nach Hachenburg.

Im Jahre 1866 wurde ein Harmonium für die Kirche angeschafft.

17. Johann Christian Veidt (seit 3. April 1869),

geboren am 6. November 1843 zu Rod a. b. Weil, nahm von 1859 bis 1862 am Seminarcursus Theil, erhielt Anstellung am 1. Juni 1862 zu Halbsbargenroth, am 1. October 1864 zu Lochum mit 230 fl. Gehalt, diente 1866 als Soldat, kam am 15. April 1867 als Lehrer nach Hahn, Amts Wehen und am 11. März 1869 als erster Lehrer nach Alpenroth mit 300 fl.; er wurde durch den Pfarrvicar Schlag am 5. April eingeführt.

Zweite Lehrer.

1. **Thomas Endres** (1818—21), gebürtig von Obermorsbach. Derselbe hatte ein Jahr lang die Schulanstalt des Pfarrers Schulz zu Hachenburg besucht. Vorher hatte er als Soldat in der Schlacht bei Waterloo mitgefochten, erhielt 1821 die Hilfslehrerstelle zu Mudenbach.

2. **Johann Philipp Kolb** (1821—25) von Niederseelbach, Amts Idstein. Derselbe wurde am 1. November 1825 als Lehrer nach Rambach, Amts Wiesbaden, berufen.

3. **Johannes Kunz** von Sinn (1825—28), geboren den 4. October 1805; er hatte zwei Jahre lang das Seminar zu Idstein besucht, kam am 1. November 1825 hierher und ging am 1. Mai 1828 zu einer anderen Stelle ab.

4. **Christian Schrupp** (1828—34). Er ging 1834 als Lehrer nach Haardt, Amts Marienberg.

Von 1834—1841 wurde diese zweite Stelle durch die Lehrer der ersten Classe mitversehen.

5. **Johann Eckstadt** (1841—45) [kath.], geboren zu Schneidhain, Amts Königsstein, am 5. Juni 1822; er erhielt durch Decret vom 14. November 1841 die Schulstelle zu Alpenroth und wurde am 1. April 1845 als Lehrer nach Glashütte, Amts Königsstein, versetzt.

6. **Franz Schwarz** (vom 1. Mai 1845 bis 1. Juni 1851), geboren zu Diez am 27. Mai 1826, machte er von 1842 an den dreijährigen Cursus zu Idstein durch, wurde 1845 zum zweiten Lehrer nach Alpenroth designirt und am 5. Mai o. a. vom Caplan Caesar in sein Amt eingesetzt. Er ging 1851 nach Untershausen, Amts Montabauer.

7. **Johann Michels** (1851—56) von Untershausen, geboren den 6. März 1829; er war im Seminar von 1845—1848 und am 1. Juni 1848 an die Schule zu Untershausen, 1851 nach Alpenroth und am 1. April 1856 nach Marrath, Amts Selters (kath.).

8. **Adam Joseph Becker** (1856—59) von Erbach, geboren den 4. November 1831, besuchte das Seminar von 1848—1851 zu Idstein, wurde angestellt am 1. Mai 1851 am Privat-Institute zu Wiesbaden, am 1. Januar 1853 zu Frickhofen, am 1. April 1856 zu Alpenroth und ging am 1. October 1859 nach Hüllscheid, Amts Montabaur.

9. **Johann Ferdinand Grünweller** (1859—62) wurde 1862 nach Ransbach versetzt.

10. **Joseph Abel** (vom 1. October 1862 bis 5. December 1863) [kath.], geboren den 20. August 1836 zu Niedertiefenbach, Amts Habamar; er wurde 1862 Lehrgehilfe zu Alpenroth und zog 1863 nach Limbach.

11. **Peter Müller** (seit 15. December 1863) [kath.], geboren den 4. Januar 1839 zu Villmar, Amts Runkel; er besuchte von 1855 an drei Jahre das Seminar zu Montabaur.

2. Die Pfarrgemeinde Altstadt.

Die Pfarrgemeinde Altstadt bilden außer dem Kirchdorfe die Ortschaften: Gehlert, Merkelbach, Ober-, Mittel- und Niederhartert, Laad, Müschenbach, Wieb, Nister und Steinebach, diesseits des Baches.

Die Pfarrei zählt circa 1800 Seelen. Von der Einführung der Reformation bis 1605 galt hier das lutherische, darnach das reformirte Bekenntniß; seit 1817 ist die Union eingeführt.

Die dortige Canzel ist 1697 aufgestellt, welche die Umschrift trägt: Joh. 58, 1. Der alte Taufstein, der vermuthlich aus dem elften Jahrhundert stammt, ist im Jahre 1864 renovirt worden.

Das Orgelwerk, welches aus einem Manual mit angehängtem Pedale besteht, hat zehn klingende Stimmen, nämlich:

1. Terz 1 Fuß; 2. Quinte 2 Fuß; 3. Octave 4 Fuß; 4. Trompete 8 Fuß; 5. Gedact 4 Fuß; 6. Octave 2 Fuß; 7. Salcional 4 Fuß; 8. Flöte 4 Fuß; 9. Mixtur dreifach; 10. Principal 8 Fuß.

Die drei vorhandenen, hinter der Orgel liegenden Bälge, welche sehr reparaturbedürftig sind, liefern nicht hinlänglichen Wind.

Der Kirchthurm ist bis an's Dach 58' hoch. Im Jahre 1862 wurde das Aeußere und 1864 das Innere der Kirche hergestellt. Im letzteren Jahre, am Sonntage 3. p. Tr., als den 12. Juni, wurde sie geweiht. Die Weihworte wurden an das Schriftwort Jesaia 58, 1, geknüpft.

Die im Jahre 1131 vom Papste ausgestellte Bestätigung der Besitzungen des St. Cassiusstiftes in Bonn, welches fast alle Zehnten in den Bezirken Hachenburg und Altenkirchen besaß, benennt nur die Kirche zu Altenkirchen mit ihren Capellen und den dazu gehörigen Zehuten. Es ist daher zu vermuthen, daß Hachenburg damals noch zum Kirchengebiete von Altenkirchen gehörte und die Kirchen von Altstadt, Kroppach und Alpenroth unter jenen Capellen gesucht werden müssen.

Die Kirche zu Altstadt, welche dem heiligen Bartholomäus geweiht war, hatte zur vorreformatorischen Zeit vier sehr gut fundirte Altäre, nämlich des St. Johannes, der St. Maria, der Barbara und des Antonius, woneben noch eine Capelle, der St. Catharina gewidmet, mit vier Altären bestand, so daß, wenn alle Altäre besetzt waren, ein hoher Chor mit zehn Geistlichen gefeiert werden konnte.

Reihenfolge der Geistlichen.

1. M. Reinhard Susenbethus (1605—1612),

Superintendent, Pfarrer und Inspector der Grafschaft Sayn. Er war aus Hessen gebürtig. Seit 1590 stand er als lutherischer Pfarrer in Nassau und war ein strenger Lutheraner.

Seinen Studien hatte er zu Marburg obgelegen und auch dort nach vorhergegangener Prüfung die Ordination empfangen.

Zu Jdstein hielt er seine Probepredigt, doch mußte er vor seiner Introduction zu Nassau 1590 die Erklärung abgeben, daß er nur der Augsburgischen Confession und dem lutherischen Catechismus gemäß lehren wollte. Susenbeth war ein energischer Mann, der sich seine Parthei unter dem Volke zu schaffen wußte und daher keinen geringen Anhang in der Gemeinde fand.

Als er später, im reformirten Rigorismus befangen, den Ritus im Abendmahl ändern, die Bilder aus der Kirche hinwegschaffen, den Heidelberger Catechismus einführen und selbst den Verstorbenen seiner Parthei eine besondere Beerdigungsstätte ausersehen wollte, da trat ihm die Saarbrück'sche Regierung entgegen und befahl ihren Dienern zu Nassau 1603, dem Susenbeth aufzukündigen. Sollte er nicht weichen, so solle man ihm die Kirche versperren und die Pfarrcompetenz mit Beschlag belegen.

Durch die Vermittelung des Grafen Johann des Aeltern von Nassau-Dillenburg blieb Susenbeth bis zum Jahre 1605, wo ihn dann der Graf Wilhelm zu Sayn-Wittgenstein als Pfarrer und Inspector nach Altstadt berief, um die Einführung der reformirten Lehre in der Grafschaft Sayn zu bewirken. Auf seinen Bericht wurden fast alle lutherischen Prediger entlassen und reformirte Pfarrer an ihre Stelle gesetzt.

Susenbeth starb nach sieben Jahre lang geführtem Amte am 12. October 1612 und wurde am 14. ejusd. mit einer Leichenrede des Caplans Priester in der dortigen Kirche beerdigt.

Nachfolger im Pfarramte wurde:

2. Franz Priester (1613—62),

Sohn des am 16. Februar 1632 zu Hachenburg verstorbenen Henrich Priester, Bürgers von Siegen. 1604 erlangte er seine akademische Bildung zu Herborn, wird 1606 und 1607 der jungen Grafen von Sayn Präceptor, wird 1607 Ludimoderator zu Hachenburg genannt. Er trat in die Ehe am 3. Februar 1607 mit Anna, Adam Berner's ehelichen Tochter, ward 1608 Pfarrer zu Kirburg, 1612 Caplan zu Hachenburg und wurde auf Catharinentag präsentirt. Im folgenden Jahre wurde er an die Stelle des Inspectors Susenbeth nach Altstadt berufen und 1622 zum Inspector elegirt und angeordnet.

Hier starb er 1662. Seine Frau Anna war bereits am 31. März 1658 aus dieser Welt gegangen und hatte 51 Jahre eine glückliche Ehe geführt. — Sein Nachfolger zu Altstadt wird schon 1659 Coadjutor genannt.

3. Kilian Goebel (1662—97)

war von Mademühlen, Kirchspiels Driedorf gebürtig. Hier war sein Vater Jacob Kirchenältester und Sendschöffe, war Stipendiarius gewesen und den 8. Mai 1650 als Lehrer an der Bürgerschule zu Herborn angenommen, ging 1652 nach Hachenburg, wo er Präceptor und zugleich Pastor von Alpenroth war. Als solcher schließt er einen Ehebund am 25. October 1653 mit Anna Magdalena, des gewesenen Bürgermeisters Caspar Pircke's zu Hachenburg Tochter, welche am 13. Febr. 1719 mit Tode abging.

Im Jahre 1654 bezog er die Pfarrei Driedorf und 1658 die Caplanei Hachenburg, von wo aus er den altersschwachen Pfarrer und Inspector Priester zu Altstadt bei seinen Amtshandlungen unterstützte. Nach dessen tödtlichem Hingange wurde Göbel Pfarrer und Inspector zu Altstadt. Er stand bei letzterer Gemeinde bis 1697, da er alt und wohlbetagt seinem Officio nicht mehr vorstehen konnte und resignirte. Er starb erst zwölf Jahre nachher, am 28. Februar 1709, Morgens 5 Uhr, und fand in der Kirche zu Altstadt seine Ruhestätte.

Von seinen Kindern heirathete am 5. September 1688 sein Sohn Johann Caspar die Catharine Sophie, des Ludwig Sohn, gewesenen Pfarrers zu Nimbrecht Tochter, und sein Sohn Johann Philipp am 17. November 1799, als Pfarrer zu Birnbach, Maria Sibille, des Bürgermeisters Johannes Seer zu Neuwied Tochter.

4. Johann Heinrich Simonis (1697—1739),

geboren den 10. März 1672 zu Alsbach im Neuwied'schen. Sein Vater, Wilhelm Simonis, war Pfarrer der Gemeinden Alsbach und Grenz= hausen. Er besuchte die Classen der akademischen Schule zu Herborn und lag auch dort 1690 seinen theologischen Studien ob.

Nach bestandenem Examen erhielt er zuerst die zweite Pfarre zu Neuwied und wurde von dort 1697 nach Altstadt berufen, wo er am Sonntage 4. p. Trinit. durch den Pfarrer Arndorf zu Hachenburg und Kilian Göbel der Gemeinde vorgestellt wurde. Er trat in die Ehe den 12. Mai 1699 mit Margarethe Elisabeth, des Kirchenältesten Albert Hofmann Tochter. Wegen seines kränklichen Zustandes erhielt er 1736 seinen ältesten Sohn zum Abjuncten und starb am 4. Januar 1739 nach zweijähriger Krankheit. Die Leichenpredigt hielt über den von ihm selber gewählten Text: Psalm 25, 7, Pfarrer Schnabel zu Flammers= feld und die Parentation Pfarrer Faber zu Kirburg. Der Verstorbene war 42½ Jahre im Amte, hatte 39 Jahre in der Ehe gelebt und ein Lebensalter von 76 Jahren weniger zwei Monaten und sechs Tagen erreicht.

Sein Sohn wurde zum Nachfolger berufen:

5. Johann Gottfried Simonis (1739—75),

geboren 1700 zu Altstadt, trat 1718 in die akademischen Classen des Pädagogiums zu Herborn und eröffnete daselbst seine theologischen Studien 1723. Nachdem er sein Examen auf der Canzlei zu Hachenburg bestan= den hatte, ward ihm die Hofpredigerstelle des Fürsten von Anhalt=Hoym zu Schauenburg zu Theil; er blieb in dieser Stellung 2½ Jahre; 1736 zum Abjuncten seines Vaters berufen, führte ihn in demselben Jahre, Sonntag den 3. Advent, der Pfarrer Heerhausen in sein Amt ein.

Nach dem Tode seines Vaters wurde er wirklicher Pfarrer und den 1. November 1755 Consistorial=Assessor und Inspector der reformirten Kirchen der Grafschaft Sayn=Hachenburg, welche Stelle seit 1697 unbe= setzt geblieben war. Er starb am 20. September 1775. Am Tage seines Begräbnisses folgte ihm:

6. Andreas Conrad Altgelt (1775—86),

Sohn des als Pfarrer und Inspector 1775 zu Altenkirchen verstorbenen Johann Hermann Altgelt und dessen Gattin Luise Catharine, geborne Rhobins, geboren am 28. März 1728 zu Kirburg, wo sein Vater zu der Zeit Pfarrer war.

Im Jahre 1756 wurde ihm die Predigerstelle zu Hachenburg verliehen und er am 20. Juni o. a. hier durch den Pfarrer Barth zu Höchstenbach ein= geführt, im Sommer 1762 kam er nach Schöneberg, am 23. September 1775 erhielt er die Pfarrei und das Inspectorat zu Altstadt, wo er am 4. September 1776 in die Ehe trat mit Luise, geborne Reinhard aus

Kroppach, mit welcher er 4 Kinder zeugte, von denen 3 Töchter in früher Kindheit dahin starben, und 1 Sohn Johann Wilhelm (geboren am 12. Februar 1779), sich später als Kaufmann in Elberfeld etablirte und dort am 4. August 1803 aus dieser Welt schied.

Pfarrer Altgelt legte am 18. April 1786 im Alter von 59 Jahren und 10 Tagen seinen Hirtenstab nieder und ging ein zu seines Herrn Freude. Ihm folgte:

7. Johann Hupert (Henrich) Müller (1787—93),

geboren 1716 zu Büsche, Kirchspiel Flammersfeld, wo auch seine Mutter Anne Catharine genannt wird. Derselbe wird 1770 Candidat der Theologie genannt und kam zuerst als Pfarrer nach Höchstenbach 1771, dann nach 4 Jahren als Pfarrer nach Kirburg und 1787 nach Altstadt, wo er am 13. Juli 1793 im Alter von 77 Jahren starb.

Seine Ehegattin Charlotte Catharine war des Johann Henrich Cramer, Landeshauptmanns, und der Charlotte Catharine von Meierbusch Tochter, welche ihm zu Altstadt 2 Töchter gebar:

a. Charlotte Henriette Catharine, geboren 9. Mai 1773 und
b. Luise Marianne Wilhelmine, geboren 6. October 1774.

8. Henrich Carl Wilhelm Girshausen (von Martini 1794—1819 am 28. November),

geboren am 19. September 1751 zu Altenkirchen, wo seine Eltern, der Stadtschöffe und Gasthalter Johann Philipp Girshausen und dessen Ehefrau Dorothee, geborne Attenborn, domicilirt waren.

Dieser bezog am 23. Februar 1776 die Pfarrei Hachenburg und am 26. December 1794 die Pfarrei Altstadt. Seine Ehe mit Marie Susanne Johannette, des Regierungsrathes Wirths Tochter, mit der er am 16. März 1777 copulirt worden ist, war mit 7 Kindern, 5 Töchtern und 2 Söhnen, gesegnet:

a. Caroline Dorothea Christine, geboren am 10. Mai 1799,
b. Friedrich Conrad, geboren am 1. März 1780, wurde Pfarrer,
c. Henriette Sabine Christine, geboren am 22. Juli 1782,
d. Charlotte Luise Friederike, geboren am 13. Juli 1785,
e. Julie Catharine Luise, geboren am 8. Februar 1788,
f. Marie Johanne Sophie, geboren am 29. August 1789,
g. Friedrich Wilhelm Jacob, geboren am 21. April 1793, studirte Theologie, war bis 1818 Conrector zu Hachenburg, dann bis 1810 Pfarrer zu Grävenwiesbach, bis 1831 Pfarrer zu Elferhausen, bis 1849 Pfarrer in Cubach und bis zum 22. December 1855, wo er starb in Brandoberndorf.

Von seinen 3 Söhnen ist Wilhelm Jurist, war 1843 Amtsaccessist; der zweite, August, Kaufmann in Lyon und der dritte, Ludwig, Theologe, war 1846 Pfarrvicar in Essershausen, 1848 Caplan zu Hebbernheim, 1851 Pfarrer zu Eschbach und 1857 zweiter Pfarrer zu Idstein, wo er in den 1860er Jahren gestorben ist.

Pfarrer Girshausen starb zu Altstadt am 28. November 1819 im Alter von 68 Jahren 2 Monaten 9 Tagen.

9. Wilhelm Anton Gottlieb Orth (1820—25),

geboren am 18. Juli 1753 zu Erba, im Mediatgebiete Hohensolms, wo sein Vater Johann Friedrich Orth Pfarrer war. Seine Mutter Elisabeth war eine geborne Seehaus von Hachenburg.

Er frequentirte das Gymnasium zu Weilburg vom 5. Juli 1766 bis Ostern 1770, bezog dann die Universität Gießen, verließ Ostern 1773 die Academie und wurde Hauslehrer beim Oberst-Lieutenant v. Schenk, wurde im August 1774 als Pfarrer nach Schöneberg berufen, trat die Stelle Mitte October an und wurde am Sonntage 16. p. Trinit. vom Inspector Wrebow und Pfarrer Köhler zu Höchstenbach ordinirt und introducirt.

Er trat in die Ehe am 3. November 1774 mit Juliane Margarethe, Tochter des Hauptmanns Johann Gottlieb Groß, die ihm 8 Kinder gebar, von denen bei seinem Tode noch 1 Sohn und 4 Töchter lebten. Im Jahre 1778 als Hofprediger und lutherischer Pfarrer nach Hachenburg berufen, wurde er am 15. Sonntage nach Trinitatis in seine Aemter eingeführt. Mit August 1820 wurde er zum Pfarrer nach Altstadt ernannt und am 1. October c. a. durch den Kirchenrath Schröder in sein Amt eingeführt, nachdem er 32 Jahre Hof- und Stadtprediger gewesen war. Hier ehelichte er zum zweiten Male am 6. Januar 1822 Justine, des Pfarrers Ebhardt zu Hilgenroth Tochter. Im Jahre 1852 ließ er sich mit Pension in Ruhestand versetzen und starb, als Jubilarius und Kirchenrath, am 26. März 1827.

10. Pfarrvicar **Philipp Conrad Franz Otto** (1825—26),

geboren am 9. October 1801 zu Weilburg, wo sein Vater Johann Franz Otto damals Stadtpfarrer (später Kirchenrath und Pfarrer zu Braubobernddorf) war. Seine Mutter Christine war eine geborne Hale.

Er frequentirte von 1811 bis 1819 das Gymnasium zu Weilburg, studirte dann zu Gießen und besuchte nach zwei Jahren auf Ostern das theologische Seminar zu Herborn, machte dann im Herbste 1821 sein Examen beim Decan Genth und Gieße zu Weilburg. Angestellt im Herbste 1824 als Vicarius zu Dillenburg, erhielt er 1825 das Vicariat der Pfarrei Kirburg, von wo er im October 1825 hierher kam, ging 1826 als Pfarrvicar nach Braubobernddorf, 1830 als zweiter Pfarrer nach Dillenburg, 1840 als erster Pfarrer nach Haiger und 1846 nach Igstadt als Pfarrer und Decan.

11. Pfarrvicar **H. K. Philipp Coll von Delkenheim** (1826—27),

kam im letzteren Jahre nach Neunkirchen.

12. **Christian Schütz**, Pfarrer, (1827—41),

geboren den 15. December 1768 zu Herborn, wo seine Eltern, Christian Schütz und Maria Carolina, geborne Riesener, Bürgersleute waren. In der lateinischen Stadtschule war Müller und in den Classen des Pädagogs waren Faber, Rousseaume, Otterbein und Hamel seine Lehrer; er war von 1784 bis 1788 Student, machte sein Examen bei den Professoren Arnold, Winckel, Dresler und wurde 1790 Candidat; angestellt wurde er im Febr. 1797 als Vicar in Siegen, ordinirt durch den Inspector Vollpracht zu Dillenburg, 1800 im December als Adjunct-Pfarrer zu Habamar, 1806 wurde er zweiter Pfarrer zu Herborn, hielt seine Antrittspredigt am 31. August und wurde durch Inspector Vollpracht introducirt. 1818 ward er als Pfarrer nach Bicken durch Inspector Gieße eingeführt, 1827 zu Altstadt und wurde durch Inspector Schröder präsentirt. Er trat am 12. November 1807 in die Ehe mit Christine Johannette, des Pfarrers Dilthey zu Eisemroth Tochter, welche am 9. März 1810 starb, er knüpfte darauf am 8. Januar 1814 einen Ehebund mit Catharina Elisabeth, Daniel Haubach's Tochter zu Herborn. Er starb am 11. November 1841 im 74. Lebensjahre. Von seinen acht Kindern lebten noch sechs, nämlich vier Söhne und zwei Töchter.

Im September 1841 erhielt er einen Helfer an dem Pfarrvicar, Emil Caeser. (Vid. Alpenroth.)

13. Theodor Friedrich Stöckigt, Pfarrer,
(3. April 1842—56),

Sohn des Berg=Inspectors Johann Wilhelm und dessen Ehefrau Sabine, geborne Metz zu Braubach; geboren daselbst den 27. October 1792. Nachdem er seine Studien vollendet, ward er erst Pfarrvicar zu Wismerod und dann zu Hesterich, zog am 20. October 1820 als Pfarrer nach Mehrenberg, introducirt am 30. October, ehelichte am 26. Juli 1824 Amalie Louise Sophie Heye, des Pfarrers Heye zu Rastätten Tochter, welche am 13. September 1842 mit Hinterlassung ihres Mannes und acht Kindern starb.

Er kam am 2. März 1828 als Pfarrer nach Haiger, am 12. Juli 1830 als Pfarrer und Inspector nach Usingen, eingeführt am 1. August durch Bischof Müller, am 9. April 1842 nach Altstädt. In zweiter Ehe wurde er copulirt am 3. Novbr. 1843 mit Louise, des Landschultheißen Ernst Ludwig Dormann Tochter. Er starb am 3. April 1856, 60 Jahre alt und 14 Jahre hier im Dienste. Zur Aushilfe kam Ende Januar 1855:

Ferdinand Friedrich Philipp Cuntz, Pfarrvicar, (1855—56),

Sohn des erzherzoglichen Commissars Cuntz zu Schaumburg=Diez, geboren den 1. April 1831 zu Dillenburg; besuchte vom Herbst 1844 bis Ostern 1850 das Gymnasium zu Weilburg, sodann die Universitäten Halle und Heidelberg von Ostern 1850—53, und das Seminar zu Herborn im Herbste 1853, machte sein Staats=Examen in Wiesbaden am 7. December 1854, wurde ordinirt am 1. Februar 1855, verwaltete die Altstädter Pfarrei provisorisch, introducirt durch Decan Nink, kam 1856 als Caplan nach Montabaur und 1864 als Pfarrer nach Dausenau.

15. Johann Henrich Nicolaus Kurtz, Pfarrer,
(seit 1. October 1856),

geboren den 5. August 1801 zu Weilburg. Seine Eltern waren Carl Kurtz aus Eisenberg bei Kirchheim=Bolanden und dessen Gattin Elisabeth, geborene Mertin aus Weilburg; frequentirte 1810—18 das Gymnasium zu Weilburg, bezog im Herbste 1818 die Universität Gießen, besuchte 1820 das Seminar in Herborn, machte 1820 sein Examen, war dann Hauslehrer zu Geisenheim bis 1. April 1825, vicarirte von da ab bis Herbst dieses Jahres beim Pfarrer Reh in Loosbach, erhielt dann die Caplanei Moosbach, ward mit Frühling 1828 Pfarrer in Dickscheid und im Frühjahr 1832 Pfarrer zu Sonnenberg; erhielt am 1. Januar 1846 die Pfarrstelle zu Hadamar, kam im Frühling 1854 als erster Pfarrer nach Marienberg und wurde nach 2½ Jahren in Altstadt versetzt, wo er durch den Decan Nink am 2. November 1856 investirt wurde. Er trat in die Ehe am 25. November 1828 mit Auguste Ernstine, geborene Stein von Wiesbaden, welche am 5. Juni 1845 starb, in die zweite Ehe am 6. Februar 1847 mit Louise, geborene Bönig aus Clausthal; aus erster Ehe sind drei Söhne und zwei Töchter.

3. Die Pfarrgemeinde Hachenburg.

Den Namen Hachenburg führte ursprünglich die jetzige Altstadt, in deren Gemarkung dann die Burg erbaut wurde, um die zunächst die Burgmannen, und später auch andere freie Männer ihre Wohnsitze nahmen, was so zur Entstehung der nachherigen Stadt Veranlassung gab.

Wenngleich dieser Ort schon in dem Uebertrags=Contract zwischen der Gräfin Mathilde von Sayn und dem Grafen

Sponheim im Jahre 1247 „Burg und Stadt" genannt wird, so erhielt sie doch erst im Jahre 1314 vom Kaiser Ludwig von Baiern eigentliche Stadtrechte. Seit dem siebzehnten Jahrhundert diente sie den Landesherren zur Residenz. Auch hatte hier die Landesregierung ihren Sitz.

Ehemals waren die Bewohner derselben in kirchlicher Beziehung nach der Altstadt eingepfarrt. Hachenburg hatte nur eine Capelle, die von dem Grafen Gerhard von Sayn fundirt war und den St. Nicolaus zum Schutzpatron hatte.

Zur besseren Existenz derselben erwirkte besagter Graf 1495 einen hunderttägigen Ablaß für alle diejenigen, welche sie besuchten. Sie wurde durch einen Caplan bedient, welcher dem Parochus zur Altstadt untergeordnet war.

Nach eingeführter Reformation verbesserte man 1570 die Einkünfte dieser Caplanei mit den Gefällen und Renten der hier bestandenen Priester- und Sebastians-Brüderschaften und räumte auch derselben 1584 das von Thomas Mant von Limbach zu einem Hospital geschenkte Haus als Wiedumhof ein.

Seit der Reformation dienten die bei dieser Capelle angestellten Diacone zur Aushilfe des Pfarrers in der Altstadt, wogegen Letzterer auch zu Zeiten eine Predigt zu Hachenburg zu halten hatte.

Im Jahre 1605 wurde das reformirte Bekenntniß eingeführt; 44 Jahre nachher bildete sich wieder eine lutherische Gemeinde, und der dortige Hofprediger, der in der Schloßcapelle für die Lutheraner mehrere gottesdienstliche Andachten gehalten hatte, nahm im Auftrage der Landesherrschaft, ohne Vorwissen der Reformirten, die Stadtcapelle in Besitz, die seitdem ein Simultaneum für beide Confessionen bildete. In Rücksicht der Abhaltung des Früh- und Spätgottesdienstes alternirten Sonntag für Sonntag beide Gemeinden, bei welchen der Anfang des Frühgottesdienstes des Vormittags auf 8 Uhr und Nachmittags 1 Uhr, und der Spätgottesdienst Vormittags auf halb 10 Uhr und Nachmittags 2 Uhr festgesetzt war.

A. Die reformirte Pfarrgemeinde.

Die vom Landesherrn decretirte Theilung der Caplanei-Renten zwischen den lutherischen und reformirten Predigern erfolgte im Jahre 1654, sowie auch bald darauf eine förmliche Trennung von der Mutterkirche Altstadt stattfand.

Zu der lutherischen Gemeinde hierselbst waren auch die Lutheraner in den benachbarten reformirten Kirchsprengeln: Altstadt, Kirburg und Kroppach, eingepfarrt.

Seit der Theilung der Caplanei-Renten war die Besoldung des hiesigen reformirten Pfarrers sehr gering, selbst da noch, als wegen Unzulänglichkeit des Gehaltes im Jahre 1767 die Familienväter der reformirten Gemeinde aufgefordert wurden, für die Pfarrei ein Capital zu stiften.

Daher erklärt sich auch der häufige Wechsel der Geistlichen, so daß von 1597 bis 1820 über 27 Prediger bei dieser Gemeinde fungirten.

Die Einkünfte der reformirten Pfarrer waren, nach deren Verbesserung durch freiwillig fundirte Capitalien also veranschlagt:

1. Eine Wohnung mit Stall und Scheuer   40 fl. — kr.
2. Grundstücke, angeschlagen zu . . . .   115 „ — „
3. Ein Malter Hafer zu . . . . . .   5 „ 54 „
4. Aus den Klingelbeutelgeldern . . .   45 „ — „
5. Zinsen von Activ-Capitalien . . . .   292 „ 30 „
6. Gerechtsame . . . .   1 „ 36 „
7. Accidenzien und Beichtgeld . . . .   125 „ 30 „

Summa . . 625 fl. 30 kr.

Nach der am Tage des 300jährigen Reformationsfestes am 31. October 1817 vollzogenen Vereinigung der lutherischen und reformirten Confessionen zu einer evangelisch-christlichen Gemeinde verwalteten die beiden hiesigen Geistlichen das Amt eines Seelsorgers und Predigers collegialisch, indem sie mit Predigen und Wahrnehmung der Amtshandlungen, sowie Führung eines gemeinschaftlichen Kirchenbuches wochenweise so lange abwechselten, bis nach Versetzung des lutherischen Pfarrers nach der Altstadt am 12. October 1820 beide Pfarreien zu Einer vereinigt wurden.

Von dieser Zeit an fing der vormittägige Gottesdienst im Sommer um 9 Uhr, im Winter um halb 10 Uhr an, und des Nachmittags von halb 2 Uhr an wurden im Winter Betstunden, im Sommer aber Catechisationen mit den dies-, vorig- und künftigjährigen Confirmanden abgehalten.

Mit der Vereinigung beider Stellen wurde auch die Besoldung des Pfarrers neu organisirt. Das bisherige Wohnhaus des lutherischen Geistlichen nebst dem dazu gehörigen Gärtchen, Scheuer und Stall, sowie auch einige Ackerstücke wurden meistbietend zum Vortheile des Local-Kirchenfonds verkauft und die Besoldung folgendermaßen regulirt:

1. Wohnung mit Scheuer und Stall . .   40 fl. — kr.
2. Güter (nachdem mit hoher Bewilligung
   verschiedene aus dem Inventar noch verkauft worden), im Anschlag . . . .   161 „ 41 „

15

Transport	201 fl.	41 kr.
3. Zehnten	225 „	24 „
4. Zwei Malter Hafer von Gehlert . .	11 „	48 „
5. Fire Besoldung:		
a) von herrschaftlicher Receptur . .	219 „	40 „
b) Fruchtbesolb. v. herrschaftl. Receptur	79 „	30 „
c) aus dem Local-Kirchenfond . . .	224 „	18 „
d) Holzbesoldung	134 „	12 „
6. Zinsen von Capitalien	402 „	53 „
Summa . .	1499 fl.	26 kr.

Zur Abrundung anzunehmen zu 1500 fl.

Die dortige Kirche (frühere Capelle) ist oftmals durch dort herrschende Feuersbrünste in Asche gelegt und demnächst wieder gebaut worden, so 1400, den ersten Tag nach Ostern; 1484, den zweiten Tag nach Gereonis; 1654 sammt dem Schlosse und dem Rathhause.

Die im zuletztgenannten Jahre neuaufgerichtete Kirche erhielt 1754 ein neues Pflaster. Wegen ihrer Baufälligkeit und wegen ihres beengten Raumes im Innern wurde sie 1774 zum Theil abgebrochen und 1775 unter Beibehaltung des Chores, über welchem auch das brüchige Gewölbe abgenommen wurde, und des Thurmes, von Grund aus das Schiff ganz neu durch den Baumeister Braunstein aus Altenkirchen mit dem Mauermeister Andreas Wasle, dem Zimmermeister Andreas Fischer und dem Schieferdecker Hahn aufgebaut. Die Baukosten betrugen 8212 fl.

Nachdem im Monat Mai das Fundament, welches sehr tief nach dem Markte und der Gasse zu gesucht werden mußte, gegraben war, so wurde am 13. Mai auf der Ecke der Gasse zu, wo das Erdreich noch nicht recht fest und noch wässericht war, ein hölzerner Rost gelegt und nun angefangen, das Fundament zu mauern. Am 1. Juli 1775 ward auf gedachter äußeren Ecke der Kirche, wo der Rost liegt, unter Wunsch und Gebet der Grundstein vom Grafen Wilhelm Georg selbst gelegt, und zwar in Gegenwart aller Cavaliere, Räthe, Geistlichen und des Stadtvorstandes.

In den Grundstein wurde folgende Inschrift auf einer bleiernen Tafel gelegt:

Anno CIↃCICCLXXV dio primo Julii Guillielmus Georgius Burgravius de Kirchborg, Comes de Sayn et Wittgenstein, Dominus in Farnrode hujus templi fundamenta possuit.

Außerdem wurde noch eine auf Pergament geschriebene deutsche Inschrift von den Lutheranern und eine lateinische von den Reformirten in den Grundstein gelegt.

Den Wunsch und das Gebet bei dieser Grundsteinlegung sprach der Hofprediger.

Im November des Jahres 1776 war der Bau im Innern und Aeußern so weit vollendet, daß die Kirche am 17. November, als am Sonntage 24. p. Tr., ihre Weihe erhielt. Während des Baues hielt man Gottesdienst auf dem Rathhause ab.

Die Kirche hat eine Uhr und eine Orgel. Die Uhr ist im Jahre 1776 angekauft und aufgestellt worden und hat ein Zifferblatt nach dem Marktplatze hin.

Die Kirchenorgel hat zwei Manuale, ein freies Pedal und drei Spanbälge, welche neben der Orgel liegen und den erforderlichen Wind hinreichend liefern. Es sind 23 Registerzüge vorhanden. Die Orgel ist folgendermaßen disponirt:

    a) Das Hauptwerk hat 10 Stimmen, nämlich: Principal 4 Fuß, Principal 8 Fuß, Flöte 8 Fuß, Bordon 8 Fuß, Quinte 3 Fuß, Superoctav 2 Fuß, Gedact 4 Fuß, Decima 1 Fuß, Mixtur 4 Fuß (dreifach), Trompete 8 Fuß.

    b) Das Nebenmanual hat 6 Stimmen: Viola di Gamba 8 Fuß, Quintatön 8 Fuß, Octave 2 Fuß, Spitzflöte 2 Fuß, Quintatön 4 Fuß, Mixtur dreifach.

    c) Das Pedal hat 4 Stimmen: Posaune 16 Fuß, Octave 4 Fuß, Principalbaß 8 Fuß, Subbaß 16 Fuß.

    d) Nebenzüge: Tremulant, Windventil, Koppel.

Weder der Name des Erbauers dieser Orgel, noch die Zeit ihrer Erbauung ist uns bekannt geworden. Im Jahre 1778 am 29. Mai fing der Orgelbauer Johannes Andreas Mohr, wohnhaft zu Wiesbaden, an, die alte Orgel zu repariren. Zwei seiner Söhne und ein Gesell arbeiteten mit ihm beständig daran bis zum 26. September.

Von den 23 Registern sind manche ganz neu geworden. Die ganze Wiederherstellung kostet im Tagelohn 600 fl.

Der Kirchthurm, welcher der Stadtgemeinde gehört und auf Kosten derselben im baulichen Zustande erhalten wird, hat drei Glocken, welche einen harmonischen Dreiklang geben.

Die Glocken tragen folgende Inscriptionen:

1. Maximae.

Anno 1665. Laudate dominum in sanctis ejus quinque declarant rempublicam bene aut male regi 1 Aedus precum 2 Curia 3 Schola 4 Forum 5 Horologium Salentin Ernst Comes de Manderscheid et Blankenheim et Ernstine Comitissa de Sayn etc. nebst den saynischen Löwen in einem kleinen Wappen und dem Stadtwappen.

2. Medine.

Soli deo gloria. M. Antonius Paris me fecit 1655, nebst den saynischen Löwen in einem kleinen Wappen und dem Stadtwappen.

3. Minimae.

Kommt herzu! Laßt uns den Herren loben in seinem Heiligthume, denn der Herr hat Wohlgefallen an seinem Volke. J. H. Freudenburger, Bürgermeister. Joh. Langenbach, Bürgermeister. 1655.

Die hochgräfliche Familiengruft befand sich in der Kirche zu Hachenburg. Sie bestand aus zwei kleineren und zwei größeren Gewölben. Eines von den kleineren befand sich im Chor, zur rechten Seite eines Epitaphiums, welches folgende Unterschrift hatte: „Im Jahre unseres Heils 1601 am 21. April hat der Wohlgeborne Graf und Herr, Heinrich, Grave zu Sayn, Herr zu Homburgk, Munkler, Meinzberg, dies Monumentum aufrichten lassen, in Meinung, daß alle Menschen sterblich sind, daß Ihro Gnaden bei demselben künftig nach Gottes Willen Ihre Ruhestätte beinehmen und mit allen Christgläubigen der fröhlichen Auferstehung zum seligen Leben erwarten wollen." Dieses Epitaphium stellt seinen Stifter ganz geharnischt in starker Lebensgröße vor und zu dessen beiden Seiten Wappen von seinem hohen Geschlechte. In diesem kleinen Gewölbe, welches man 1754 beim Pflastern der Kirche entdeckte, fanden sich in einem zinnernen Sarge sehr große Gebeine und auf dessen Haupt eine Grafenkrone, welches also allem Vermuthen nach die Ruhestätte ist, worauf sich jene Ueberreste des Epitaphii beziehen.

Hier wurde Graf Wilhelm Georg am 10. Februar 1777 beigesetzt. Wenig Schritte davon, gerade vor dem Pfarrstuhl im Angesichte des Epitaphii, war ein noch kleineres Gewölbe, in welches die Gebeine aus dem ersteren Gewölbe gebracht wurden.

Außer diesen beiden kleineren Gewölben befindet sich noch eine größere herrschaftliche Gruft unter dem Altare, wozu der Eingang vorne an den Stufen ist, auf welchen man zum Altare hinaufgeht. Die vierte herrschaftliche Gruft ist im Kirchthurme unter der Sacristei, wohin seit 1740 schon sechs gräfliche Leichen beigesetzt sind.

Das baufällige reformirte Pfarrhaus sollte nach Beschluß des Presbyteriums 1812 durch ein neues ersetzt werden. Die Ausführung dieses Beschlusses fand einige Jahre später statt, und erst 1816 sah das Haus seiner Vollendung entgegen, so daß es der Geistliche am 12. Juni c. a. beziehen konnte. Auf dem Bauplatze desselben soll in der Vorzeit ein Nonnenkloster gestanden haben.

Die reformirte, lutherische und katholische Schule waren in früherer Zeit an die evangelische Kirche gebaut.

Im Jahre 1730, vermuthlich beim Neubau einer Kirchenorgel, wurde das lutherische Schulhaus zur Balgkammer eingerichtet, und dafür ein Haus zum Schullocale neben dem Rathhause angekauft. Die anderen beiden Schulstuben gingen erst 1774 beim Abbruch der Kirche ein und erhielt jede Gemeinde 70 Rthlr. aus der Kirchenkaffe zur Vergütung.

Die Stadt Hachenburg hat in früheren Zeiten viel unglückliche Schicksale gehabt. Außer den bereits angeführten Feuersbrünsten weisen die Sterberegister der reformirten Gemeinde in der ersten Hälfte des 17. Jahrhunderts auf herrschende Krankheiten, namentlich auf die hier grassirende Pest hin, welche die Stadt bedeutend entvölkerte; die Särge wurden auf dem Markte verkauft und oft in Ermangelung derselben die Todten in einen Busch Stroh eingewickelt und so begraben.

Der Kirchhof, welcher außerhalb der Stadt, an dem Wege nach Altstadt liegt, wurde 1843 nach Norden hin erweitert und dies Drittel desselben am 9. October 1843 durch Gebet und Rede geweiht.

Reihenfolge der Geistlichen,
welche bei dieser Gemeinde fungirt haben.

a. Capläne oder Diacone.

1. M. Arnoldus Sennius (1597—1605),
ein geborener Hesse, wird, weil er lutherisch war, seines Dienstes entlassen. Er hat das älteste Kirchenbuch 1597 angelegt.

2. Erasmus Wetzflarius (1605—12),
geboren gegen 1577 zu Marienberg und ein Sohn des dortigen Pastoren Christianus Wetzflarius und dessen Gattin Anna, gebornen Hanekrot aus Herborn. Er studirte 1595 zu Herborn, wurde 1605 durch den Inspector Eusenbeth eingeführt; er starb nach siebenjähriger Dienstführung am 18. November 1612 und wurde in der Kirche zu Altstadt begraben. Die Leichenpredigt hielt ihm der Caplan Fr. Priester. Seine Wittwe Catharine ehelichte am 31. August 1613 Christian Korthausen.

3. Franciscus Priester (1612—13).
(Cfr. Pfarrverzeichniß von Altstadt.)

4. Sebastian Wetzflar (1613—22)
war ein Bruder von Nr. 2, geboren circa 1579 zu Marienberg, hatte seit 1501 in vier Jahren zu Herborn seine akademische Laufbahn vollendet, fand zuerst Anstellung bei der Herborner Stadtschule, wird dort am 27. August 1604 als Präceptor lobend erwähnt, wurde 1605 als zweiter und 1611 als erster Caplan zu Herborn angeordnet, ging 1613 als Caplan nach Hachenburg und wurde hier am Sonntage Quasimodogeniti präsentirt, zog 1622 als Pfarrer an die Gemeinde Mehren, bezog 1630 die Predigerstelle zu Driedorf, erhielt am 1. Februar 1636 die Stadtpfarre zu Dillenburg und 1646 das geistliche Inspectorat des Fürstenthums Dillenburg und stand in solchem Officio 19 Jahre. Er trat zuerst in die Ehe 1608 dom. IV. post Pascha mit Marie, Tochter des Pfarrers Johann Georg Stoever zu Ferndorf, welche aber noch in demselben Jahre gestorben sein muß, denn er tritt in die zweite Ehe 1609 als Herborner Diaconus mit Anna Catharina, Adam Siefer's Tochter zu Hachenburg, welche am 20. October 1644 im Alter von 47 Jahren starb und am 13. ejusd. begraben wurde. Er starb eines

schnellen Todes am 18. April 1665 und wurde am 24. ejusd. in der Pfarrkirche zu Dillenburg begraben.

5. Philipp Mansius (1622—27).
(Vid. Pfarrverzeichniß Neunkirchen Nr. 4.)

6. Johannes Corvinus (1627).
Er wurde hier durch Inspector Priester am 4. Mai 1627 introducirt, trat am 30. Mai ein und zog mit ultimo September zu der Pfarrei Marzain. (Cfr. Pfarrei Flammersfeld.)

7. Michael Hatzenroth (1627—28).
(Cfr. Pfarrei Alpenroth.)

8. Hermann Vigelius (1628—32),
gebürtig von Wesel im Clevischen, wird in der Berufung zum Pfarrer nach Neunkirchen 1636 als ein Sohn des Pfarrers Petri Vigelii zu Neunkirchen genannt; er studirte 1620 zu Herborn, wurde 1628 als Caplan zu Hachenburg angestellt und ging 1632 in die Dienste des Grafen Ludwig Henrich zu Dillenburg, den er mit seinem Regimente im März 1632 nach Mainz als Feldprediger begleitete, und ward zugleich sein Hofprediger zu Dillenburg. Er ehelicht 1634 dom. 21. p. Tr. Catharine, des Geheimen Rathes Dr. Philipp Heinrich Hoen und dessen ehelicher Hausfrau Anna, gebornen Stoever, Tochter, die ihm mehrere Kinder gebar. Vigelius starb zu Dillenburg als Hofprediger am 9. September 1653 und wurde am 11. ejusd. begraben.

9. Johannes Rhodius (1632—54),
gebürtig von Siegen.

10. Hermann Sohlbach (1654—55),
gebürtig von Siegen, kam 1654 nach Hachenburg, zog 1655 an die Pfarrei Crombach, wo er am 6. December 1655 durch den Siegen'schen Inspector Ludolph in sein Amt eingeführt wird, und starb dort nach 25jähriger Amtsführung am 1. August 1680 und wurde am 3. desselben Monats beerdigt.

11. Henrich Quitterus Hilchenbachensis (1655—58).
(Vid. Pfarrei Altenkirchen.)

12. Kilian Goebel (1658—64)
von Mademühlen, Kirchspiels Drieborf. (Cfr. Pfarrverzeichniß Altstadt.)

b. Pfarrer zu Hachenburg.

13. Friedrich Hail (1664—69),
gebürtig aus Millungen im Fürstenthume Hessen, wo sein Vater Martin Hail wohnte. Er hatte zu Marburg studirt und erhielt zuerst 1649 die Pfarrstelle zum Rödgen, wurde von da 1664 als Pfarrer nach Hachenburg berufen und vertauschte 1669 diese Stelle mit der zu Oberfischbach im Fürstenthume Siegen. Hier starb er am 13. November 1676, nachdem er 26 Jahre im Predigtamte gestanden hatte.

Zur Lebensgefährtin erkor er sich Catharine Tillmann, des Bergschöffen zu Eisern Tochter, mit welcher er sich am 16. September 1655 ehelich einsegnen ließ. Diese Ehe wurde mit mehreren Kindern gesegnet.

14. Matthias Conradi (1670—81).
Derselbe war gebürtig von Siegen, wie er im Taufbuche bemerkt; er studirte 1665 zu Herborn. Im Jahre 1670 erging an ihn der Ruf

an die Pfarrei Hachenburg; er wurde hier am 19. März desselben Jahres introducirt. Im folgenden Jahre und bis 1673 übertrug man ihm die Mitversehung der Pfarrei Höchstenbach. Nach zwölfjähriger Amtsführung nahm er 1681 den Ruf als Pfarrer an die Gemeinde Röbgen bei Siegen an. Hier starb er am 19. Juni 1713 und wurde mit einer von dem Rector und dritten Stadtprediger, Johann Georg Bellersheim, gehaltenen Grabrede beerdigt. Zu Hachenburg waren ihm sechs Kinder, zwei Knaben und vier Mädchen, geboren.

15. Jacob Rütger Heerhausen (1682—90).

Sein Vater Johannes Heerhausen wohnte zu Wiehl in der Herrschaft Homburg, woselbst Jacob Rütger geboren war.

Er studirte 1665 zu Herborn. Als Candidat der Theologie ehelicht er 1667 im August Maria Margaretha, des Bürgers Christoph Rücker zu Herborn Tochter, und ließ daselbst am 17. Juli 1668 eine Tochter Anna Sybille taufen. Seine erste Anstellung fand er 1670 zu Hamm a. d. Sieg, erhielt am 3. April 1682 seine Vocation als Prediger zu Hachenburg und wurde hier am 12. April durch den Inspector Kilian Goebel investirt. Nach 20jähriger Führung des Predigtamtes segnete er am 25. Januar 1690 das Zeitliche und ging in die frohe Ewigkeit. Seine irdischen Ueberreste wurden am 29. ejusd. der Erde zurückgegeben, wobei der Inspector Goebel die Trauerpredigt hielt.

16. Johann Henrich Arndorf (1690—1703),

geboren zu Siegen, wo sein Vater, Tillmann Arndorf, Handelsmann war, studirte 1685 zu Duisburg und später zu Herborn, ehelichte am 3. April 1686 Maria Clara, geborene Heeser von Siegen, die ihm zu Hachenburg folgende Kinder gebar:
  a) Sohn Martinus Tilmann, geb. den 8. Januar 1691.
  b) Tochter Clara Elisabeth, geb. den 20. Februar 1693, ehelicht am 5. Juli 1713 Johann Petrus Bietz, Hof- und Stadtprediger zu Usingen.
  c) Tochter Anna Clara, geb. den 16. August 1694.
  d) Tochter Anna Christine, geb. den 23. September 1698, ehelicht am 21. März 1719 Johann Philipp Dilthey, Canzlei-Secretär und lic. jur., Sohn des Eberwein Dilthey, Canzlei-Directors zu Dillenburg.
  e) Tochter Clara Margaretha, geb. den 9. April 1702.
  f) Tochter Anna Catharina, geb. den 3. Juni 1705, gestorben den 29. November 1705.
Seine erste Pfarrstelle war Norbhofen, zu der er 1686 vocirt wurde, vertauschte diese mit der reformirten Pfarrei Hachenburg, die er im Anfange des Jahres 1690 antrat, folgte 1703 dem Rufe seines Landesfürsten als Hof- und Stadtprediger nach Siegen, wurde 1709 als Stadtprediger nach Dillenburg berufen, woselbst er seit 1718 die Würde eines Hofpredigers und eines Consistorialrathes bekleidete. Als solcher starb er am 22. Januar 1728, Morgens 10 Uhr, und wurde am 24. ejusd. in der Stadtkirche vor dem Stuhle des Rathes Dilthey begraben.

16. Johann Georg Melsbach (1703—1706)

kam 1703 nach Hachenburg und ging 1706 als Pfarrer an die reformirte Gemeinde zu Neuwied, wo er bis 1723 fungirte.

17. Johann Daniel Seel (1706—12),

gebürtig von Freudenberg. (Vid Pfarrverzeichniß Neunkirchen.)

18. Wilhelm Friedrich Schnabelius (1712—43).

Dieser war der älteste Sohn der Eheleute Pfarrer und Inspector Arnold Schnabelius und dessen Gattin Catharina Elisabeth, des Inspectors Michael Faber zu Diez Tochter, geboren daselbst 1679); er genoß seine academische Bildung zu Herborn, ward zuerst 1706 als Pfarrer nach Guntersblum berufen, erhielt 1712 die reformirte Predigerstelle zu Hachenburg und 1743 die zu Freiendiez, wo er am 22. December vom Pfarrer Pfarrius introducirt wurde. Er trat in die Ehe am 19. Juli 1714 mit Marie Elisabeth, gebornen Reineck, welche am 8. Juli 1715 im Kindbette starb; er ehelichte zum zweitenmale am 23. Mai 1716 Anna Catharina, Ehren Philipp Friedrich Altgelt, gewesenen Pfarrers zu Raupach, Wittwe.

Diese letztere Ehe wurde mit mehreren Kindern gesegnet:

a) Sohn Arnold Friedrich, geb. den 22. April 1718.
b) Tochter Philippine Elisabeth, geb den 18. Juli 1719.
c) Sohn Henrich Conrad, geb. den 8. Juli 1721.
d) Tochter Charlotte Dorothea, geb. den 13. October 1722.
e) Tochter Helene Christine, geb. den 16. Juni 1724.

19. Johann Martin Reinhard (1744—50)

wurde hier am 14. April 1744 introducirt.

(Vid. Pfarrverzeichniß von Kroppach.)

20. Adolph Emil Böhm (1750—56).

(Vid. Pfarrverzeichniß von Hamm Nr. 15.)

21. Andreas Conrad Altgelt (1756—62).

(Vid. Pfarrverzeichniß von Altstadt.)

22. Johann Henrich Corsbach (1762—67).

(Vid. Pfarrverzeichniß von Neunkirchen.)

23. Johann Ludwig Barth (1768—76).

(Vid. Pfarrverzeichniß von Alpenroth.)

24. Henrich Carl Wilhelm Girshausen (12. April 1776—94), von Altenkirchen gebürtig.

(Vid. Pfarrverzeichniß von Altstadt.)

25. Johann Hermann Conrad Altgelt (1794—97).

(Vid. Pfarrverzeichniß von Flammersfeld Nr. 12.)

26. Johannes Justus Schulz (1797—1812)

war geboren zu Hebbersdorf bei Neuwied am 14. Februar 1768. Ohne elterliches Vermögen, fand er in seinem vierzehnten Lebensjahre Gelegenheit, sich den Wissenschaften widmen zu können. Schon in seinem achtzehnten Lebensjahre war er so weit fortgeschritten, daß er zum Studium der Theologie die Universität Marburg beziehen konnte. Nach bestandenem theologischen Examen übernahm er im April 1790 das Rectorat der lateinischen Schule zu Hachenburg. Im April 1797 wurde ihm die hiesige reformirte Predigerstelle übertragen und er am 21. Mai eingeführt, behielt jedoch die Rectorstelle bei. Der Prinz von Neuwied ertheilte ihm unter dem 24. Mai 1812 die Vocation zum Pfarrer in Neuwied. Seine Introduction fand im Juni statt. Bald nach seiner Anstellung erhielt er daselbst zur Anerkennung seiner Verdienste die Würde eines Inspectors. Doch schon nach zwei Jahren wurde seine unermüdliche seelsorgerische Thätigkeit unterbrochen. Der Herr über Leben und Tod rief diesen treuen Diener der Kirche am 18. März 1814 im Alter von 46 Jahren 1 Monat und 4 Tagen aus dieser Zeitlichkeit in die frohe Ewigkeit, um ihm den Lohn der Treue, die Krone des ewigen Lebens, zu geben.

Er ist zweimal verehelicht gewesen, zuerst seit dem 5. Januar 1795 mit Helene Friederike Johannette Wehler, welche ihm aber schon am 8. September 1797, sowie bald darauf ein ihm von ihr hinterlassenes Töchterlein, durch den Tod entrissen wurde.

Am 14. November 1798 trat er in die zweite Ehe mit Henriette Louise Tecklenburg, des Pfarrers zu Ballersbach Tochter, welche er bei seinem Tode mit sechs Kindern und einem noch unter ihrem Herzen ruhenden hinterließ. Seine Kinder waren:

a) Tochter Sophie Wilhelmine, geb. den 28. Juli 1797; starb bald.

b) Tochter Amalie Louise Wilhelmine, geb. den 26. August 1799.

c) Sohn Carl Wilhelm, geb. den 9. März 1801; wurde Theologe.

d) Sohn Johann August, geb. den 27. Februar 1803.

e) Sohn Henrich Friedrich, geb. den 22. März 1805, gestorben am 25. März 1806, und Wilhelm Henrich, gestorben am 27. November 1807.

f) Sohn Carl Friedrich, geb. den 2. Mai 1807.

g) Tochter Susette Elisabeth Henr., geb. den 30. April 1809.

h) Tochter Cornelie Caroline, geb. den 30. August 1811.

27. Emil Ludwig Philipp Schröder (1812—35),

geboren zu Göttingen am 30. Juli 1764, wo sein Vater, Georg Philipp Schröber, Professor der Arzneikunde und königlicher Leibmedicus war. Anfangs von Hauslehrern unterrichtet, besuchte er seit dem Jahre 1776 das Gymnasium zu Göttingen und widmete sich seit Ostern 1778 daselbst dem academischen Studium der Theologie. Von Ostern bis Michaelis 1784 war er in Herborn und besuchte die Vorlesungen der dortigen Professoren. Im Herbste desselben Jahres ging er nach Utrecht und verweilte daselbst bis Juni 1786. Von da kehrte er nach einem vierteljährigen Aufenthalte bei seinem Onkel, dem Professor der orientalischen Sprachen, Nicolaus Wilhelm Schröder zu Gröningen, im Herbste nach Göttingen zurück und setzte daselbst den Winter über seine Studien fort. Im Sommer 1787 hielt er sich in Cassel auf, wurde von dem dortigen Consistorium examinirt und daselbst am 28. September orbinirt. Im Herbste 1787 trat er die zweite Predigerstelle in Neuwied an und wurde zugleich Lehrer an einem Erziehungs=Institute. Am 7. März 1792 wurde ihm die Erziehung der drei jüngeren Prinzen in Neuwied mit Beibehaltung der zweiten Predigerstelle übertragen. In den Jahren 1796—99 war er mit der fürstlichen Familie auf der Emigration in Meiningen. Am 5. Juni 1800 wurde ihm die Pfarrei Norbhofen übertragen, welche er jedoch erst mit dem Anfange des Jahres 1801 selbst antrat. Am Anfange des Jahres 1808 wurde er provisorisch von der herzoglichen nassauischen Organisations=Commission zum Inspector der Geistlichen im Amte Selters und zum Beisitzer des Consistorial=Convents ernannt und dazu vom herzoglichen Consistorium zu Wiesbaden bestätigt. Im Frühjahre 1812 wurde ihm die reformirte Pfarrei zu Hachenburg und zugleich das Rectorat an der dortigen Lehranstalt, mit Beibehaltung des Charakters als Inspector, mit einer von Sr. Durchlaucht dem Fürsten bewilligten Zulage von 100 fl. verliehen, welche Stelle er am 12. Mai des genannten Jahres antrat.

Zugleich wurde er durch das herzogliche Consistorium zum Mitgliede des hiesigen Consistorial=Convents ernannt. 1816 übertrug man ihm das Inspectorat Hachenburg und bald darauf provisorisch die Inspection Selters. Im Jahre 1817 wurde die hiesige Lehranstalt aufgelöst, und bei der Organisation der Elementarschulen wurde ihm die Inspection über die Schulen der Stadt Hachenburg und des Kirchspiels Altstadt übertragen.

Seit der Confessions=Vereinigung am 31. October 1817 verwaltete er die hiesige Pfarrei collegialisch mit dem ehemaligen lutherischen Geist= lichen. Durch das Organisations=Edict vom April 1818 wurde er zum Decan mit dem Charakter als Kirchenrath ernannt, wobei zugleich die Inspection Selters von ihm wieder abgegeben wurde. Seit dem 12. October 1820 vertraute man ihm die hiesige vereinte Pfarrei der evangelisch christlichen Gemeinde an. Bei Verwaltung dieser Aemter widmete er noch immer, wenn es hier an einem Privatlehrer fehlte, einen Theil seiner Zeit und seines Berufes dem Unterrichte der Jugend.

Mit dem 1. April 1825 wurde ihm die Pfarrei Oberliederbach mit dem Decanate Cronenberg übertragen; als man ihm die Wahl überließ, so blieb er in Hachenburg.

Er verheirathete sich am 13. Januar 1801 mit Jungfrau Maria Eleonore Schellenberg, Tochter des Pfarrers Jacob Ludwig Schellen= berg zu Bierstadt. In dieser Ehe wurden ihm drei Söhne und eine Tochter geboren:

a) Max Friedrich, geb. den 22. Juni 1802; steht gegenwärtig als Pfarrer und Decan zu Schuppach, früher in Rüderob, ordinirt von seinem Vater am 8. Februar 1829 in der Kirche zu Hachenburg.

b) August, geb. den 7. Juni 1810; ist seit 1859 Pfarrer und Decan in Runkel, früher Selbach, wurde mit landesbischöflicher Geneh= migung den 11. Mai 1834 in der Kirche zu Hachenburg von seinem Vater ordinirt.

Pfarrer Schröder gehörte zu der Commission, welche eine neue Agende entwarf, war Mitarbeiter eines neuen Lesebuches für die Ober= classe der Elementarschule und eines neu einzuführenden allgemeinen Gesangbuches.

Mehreremale wurde er zum Referenten bei Prüfungen von theolo= gischen Candidaten bestellt; Wilhelmi, Snell, Grimm, Liebricht, Molly, Kreibel und Dünkelberg sind von ihm geprüft worden; demnächst im Jahre 1828 Buchsieb, später Jüngst und Hatzfeld.

Er gab heraus:

1. Eine Uebersetzung von St. Pierre's „Chaumière Indienne.“
2. Auszug aus Barthelémy's „Voyage du jeune Anacharsis“, in 3 Bänden.
3. Ueber den Einfluß des Schauspiels auf die Bildung der Jugend.
4. Einen Band kleiner Schauspiele für die Jugend.
5. Eine Uebersetzung von W. Wilberforce's „Vergleichung des herr= schenden Religions=Systems mit dem wahren Christenthume“.
6. „Grundsätze des Christenthums“, zum Unterrichte der Confir= manden, 1809.
7. Predigten zur Verbreitung der Vereinigung der protestantischen Confessionen. 1818.
8. Mehrere Beiträge zu Gutmuth's pädagogischer Bibliothek und zu Zimmermann's Monatsschrift für Prediger=Wissenschaft.

Im September 1834 überfiel ihn ein hartnäckiges Hämorrhoidal= leiden, das trotz aller angewandten Hilfe am 1. Januar 1835, Abends 8 Uhr, sein verdienstvolles Leben endete. Die Beerdigung der Leiche fand am 4. Januar, Nachmittags, unter Beweisen von größter Theil= nahme statt, wobei der Pfarrer Caesar die Grabrede hielt.

Der Pfarrer Keim wurde am 6. Januar 1835 zum Verwalter des Decanats und der Schul=Inspection über die Schulen der Stadt er= nannt, während die Pfarrei Hachenburg von den Geistlichen des De= canates unter Hilfe des ordinirten Candidaten August Schröder ver= sehen wurde. Diesem Letzteren vertraute man zugleich die Führung der Kirchen= und Civilbücher an. Dieses Provisorium dauerte bis zum

Sonntage Trinitatis, an welchem Tage der Nachfolger Schröber's, bisheriger Pfarrer in Kirburg:

28. Johann Carl Keim (1835—51)

in sein Amt eingeführt wurde. Derselbe ist geboren den 21. Mai 1794 in Oberlieberbach, Amts Höchst, wo sein Vater, Gottlieb Christian Keim, als herzoglicher Decan und Pfarrer stand.

Zuerst im elterlichen Hause durch Hauslehrer unterrichtet, besuchte er im Jahre 1807 ein Erziehungs-Institut, welches der damalige Pfarrer Spieß in Kristet hielt, im Herbst 1808 das Gymnasium in Darmstadt bis zum Jahre 1812. Mit Ostern 1812 bezog er die Universität Marburg, im Herbst 1814 die zu Heidelberg. Nach seiner Rückkehr von da bestand er vor dem damaligen lutherischen General-Superintendenten, nachherigen Bischofe Müller, das vorgeschriebene Tentamen, übernahm im Juni desselben Jahres die Erziehung zweier Söhne des Grafen Degenfeld zu Großkerben in der Wetterau, ließ sich im Juni 1817 in Wiesbaden examiniren und wurde am 1. October 1817 als zweiter Conrector an dem Pädagog zu Idstein angestellt, woselbst er mit dem 1. October 1820 zum ersten Conrector vorrückte. Nach Auflösung dieser Lehranstalt kehrte er 1822 in den geistlichen Stand zurück, wurde am 1. October dieses Jahres als Pfarrer nach Eisemroth, Decanats Herborn, berufen, trat aber diese Stelle nicht an, da er auf den Wunsch seines Vaters diesem als Adjunct der Pfarrei Oberlieberbach beigegeben wurde, wo er am Sonntage Jubica sein Amt antrat und vom General-Superintendenten Müller ordinirt wurde. Mit dem 1. October 1825 zum Pfarrer nach Kieburg ernannt, fand seine Einsetzung daselbst am 18. December statt; im Herbste 1834 erhielt er die Schul-Inspection über den größten Theil des Amtes Hachenburg. Am 6. Januar 1835 übertrug man ihm das Decanat Hachenburg. Unterm 1. April 1835 zum Stadtpfarrer in Hachenburg ernannt, zog er am 9. Juni hier ein und wurde am Trinitatis-Sonntage, als den 1. Juli, durch den Decan und Professor Otto von Herborn eingesetzt. Die von ihm hierbei gehaltene Predigt handelte über 1. Joh. 2, 24; die Einführungsrede des Professors Otto über 2. Cor. 5, 20.

Decan Keim war verheirathet seit dem 21. Juli 1818 mit Marianne Louise Caroline von St. George, Tochter des in Wiesbaden verstorbenen Hofkammerrathes von St. George. In dieser Ehe wurden ihm zwei Söhne und fünf Töchter geboren. Die beiden ältesten Kinder starben im Jahre 1840 im neunzehnten und zwanzigsten Lebensjahre; die jüngste Tochter starb 1844 im Alter von zwölf Jahren.

Der Herzog bewilligte ihm vom 1. Januar 1833 an das Maximum der Besoldung von 1800 fl. Im Jahre 1848 wählte man ihn zum Abgeordneten des neuen Landtages zu Wiesbaden, wo er bis zum Frühlinge 1851 verweilen mußte.

Sein geistliches Amt versahen nach einander die Candidaten Bickel, Hein, Dern, Schulz und Bender als Hilfsprediger.

Im Jahre 1851 erhielt Pfarrer Keim seine Versetzung als erster Prediger, Decan und Schul-Inspector nach Dillenburg und zog am 13. October dorthin, nachdem er am 19. October, als am 18. Sonntage nach Trinitatis, seine Abschiedspredigt über die Stelle Phil. 1, 3 und 7 zu Hachenburg gehalten hatte.

Zu Dillenburg sank er nach 18jähriger treuer Verwaltung seiner Aemter 1869 in's Grab.

29. Georg Carl Rink (1851—60).

Derselbe ist geboren den 18. April 1804 in Fulda, wo sein Vater Johann Christoph im Hofdienste des Prinzen von Oranien, nachmaligen

Königs Wilhelm I. der Niederlande, sich befand; er erhielt seinen ersten wissenschaftlichen Unterricht zu Diez, bezog 1817 das Pädagogium zu Idstein, 1818 das Gymnasium zu Weilburg, 1822 die Universität zu Marburg und 1824 das Seminar zu Herborn.

Nach bestandener Prüfung wurde er im Jahre 1826 Hauslehrer in Geilnau, und von da am 1. Juli 1828 zum Pfarrvicar nach Neukirch berufen.

Schon am 1. Januar 1829 wurde er als Pfarrvicar an die neu= gebildete evangelische Gemeinde zu Montabaur und von da am 1. Octbr. 1831 als Pfarrer nach Staffel und an die ebenfalls neugebildete evan= gelische Gemeinde zu Limburg versetzt. Am 1. October 1837 als 2. Pfarrer und Professor nach Herborn berufen, gestattete ihm seine leidende Gesundheit nur ein kurzes Wirken daselbst, und er sah sich genöthigt, im Sommer 1840 um Versetzung in einen minder beschwerlichen Wirkungskreis ein= zukommen. Dieselbe erfolgte mit dem 1. Januar 1841, wo er zum Pfarrer in Bergebersbach ernannt wurde. Am 29. Juni des Jahres 1833 trat er in den Ehestand mit Charlotte Wilhelmine Reuß (geboren den 13. März 1809), Tochter des in Burbach verstorbenen Pfarrers Reuß, wurde er Vater von einem Sohne (Carl, geboren den 28. Mai 1834 zu Staffel) und zwei Töchtern. Herausgegeben hat er:

    a) „Confirmandenbüchlein. Glaube, Liebe, Hoffnung, oder kurzer In= begriff der christlichen Heilslehre ꝛc." Herborn 1838.

    b) „Stimmen des Heils in einer Auswahl von Predigten nach der Ordnung des Kirchenjahres." Siegen und Wiesbaden 1843.

Außerdem hat er manche Abhandlungen in Zeitschriften und Kri= tiken in die Jenaer allgemeine Literatur=Zeitung geliefert.

Er wurde 1860 als Decan und erster Pfarrer nach Ems befördert. Von der Theilnahme an der theologischen Prüfungs=Commission wurde er 1862 entbunden.

Der gegenwärtige Pfarrer ist:

30. August Christian Wilhelm Zeckeln,

seit dem 1. October 1860; geboren den 18. December 1817 zu Wies= baden. Sein Vater, Friedrich Zeckeln, war nassauischer Oberstlieutenant und sein Großvater, Philipp Christian Zeckeln, fürstlich oranischer Amt= mann in Nassau, welcher zu Dillenburg starb.

Er besuchte zuerst, und zwar seit 1827, das Pädagog zu Dillenburg und dann von 1831 an das Gymnasium zu Weilburg; studirte von 1835 an auf der Universität Marburg Theologie, frequentirte von Ostern 1837 bis dahin 1838 das theologische Seminar zu Herborn, machte sein theologisches Examen im Mai 1838.

Angestellt:

    a) 1840 als Pfarrvicar zu Essershausen;

    b) 1841 als Pfarrvicar zu Niederbachheim;

    c) 1842 als Caplan in Weilburg;

    d) 1844 als Caplan in Montabaur;

    e) 1851 als Pfarrer in Weilmünster, und

    f) 1860 als Pfarrer und Decan zu Hachenburg.

B. Die lutherische Pfarrgemeinde zu Hachenburg.

Die im Jahre 1649 neugebildete lutherische Gemeinde wurde mehrere Jahre durch den Hachenburger Hofprediger bedient, bis im Jahre 1654 hier eine eigene Pfarrei ge= gründet wurde; doch sollte der angestellte Pfarrer zugleich das Amt eines Hofpredigers mitversehen.

Der Graf von Manderscheid-Blankenheim decretirte in dem zuletzt genannten Jahre, daß die Einkünfte des Hofprediger-Amtes und die Hälfte der reformirten Caplanei-Renten an die lutherische Pfarrei fallen sollten. Auch sprach derselbe Graf per decretum dieser Pfarre die halbe Pfarrbesoldung des Kirchspiels Altstadt zu, änderte jedoch dieses bald wieder dahin ab, daß das Kirchspiel Altstadt nur 100 fl. dahin abzugeben habe.

Die jährlichen Einkünfte des lutherischen Hof- und Stadtpredigers bestanden:

1. In Capitalzinsen	67 fl.	30 fr.
2. Von einem alten hochgräflichen Legat 68 fl., wovon der Rector 50 fl. mit der Verpflichtung erhielt, den Pfarrer zu unterstützen, und 8 fl. zur Reparatur und zu anderen Zwecken	15 „	— „
3. Freie Wohnung, anfangs dem Schlosse gegenüber; seit August 1774 unweit des Rathhauses	40 „	— „
4. Hälfte des Zehnten von dem Oberthor, ehedem der Pfarrei Altstadt zubehörig, früher angeschlagen zu 60 fl., nach dem Inventar zu	225 „	— „
5. Grundstücke und Güter	110 „	37 „
6. Ein Malter Hafer von Gehlert	5 „	54 „
7. Theils als Hof-, theils als Stadtprediger aus der Receptur	219 „	40 „
8. Als Hofprediger 4 Malter Korn, 1 Mltr. Halbloh u. 12 M. Hafer, veranschlagt zu	79 „	30 „
9. 8¼ Klafter Brennholz	134 „	17 „
10. Beichtgeld und Accidenzien, nach dem Anschlage	219 „	45 „
11. Laut dem Inventar an Zinsen von Capitalien	27 „	53 „
Summa	1145 fl.	1 fr.

Das lutherische Gesangbuch wurde 1750 auf gräfliche Kosten zu Frankfurt am Main neu aufgelegt. Die Druckkosten beliefen sich auf 171 fl. 25 kr. Doch war dasselbe im Jahre 1782 abermals vergriffen, und nun wurde statt desselben das Idsteiner lutherische Gesangbuch, welches eine Auswahl schöner und orthodoxer Lieder hat, eingeführt.

Doch geschah seine Einführung erst am 5. September, als dem Sonntage 3. post. Trinit. 1784.

Der lutherische Schuldiener hatte außer freier Dienstwohnung im Schulhause, am Stadt- und Rathhause liegend, 20 fl. vom Glockenamte, 54 fl. 47 kr. an Zinsen von Capitalien, 4¼ Morgen 14½ Ruthen an Feld-, 36 Ruthen an Gartenland; Schulgeld für jedes Kind 45 Kreuzer.

An Accidenzien, namentlich von Copulationen, 22½ Kreuzer, von confirmirten Leichen 22½ Kreuzer, von einem Kinde 12 Kreuzer; aus der Consistorialcasse 20 fl.

Die Einkünfte des Glocken-Amtes werden also angegeben:

1.	Jeder Bürger gibt 2 Glockenbrode à 5 Pfb., davon erhält die Hälfte die Altstadt, die andere Hälfte wird unter den Lutherischen und Reformirten getheilt	10 fl.	— kr.
2.	Für Gewitterläuten eine Garbe Hafer oder 4 Kreuzer	4 „	— „
3.	Für Sonn- und Werktagsläuten	3 „	— „
4.	Für Schulofenstechen	1 „	60 „
5.	Für Taufwasser zu wärmen und Taufgeschirr herbeizuschaffen à 4 Kreuzer	1 „	— „
6.	Von einer Copulation 15 Fettmännchen	— „	60 „
7.	Aus Kirchen- u. Bruderrechnungen	1 „	43 „
8.	Für Glockenschmiere	1 „	— „
9.	Für Läuten der Morgenglocke von Ostern bis Michaelis eine Wiese	1 „	— „
10.	Zehn Ruthen Garten	— „	45 „
11.	Für Läuten der großen Glocke	— „	22½ „
12.	Bei kaiserlichem Leichenläuten	1 „	— „
13.	Vom Tragen des Klingelbeutels	— „	45 „

Das Organistengehalt war zu 10 fl. und der Bälgentreterlohn auf 4 fl. angegeben.

Nach der in allen Orten der Grafschaft im Februar 1760 vorgenommenen Zählung betrug die Anzahl der Menschen in der Grafschaft 13,697; von diesen kamen auf

1.	Stadt Hachenburg	1024
2.	Kirchspiel Alpenroth	589
3.	„ Kroppach	1848
4.	„ Roßbach	267
5.	„ Birnbach	1179
6.	„ Schöneberg	419
7.	Grund Seelbach	1471
8.	Kirchspiel Altstadt	1295
9.	„ Kirburg	904
10.	„ Höchstenbach	1092
11.	„ Hamm	1735
12.	„ Flammersfeld	966
13.	Bann Marsain	908

Summa 13697

Als am Schlusse des Jahres 1810 von dem herzoglichen Consistorio laut Rescripts an den hiesigen Consistorial-Convent die gewissenhafte Einsendung der Pfarr-Emolumente in der Grafschaft Hachenburg gefordert wurde, ergingen von den Geistlichen, nach Abzug der auf den Pfarreien haftenden Onera, und ohne die Veranschlagung der Pfarrwohnungen folgende Angaben:

1. Vom Pfarrer Hecker zu Roßbach . . .   722 fl. 31 kr. — Heller
2. Vom Pfarrer Schnabelius zu Burbach
     (II. Pfarrer) . . . .   331 „ 13 „ — „
3. Vom Pfarrer Schütz zu Hachenburg (ref.)   581 „ 8 „ — „
4. Vom Pfarrer Orth zu Hachenburg (luth.)   1000 „ 12 „ 2 „
5. Vom Pfarrer Rhobius zu Niederbresseln-
     dorf . . . .   765 „ 49 „ — „
6. Vom Pfarrer Köhler zu Höchstenbach
     (lutherisch) . . . .   730 „ 24 „ — „
7. Vom Pfarrer Dapping zu Burbach (I. Pf.)   1012 „ 4 „ 1 „
8.   „   „   Böhm zu Alpenroth . .   664 „ 52 „ — „
9.   „   „   Cäsar zu Hamm (reformirt)   566 „ 15 „ — „
10.   „   „   Büsgen zu Neunkirchen .   1730 „ 59 „ 1¼„
11.   „   „   Schindler zu Birnbach .   561 „ 20 „ — „
12.   „   „   Altgelt zu Kroppach . .   953 „ 33 „ 2½„
13.   „   „   Altgelt zu Schöneberg .   693 „ 59 „ — „
14.   „   „   Girshausen zu Altstadt .   1142 „ 35 „ 3½„
15.   „   „   Goest zu Flammersfeld .   1014 „ — „ — „
16.   „   „   Balzer zu Höchstenbach (ref.)   483 „ — „ — „
17.   „   „   Molly zu Kirburg . . .   880 „ 29 „ — „
18.   „   „   Schlosser zu Hamm (luth.)   551 „ 13 „ 2 „

Summa . . 14485 fl. 3 kr. 2¼ Hllr.

Verzeichniß der lutherischen Pfarrer.

1. Johann Ludwig Pumpsius (1649—54).

(Vid. Pfarrverzeichniß von Almersbach Nr. 1.)

Von 1654 bis 1660 wurde diese Gemeinde von Höchstenbach aus bedient.

2. Israel Müller (1660—1703),

gebürtig von Münden im Hannover'schen. Er hat drei Jahre lang
Alpenroth mitbedient. Er starb am 20. November 1703.

3. Vitus Henrich Biedermann (1704 bis 25. April 1710),
Hof- und Stadtprediger.

(Cfr. Pfarrverzeichniß von Altenkirchen Nr. 6.)

4. Johann Daniel A. Emminghaus (1711—49),

gebürtig von Sabringhausen, wo sein Vater, Johann Emminghaus, von
1665—1732 Pfarrer war. Nach Vollendung seiner Studien und nach
bestandenem Examen wurde er 1707 als Pfarrer nach Stalberg und
vier Jahre später als Hof- und Stadtprediger zu Hachenburg vocirt.
Nächstdem wurde er auch mit dem Amte eines Inspectors betraut. Er
wird 1649 hier gestorben sein.

5. Martin Friedrich Wredow (1751—1788).

Derselbe war aus Ketzin in der Mittelmark gebürtig, wurde zuerst
1731 als zweiter lutherischer Prediger angestellt und trat am 1. Januar
1751 die Hof- und Stadtpredigerstelle an und fungirte zugleich als Inspector. Er starb am 8. Juni 1788, predigte noch an diesem Tage des
Morgens, trat nach geendigter Gottesverehrung an den Altar, sprach
den Segen — und kaum hatte er das Amen vollendet, so sank er, vom
Schlage gerührt, rücklings zu Boden. Die drei verschiedenen Kirchengemeinden begleiteten die Leiche zu ihrer Ruhestätte.

6. **Wilhelm Anton Gottl. Orth** (17. Oct. 1788 bis 1. Oct. 1820),
Hof= und Stadtprediger.
(Cfr. Pfarrverzeichniß von Altstadt.)

Schuldiener in der Pfarrgemeinde Hachenburg.

Die erste Schule war, wie an anderen Orten, eine la=
teinische, die in der Regel mit Candidaten der Theologie
besetzt war. Sie erlitt Störung und öftere Unterbrechung
des Unterrichtes, namentlich in dem Alles vernichtenden
30jährigen Kriege.

Der älteste Lehrer, von welchem 1604 Erwähnung ge=
schieht, ist:

1. **M. Caspari** (1588—1606). Nach dem Berichte des Susenbeth
hat er sich in Betreff der Einführung der reformirten Lehre ganz zwei=
felhaft erklärt: „also, daß wir wenig Hoffnung seiner Person halber
haben mögen." Er wurde 1606 entlassen. An seine Stelle trat:

2. **Petrus Polerus** (1606—26) ludimoderator; er war von
Kreutznach gebürtig, ehelicht am 28. März 1607 Catharina, Bernhard
Birnbrauer's zu Hachenburg Tochter.

3. **Johann Rhodius** (1626.—30) ludimoderator. Dieser war bis
zum Jahre 1626 Pfarrer zu Gebhardshain, und von da vertrieben,
lebte er im Exile zu Hachenburg und versah hier den Schuldienst. Er
starb hierorts am 12. April 1630 und seine Ehegattin an demselben
Tage. Sein Sohn Johannes, der Schuldiener zu Höchstenbach war,
ehelicht am 30. November 1627 Elsa, Johannes Kersenich's Tochter.

4. **Johannes Carl Wissenbach** (1630—32), des Johannes
Wissenbach, Pfarrers auf St. Peter Sohn; er ging 1632 von Hachen=
burg als praeceptor secundarius nach Dillenburg.

5. **Conrad Riepold** (1633—49).

6. **Laurentius Tragius** (1649—51). Er kam 1649 von Daa=
ben, wo er Präceptor und Organist gewesen, und ging von hier am
8. September 1651 in gleicher Eigenschaft nach Altenkirchen.

7. **Kilian Goebel** (1651—53) war hier Präceptor und Pfarrer
zu Alpenroth.

8. **Henrich Dilthey** (1661—64) aus Siegen, Daniel Dilthey's
Sohn; er ging als Pastor nach dem Röbgen bei Siegen, war vorher
vom 24. October 1658 bis 1661 Lehrer in Siegen.

Rectoren.

1. **Johannes Winter** (1700—1703)
war von Nordhofen gebürtig, wo sein Vater Nicolaus Kirchspiels=Schul=
diener war, kam von hier am 24. Mai 1703 als reformirter Pfarrer
nach Müsen, ging am 31. October 1706 in gleicher Eigenschaft nach
Hilchenbach und 1725 nach Crombach, wo er am 4. December 1729
seinen Lebenslauf schloß.

2. **Johann Caspar Gisberti** (1704—1708).
(Vid. Pfarrer von Marsain.)

Dieses war der letzte reformirte Rector.

Kurze Zeit darauf gründete die Landesherrschaft eine zweite lutherische Pfarrei, mit welcher das Rectorat verbunden wurde.

Pfarrei und Rectorat blieben vereinigt bestehen bis zum Jahre 1788, wo diese combinirte Stelle nicht wieder besetzt wurde.

Allein die lateinische Schule hatte ihren Fortgang, indem ein Lehrer höheren Schulamtes dieselbe als Privatschule fortsetzte, und blieb bestehen bis zum Jahre 1818, wo sie mit der neuen Schul-Organisation erlosch.

Zweite Pfarrer und Rectoren waren:

1. **A. Gravenhorst** (1713—17).

2. **A. Hain** (1717—18)

wird Mitprediger genannt.

3. **Johann Arnold Henrich Sartorius** (1729—34), Conrector und zweiter lutherischer Prediger, folgte er im letzten Jahre dem Rufe als Pfarrer nach Schöneberg und nach 32 Jahren als Pfarrer nach Höchstenbach; er starb dort am 6. April 1766.

4. **Friedrich Wilhelm Wredow** (1738—51), zweiter Hof- und Stadtprediger und Rector.

5. **Johann Christian Becker**, Conrector, wird am 1. Juni 1744 als Taufzeuge im Taufbuche zu Höchstenbach aufgeführt.

6. **Friedrich Wilhelm Schlosser** (1751—56), Conrector, geboren am 15. September 1729, starb am 21. Juli 1756.

7. **Johann Gabriel Manger**, Conrector (1762).

8. **Johann Conrad Seippel**, Rector (1763—66).

(Vide Pfarrer zu Hamm.)

9. **Christian Friedrich Bickel**, Rector (1766—73), Sohn des am 15. Juni 1767 verstorbenen Predigers Johann Christian Bickel zu Dörsdorf, geboren daselbst am 3. Februar 1744, studirte zu Gießen, vermählte sich 1774 mit Christiane Henriette Louise, geborene Vietor; er wurde zu Hachenburg am 2. Sonntage nach Trinitatis 1766 ordinirt und introducirt.

10. M. **Carl Ludwig Köhler** (1773—74) wurde hier am 1. Adventssonntage 1773 ordinirt und der Gemeinde als Mitprediger vorgestellt, ging 1774 an die Gemeinde Höchstenbach, wo er 1819 pensionirt wurde.

11. **Johann Justus Weidmann**, Rector (1774—77) empfing am 29. September 1774 die Ordination und wurde zugleich inaugurirt.

12. **Johann Friedrich Gottlieb** (1777—81) aus Wiesbaden, ordinirt als Adjunct-Minister am 2. Juni 1777, starb aber schon am 13. August 1781.

16

13. Ernst Wilhelm Voigt, Candidat, (1782—85)

aus dem Eisenach'schen, wurde als Adjunct=Minister angestellt. Er war schon zu Eisenach examinirt und ordinirt worden und wurde zu Hachenburg am 27. Januar 1782 introducirt und folgte 1785 dem Rufe in sein Vaterland.

14. Johann Georg Heinrich Schlosser (1786—88)

wurde hier am ersten Sonntage nach Epiphanias in der Vormittags=kirche durch den Inspector ordinirt und der Gemeinde als Mitprediger und Collaborator vorgestellt.

(Cfr. Pfarrverzeichniß Hamm.)

Das Rectorat als Privatlehranstalt.

Der Candidat der Theologie

1. Friedrich Wagner

gründete 1787 zu Hachenburg eine höhere Privatlehranstalt, welche sich der besonderen Fürsorge des Burggrafen Johann August zu Sayn=Hachenburg erfreute. Wagner übernahm 1790 eine Lehrerstelle an dem Gymnasium zu Darmstadt und überließ die hiesige Anstalt dem Candidaten der Theologie:

2. Johann Justus Schulz (1790—1812)

aus Habbersdorf bei Neuwied. Er wirkte an dieser Schule mit unermüdetem Eifer und erfreulichem Erfolge; auch vermehrte er die Lehrkräfte, so daß im Jahre 1808 zwei Hauptlehrer, ein Rector, ein Collaborator und drei Unterlehrer bei 50 Schülern fungirten.

Als Anerkennung seiner Leistungen erhielt er von der dortigen Regierung eine Besoldung von 150 Gulden. Bald darauf wurde er auch Pfarrer an der dortigen reformirten Gemeinde.

Er unterrichtete wöchentlich zweimal die Präparanden des Schulamtes. Er erhielt dafür von jedem Schüler einen Thaler monatlich, von denen aber immer zwei Zöglinge frei waren.

Schulz folgte 1812 dem Rufe als Pfarrer und Inspector nach Neuwied und starb daselbst 1814.

Sein Gehilfe war:

Friedrich Conrad Girshausen, Collaborator durch 5½ Jahre (1805—11); er kam im letzteren Jahre als Pfarrer nach Birnbach und später nach Altenkirchen. (Vide Pfarrei Altenkirchen.)

Schulz' Nachfolger war

3. Emil Ludwig Friedrich Schroeder (1812—17),

Pfarrer und Kirchenrath, durch seine theologischen und pädagogischen Schriften bekannt, wirkte ebenso eifrig als erfolgreich. Im ersten Sommer nahmen 19 Candidaten an seinem Unterrichte Theil. Er fügte zu den bisherigen Gegenständen noch Methodik und Catechetik bei. Mit der neuen Schul=Organisation 1817 hörte die Schule auf.

Realschule.

Neben einer höheren Privatlehranstalt, die von 21 Schülern besucht wurde, gründete man im Jahre 1840 eine Realschule, die im Jahre 1850/51 28 Schüler zählte.

Als Lehrer wurde

1. **Huldreich Blumer** (1840—57) durch Rescript vom 30. März 1840 ernannt, welcher am 10. Mai desselben Jahres den Unterricht eröffnete. Er war vorher Elementarlehrer zu Höchst. Sein Gehalt wurde auf 500 fl. fixirt. Jeder Schüler zahlte 2 fl. Antrittsgeld und 5 fl. jährliches Schulgeld.

Den Zeichenunterricht ertheilte in wöchentlich zwei Stunden der Lehrer Johann Conrad Schwarz (1840); derselbe ging 1841 als erster Lehrer nach Marienberg, und an seine Stelle trat am 1. Mai 1841 Johann David Barth von Arnoldshaim, der sich zur Erlernung der französischen Sprache einige Zeit in der Stadt Genf aufgehalten hatte. Er unterrichtete wöchentlich acht Stunden im Zeichnen und in der französischen Sprache. Zugleich trat er in die erledigte Elementarschule daselbst mit 200 fl. Gehalt, welches später auf 290 fl. erhöht wurde. Barth zog 1847 an das Knaben-Institut der Stadt Frankfurt, und den Zeichenunterricht ertheilte im Mai 1847 der dortige dritte Elementarlehrer Johann Peter Presber, welcher vorher als Lehrer zu Heisterberg gestanden hatte. Er ging 1856 als Lehrer nach Grenzhausen. Ihm folgte 1756 Ludwig Rath; derselbe kam 1863 an die höhere Bürgerschule nach Wiesbaden.

Blumer wirkte an dieser Schulanstalt bis zum Jahre 1857, wo er pensionirt wurde und am 15. August 1859 mit Tode abging.

Sein Mitlehrer war:

André Göttelmann (1850—57) aus Elsaß, ernannt durch Rescript am 16. November 1850, kam von Montabaur an die hiesige Schule, um als Lehrer der französischen Sprache zu fungiren und wurde am 3. Januar 1857 in gleicher Eigenschaft nach Langenschwalbach versetzt.

Zu Dirigenten der Realschule waren von jetzt an bis 1864 die Decane von Hachenburg ernannt.

2. **Carl Becker**, erster Reallehrer (1857—59), kam von Mosbach-Bieberich und ging 1859 als Lehrer an das Schullehrer-Seminar zu Usingen.

3. Dr. **Henrich Wenzel** (1859—62) wurde 1859 von der Realschule zu Ems hierher und 1862 von hier nach Usingen berufen.

4. **Friedrich Rosbach** (1862—64) kam 1862 von Usingen, fungirte hier bis 1864. Seine Gehilfen waren:

   a) **Eduard Prätorius** (1863) ging in demselben Jahre an die Mittelschule zu Wiesbaden.

   b) **Johann Vollmer** (1863—66) kam 1863 von Niederlahnstein nach Hachenburg und ging 1866 nach Ems.

5. **Carl Becker**, Dirigent (seit 1864) wurde von Usingen nach Hachenburg versetzt. Seine Gehilfen waren:

   a) **Carl Opel**, kam 1866 von Wiesbaden.

   b) Lehrer **Meuser**, 1870.

Neben diesen höheren Lehranstalten bestanden zu Hachenburg noch zwei Elementarschulen, eine lutherische und eine reformirte, von denen die erstere — die jüngste — in der letzten Hälfte des 17. Jahrhunderts errichtet und fundirt worden ist, während das reformirte Präceptorat zu der Zeit einige Jahre unbesetzt geblieben zu sein scheint und erst später wieder hergestellt wurde.

a. Lutherische Lehrer.

Nur wenige Namen derselben finden sich in den dortigen Kirchenbüchern.

1. **Christian Venberg** (1674).

2. **N. Koch** (1681).

3. **Johannes Heinrich Krüger** (1693, 1709, 1712). Derselbe war gebürtig von Hamm an der Sieg und ein Sohn des dortigen Pfarrers Laurentii Krügeri, ehelicht am 22. October 1695 Margarethe Catharine, des evangelischen Predigers Johann Henrich Wricke zu Neunkirchen, Amts Diez, Tochter. Zu Hachenburg sind ihm mehrere Kinder geboren worden. Er scheint 1712 zu einer anderen Schulstelle befördert worden zu sein.

4. **Johann Franz Daum** (1712—70), Organist und Präceptor, gebürtig von Haiger, wo sein Vater Johann Conrad Bürger war, ehelicht am 2. Januar 1715 Elisabeth Margarethe Bizer von hier. Er hatte vor seiner Hierherkunft die Schulen zu N. im Freiengrunde, zu Marienberg und Selters verwaltet. Nach 58jähriger Amtsführung starb er zu Hachenburg am 14. Mai 1770 in einem Alter von 80 Jahren weniger 20 Tagen; er hatte 36¼ Jahre in der Ehe gelebt, hinterließ drei Söhne und zwei Töchter und war 19 Jahre Wittwer gewesen. 1767 wird Cantor Johann Gabriel Menius und 1786 Cantor Hartmann erwähnt.

b. Reformirte Lehrer.

1. **Johann Diedrich Schuldt** (1678) ist 1689 Schuldiener zu Oberdreß.

2. **Johann Heinrich Ehl** (1687—1700), gebürtig von Astert, Kirchspiels Kroppach, wo sein Vater, Michael Ehl, Landmann war, verheirathet sich am 29. Februar 1688 mit Magdalene, Tochter des Chirurgen Johann Freudenberg daselbst, ging 1700 als Kirchspiels-Schuldiener nach Neunkirchen im Freiengrund, von wo er 1702 nach Hachenburg zurückkehrte.

3. **Johann Hermann Schurrius** (1700—1702).

4. **Johann Heinrich Ehl** (1702—1704).

5. **Johann Balthasar Wehler** (1704—1705), Sohn des Pfarrers Johannes Wehler zu Kirburg, tritt in die Ehe am 10. April 1704 mit Anna, Solomo Dilthey's Wittwe hier.

6. **Johann Eckbert Kraemer** (1705, 1710, 1712) war gebürtig aus dem Freudenberger Kirchspiele, geboren den 16. November 1677, stand zuerst dreizehn Jahre als Schuldiener zu Büschen, vier Jahre in Eichen, dann acht Jahre zu Hachenburg, und ging von da an die Schule zu Freudenberg, wo er im Alter von 63 Jahren am 11. März 1741 seinen Lebenslauf schloß. Er hinterließ seine Wittwe, und von zwölf Kindern nur drei Söhne und eine Tochter.

7. **Johann Wilhelm Müller** (1722—60), Sohn des Lehrers Johann Jacob Müller zur Lippe, geboren den 14. Juli 1699, trat in die Ehe am 7. März 1723 als Präceptor und Organist zu Hachenburg mit Anna Magdalena Dorothea, Johann Jacob Saynisch zu Lippe Tochter, welche am 25. Mai 1727, 33 Jahre alt, mit Tode abging. Er ging am 24. Juni 1732 in die zweite Ehe mit Anna Catharina Remy, welche ihn überlebte und am 5. Februar 1787 im Alter von 76 Jahren ihren Lebenslauf schloß.

Im Alter von 60 Jahren ging er am 16. Juni 1760 zur ewigen Ruhe.

8. **Johann Henrich Alt** (1760—77) [ref.], Präceptor und Organist; er tritt als solcher in die Ehe am 22. November 1763 mit Marie Elisabeth, des Pfarrers Winchenbach zu Marienberg Tochter, welche 1770 in's Grab sank; darnach schließt er einen Ehebund am 12. September 1771 mit der Schwester seiner ersten Frau, Namens Catharina Elisabeth. Alt schloß im Alter von 45 Jahren am 1. November 1777 seine Augen.

9. **Johann Wilhelm Schaefer** (1777—91). Nach 13jähriger Dienstführung schied er, 41 Jahre alt, am 2. December 1791 aus der Zeitlichkeit.

10. **Heinrich Schaefer** (1791—97). Er ist vermuthlich ein Sohn des Vorigen.

11. **Johann Engelbert Kober** (1797—1817). Seine Frau Marie Christine beschenkt ihn am 27. August 1797 mit einer Tochter, Johanne Sophie Justine. Lehrer Kober starb hier am 5. Juli 1817, 49 Jahre, 10 Monate und 2 Tage alt; er lebte in der Ehe 25 Jahre und war 20 Jahre lang Präceptor hier.

Unter den gräflich saynischen Beamten zu Hachenburg werden genannt:

Oberamtmann der Grafschaft Sayn.

1. **Johann v. Seelbach**, Gerhard's Sohn, 1461.
2. **Johann Mant v. Limbach**, 1506.
3. **Johann v. Ottenstein**, 1534, 1536, 1546, 1564.

Canzlei-Directoren.

1. **Hieronymus Cottig**, Dr. jur. 1636, 1638.
2. **Joh. Heidfeld**, Dr. jur. und Manderscheid'scher Rath 1658, 1663. Canzlei-Director 1668, 1671.
3. **Ludwig Wilhelm Avemann**, Canzlei-Director 1696, 1704, 1711.
4. **Conrad Fischer**, Hadamar'scher Canzlei-Director 1684, 1686, 1673, 1675, 1677, 1694.
5. Canzlei-Director **Hofmann**, 1686.
6. **Wilhelm Henrich Grün**, war 1708 Saynischer Rath und Secretär, Canzlei-Director 1712, 1724, 1740, starb am 9. März 1740, 53 Jahre 8 Monate 2 Tage alt.
7. Dr. jur. **Johannes Homann Schorrey**, starb am 23. August 1715, begraben am 25. ejusd.
8. **Salentin Avemann**, 1738 Regierungsrath, 1743 und 1756 Canzlei-Director.
9. **Detmar Henrich Grün**, 1741 Canzlei-Secretär, 1745 Canzleirath, 1757 Canzlei-Director, 1759, 1765. Seine Gattin, Marie Theodore, starb am 6. December 1761, 25 Jahre 25 Tage alt.
10. **Carl Georg Christian Cloß**, Saynischer Regierungsrath 1765, 1775.

11. Ludwig August v. Beust, Saynischer Regierungs-rath 1769, 1775.
12. Johann Friedrich Nicolaus Wrebow, Regierungs-Assessor 1775.

Gerichtsbeamte zu Hachenburg.

1. Amtmann Alexander Westerburg (1865—66).
2. Amtmann Friedrich Wilhelm Haye (1861—64).
3. Justizrath Ernst Heinrich Wolf (1853—60).
4. Amtmann Wilhelm Gödecke von Königsstein (1844—52).
5. Amtmann Daniel Spieß (1837—44), ging nach Usingen.
6. Amtmann Franz Flacht (1833—37), wo er, 37 Jahre alt, starb, war vorher Amtssecretär zu Hoch-heim.
7. Amtsverwalter Lorenz Schindling (1832—33), war vorher Amtssecretär zu Runkel.
8. Amtmann Heinrich Ernst Schwab (1826—32).
9. Amtmann Georg Wilhelm Herborn (von 1823 bis Juni 1826).
10. Justizrath Christian Milchsack, ging 1823 nach Diez.
11. Justizrath Johann Lebrecht August Magdeburg, Amtsverwalter 1797, Justizrath 1809, 1813.
12. Amtmann Johann Ludwig Bechthold (1789—97).
13. Amtmann Johann Peter Dunker (1775) und Hen-rich Christian Valentini (1774, 1775).
14. Rath und Amtmann Johann Ludwig Niesener (1745, 1752), starb als Amtsrath am 18. Februar 1770, 53 Jahre alt.
15. Amtmann Hermann Theodor Grün (1750).
16. Rath und Amtmann Friedrich Wilhelm Wenken-bach (1740).
17. Rath und Amtmann Ludwig Moriz Grün, starb den 19. Juli 1726, 43 Jahre alt.
18. Pötting'scher Amtsverwalter Wilhelm Helling (1698, 1702, 1711).
19. Amtsverwalter Johann Wilhelm Grün (1684, 1694). Frau Anna Catharina v. Wittgenstein (1707). Er war 1707 todt.
20. Manderscheid'scher Rath und Amtsverwalter Johann Wilhelm Weigeln (1652).
21. Amtsverwalter Johann Dambruch (1647, 1648).
22. Vice praetor Hans Henrich Heltz (1632).
23. Amtmann Nicolaus Helling (1622, 1625).

24. Amtsverwalter Hans Wilhelm Vigelius (1622, 1635).
25. Martin Müller, 1605 Amtmann, 1586 Saynischer Rath.

4. Die Pfarrgemeinde Höchstenbach.

Das Kirchspiel Höchstenbach, welches außer dem Pfarrdorfe die Ortschaften: Berod, Borod, Mündersbach, Wahlrod, Welkenbach, Winkelbach und die Papiermühle zu Mühlenthal bilden, gehörte ehemals zum Isenburg-Wied'schen Gebiete und kam 1489 an die Grafschaft Sayn.

Die dortige Pfarrkirche war dem heiligen Georg geweiht und hatte vor der Reformation neben dem Pfarrer noch einen Vicar und einen eigenen Hof, den Georgenhof.

Bis zum Jahre 1606 war hier die lutherische Lehre herrschend, dann führte Graf Wilhelm von Sayn-Wittgenstein das reformirte Bekenntniß ein.

Die Wittwe des Grafen Ernst, Juliane, führte hier während ihres Wittwensitzes durch ihren Hofprediger Ludwig Dumpf vom Jahre 1651 an die lutherische Confession wieder ein, und zwar mit Einwilligung der Reformirten selbst, welche sich dabei nichts Anderes ausbedungen, als daß dort ein benachbarter reformirter Geistlicher das heilige Abendmahl nach ihrem Ritus zur gewöhnlichen Zeit halten durfte.

Gräfin Juliane stellte 1653 einen eigenen lutherischen Pfarrer an, während die reformirte Pfarre unbesetzt blieb.

Nach dem Tode der Gräfin aber brachten es die Reformirten dahin, daß auch sie 1671 wieder einen eigenen reformirten Prediger erhielten und der lutherische Pfarrer die halben Pfarr-Renten an den reformirten Geistlichen abtreten mußte, wofür aber jener entschädigt wurde.

Seit dieser Zeit bestanden bis 1818 dort zwei Pfarreien, die aber dann in Eine verwandelt wurden.

Die reformirten Kirchenbücher gehen bis 1671 und die lutherischen bis 1674 zurück.

1738 wurde ein neues reformirtes Pfarrhaus gebaut und das alte zur Schule hergerichtet. Im folgenden Jahre erhielt das neue Haus seine Vollendung, so daß es vom Pfarrer bezogen werden konnte.

Die dortige Kirchenorgel mit 11 Registern ist vom Orgelbauer Schüler in Bad Ems gefertigt und im Herbste 1819 aufgestellt worden; dieselbe kostet 700 fl.

a. Reformirte Prediger.

Bartholomäus Textor, der letzte lutherische Prediger, wurde 1605 entlassen.

An seine Stelle trat:

1. Wilhelm Perzenius (1605—16),

geboren zu Hirzenhain um das Jahr 1580, an welchem Orte sein Vater Antonius von 1579—1605 Diener am göttlichen Worte war. Seine Mutter Margarethe war die Tochter des Hermann van Frenz, Vogts zu Burbach.

Er studirte 1602 auf der hohen Schule zu Herborn und nachher zu Jena.

Nach Vollendung seiner Studien und nach bestandenem Examen wurde ihm 1605 das Predigeramt zu Höchstenbach übertragen, wo er sehr jung starb und seine Wittwe und zwei Söhne, Wilhelm und Johannes, die in den Niederlanden erzogen wurden, hinterließ. Martin Dünschmann, Ehren Wilhelm Perzenius, Pfarrers in Höchstenbach Eidam, starb am 29. October 1626 zu Hachenburg.

Als Successor wird bezeichnet:

2. Caspar Reisch (1616—35.)

Derselbe mußte, durch feindselige Kriegsvölker beunruhigt, fliehen und starb bald darauf.

3. Johann Philipp Altgelt (1636—37),

geboren zu Siegen 1603, besuchte die lateinische Schule seiner Vaterstadt, studirte 1620 zu Herborn, war 1630 Caplan zu Benborf, kam 1636 als Pfarrer nach Höchstenbach, wo er am 22. September 1636 Ursula, geborene Stroin, ehelichte und wurde 1637 Pfarrer zu Altenkirchen.

Wegen der schweren Kriegsläufte wurde die Pfarrei nicht wieder besetzt und die Pfarramtsverrichtungen von den benachbarten reformirten Geistlichen zu Kroppach und Roßbach mitversehen.

Gräfin Juliane stellte 1653 bei dieser Gemeinde einen lutherischen Pfarrer an, dem die Revenuen der reformirten Pfarrei zugewiesen wurden.

Da aber der dortige lutherische Prediger den Reformirten die vierteljährige Abhaltung des heiligen Abendmahles in der Kirche verweigerte, so baten Letztere die Landesherrschaft um Wiederanstellung eines reformirten Predigers. Diese Bitte wurde ihnen 1670 willfahrt, und der erste reformirte Prediger war:

4. Matthias Conradi (1671—73).

Er wurde am 7. October 1671 der Gemeinde vorgestellt und legte hier 1671 die ersten reformirten Kirchenbücher an.

(Vide Hachenburg.)

5. Andreas Pellersheim (1673—78).

(Cfr. Schöneberg Nr. 7.)

6. Johann Jacob Pfasstus (1678—1714).

Derselbe war von Greifenstein gebürtig, hatte seit 1663 zu Herborn studirt. Nach Höchstenbach berufen, zog er am 6. Februar 1678 hier ein. Er hatte durch die feindlichen Kriegsvölker manche Drangsale zu erdulden, namentlich, als 1688 und 1702 die Franzosen hier sengten und brennten.

Er bemerkte im Taufcataloge 1688: „Es konnten in dieser Zeit keine eingeschrieben werden, weil, wegen des Krieges, die Bücher nicht hier waren." Ebenso: „1702 ist das Kirchenbuch wegen der Franzosen nicht hier gewesen, weßhalb viele Taufacte zu notiren vergessen sind."

Ob er vor seiner Hierherkunft in seinem Geburtsorte eine Anstellung hatte, und was für eine, ist unbekannt. Dort aber verheirathete er sich am 19. Februar 1670 mit Anna Magdalena N., welche zu Höchstenbach am 24. Mai 1693 starb, nachdem sie 23 Jahre und 26 Wochen in der Ehe gelebt und 15 Jahre 26 Wochen zu Höchstenbach gewohnt hatte. Von neun Kindern, welche dieser Ehe entsprossen, lebten bei ihrem Tode noch sieben, sechs Söhne und eine Tochter, nämlich:

    a) Sohn Johann Wilhelm Ludwig (vide Pfarrverzeichniß Alpenroth Nr. 10.)

    b) Sohn Johann Georg, geb. den 7. August 1679.

    c) Sohn Johann Henrich, geb. den 10. November 1684. Dieser starb zu Höchstenbach am 2. März 1725, 41 Jahre alt, war verheirathet gewesen mit Elsa Maria und läßt am 1. Januar 1723 eine Tochter Anna Margarethe taufen.

    d) Sohn Johann Andreas, geb. den 20. Januar 1687 und getauft den 30. Januar; er studirte 1705 zu Herborn, war erst zweiter Pfarrer zu Wehrdorf, kam 1724 als Pfarrer nach Cölschhausen und war seit dem 26. Juli 1740 Pfarrer in Nauborn, wo er am 16. Januar 1757 starb. Sein Sohn Johann Jacob wurde sein Nachfolger in Nauborn.

    e) Tochter Anna Margarethe, geb. den 21. October 1677, ehelicht am 12. Mai 1694 Johann Philipp Mätzger von Greifenstein.

    f) Sohn Johann Martin, geb. den 22. April 1699.

Pfarrer Pfaffius trat in die zweite Ehe 1794 mit Anna Catharina N., welche ihn überlebte und im Alter von 70 Jahren am 28. Februar 1720 mit Tode abging.

Mit dem 1. Juni 1714 wurde er auf sein Ansuchen emeritirt und trägt am 27. Mai 1714 den letzten Taufact in's Kirchenbuch ein mit dem Bemerken: „75 Jahre alt und 35 Jahre im Amte."

Er starb am 3. April 1715 in einem Alter von 74 Jahren, und seine irdischen Ueberreste wurden am 5. April der Erde zurückgegeben.

    7. Johann Wilhelm Honnefeller (1714—39.)

(Vide Pfarrverzeichniß Flammersfeld Nr. 7.)

    8. Friedrich Henrich Höcker (1739—52).

(Cfr. Pfarrverzeichniß Flammersfeld Nr. 8.)

    9. Johann Ludwig Barth (1752—61).

(Cfr. Pfarrverzeichniß Alpenroth Nr. 18.)

Die Pfarrei Höchstenbach, nachdem sie in der Vacanz vom Pfarrer Hachenberg zu Roßbach verwaltet worden war, erhielt:

    10. Johann Adam Hecker (1761—67).

(Cfr. Pfarrverzeichniß Schöneberg Nr. 17.)

    11. Johann Ernst Wilhelm Balzer (1767—71).

(Vide Pfarrverzeichniß Flammersfeld Nr. 9.)

12. Johann Henrich Müller (1771—75).
(Cfr. Pfarrverzeichniß Altstadt Nr. 7.)

13. Henrich Carl Wilhelm Girshausen (1775—76).
(Vide Pfarrverzeichniß Altstadt Nr. 8.)

14. Carl Friedrich Barth (1776—82).

Derselbe ist geboren den 15. August 1753 zu Höchstenbach, wo sein Vater, Johann Ludwig, vormals Pfarrer war, studirte 1772 zu Duisburg, wurde 1776 als Pfarrer nach Höchstenbach berufen und zog daselbst am 10. Februar ein; er wurde am 3. März 1776 durch den Inspector J. A. Altgelt nach vorhergegangenem Examen ordinirt und introducirt.

15. Johann Israel Molly (1782—87),

geboren zu Leiningen, Kirchspiels Birnbach, studirte zu Marburg, vicarirte einige Jahre zu Rückerob im Neuwied'schen und noch an verschiebenen anderen Orten, kam dann 1782 als Pfarrer nach Höchstenbach, wo seine Introduction am 2. Februar stattfand, ging von da am 7. December 1787 an die Pfarrei Hamm (eingeführt am 9. December) und wurde am 1. Mai 1799 nach Kirburg befördert, wo er am 23. November 1823 starb.

Er lebte seit dem 13. August 1782 in der Ehe mit Christiane Johannette Conrabine, des Pfarrers Johann Wilhelm Cäsar zu Rückerob Tochter. Ein Sohn Johann Wilhelm wurde am 3. October 1786 geboren und am 10. October getauft, bei welchem des Pfarrers Mutter, Anna Maria Gertraud aus der Leingen, Gevatterin war.

16. Johann Ludwig Böhm (1787—91).
(Cfr. Pfarrverzeichniß Flammersfeld Nr. 11.)

17. Johann Hermann Conrad Altgelt (1791—94)

wurde am 19. Juni 1791 bei vollzähliger Gemeinde-Versammlung durch den Pastor Böhm vorgestellt.
(Cfr. Pfarrverzeichniß Flammersfeld Nr. 12.)

18. Johann Friedrich Hecker (1794—1810).
(Cfr. Pfarrverzeichniß Roßbach Nr. 18).

19. Johann Wilhelm Balzer (1810—22),

Sohn des Pfarrers Ernst Wilhelm Balzer und dessen Gattin Henriette Wilhelmine, geborenen Jeckeln; geboren 1784 zu Roßbach, Amts Hachenburg, studirte er von 1802 bis 1804 zu Marburg und bis 1805 zu Würzburg, machte 1807 sein theologisches Examen, wurde am 7. Juni 1807 von dem General-Superintendenten Gieße zur Aushilfe seines Vaters in Flammersfeld ordinirt, blieb bort bis 1809, verwaltete dann die Pfarrei Dresselndorf im Amte Burbach vom 2. Juli 1809 bis 25. April 1810, kam dann Anfangs Mai 1810 als Pfarrer nach Höchstenbach. Hier wirkte er als reformirter Pfarrer bis zur Einführung der Union am 31. October 1817, von da ab gemeinschaftlich mit dem vormaligen lutherischen Pfarrer Köhler bis zu dessen Pensionirung 1819 als evangelischer Pfarrer, und seit dieser Zeit als solcher allein bis October 1822, wo er durch hohes Decret vom 11. October nach Wallendorf versetzt und baselbst 1834 pensionirt wurde.

Er war verehelicht seit 1811 mit Charlotte Emilie, des Landraths Salatin Sartorius und dessen Gattin Louise Dorothea zu Kirburg Tochter. Ihm wurden folgende Kinder geboren:

a) Tochter Caroline Henriette Louise, geb. den 29. November 1812, getauft am 10. December.

b) Tochter Auguste Friederike Wilhelmine, geb. den 2. Mai 1814, getauft am 8. Mai.

c) Sohn Friedrich Wilhelm, geb. den 10. Mai 1815.

d) Sohn Ferdinand, geboren den 24. Januar 1817, getauft am 2. Februar; er studirte Theologie, besuchte das Seminar zu Herborn 1839, war Pfarrvicar zu Wilmerob 1842, dann 1848 Pfarrer daselbst und 1856 Pfarrer zu Schadeck.

20. Johann Friedrich Reck (1822—38)

zog am 17. November 1822 ein und wurde am 24. November durch den Kirchenrath Schröder in Gegenwart des Justizamtmanns Milchsack der Gemeinde vorgestellt.

Derselbe war geboren den 28. Juli 1787 zu Weilburg, wo sein Vater, Johann Christian Reck, Prorector am Gymnasium war, welcher im December 1791 zu Dannenfels bei Kirchheim-Bolanden als lutherischer Pfarrer starb. Seine Wittwe Auguste Wilhelmine war eine geborne Menk von Weilburg.

Er besuchte acht Jahre lang das Gymnasium zu Weilburg, bezog die Universität Halle auf ein halbes Jahr und blieb dann bis zu Gießen bis Ostern 1807; zuerst angestellt im November 1807 als Pfarrvicar bei dem Pfarrer Endres zu Rettert, Amts Miehlen; im October 1811 als Subconrector an dem Gymnasium zu Idstein, erhielt daselbst Anfangs 1814 das Conrectorat, wurde 1817 erster Conrector am Pädagog zu Idstein, im Herbste desselben Jahres Prorector am Pädagog zu Wiesbaden, wurde im Juli 1818 zum Rector bestimmt, welche Stelle er bis zu seiner Berufung hierher versah. 1823 erhielt er das Inspectorat über die Schulen des Amts Hachenburg mit Ausnahme des Kirchspiels Altstadt, sowie der Stadtschulen, welche dem Kirchenrathe Schröder zugewiesen waren. Pfarrer Reck wurde im Jahre 1834 von dem Amte eines Schul-Inspectors entbunden und 1838 als Pfarrer nach Delkenheim, Amts Höchst, versetzt, hielt am 18. März seine Valetpredigt und zog am 29. März von hier ab.

21. Johann Carl Christian Philipp Brunn (1838—61),

seit dem 1. October 1825 zweiter Pfarrer zu Marienberg, hielt seinen Ueberzug am 31. März 1838 und wurde am 1. April in der Kirche durch den Herrn Decan Keim und Amtmann Spieß in sein Pfarramt eingesetzt; geboren den 5. Januar 1791 zu Altenweilnau, Amts Usingen, wo sein Vater Pfarrer war. Bis zum neunten Jahre im elterlichen Hause, kam er 1800 nach Usingen, wo er zwei Jahre die deutsche Stadtschule und zwei Jahre die lateinische Schule besuchte; kam 1804 auf das Gymnasium zu Idstein, welches er bis 1812 frequentirte und dann die Universität Gießen bis zum Frühjahre 1815 bezog. Im Jahre 1817 wurde er von dem Oberschulrath Dr. Schellenberg und dem General-Superintendenten Müller zu Wiesbaden examinirt und in die Zahl der Landescandidaten aufgenommen.

Bei seinem Vater privatisirte er und versah während dessen Kränklichkeit und nach dessen Absterben am 17. August 1819 das Predigtamt. Darauf ging er am 1. Juli 1820 als Caplan nach Nassau, am 1. October 1825 als zweiter Pfarrer nach Marienberg und am 1. Februar 1838 nach Höchstenbach.

Am 17. Mai 1861 starb er an Altersschwäche und wurde am 20. ejusd. begraben, wobei der Decan Jeckeln die Grabrede hielt.

In der Vacanz bis zum 2. August führte der Pfarrer Wagner zu Roßbach die Kirchenbücher.

22. **Wilhelm Julius Schulz** (seit 2. August 1861), Sohn des zu Wiesbaden verstorbenen Kirchenraths Carl Wilhelm Schulz, geboren den 12. November 1827 zu Freirachdorf. Den ersten Schul=unterricht empfing derselbe zu Weilmünster, sodann vom zehnten Lebens=jahre in dem Krei'schen Privat=Institute. Von Ostern 1838 bis dahin 1842 besuchte er das Pädagogium in Wiesbaden unter der Leitung der Directoren Muth und Ley. Sodann empfing er Privatunterricht bis Herbst 1843, von wo an er das Gymnasium zu Weilburg frequentirte. Seine theologische Ausbildung empfing er zu Göttingen, von 1846 an zu Heidelberg bis 1848, besuchte von 1849 auf 1850 das theologische Seminar zu Herborn, absolvirte das Staats=Examen mit Anerkennung, begann seine Laufbahn als Vicar in Hachenburg, dann von 1851 bis Herbst 1857 als Caplan zu Diez, woselbst er vier Jahre lang bei der dortigen Realschule beschäftigt war und aus Gesundheitsrücksichten eine leichtere Stelle auf dem Lande suchen mußte. Sie wurde ihm zu Esch=wege, Amts Usingen, zu Theil, woselbst er vom Herbst 1857 bis 1. Juli 1861 wirkte. Dann wurde er nach Höchstenbach versetzt, wo er am 2. August durch den Decan Jeckeln in Gegenwart des Amtmanns Haye zu Hachenburg eingeführt wurde.

b. Die lutherischen Prediger.

Den lutherischen Gottesdienst hielt zuerst der Hofprediger Dumphius ab, bis die dortigen Lutherischen einen eigenen Prediger erhielten, und dieser war:

1. A. Kaiser (1653—59).

2. Johann Ludwig Dumpfius (1659—65).

Derselbe war seit 1648 Hofprediger in Hachenburg, 1654 Pfarrer in Bendorf, 1659 Pfarrer in Höchstenbach und 1665 Pfarrer in Almers=bach, wo er 1688 ertrank.

3. N. Ceriarius (1665—75).

Dieser verweigerte den dortigen Reformirten, wie sie gewohnt waren, quartaliter das heilige Abendmahl durch einen ihrer Geistlichen in der Kirche abhalten zu lassen, wodurch die Reformirten veranlaßt wurden, um Anstellung eines reformirten Predigers zu Höchstenbach bei der Lan=desherrschaft zu suppliciren, welche Bitte ihnen 1670 willfahrt wurde. Nachdem Pfarrer Ceriarius zu einer anderen Stelle befördert worden war, berief die Landesherrschaft

4. Georg Reichard (1672—1716).

Derselbe legt das erste lutherische Kirchenbuch an, welches mit dem Jahre 1673 beginnt und mit 1740 schließt. In diesem Buche nennt er nie seinen Namen, der sich aber in dem reformirten Kirchenbuche findet. Gemäß der Verfügung des Canzlei=Directors Fischer zu Hachen=burg soll er nach der Dicession des Pfarrers Weißenbruch zu Hamm daselbst im Februar 1675 eine Probepredigt thun. Dies geschieht, aber er bleibt in seinen bisherigen Verhältnissen.

Nach den verschiedenen Handschriften, die in dem Taufbuche zwischen der seinigen sich finden, zu schließen, muß er in den letzten Jahren seines Lebens schwächlich gewesen sein. Vermuthlich wird er hier im Jahre 1716 gestorben sein.

5. Christian Peter Kaiser (1716—18)

kam auf seine Vorstellung nach Schöneberg, wo er bis 1729 fungirte.

6. Georg Valentin Orlich (1718—20).

Er starb hier im letzteren Jahre.

7. Adam Chrispinus (1721—35).

Seine Gattin Maria Johanne wird als Taufzeugin 1730/32 genannt. Von ihm existirt noch aus dem Jahre 1723 ein Verzeichniß über die Schulgüter. Er scheint im Frühjahre 1735 zu einer anderen Stelle befördert worden zu sein, denn er hinterläßt seinem Nachfolger einen kurzen Nachweis, was er den Schulmeistern von den Accidentien hätte zufließen lassen, und unterzeichnet solche sub dato Höchstenbach, den 15. März 1735.

7. Johann Friedrich Schlosser (1735—65).

Derselbe war geboren 1696 zu Wehen, Amts Wehen, wo er auch seit 1725 Pfarrer war; copulirt auf dem Schlosse Hachenburg am 24. Juli 1725 mit Magdalena Catharina Elisabeth, gebornen Priester, welche am 7. Januar 1753 starb. Nachdem er 10 Jahre das Pfarramt zu Wehen versehen hatte, woselbst ihm vier Kinder, zwei Söhne und zwei Töchter, geboren wurden, wurde er im Monat März 1735 nach Höchstenbach vocirt und kam am Donnerstag vor Pfingsten hier an.

Von seinen Kindern will ich nur anführen:

a) Friedrich Wilhelm, geb. den 15. September 1729, studirte Theologie, war von 1751, 4 Jahre lang, zu Hachenburg Conrector und starb im Alter von 27 Jahren am 21. Juli 1756 zu Höchstenbach.

b) Tochter Maria Catharina Friederike, geb. den 24. Februar 1734, verehelicht am 14. April 1763 mit dem reformirten Pfarrer Johann Adam Hecker und starb am 12. November 1809 im Alter von 75 Jahren.

Nach dreißigjähriger treuer Dienstführung starb Pfarrer Schlosser am 23. November 1765, 69½ Jahre alt, und wurde am 27. ejusd. begraben.

Die Parentation über das Gebet Moses that Herr Pfarrer Sartor zu Schöneberg, die Gedächtnißpredigt über Actorum 20, 24, hielt der Inspector Wredow.

8. Johann Arnold Heinrich Sartorius (1766—74).

Er wurde geboren zu Hachenburg 1706, war zuerst Conrector an der lateinischen Schule zu Hachenburg, kam 1734 an die Pfarrei Schöneberg, wo er am dritten Sonntage Epiphania durch den Pfarrer Philippi zu Hamm ordinirt und introducirt wurde; folgte nach dreißig Jahren (1766) dem Rufe als Prediger nach Höchstenbach. Hier fand seine Introduction am Sonntage Judica statt. Nach achtjähriger Führung des Seelsorgeramtes schied er am 5. April 1774 im Alter von 68 Jahren aus diesem Leben. Die Trauerpredigt hielt bei seiner Beerdigung am 8. ejusd. der Inspector Wredow über Röm. 6, 22.

9. M. Carl Ludwig Köhler (1774—1818),

geboren den 15. September 1744 zu Walkenstein, Annaberger Superintentenbentur im Chursächsischen Erzgebirge. Sein Vater Michael Köhler war Cantor daselbst und seine Mutter, Johanne Eleonore, eine geborne Schneider. Vom Jahre 1758—63 studirte er zu Chemnitz und von dieser Zeit an bis 1767 zu Leipzig, wo er hernach, nach vorhergegangener Disputation und Promotion zu Wittenberg, als Lehrer der Philosophie und der hebräischen Sprache bis 1770 bei der Leipziger Akademie stand, während welcher Zeit er auch daselbst zum Ehrenmitgliede der Gesellschaft der freien Künste aufgenommen wurde. Vom Jahre 1770 bis 1771 war er Informator bei dem Postmeister Gottschalk zu Rippach, einer Poststation zwischen Leipzig und Weißenfels. Vom Jahre 1771—72 wurde er zu Sißkortleben, eine Stunde von Rippach gelegen, vom Herrn v. Breitenbach zum Hofmeister seiner Kinder angenommen, nachdem er achtzehn Wochen vorher zu Weißenfels bei einigen angesehenen Familien französische Stunden gegeben hatte, aber wegen einer sehr großen Theuerung sich von Weißenfels wegbegeben mußte. Im Jahre 1773, am 5. März, wandte er sich nach Altenburg, wo er den darauf folgenden Herbst vom Geheimen Rath v. Seebach Sr. Erlaucht dem verewigten Burggrafen Wilhelm Georg von Kirchberg zu Hachenburg bestens empfohlen wurde. Er trat also den ersten Advent daselbst als Hofdiaconus und Rector ein. Als Letzterer gab er zehn Schülern an der lateinischen Schule im Lateinischen und Französischen Unterricht. Zur Wahrnehmung des geistlichen Amtes wurde er am ersten AdventSonntage ordinirt und introducirt. Im folgenden Jahre, am 29. Januar 1774, wurde er als Pastor nach Höchstenbach berufen und am 9. Sonntage p. Tr. vom Inspector Wrebow eingesetzt.

Dieser Mann zeichnete sich als Freund und Kenner der orientalischen Sprachen aus, und es war besonders die hebräische Sprache, der er ganz mächtig war, seine Lieblingssprache. Er schrieb nicht nur exegetische und kritische Abhandlungen über manche Abschnitte des Alten Testaments, sondern verfertigte selbst Gedichte in hebräischer Sprache. Er wurde am 30. November 1818 mit Beibehaltung seiner bisherigen Besoldung als Pension, in den Quiescentenstand gesetzt und starb, in einem Alter von 76 Jahren, in Folge von Alterschwäche am 21. November 1819 und wurde am 23. ejusd. beerdigt.

Im ehelichen Bündnisse lebte er seit dem 17. August 1774 mit Sophie Juliane Henriette Dorothea, des Inspectors Johann Peter Christian Sturm zu Altenkirchen Tochter, welche am 5. Juni 1749 zu Daaben geboren war und am 26. Nov. 1831 zu Höchstenbach in dem hohen Alter von 82 Jahren, 3 Monaten und 21 Tagen starb.

Diese Ehe war mit vier Söhnen und drei Töchtern gesegnet, von denen bei dem Tode des Vaters ein Sohn und eine Tochter lebten, nämlich ein Sohn Johann Philipp Ludwig, geboren den 12. October 1783, welcher Kaufmann in Aachen war, und eine Tochter, Christiane Wilhelmine Johannette, geboren den 16. Februar 1788, gestorben am 20. März 1821; sie war verehelicht seit dem 18. Juni 1815 mit Johann Christian Brünning aus dem Schwarzburg'schen, von Strombach, Kirchspiels Gummersbach.

Durch Verfügung vom 8. April 1818 wurden beide Pfarreien combinirt. Beide Pfarrer, Köhler und Balzer, hielten wochenweise abwechselnd den Gottesdienst ab. Nach der Pensionirung des Pfarrers Köhler erhielt der Pfarrer Balzer für vermehrte Dienstgeschäfte 300 fl. jährliche Besoldungszulage von hoher Landesherrschaft bewilligt.

Die Parochieschule zu Höchstenbach.

Auch diese Schule war anfangs, wie an anderen Orten der Grafschaft, eine lateinische Kirchspielschule, die im Anfange des 30jährigen Krieges ihren Untergang fand. Die nunmehr errichtete deutsche Schule war seit der Einführung der reformirten Lehre mit reformirten Lehrern besetzt. Bei Wiedereinführung des Lutheranismus besetzte man diese

Schule nur mit lutherischen Lehrern, welche die Kinder beider Confessionen zu unterweisen hatten.

Erst im Anfange des achtzehnten Jahrhunderts nahmen die Reformirten wieder einen Lehrer ihrer Confession an, und so bestand neben der lutherischen auch eine reformirte Schulanstalt.

a. Lutherische Lehrer.

Die Namen derselben können so weit mitgetheilt werden, als sie uns die dortigen Kirchenbücher nennen.

1. **Johann Christian Römhild** (1691, 1730, vermuthlich bis 1740).

2. **Michael Zacharias Römhild** (6. Mai 1741 bis 1769), Sohn des Vorigen, geboren den 8. August 1714; er verehelichte sich am 29. Januar 1743 mit Elisabeth Maria, geborne Kroppach, welche ihm vier Söhne und zwei Töchter gebar. Sie starb als Wittwe am 26. September 1774. Er war ihr am 29. December 1769, 55 Jahre alt, im Tode vorangegangen.

3. **Johann Albert Heinrich Römhild** (1770—75), Bruder des Vorigen, copulirt am 5. October 1770 mit Anna Maria, gebornen Gerlach aus Hachenburg. Er starb am 11. April 1775.

4. **Johann Peter Rick** (1775—1800), geboren am 8. April 1735 zu Biersdorf, wo sein Vater Johannes damals Wildschütz war, der aber 1740 die Schuldienerstelle zu Hilgenroth annahm. Er wurde zuerst Schulmeister-Subsistut bei seinem Vater und kam 1775 im Juli nach Höchstenbach, verehelichte sich am 12. Mai 1767 zu Hilgenroth mit Johanne Christine Ritz zu Hachenburg, welche am 10. Juni 1784 starb; trat am 11. November 1785 in die zweite Ehe mit Anna Margarethe Gilsberg von Oberroßbach, Kirchspiels Emmerichenhain, welche am 18. April 1787 starb, und in die dritte Ehe am 14. August 1787 mit Johannette Marie Winchenbach, die am 26. Mai 1799 starb. Er starb am 10. December 1800 und hatte 25 Jahre Schule gehalten.

Ihm succedirte am 24. Februar 1801:

5. **Johann Paul Schmidtgen** (1801—17), nachdem er seit dem 17. August 1800 hier als Schulvicar Dienste gethan hatte; er wurde 1801 am Sonntage Oculi eingesetzt. Er war am 18. November 1758 zu Roßbach geboren, wo sein Vater, Johann Peter, Landmann war. Lehrer Schmidtgen hatte sich am 7. October 1786 verheirathet mit Maria Margaretha Schäfer von Asbach, die am 1. Januar 1815 starb. Er schied am 7. September 1829 aus dieser Welt und hinterließ von sechs Kindern zwei Söhne.

6. **Henrich Wilhelm Schmidtgen** (1814—17), ältester Sohn des Vorigen, geboren den 8. April 1787 zu Roßbach, seit dem 14. December 1814 Adjunct seines Vaters, wurde am 1. October 1818 Lehrer zu Wahlroth, copulirt am 29. März 1815 mit Marie Wilhelmine, gebornen Otto. Er starb am 5. October 1833 und hinterließ sechs Kinder, vier Söhne und zwei Töchter.

b. Reformirte Schuldiener.

Bei Wiederannahme eines reformirten Lehrers verlegte man das Unterrichtszimmer in gemiethete Localien. Erst 1739, als ein neues Pfarrhaus erbaut war, wurde die alte Pfarrwohnung zum Schulhause eingerichtet. — In den Dörfern Höchstenbach, Welkenbach und Winkelbach, die zur Kirchspielsschule gehörten, gab jeder Reformirte dem Schulmeister für das Vorsingen in der Kirche 1 Sester Korn und statt der Kost 1½ Sester Hafer. Zugleich erhielt der Schuldiener das Glockenamt, welches bis dahin mit der Pfarrei verbunden war.

1. **Johann Bastian Schmidt** (1718—37).

2. **Johann Ludwig Oelgarten** von Flammersfeld (1738 bis 6. Juli 1739) wurde entlassen.

3. **Johann Adam Luckenbach** von Winkelbach (1739—40).

4. **Johann Sebastian Krug** von Meidenbach (1740—42), Sohn des Peter Krug zu Beroth; verheirathete sich am 20. April 1742 mit Anna Maria Koch von Welkenbach, lebte aber nur elf Tage in dieser Ehe, da er im Alter von 30 Jahren am 1. Mai 1742 starb.

5. **Johann Adam Faßbender** (1743—60). Sein Tod erfolgte am 18. Februar 1760 und er wurde am 20. ejusd. begraben. Er hatte 17 Jahre 2 Monate als Schuldiener hier fungirt, ein Alter von 49 Jahren 7 Monaten 8 Tagen erreicht und 16 Jahre 6 Monate 23 Tage in der Ehe verlebt. Von sieben Kindern hinterließ er vier Töchter und zwei Söhne.

6. **Johann Herbert Leonhard** (1760—62) zog als Schuldiener nach Wölferlingen.

7. **Johann Peter Dönges** (1762—1811), geboren am 6. November 1740 zu Marfain, copulirt am 21. December 1789 mit Maria Thimothea Rother, welche 1793 starb; trat am 15. Januar 1794 die zweite Ehe an mit Maria Catharina, Peter Becker's Wittwe, gebornen Zimmermann, die am 22. August 1811, 70 Jahre alt, starb.

Er starb am 26. März 1812 im Alter von 68 Jahren und hatte 49 Jahre Schule gehalten.

8. **Ludwig Dönges** (1811—18), Sohn des Vorigen, ehelicht am 19. April 1819 Anna Maria Jung zu Niederhattert.

5. Die Pfarrgemeinde Kirburg.

Zu dieser Parochie sind eingepfarrt die Dorfschaften: Bretthausen, Langenbach, Lautzenbrücken, Mörlen, Nenkhausen und Korb, früher theils zu Marienberg, theils zu Kirburg gehörig, kamen 1818 ganz an Kirburg.

Dieses Kirchspiel, welches ursprünglich zum Ruralcapitel Haiger gehörte, machte schon 1048 eine eigene Grundherrlichkeit aus, die später an Freusburg und mit Adelhaid, einer gebornen Molsberg und Wittwe von Freusburg, an deren zweiten Gemahl, den Burggrafen von Arberg, überging. Beide bestimmen die Grundherrlichkeit im Jahre 1215 zur Stiftung des Klosters Marienstadt.

Das Besetzungsrecht der Kirburger Kirche ging 1215 von Arberg mit an Marienstadt über. Ebenso verleibte 1318 der Trier'sche Erzbischof Balduin dem Kloster Marienstadt auch die Pfarrei ein. Letztere verlor dadurch den großen Zehnten und ihren Wald.

Der Decan des Landcapitels Haiger setzte 1321 dem Kirburger Pfarrer sein Gehalt fest.

Das Kirchengebäude daselbst ist sehr alt und mag aus dem 12. Jahrhundert herstammen.

Von der Reformation, die der Graf Adolph von Sayn hier eingeführt haben soll, bis zum Jahre 1605 war das Kirchspiel lutherisch und wurde dann reformirt. Im Jahre 1817 führte man die Union ein.

Ueber den letzten lutherischen Prediger, Johannes Scipio, meldet der Inspector Susenbeth, „daß er die gezeigte Wahrheit erkannt, sich erboten, die reformirten Schriften fleißig zu lesen und gebeten, daß man ihn ferner in der wahren Lehre unterweisen wolle.“

Doch er ging schon im Anfange des Jahres 1606 an die erledigte Pfarrei Waldbröel, wo er 1631 durch Wolfgang Wilhelm, Pfalzgraf zu Zweibrücken, vertrieben wurde.

An seine Stelle trat der reformirte Pfarrer:

1. Jacob Wissenbach (1606—1608)

von Wissenbach gebürtig. Er wurde im Jahre 1568 dem altersschwachen Pfarrer Baum zu Hirzenhain als Assistent oder Diacon beigegeben und erhielt nach dessen Tode im Jahre 1576 die Pfarre, folgte im Jahre 1578 dem Rufe eines Pfarrers nach Frohnhausen, von wo er im Anfange des Monats Mai 1606 nach der Pfarrei Kirburg zog und hier bei der Gemeinde der reformirten Lehre Eingang verschaffte. Pfarrer Wissenbach fungirte bei dieser Gemeinde nur zwei Jahre und ging 1608 mit Tode ab.

Ihm succedirte:

2. Franz Priester (1608—12),

vorher Ludimagister zu Hachenburg, wohin er 1612 als Pfarrer ging. Er trat 1613 die Pfarrei Altstadt an.

Sein Nachfolger war:

3. Johannes Immenhäuser (1612—34)

wird 1613 in dem Privat-Lagerbuche des Pfarrers Perzelius zu Daaden genannt.

Es folgte ihm:

4. Gerlach Kopffer (1634—36),

gebürtig von Marienberg, war zuerst, und zwar bis 1616 Caplan zu Schönbach, kam dann in gleicher Eigenschaft nach Marienberg und zog 1634 als Pastor nach Kirburg, wo er jedoch nur kurze Zeit fungirte, da er, von den Kriegsvölkern vertrieben, sich nach Hachenburg flüchtete. Hier schloß er am 6. März 1636 seinen Lebenslauf.

Seine Tochter Anna Catharina ehelichte 1635 dom. 4. p. Tr. Bäst, Theis Weber zu Erbbach Sohn. Die Wittwe des Pfarrers zog wieder nach Marienberg, wo sie auch starb. Das dortige Todtenbuch bemerkt darüber: „Am 10. Mai 1665 ist Catharine, Ehren Gerlach Kopffer's, gewesenen Caplans allhier, auch Pastor zu Kirburg, Wittwe begraben worden.

17

Ob diese Stelle von jetzt an unbesetzt blieb und durch die umwohnenden Pfarrer versehen, oder ob sie nach kurzer Vacanz wieder besetzt wurde, ist nicht zu ermitteln gewesen. Der Pfarrer, der zuerst wieder genannt wird, ist

5. Ludwig Ernst Jskenius (1663—68),

von Neunkirchen im Freiengrunde gebürtig. (Cfr. Pfarrverzeichniß Flammersfeld Nr. 4.)

Sein Nachfolger wird nicht genannt.

6. Johannes Weler (1677—93)
von Herborn.

(Cfr. Pfarrverzeichniß Alpenroth Nr. 7).

Sein Sohn wurde ihm zum Nachfolger gegeben:

7. Hermann Weler (1693—1708).

(Cfr. Pfarrverzeichniß Schöneberg Nr. 10.)

8. Philipp Ludwig Emelius (1708—12),

geboren zu Hachenburg am 16. März 1685, erhielt in der Taufe am 24. ejusd. die Namen Philipp Ludwig und findet sich im Taufbuche zu Alpenroth, wo sein Vater, Ludwig Emelius, damals Pfarrer war. Er studirte 1700 zu Herborn Theologie und wurde 1705 als Candidat genannt. Im Jahre 1708 wurde er als Pfarrer an die Gemeinde Kirburg berufen, wo er 1712 wegen versuchten Krypto=Calvinismus suspendirt wurde.

9. Ludwig Christian Textor (1712—29),

gebürtig von Marienberg. Hier fungirte er vorher als Caplan oder zweiter Pfarrer. Er ist ein Sohn des dortigen ersten Pfarrers.

Er wurde besonders für Langenbach und Neuhausen angenommen und soll in Langenbach gewohnt haben. Es fand sich damals eine traurige Spaltung in dem Kirchspiele, dessen Gemeindeglieder sich in Emelianer und Textorianer schieden.

(Cfr. Alpenroth Nr. 12.)

10. Philipp Ludwig Emelius (1719—27)

wurde 1719 wieder in sein Amt eingesetzt, welches er bis zum Jahre 1727 bekleidet zu haben scheint, lebte aber noch 1736, wo er in dem Hachenburger Taufbuche als Taufzeuge und als ehemaliger Pfarrer zu Kirburg genannt wird.

Nach dem Todtenbuche zu Hachenburg starb er an diesem Orte am 23. März 1750 im Alter von 63 Jahren und vermachte der dortigen Pfarrei ein Legat von 100 Gulden.

11. Johann Hermann Altgelt (1727—35),

geboren den 20. Mai 1703 in Dierdorf, kam 1727 als Pfarrer nach Kirburg, 1735 als erster Pfarrer nach Altenkirchen, wo er am 13. November 1775 seinen Lebenslauf schloß.

(Vide Verzeichniß Altenkirchen Nr. 10.)

12. Philipp Friedrich Ludwig Faber (1735—75),

gebürtig aus Diez, studirte 1720 zu Herborn, war 1733 Candidat und wurde als solcher zum Prediger auf St. Peter und Hirschberg berufen und am 4. April des folgenden Jahres ordinirt und präsentirt.

Im October 1735 ging er als Pastor nach Kirburg, wo er am 7. October e. a. installirt wurde. Nachdem er hier sein Pfarramt 39 Jahre versehen hatte, schied er am 29. Juni 1775 aus diesem Leben.

13. Johann Henrich Müller (1775—87).

Er stand hier zwölf Jahre und wurde darnach nach Altstadt befördert. (Cfr. Pfarrei Altstadt Nr. 7.)

14. Hermann Christian Rhodius (1787—91).

(Vide Pfarrverzeichniß Niederbresselnborf.)

15. Johann Christoph Friedrich Büsgen (1791—99),

von Altenkirchen gebürtig, trat die hiesige Stelle im Mai 1791 an.

Während seines Hierseins überfiel im Herbste 1796 eine Schaar marodirender Franzosen Kirburg. Die Einwohner flohen nach Friedewald, das Dorf wurde angezündet und brannte zum großen Theile ab; auch die Kirchenbücher wurden vernichtet.

(Cfr. Pfarrverzeichniß Neunkirchen Nr. 17.)

16. Johann Israel Molly (1799—1823),

geboren zu Leiningen, Kirchspiels Birnbach, studirte zu Marburg, vicarirte einige Jahre zu Rückerod im Neuwied'schen und noch an verschiedenen Orten, kam dann 1782 als Pfarrer nach Höchstenbach, wo seine Introduction am 2. Februar e. a. stattfand, ging von da am 7. December 1787 an die Pfarrei Hamm, wo er am 9. December e. a. eingeführt wurde. Im Jahre 1799 wurde er nach Kirburg befördert und am 1. Mai inaugurirt. Er erneuert hier die Kirchenbücher. Im Jahre 1817 wurde er von der hohen Landesregierung mit dem Amte eines Schul-Inspectors über die Schulen der Kirchspiele Kirburg, Alpenroth, Roßbach, Höchstenbach und Kroppach betraut.

Er lebte seit dem 13. August 1782 in der Ehe mit Christiane Johannette Concordine, des Pfarrers Johann Wilhelm Cäsar zu Rückerod Tochter, welche Ehe mit mehreren Kindern gesegnet wurde, von denen ein Sohn Johann Wilhelm am 3. October 1786 geboren und am 10. October getauft wurde.

Pfarrer Molly ging am 12. November 1823 aus der Zeitlichkeit.

17. Friedrich Philipp Reiß, Pfarrvicar,

gebürtig aus Unterlieberbach, vicarirte die Stelle von 1823 bis 1. October 1825, wo

18. Johann Carl Keim (1825 bis 1. October 1835)

als Pfarrer eintrat. Derselbe legte die Pfarrchronik zu Kirburg an.

(Cfr. Verzeichniß Hachenburg Nr. 28).

19. Ferdinand Reinhard Brunn (1835—50),

geboren am 12. Juli 1798 zu Altenweilnau, Amts Usingen. Sein Vater war der dortige Pfarrer Johann Conrad Brunn, seine Mutter Juliane Louise, geborne Blum. Nach beendigten Vorbereitungsstudien bezog er 1818 die Universität Jena, wo er bis 1820 theologische, philosophische und geschichtliche Vorlesungen hörte, besuchte darauf vom Herbst 1820 bis dahin 1821 das theologische Seminar zu Herborn. Nach seinem im Jahre 1823 bestandenen Examen trat er eine Informatorstelle beim Pfarrer Hatzfeld in Neuberoth an, ward dann Pfarrvicar zu Herborn, ging am 1. Januar 1830 nach Roßbach, Amts Hachenburg, und am 1. April 1835 als Pfarrer nach Kirburg, von welcher letzteren Stelle er am 1. Mai 1850 abging, um sein Amt in Drieborf anzutreten.

17*

Nach zehn Jahre langer Verwaltung rief ihn nach kurzem Kranken=
lager, am 24. December 1860, der Tod zu einem besseren Leben ab.
Seine irdischen Ueberreste sanken am 27. December in's Grab.

20. Christian Carl Otto Bender (1850—51),

gebürtig von Burgschwalbach, besuchte von Ostern 1828 bis dahin 1829
das Seminar Herborn, machte 1830 sein theologisches Examen und trat
in die Reihe der Landescandidaten. Er vicarirte von 1834 bis 1840
die Pfarrei zu Montabaur, kam dann als Pfarrer nach Niederwalme=
nach, 1845 in gleicher Eigenschaft nach Niedertiefenbach und wurde 1850
zum Pfarrer in Kirburg ernannt. Hier starb er am 9. Juni 1851.

21. Johann Georg Wilhelm Victor (vom 1. August 1851 bis 1. October 1859),

von Cubach, geboren den 10. März 1801 zu Löhnberg, machte vom
Herbst 1822 bis dahin 1823 den theologischen Cursus zu Herborn durch;
bestand 1824 sein Staats=Examen, wurde 1827 zum Pfarrvicar nach
Langenscheid, 1830 zum Caplan in Nassau, 1832 als Pfarrer zu Died=
schied und 1838 als Pfarrer nach Kob a. d. Weil ernannt, erhielt 1848
auf sein Ansuchen seine Entlassung, trat 1849 wieder in den geistlichen
Stand, und zwar als Pfarrer zu Cleeberg, von wo er am 1. August
1851 zum Pfarrer nach Kirburg ernannt wurde.

Gleichzeitig betraute ihn die Landesherrschaft mit dem Amte eines
Schul=Inspectors, welche Aemter er wahrnahm bis zum 1. October 1859,
wo er als Pfarrer nach Dörsdorf, Amts Nastätten, versetzt wurde.

22. Heinrich Ludwig Hümmerich (seit 1859).

Er wurde geboren am 16. April 1816 zu Münster, Amts Runkel;
besuchte vom Herbste 1839 bis dahin 1840 das theologische Seminar
zu Herborn; machte 1841 sein Staats=Examen, wurde 1843 durch den
Decan Chelius zu Emmerichenhain ordinirt, dem er zur Aushülfe bei=
gegeben war; kam 1844 als Vicar nach Dreifelden, 1849 als Pfarrer
nach Wolfenhausen und wurde 1859 von hier als Pfarrer nach Kir=
burg versetzt.

6. Die Pfarrgemeinde Kroppach.

Die Pfarrgemeinde Kroppach, welche im Jahre 1843
nur 34 Häuser mit 43 Familien zählte, liegt anderthalb
Stunden nordwestlich von Hachenburg an einem gegen
Süden sich sanft neigenden Hügel, und gewährt das Pfarr=
dorf, von der Hachenburger Chaussee aus gesehen, einen
recht freundlichen Anblick.

Die dortige sehr alte Kirche war dem St. Peter ge=
weiht und hatte einen Altar des heiligen Sebastian. Sie
war anfangs vielleicht nur eine Capelle, die nachher ver=
größert worden ist, denn was an den beiden Hauptseiten
angebaut ist, scheint spätern Ursprungs zu sein, als das
Schiff, das Chor und der Thurm der Kirche.

Die Pfarrei, auf den Zehnten von vier Dorfschaften
fundirt, hatte von 1391 bis 1508 Streit mit dem Cassius=
stifte in Bonn über den Zehnten zu Heuzerod.

Die Dörfer des Kirchspiels liegen auf beiden Seiten der Nister in lieblichen Thälern, und in ihnen hatte das Kloster Marienstadt sich besonders ausgebreitet.

Zur Pfarrgemeinde gehören die Dörfer Kroppach, Astert, Atzelgift, Giesenhausen, Hanwerth, Heimborn mit Ehrlich, Heuzert, Kundert, Limbach, Luckenbach, Marzhausen, Hof und Mühle, Sophienthal von Mittelhattert, Mudenbach, Niedermörsbach mit Wintershof und Burbach, Oberhattert, Obermörsbach, Streithausen, Wingert und Stein mit Altburg und Ahlhausen. Am Ende des Jahres 1842 betrug die Seelenzahl des Kirchspiels 1720.

Der dortige Pfarrgeistliche war laut Fundation verpflichtet, den Gottesdienst in einer Capelle, welche vor dem Klostergebäude zu Marienstadt stand, für das evangelische Klostergesinde, wie für die Gemeindeglieder des obern Kirchspiels abzuhalten. Um das Jahr 1596 verrammten die Fratres zu Marienstadt diese Capelle mit Schlössern und verhinderten so gewaltsam den damaligen lutherischen Prediger Zitopäus an der ferneren Abhaltung des Gottesdienstes in derselben. Die Gemeindeglieder, welche bis dahin an den Andachtsversammlungen dieser Capelle theilgenommen hatten, mußten von nun an die von ihnen entfernt liegende Kirchspielskirche besuchen. Bald darauf verwandelte das Kloster Marienstadt diese Capelle in einen Heuschoppen.

Der alte Kirchthurm, dessen Mauerwerk am 31. Juli 1831 ungefähr eine Stunde nach Beendigung des Morgengottesdienstes bei einem starken Gewitter durch den Blitz sehr beschädigt war, wurde durch Bauverständige besichtigt und das Gutachten dahin abgegeben, daß der Thurm abgebrochen und durch einen neuen ersetzt werden müßte.

Der Abbruch des Thurmes geschah im Frühjahre 1835 und gleich darauf wurde der Neubau nach dem Risse und Kostenanschlage des Bau-Accessisten Preußer begonnen; aber erst im folgenden Jahre vollendet. Er kostete circa 3000 Gulden. Zur Aufbringung des Baucapitals wurde ein Simplum Kirchensteuer in jedem der drei Jahre, 1833, 1834 und 1835, erhoben.

In dem Grundsteine liegt folgende Inschrift:

„Wenn einst nach Jahrhunderten dieser Bau in Trümmer zerfällt oder wenn Menschenhände ihn zerstören, so möge dieses Blatt der Nachwelt sagen, daß dieser Thurm im Jahre 1835 nach Christi Geburt erbaut wurde. Der Stein, in den wir diese Nachricht einschließen, wurde gelegt den 13. Juli 1835."

Der Geiſtliche des evangeliſchen Kirchſpiels Kroppach war der Pfarrvicar Ph. C. Chr. Fiſcher. Johann Anton Müller, herzoglicher Schultheiß und Kirchenvorſteher zu Kroppach, führte die Aufſicht über den Bau des Thurmes. Der Thurm hat eine Uhr und drei Glocken von gutem Ton. Letztere riefen am 22. Sonntage p. Tr. den 15. Novbr. 1835 zur Kirche und wurden mit einer Predigt geweiht.

Die größte Glocke hat die Aufſchrift:

Petrus heißen ich, alle böſe Webber vertrieben ich, im Namen Gottes luden ich Anno Domini MCCCLXXX.

Die Aufſchrift der kleinſten Glocke iſt nicht zu leſen, hat aber die Jahreszahl 1411.

Die mittlere Glocke iſt die jüngſte; auf ihr iſt Folgendes zu leſen:

Sumptibus parochianorum Croppacensium propriis renovatum reformatis inservio. Sub dominatu I. Umi Com. de Kirchberg Georgii Friederici Com. de Sayn et Wittgenstein. Anno perparatae salutis MDCCXXIII Menses Maji. Aus Feuer floß ich, Philippus Schweizer von Wehrdorf goß mich 1723.

Dann trägt ſie in deutſcher Sprache den Spruch:

Ich kann ja lauter nichts, als nur zuſammenrufen,
Das wahre Gotteswort zu lehren und zu hören:
Gott mach' durch deine Gnad' das Herz und Ohren offen,
Damit die Sünder ſich von Herzen zu Gott kehren.

Auf dem Holze, an dem die Glocke befeſtigt war, das aber bei dem Bau des neuen Thurmes durch ein anderes erſetzt wurde, fand ſich noch die Inſchrift:

Johann Ludovicus Muzelius, Paſtor.
Johann Jacob Schneider, Kirchenmeiſter. Mud. bis 1723 den 13. Mai.

Die gegenwärtige Kirchenorgel, welche von dem Orgelbauer Caſpar Embach zu Rauenthal im Rheingau für 1500 Gulden gebaut worden iſt, wurde am 12. Auguſt 1841 hierher gebracht und aufgeſtellt. Die Reviſion der Orgel unternahm nach vollendeter Aufſtellung der Seminarlehrer Cantor Anthes zu Idſtein am 3. Januar und 1. Februar 1842.

Die Einweihung derſelben und die Einführung des neuen Geſangbuches geſchah am 31. Januar 1842 mit einer Predigt über Epheſer 5, 19, 20.

Dieſe neue Orgel beſteht aus einem Manuale und einem freien Pedale und hat zwei Spanbälge, die neben der Orgel liegen. Sie hat folgende Dispoſition:

a) Manual: 1. Principal 8 Fuß; 2. Bourdon 16 Fuß; 3. Gedact 8 Fuß; 4. Flaute Traverſe 8 Fuß; 5. Octave 4 Fuß; 6. Viola bi Gamba 8 Fuß; 7. Salcional 4 Fuß; 8. Quinte 2²/₃ Fuß; 9. Flöte 4 Fuß; 10. Mixtur 1 Fuß, dreifach; 11. Super=Octave 2 Fuß; 12. Trompete 8 Fuß.

b) **Pedal:** 1. Octavenbaß 8 Fuß; 2. Violon 8 Fuß; 3. Subbaß 16 Fuß; 4. Coppel, 5. Ventil.

Unter ben Denkmälern ber Kirche befindet sich ein liegender Grabstein im Chore mit der Inschrift: „Wilhelmine Seel, geborne Altgelt, nata 1739, denata ben 30. Mai 1765, Ehefrau des hiesigen Predigers W. H. Seel", unb eine an der nördlichen Wand im Chore aufrechtstehende eiserne Platte, auf ber das Bildniß des Ritters v. Holbinghausen eingegossen ist mit der Nebenschrift: „Anno Domini 1576 auf Montag nach bes heil. Cruc. Tag ist ber ebel nnd Ernueste Bertram v. Holbinghausen zu Lützelau in bem Herrn selig entschlafen, beffen Seelen ber ewige Gott gnäbig unb barmherzig sein unb eine fröhliche Auferstehung verleihen wolle. Amen."

Der uralte Taufstein ist aus ber Kirche entfernt unb liegt beschäbigt auf bem Kirchhofe.

Das Pfarrhaus ist nach ber über ber Hausthüre eingegrabenen Schrift im Jahre 1694 erbaut.

Der seitherige Kirchspielskirchhof, welcher ben Raum um die Kirche einnahm, wurde im Jahre 1839 geschlossen unb der neue Tobtenhof in ber Nähe des alten, auf einem für 280 Florin acquirirten Pfarracker von 210 Ruthen angelegt. Nachbem berselbe mit einer Mauer umgeben war, fanb seine Einweihung bei Beerbigung ber ersten Leiche statt.

Die bortige Gemeinbe gehörte nach eingeführter Reformation ber lutherischen unb seit 1605 der reformirten Kirche an, unb bei letzterem Bekenntnisse ist sie auch geblieben, wenngleich in ben übrigen benachbarten Kirchengemeinben neben ber reformirten noch eine lutherische gebilbet wurde.

Der Grund hiervon liegt wohl barin, baß erst 1662 das Kirchspiel Kroppach aus ber reformirten Grafschaft Altenkirchen zu ber Grafschaft Hachenburg gelegt wurde, wo bie lutherische Herrschaft mit Gründung lutherischer Gemeinben abgeschlossen hatte.

In ber Regel hielten bie Reformirten ben Convent zu Kroppach ab.

Namen ber reformirten Geistlichen,
welche bei ber Gemeinbe Kroppach bas Amt eines Seelforgers wahrgenommen haben.

Der letzte lutherische Prebiger, Alexander Zitopäus (Bräuer) wurde 1605 entlassen, fanb aber wieder eine Anstellung als Prebiger bei ber Gemeinbe Leuscheid im Bergischen, wo er 1635 mit Tobe abging.

Der erste reformirte Prediger war:

1. Thomas Jung (1605—13),

geboren im hiesigen Kirchspiele, und zwar in dem Dorfe Luckenbach, fungirte hier von 1605 bis gegen 1613. Ueber ihn sind keine sonstigen Nachrichten vorhanden.

Diesem folgte:

2. Henricus Hupertus (1613—60),

welcher hier von 1613 an 47 Jahre das Pfarramt wahrgenommen und zuletzt so schwach geworden, daß noch in demselben Jahre (1660) sein Nachfolger ernannt wurde, und dieser war:

3. Johann Henrich Asbach (1660—95),

gebürtig von Hachenburg, wo seine Eltern, Henrich Asbach und dessen Gattin Agnes Juliane, geborne Heupel, welche als Wittwe 1671 am 10. April zu Kroppach bei ihrem Sohne im Alter von 72 Jahren starb, Bürgersleute waren, getauft den 29. April 1638, führte seinen Tauf= namen von Heinrich Heupel, Apotheker in Siegen, und Hans Gerhard von Ermtraut. Seinen ersten Unterricht empfing er in den Schulen seiner Vaterstadt, besuchte dann 1655 die academische Schule zu Herborn, wo er auch seine Studien der Theologie vollendete. Nachdem er exami= nirt und ordinirt worden war, übertrug ihm die Landesherrschaft die Pfarrei Kroppach, wo er in der letzten Hälfte des Jahres 1660 inau= gurirt wurde.

Mit dem 1. Januar des folgenden Jahres legte er hier die Tauf=, Copulations= und Todtenprotocolle an, welches die ältesten sind, die sich in dem dortigen Pfarr-Archive vorfinden. In eben demselben Jahre vermählte er sich mit Catharine Louise Juliane v. Donner, Tochter des Diedrich v. Donner zu Hattert, welcher am 2. September 1674 im 63. Jahre starb. Pfarrer Asbach lebte in glücklicher Ehe. Doch sollte sein Glück nicht von langer Dauer sein. Seine Gattin starb am 12. Mai 1679 im Alter von 39 Jahren, nachdem sie 18 Jahre im Ehestande ge= lebt und kurz vorher, am 9. April e. a., eine Tochter geboren hatte. Sie hinterließ dem trauernden Gatten von 9 Kindern 2 Söhne und 6 Töchter. Diese waren:

a) Gertraub Felicitas, getauft 1662 dom. 14. p. Tr.
b) Anna Magdalena, getauft 1664 dom. laetare, ehelicht Anton Freudenberg, Bürger zu Hachenburg.
c) Wilhelm Conrad, getauft 1665 dom. 3. Advent, ehelicht 1701 im März Anna Maria, Jacob Theisen, Bürgers zu Herborn, Tochter.
d) Marie Wilhelmine, getauft am 12. November 1667, verehelicht an Peter Groos in Kroppach.
e) Joh. Ernst Conrad, getauft am 9. März 1669, gestorben am 7. März 1674, fünf Jahre alt.
f) Johann Hermann Albert, getauft am 23. März 1673.
g) Anne Salome Catharine, getauft 1675 am Sonntage Oculi, trat in die Ehe mit Theis Heuzerod.
h) Johannette Clara Justine, getauft 1677 am Osterdienstag, hei= rathet den 9. Januar 1696 Johann Ludwig Mutzelius, Pfarrer zu Kroppach.
i) Conrabine Catharine Juliane, getauft am 5. April 1679, ehe= licht 1702 im März Johann Jacob Brunius zu Herborn.

Wann Pfarrer Asbach gestorben ist, steht im Todtenbuche nicht be= merkt, doch wird seiner noch 1704 gedacht. In den letzten Jahren litt er an Altersschwäche und konnte seinem Amte bei dem großen Kirch=

spiele nicht mehr vorstehen, weßhalb die Gemeinde bei der Landesherr=
schaft supplicirte, daß ihm ein Adjunct beigegeben wurde.
Ihre Bitte wurde erfüllt. Zum Abjuncten und Nachfolger wurde

4. Johann Ludwig Mutzelius (1695—1738)

ernannt, der später sein Schwiegersohn wurde.

Sein Geburtsort ist die Neukirch, der höchste bewohnte Pfarrort des
hohen Westerwaldes.

Hier kam er zur Welt am 27. Mai 1676.

Sein Vater, der von 1655 bis 1658 bei der Gemeinde zu Nieder=
dresselndorf als Pfarrer gestanden hatte, fungirte seit dem zuletzt ge=
nannten Jahre als Diener am Worte Gottes zur Neukirch. Seine
Mutter Anna Louise war eine Tochter des Burbacher Pfarrers Johannes
Tilph.

Seinen ersten Unterricht empfing er von seinem Vater, durchlief
dann die Classen des academischen Pädagogs zu Herborn 1690, denn
hier wollte er sich, das war sein Entschluß, zu einem Boten des Frie=
dens und zu einem Träger des Heiles Jesu Christi heranbilden.

Nach Beendigung seiner Studien und nachdem er sein Examen
auf der Canzlei zu Hachenburg bestanden, wurde er am 8. Sonntage
nach Trinitatis, als am 8. Juli 1695, ordinirt und hielt zugleich seine
erste und am Sonntage nach Matthäi desselben Jahres seine zweite
Predigt und trat zu Weihnachten 1695 seine Pfarrbedienung an. Die
völlige Investitur blieb indessen, wegen Abwesenheit der Frau Gräfin
v. Pöttingen, bis in die Mitte September 1696 ausgestellt.

Wenige Tage nach dem Antritte seines Predigtamtes entschloß er sich,
in den Ehestand zu treten und wählte zu seiner Lebensgefährtin die
Tochter seines Vorgängers im Amte, Johannette Clara Justine, geborne
Asbach, mit welcher er am 9. Januar 1696 ehelich eingesegnet ward. Es
wurde dies eine glückliche, mit dreizehn Kindern gesegnete Ehe. Seine
Kinder waren:

a) Johann Ludwig, getauft 1696 dom. 13. p. Tr.

b) Susanne Justine Marie, getauft 1698 dom. 15. p. Tr., ehelicht
   am 11. Mai 1718 den Pfarrer Jacob Conrad Fröhlich, des Jo=
   hannes Henrich Fröhlich zu Herborn Sohn und Pfarrer zu Frei=
   rachdorf. Er war geboren 1691, studirte 1709 zu Herborn und
   starb 1734. Seine Wittwe trat am 5. November 1736 wieder
   in die Ehe mit Johann Hermann Eichelhard zu Kroppach.

c) Philippine Catharine, getauft am 25. April, copulirt am 19. Ja=
   nuar 1724 mit Jacob Philipp, Bernhard Bierbrauers zu Hachen=
   burg Sohn.

d) Maria Elisabeth Ottilie, getauft am 12. Februar 1702; copulirt
   am 8. September 1723 mit Johann Henrich Renny, Handels=
   mann zu Mügendorf, Kirchspiels Nordhofen.

e) Johann Friedrich Christian, getauft am 9. März 1704. Dieser
   ist nach absolvirten Studien der Theologie dom. palmarum 1726
   mit einer Gemeinde von 300 Seelen von hier nach Neu=England
   abgegangen und Prediger zu Dopham in der Provinz New=Dork
   geworden.

f) Marie Sophie Margarethe, getauft am 9. November 1707,
   schließt ein Ehebündniß am 29. April 1727 mit Jacob, des
   Kaufmanns Rütger Henningkens zu Horn (Grafschaft Hadamar)
   Sohn.

g) Anna Magdalena, getauft am 1. Mai 1709, ehelichte am
   14. März 1725 Servatius, Weimarius Clauer zu Grenzhausen
   Sohn.

h) Johann Wilhelm, getauft am 7. August 1712, starb am 30. Juli 1725, 13 Jahre alt.

i) Wilhelm Henrich, getauft am 26. Januar 1714, starb gleich nach der Geburt.

k) Georg Gerhard, getauft am 1. December 1715.

l) Clara Maria, getauft am 25. September 1718, tritt in die Ehe am 12. Juni 1736 mit Philipp Kilian, des weiland Bürgers und Bäckers Matth. Bitzer zu Hachenburg Sohn.

m) Johann Philipp Henrich, geboren am 12. Januar 1721.

n) Johanne Philippine Christine, geboren den 16. März 1710, copulirt am 10. December 1732 mit Johann Peter Jackert, des Bürgers und Gasthalters Johann Philipp Jackert zu Neuwied Sohn.

Nachdem Pfarrer Mutzelius 43 Jahre das Seelsorgeramt zu Kroppach mit vieler Treue geführt hatte, rief ihn nach viermöchentlichem Krankenlager der Herr über Leben und Tod am 6. November 1738 zu sich in sein ewiges Reich, um ihm den Lohn der Treue zu geben. Er hatte sein Leben auf 62 Jahre gebracht. In der Kirche fand er, wie seine Vorgänger, seine Ruhestatt. Der Pfarrer Seel zu Hamm hielt ihm am Beerdigungstage, den 9. November, die Gedächtnißpredigt.

Nachdem der Candidat Ludwig Kündel diese Pfarrei eine kurze Zeit verwaltet hatte, wurde als Pfarrer berufen:

5. Johann Daniel Seel (1738—52).

Derselbe war am 19. Juni 1703 zu Freudenberg geboren, wo sein gleichnamiger Vater damals Pfarrer war. Derselbe kam 1706 nach Hachenburg und 1712 nach Neunkirchen. Als der Pfarrer Seel jun. zur Universität reif war, studirte er zu Herborn Theologie.

Zur Candidatur gelangt, berief ihn die Landesherrschaft zum Pfarrer nach Hamm. Von hier wurde er auf den Wunsch und die Bitte der Kroppacher Gemeinde 1738 durch den Grafen Georg Friederich, Burggrafen zu Kirchberg, zum ordentlichen Prediger und Seelsorger nach Kroppach benominirt. Seine Einführung erfolgte am 14. December desselben Jahres, und zwar durch den Inspector Simonis von der Altstadt. Im folgenden Jahre, am 9. December, vermählte er sich mit Johanne Elisabeth, des Consistorial-Rathes und reformirten Predigers Johann Cochin zu Mülheim am Rhein Tochter, und wurde durch den dortigen zweiten Prediger W. L. Lepper kirchlich eingesegnet. Diese Ehe scheint kinderlos gewesen zu sein. Seine Frau schied am 16. August 1752 im Alter von 47 Jahren 7 Monaten aus diesem Leben und wurde am 20. ejusd. in der Kirche beerdigt.

Pfarrer Seel resignirte im Jahre 1752. Als gewesener Pastor zu Kroppach tritt er am 3. April 1757 in die zweite Ehe mit Anna Gertraud, des weiland Gerichtsschöffen Johann Peter Weßler zu Altenkirchen Tochter. Er starb am 1. April 1764, 60 Jahre alt, und hinterließ seine Wittwe und keine Kinder. Sein Successor war:

6. Johann Martin Reinhard (1752—61),

vermuthlich ein Sohn des Johann Lorenz Reinhard, Handelsmanns zu Oberbieber, geboren im März 1718. Ueber seine theologische Ausbildung kann nichts Näheres angegeben werden. Im Jahre 1744 berief ihn die Landesherrschaft zum Pfarrer nach Hachenburg, wo er am 14. Juli e. a. durch den Inspector Simonis der Gemeinde vorgestellt wurde.

Hier gründete er am 23. November 1746 einen Hausstand mit Helene Christine, Tochter des Pfarrers W. Fr. Schnabelius, welcher sein Amts= vorgänger zu Hachenburg war. 1750 fand seine Versetzung als Prediger und Seelsorger an die Gemeinde Birnbach statt. Nach zwei Jahren erhielt er seine Vocation als Pastor zu Kroppach. Nachdem er bei dieser Gemeinde das Predigtamt 8 Jahre und 7 Monate treu und fleißig verwaltet hatte, kam der Engel des Todes und führte ihn am 12. Juni 1761 gegen 5 Uhr Morgens aus dem Reiche des Glaubens in das Reich des Schauens. Er hatte überhaupt 17 Jahre 3 Monate im Mini= sterium gestanden und ein Lebensalter von 43 Jahren 3 Monaten er= reicht. Seine Wittwe erhielt ein Gnadenjahr.

Seine Ehe war mit 8 Kindern, 4 Söhnen und 4 Töchtern gesegnet:

1. Tochter Maria Elisabeth, geb. den 26. November 1747.
2. Tochter Catharine Louise Christiane, geb. den 6. November 1748, tritt am 4. September 1776 in die Ehe mit Andreas Conrad Altgell, Pfarrer und Inspector in der Altstadt.
3. Tochter Sophie Charlotte, geboren den 3. April 1750, ehelicht am 4. September 1776 Johann Ludwig Altgelt, Pfarrer in Eschweiler.
4. Sohn Johann Wilhelm Ludwig, geboren den 10. November 1751.
5. Sohn Johann Carl Philipp, geboren den 9. December 1753.
6. Sohn Johann Carl Gottfried, geboren den 26. Mai 1756.
7. Tochter Marie Christine Friederike, geboren den 3. Decbr. 1757.
8. Sohn Wilhelm Adolph, geboren den 13. October 1759.

Seine hinterlassene Wittwe Helene Christine ehelicht am 7. Juli 1763 den Pfarrer Johann Henrich Lorsbach zu Hachenburg, welcher später nach Neunkirchen versetzt wurde, wo er auch gestorben ist.

Nachdem der Candidat Jacob Cäsar die hiesige Pfarrei während der Krankheit des Geistlichen und ferner noch bis zum 12. December 1761 verwaltet hatte, setzte der Pfarrer Seel von Schöneberg aus diese Ver= waltung bis zur Wiederbesetzung fort.

7. Wilhelm Henrich Seel (1762—1771),

der jüngste Bruder von Nr. 5; geboren zu Neunkirchen im Freiengrund 1725 am 23. März.

Derselbe erhielt seinen ersten Unterricht bei dem tüchtigen Präceptor Joh. Henr. Dax daselbst und dem Candidaten der Theologie Kind, der sich hier ein Jahr lang aufhielt, um bei dem Präceptor Dax, welcher zugleich Notar und ein geschickter Orgelspieler war, das Orgelspiel zu erlernen. Darnach unterrichtete ihn 4 Jahre lang der Candidat Weiden= bach, der seinen Vater im Pfarramte zu unterstützen hatte. Bei dessen nachfolgenden Candidaten setzte er den Unterricht fort. Im Herbste 1741 besuchte er die Classen des academischen Pädagogii in Herborn und vollendete daselbst 1747 seine theologischen Studien. Seine Lehrer waren hier: Professor Dr. Schramm, Dr. Claessen, Prof. Rau, Prof. Mieg, Prof. Florin.

Nach seinem Abgange von Herborn hielt er sich fast 1 Jahr lang bei seinem Schwager, dem Pfarrer Trisch in Düsseldorf, auf und reisete dann 1748 nach Herborn, um bei der basigen theologischen Facultät sein Examen zu machen. Er erhielt darüber ein gutes Zeugniß und wurde unter die Zahl der Landescandidaten aufgenommen. Hierauf ging er auf ein Jahr lang zu seinem älteren Bruder in Croppach.

Schon am 14. Mai 1749 berief ihn der Landesherr zum reformirten Pfarrer nach Hamm a. d. Sieg. Er zog mit seiner Mutter dorthin und wurde am 18. Mai 1749 inaugurirt, wobei er seine Antrittspredigt über Colosser 4, 17 hielt.

Im Jahre 1755 wurde die Pfarrei Neunkirchen durch den Tod des Pfarrers Brücher erledigt. Diese Gemeinde wählte ihn nun einstimmig zu ihrem Pfarrer und wünschte von dem Landesherrn die Bestätigung.

Zum Unglück aber hatte eben damals das Kirchspiel eine hitzig betriebene Streitsache mit der Herrschaft, welche Frohndienste und andere Lasten betraf, die man herrschaftlicher Seits forderte, durch Execution antrieb, von Seiten des Kirchspiels aber unter Vorwendung vorzüglicher Freiheiten verweigert wurden. Unter diese Freiheiten zählte das Kirchspiel auch noch das Recht, das es aber nie gehabt hatte, einen Prediger wählen zu dürfen. Da es nun bei der auf Pf. Seel geneigten Wahl dieses Recht behauptete, die Herrschaft aber ihm dasselbe absprechen wollte, so kam es, daß, ungeachtet der besonderen Gnade, die Pf. Seel jederzeit von seiner Herrschaft genossen, dem Kirchspiel das Wahlrecht, mithin auch die auf Seel gerichtete Wahl abgesprochen wurde. Pfarrer Künkel von Schöneberg kam hin und es wurde die Einführung mit Gewalt und unter Bedeckung eines bewaffneten Commando's vollzogen. Das Kirchspiel wurde durch dieses Verfahren erbittert, so daß es diesem Prediger abgeneigt blieb. Außer einigen Wenigen ging über 6 Jahre lang Niemand in die Kirche. Wahrlich ein beklagenswerther Zustand!

Die vacant gewordene Schöneberger Pfarrstelle wurde nun dem Pfarrer Seel durch Beruf vom 3. Novbr. 1755 übertragen, aber die Einführung verschoben. Nachdem er zu Hamm am Sonntage den 9. Mai 1756 seine Abschiedspredigt über die Worte 1. Samuelis 12, 23 u. 24 gehalten hatte und am 16. Mai zu Schöneberg eingesetzt wurde, wobei er seine Antrittspredigt über Römer 15, 29. 30, hielt, siedelte er mit seiner Mutter von Hamm nach seinem neuen Bestimmungsorte über.

Seine 73jährige, aber noch ziemlich rüstige Mutter, die seither die Aufsicht über das Hauswesen geführt hatte, starb am 31. März 1758. Nun sah er sich genöthigt, sich nach einer Lebensgefährtin umzusehen. Er verlobte sich am 5. Sept. mit Christine Wilhelmine Altgelt, einer Tochter des Joh. Ant. Altgelt zu Gielroth, einer Enkelin des verstorbenen Posthalters Altgelt daselbst, und diese Ehe wurde durch ihren Groß-Oheim, den ersten Pfarrer Altgelt zu Altenkirchen, am 12. Octbr. 1738 priesterlich eingesegnet.

Pfarrer Seel erhielt am 22. Octbr. 1761 die Zusendung des Berufs als Pfarrer nach Kroppach, wobei sein Antritt auf den 12. Januar 1762 festgesetzt war. Er zog aber erst am 24. Juni mit Familie dorthin, hielt des Sonntags vorher, den 2. Sonntag nach Trin., als am 20. Juni, seine Abschiedspredigt zu Schöneberg über die Schriftstelle Jesaia 55, 16 und wurde den 27. Juni, als am 3. Sonntag nach Trin., nach gehaltener Anzugspredigt über 1. Thessal. 5, 12 u. 13, durch den Inspector Simonis in sein Predigtamt eingeführt.

Während seines Hierseins wurde der Hubertsburger Friede, der dem siebenjährigen Kriege ein Ende machte, geschlossen. Er bemerkt darüber: Dem Herrn der Heerschaaren sei Dank gesagt. Es ist Friede! Das Geräusch, die Unruhen, die Schrecken und schwere Zuchtruthe des Krieges sind nicht mehr, Der Herr und Gott des Heils hat sie weggenommen. Es ist Friede, Hallelujah!

Im Jahre 1765 traf ihn ein großes Hauskreuz. Seine treue Gattin starb ihm im Alter von 25 Jahren 4 Monaten und im noch nicht vollendeten sechsten Jahre einer glücklichen Ehe, am 30. April 1765 in Folge eines Kindbettes, und wurde am 2. Mai in der Kirche begraben, wo noch jetzt ein Grabstein mit kurzer Inschrift ihre Gruft deckt. Sie hinterließ 2 Söhne und 1 Tochter.

Nach beendetem Trauerjahre entschloß er sich zur zweiten Heirath und zwar am 28. März 1766 mit Catharine Elisabeth, Tochter des Pfarrers zu Crombach, Joh. Friedr. Achenbach, und wurde durch den Pfarrer

Seelbach zu Hilchenbach ehelich eingesegnet. Diese Ehe wurde mit 3 Söhnen und 4 Töchtern gesegnet.

Nach neunjähriger Führung des hiesigen Predigtamtes berief ihn unter dem 13. August 1770 der Prinz von Oranien, auf Vorschlag des Oberconsistoriums zu Dillenburg, zum Oberconsistorialrathe und Oberpfarrer nach Dillenburg an die Stelle des dort verstorbenen Oberconsistorialrathes Johann Jacob Schepp.

Am Sonntage den 3. Novbr. 1771 nahm er, in einer Predigt über Jeremias 22, 29, von der Gemeinde Kroppach Abschied, siedelte am 7. Novbr. mit seiner Familie nach Dillenburg über und wurde hier am 14. Novbr. als Rath auf fürstlicher Landesregierung in Pflichten genommen. Auf Montag den 18. Novbr. wohnte er der ersten Session des Consistoriums bei, nachdem er Tags zuvor nach einer Antrittspredigt über Psalm 25, 8, durch den Inspector Arnold in sein Amt als Oberpfarrer war eingeführt worden.

Sein 23jähriges rastloses Wirken war mit großem Segen gekrönt. Der 21. April 1793 war sein Todestag. Vor dem Altare in der Kirche zu Herborn, als er den dasigen theologischen Professor und Oberpfarrer Fuchs in sein Amt einführte, rührte ihn in der Mitte der Rede nach den Worten: „Ich bin ein guter Hirte" der Schlag und er sank entseelt am Altare nieder. Er war im Leben allgemein geliebt und im Tode geachtet. Von ihm sind verschiedene theologische Abhandlungen und Reden im Druck erschienen. Auch hat er zu dem 1786 erschienenen neuen Gesangbuche die Psalmen Davids theils neu gedichtet, theils umgearbeitet.

Seine Kinder waren:

1) Sohn Johann Daniel Wilh., geb. 1761 am 11. April, getauft am 19. April. Derselbe ging 1778 nach Herborn, um Theologie zu studiren, hielt sich den Herbst und Winter 1782 bei seinem Vater auf, machte sein Examen bei der Facultät Herborn und erhielt am 19. August 1783 die Hofmeisterstelle zu Wittgenstein.
2) Sohn Johann Conrad Ludwig, geb. 1762 am 16. December, get. am 19. Decbr., widmete sich dem Militärstande.
3) Tochter Marie Henriette Wilh., geb. am 1. April 1765, get. am 9. April, ehelichte 1787 am 9. October Carl Georg Daniel Mauberbach, Pfarrer in Lungscheid, später Inspector in Nassau.
4) Tochter Luise Charlotte Eleonore, geb. 1767 am 13. März, get. am 22. März, ehelichte 1792 am 2. Febr. Friedrich Adolph Diesterweg, Amtmann zu Freudenberg, hernach zu Hilchenbach. Sie starb am 16. Januar 1830.
5) Tochter Marie Wilhelmine, geb. 1769 am 7. Febr., get. 12. Febr.
6) T. Marie Sophie, geb. 1770 am 1. Decbr., get. 9. Decbr.
7) T. Marie Eleonore, geb. 1773 am 20. März, get. 23. März.
8) Sohn Wilhelm Henr., geb. 1776 am 21. Jan., get. 26. Jan.
9) Sohn Friedrich Wilh., geb. 1778 am 19. Febr., get. am 25. Febr. Derselbe studirte Jura, ehelichte als Amtssecretair am 21. Decbr. 1809 Charlotte Adolphine, des Amtmanns Friedrich Carl Diesterweg Tochter, und starb als Justizrath zu Siegen am 24. September 1841.
10) Sohn Carl Martin, geb. 1782 am 20. Mai, gestorben 1798 den 28. April.

Seine zweite Gattin war bereits 1783 am 6. Decbr. im Alter von 40 Jahren 11 Monaten 6 Tagen gestorben. Aus erster Ehe lebten noch 2 Söhne und 1 Tochter und aus zweiter Ehe 2 Söhne und 4 Töchter.

Von 1761—1762 verwaltete der Vicar Jacob Caesar von Bendorf die Pfarrei; dann aber wurde sie übertragen an:

8. Johann Daniel Altgelt (1762—1808).

Sein Geburtsort ist Kirburg. Hier erblickte er am 31. Aug. 1730 das Licht der Welt. Sein Vater Johann Hermann, war daselbst Verkündiger des Wortes Gottes.

Zur Hochschule reif, ging er nach Herborn, um sich den Studien der Theologie zu widmen. Nach bestandenem Examen und nach empfangener Ordination wurde er 1753 als Adjunctus des altersschwachen Geistlichen Johann Caspar Gisberti zu Marxain angestellt, sodann folgte er im Januar 1758 dem Rufe als Pfarrer nach Alpenroth, wo am 10. Februar seine Installation erfolgte; 1762 kam er zum Pastorate Birnbach. Er erhielt am 6. September 1771 seinen Beruf als Prediger nach Kroppach, zog am 21. November hierhin und seine Introduction geschah am 26. Sonntage nach Trinitatis, als am 24. November, durch Herrn Inspector Simonis.

Schon in den besten Jahren seines Lebens wurde er mit Schwäche an seinem Gesichte befallen, so daß er eines Gehilfen bedurfte. Altersschwäche überfiel ihn, zu welcher in den letzten Tagen seines Lebens noch die Gliedwassersucht kam.

Doch der Herr erlösete ihn bald von allen Uebeln und nahm ihn zu sich in sein ewiges Reich. Sein seliger Abschied aus dieser Welt erfolgte in früher Morgenstunde ($3\frac{1}{2}$ Uhr) am Sonntage den 21. Aug. 1808 und es schloß sich ein fast 48jähriges Leben.

Er hatte 55 Jahren im Ministerium und 37 Jahre bei der Gemeinde Kroppach gestanden. Auf dem Kirchhofe wurde er zur Ruhe gebracht. Ein langer Trauerzug folgte dem Sarge. Die Grabrede hielt ihm der Pfarrer Schulz von Hachenburg über 1. König 19, 4.

Sehen wir auf sein häusliches Leben, so war er seit 1758 am 26. April verehelicht mit Marie Sibylle, des Joh. Casp. Gisberti, Pfarrers zu Marxain Tochter, welche ihm am 24. März 1760 einen Sohn gebar, der im Sacrament der Taufe am 4. April die Namen Johann Hermann Conrad erhielt und später Theologie studirte.

Nach dem Tode seiner Gattin, die auf den 1. Ostertag, den 6. April 1760, 37 Jahre alt, starb und am 8. April mit einer Leichenrede über Ps. 68, 20—21, begraben wurde, trat er am 8. Januar 1762 in die zweite Ehe mit Anne Clara Elisabeth, des Herrn Wilh. Rembert Teigeler j. u. Dr. zu Soest Tochter, welcher Ehe 4 Kinder, 1 Sohn und 3 Töchter entsprossen:

a. Sohn Dethmar Carl Herm., geb. 2. Octbr. 1762.
b. Tochter Dorothea Sophie Wilh., geb. 1763.
c. Tochter Marie Sophie Johannette, geb. am 26. Januar 1765, ehelichte den 5. Juli 1791 den Pfarrer Joh. Ludw. Christian Böhm zu Alpenroth.
d. Tochter Dorothea Cathar. Wilh., geb. den 8. Octbr. 1767.

Die zweite Gattin schied am 13. Juni 1792 aus diesem Leben, hatte 30 Jahre 5 Monate 6 Tage im Ehestande gelebt und ein Lebensalter von 63 Jahren 9 Monaten 4 Tagen erreicht.

Sein Sohn folgte ihm im Amte nach:

9. Dethmar Carl Hermann Altgelt (1808—30).

Birnbach war sein Geburtsort; geboren 1762 am 2. Septbr. Er studirte zu Herborn, machte 1784 seine theologische Prüfung bei dem Consistorium zu Hachenburg, und wurde durch Bestimmung des Grafen und Herrn Joh. August Burggrafen von Kirchberg 1784 ordinirt und seinem Vater wegen zunehmender Schwäche des Gesichts zum Gehilfen beigegeben. Von demselben Grafen und Herrn erhielt er unter dem 26. Juni 1794 die Ernennung zum Pfarradjuncten bei hiesiger Gemeinde. Auf den Wunsch des ganzen Kirchspiels und auf wiederholte unterthänige

Vorstellung und Bitte des gesammten Kirchenvorstandes ernannte ihn die Frau Louise Isabelle, Fürstin zu Nassau, unter Beistand ihres Gemahls Friedrich Wilhelm zu Nassau, unter dem 19. October 1801 zum wirklichen Pfarrer des Kirchspiels Kroppach.

Als Pfarrer Altgelt nach 29jähriger Führung des Predigtamtes zu alt und schwach geworden war, um seinen Dienst noch länger versehen zu können, wurde er pensionirt; er starb am 10. Februar 1836, Morgens 9 Uhr, im Alter von 73 Jahren 4 Monaten und 8 Tagen. Sein Begräbniß fand am 13. Febr. statt, bei welchem der Pfarrer Schütz zu Altstadt die Grabrede und der Decan Keim die Leichenpredigt in der Kirche hielt.

Die Verwaltung der Pfarrei wurde übertragen an:

10. Philipp Carl Christian Fischer (1830—36)

unter dem 27. Octbr. 1830 und derselbe mit 400 fl. angestellt. Er war geboren am 14. Mai 1800 zu Orlen, Amts Wehen, wo sein Vater Schullehrer war, der aber 1813 nach Neuweilnau, Amts Usingen, versetzt und im Jahre 1835 pensionirt wurde. Er hatte das Pädagogium zu Idstein, das Gymnasium zu Weilburg, die Universität Gießen und von Ostern 1825 bis dahin 1826 das Seminar zu Herborn besucht. Nach vollendetem Examen im Sommer 1826 war er einige Jahre Hauslehrer. Seine Ordination geschah am 21. Novbr. 1830 zu Wiesbaden durch den Landesbischof Dr. Müller. Er kam den 2. Decbr. 1830 nach Kroppach, predigte hier am 5. Decbr. zum ersten Male und hielt nach 6jährigem Vicariate seine Abschiedspredigt am 7. Sonntage nach dem Feste der Dreieinigkeit, als den 17. Juli 1836, über den Text: Apost. 20, 31 und 32, und, unter dem 8. August d. J. zum Pfarrer nach Arnoldshain ernannt, zog er am 14. August von hier ab; er wird 1844 Pfarrer zu Merzhausen, wo er 1853 pensionirt wurde.

11. Heinrich Friedrich Born (1836—65)

wurde durch Decret vom 14. Mai 1836 ernannt. Derselbe war geboren den 28. August 1800 zu Usingen. Sein Vater war Stadtschultheiß. Den Elementar-Unterricht genoß er in seinem Geburtsorte bei dem Cantor Kissenvetter, trat mit dem elften Jahre in die lateinische Schule unter dem Rector und späteren Pfarrer Dieffenbach in Breckenheim. Im Herbst 1815 bezog er das Gymnasium zu Idstein, wo der Pfarrer Keck zu Höchstenbach sein Lehrer war, rückte im Frühjahr 1816 in die zweite Classe, die unter dem Conrector Wilhelm Snell, späterem Gymnasial-Director zu Wetzlar, stand. Bei Aufhebung des Gymnasiums zu Idstein im Jahre 1817 besuchte er das Landes-Gymnasium zu Weilburg, wo der Professor Christian Wilhelm Snell Director war.

Nach absolvirter Gymnasial-Bildung bezog er im Frühjahre 1820 die Universität Halle. Im Frühling 1822 verließ er Halle und besuchte ein Jahr lang das theologische Seminar in Herborn unter dem Professor Spiecker und Heidenreich, bestand Pfingsten 1823 sein Staats-Examen, wurde 1824 Hauslehrer beim Herrn Marchand, damaligen Pächter des Brunnens Geilnau a. d. Lahn, erhielt 1826 das Pfarrvicariat zu Cubach bei Weilburg mit 300 Gulden Gehalt, wurde 1830 als Pfarrer nach Cleeberg decretirt mit 600 Gulden Einkommen, verheirathete sich im Herbst 1832 mit Emilie Sophie Louise Rau, Tochter des Oberförsters Rau daselbst, erhielt 1835 das Decret als Pfarrer zu Kroppach, zog Anfangs Juli 1836 hierher und wurde am 10. Sonntage nach Trinitatis, als am 7. August, vom Herrn Decan Keim im Beisein des Herrn Amtmanns Fach eingeführt, wobei er seine Antrittsprebigt über Lucas 11, 28 hielt. Während seiner Krankheit wurde er von 1859 bis 1860 durch den Pfarrvicar Frühling vertreten, welcher am 22. October von hier nach Kemel ging.

Pfarrer Born wurde auf seinen Antrag laut Decret am 9. November 1865 mit einem Ruhegehalt von 1550 fl. 43 kr. pensionirt. Er zählte 39½ Dienstjahre. Am 26. November nahm er in einer Predigt über Epheser 3, 13—21 Abschied von seiner Gemeinde.

Der jetzige Pfarrvicar in Kroppach ist:

12. Caspar Naumann (seit 1. November 1865),

geboren den 24. October 1839 zu Bleichenbach, Kreis Nidda, Großherzogthum Hessen. (Sein Vater war Schuhmacher und betrieb zugleich Landwirthschaft.) Er besuchte das anderthalb Stunden von seinem Geburtsorte entfernte Gymnasium zu Büdingen vom Herbst 1854 bis dahin 1858 und machte seine Abiturienten-Prüfung am 7. September desselben Jahres; hierauf bezog er die Landes-Universität Gießen und absolvirte daselbst am 1. September 1862 sein Facultäts-Examen, frequentirte sodann das theologische Seminar zu Friedberg vom Herbste 1862 bis dahin 1863, bestand sein Staats-Examen im Februar 1864 zu Darmstadt, trat hierauf mit dem 1. August 1864 in den Kirchendienst des vormaligen Herzogthums Nassau über und wurde zunächst in Allendorf, Amts Weilburg, angestellt und am 14. August 1864 zu Weilburg von dem Decan und Kirchenrath Manger unter Assistenz des dortigen zweiten Pfarrers Ohly ordinirt; mit dem 1. November 1865 wurde er nach Kroppach versetzt und hielt daselbst am 2. Advents-Sonntage seine Antrittspredigt über Phil. 1, 2. 11; verheirathet den 21. November 1865 mit Emilie Waldschmidt von Weilburg.

Die Schule zu Kroppach.

Die Kirchspielsschule zu Kroppach war im Anfange des achtzehnten Jahrhunderts nur eine Winterschule, welche von Michaelis bis Ostern dauerte.

Der im Jahre 1731 erlassenen allgemeinen Schulordnung gemäß, mußten die Lehrer auch im Sommer an Regen- und Sonntagen hier Schule halten.

Sommerschulen und öffentliche Schulprüfungen ordnete die im Jahre 1805 publicirte Schulordnung der Weilburgischen Herrschaft an. Die Lehrer der Kirchspielsorte erhielten nun auch Anstellungs-Urkunden ausgefertigt. Die Lehrer der Filialorte wurden alljährlich gewählt und die Gehaltssumme durch einen Vertrag mit der Schulgemeinde festgesetzt.

Die Besoldung des Lehrers zu Kroppach, der zugleich Küster und Vorsänger war, bestand bis zum Jahre 1817 in

1. Benutzung der Schulländereien, berechnet zu . . .	26 fl.	46 kr.
2. Bei der Taufe eines Kindes des Kirchspiels erhielt der Lehrer von jedem Gevatter 1 Kreuzer, belief sich des Jahres auf	1 „	6 „
3. Bei Beerdigung eines Kindes 4½ Kreuzer, jährlich .	1 „	30 „
4. Durch Sterbefall Erwachsener 6 Kreuzer, macht . .	2 „	48 „

Transport . . . . 32 fl. 10 kr.
5. Jeder Einwohner des Kirchspiels Kroppach mußte
   1 Meste Hafer à 18 Pfund, oder zwei Laib Brod
   liefern, brachte . . . . 162 „ — „
6. Das sogenannte Schulkorn zu . . . . 18 „ — „
7. Das Kirchspiel lieferte 4½ Klafter Holz zu . . . 34 „ — „

                                   Summa . . 246 fl. 10 kr.

Nach den Kirchenbüchern und zuverlässigen Ueberlieferungen haben nachverzeichnete Lehrer der hiesigen Schule vorgestanden:

1. **Wendel Kirchner** (1661) wird als Taufzeuge in dem Kirchenbuche genannt.

2. **Georg Hofnagel.** Nach dem Taufcataloge werden ihm 1671 und 1672 Söhne und 1674 eine Tochter getauft.

3. **Peter Groos** (1678—1703). Seine Frau Barbara beschenkt ihn mit drei Söhnen und drei Töchtern. Sie stirbt am 24. November 1708. Er legte 1703 das Schulamt nieder und schied am 21. October 1717 im Alter von 73 Jahren aus der Welt.

4. **Johann Hermann Schurrius** (1703—22), ein Sohn des Schulbieners zu Kottenhausen, Georg Schurrius, geboren zu Kottenbach am 22. März 1670; er ehelicht als Präceptor und Organist zu Hachenburg am 7. November 1700 Christine Würkhausen, welche, 76 Jahre alt, am 2. December 1757 starb.
Diese Ehe wurde mit vier Söhnen und fünf Töchtern gesegnet. Von Hachenburg kam er 1703 als Präceptor nach Kroppach. In der letzten Zeit seines Hierseins stand er mit dem Presbyterium nicht im guten Einvernehmen, weil er sich weigerte, den Klingelbeutel zu tragen. Er kündigte seinen Dienst 1721, mußte aber bleiben bis 1722, ging dann nach Altenkirchen und 1729 nach Oberwambach und 1743 wieder nach Kroppach.

5. **Johann Georg Mauden** (1722—35), Arnold's Sohn zu Salchendorf, ehelicht am 11. November 1722 Anna Ursula, Johann Henrich Groos zu Kroppach Tochter, die ihm drei Söhne und drei Töchter gebar.
Vor seiner Hierherkunft stand er von 1715 bis 1716 als Schulbiener zu Altenseelbach und von 1717 bis 1719 zu Burbach. Im Jahre 1735 legte er das Schulamt nieder.

6. **Johann Henrich Beyer** (1735—43) wird im Kirchenbuche erwähnt.

7. **Johann Hermann Schurrius** (vom 4. März 1743 bis 2. November 1754) kommt zum zweitenmale hierher und wird als ein treuer Berufsmann geschildert. Er starb hier im 80. Lebensjahre.

8. **Johann Gerhard Schlosser** (vom 7. April 1755 bis 27. October 1780), gebürtig von Scheib, Kirchspiels Hamm; er war vorher, von 1744 an, Lehrer zu Hamm, ehelichte am 14. September 1759 Maria Dorothea, Tochter des Schulbieners Johann Jacob Pfeifer zu Marienberg, aus welcher Ehe ein Sohn, Johann Henrich, genannt wird.
Ihm wird das Lob eines gewissenhaften Lehrers ertheilt; er schloß seine irdische Laufbahn im Alter von 54 Jahren weniger zwei Monaten und nach 26 Jahren 2 Monaten seines Schuldienstes, am 27. October 1780.

9. **Johann Georg Ginsberg** (vom 16. Februar 1781 bis 1. Januar 1817) aus Altenseelbach, Kirchspiels Neunkirchen, Sohn des

18

bürtigen Amtsgeschwornen J. Henr. Ginsberg; er ehelicht am 8. Januar 1782 Maria Catharina, Tochter des Schultheißen Johann Friedrich Schmidt zu Oberwambach, welche am 7. August 1806, 43 Jahre 2 Monate 25 Tage alt, starb. Er wird als ein mit allen guten Eigenschaften eines Volksschullehrers ausgerüsteter Mann bezeichnet. An Entkräftung starb er am 22. Januar 1817, war 61 Jahre 11 Monate 13 Tage alt und 35 Jahre lang Präceptor gewesen.

10. **Johann Christian Schmidt** aus Herborn (vom 20. Febr. 1817 bis 6. Januar 1819) wurde im letzteren Jahre nach Habamar versetzt.

11. **Johann Wilhelm Sort** von Kirburg, gebürtig aus Wölferlingen (vom 20. Januar 1819 bis 3. Februar 1821), an welchem Tage er im Alter von 56 Jahren starb.

12. **Johann Ludwig Dönges** von Mudenbach, gebürtig aus Höchstenbach (vom 18. April 1821 bis 1836). Er wurde von der Behörde seines Dienstes entlassen.

13. **Johannes Reichmann** von Oberneißen, Amts Diez (vom 1. December 1836 bis 1. Januar 1845). Derselbe wurde unter dem zuletzt genannten Datum an die Schulstelle zu Edelsberg berufen und lebt gegenwärtig als Pensionär in Usingen.

14. **Heinrich Becker** von Naunstadt, Amts Usingen; gebürtig aus Fellerdilln, Amts Dillenburg (vom 1. Januar 1845 bis 1. Mai 1847). Er wurde von hier an die Elementarschule zu Wiesbaden berufen und ist später aus dem Schuldienste getreten. Jetzt ist er Bürgermeister in Schlangenbad.

15. **Johann Wilhelm Höhler** von Wissenbach, gebürtig aus Hofen, Amts Runkel (vom 1. December 1851 bis 1. October 1852). Dieser wurde hier abgesetzt und wohnt bei seiner Tochter in Wissenbach.

16. **Johann August Gross** von Niederhattert, gebürtig von Langenaubach, Amts Dillenburg (vom 1. October 1852 bis 1. April 1859). Er starb als Lehrer zu Alpenroth.

17. **Wilhelm Hendorf** von Wolfenhausen, gebürtig von Delsberg, Amts Nastätten (vom 15. Mai 1861 bis 1. April 1865) wurde nach Okristel, Amts Höchst, versetzt und ist jetzt erster Lehrer zu Singhofen.

18. **Heinrich Carl Heubel** vom Hof, gebürtig von Offdilln, Amts Dillenburg (seit dem 1. April 1865).

7. Die Pfarrgemeinde Marxain.

Das jetzt im Amte Selters liegende evangelische Pfarrdorf Marxain bildete mit dem dazu gehörigen Kirchspiele, unter dem Namen eines Bannes, eine eigene kleine Herrschaft, die schon um 1190 den Grafen von Sponheim zugehörte.

Diese kam 1277 mit Selters als Abfindung an den Grafen Heinrich von Sponheim, dessen Sohn Philipp sie 1318 mit dem genannten Dorfe an seinen Vetter, den Grafen Johann v. Sayn, abtrat.

Die Kirche zu Marxain war eine Filiale von Nordhofen. Als aber die Grafen von Wied in ihrem Gebiete, wozu auch Nordhofen gehörte, die reformirte Lehre einführten, trennte Graf Heinrich von Sayn, ein warmer Anhänger und Vertheidiger der Augsburgischen Confession, 1589 die Filialkirche Maxsain von Nordhofen, erhob sie zur eigenen Pfarrei und besetzte sie mit einem lutherischen Pfarrer. Wilhelm von Wied soll aus Haß gegen Sayn diese Kirche von Grund aus zerstört haben; sie soll aber später von Sayn größer und schöner wieder aufgebaut worden sein.

Zur Kirche Maxsain gehören jetzt die Filialdörfer Zürbach, Arnshöfen mit Etzelbach, Düringen, Elbingen, Ewighausen, Hahn mit Niederhahn, Kuhnhöfen, Niedersayn, Obersayn mit Haindorf und Kleinhaindorf, Sainerholz mit Weidenhahn. Die Dörfer Wölferlingen und Freilingen bilden eine Filialgemeinde von Maxsain.

Reihenfolge der reformirten Pfarrer zu Maxsain.

Sowohl die lutherischen Pfarrer von 1589 bis 1605, als auch die reformirten Prediger von 1605 bis 1616 können wegen Mangels an Nachrichten nicht mitgetheilt werden. Der erste reformirte Pfarrer, der genannt wird, ist

1. Jacob Künemundus (1615—20),

Sohn des Nicolaus Künemundus zu Eppenrod in Hessen, studirte zu Marburg, begiebt sich in den Ehestand als Prediger zu Maxsain am 12. October 1616 mit Agnes, Tochter des Stadtschreibers Henrich Sellio zu Hachenburg. Im Jahre 1620 wurde er nach Schöneberg vocirt, wo er bis 1636 fungirte.

Wer das Pfarramt von 1620—1627 bekleidet hat, ist uns nicht bekannt geworden. Dann aber wurde es besetzt mit

2. Johannes Corvinus (1627—32).
(Cfr. Pfarrverzeichniß Hachenburg.)

Wer seine Nachfolger gewesen sind, war nicht zu ermitteln. Der erste Pfarrer, welcher wieder erscheint, ist

3. Antonius Riesener (1667—94),

gebürtig von Herborn, woselbst er auch seinen theologischen Studien seit 1647 oblag. Er stand vorher seit 1659 als Pfarrer zu Nordhofen, wurde 1667 vom Consistorium zu Hachenburg zum Pfarrer nach Maxsain und Wölferlingen bestimmt, fungirte hier bis Februar 1694, wo er emeritirt wurde, starb zu Maxsain den 26. November (oder 6. Decbr.) 1694 im Alter von 68 Jahren 8 Monaten, und wurde in der Kirche begraben. Zum Nachfolger wurde sein Schwiegersohn benominirt:

4. Bernhard Matthai (1694—1708),

von Hessencassel gebürtig, trat im Februar 1694 die Pfarrstelle zu Maxsain an und wurde im September 1708 nach Cassel berufen.

5. Johann Caspar Gisberti (1708—57),

Sohn des Präceptors Gerhard Gisberti zu Schwerte in der Grafschaft Mark, studirte 1700 zu Herborn, wurde 1704 Rector an der lateinischen

18*

Schule zu Hachenburg, machte 1708 sein Examen auf der Canzlei da=
selbst und wurde im October e. a. nach Marsain vocirt, wo er bis
an sein Lebensende (49 Jahre lang) fungirte. Im Alter von 82 Jah=
ren legte er seinen Hirtenstab am 30. Juli 1758 nieder und ging ein
in die ewige Heimath. Seine irdischen Ueberreste fanden in der dorti=
gen Kirche ihre Ruhestatt.

Vom Juli 1757 bis Januar 1758 versieht die Stelle
ein Abjunct, dessen Hand im Kirchenbuche schon vom 9. Oc=
tober 1755 an ab und zu, vom 30. Juli 1757 an regel=
mäßig vorkommt.

6. Wilhelm Henrich Treviran (1758—63),

geboren zu Bicken, Amts Herborn. Sein Vater, Johann Gottfried,
war dort Pastor. Er studirte 1723 zu Herborn, machte 1743 vor dem
Consistorium zu Hachenburg sein Examen und erhielt in demselben Jahre
die Pfarrei Alpenroth, wo seine Inauguration am 24. März geschah.
Im Februar des Jahres 1758 wurde er an die Pfarrei Marsain be=
fördert. Hier starb er nach fünfjähriger Amtsführung am 12. April
1753 und wurde in der Kirche beerdigt.
Sein Successor war:

7. Wilhelm Elisa Hachenberg (1763—67),

geboren 1721 zu Flammersfeld, wo sein Vater, Georg Hermann Hachen=
berg, welcher daselbst am 27. Mai 1752, 73½ Jahre alt, starb, und wo
er 8 Jahre lang Hofkeller und 27 Jahre Richter gewesen war.
Er studirte 1741 zu Herborn, kam, nachdem er sein Examen bestan=
den, 1745 an die Pfarrei Roßbach, wo er ordinirt wurde, und ging
am 2. November 1763 als Pfarrer nach Marsain. Nach kurzem Wirken
schied er am 3. Mai 1767, 46 Jahre alt, aus diesem Leben und hinter=
ließ seine Wittwe Maria Sibilla, die ihm noch nach seinem Tode, am
25. December 1767, eine Tochter (Charlotte Margarethe Wilhelmine)
gebar.

8. Wilhelm Jacob Cäsar (1767—1808)

war der letzte Pfarrer, der von Hachenburg angestellt wurde. Er war
am 17. Februar 1735 zu Bendorf geboren, studirte 1754 zu Herborn.
Nach bestandenem Examen berief ihn das Consistorium zu Hachenburg
als Pfarrer nach Alpenroth, wo seine Introduction am 25. Juni 1762
geschah. Er folgte nach fünfjähriger Amtsführung dem Rufe als Pfarrer
und Inspector nach Marsain und trat sein Amt im Mai 1767 an. Er
starb nach 47jähriger Führung des Pfarramtes, von denen er 6 Jahre
zu Alpenroth und 41 Jahre zu Marsain gewirkt, im Alter von 73 Jah=
ren 10 Monaten, am 17. December 1808 und kam mit seiner Gattin,
die drei Tage später starb, in Ein Grab.
Ihm folgte im Pfarramte sein Sohn:

9. Jacob Cäsar (1808—43),

geboren zu Marsain; er war erst seit dem 7. Juni 1801 Abjunct bei
seinem Vater, dann nach dessen Tode 1808 Pfarrer hierselbst und fun=
girte hier bis zu seiner Emeritirung im Jahre 1843. Er starb am
19. August 1849 im Alter von 79 Jahren. Er war der erste Pfarrer,
der von Neuwied angestellt wurde.

Die Pfarrstelle wurde nun eine Zeit lang durch Vica=
rien verwaltet.

a) Pfarrvicar Carl Julius Cäsar (1843—45), Sohn des
Vorigen; geboren am 29. Juni 1810 zu Marsain, besuchte seit Ostern

1832 das Seminar Herborn, machte sein Staats=Examen zu Wiesbaden, wurde 1838 Vicar zu Dreifelden, dann 1843 als Vicar zu Marsain angestellt und erhielt 1845 die Pfarrei Blessenbach, Amts Runkel.

b) Pfarrvicar **Conrad Wilhelm Jacob Ernst Mügge** (1846 bis 1848), geboren zu Göttingen den 17. September 1819; er studirte in seiner Vaterstadt, besuchte im Herbst 1844 das Seminar zu Herborn, bestand 1845 sein Staats=Examen zu Wiesbaden, wurde 1846 als Vicar nach Marsain dirigirt, kam 1848 in gleicher Eigenschaft nach Freirach=dorf, wo er 1852 zum Pfarrer daselbst ernannt wurde; seit 1858 fungirt er als Pfarrer zu Münster, Amts Runkel.

c) Pfarrvicar **Wilhem Schüler** (1848—49), geboren zu Darmstadt den 9. April 1823; angestellt als Vicar zu Marsain 1848, ging 1849 als Vicar nach Dreifelden, kam 1854 als Pfarrer nach Altenkirchen, Amts Weilburg, und 1864 in gleicher Eigenschaft nach Laufelben, Decanats Langenschwalbach.

10. Carl Wilhelm Held, Pfarrer, (1849—64)

aus Rückerob, geboren zu Grenzhausen den 15. April 1813, besuchte das Gymnasium zu Weilburg 3½ Jahre lang, machte Ostern 1833 seine Maturitäts=Prüfung, studirte vom October 1833 ein Jahr lang zu Marburg und vollendete seine Studien der Theologie vom October 1834 bis dahin 1835 zu Bonn, besuchte Ostern 1835 das Seminar zu Herborn und machte 1836 sein Staats=Examen zu Wiesbaden.

Als Vicar nach Freirachdorf vocirt, wurde er am Himmelfahrtstage 1840 durch den Decan Schröber von Rückerob, unter Assistenz der Pfarrer Cäsar von Marsain und Menke von Roßbach, ordinirt, wo er zugleich seine Antrittspredigt als Vicar daselbst hielt; kam 1846 nach Walsdorf als Pfarrer, 1849 nach Marsain, wo er 1862 Decanats=Verwalter und 1864 Decan wurde, und im Januar 1865 nach Norbhofen.

11. Friedrich Alex. Ernst Vömel,

seit dem 1. Januar 1865 Pfarrer zu Marsain, wo er am Sonntage Sexagesimae (19. Februar) durch den Decan Held von Norbhofen nach gehaltener Antrittspredigt über die Epistel 2. Cor. 12, 1—10, eingeführt wurde.

Pfarrer Vömel ist ein Urenkel Jung-Stillings, von dessen ältester Tochter Johanna, und ein Enkel von deren Mann, dem berühmten Ethiker und Pädagogen Friedrich Heinrich Christian Schwarz, Professor in Heidelberg, und ein Sohn des durch die Editionen des Demosthenes bekannten, 1868 verstorbenen Dr. theol. und phil. Johann Theodor Vömel, emeritirten Gymnasial=Directors zu Frankfurt a. M.; er ward geboren den 24. März 1828 daselbst, durchlief die Classen des Gymnasiums seiner Vaterstadt, absolvirte es mit 18 Jahren, besuchte am 7. August 1848 die Universität zu Erlangen und von 1848 bis 1850 bis zu Berlin, machte, nachdem er durch Bekleidung von Erziehungsstellen in den Häusern des Barons Le Fort, des Generals v. Willisen und des Grafen Baudissin seine Neigung zur Pädagogik mehr ausgebildet hatte, im Herbst 1851 sein theologisches Examen zu Wiesbaden, wurde daselbst am 21. December 1851 ordinirt, vicarirte Januar 1852 zu Marienberg, April bis Juni e. a. zu Oberroßbach bei Dillenburg, Juli 1852 bis 1853 Caplan in Höchst, 1853 Pfarrverwalter in Caub, 1854 bis Ende 1858 Caplan in Runkel, 1859 bis Ende 1864 Pfarrer in Freirachdorf, 1865 Pfarrer in Marsain. Seine schriftstellerischen Arbeiten, besonders seine Kinder= und Volkserzählungen unter dem anonymen Namen Ernst Haltaus, begann er schon als Student in Berlin 1855 mit 22 Jahren. Zu diesen Kinderschriften sind später hinzugekommen: „Kleine Plaudereien" (Stuttgart, R. Chelius), „Volks= und Jugendſchriften" (Stuttgart, Chr. Belſer), „Das Kriegsbuch von 1870/71" (4 Bändchen).

8. Die Pfarrgemeinde Nordhofen.

Die Pfarrgemeinde Nordhofen gehörte urſprünglich zum Banne Marſain, kam aber ſpäter an Iſenburg=Wied. Wilhelm I. erwirkte beim Kaiſer Karl IV. die Erlaubniß, aus dieſem Dorfe eine Stadt zu machen. Jedoch wurde von dieſer Genehmigung kein Gebrauch gemacht.

Die hieſige Pfarrkirche beſtand ſchon 1259. Ihr Kirchengebiet umſchloß ehedem den ganzen Bann Marſain, jetzt aber nur die Territorien der Dorfſchaften Nordhofen, Ellenhauſen, Helferskirchen und Niederndorf, Mogendorf, Oberhaid, Quirnbach, Seſſenhauſen und Vilbach.

Der Kirchenſatz und Zehnte gehörte Naſſau=Dillenburg, welches die Adeligen von Limbach ſchon 1377 damit belehnt hatte. Nach dem Ausſterben dieſer Familie 1581 verkaufte Naſſau das heimgefallene Lehen, wozu auch der Hof mit einem Hubengerichte in Vilbach gehörte, 1585 an Wied, dem es auch den Kirchenſatz gegen den zu Lahr bei Ellar vertauſchte.

Johann IV. von Wied führte in ſeiner Grafſchaft und ſo auch bei dieſer Gemeinde 1556 die evangeliſche Kirchenverfaſſung ein und ließ zu dem Ende im nämlichen Jahre am 8. Februar eine Kirchen=Viſitation abhalten. Der hieſige Kirchendiener Martin verſprach, ſich nach der Augsburgiſchen Confeſſion recht zu halten. Viſitatoren waren: Der Wied'ſche Amtmann Wilhelm v. Waldmannshauſen, Leonhard Wagner, Inſpector zu Siegen; Johann Alsdorf, Caplan in Wied, Heinrich Bettſchaft zu Heddersdorf und Andreas Hemann.

Auf der Synode zu Oberhonnefeld 1564 wurde das Wallfahren, Wahrſagen und die Meſſe verboten.

Später, gegen 1572, wurden die Meßgewänder an den Wied'ſchen Keller Wilhelm zu Dierdorf abgeliefert.

Die reformirte Lehre fand hier, wie in der ganzen Grafſchaft Wied, gegen das Jahr 1589 Eingang.

Pfarrer waren hier:

1. Martin N. (von 1556 bis 1564),

katholiſch, wollte ſich aber nach der Augsburgiſchen Confeſſion richten.

2. Jacob Schenkelberg (1565—1618)

wurde von dem Wied'ſchen Vaſallen Johann Mant von Limpach präſentirt. Das Erzſtift Trier ließ ihn im folgenden Jahre durch das Archidiaconat Dietkirchen beſtätigen.

3. **Wilhelm Knopäus** (1618—1658).

1620. 1625.

4. **Antonius Riesener** (1659—67).
(Cfr. Verzeichniß Marfain Nr. 3.)

5. **Johannes Fröhlich von Herborn** (1667—85),

des Johannes Sohn von Herborn; studirte daselbst 1655, kommt 1660 als Pfarrer zu Grenzhausen vor und war darnach Pfarrer zu Alsbach, von wo er nach fünfjähriger Wahrnehmung des dortigen Seelsorgeramtes nach Norbhofen berufen wurde; 1685 kam er nach Freirachdorf und ging 1720 Alters halber zu einer Tochter nach Selters, wo er am 27. October 1726 starb.

6. **Johann Henrich Arndorf** (1685—90),

von Siegen gebürtig, ging nach Hachenburg.
(Cfr. Verzeichniß Hachenburg Nr. 16.)

7. **Friedrich Trauen** (1690—1708),

des Ehren Caspar Trauen, past. prim. in Altenkirchen, Sohn; geboren zu Hebbesdorf, studirte 1682 zu Herborn, wird 1690 Pfarrer zu Norbhofen und am Sonntage vor Himmelfahrt eingeführt, ging am 26. Febr. 1708 als Pfarrer nach Hebbesdorf. Er verehelichte sich als Pfarrer zu Norbhofen am 30. April 1691 mit Veronica, Tochter des gewesenen Gerichtsschöffen des Kirchspiels Alsbach, Johannes Hilarius Lymbach.

8. **Johannes Ströh** (1708—11),

gebürtig von Bilbach, war vorher Pfarrer zu Anhausen. Er starb am 25. März 1711.

9. **Georg Wilhelm Höcker** (1711—17),

kam als Pfarrer nach Feldkirchen.

10. **Johann Friederich Defevre** (1717—42)

kam im März 1717 nach Norbhofen und ging 1742 nach Neuwied, wo er das Predigamt bis 1747 wahrnahm.

11. **Johann Friedrich Held** (1743—63),

Großvater von Nr. 14; starb im Alter von 44 Jahren am 8. Juli 1762 zu Norbhofen, war gebürtig aus dem Bergischen oder Berleburgischen.

12. **Johann Philipp Melsbach** (1763—76)

kam als Pfarrer nach Feldkirchen.

13. **Jacob Remy** (1776—1800)

kam von Dreifelden, wo er neun Jahre Pfarrer war, endigte sein Leben durch einen unglücklichen Schuß, der ihm bei einer zur Ehre des Fürsten veranstalteten Feierlichkeit das Herz verletzt hatte.

14. **Emil Ludwig Philipp Schröder** (1800—12)

von Göttingen, kam nach Hachenburg.
(Cfr. Verzeichniß Hachenburg.)

15. **Friedrich Preußer** (1812—40)

wird 1822 Schul-Inspector, dann Decanats-Verwalter und 1835 Decan, wird 1840 als Pfarrer und Decan nach Runkel versetzt; 1839 erhielt er die Würde eines Kirchenrathes. Er starb am 29. Januar 1845.

16. Carl Steinhauer (1840—63).

Dieser wurde zuerst angestellt als zweiter Pfarrer in Dierdorf, dann in Neuwied, darauf 1833 als Pfarrer zu Alsbach und kam 1840 nach Norbhofen, wo er 1864 starb.

17. Friedrich Endres, Pfarrvicar (1864—66),

geboren den 13. August 1838 zu Bicken; besuchte das Seminar Herborn 1861, war 1863 Pfarrvicar zu Allendorf, 1864 zu Norbhofen und 1866 Caplan zu Runkel.

18. Carl Wilhelm Held

aus Rückerob, seit 1865 Decan.

(Cfr. Verzeichniß Marxain Nr. 10.)

9. Die Pfarrgemeinde Roßbach.

Der Pfarrort Roßbach liegt in einem versteckten Seiten-thale des westlichen Abhanges des Westerwaldes unweit der Heerstraße zwischen Dierdorf und Altenkirchen und schmolz im dreißigjährigen Kriege von 33 auf 7 Häuser zusammen.

Späterhin, als sich das Dorf wieder erweiterte, wurde es in Ober- und Niederroßbach geschieden.

Roßbach war eine alte Vogtei. Wilhelm I. von Isen-burg-Wied verpfändete das Dorf und Gericht im Jahre 1360 an den Grafen Johann v. Sayn, welcher auch die darin gelegenen Höfe, Mühlen und Zehnten von den Adeligen von Helfenstein und Geißlar erblich erkauft hatte und diese grundherrlichen Rechte und Zehnten nach dem Tode Arnold's von Geißlar um das Jahr 1460 in Besitz nahm.

In einer um das Jahr 1462 darüber entstandenen Fehde mit Gerlach von Breitbach und Johann Meffart von Heidesdorf umlagerte Letzterer die alte Mutterkirche des Dorfes, auf dessen Thurm sich alle Bewohner mit dem Vogte zurückgezogen hatten, und wollte sie anzünden; er zog erst nach erhaltener reicher Brandschatzung wieder ab.

Die auf einer kleinen Anhöhe liegende und dem St. Peter geweihte Kirche mit dem Thurme ist ein sehr altes Ge-bäude, welches nicht nur im dreißigjährigen Kriege, son-dern auch durch die Franzosen in den Jahren 1677 bis 1680 sehr beschädigt worden war. Sie bedurfte daher einer gänzlichen Wiederherstellung. Diese wurde später vorgenom-men, als die Landesherrschaft der Gemeinde die Abhaltung einer Collecte inner- und außerhalb des Landes bewilligt hatte. Es wurde so viel zusammengebracht, daß 1731 die Kirche und 1733 der Thurm in baulichen Zustand gesetzt werden konnte.

Der Thurm hat zwei Glocken: Die Bet- oder Friedens-
glocke, gegossen 1370, hat fast 10 Fuß Umfang, ist rauh
und ohne Zierrath, hat am oberen Rande in zweizölligen
gothischen Buchstaben die Umschrift:

O rex gloriae veni cum pace.
Ave Maria.

Die Sturm-, Wetter- und Feuerglocke, 9 Fuß im Umfange, hat die Umschrift in gothischer Schrift und in deut-
scher Sprache:

Katharina.
heissen. ich. alle. bösse. Weder. vertrieben. ich.
1450.

Die Canzel soll um das Jahr 1681 neu angefertigt
worden sein.

Ein neue Taufschüssel und Kanne erhielt die dortige
Gemeinde als Geschenk am 20. August 1745 von Georg
Hermann Hachenberg, einem Vetter des damaligen Pfarrers
Hachenberg.

Die Kirchenbücher sind 1717 von dem Pfarrer Leucker
angelegt und begonnen, und der Kirchmeister bringt solches
mit der Bemerkung in Ausgabe: „Weilen bisher kein Taufbuch bei der Kirch gewesen, hat man eines bei Weigand
Lepper, Buchbinder zu Oberdreiß, machen lassen, kostet 1 fl.
5 Albus 1½ Heller."

Das längliche, mit Stroh gedeckte Pfarrhaus steht an
der Straße und soll im Jahre 1696 als ein altes Gebäude zum Pfarrhause angekauft und eingerichtet sein.

Die Reformation ist hier durch den Grafen Adolph
gegen 1560 eingeführt. Die Gemeinde war bis 1606
lutherisch und wurde dann reformirt.

Folgende reformirte Geistliche
sind hier angestellt gewesen:

Während der Dienstführung des lutherischen Pfarrers

1. Laurentius Ellen,

welcher in dem Hachenburger Taufbuche 1604 erwähnt wird, wurde die
reformirte Lehre eingeführt.

Er wandte sich diesem Bekenntnisse zu und bewirkte dessen Einführung bei dieser Gemeinde, denn er wird in einem Hachenburger Verzeichnisse als reformirter Prediger aufgeführt. Wie lange er hier als
Pfarrer gewirkt hat, ist aus jenem Verzeichnisse nicht zu entnehmen,
vermuthlich aber bis zum Jahre 1619.

2. Georg Henkelius (1619—22),

gebürtig aus Homburg in Hessen, des Stoffel's Sohn, studirte 1616 zu
Herborn, verheirathete sich nach dem Ehebuche zu Hirzenhain als Diener

am Worte Gottes zu Roßbach, Grafschaft Sayn, mit Anna Els, Daniel Pielen zu Hirzenhain Tochter, und wird am 6. Februar 1620 kirchlich eingesegnet.

3. Jacob Brasius (1622—27).

Siegen war sein Geburtsort. Sein Vater gleichen Namens war zuletzt von 1612—21 Pfarrer und Inspector zu Altenkirchen. Brasius junior studirte 1616 zu Herborn, wurde 1620 als Caplan zu Altenkirchen angestellt, ist daselbst verheirathet und läßt am 5. August 1621 einen Sohn taufen, welchem der Name Wilhelm beigelegt wird; 1622 geht er an die Pfarrei Roßbach, wo er bis 1627 fungirte.

4. Hermann Pithahn (1627—1634).
(Cfr. Pfarrei Schöneberg Nr. 4.)

5. Philipp Altgelt (1634—1637).
(Cfr. 1. Pf. Altenkirchen Nr. 4.)

6. Johann Georg Jillenius (1637—64).

7. Johann Hermann Altgelt (1664—1703),

geboren den 11. September 1644 zu Altenkirchen, wo sein Vater, Philipp, erster Pfarrer war; studirte zu Gießen, wurde 1664 an die Pfarrei Roßbach versetzt, von wo er im Jahre 1703 als Prediger und Inspector nach Tierdorf berufen wurde. Hier starb er am 2. November 1705.

Er hat in zwei Ehen gelebt, zuerst seit 1668 mit Thimothea Cramer, welcher Ehe acht Kinder entsprossen, und dann als Pfarrer zu Roßbach seit dem 1. December 1683 mit Eleonore Sophie, Tochter des gewesenen Geheimschreibers Balthasar Pistor zu Altenkirchen, welche 1707 starb. Auch diese Ehe war mit acht Kindern gesegnet.

8. Johann Henrich Faber (1703—17),

aus Diez gebürtig; er studirte 1689 zu Herborn, erhielt 1703 die Pfarrei Roßbach, welche er bis zu seinem Tode im Jahre 1717 versah. Seine Tochter M. Elisabeth ehelichte am 29. August 1730 Georg Ernst Freudenberg, Chirurg zu Hachenburg.

9. Johann Theodor Leucker (1717—22),
(Cfr. Pfarrverzeichniß Mehren Nr. 11.)

10. Conrad Wilhelm Prollius (1722—27).

Derselbe wurde zuerst angestellt bei der Gemeinde Mehren als Prediger, dann 1722 bei der Gemeinde Roßbach, wo er am 10. December 1727 starb; er wurde dort begraben am 13. December. Text der Leichenrede war Apost. 20, 25—27. Seine Wittwe vermachte den Armen 10 Thaler. Er war in die Ehe getreten 1720 mit der Wittwe seines Vorgängers zu Mehren, Anna Sybille Barth, geborne Emelius, welche zu Höchstenbach bei ihrem Sohne im Alter von 74 Jahren 3 Monaten weniger 4 Tagen am 15. September 1757 starb und am 18. ejusd. in der Kirche beerdigt wurde.

11. Johannes Brücher aus Wilben (1727—45).
(Vide Neunkirchen Nr. 14.)

12. Wilhelm Elisa Hachenberg (1745—63).
(Vide Marsain Nr. 7.)

13. Johann Ludwig Barth (1763—68).
(Vide Alpenroth Nr. 18.)

14. Wilhelm Andreas Bauermeister (1768—79),

des Johann Jacob Bauermeister zu Neunkirchen, Diez'schen Archivars und Advocaten Sohn; geboren am 20. Juni 1727 zu Westernoh bei Rennerob, wo sein Vater zu der Zeit bei dem dasigen Gerichte advocirte; frequentirte das Gymnasium zu Duisburg, ließ sich am 2. Octbr. 1743 bei der dasigen Universität als stud. thool. immatrikuliren, ehelichte als Candidat der Theologie am 8. Mai 1760 Aleta Marie, des Gerhard Henrich Fabricius, Kauf= und Handelsmanns zu Duisburg, Tochter, welche aber bald starb; trat dann in die zweite Ehe mit Christine Philippine, des Pfarrers Joh. C. W. Rhodius zu Daaden Tochter, welche am 10. October 1794 als Wittwe bei ihrem Bruder, dem damaligen Pfarrer zu Roßbach, starb. Aus erster Ehe wird eine Tochter Marie Friederike Johanne, die 1764 zu Neunkirchen geboren ist, genannt.

Prediger Bauermeister machte 1767 sein Examen bei dem Consistorium zu Hachenburg, wurde dann zum Pfarrer nach Roßbach ernannt und am 28. Februar 1768 eingeführt, starb daselbst den 17. Februar 1779 und wurde am 20. ejusd. auf dem Kirchhofe beerdigt.

Die Stelle versah vom 2. März bis 21. November als Pfarrverwalter der

15. Hermann Christian Rhodius.
(Vide Nr. 18.)

Zum Pfarrer wurde benominirt:

16. Johann Ernst Wilhelm Balzer (1779—1791).
(Vide Flammersfeld Nr. 9.)

17. Hermann Christian Rhodius (1791—1810)
(vide Nr. 15)

kam zum zweiten Male hierher, und wurde am 22. Mai 1791 introducirt. Derselbe war ein Sohn des Pfarrers Ernst W. Rhodius zu Daaden, geboren daselbst den 18. Aug. 1753. Durch seinen Bruder wurde er so lange unterrichtet, bis er die Reise zur Universität hatte, bezog darauf die Hochschule zu Marburg 1774. Auf der Fürstl. Canzlei zu Altenkirchen von den Predigern des Landes examinirt, wurde er unter die Zahl der Pfarramtscandidaten aufgenommen und noch in demselben Jahre zu Altenkirchen ordinirt.

Er wurde am 22. Februar 1779 als Vicarius zu Roßbach angestellt, und dann am 22. November 1779 als Pfarrer zu Hamm introducirt, ging 1787 an die Pfarrei Kirburg und wurde hier am 9. December eingeführt. Nach 3½ Jahre langer Amtsführung folgte er 1791 dem Rufe als Pfarrer nach Roßbach und wurde am 22. Mai installirt. Am 1. Mai 1810 fand seine Einführung als Pfarrer bei der Gemeinde Niederdresselndorf statt und zwar durch den Inspector Gieße; er feierte hier am 22. Februar 1829 sein 50jähriges Amtsjubiläum, ließ sich am 21. Juli 1835 pensioniren und starb bei seiner Tochter in Siegen am 9. November 1837 im Alter von 82 Jahren 2 Monaten und 28 Tagen.

Als Pfarrer zu Roßbach gründete er am 13. Juli 1795 einen Hausstand mit Friederike Christiane Buhl, welche Ehe mit 7 Kindern gesegnet wurde, von denen noch 1 Sohn und 3 Töchter lebten.

18. Johann Friedrich Hecker (1810—1814),

geboren am 22. Juli 1763 zu Höchstenbach, wo sein Vater Joh. Abam damals Pfarrer war, studirte 1783. Nachdem er einige Jahre als Informator außer Landes beschäftigt gewesen war, kehrte er zum heimathlichen Herde zurück und machte 1793 sein Examen vor dem Hochfürstl. Consistorium, wurde ordinirt, erhielt die Vocation als Pfarrer nach Höchstenbach und wurde am 14. December 1794 introducirt.

In den Stand der Ehe begab er sich 1795 mit Amalie, Tochter des Hermann Hilseck und Christiane, Eheleute zu Limburg in Westphalen, welche Ehe mit 3 Söhnen und 3 Töchtern gesegnet war.

Nach 16jährigem Wirken folgte er dem Rufe an die Gemeinde Roßbach. Hier wurde er im Mai der Gemeinde öffentlich vorgestellt. Nur von kurzer Dauer war sein Wirken hierselbst. Schon nach vier Jahren, am 4. April 1814, schied er durch den Tod von seiner Gemeinde.

19. Friedrich Carl Molly (1815—17)

wurde 1817 seines Amtes entsetzt, erhielt Anstellung als Reallehrer zu Rastätten und wurde später Pfarrer einer Waldenser Gemeinde in Pinache (Würtemberg).

20. Wilhelm Flor (1818—23).

Derselbe ist geboren am 12. Januar 1793 in Wehrba bei Marburg in Churhessen, studirte in Marburg und wurde 1814 als Religionslehrer am Seminar zu Marburg angestellt, erhielt dann 1816 die Pfarrei Ackerbach in der churhessischen Catzenelnbogischen Grafschaft. Bald darauf wurde diese Grafschaft mit dem Herzogthum Nassau vereinigt und Pfarrer Flohr 1818 nach Roßbach bei Hachenburg versetzt. Von hier kam er am 1. Mai 1823 nach Eisenroth, und erhielt 1844 die Pfarrei Hadamar, von wo er 1845 an die Pfarrei Cronberg kam und 1842 Decan wurde.

Pfarreivacanz 1823—1829.

21. Pfarrer Carl Wilhelm Schulz zu Freirachdorf, Pfarrverwalter.

Derselbe ist geboren am 9. Mai 1801. Seine Eltern waren Joh. Justus Schulz und Elise Heur., geb. Tecklenburg.

Pfarrer Schulz besuchte das Pädagogium zu Herborn, 1817 die Universität Gießen, 1819 Marburg, im Herbste 1819 das Seminar zu Herborn, wurde 1820 Vicar zu Kirberg, 1821 Privatlehrer in Hachenburg, 1829 Pfarrer zu Grenzhausen, 1831 zu Weilmünster bei Weilburg Pfarrer und Schulinspector; 1836 zweiter Pfarrer in Wiesbaden, 1844 erster Pfarrer daselbst, seit 1842 Kirchenrath, Pfarrer und Decan, Mitglied der Prüfungs-Commission, endlich auch Dr. der Theologie von der Universität Gießen, gestorben am 4. April 1856. Von ihm sind 14 Bände Predigten erschienen, auch sonstige Bücher und kleinere Schriften.

Pfarreivacanz 1829—1830.

22. Maximilian Friedr. Schröder,

Pfarrer zu Freirachdorf, verwaltet die Pfarrei Roßbach mit.

Dieser ist der Sohn des Aem. Lud. Philipp Schröder, reformirten Predigers zu Hachenburg und dessen Gattin Marie Eleonore, geb. Schellenberg, geboren am 22. Juni 1802 zu Norbhofen, wo zu der Zeit sein Vater als Pfarrer stand, besuchte im Herbste 1826 das Seminar zu Herborn, ward Caplan zu Oberursel, 1829 Pfarrer in Freirachdorf, seit 1839 Pfarrer in Rückeroth, wurde 1853 Decan und 1862 Pfarrer und Decan in Schuppach.

23. Ferdinand Reinhard Brunn (1830—35),

geboren am 12. Juli 1798 zu Altenweilnau, Amts Usingen. Sein Vater war der dasige Pfarrer Joh. Conr. Brunn, seine Mutter Juliane Luise, geb. Blum. Nach beendigten Vorbereitungsstudien bezog er 1818 die Universität Jena, wo er bis 1821 theologische, philosophische und geschichtliche Vorlesungen hörte. Nach Beendung seiner Studien trat er eine Informatorstelle bei Pfarrer Hatzfeld in Neuenroth an, ward dann Pfarrvicar zu Herborn, dann 1830 Pfarrer zu Roßbach, dann 1835 Pfarrer zu Kirburg, von welcher letzteren Stelle er am 1. Febr. 1850 nach Driedorf versetzt wurde. 10 Jahre lang hatte er das Pfarramt daselbst gewissenhaft verwaltet, als ihn nach kurzem Krankenlager am 24. Decbr. 1860 der Tod zu einem bessern Leben abrief. Sein Begräbniß fand am 27. December statt.

24. Anton Wilhelm Jacob Menke (1835—49).

Er ist der dritte Sohn des Steuerbuchhalters Theobor Menke, geboren am 29. Februar 1804 zu Schwickershausen, wo sein Vater damals Hüttenverwalter und Gutsbesitzer war; besuchte die Friedrichsschule zu Wiesbaden und 1817 das Pädagogium daselbst, dann 1 Jahr das Pädagog in Dillenburg, bezog 1821 das Gymnasium zu Weilburg bis 1823, studirte darauf 2 Jahre zu Gießen, ging Ostern 1825 auf's Seminar Herborn, machte sein Examen am 4. October 1826 bei dem Decanatsverweser Dörr zu Haiger, trat dann eine Informatorstelle zu Idstein an, welche er bis Ostern 1830 wahrnahm, wurde durch Decret mit dem 1. October 1830 zum Vicar nach Breitscheid ernannt, hielt am 3. October seine Antrittspredigt über Römer 1, 11—12; hielt am 3. Oct. 1835 daselbst seine Abschiedspredigt über 1. Thessal. 2, 19—20 und ging, durch Decret vom 11. Mai 1835 ernannt, als Pfarrer nach Roßbach; kam 1849 nach Bicken und 1856 als erster Pfarrer und Decan nach Marienberg.

25. Franz Wilhelm Wagner (1849—63),

geboren zu Bärstadt, Amts Langenschwalbach, am 13. September 1804; bezog im Herbst 1828 das Seminar zu Herborn; wurde zuerst 1833 zum Vicar in Märzhausen ernannt, 1840 zum Pfarrer nach Eschborn, 1843 zum Pfarrer nach Oberroßbach, Amts Dillenburg; 1848 als Pfarrer nach Roßbach, Amts Hachenburg, wo er 1863 pensionirt wurde.

Pfarrvacanz von 1864—1865.

26. Verwalter Friedrich Alex. Ernst Bömel,

Pfarrer zu Freirachdorf. (Vide Marsain Nr. 11.)

Pfarrvacanz vom 1. Januar 1865 bis 1. Januar 1867.

27. Verwalter August Schröder,

Pfarrer in Freirachdorf; geboren den 12. Februar 1832 zu Rückeroth, war erst interimistischer Vicar zu Oberwesel 1856, dann 1861 Caplan in Runkel und 1865 Pfarrer zu Freirachdorf, von woher er die Pfarrei Roßbach mit versah.

28. Pfarrvicar Carl Robert Rötgen (seit dem 1. Januar 1867), gebürtig aus Tangermünde, Regierungsbezirk Magbeburg, Provinz Sachsen.

Der jetzige Pfarrvicar ist

29. P. Jschegge (seit 1869).

10. Die Pfarrgemeinden des Grundes Seel- und Burbach.

Der in die beiden Kirchspiele Burbach und Neunkirchen geschiedene und aus zwölf Dörfern und zwei adeligen Höfen bestehende Grund Seel- und Burbach, welcher auch wegen seiner Privilegien von den Umwohnern den Namen Freiengrund führt, und durch den kleinen Fluß Müschenbach in Ober- und Untergrund getheilt wird, unterlag seit grauer Vorzeit der Gesammtherrschaft von Nassau und Sayn, jedoch in gar eigenthümlicher Weise und unter stets wiederkehrenden Streitigkeiten in Ausübung der Hoheitsrechte, bis dieselben 1542 durch ein Austrägalgericht geschlichtet und endlich das Rechtsverhältniß im Grunde 1584 am 4. December durch den Burbacher Vertrag definitiv geregelt wurde.

Nach dem zu Dillenburg am 28. October 1543 gegebenen Abschiede, der zugleich alle zwei Jahre ein Visitations- oder Rügengericht, zwischen Burbach und Neunkirchen abwechselnd, abzuhalten verordnete, wurden noch in demselben Jahre zu Neunkirchen, Montag nach Martini, die Häuser des Freiengrundes unter beide Landesherren verloost, vertheilt und verbrieft, und zugleich festgesetzt, daß von nun an die saynischen Häuser saynisch und die nassauischen Häuser nassauisch bleiben, sowie die saynischen Unterthanen dem Gerichte zu Daaden und die nassauischen Unterthanen dem Gerichte zu Haiger folgen sollten. Die Jura besorgten späterhin im Freiengrunde zwei Gerichte, von denen das nassauische zu Burbach und das saynische zu Neunkirchen seinen Sitz hatte.

Zum ersteren Gerichte gehörten privative der Hickengrund, die ungemischten Dörfer Gilsbach und Würgendorf, sowie alle nassauischen Bewohner der gemischten Dörfer, und zum letzteren privative die rein saynischen Dörfer Alten-Seelbach und Struthütten und alle saynischen Bewohner der gemischten Dörfer.

In dieser eigenthümlichen Scheidung der Unterthanen lag der Quell aller nachherigen Zwistigkeiten und Mißhelligkeiten zwischen den beiderseitigen Landesherren, Beamten und Unterthanen, wie wir weiter sehen werden.

Ein besseres Verständniß über die eigenthümliche Vertheilung der Unterthanen und ihrer Häuser gewährt uns nachstehende Uebersicht, die nach amtlichen Listen aus verschiedenen Jahrhunderten zusammengestellt ist.

Häuser- und Einwohnerzahl des Freiengrundes.

Nr.	Ortschaften	Ar-noldi 1447 N.H.	Ar-noldi 1532 N.H.	Bur-bach 1589 Häus.	Allgen-Protocolle. 1698		1704		1706		1725		Bauer-meister 1739	1788	Amtmann Dunker 1810			1846	1850		1867		
					S.	H.	S.	H.	S.	H.	S.	H.	S.	S.	S.	H.	Seel.	H.	H.	Seel.	Häuser	Haushaltung	Seelen
1	Neunkirchen	21	17	—	30	17	32	17	32	17	37	19	55	45	45	27	489	94	96	675	113	138	798
2	Salchendorf	—	—	—	29	22	36	28	32	26	34	26	42	41	41	30	489	85	84	637	109	126	719
3	Altenseelbach	—	—	—	30	3	34	5	35	5	49	—	61	61	61	—	352	67	74	483	90	132	703
4	Struthütten	—	—	—	20	—	24	—	24	—	28	—	43	42	41	—	255	54	61	345	70	87	461
5	Burbach	20	48	48	5	55	6	65	6	65	10	65	10	10	10	71	585	110	112	789	125	185	900
6	Wahlbach	—	—	37	10	47	7	48	7	49	12	54	12	13	13	57	488	93	96	671	113	143	747
7	Wiederstein	—	—	20	10	8	13	10	13	11	13	13	15	15	15	14	195	38	40	294	50	61	331
8	Zeppenfeld	—	—	25	25	—	27	9	30	11	15	14	33	36	36	15	416	70	75	529	96	126	612
9	Wilden	—	—	15	3	21	4	23	4	23	31	9	12	13	13	31	318	54	56	413	75	85	457
10	Lippe	—	—	19	3	15	6	18	5	17	26	7	10	11	11	28	202	47	53	345	61	82	416
11	Gilsbach	—	—	24	—	26	—	28	—	27	20	39	—	—	—	57	332	62	64	369	65	65	350
12	Würgendorf	—	—	34	—	40	—	40	—	42	49	—	—	—	—	53	329	80	85	444	86	89	426
	Summa	41	65	222	161	264	189	291	188	292	227	321	293	287	286	383	4550	854	896	5994	1053	1319	6920

Anmerkung. N. H. = Nassauische Häuser; S. H. = Saynische Häuser.

Erst im Jahre 1815 am 4. Juli wurde der Unterschied zwischen Saynischen und Nassauischen Unterthanen aufgehoben und die beiden Aemter des Grundes nach Ortschaften dergestalt abgetheilt, daß das Amt Burbach die Dörfer des Obergrundes und das Amt Neunkirchen die sämmtlichen Ortschaften des Untergrundes in sich schloß. Letzteres Gericht wurde im Jahre 1824 mit dem Gerichte Burbach vereinigt. Ebenso hörte die Zweiherrschaft mit dem Jahre 1806, wo der Freie- und Hickengrund an das Herzogthum Nassau kam, auf.

In kirchlicher Beziehung gehörte der freie Grund zu dem weit ausgedehnten Parochialsprengel Haiger. Als sich der letztere im 12. Jahrhundert in viele Pfarrsprengel theilte, trennten sich auch die Bewohner des Freiengrundes von der Parochie Haiger und gründeten mit Genehmigung der erzbischöflichen Behörde zwei Pfarrgemeinden, die eine zu Burbach und die andere zu Neunkirchen.

Die geistliche Gerichtsbarkeit, so wie die Aufsicht über die Kirchen und deren Geistlichen ließ das Erzbisthum Trier, zu welchem die Kirchen des freien Grundes gehörten, durch das Archibiaconat Ditkirchen und Rural- oder Landcapitel Haiger bis zur Reformationszeit ausüben.

Die Collatur der Pfarreien Burbach und Neunkirchen besaß ursprünglich der Bischof von Worms. Dieser übertrug dieselbe als ein Lehen der reichen und angesehenen Adelsfamilie, den Gebrüdern Kolben von Wilnsdorf. Letztere übten dieses ihnen verliehene Recht hier, wie bei verschiedenen andern Pfarrkirchen, bis zum Erlöschen ihres Stammes im 16. Jahrhundert aus.

Die Reformation ist bei den Pfarrgemeinden des Freiengrundes durch den Grafen Wilhelm zu Nassau zu derselben Zeit als in den benachbarten nassauischen Ländern begründet worden und zwar im Neunkirchener Kirchspiele zuerst nur bei den dasigen nassauischen Unterthanen, denen sich aber bald die saynischen, dem Zuge und dem Geiste der damaligen Zeit folgend, anschlossen.

So finden wir schon um das Jahr 1550 einen lutherischen Geistlichen zu Neunkirchen, welcher 1556 angewiesen wird, den Conventen der Siegener Classe beizuwohnen, welche Beiwohnung noch einmal, den 2. Juli 1612, eingeschärft wird.

Graf Wilhelm von Nassau nahm bei der Einführung der lutherischen Lehre auch zu Neunkirchen, wie bei allen Kirchen seiner Grafschaft, die geistliche Gerichtsbarkeit und Collatur der Pfarrkirche an sich, obgleich er letztere so lange die Kolben von Wilnsdorf noch lebten, auch durch diese ausüben ließ.

Als aber auch der Graf zu Sayn um das Jahr 1560 sich von der alten Kirche losgesagt, sich der lutherischen Lehre zugewandt und diese in seiner Grafschaft eingeführt hatte, verlangte er von Nassau gleichen Antheil an der geistlichen Gerichtsbarkeit und an der Collatur der Pfarrkirchen im Grunde Seel- und Burbach.

Da Nassau sich seines bisher gehabten Rechts und Gewohnde nicht begeben wollte, entstanden bittere Zwistigkeiten zwischen beiden Landesherren.

Während dieses Collaturstreites führte Nassau in seinen Landesgebieten die reformirte Lehre ein. In derselben Zeit trennte Graf Heinrich IV. von Sayn das rein saynische Dorf Struthütte von der Kirche zu Neunkirchen und pfarrte es nach Daaden ein, vielleicht aus keinem anderen Grunde, als um dieses Dorf vor den Einflüssen Nassau's und seiner zweiten Reformation zu sichern, denn Graf Heinrich war von ganzem Herzen der lutherischen Lehre zugethan; wenn er nicht schon jetzt die Absicht hatte, das Dorf Struthütte aus dem Freiengrund eximiren zu wollen, was er vielleicht durch jene Umpfarrung eher zu erreichen gedachte.

Es sei nun wie es wolle, die Umpfarrung mußte auf jeden Fall den Eingesessenen dieses Dorfes unlieb sein. Um aber die erbitterten Gemüther zu beschwichtigen, wurde ihnen gestattet, nach wie vor ihre Todten nach Neunkirchen zu beerdigen und dort auch Kinder taufen zu lassen. Wenigstens ist es nur so erklärlich, daß das Dorf Struthütte bis zum Jahre 1827, in welchem es sich in der Nähe des Dorfes einen eigenen Todtenhof anlegte, die Abgeschiedenen auf den Kirchhof zu Neunkirchen begraben und bis 1842 die Gebornen hier taufen und beide in die dortigen Kirchenbücher eintragen lassen durfte.

Die Beendigung des Collaturstreites bewirkte erst der sogenannte Burbacher Vertrag vom 4. December 1584, in welchem das kirchliche Rechtsverhältniß dahin regulirt ward, daß fernerhin Nassau die Pfarrei Burbach und Sayn die Pfarrei Neunkirchen besetzen sollte.

Wörtlich heißt der betreffende Passus dieses Vertrages also: „Anfänglich, dieweyl in dem ganzen Grund Seelbach zwei unterscheidende Kirchspiele, eines zu Burgpach und das andere zu Neunkirchen seind, daß biß uff fernerer Vergleichung, wollermeldeter Unser Vetter zu Nassau die jetzt vacirende Pfarr zu Burgpach alsobald hiefüro und hiergegen auch wollermeldeter vetter von Sayn 2c. die Pfarr

19

zu Neunkirchen, so oft sich der Fall zudragen wird, ohne Zuthun und Verhinderung des andern, mit frommen und tüchtigen Kirchendienern zu versehen und zu bestellen haben. Doch soll beider Seits Unterdanen, dieweil des heyligen Nachtmals halben ungleicher verstandt fürfelt, freistehen und erlaubt seyn, entweder zu Burgbach oder Neunkirchen das heilige Nachtmal zu halten, ohne Verhinderung beider Herrn, damit niemands in dene und sonst andern seines gewissen halben beschwert werden möge."

Die am Ende dieses Vertrages ausgesprochene Freistellung des Ortes, an welchem die Eingesessenen der beiden Kirchsprengel das heilige Mahl genießen wollten, war um so nothwendiger, da bereits im Jahre 1584 im Mai der Pfarrer und spätere Professor Jodocus Naum zu Burbach bei seiner Gemeinde mit der Einführung der reformirten Lehre begonnen hatte; damit diejenigen Unterthanen, welche bei der lutherischen Confession verblieben, das heilige Abendmahl nach ihrem Ritus in der lutherischen Kirche zu Neunkirchen und etwaige Reformirte des Kirchspiels Neunkirchen dasselbe zu Burbach halten könnten.

Der Graf Heinrich von Sayn proponirte, nach den einleitenden Verhandlungen dieses Vertrages, die Ortschaften Zeppenfeld, Wiederstein und Hellern, in welchen die Mehrzahl der Bewohner saynisch waren, von der Kirchengemeinde Burbach abzutrennen und sie nach Neunkirchen umzupfarren und den Ort Struthütte aus dem Grunde Seel- und Burbach zu eximiren, aber Nassau ging auf solche Propositionen nicht ein.

Obwohl nun nach oben genanntem Vertrage das Recht der Collatur der Pfarreien im Freiengrunde genau bestimmt war, so verlangte doch Nassau seit 1606, wo der Pfarrer Vigelius im Auftrage von Sayn sich zu Dillenburg hatte in Pflichten nehmen lassen, daß jeder neu angestellte Geistliche zu Neunkirchen sich von Nassau bestätigen lassen sollte und verbot denjenigen Geistlichen, die solches unterließen, die Canzel. Dadurch fanden sich die nassauischen Kirchenglieder und ihre Beamten meistentheils veranlaßt, fast bei jeder Besetzung der dortigen Pfarrei Streitigkeiten hervorzurufen, die oft mit großer Erbitterung geführt wurden.

Bei der Neunkircher Gemeinde wurde im Jahre 1606 die lutherische Lehre mit der reformirten vertauscht. Obwohl sich in der Folge noch Lutheraner fanden, so durfte für dieselben, selbst in einem adeligen Hause, doch kein lutherischer Geistlicher fungiren.

Im Freiengrunde blieben namentlich die Adeligen zu Zeppenfeld der lutherischen Kirche getreu und ließen sich von Zeit zu Zeit den lutherischen Geistlichen von Daaden zur Abhaltung eines Privatgottesdienstes nach Zeppenfeld herüberkommen.

Die Prediger des Grundes veranlaßten, daß auf dem Rügetage 1725 von den beiderseitigen Deputirten verordnet wurde:

„Daß dem Herrn v. Seelbach, dem Jüngern zu Zeppenfeld, in seinem angemaßten exercitio religionis lutheranae privato, wobei sich, außer seinen Hausgenossen, viel fremd Gesindel einfinde, dermalen mit gehörigem Nachdruck zu begegnen und solches einzustellen sei; dem Pfarrer Reuther zu Daaden zu inhibiren, daß er in Gegenwart anderer, zu den Seelbach'schen Hausgenossen nicht gehörenden, zu predigen, sich nicht unterstehen solle."

Der schon am 31. October 1817 in dem angrenzenden Herzogthume Nassau allgemein bei allen evangelischen Kirchengemeinden und in Preußen nur bei einzelnen Gemeinden eingeführten Union zwischen lutherischen und reformirten Glaubensgenossen trat Burbach im Jahre 1824 und Neunkirchen im Jahre 1827 bei. Die sämmtlichen Gemeindeglieder des erstern Kirchspiels unterzeichneten die Unionsurkunde am 18. Juni, respective den 22. Juli 1824, und die des zweiten Kirchspiels am 8. Mai 1827.

In kirchlicher Beziehung führte seit dem achtzehnten Jahrhundert das nassauische und Hachenburger Consistorium die Oberaufsicht.

Dispensationen mußten von den Unterfaßen bei ihren Herrn nachgesucht und eingeholt werden; desgleichen Proclamationsscheine bei den betreffenden Consistorien.

Das Presbyterium jeder Gemeinde versammelte sich unter dem Vorsitze des Predigers auf jeden Bettag, der auf den ersten Mittwoch jedes Monats festgesetzt war, im Pfarrhause nach dem Gottesdienste, um über vorgefallene Gebrechen zu verhandeln und Unordnungen zu beseitigen. Jedes Dorf hatte seine Kirchenältesten, welche von saynischer und nassauischer Seite gewählt wurden. Nach der Verordnung vom 22. März 1745 sollte jedes zweiherrliche Dorf einen saynischen und einen nassauischen Kirchenältesten haben. Die Verhandlungen des Presbyteriums wurden protocollirt und mußten abschriftlich den Consistorien mitgetheilt werden.

Auch die Rügen- oder Visitationstage, die ordentlicher Weise alle zwei Jahre abwechselnd zu Burbach und Neun-

19*

kirchen von gemeinsamer Herrschaft abgehalten wurden, bezogen sich zum Theil auf die Disciplin, weßhalb die Geistlichen verpflichtet waren, solchen beizuwohnen.

Die Abnahme der Kirchenrechnungen erfolgte bei den jährlichen Visitationen, und geschah zuerst 1703, wo auch die Rechnungen von 1666—1703 gemeinschaftlich von den Beamten zu Burbach und Neunkirchen revidirt wurden.

1. Die Pfarrgemeinde Neunkirchen.

Der Sprengel der kleinen Parochie Neunkirchen umfaßte nach einem alten Protocolle von 1577, überschrieben: „Articuli probatarii in Sachen Nassau, Saarbrücken und v. Seelbach contra Nassau und Sayn" die nicht fern von einander liegenden Dorfschaften: Neunkirchen, Seelbach, Salchendorf, Struthütte und den Hof Hattenborn, item die Wilde uff derselben Seite des Wassers, und 1583 nach einem Extracte von demselben Jahre: Neunkirchen, Seelbach und Salchendorf, item die Wilde uff derselben Seite des Wassers. Es war also schon um das zuletzt genannte Jahr der Hof Hattenborn eingegangen und das Dorf Struthütte von Neunkirchen abgetrennt und nach Daaden umgepfarrt.

Die dortige, am Abhange des Kirchberges stehende Kirchspielskirche ist ein altes massives und mit Schiefer gedecktes Gebäude, welches mit seinem an der westlichen Seite befindlichen Thurme ein längliches Viereck bildet. Ihre Bauzeit fällt in die Zeit des dreißigjährigen Krieges unter der Dienstführung des Pfarrers Mansius; denn in dem Anhange zum dritten Theile des Weisthumes, pag. 26, wird unter dem 26. Mai 1631 der nöthige Kirchenbau zu Neunkirchen zu beaufsichtigen befohlen und den Kostenanschlag jeder Canzlei einzusenden. Der Bau mußte wohl in dieser schweren und armen Zeit nur schlecht und nothdürftig ausgeführt sein, denn schon im Jahre 1698 war eine umfassende Reparatur nothwendig. Eine neue Bedachung und ein gänzlicher Ausbau im Innern wurde vorgenommen.

Die Unterhaltung der Kirche liegt — nach dem Berichte des Amtmanns Dunker — den Kirchspielsgliedern ob. Die Baukosten werden vorab aus den Kirchenrenten bestritten. Wo diese nicht hinreichen, wurde das Erforderliche durch Ausschläge auf die Häuser erhoben, wie jetzt durch Umlage auf die Gemeinde nach Grund=, Classen= und Gebäudesteuer.

Nachdem im Jahre 1860 an die Langseite der Kirche, wo bis dahin die Canzel stand, eine neue Emporbühne angelegt worden war, hat im Jahre 1866 das sämmtliche

Holzwerk einen ordentlichen Anstrich erhalten. — Die Kirche erhielt im Jahre 1660 das erste Orgelwerk für 600 fl. Siegen'scher Währung. Bei der im Jahre 1698 stattgehabten Reparatur der Kirche wurde die Orgel abgenommen und das Pfeifenwerk, sowie der vierte Theil des Gehäuses zur Aufbewahrung in's Pfarrhaus, die Bälge aber und das übrige Gehäuse in das alte Schulgebäude gebracht.

Nach Wiederherstellung des Kirchengebäudes blieb einstweilen die Orgel unaufgestellt. Erst 1709 wurde sie erneuert und durch den Orgelbauer Elias Salvianer aufgestellt. Laut Contract kostete sie 187 Rthlr.

Der Kostenanschlag lautet also:

1. Eine neue Orgel . . . . 113 Thlr.
2. Versäumniß und Unkosten . . . . 40 „
3. Für einen Subbaß . . . . 25 „
4. Für einen neuen Balg . . . . 6 „
5. Trinkgelder beim Aufstellen . . . . 3 „

                       Summa 187 Thlr.

Dieses erneute Orgelwerk wurde 1709 probirt und revibirt und dabei 9½ Maaß Wein getrunken. Nach sieben Jahren erhielt die Orgel einen neuen Tremulanten und wurde durchgängig renovirt. Die Ausführung dieser Arbeiten übernahm am 10. Juli 1716 der Orgelbauer Caspar Kirchner für 80 Rthlr.

Weil dieses Orgelwerk nach 66 Jahren fast unbrauchbar geworden war, beschloß das Presbyterium den Neubau einer Orgel, welche durch die Orgelbauer Gebrüder Klein aus Freckhausen, im Kreise Walbbröhl, für 1000 Rthlr. gebaut und im Sommer 1775 aufgestellt wurde. Ihre Disposition ist:

A. Manual:

1. Principal 8 Fuß; 2. Großgedact 16 Fuß; 3. Viola di Gamba 8 Fuß; 4. Flauto d'amour 8 Fuß; 5. Gedact 8 Fuß; 6. Octave 4 Fuß; 7. Cornett 4 Fuß; 8. Sequialter 3 Fuß; 9. Octave 2 Fuß 10. Mixtur (4=chörig) 2 Fuß; 11. Vox humana 8 Fuß; 12. Trompete 8 Fuß.

B. Pedal:

13. Violoncello 8 Fuß; 14. Subbaß 16 Fuß; 15. Posaune 16 Fuß nebst Koppel und Schwebung.

Hinlänglichen Wind geben drei Spanbälge, welche frei neben der Orgel liegen.

Der Bälgentreterlohn bestand ehemals in 1½ Albus per Sonntag. 1730 wurde derselbe auf jährlich 2 Thlr. festgesetzt. Der Organist erhielt an Gehalt pro Jahr circa 30 Rthlr.

Der Thurm hat eine die Stunden und Viertelstunden schlagende Kirchenuhr und drei Kirchenglocken. Die Uhr

ist am 5. Juli 1743 an den Uhrmacher Johann Heinrich Jung zu Siegen verdungen und 1744 fertig aufgestellt
worden.

Die größte Glocke wiegt 815 Pfund, hat eine Höhe von
2 Fuß 7³/₄ Zoll, unten einen Durchmesser von 3 Fuß und
in der Mitte einen solchen von 2¹/₂ Fuß; sie ist im Jahre
1790 von Philipp Rinker zu Leun gegossen worden und
führt die Umschrift: „Soli deo gloria."

Die mittlere Glocke wiegt 608 Pfund, hat eine Höhe
von 2 Fuß und ¹/₈ Zoll und einen Durchmesser von 2 Fuß
6¹/₄ Zoll; sie ist von den Glockengießern W. und Ph. H.
Rinker, Vater und Sohn, 1834 gegossen worden und trägt
die Inschrift: „Ich rufe die Lebendigen und beklage die
Todten."

Die kleinste Glocke ist zu derselben Zeit und von denselben Meistern gegossen worden und hat ein Gewicht
von 352 Pfund. Der Durchmesser beträgt 2 Fuß 1 Zoll
und die Höhe 1 Fuß 8 Zoll. Die Inscription lautet:
„Harmonie ist meine Größe."

Der um die Kirche liegende Kirchhof, welcher inclusive
der Kirche einen Flächenraum von 176 Ruthen umschließt, dient seit dem Jahre 1829 nicht mehr als Be-
gräbnißort. In jenem Jahre, am 8. Februar, wurde der
von den Dorfschaften Neunkirchen und Salchendorf gemeinschaftlich angelegte Todtenhof durch den Pfarrer Kind eingeweiht. Auch der Todtenhof der Gemeinde Seelbach,
welchen dieselbe in der Nähe ihres Dorfes an dem Wege
nach Daaden angelegt hatte, erhielt seine Weihe am
2. Juli 1829 durch Pfarrer Kind. Struthütte hatte schon
zwei Jahre früher sich vom Kirchspielskirchhofe getrennt.
Die zu Neunkirchen gehörenden Gemeindeglieder zur Wilde
begruben ihre Todten seit dem Jahre 1717 auf dem in
demselben Jahre angelegten Todtenhofe zur Unterwilde.

Die Benutzung des alten Kirchhofes verblieb dem Küster
und Lehrer als Grasplatz.

Das neben der Kirche stehende Pfarrhaus ist unter der
Dienstführung des Predigers Cramer im Jahre 1698 neu
errichtet worden, also ein sehr altes Gebäude, dessen Haus-
und Hofraum 76 Ruthen 20 Fuß an Größe hat, ist auf
der einen Seite mit Stroh und auf der anderen mit
Schiefer gedeckt.

Die Pfarrei Neunkirchen verdankt ihr sämmtliches lie-
gendes Vermögen, einschließlich der vielen Lehngüter, sowie der dortigen Mahlmühle, dem Wohlthätigkeitssinne des
Grafen Dietrich von Sayn, welcher 1415 geboren und

1452 gestorben ist, und seiner Vorfahren. Namentlich schenkte Graf Gerhard I. (1378—1413) der Pfarrei die Mahlmühle.

Durch solche reichliche Schenkungen wurde die Pfarrei Neunkirchen eine der einträglichsten und besten nah und fern. Ihr Gesammt-Einkommen wird auf 1673 Thaler 29 Sgr. ²/₃ Pfg. gesetzt, möchte aber gegenwärtig, bei dem geringeren Pachtwerthe der Hauberge, niedriger anzuschlagen sein.

Von jedem Hause im Kirchspiele, jetzt 280 an der Zahl, müssen 4 Mesten Hafer geliefert werden. An Accidenzien:

1. Erbopfer 3 Thlr.
2. Beichtpfennig.
3. Taufe 1 Sgr.
4. Trauung 23 Sgr.
5. Dimmissorial-Schein 1 Thaler 3 Sgr. 4. Pfg.
6. Große Leichen 13 Sgr. 4 Pfg.
7. Kleine Leichen 6 Sgr. 8 Pfg.

Verzeichniß der Pfarrer.

Das nachstehende Pfarrverzeichniß ist zusammengestellt:

1. Nach einem Extracte aus den Original-Urkunden des Dillenburger Archivs und aus den beiden im Pfarr-Archive zu Neunkirchen befindlichen Documenten,

nämlich:

2. „Renthe und Zinße der Pfarr Neunkirchen, worin verzeichnet, weß dieselben an Gütern, gefällen und ein Kömten gehabt, als das Pabstthum abgeschafft und Evangelisch-Lutherische Lehre eingeführt worden, beschrieben durch Johannem Grymeum, zweiten Evangelischen Pastor in anno 1595", und

3. Extractus actorum, betreffend das Besetzungsrecht der Pfarrei Neunkirchen.

a. Lutherische Pfarrer.

Der erste lutherische Pfarrer war

1. Adam Volperhausen (1550—89),

gebürtig aus Siegen. Sein Successor nennt ihn den ersten evangelisch-lutherischen Pfarrer. Er soll 1556 an den durch die Kirchenordnung von Nassau bestimmten Conventen Theil nehmen. Unter seiner Amtirung ordnen der Graf Johann von Nassau und Sebastian von Sayn auf Freitag den 16. Juli 1570 für Burbach und Neunkirchen eine gemeine Kirchen- und Schulvisitation an, welche von den beiderseitigen Inspectoren in Gegenwart der Beamten des Grundes abgehalten wird. Pfarrer Volperhausen wird 1585 in dem Taufbuche zu Dillenburg als Taufzeuge genannt. Ein Adam Volperhausen, vielleicht ein Sohn von Nr. 1, war Lehrer in Siegen und Pfarrer in Oberfischbach.

Im Jahre 1589 wurde Pfarrer Volperhausen wegen Altersschwäche auf sein Ansuchen emeritirt und ist bald darauf gestorben.

Die Gebrüder Kolben von Wilnsdorf präsentirten alsbald:

2. **M. Johannes Grymeus oder Grimmaeus (1589—1605),**
einen gelehrten, frommen und aufrichtigen Mann. Er wurde hier im April 1589 in sein Pfarramt eingesetzt und eröffnete das Verzeichniß Nr. 2 (vide oben) mit folgendem Promemoria:

„Weilen mein Antecessor und erster evangelischer Pfarrer allhier, Adam Volperhausen selig, von den abziehenden katholischen Priestern keine gehörige Pfarrdocumente und Register erlangen können, so hat derselbe alle liegende Güter und Zinsen, als viel ihm möglich gewesen ausge= forscht und in ein ordentlich Verzeichniß gebracht, welchem ich bei meinem in Anno 1595 gehaltenen Verzeichniß gefolgt, wie diese Specification ausweisen wird. Actum auf heil. Petri Stuhlfeier anni praodicti. Joh. Grymeus m. p."

Bei der Einführung der reformirten Lehre entsetzte ihn der Graf Wilhelm zu Sayn-Wittgenstein 1605 seines Dienstes. Er wanderte von hier in die Grafschaft Mark, wo er zuerst in Unna auf kurze Zeit als Prediger fungirte und folgte dann dem Rufe zum ersten Prediger an die St. Petri=Gemeinde in Soest. Hier gab er nach 20jähriger treuer Amtsführung im Alter von 64 Jahren am 8. December 1627 der Welt valet.

In dem Pfarrverzeichniß von St. Petri heißt es von ihm: „Er war 1563 zu Medebach geboren und vor seiner hiesigen Anstellung pastor ecclesiae Neunkirchensis."

b. Reformirte Prediger.

Der erste in dieser Reihe ist:

3. **Petrus Vigelius (1605—26),**
gebürtig von Vallenbar. Er studirte 1596 zu Herborn und wird in der dortigen Studenten=Matrikel „Valentarianus" und einem späteren Zu= satze „pastor in Neunkirchen" genannt; war zuerst als Lehrer der latei= nischen Schule zu Wesel angestellt, und wird von dort durch den Grafen zu Sayn nach Neunkirchen vocirt, nachdem er eine Probepredigt zu Hachenburg gehalten hatte.

Auf sein Ansuchen vom 2. Juni wurde er am 3. Juni zu Dillen= burg auf dem Schlosse in Dr. Schorey's Gemach im Namen des Grafen Johann von Dr. Schorey und Inspector Johann Jacob Hermannus zu Herborn vorgenommen und bestätigt, nachdem Vigelius folgenden Revers ausgestellt hatte:

„Bekenne ich Petrus Vigelius, daß der Hoch= und Wohlgeborene Graf und Herr, Herr Johann der Aeltere, Graf zu Nassau, Catzenelbogen, Vianden und Diez, Herr zu Beilstein etc. mein gnädigster Herr auf mein, mit meines gnädigen Herrn Grafen Wilhelm, Grafen zu Sayn und Wittgenstein gnädige Verwilligung und Befehl geschehene unterthäniges Ansuchung, die Collation der Pfarr Neunkirchen als Collator und Mit= landesherr in Gnaden conferirt und zugelassen, verspreche ich hier mit, daß in Bedienung derselben als einer Getreuer Lehrer und Diener Christi geziemt und wohlanstehet, und wie ich es vor Christo unserm Herrn, durch Gottes Gnade und Hülfe auch zu verantworten, mich verhalten wolle.

Actum Dillenburg, den 3. Juni Anno 1606.
Urkund meiner eigenen Hand und Unterschrift:
Petrus Vigelius."

Vigelius bemerkt in dem Verzeichniß Nr. 2:

„Als ich in Anno 1613 auf St. Petersbag meine erste Verlehnung gethan, so bin ich bei der von meinen Antecessoren gethanenen und vom Herrn Grymeo mir überlieferten Lehnung geblieben, nur daß von denen Wittumshofgütern, deren Gebrauch mir zu sehr beschwerlich war, noch einige Felder und Wiesen aus den Händen gethan, und etlichen Leuten ad lucrifaciendos ipsorum animos in Brauch gegeben, und zwar die Felder um die 4. Garbe, die Wiesen aber um eine jährliche Geldrente, dabei ich ausdrücklich ausbedingt habe, daß wenn ich, oder mein Successor solche Güter wieder selbst gebrauchen wollte, sie, die Lehnträger, alsbald mit gutem Willen wieder davon abstehen sollten."

Von Pfarrer Vigelius Kindern werden genannt:

a) Hermann, geboren zu Cleve gegen 1601, studirte 1620 zu Herborn, war 1628 Caplan zu Hachenburg und 1632 Feld- und Hofprediger zu Dillenburg, wo er am 9. September 1653 starb.

b) Eine Tochter Agathe, starb bei ihrem Bruder zu Dillenburg am 13. Juli 1636.

c) Eine Tochter Margarethe, ehelicht 1627 Gottfried Kempfer, Cobau Kempfer's, Bürgers und Rathsverwandten zu Dillenburg Sohn.

Pfarrer Vigelius starb zu Neunkirchen im December 1626.

Der Graf Ludwig Henrich von Nassau benannte in einem Schreiben vom 28. Januar 1627 an Graf Ernst zu Sayn, Johann Stöver, Inspector und Oberprediger zu Siegen, der vom Grafen Johann dem Jüngern bei Einführung des Katholicismus von seinem dortigen Dienst vertrieben, zum Pastor nach Neunkirchen; aber Stöver nahm die Stelle nicht an, sondern ging als Pfarrer nach Emmerich.

Der Graf zu Sayn ernannte nach Neunkirchen den seit 1622 zu Hachenburg fungirenden Caplan:

4. Philipp Mansius (1627—36).

Er wurde im Frühjahre 1627 durch den Inspector Priester introducirt. Er wünschte die Bestätigung zu erhalten und schreibt dieserhalb am 14. Februar 1627 an den Rath Johannes Daum zu Dillenburg, daß derselbe es dahin lenken wolle, daß ihm auch die Bestätigung zu dieser Pfarrei zu Theil werde, mit der Zusage, daß er sich, nach erhaltener Antwort, persönlich zu Dillenburg stellen werde.

Pfarrer Mansius war zu Burbach geboren und ein Sohn des nassauischen Vogts Joachim Mansius und dessen Gattin Julie, einer Tochter des verstorbenen Burbacher Vogts Curt Fischer. In der Ehe lebte er mit Elisabeth, des Ehren Pfarrers und Inspectors Jacob Brasen zu Altenkirchen Tochter, die ihm, während der traurigen Zustände des dreißigjährigen Krieges, zu Siegen eine Tochter gebar, welche in der heiligen Taufe am 21. August 1634 den Namen Johannette erhielt.

In das Lagerbuch Nr. 2 schreibt Mansius unter dem 28. März 1632 wie folgt:

„Daß mein Antecessor Herr Pet. Vigelius vom Pfarrhof vorbemeldete Güter verlehnt, daran hat er sehr übel gethan, weil die Ausleihung Freunde, die Wiedereinziehung aber Verdruß und Feindschaft verursacht. Er hat es zwar gethan:

„1. weilen er und seine unvermögende Hausfrau die Güter nicht alle zu bauen Lust gehabt;

„2. weilen er damit die Gemüther gewinnen und ad amplectandam reformatam medium conversionis."

Nachdem Mansius die Güterverlehnung tadelt, schreibt er auf das folgende Blatt:

„Weilen mein Antecessor, Herr Petr. Vigelius, seinen Freunden vom Pfarrhaus so viel Stücker verlehnt, so habe ich mich ebenfalls dergleichen Rechts bedient und die große Pfarrwiese bei den Bilsenbäumen, welche vier große Wagen trägt und eine gute Grummetswiese ist, auch verlehnt und soll diese Verlehnung alle Jahr aufzukündigen jedem Theil freistehen."

Pfarrer Mansius starb zu Neunkirchen im Jahre 1636.

Nach dem Absterben des Pfarrers Mansius berichtet der Saynische Schultheiß zu Neunkirchen, Arnold Jäger, laut Urkunde 3 also:

„Weilen aber dieser Ort hoch von nöthen, daß einer, so ein gut Saynisches Herz und der Saynischen Sachen zugethan sei, kommen möchte, daran nit ein Geringes gelegen ꝛc."

Zuletzt bittet er im Namen des ganzen Kirchspiels, „sonderlich der Saynischen Unterthanen": „Weilen sie ein sehr großes Vertrauen zu des Petri Vigelii Sohn, Hermann Vigelius hätten, daß die Gräfin Luise Juliane diesen vor andern zu der erledigten Pfarre zu befördern und gnädigst damit geruhen möchte."

Diese Bitte ist indessen nicht gewährt worden, sondern zum Nachfolger wurde ernannt:

5. Ludwig Rosenstein (1636—40),

gebürtig von Flammersfeld und vermuthlich ein Sohn des dortigen Pfarrers Henrich Rosenstein, studirte 1621 zu Herborn, wurde 1625 als Pastor nach Almersbach berufen, von wo er 1636 als Prediger nach Neunkirchen vocirt wurde, fungirte daselbst bis 1640. Ueber seinen Tod oder Abgang findet sich keine Nachricht.

Mit Bezug auf Nr. 3 und 4 des Güterverzeichnisses erwähnte Verlehnung schrieb er 1638 folgende verständige Bemerkung nieder:

„Es hat mich sehr verwundert, daß Herr Philipps Herrn Petern wegen Verlehnung einiger Hauptstücke so sehr carpirt, und er doch selbst die schöne Wiese bei den Bilsenbäumen in andere Hände gesteckt, aber nichts geschieht ohne Ursache."

Gräfin Luise Juliane ernannte zu seinem Nachfolger:

6. Tobias Müller (1640—41),

gebürtig aus der Oberpfalz, war nur ein Jahr lang Pfarrer hier und nahm wegen Leibesschwachheit seine Demission; vorher war er seit 1631 Pfarrer in Köln und ging auch dorthin wieder zurück.

Es wurde nun der Dillenburger Hofprediger Hermann Vigelius berufen, aber dieser schlug die Stelle aus, und sie wurde besetzt mit

7. Johann Gottfried Pithan (1641—45).

Derselbe ist von Haiger gebürtig, studirte 1625 zu Herborn, wurde zuerst Caplan zu Haiger 1638, kam dann 1641 als Pfarrer nach Neunkirchen und wurde hier am 4. Juli introducirt, vertauschte diese Pfarre im Juni 1645 mit der zu Freudenberg und fungirte daselbst bis 1653, wo er unter dem 28. Juli e. a. die letzte Taufhandlung in's dortige Kirchenbuch einträgt. Wohin er versetzt wurde, ist nicht bekannt.

8. Johannes Irlen (1645—47)

ist von Siegen gebürtig und ein Bruder des Herborner Inspectors und Professors Johannes Irlen, welcher ihn in der Matricula Studiosorum Scholae Herbornensis „frater meus" nennt; er studirte 1628 zu Herborn, war seit 1639 Siegen'scher Hofprediger, wurde schon 1641 als Pfarrer nach Neunkirchen designirt, blieb aber auf Bitten der Nassauisch=Siegen'schen Gräfin in seiner bisherigen Stellung, bis er 1645, abermals dorthin ernannt, dem Rufe folgte. Der Graf Ludwig Henrich von Nassau ließ ihm am 27. August 1645 so lange die Kanzel verbieten, bis er sich um diese Pfarrei in Dillenburg beworben und von dort seine Ernennung erhalten hätte. Unter dem 29. August 1645 ertheilte Graf Christian zu Sayn=Wittgenstein, welcher seit 1643 die Grafschaft Altenkirchen und den freien Grund gewaltsam occupirt hatte, dem Pfarrer Irlen den Befehl, dem Inhibitorium seitens Nassau keine Folge zu leisten, bis Graf Christian mit dem Grafen von Dillenburg persönlich Rücksprache genommen hätte.

Der Pfarrer Irlen erklärte am 7. September o. a. in einem Schreiben an Johann Ludwig v. Langenbach, Amtmann zu Dillenburg, daß er lieber die Pfarrei Neunkirchen verlassen, als sich die Ungnade seines angebornen Landesherrn zuziehen wollte. Wahrscheinlich erhielt er von Nassau die Bestätigung, denn er blieb und starb daselbst nach zweijähriger Dienstführung im Anfange des Jahres 1647.

Sein Successor war:

9. Hupertus Sohnius (1647—57).

Er wurde im Februar 1647 von der Wittgensteiner Regierung zu Altenkirchen als Prediger nach Neunkirchen verordnet und hielt am ersten Sonntage nach dem 5. März desselben Jahres seine erste Predigt; obgleich der nassauische Vogt, Engelbert Beel zu Burbach, im Namen seiner Herrschaft dagegen protestirt hatte.

Sohnius war nach Vollendung seiner Studien auf der Canzlei zu Hachenburg geprüft worden und erhielt darauf 1643 die Pfarrei Birnbach und kam von hier 1647 nach Neunkirchen, wo er nach zehnjähriger treuer Führung des Seelsorgeramtes am 13. Mai 1657 starb und am 16. ejusd. mit einer Trauerpredigt des Burbacher Pfarrers Dilphius, welcher diesen Todesfall in den Burbacher Todten=Catalog eintrug, begraben wurde.

10. Johannes Sartorius (1657—62),

im Freiengrunde gewöhnlich der Langbart genannt. Dieser wurde vom Grafen Ludwig Albrecht zu Sayn=Wittgenstein mit Einwilligung des Grafen von Nassau nach Neunkirchen vocirt.

Er war der Sohn des Wilhelm Sartorius, Bürgers zu Herborn, geboren daselbst um das Jahr 1630, frequentirte das akademische Pädagogium zu Herborn, wo er auch 1650 studirte, wurde zuerst 1654 angestellt als Pastor der Gemeinde Mehren und ehelichte als solcher, nach dem Herborner Trauungsregister, im September 1655 Anna Catharina, Tochter des Saynischen Schultheißen Antonius Jäger zu Altenkirchen; wird 1655 Pfarrer zu Netphen und geht von dort 1657 als Pfarrer nach Neunkirchen.

Als er hier im April 1662 vom Herzoge Johann Georg von Sachsen=Eisenach wegen vieler Beschuldigungen seine Dienstentlassung erhielt, wandte er sich an den Grafen Ludwig Henrich zu Nassau=Dillenburg mit der Bitte, sich für ihn zu verwenden, daß er noch bis zu Ende dieses Jahres im Genusse seines Salärs bliebe. Der nassauische Graf that solches unter dem 21. April 1662, aber es wurde vom Herzoge de dato Friedewald den 24. April e. a. erwiedert, daß Pfarrer Sartor seine Demiſſion erhalten habe, „weilen er ſowohl der dasigen Gemeinde Aergerniſſe gegeben, als noch ſonſten in andern Dingen verbrochen habe." Graf Ludwig Henrich beförderte ihn an das erledigte Paſtorat Burbach, wo er in der Mitte des Jahres 1698 aus dieſer Welt ſchied.

11. Johann Wilhelm Cramer (1662—1711).

Pfarrer Cramer war geboren gegen 1636 zu Weierbuſch, Kirchſpiels Birnbach, ſtudirte 1657 zu Herborn. Nachdem derſelbe auf der Canzlei zu Altenkirchen ſein Examen beſtanden hatte und von ſeinen Examinatoren war ordinirt worden, vocirte ihn die Landesherrſchaft 1660 nach Birnbach; er folgte dann dem Rufe eines Predigers und Seelsorgers (1662) nach Neunkirchen, woſelbſt am 29. März e. a. ſeine Introduction ſtattfand. Von ſeiner Hand iſt im Jahre 1680 das älteſte Taufbuch angelegt. Nach dem Rügenprotocolle ſchaffte er 1683 die Lobwaſſer'ſchen Pſalmen ab und führte ein neues Geſangbuch ein. Auf Beſchwerde der Gemeinde mußten 1698 die Lobwaſſer'ſchen Geſänge wieder eingeführt werden.

Unter ſeiner Amtirung wurde das jetzige Pfarrhaus gebaut. Die Gemeinde beſchwert ſich, daß es zu koſtbar angefangen und „gegen 3 Rthlr. von jedem Kirchſpielskind nicht aufgebaut ſei."

Nach 42jähriger Wahrnehmung des Predigtamtes ſtellte ſich Altersſchwäche und Kränklichkeit ein, weßhalb er ſowohl, als auch die Gemeindeglieder 1703 um Anſtellung eines Adjuncten baten. Einige ſchlugen den Conrector zu Siegen, Johann Heinrich Schmidt, andere den Pfarrer Heerhauſen zu Hamm dazu vor, von welchen Erſterer 1704 ernannt wurde und bald ſein Amt antrat.

Pfarrer Cramer lebte noch 10 Jahre und ſegnete das Zeitliche im Jahre 1711 und zog ein in die ewigen Hütten des Friedens.

12. Johann Henrich Schmidt (1711—13)

war von Hilchenbach gebürtig. Er beſuchte zuerſt die lateiniſche Schule ſeiner Vaterſtadt, nahm dann 1686 an dem Unterrichte des akademiſchen Pädagogiums zu Herborn Theil und ſtudirte auch daſelbſt.

Ihm wurde nach vollendeten Studien zuerſt die Magiſter- und dann die Conrectorſtelle an der lateiniſchen Schule zu Siegen verliehen. Er folgte am 7. März 1705 dem Rufe der ſayniſchen Landesherrn, die ihn 1704 zum adjunctus cum spe succedendi des Pfarrers Cramer ernannt hatten, ehelichte daſelbſt 1706 Anna Lucretia, des genannten Pfarrers Cramer Tochter, die ihm drei Kinder gebar:

a) Carl Georg, geb. den 13. Mai 1708.
b) Johann Conrad Wilhelm, geb. den 6. Mai 1712.
c) Johann Hermann, geb. den 24. Mai 1714 posthumus.

Kurz nach ſeinem Amtsantritte beſchwerten ſich einige Eingeſeſſene, daß dem Schmidt auf Vorſtellung des Paſtors Cramer und einiger Vorſteher die Spes succedendi ertheilt worden, und baten: „Gnädigſte Herrſchaft möge doch das Recht der Nachfolge einer andern qualificirten Perſon aus dero Landen nach gnädigem Belieben ertheilen", auf welches Geſuch aber unter dem 8. October 1704 abſchlägige Antwort erfolgte.

Als indeſſen der Adjunct Schmidt ſich ohne Vorwiſſen gnädigſter Herrſchaft zu Laaſphe im Wittgenſtein'ſchen hatte ordiniren laſſen, wurden ihm die Actus ministerialis unterſagt, ſpäter aber, im Jahre 1706, jedoch nur für den äußerſten Nothfall, erlaubt, für den Paſtor Cramer zu predigen und ſonſtige Actus ministeriales zu verrichten, dabei aber die Diſpoſition bei entſtehender Vacanz ausdrücklich vorbehalten. Dieſe Vacanz trat 1711 bei dem Tode des Pfarrers Cramer ein, und die Vorſteher ſupplicirten um den Adjunct Schmidt; 117 der übrigen Eingepfarrten aber, die ſich ſpäter auf 128 vermehrten, trugen bittlich darauf an, es möge gnädigſt erlaubt werden, daß einige gute Subjecte

in ihrer Pfarrkirche sich hören lassen dürften. Ihr Gesuch blieb unbe=
antwortet. Sie baten in einer zweiten Eingabe: Gnädigste Herrschaft
möge ihnen den Pastor Seel zu Hachenburg, den sie aus Gottes Rath
ersehen hätten, zu einem Lehrer und Seelenhirten schenken, und erschienen
bald nachher, am 27. Mai 1711, in einem Haufen von hundert Per=
sonen zu Hachenburg, um sich den Pastor Schmidt nochmals zu ver=
bitten und dagegen um den Pastor Seel anzuhalten, welche „Importu=
nität" ihnen aber ernstlich verwiesen und ihnen bedeutet wurde: „Sie
sollten erwarten, was gnädigste Herrschaft hierinnen befehlen würde." Es
entstanden darauf, heißt es in der Urkunde 3, vielerlei Unruhen. Die
dem Pastor Schmidt abgeneigt waren, gingen nicht in die Kirche, son=
dern ließen sich in den Schulhäusern durch den Schulmeister eine Pre=
digt vorlesen, verübten sogar an den Freunden des Pastors Schmidt
Schlägerei, bis dieser Unfug abgestellt wurde.

Besonders waren die nassauischen Bauern dem Pastor Schmidt sehr
zuwider; sie wurden daher von den Aeltesten, Vorstehern und Geschwo=
renen angeklagt als die vornehmsten Rädelsführer, welche Willens seien,
zum Präjudiz gnädigster Herrschaft die Kirchenregierung an sich zu
bringen.

Die nassauischen Eingepfarrten aber wandten sich an ihren Fürsten
zu Dillenburg und baten um ein Vorschreiben nach Hachenburg, daß
dortige Herrschaft sie doch mit einem anderen tüchtigen Subjecte, von
dem sie mehr Erbauung haben könnten, als aus Pfarrer Schmidt's
Predigt, versehen möchte.

Dieses Fürbittschreiben erfolgte auch unter dem 23. September 1711
des Inhalts: „Man möge doch auf Mittel bedacht sein, daß beiderseits
Unterthanen beruhigt würden." Hierauf wurde endlich Pfarrer Schmidt
demittirt, blieb jedoch mit seiner Familie in Neunkirchen wohnen und
starb daselbst. „Am 30. März 1714 ist der Wohlerwürdige und Hoch=
gelehrte Herr, Herr Joh. Henrich Schmidt, christlich bei volkreicher Ver=
sammlung zu Erden gestattet worden", so heißt es im dortigen Todtenbuche.

13. Johann Daniel Seel (1712—44).

Er war geboren am 17. Mai und getauft am 27. Mai 1672 zu
Freudenberg, wo sein gleichnamiger Vater Pfarrer war. Seine aka=
demische Bildung erlangte er seit 1689 auf der hohen Schule zu Herborn,
trat 1698 in's öffentliche Lehr= und Predigtamt zu Freudenberg, und
zwar zunächst zur Aushilfe seines alten schwächlichen Vaters, bis er nach
dessen Tode, welcher am 23. November 1701 im Alter von 73 Jahren
erfolgte, Nachfolger im Amte des Vaters wurde. 1706 folgte er dem
Rufe als Pfarrer nach Hachenburg, wo er am 16. Mai durch den In=
spector Simonis in sein Amt eingesetzt wurde.

Von hier berief ihn die Landesherrschaft am 11. Februar 1712 an
das Pfarramt zu Neunkirchen. Seine Inauguration fand am 14. Fe=
bruar statt.

Er hat sich in seiner hiesigen Amtsführung durch Ordnungsliebe
und Pünktlichkeit vor allen seinen Vorgängern ausgezeichnet. Er war
der Erste, welcher hier ordentliche Kirchenbücher anlegte und über die
Gebornen, Getrauten und Gestorbenen abgesonderte und regelmäßige
Register führte. Das Taufbuch eröffnet er mit dem Motto: „Jehova
pastor meus!" und bemerkt auf dem Titelblatte: „Anno 1712 den
14. Februar bin ich, J. D. Seel, zum ordentlichen Prediger bei der
Gemeinde Neunkirchen eingesetzt worden. Gott wolle selbst meine Arbeit
segnen, daß ihm Kinder, wie Thau aus der Morgenröthe, mögen ge=
boren werden, zu seiner Ehre und unserer Seligkeit. Amen."

Als sein Tagewerk hienieden vollendet war, ist ihm in dem von ihm angelegten Todtenbuche folgendes ehrenvolle Denkmal von unbekannter Hand gesetzt worden:

„Den 19. December 1744 ist der Hochehrwürdige und Hochgelehrte Herr Herr Daniel Seel, treu fleißig gewesener Prediger und Seelsorger dahier, welcher in Anno 1672 geboren, in Anno 1698 ins öffentliche Lehr- und Predigtamt getreten, im Jahre 1712 aber anhero als ordentlicher Lehrer und Prediger berufen worden, den 14. jüngsthin des Abends zwischen 9 und 10 Uhr im Herrn ruhig und selig entschlafen, nachdem selber in dieser Zeitlichkeit 72 Jahre 7 Monate und 2 Tage verlebt, hiesiger Gemeinde aber beinahe 33 Jahre als ein treufleißiger Seelsorger treufleißig vorgestanden, in einer ansehnlichen und volkreichen Versammlung christlich und ehrlich zu seiner Ruhestätte in hiesige Pfarrkirche begleitet und begraben worden."

Sehen wir auf seine häuslichen Verhältnisse, so trat er als Pfarr-Adjunct zu Frendenberg 1698 in die Ehe mit Marie Sophie, gebornen Hachenberg, des Stadtschultheißen zu Neuwied Tochter, welche am 31. März 1758 bei ihrem Sohne, dem Pfarrer Wilhelm Henrich zu Höchstenbach, starb und von 14 Kindern, 9 Söhnen und 5 Töchtern, noch 3 Söhne und 2 Töchter hinterließ. Sie war geboren den 24. August 1684.

Von seinen Kindern werden hier genannt:

a) Anne Elisabeth, nat. 12. December 1699, ehelicht am 27. Januar 1718 den Pfarrer Johann Theodor Leucker zu Roßbach.

b) Johann Daniel, nat. 19. Juni 1703, wurde Theologe, ehelichte als Candidat am 15. März 1739 Johanne Marie Brand zu Leuwarden. Er starb am 1. April 1764.

c) Sophie Clara, nat. 1710, trat in die Ehe am 27. März 1729 mit dem Pfarrer Johann Henrich Manderbach zu Emmerichenhain. Sie starb 1775.

d) Friedrich Arnold, nat. 6. Juni 1717, war Lieutenant in holländischen Diensten und starb im October 1761 zu Colum in Ostfriesland, hinterließ seine Wittwe mit 7 Kindern.

e) Charlotte Albertine, nat. 16. Juli 1719, verehelichte sich am 28. August 1743 mit dem Pfarrer Johannes Fries zu Gemünden, der 1743 als Pfarrer nach Düsseldorf kam. Sie starb am 23. December 1763 und hinterließ 2 Söhne, die zu Duisburg Theologie studirten.

f) Wilhelm Henrich, nat. 1725, war Theologe und starb am 21. April 1791 als Ober-Consistorialrath zu Dillenburg.

Pfarrer Seel ließ am 6. Februar 1736 seinen ältesten Sohn, Johann Daniel, im Beisein eines Hachenburger Raths durch dortiges Ministerium in der Neunkircher Kirche publice ordiniren. Die beiderseitigen dortigen Unterthanen, welche wegen der Gegenwart des gedachten Rathes, eine adjunction des jungen Seel vermutheten, gingen als protestirend aus der Kirche, worauf man saynischer Seits an 200 bis 300 Rthlr. Strafe einseitig durch einen Einspännigen hat exequiren lassen wollen, wogegen der nassauische Vogt Möller aus der Ursache protestirt, weil das jus territoriale im hiesigen Grund gemeinschaftlich und also Hachenburg nicht berechtigt sei, dergleichen Executionen einseitig vorzunehmen.

Nach Pfarrer Seel's Tode wurde die hiesige Pfarrei ad interim von einem Candidaten Namens Lapp versehen, und es entstanden in der Gemeinde — laut Bericht 3 — wieder verschiedene Parteien. Um dem Parteiwesen ein Ende zu machen, erschienen am 1. März 1745 einige Deputirte zu Hachenburg und erbaten sich mündlich den Pfarrer Brücher zu Roßbach zum Pastor nach Neunkirchen. Als derselbe nach seinem Bestimmungsorte überzog, gerieth das Kirchspiel in Uneinigkeit, und ein großer Theil bat wiederholt um Abänderung der geschehenen

Ernennung, vorgebend: „Brücher's Hausfrau habe einen zu starken An= hang und Verwandtschaft in Neunkirchen". Es fand aber dieser Grund keine Berücksichtigung. Auch das Ober=Consistorium zu Dillenburg fand gegen Installirung dieses Pfarrers nichts zu erinnern.

Es wurde daher

14. Johannes Brücher (1745—55)

Anfangs September 1745 hier als Pfarrer installirt. Er war gebürtig von der Wilde aus dem Kirchspiele Neunkirchen; geboren 1681, studirte 1713 zu Herborn. Nach Beendigung seiner Studien hielt er sich auf der Wilde auf, wo die dortigen Gemeindeglieder höheren Orts um die Erlaubniß nachsuchten, einen Prediger auf der Wilben anstellen zu dür= fen. Die gräflich Kirchbergische Canzlei zu Hachenburg, an welche dieses Gesuch gerichtet war, rescribirte am 8. Juni 1716: „daß ihnen, jedoch nur bis auf weitere Verordnung und ohne einige Consequenze oder andere praejudice, der ordentlichen Pfarrkirchen erlaubt sei, den sonn= täglichen Gottesdienst durch den Candidaten Theologiae Johannes Brücher bei ihnen halten zu lassen."

Die saynische Landesherrschaft berief 1721 den Candidaten Brücher als zweiten Pfarrer nach Altenkirchen. Als solcher ehelichte er am 23. Fe= bruar 1723 Maria Margaretha Flick, des Johann Peter Flick zu Neun= kirchen Tochter, durch Pfarrer Seel copulirt; 1727 ging er von Alten= kirchen als Pfarrer nach Roßbach bei Hachenburg, von wo er am 1. September 1745 in gleicher Eigenschaft nach Neunkirchen berufen wurde. Hier starb er am 13. März 1755 und ist am 16. ejusd. in hiesiger Kirche begraben worden, nachdem er seine Lebenszeit bis ins 74. Jahr gebracht und 33 Jahre im Predigtamte und bis ins zehnte Jahr an hiesiger Stelle gestanden hatte.

Sein Nachfolger war:

15. Ludwig Künkel (1755—67).

Sohn des David Künkel, hochgräflich Wittgenstein'schen Landsecretärs und Rentmeisters, geboren zu Wittgenstein 1712, erhielt seine Vocation am 11. December 1738 als Pfarrer nach Hamm a. d. Sieg und wurde daselbst am 21. December e. a. installirt, trat ebenda in den Ehestand am 16. September 1739 mit Philippine Elisabeth, des Friedrich Wilhelm Schnabelius, Pfarrers zu Hachenburg, ältesten Tochter.

Pfarrer Künkel erhielt 1849 die Vocation als Pfarrer nach Schöne= berg, wo seine Installation am 9. Mai erfolgte, nahm dann 1755 den Ruf eines Predigers nach Neunkirchen an und wurde hier am Himmel= fahrtstage, als den 8. Mai 1755, durch den Herrn Regierungsrath Grün und Herrn Inspector Simonis eingeführt. Nach zwölfjähriger Amtsführung starb derselbe zu Neunkirchen und wurde den 17. Febr. 1767 auf hiesigem Kirchhofe beerdigt. Seine treue Lebensgefährtin folgte ihm am 6. Februar 1771 im Tode nach. Sein ältester Sohn Johann Friedrich Christian, geboren den 30. August 1740, ehelichte am 27. April 1766 Anna Elisabeth, Herrn Conrad Hofmann's nachgelassene Wittwe.

Bisher war fast bei jeder Pfarrbesetzung Zwietracht in der Gemeinde und Opposition gegen die Herrschaft entstanden, jetzt aber, bei der Er= nennung des Pfarrers Künkel als Prediger nach Neunkirchen, erreichte dieselbe ihren Gipfelpunkt. Die Gemeinde will einmal den Pfarrer selbst wählen und wird dazu immer, wie durch die nassauischen Gemeinde= glieder, so auch durch die nassauischen Beamten angeregt. Die jetzt ihren Höhepunkt erreichende Opposition beginnt schon zu Lebzeiten des Pfarrers Brücher. Es schickte nämlich die Regierung zu Hachenburg, da Pfarrer Brücher wegen seines hohen Alters den Dienst nicht mehr völlig versehen konnte, ohne Weiteres einen Candidaten, Altgelt, zur Mit= und Aushilfe nach Neunkirchen.

Dagegen erhob sich sofort das Kirchspiel, und der Candidat Altgelt wurde weder zu einer Predigt noch zu einer anderen Function zugelassen. Ehe indessen dieser Streit zum Austrag gebracht werden konnte, starb Pastor Brücher.

So war nun der Boden zu den nun erfolgenden Excessen genugsam zubereitet. Nicht nur, daß sich die Gemeinde weigerte, die üblichen Fuhren zur Abholung der Sachen des Pfarrers Künkel zu stellen, und erst dazu schritt, als sie durch ein reichskammergerichtliches Mandat dazu angehalten wurde. Der saynische Oberschultheiß Neuper selbst wird auf's ärgste bedroht, und es muß sogar zur Aufrechthaltung der äußeren Ruhe ein größeres Executions=Commando Soldaten hierher beordert werden. Nur so kann die Einführung des Pfarrers Künkel vor sich gehen, bei der indessen nichts desto weniger von dem um die Kirche versammelten Volke der widerlichste Lärm getrieben wird und ruhigere Leute gewaltsam unter Beschimpfung und Bedrohung am Besuche der Kirche gehindert werden.

Obwohl nun Künkel eingeführt war, beruhigten sich die Leute doch nicht. Der Gottesdienst wird nicht besucht, nur 20 bis 30 Leute finden sich an den folgenden Sonntagen ein. Das Abendmahl kann auf Pfingsten nicht gefeiert werden, die saynischen Kirchenältesten und Vorsteher bitten dringend in Hachenburg um persönlichen Schutz.

Der Pastor selbst, gegen dessen Einführung mittlerweile ein Proceß beim Reichskammergericht zu Wetzlar eingeleitet ist, wird auf allerlei Weise vexirt. Und dieser Zustand dauerte nicht Monate, sondern Jahre. In einer Bekanntmachung von Commissarien der Subdelegaten der beiden Regierungen vom 1. December 1759 heißt es sogar: „So wenig man vernünftiger Weise sich hat vorstellen können, daß die aufgebrachten Kirchspielsleute bei anwesender Subdelegation in ihrer Wuth und Eigenmächtigkeit beharren sollten, sondern dahingegen sich zum Voraus vollkommen versichert gehalten, daß deren Ankunft und Gegenwart sie zur Ruhe bringen würde, mit so viel mehr Befremden haben endesunterschriebene Subdelegaten am letztverwichenen Sonntage selbst ansehen müssen, daß eine Rotte Weibsleute im Zustand einer Menge mehrentheils jungen Mannsvolks, zwischen dem Pfarrhause und der Kirche zusammengethan, um den von dem hochpreislichen rc. Reichskammergericht provisorie verordneten Pfarrer Künkel aus jenem in diese zur Haltung des Gottesdienstes nicht einzulassen, und nicht nur die Abmahnung der dazu gekommenen Subdelegatoren selbsten Respect vergessener Weise verachtet, sondern auch zur Bedeckung und Gebrauch der Subdelegation anhero beorderten beiderseitigen Detachements nicht aus-einander gedrungen werden mögen!" Dann wird weiter bekannt gemacht, daß die Detachements von beiden Seiten bis auf hundert Mann verstärkt werden, bei der geringsten weiteren Unruhe zu Bajonnett-anfällen und scharfem Schießen ermächtigt werden.

Ob Pfarrer Künkel selbst einmal, wie noch jetzt allgemein erzählt wird, von den Weibern des Kirchspiels mit Gewalt von der Kanzel heruntergeholt worden ist, hat nicht constatirt werden können.

Die Gemeinde aber mußte schließlich, als der Pfarrer Künkel schon lange geendet hatte, eine Kostensumme von circa 1000 fl. bezahlen.

Ihm folgte:

16. Johannes Henrich Corsbach (1767—99),

gebürtig von Hachenburg, studirte zu Herborn, erhielt 1762 den Ruf als Pfarrer nach Hachenburg, wo er am 11. Juli e. a. durch den Inspector Simonis introducirt wurde, gründete einen Hausstand am

1. Juli 1763 mit Helene Christine, geb. Schnabelius, Wittwe des zu Krop=
pach verstorbenen Pfarrers Johann Martin Reinhard, welche ihm am
2. Juli 1765 einen Sohn gebar, der im Sacrament der Taufe die
Namen Friedrich Wilhelm Martin erhielt. Sein Sohn Johann Friedrich
Carl war von 1806 bis 1810 Pfarrer in Fischelbach und bis 1829, wo
er starb, Pfarrer in Feubingen, und sein Enkel Johann Heinrich Lors=
bach, geboren zu Neunkirchen am 25. Mai 1802, war von 1830 bis
1845 in Fischelbach und bis zum 12. November 1857, wo er starb,
Pfarrer in Arfeld.

Nachdem Pfarrer Lorsbach vier Jahre lang das Predigtamt wahr=
genommen hatte, versetzte ihn die Landesherrschaft an die Pfarrei zu
Neunkirchen. In's Taufbuch trägt er eigenhändig über seine Versetzung
ein: „Heute, den 14. Februar 1768, habe ich, Johann Henrich Lorsbach,
nachdem ich dieser Gemeinde praevia vocatione, als Wegweiser nach
Zion durch Herrn Inspector Simonis den 11. October 1767 präsentirt
und installirt worden, mein Amt wirklich angetreten. Gott wolle in
diesem Weinberg meine Arbeit so fruchtbar machen, daß ihm Kinder
mögen geboren werden, wie Thau aus der Morgenröthe."

Pfarrer Lorsbach, dessen Tod in's hiesige Sterberegister nicht einge=
tragen ist, starb hier nach einer 31jährigen Dienstführung im Anfange
des Jahres 1799; denn schon im Monate Mai desselben Jahres hat
sein Nachfolger

17. Johann Christian Friedrich Büsgen (1799—1815)

hier neue Kirchenbücher angelegt, die er auch bis zum Jahre 1813 selbst
regelmäßig fortgeführt. Sein Vater, Johann Wilhelm Büsgen, war
Kaufmann zu Altenkirchen. Er wurde geboren daselbst am 16. Juni
1755, besuchte zuerst die lateinische Schule seiner Vaterstadt, studirte
1776 zu Marburg und 1777 zu Duisburg; 1782 wird er als Candi=
dat genannt.

Im Jahre 1782 zum Pfarrer nach Alpenroth berufen, bestand er
sein theologisches Examen auf der Canzlei zu Hachenburg. Seine Exa=
minatoren waren Inspector Altgelt von Altstadt, Pfarrer Cäsar zu
Marrfain und Pfarrer Müller zu Kirburg. Am 15. December e. a.
wurde er durch den Inspector Altgelt ordinirt und eingesetzt. Im März
1791 empfing er das Predigtamt zu Kirburg. Zu Alpenroth hielt er
seine Abschiedspredigt über Phil. 2, 12 und 13. 1799 zog er als Pre=
biger nach Neunkirchen. Hier schloß er seinen Lebenslauf. Nach drei=
tägigem Leiden starb er am 5. Februar 1815, Morgens zwischen 5 und
6 Uhr, im Alter von 59 Jahren 7 Monaten und 19 Tagen. Sein
Name ist noch in segensreichem Andenken bei der Gemeinde.

Er lebte in der Ehe mit Anna Elisabeth, des Pfarrers Johann
Jacob Pfaff zu Nauborn Tochter, mit welcher er am 14. Februar 1785
durch Pfarrer Vingel daselbst copulirt wurde.

Diese Ehe war mit mehreren Kindern, von denen bei seinem Tode
noch sechs lebten, gesegnet:

a) Friedrich Jacob Christian, geboren zu Alpenroth am 21. December
1785; er war 1806 Studiosus jur.
b) Ludwig Abam Christian war 1814 Candidat der Theologie, 1843
Pfarrer zu Flacht.
c) Ferdinand August Heinrich Wilhelm Carl, geboren den 9. Mai
1803, getauft am 19. Mai zu Neunkirchen; er besuchte Ostern
1824 das Seminar zu Herborn, war 1828 Caplan zu Wies=
baden, 1834 Pfarrer zu Caub und 1853 Pfarrer zu Dotzheim.
d) C. W. Ph. Büsgen von Neunkirchen, besuchte 1818 das Seminar,
war 1843 Schul=Inspector und Pfarrer zu Dausenau.

20

Nach dem Tode des Pfarrers Bülsgen wurde die Pfarrei bis zum 4. November 1815 durch seinen Sohn Ludwig Bülsgen verwaltet.

Die Pfarrstelle erhielt:

18. Wilhelm Henrich Friedrich Molly (1815—26),

ältester Sohn des seit 1761 zu Driedorf fungirenden Stadtschreibers und daselbst seit 1802 angestellten Rentmeisters Johann Philipp Molly und dessen Gattin Susanne Wilhelmine Charlotte Hatzfeld, geboren zu Heiligenborn bei Driedorf am 26. Januar 1726, studirte zu Herborn und Marburg, wurde zuerst angestellt als Garnisonprediger bei dem ersten Regimente Oranien-Nassau zu Mastrich und nachher zu Amsterdam, dann am 19. August 1792 als zweiter Prediger zu Burbach. Durch hohes Rescript vom 10. Juni 1794 zum Pastor nach Emmerichenhain ernannt, hielt er zu Burbach am 29. Juni seine Abschiedsrede über Joh. 11, 8, siedelte am 1. Juli d. J. nach Emmerichenhain über und wurde am 6. Juli daselbst installirt, erhielt 1815 die reich dotirte Pfarrei Neunkirchen, wo seine Introduction vor einer sehr zahlreich versammelten Gemeinde am 5. November e. a. durch den General-Superintendenten Grimm von Dillenburg stattfand.

Pfarrer Molly, der sich durch strenge Ordnung und Pünctlichkeit in allen seinen Amtsverrichtungen und besonders durch eine reine und sorgfältige Führung der Kirchenbücher ausgezeichnet hat, endete nach elfjährigem, treuen Wirken am 29. November 1826 seine Pilgrimschaft in einem Alter von 64 Jahren 10 Monaten und 9 Tagen, mit Hinterlassung seiner Gattin und 13 Kindern; er ward am 2. December e. a. auf dem dortigen Kirchhofe beerdigt.

Als Feldprediger hatte er sich am 4. Februar 1787 in den Ehestand begeben mit Wilhelmine, gebornen Bennet aus Mastrich.

Nach Molly's Tode wurde die hiesige Pfarrei circa 1¼ Jahr verwaltet, und zwar durch den

Candibaten Johannes Jüngst
(vom 1. December 1826 bis 9. März 1828).

Derselbe hielt am 2. März 1828 seine Abschiedspredigt, deren Veröffentlichung durch den Druck gewünscht wurde. Im Jahre 1830 am 25. April erhielt er die Pfarrei Wiehl im Homburgischen, woselbst er am 12. März 1864 aus dieser Welt schied.

Die Wiederbesetzung der hiesigen Pfarrstelle wurde von Seiten der Gemeinde und ihrer Vorsteher eifrig betrieben. Da die königliche Regierung auf ihre Wünsche nicht einging, so wandte sie sich in einer Immediat-Vorstellung an des Königs Majestät und bat, daß die hiesige Pfarrstelle dem bisherigen Vicar Jüngst oder, im Falle dieses nicht geschehen könne, dem Pfarrer Kind verliehen werden möchte. In Folge dieses Gesuchs wurde

19. Johann Christian Kind (1828—58)

mittelst allerhöchster Cabinets-Ordre vom 10. November 1827 und des. darauf gegründeten Anstellungs-Patents der königlichen Regierung zu Arnsberg vom 28. December e. a. zum Pfarrer nach Neunkirchen ernannt.

Seine Eltern waren: Der Oeconom Johannes Kind und Anna Gertraud, geborne Schuhmacher, welche zu Enselskampf in der Grafschaft Homburg an der Mark, auf einem Gute des Fürsten zu Wittgenstein-Berleburg, wohnten.

Pfarrer Kind war daselbst geboren am 21. November 1791. Zuerst hatte sich derselbe dem Elementarschul-Amte gewidmet und sich dazu, so weit es damals anging, vorbereitet; auch hatte er anderthalb Jahre als Gehülfe in einer Schule gearbeitet, mußte aber theils wegen Kränklichkeit, theils weil eine gewaltige Neigung zum Studiren in ihm erwachte, diesen Plan aufgeben. Er besuchte hierauf das Gymnasium zu Weilburg 1809 und 1810, studirte zu Marburg 1811 und 1812, wurde am 16. November 1812 examinirt und am 30. desselben Monats ordinirt, erhielt 1815 die Pfarrei Wingeshausen, 1822 die dritte Predigerstelle in Siegen, 1824 das Pfarramt zu Oberfischbach und 1828 das Seelsorgeramt zu Neunkirchen, wo er am 9. März e. a. vom Superintendenten Bender aus Siegen introducirt wurde. Am 4. September 1829 wurde er mit dem Amte eines Schul-Inspectors betraut und führte solches bis 1833 fort. Von 1839 bis 1842 versah er zum zweitenmale dieses Amt.

Am 13. März 1853 beging er feierlich sein 25jähriges Amtsjubiläum.

Nach 43jähriger treuer Amtsführung wurde er auf sein Ansuchen emeritirt, und zwar mit einem Ruhegehalte von 800 Rthlrn.

Er nahm am 21. November 1858, an seinem 68. Geburtstage, von seiner Gemeinde Abschied und zog dann nach Hilchenbach, wo sein ältester Sohn Pfarrer war, um in Ruhe den Rest seiner Tage zu verleben.

Hier starb er am 8. April 1870 im 79. Lebensjahre. In der Ehe lebte er seit dem 13. August 1815 mit Auguste, Tochter des Pfarrers Nicolaus Rohl in Marienhagen. Seine Ehe war mit acht Kindern gesegnet, von denen vier gestorben sind.

Seine Ehegattin ging am 31. December 1862, 76 Jahre alt und im 42. Jahre der Ehe, zur ewigen Ruhe.

Nachdem die Pfarrei Neunkirchen durch den zweiten Pfarrer Kneip in Burbach vom 21. November 1858 bis zum 24. Februar 1859 verwaltet worden war, wurde die Pfarrstelle wieder besetzt mit

20. Friedrich Gustav Roth.

Am 24. Februar 1859 zog er nach Neunkirchen über und wurde daselbst am nächsten Sonntage, als den 27. Febr., durch den Superintendenten Kreuz der Gemeinde feierlichst vorgestellt, nachdem er seine Antrittspredigt über das Sonntags-Evangelium Luc. 8, 14 bis 25 gehalten hatte.

Derselbe ist den 18. September 1817 zu Siegen geboren, besuchte zuerst das Pädagog in Siegen, dann von 1813 an das Gymnasium zu Wetzlar, machte dort am 11. Septbr. 1837 seine Abiturienten-Prüfung, studirte von 1837 bis 1840 zu Halle, bestand zu Münster 1841 sein erstes und im April 1842 sein zweites Examen. Bis zu seiner Anstellung lebte er im elterlichen Hause. Seine Eltern waren: Der Kaufmann Henrich Adolph Roth und Catharina Hedwig, geborne Schenk. Er wurde zuerst angestellt im Juli 1846 als Pfarrer zu Netphen. Nach 13jähriger Wahrnehmung seines Pfarramtes daselbst ernannte ihn das Consistorium zum Pastor nach Neunkirchen. Seit 1850 führte er auch das Amt eines Schul-Inspectors für den Bezirk Ferndorf. In den Stand der Ehe trat er am 10. März 1847 mit Theodore Luise Julie, Tochter des Superintendenten Benber in Siegen, welche 1866 mit Tode abging.

20*

2. Die Pfarrgemeinde Burbach.

Das Kirchspiel Burbach bilden die zwei Ortschaften des Untergrundes: Wiederstein und Zeppenfeld, und die sechs Dorfgemeinden des Obergrundes: Burbach, Wahlbach, Lippe, Würgendorf, Gilsbach und Wilden, diesseits der Wildenbach.

Ueber die Kirche zu Burbach ist weder eine Fundations- noch Confecrations-Urkunde vorhanden. So viel ist indessen gewiß, daß sie 1048 noch nicht bestand. Der Ort Burbach und mit ihm seine Kirche kommen zum erstenmale in einer Urkunde des Klosters Seligenstadt vom Jahre 1219 vor. Unter den mitunterschriebenen Zeugen finden sich: Wipertus sacerdos de Burbach.

Die hiesige Kirche hatte zur Schutzpatronin die Sanct Maria, deren Standbild von Sandstein sich in der alten Kirche, trotz der Verordnung des Grafen Johann, des Aelteren: „daß alle Heiligenbilder, Kreuze, Fahnen ꝛc. aus den Kirchen weggeschafft werden sollen", bis zu ihrem Abbruche erhalten hatte.

Die jetzige Kirche, ein großes, helles, geräumiges Gebäude, welches circa tausend Personen fassen kann, ist im länglichen Viereck gebaut, hat 100 Fuß Länge und 50 Fuß Breite, woran in der Mitte nördlich noch ein besonderer Vorsprung zu den Gängen und Treppen nach der Kanzel, der Orgel und dem Speicher angebaut sich befindet, sämmtlich von hohem, starkem Mauerwerke und mit Schiefer gedecktem Dachwerke. Die Decke der Kirche besteht aus einem Hängewerke, daher in der Kirche kein störender Gegenstand sich befindet, welcher den Zuhörer hindert, den Prediger sowohl vor dem Altare, als auf der Kanzel zu sehen.

Diese Kirche ist in den Jahren von 1774 bis 1776 nach dem Risse und Kostenanschlage des Baumeisters Ekcel zu Weilburg für die Summe von 6592 fl. 27 kr., ohne das Eichenbauholz, welches aus den Pfarrwäldern unentgeldlich abgegeben wurde und ohne die Hand- und Spanndienste der Gemeindeglieder, auf die Stelle der alten Kirche gebaut.

Die Grundsteinlegung fand am 8. Juni 1774 unter den üblichen Formalien und Feierlichkeiten statt.

Zu den Baukosten mußte die Gemeinde 5500 fl., welche auf die Häuser repartirt wurden, in zwei Terminen aufbringen, das Fehlende ist theils durch Geschenke, theils durch Collectengelder herbeigeschafft worden.

Während des Baues wurde der Gottesdienst für Burbach bei gutem Wetter auf dem Pfarrhofe und sonst in der

Schule abgehalten. In den Filialdörfern mußten die Lehrer in den Betfälen der Gemeinde eine Predigt vorlefen.

Der erste Gottesdienst in der neuen Kirche wurde am 14. Juli 1776 abgehalten, obgleich fie im Innern noch nicht ganz fertig war. Ihre Einweihung ist aus den Pfarr-acten nicht zu erfehen.

Nach vollendetem Kirchenbau wünfchte die Pfarrgemeinde eine Orgel zu haben. Zu diesem Ende supplicirte fie unter dem 16. September 1776 beim Ober-Confistorio um die Orgel der Ex-Jesuiten zu Hadamar. Da ihnen dieses Ge-such abgefchlagen wurde, faßte das hiesige Presbyterium den Befchluß, ein neues Orgelwerk bauen zu laffen. Es contrahirte dieferhalb mit den Orgelbauern Gebrüder Klein aus Freckhaufen, und diese verfprachen, für 1000 fl. ein gutes, dauerhaftes Orgelwerk mit 15 Manual- und 4 Pedal-ftimmen nebft Coppel-, Ventil- und Tremulantenzug und 3 Bälgen auf Michaelis 1779 zu liefern. Die Orgel wurde aber erst im Jahre 1780 fertig und in den Monaten Juli und Auguft e. a. aufgestellt. Die Revision derfelben unter-nahm am 7. Septbr. 1780 mit Genehmigung des Ober-Confistoriums der Organist Johann Auguft Steub zu Dillenburg, und fiel diefelbe zu Gunsten der Orgelbauer aus. — Im Jahre 1870 wurde diese Orgel, die fich, mit Ausnahme des Gebläfes, gut erhalten hatte, durch die Orgelbauer Gebrüder Carl Friedrich und Auguft Peternell von Seligenthal bei Schmalkalden nach einem vom 17. Oc-tober 1868 datirten und von königlicher Regierung geneh-migten Dispositionsplan und Koftenanfchlag und einem unter dem 4. März 1869 zwischen den Orgelbauern und dem hiesigen Presbyterium abgefchloffenen Contract für die Summe von 944 Rthlrn., welche Summe aber mit den von der Gemeinde übernommenen Neben-Unkoften auf 1000 Rthlr. stieg, umgebaut, refpective erweitert.

Von dieser Summe waren durch Umlage auf die Ge-meinde 450 Rthlr. erhoben, die andere Hälfte hatte der Organist durch Concerte und Verloofungen aufgebracht.

Die alte Orgel verlor ihren Tremulanten und die Vox humana, bekam aber dafür ein Gemshorn, ein neues, angenehmes Register und einen Forte- und Pianozug. Außerdem erhielt sie ein zweites Manual mit 7 Stimmen und einen Collectivzug nebst Manual- und Pedalcoppel. Das Pedal erhielt 2 neue Register und die 3 bleibenden Pedalftimmen wurden von 1½ Octaven auf 2¼ Octaven vervollständigt. Statt der 3 Bälge wurde ein Windmagazin mit einem Regulator und 2 Schöpfbälgen angelegt.

Das Werk wurde in den Monaten Mai bis Juli 1870 aufgestellt und am 27. August c. a. durch den Organisten Friedrich Dahlhoff aus Dinker im Kreise Soest revidirt und als ein contractlich gebautes und sehr gutes Orgelwerk erkannt.

Die Einweihung der Orgel geschah am folgenden Tage beim Morgengottesdienste durch den Pfarrer Rumpäus, worauf am Nachmittage der Revisor vor versammelter Gemeinde einige Orgelvorträge gab, die mit Solo- und Chorgesang abwechselten.

Der alte, 109 Fuß hohe Thurm, wahrscheinlich aus dem zwölften Jahrhundert herstammend, blieb beim Neubau der Kirche stehen und wurde gänzlich reparirt. Er hat eine Uhr und drei Glocken. Die Uhr ist 1793 von dem Uhrmacher Johann Heinrich Spieß aus Siegen, welcher die alte unbrauchbare Uhr für 20 Rthlr. übernahm, verfertigt worden.

Die drei Glocken sind im Jahre 1857 durch den Glockengießer Heinrich Schippang aus Neuwied gegossen worden. Sie geben einen harmonischen Dreiklang und wurden am 13. November auf den Glockenstuhl gebracht. Die größte, 1100 Pfund schwer, hat die Inschrift:

Ich zähle deine Lebensstunden
Und mahne dich an die Vergänglichkeit;
Bald ist der letzte Glockenschlag entschwunden,
Mit schnellem Fluge naht die Ewigkeit.
Und den Menschen ein Wohlgefallen!

Die mittlere, 700 Pfund schwer, führt die Inschrift:

Zur Eintracht, zu herzinnigem Vereine
Versammle sie die liebende Gemeine.
Frieden auf Erden!

Die kleinste, von 600 Pfd. Gewicht, hat die Inschrift:

So wie der Klang im Ohr vergehet,
Der lieblich tönet ihr,
So lehre sie, daß nichts bestehet,
Daß alles Irdische verhallt.
Ehre sei Gott in der Höhe!

Der nach der südlichen Seite der Kirche liegende und mit einer hohen Mauer umschlossene Raum diente ehemals als Begräbnißplatz für die Todten des ganzen Kirchspiels. Nach und nach, als derselbe für die wachsende Gemeinde zu klein wurde, trennten sich einzelne Filial-Gemeinden von demselben und legten mit höherer Genehmigung in der Nähe ihrer Dorfschaften eigene Todtenhöfe an, die nachstehend näher genannt werden:

1. Die Gemeinde Wilde legte im Jahre 1716 auf der Unterwilde einen Todtenhof an. Als derselbe zu klein wurde, trennte sich Ober- und Mittelwilde von diesem und legten 1852 auf der Mittelwilde, jenseits der Wildenbach, einen neuen Gottesacker an, der am 19. August 1852 von den Pfarrern zu Burbach und Neunkirchen gemeinschaftlich geweiht wurde.

2. Die Gemeinde Zeppenfeld legte 1784 einen Todtenhof an. Das Grundstück dazu erwarb sie am 30. August 1784 von Johann Peter Grau gegen einen jährlichen Erbzins von 1 Gulden 6 Albus, und es war 40 Ruthen groß. Dieser wurde 1866 geschlossen und der neue Todtenhof, welcher auf der rechten Seite der Chaussee von Zeppenfeld nach Neunkirchen angelegt worden war, am 19. December 1866 durch den Pfarrer Rumpäus geweiht. Seine Größe beträgt 211½ Quadratruthen.

3. Wiederstein legte 1787 einen Todtenhof auf einem von Beel gekauften Grundstücke an. Dieser wurde 1818 geschlossen, weil er zu naß war, und der neu angelegte ist am 21. August 1818 vom Pfarrer Dapping geweiht worden.

4. Würgendorf, welches früher die Kinder auf dem bei der Capelle liegenden Gottesacker begrub, trennte sich 1818 gänzlich vom Kirchspielskirchhof und begrub fernerhin seine Todten auf dem von dieser Gemeinde angelegten Todtenhofe. Derselbe wurde am 6. April 1818 durch Pfarrer Dapping geweiht.

5. Die Gemeinde Gilsbach trennte sich 1821 vom Kirchspielskirchhofe und legte auf der westlichen Seite des Dorfes einen eigenen Friedhof an, der 1821 vom Pfarrer Dapping geweiht wurde.

6. Lippe legte im Jahre 1847 auf der nordwestlichen Seite des Dorfes einen Todtenhof an, dessen Weihung am Sonntage den 26. März vollzogen wurde.

7. Das Dorf Wahlbach legte auf der nordöstlichen Seite des Dorfes einen geräumigen Friedhof an. Pfarrer Rumpäus weihte ihn am 29. August 1852.

8. Der Kirchhof zu Burbach wurde 1852 angelegt. Am 23. November 1853 wurde der alte, über 600 Jahre gebrauchte Kirchhof mit einer Rede des Pfarrers Rumpäus geschlossen und darauf der neue, am Burgwäldchen gelegene Todtenhof von Pfarrer Knelp geweiht.

Das Officium eines hiesigen ersten Pfarrers besteht in Abhaltung des sonntäglichen Hauptgottesdienstes, der sonntäglichen Abendbetstunden, sowie des wochenweise mit dem zweiten Pfarrer abwechselnden werktägigen Morgengebets in der hiesigen Schule, im Sommer um 7 Uhr und im Winter um 8 Uhr; im Austheilen des Brodes beim heiligen Abendmahle, in Führung der Kirchenbücher und der damit verbundenen Scheine, in Ertheilung des Katechumenen-Unterrichts und in Confirmation der Kinder, in Verrichtung der pfarramtlichen Handlungen, wie Krankenbesuche, Privat-Communionen, Taufen, Copulationen, Beerdigungen ꝛc., wochenweise abwechselnd mit dem zweiten Pfarrer.

Dagegen gehören die beiden Capellendörfer Würgendorf und Lippe mit allen pfarramtlichen Handlungen ausschließlich zur ersten Pfarrei.

Die Capelle zu Würgendorf ist uralt und stammt noch aus der katholischen Zeit her. Am 21. Mai 1606 erging die Verordnung, daß die Reliquien der Altäre zu Würgendorf und Lippe unverzüglich abzuschaffen seien.

Die Capelle zu Lippe ist wegen Baufälligkeit 1744 abgebrochen und statt derer 1745 ein neues Schulhaus errichtet, welches in der oberen Etage einen Betsaal erhielt.

Das Pfarrhaus, welches zum Theil im Garten liegt, ist im Jahre 1758 gebaut und am 10. September 1759 bezogen worden. Das alte brannte am 4. Juni 1758 (auf Sonntag) mit noch 163 Gebäuden ab.

Verzeichniß der Geistlichen zu Burbach.

a. Katholische Geistliche.

Nur wenige Namen sind uns von diesen aufbewahrt worden. In einem aus dem Dillenburger Archive mitgetheilten Auszuge, sowie in den alten Acten des hiesigen Gerichts werden uns folgende genannt:

1. **Wipertus** (1219) wird in einer Urkunde des Klosters Seligenstadt: Sacerdos de Burbach als mitunterschriebener Zeuge aufgeführt.

2. **Johann** (1468, 69). Wahrscheinlich ist während seiner Dienstführung die kleinste Glocke auf dem hiesigen Thurme gegossen worden. Sie hat die Umschrift mit gothischen Buchstaben: „O rex gloriae veni cum pace. Anno domini 1452 Horgottschalle benedicta."

3. **Johann Scholl** (1512). Nach einem alten Gerichtsactenstücke wurde Joh. Scholl, Pastor zu Burbach, von Johann v. (genannt Moor), damals Amtmann zu Dillenburg, 1512 „für einen Gerichtsschreiber" zu Burbach angenommen.

4. **Thongesen.** Derselbe wird, ohne Zeitangabe, in den Artikeln 1570, die Rechte der Adeligen v. Seelbach im Freiengrund betreffend, als gewesener Pastor zu Burbach erwähnt.

b. Lutherische Pfarrer (1530—84).

1. Auf der Synode zu Dillenburg am Dienstag nach Martini 1538 wird den Pastoren zu Burbach und Schönbach das Saufen und Besuchen der Herberge untersagt, aber ihre Namen werden nicht genannt. Auf dem anderen Convente zu Frohnhausen 1540 wurde dem Pastoren zu Burbach das Saufen abermals verboten, „so aber nicht viel gefruchtet hat". Dieser wurde wahrscheinlich vom Grafen seines Amtes entsetzt, und zum Nachfolger wurde bestellt:

2. Rhulinus Thiel (1544—50).

Dieser besucht am 15. September 1548 die Synode zu Dillenburg, auf welcher über die An= oder Nichtannahme des vom Kaiser Carl V. zu Augsburg gegebenen und am 15. Mai in dem Nassauer Lande publicirten Interims berathen wird. Die anwesenden Geistlichen erklären sich zum größten Theile gegen das Interim und beurkunden durch ihre Namensunterschrift in dem darüber aufgenommenen Protocolle.

3. Anton Weintz (1550—77),

gebürtig aus Thiemen in Brabant, war früher Mönch, hatte zu Puderbach in der Grafschaft Wied das Evangelium geprebigt, war aber durch das Interim verjagt worden und kam 1550 als Pastor nach Burbach.

Er legte ein Register der Pfarrgefälle an, war auf dem Convente 1572 gegenwärtig.

Pfarrer Weintz starb 1577 an der Pest, die damals in der Pfarrgemeinde Burbach stark grassirte. Seine Wittwe lebte noch 1579.

4. Alexander Zythopäus (1577—84).

Er ist am 19. August 1575 auf dem Classen=Convente zu Siegen als Diaconus von Netphen gegenwärtig, wurde am 2. April 1576 zweiter Caplan zu Herborn und ging 1577 als Pastor nach Burbach.

Zythopäus war mit einer Tochter des M. Gerhardus Eobanus (Geldenhauer, vulgo Noviomagus, der ihn am 25. Mai 1583 auf der Reise von Liebenscheid nach Liers besuchte, verheirathet. Pfarrer Zythopäus starb zu Burbach im Anfange des Jahres 1584 und war der letzte lutherische Geistliche daselbst.

c. Reformirte Prediger (1584—1824).

5. M. Jodocus Naum (1584—87)

war gebürtig aus der Stadt Sintzen in der Churpfalz, studirte als pfälzischer Stipendiat in Heidelberg Theologie, besonders unter Zacharias Ursinus, und nahm hier auch den Magistergrad an. Aus der Pfalz mußte er des reformirten Bekenntnisses halber weichen, fand jedoch bald an der Schule zu Nassau ein Unterkommen, stand darauf von 1582 an als Ober=Schulmeister zu Dillenburg, kam um Martini 1584 an die Pfarrei Burbach, wo er mit vieler Klugheit die reformirte Lehre einführte. Nachdem er hier zwei Jahre und sechs Monate treu gewirkt hatte, ernannte ihn der Graf Johann der Aeltere von Nassau 1587 zum ersten Prediger und Inspector der Dillenburger Classe und zum Professor der Theologie an Olevian's Stelle nach Herborn.

Vor seinem Abgange dorthin spricht er hier in zwei lateinischen Briefen, die sich im hiesigen Lagerbuche finden, von dem Eindrucke, den die neue kirchliche Reform auf die Gemüther gemacht habe, und giebt zugleich seinem ihm unbekannten Nachfolger Anweisung über sein Verhalten gegen die Einwohner des hiesigen freien Grundes, indem er ihre Gesinnungs= und Handlungsweise mit kurzen Worten schildert und ihn zu einer vorsichtigen Conversation ermahnt.

Pfarrer Raum zog nun mit seiner Familie Mitte Mai 1587 nach Herborn. Nach siebenjährigem Aufenthalte daselbst verlegte der Graf Johann die dortige hohe Schule nach Siegen, und Raum erklärte auf die gräfliche Anfrage bei den Professoren in Betreff des Abzuges unterm 9. Juni 1594: „Er könne seine Pfarre nicht verlassen und habe hier 150 fl. mehr Salarium als zu Siegen."

Doch als ihn der Graf zum ersten Pfarrer und Inspector zu Siegen ernannt hatte, hielt er den 11. August 1594 hier seine Antrittspredigt. Zum Behufe der Beendigung seiner Vorlesungen in Herborn begab er sich aber unmittelbar nach dieser Predigt wieder dorthin und kehrte erst Anfangs October mit der hohen Schule und mit seiner Familie nach Siegen zurück, wo die Schule am 10. October eröffnet und er am 25. October introducirt wurde.

Auch die Siegener Predigerstelle hat er nicht lange bekleidet. Den inständigen Bitten der Bürger zu Hanau und des Grafen Philipp nachgebend, verließ er im August 1596 Siegen und ging als Prediger nach Hanau, wo ihn schon im folgenden Jahre der Tod ereilte.

Als Ober=Schulmeister zu Dillenburg verehelichte er sich am 5. Mai 1583 (dom. jucund.) mit Leysa, des Meisters Michael Schoneck hinterlassenen Tochter zu Dillenburg, welche ihm eine Tochter gebar.

Nach dem Tode der ersten Frau trat er in die zweite Ehe mit Dorothea N. Diese ehelichte als Wittwe am 19. Juni 1599 den Landschreiber Conrad Diez zu Dillenburg. Ein Sohn von ihm, Matthias, war am 7. August 1625 Pfarrer in Emmerichenhain und kommt 1638 als Pfarrer in Emden vor.

6. Bartholomäus Rhodingus (1587—95).

Derselbe ist von Marburg gebürtig, wo sein Vater, Johann Nicolaus Rhobing, Pfarrer war. An seinem Geburtsorte erlangte er seine Schulbildung und lag auch dort den Studien ob. Er ist im October 1584 Corrector an der lateinischen Schule zu Dillenburg, wird 1585 als Caplan daselbst genannt, geht 1587 an die Pfarrei Burbach an die Stelle des nach Herborn berufenen Jobocus Raum. Er trägt zu Burbach in das Lagerbuch ein: „Rent und Zins der Parr Burbach" mit dem besonderen Nota bene: „Ihm andern Register, so Anno 89 geschrieben." Er kehrt aber schon 1596 als Pfarrer nach Dillenburg zurück, wo er auch zugleich als Hofprediger bezeichnet wird.

Einen Hausstand gründete er als Kirchendiener zu Dillenburg 1585 dom. 1. Advent mit Susanne, Tochter des Ehren Johannes Climger, gewesenen Pfarrers zu Altenkirchen. Aus dieser Ehe werden folgende Kinder genannt:

   a) Magdalene, getauft 1587 dom. 2. p. Epiph.
   b) Catharine, getauft 1598.
Pfarrer Rhobing ist als Pfarrer zu Dillenburg 1626 gestorben.

7. Matthias Helvetius (1596—1622)

war gebürtig von Haiger, wo er auch von 1571 bis 1578 als Caplan fungirte, kam dann an die Pfarrei Wallendorf bei Beilstein. Hier legte er 1579 neue Kirchenbücher an. Durch seine Bemühung wurde dort eine lateinische Schule gegründet, die von den Caplänen daselbst bedient wurde.

Seine eheliche Hausfrau ist Margarethe. Von seinen neun Kindern sollen hier nur zwei genannt werden:

a) Margarethe, geboren zu Haiger, ehelicht 1596 den Pfarrer Georg Gretzmüller.

b) Jost Georg, getauft am 28. Februar 1582, studirt Theologie und stirbt im November 1677 als Pfarrer zu Marienberg.

Pfarrer Helvetius zog im October 1596 als Pfarrer nach Burbach. Kurz nach seiner Ankunft stellte er die Einkünfte des Diaconats und die des Glockenamtes durch Eintragungen in's Lagerbuch fest. Ebenso wurde 1615 unter seiner Aufsicht das Lagerbuch über die Legate und Armen=renten angelegt.

Er starb um die Mitte des Jahres 1622. In dem Conceptbuche des hiesigen Gerichts wird er und sein Sohn Johann Georg Helvetius, Diaconus, am 10. März 1622 als Zeugen aufgeführt. Zum Nachfolger wurde sein Schwiegersohn

8. Georg Gretzmüller (1622—35)

benominirt. Er war aus Hessen=Cassel gebürtig, war erst Informator bei den Kindern des Pfarrers Helvetius zu Wallendorf, und wurde nach dem Abgange des Pfarrers Helvetius und auf dessen Empfehlung Pfarrer zu Wallendorf. Seine Ehefrau Margarethe war die älteste Tochter des Pfarrers Helvetius. Mit dieser Tochter ist Gretzmüller 1596 ehelich eingesegnet worden. Diese Ehe wurde mit zehn Kindern gesegnet.

Pfarrer Gretzmüller trat im October 1596 sein Amt in Wallendorf an. Unter seiner Dienstführung ließ der Graf Georg eine Hofkirche zu Beilstein am Schloßhofe in den Jahren von 1614 bis 1616 bauen, die zugleich wegen Baufälligkeit der alten Pfarrkirche zu Wallendorf als Kirchspielkirche benutzt werden sollte. Die feierliche Einweihung derselben geschah durch den Pfarrer Gretzmüller am 20. October 1616. Er feierte mit seiner Gemeinde am 2. Novbr. 1617, am Sonntag den 20. p. Trinit., das 100jährige Reformationsfest.

Nach dem Tode seines Schwiegervaters Helvetius wurde er zum Prediger nach Burbach ernannt, wo er im October 1622 seinen Ein=zug hielt.

Er erhielt von seinem Landesherrn den ehrenvollen Auftrag, den Johann Irlen 1630 am Trinitatisfeste als ersten Pfarrer und Inspector zu Herborn in seine Aemter einzuführen.

Gretzmüller starb hier nach 13jähriger Wahrnehmung des hiesigen Predigtamtes im September 1635.

9. Conrad Post (1635—38),

des Herborner Bürgers Johann Dieberich Post Sohn, geboren daselbst am 1. März 1613, frequentirte die Classen des akademischen Pädagogs seiner Vaterstadt und studirte daselbst 1629.

Seine erste Anstellung als zweiter Pfarrer zu Dillenburg erhielt er 1634, wo er am 10. August e. a. ordinirt und introducirt wurde. Als solcher ehelichte er im nämlichen Jahre Anna Magdalena, des Johann Jacob Hofmann praec. prim. zu Herborn Tochter, die ihm elf Kinder gebar und als Wittwe am 11. Juli 1673 aus der Welt schied. Prediger Post ging 1635 auf das erledigte Pastorat Burbach, wo er bis 1638 functionirte und bezog dann die zweite Pfarrei zu Herborn. Hier wurde er am 13. Mai 1638 investirt.

Am 1. März des Jahres 1638 übertrug ihm die Landesherrschaft neben seinem Diaconate das Amt eines Professors der hebräischen Sprache bei der dortigen Hochschule.

Nach dem Tode des dortigen Pfarrers und Inspectors Niesener in=stallirte ihn der Dillenburger Inspector Sebastian Wetzflar am 1. Novbr. 1646 zum ersten Prediger in Herborn.

Professor Post starb im Alter von 60 Jahren 3 Monaten am 10. Juni 1669. Sein Begräbniß fand am 13. ejusd. in der Herborner Kirche statt.

10. Johannes Dilphius (1637—65),

der Sohn des gleichnamigen Pfarrers zu Dresselndorf, geboren 1605 zu Netphen, wo sein Vater zu der Zeit und bis 1626 Prediger war, studirte 1624 zu Herborn, wurde den 19. Juli 1634 an die Stelle des alten emeritirten Präceptors Eberhard Cnopii zum Präceptor der zweiten Classe zu Herborn angenommen, zog aber schon am 19. Februar 1635 als Pfarrer nach Oberholzklau und wurde von dort 1636 durch die Jesuiten zu Siegen verjagt.

Er wurde abermals nach Herborn berufen, und zwar als Caplan, folgte aber schon am 27. März des nächsten Jahres dem Rufe als erster Prediger nach Burbach. Hier legte er neue Proclamations=, Tauf= und Todtenprotocolle an, die mit dem Jahre 1647 anheben und von ihm sehr regelmäßig fortgeführt worden sind.

In der Ehe lebte er seit Misericord. Domini 1635 mit Anna Christine, Wittwe des gewesenen Predigers Egidius Herz zu Oberholzklau. Seine Tochter Anna Maria ehelichte 1653 dom. pente coste Siebel, Sohn des Bürgers Helmann Müsse zu Siegen.

Pfarrer Dilphius starb am 14. Februar 1665. Das Todtenbuch berichtet: „Am 16. Februar 1665 ward begraben der Ehren und Wohlgelehrte Herr Johannes Dilph, damaliger Pastor zu Burbach, welcher 28 Jahre am gemelbeten Orte Pastor gewesen. Die Leichenpredigt hat gehalten Herr Sebastianus Wetzlar, damaliger Inspector zu Dillenburg. Die Leichenpredigt ist gewesen das damalige Evangelium vom Stummen, Luc. Cap. 11."

11. Johannes Sartorius (1665—98).
(Cfr. Neunkirchen Nr. 10.)

Auf Anregen des Pfarrers Sartor wurde 1695 zu Burbach im Pfarrgarten ein neues Pastorathaus gebaut.

Seine Ehe mit Anna Catharina, gebornen Jäger, war mit mehreren Kindern gesegnet, unter welchen genannt werden:

a) Ludwig Albert, ältester Sohn, studirte 1677 zu Herborn jura und war später hochgräflich Braunfels'scher Rath.

b) Maria Catharina, verehelicht seit 1697 mit dem Pfarrer Johannes Winckel hier.

c) Carl Gottfried, lebte verheirathet zu Burbach als Landmann.

d) Georg Philipp, lebte ebenfalls verheirathet zu Burbach; er starb am 11. Februar 1720.

e) Maria Magdalena, war verehelicht an den hessischen Quartiermacher Christoph Rheymann, welcher am 6. März 1723 starb.

Pfarrer Sartor's Tod steht in dem hiesigen Todtenbuche nicht verzeichnet. Nach den Gerichtsprotocollen ist er in der Mitte des Jahres 1698 gestorben.

12. Johannes Winckel (1698—1735),

gebürtig von Siegen, wo sein Vater Henrich Winckel Bürger war; er studirte 1690 zu Herborn, ging 1696 an die Pfarrei Burbach zur Aushilfe des altersschwachen Pfarrers Sartor. Ihm wurde 1698 nach dem Tode des Letzteren die Burbacher Pfarrstelle übertragen und er ist im September e. a. als Prediger installirt worden.

Unter seiner Amtirung wurden

a) die Haustaufe und Hauscopulation, welche bis dahin in der Kirchspielskirche verrichtet wurden, eingeführt;

b) zu Burbach 1700 die Kirchspielsschule aufgelöst und eine Dorf=schule errichtet;

c) zu Wilden 1700 eine Capelle mit einem Simultan=Schullocale für die drei Wilden erbaut.

Prediger Winckel schied nach 37jährigem segensreichen Wirken im Jahre 1735 aus diesem Leben. Sein tödtlicher Hingang ist im Sterbe=buche nicht notirt. Die letzte Eintragung in's Copulations=Register geschah von ihm am 20. Juli 1735, wobei sein Nachfolger bemerkt: „Vom Sterbejahr des Pfarrers Winckel ist kein Protocoll eingekommen."

Nach der hiesigen Kostenrechnung und den Neunkircher Pfarracten starb er am 14. dom. p. Trinitatis, als den 6. September 1735, und ist am 13. ejusd. öffentlich in der Kirche beerdigt worden. Das ein=gesammelte Almosengeld am Begräbnißtage betrug 44 Albus.

Pfarrer Winckel hat in zwei Ehen gelebt; zuerst seit 1697 mit Anna Catharina Sartor, welche 1714 starb. Von den fünf Kindern dieser Ehe soll nur der älteste Sohn genannt werden:

Johann Ludwig, geboren zu Burbach am 13. November 1698, getauft dom. 21. p. Trinit. e. a., studirte 1713 zu Herborn, wurde 1722 Pfarrer zu Halbern und Aspeln, 1729 Pfarrer zu Weeze, 1734 Hofprediger zu Dillenburg und 1745 erster Prediger und Inspector zu Siegen, wo er am 24. Juni 1769 seinen Lebenslauf schloß.

In zweiter Ehe lebte er seit 1716 mit Mechthilde Marie Sibille v. Beringhausen, des Herrn v. Beringhausen und Johannette Marie Vogt von Elspe, Eheleute in den Heistern Tochter, welche zu Burbach am 25. Juni 1742 starb. Dieser Ehe entsprossen zwei Söhne und zwei Töchter. Die Söhne waren:

a) Johann Albert, geboren den 19. Mai 1717, studirte 1733 Theo=logie zu Herborn, ordinirt am 16. Juni 1745 zu Burbach, wurde am 15. Mai 1746 Hofprediger zu Oranienstein und 1757 Pre=diger zu Hahnstätten und starb daselbst am 6. April 1769.

b) Samuel Friedrich Ernst, geboren den 14. Mai 1723, studirte 1740 zu Herborn, wurde Hofprediger und Consistorialrath zu Wittgenstein und starb am 14. September 1754 zu Laasphe.

Gemäß Erlasses vom 22. December 1732 stiftete Fürst Christian zu Dillenburg die Prediger=Wittwen=Casse und fundirte solche mit 2000 fl., zu der jeder Prediger der Grafschaft Dillenburg einen jährlichen Beitrag von 4 fl. zu zahlen hatte. Wittwe Pfarrer Winckel zu Burbach und Wittwe Pfarrer Sartor zu Driedorf erhielten am 2. Febr. 1737 die ersten Deputate, jede 16 fl. Außerdem hatten sie ein Gnadenjahr.

13. Wilhelm Henrich Manger (1736—62),

geboren den 28. December 1683 zu Eisenroth. Seine Eltern waren der Pfarrer Johann Wilhelm Manger und Anna Susanne, geborne Tile=mann zu Eisenroth; er studirte 1700 zu Herborn, wurde 1712 Candidat und unterstützte seinen Vater im Amte vier Jahre lang. Als dieser 1716 starb, wurde er dessen Nachfolger im Amte. Während seiner Dienstführung wurde 1723 daselbst eine neue Kirche auf eine Anhöhe an der östlichen Seite des Dorfes gebaut und von ihm im folgenden Jahre geweiht.

Nach 26jähriger Wahrnehmung des dortigen Predigtamtes erhielt er den Ruf als Pastor nach Burbach und wurde daselbst am 30. Septbr. 1736 durch den Inspector Schramm präsentirt. Er verwaltete fünf

Jahre lang, von 1733 bis 1738, das Amt eines Cassirers und Rech-
nungsführers bei der Prediger=Wittwen=Casse und war der erste erwählte Cassirer.

Zu Burbach brach am 4. Juni während des Gottesdienstes in der Nähe der Kirche Feuer aus, das so rasch
um sich griff, daß in wenigen Stunden fast das ganze
Dorf, an 163 Gebäude, unter denen auch die beiden Pfarrwohnungen und das Schulhaus sich befanden, eingeäschert
wurde.

Der Pfarrer Manger zog den 10. September 1759 in die neue Pfarrwohnung ein. Nach dem hiesigen Tobten=Kataloge starb derselbe am
10. Juni 1762, nachdem er 26 Jahre zu Eisemroth und ebenso lange
in Burbach, mithin 52 Jahre, das Predigtamt verwaltet und 78½ Jahre
gelebt hatte, nach sechstägiger Krankheit durch wiederholten Schlaganfall
und ist am 12. Juni in der hiesigen Kirche still beerdigt. Er war der
letzte Geistliche, der in der Kirche seine Ruhestatt fand.

Pfarrer Manger lebte seit dem 14. Mai 1716 in der Ehe mit
Catharine Wilhelmine, des Johann Daniel Tilemann, gewesenen Schultheißen zu Dillenburg Tochter, die am 5. April 1776, 78 Jahre alt,
bei ihrem Sohne zu Fleisbach aus dieser Welt schied und am 8. ejusd.
in der dortigen Kirche beerdigt wurde.

Sie hatte ihm 12 Kinder, 7 Söhne und 5 Töchter, geboren, von
denen hier genannt werden:

a) Henrich Gottfried, geboren den 9. Mai 1724, wurde Apotheker
   zu Berleburg.
b) Wilhelm Henrich, geboren den 29. April 1726, wurde Pfarrer.
c) Auguste Philippine, geboren den 27. Februar 1728; ehelichte am
   9. November 1780 den Pfarrer Theodor Philipp Schacht zu
   Driedorf.
d) Wilhelmine Henriette, geboren den 23. März; ehelichte am 10. November 1751 den Pfarrer Max Dilthey zu Ballersbach.

Ein Sohn des Verstorbenen,

Wilhelm Henrich Manger,

verwaltete im Wittwenjahre, von 1762 bis 1763, die hiesige Pfarrei.
Er ist geboren zu Eisemroth den 29. April 1726, studirte 1745 zu Herborn, kam 1762 als Vicar nach Burbach, dann 1763 nach Pirmasens,
1764 als zweiter Pfarrer nach Ebersbach, am 4. October 1767 als
Pastor nach Fleisbach und am 1. April 1778 nach Mengerskirchen, wo
er am 27. Juli 1794, 69 Jahre alt, seine Erdenlaufbahn schloß.

14. Johann Gottfried Jüngst (1763—69),

des Bürgers Johann Jacob Jüngst zu Herborn Sohn, geboren baselbst
am 9. Juni 1712, studirte 1732 in seiner Vaterstadt, stand sechs Jahre,
von 1745 an, als Prediger zu Breitscheid, wurde darnach am 9. Mai
1751 als Pfarrer zu Driedorf durch den Regierungs= und Ober=Consi-
storialrath Spannknabe und den Superintendenten Cr. und Inspector
Schramm der dortigen Gemeinde vorgestellt. Zum Seelsorgeramt nach
Burbach ernannt, „habe er" — wie er selbst schreibt — „valecedirt zu
Driedorf am 19. Juni 1763 mit großer Bewegung der Gemeinde und
meiner selbst und habe am 26. ejusd. zu Burbach wegen der Menge
des Volkes auf dem Kirchhofe meine Antrittspredigt gehalten, weil man
befürchtete, die alte baufällige Kirche möchte die Last nicht tragen
können. Justiz= und Consistorialrath Eberhard hielt baselbst auch die
Eröffnungsrede."

Pfarrer Jüngst stellte geeignete Anträge in Betreff des Neubau's der Kirche. Er brachte jedoch das angeregte Werk nicht zur Ausführung. Der Tod übereilte ihn am 10. Februar 1769, Abends 9 Uhr, und er wurde am 13. ejusd. bei volkreicher Versammlung auf dem Kirchhofe, zur linken Hand des Einganges, begraben. Er war der erste Pfarrer, der auf dem Kirchhofe beerdigt wurde. Einige Jahre vor seinem Tode berief ihn die Landesherrschaft zum Oberprediger nach Dillenburg, allein er lehnte diesen ehrenvollen Ruf ab.

In den letzten Jahren seines Lebens wurde er schwächlich und beantragte beim Presbyterium, auf seine Kosten sich einen Pfarrvicar halten zu dürfen, der für ihn die Hauptgeschäfte wahrnehmen sollte. Sein Antrag wurde genehmigt und der Vicar

Johannes Georg Hermanni von Herborn

vicarirte vom 7. October 1768 bis zum 11. Mai 1769. Er studirte 1758 in Herborn, kam, nachdem er ein Jahr bei der ersten Pfarrei Burbach, ein Jahr bei der Pfarrei Haiger, anderthalb Jahre bei der Pfarrei Renderoth und fünf Jahre bei der ersten Pfarrei zu Diez vicarirt hatte, nach Fleisbach und wurde am 17. Mai 1778 durch den Inspector Arnold installirt, erhielt 1779 das Pfarramt zu Bicken und wurde hier am 29. Mai introducirt. Bei dieser Gemeinde setzte er die Seelsorge fort bis an sein Lebensende, welches am 19. Juni 1810 erfolgte.

Weil der Prediger Jüngst ohne Leibeserben starb, so erhielt sein Bruder, Gerichtsschöffe Johann Georg Jüngst zu Herborn, nur ein halbes Kirchenjahr, von Martini 1768 bis 11. Mai 1769.

Nach Ablauf desselben verwaltete der Candidat Johann Wilhelm Bartmann von Dillenburg (cfr. 2. Pfarrei Burbach Nr. 5) zwei Monate lang die Pfarrstelle zum Besten der Wittwen-Casse.

15. Johann Henrich Otterbein (1769—1800),

ältester Sohn des zu Frohnhausen 1742 verstorbenen Predigers Johann Daniel Otterbein und dessen Ehefrau Wilhelmine Henriette, gebornen Hörlen; er ward geboren den 21. März 1722 zu Dillenburg, wo sein Vater damals beim dortigen Pädagogium als Präceptor stand; studirte 1738 zu Herborn, wurde daselbst 1744 Candidat und erhielt bald darauf die Stelle eines Präceptors bei der fünften Classe zu Herborn mit einer jährlichen Besoldung von 70 fl., ging 1749 als Pfarrer nach Fleisbach, mit 200 fl. jährlicher Revenue und wurde hier am 23. März e. a. durch den Inspector Schramm in sein Amt eingeführt, erhielt am 19. Mai 1757 seine Berufung als zweiter Prediger nach Herborn, hielt am 19. Juni zu Fleisbach seine Abschiedspredigt und am 26. Juni zu Herborn seine Antrittspredigt.

Sein Einkommen betrug 300 fl. Im Jahre 1769 wurde er als Oberpfarrer nach Burbach translocirt, hatte 800 fl. Einkommen und wurde hier am 9. Juli 1769 durch den Inspector Arnold im Beisein des Justizraths Eberhard installirt. Er war ein sehr thätiger Geistlicher, der überall das Beste fördern half.

Unter seiner Amtirung wurde die neue Kirchspielskirche gebaut, wobei er die Baucasse führte und eine neue Orgel beschaffte.

Nachdem Pfarrer Otterbein bei hiesiger Gemeinde 31 Jahre segensreich gewirkt hatte, starb er hier in einem Alter von 79 Jahren am 20. October 1800 und wurde am 23. ejusd. auf dem hiesigen Kirchhofe, und zwar auf seinen ausdrücklichen Wunsch, in der Mitte desselben zur rechten Seite des Weges in der Stille begraben.

Sehen wir auf seine häuslichen Verhältnisse, so ist er im 29. Lebens-jahre am 30. November 1750 mit Sophie Philippine, der 20jährigen Tochter des Ober-Schultheißen Andreas Jeckeln zu Herborn verehelicht. Die kirchliche Einsegnung geschah durch den Inspector Arnold. Diese Ehe war mit 12 Kindern, 6 Söhnen und 6 Töchtern gesegnet, wovon jedoch 1 Sohn und 3 Töchter früh starben.

a) Johann Henrich, geboren den 4. Juni 1754 }
b) Philipp Carl, geboren den 4. Juni 1754 } Zwillinge.

c) Carl Ludwig, geboren den 8. September 1756.

Alle Drei besuchten das Pädagog zu Herborn, studirten auch da-selbst und setzten am 29. April 1775 zu Duisburg ihre Studien der Theologie fort. Der Erstere war von 1782 bis 1786 Wochenprediger zu Mülheim an der Ruhr und kam im letzteren Jahre als Prediger an die reformirte Gemeinde zu Soest, wo er am 6. September instal-lirt wurde; der Zweite erhielt 1778 die Pfarrei Heinsberg im Herzog-thume Jülich und der Dritte ging 1776 als Wochenprediger nach Mülheim an der Ruhr und 1781 als reformirter Prediger nach Soest, wo er 1786 gestorben ist.

d) Georg Philipp, geboren den 9. April 1761, studirte 1775 zu Her-born Medicin, setzte diese Studien zu Duisburg am 17. Juli 1779 fort, promovirte unter dem Professor Johann Gottlieb Leidenfrost als Dr. der Medicin, war 1792 gräflich Büding'scher Leibarzt.

e) Marie Wilhelmine, geboren den 2. Juni 1763, ehelichte am 3. Juli 1788 den Kaufmann Carl Hartmann Friedrich Büsgen zu Altenkirchen.

f) Henrich Daniel, geboren den 15. December 1767, besuchte das Gymnasium zu Soest, studirte 1785 zu Herborn Theologie, war 1792 Candidat. Er wurde am 23. September 1794 in einem Wirthshause am Wege nach Altenkirchen, wo er seine Schwester besuchen wollte, durch Unvorsichtigkeit eines mitreisenden Soldaten erschossen.

g) Antoinette Wilhelmine, geboren den 27. Februar 1769, ehelichte am 14. April 1790 den Professor Henrich Carl Dapping zu Herborn.

h) Dorothea Henriette, geboren den 12. Juni 1772, ehelichte 1798 den Professor der Philosophie, Ernst Gerhard Pagenstecher, einen Sohn des Pfarrers Johann Hermann Pagenstecher zu Ober-neißen.

Die durch den Tod des Pfarrers Otterbein erledigte Pfarrstelle verwaltete im Gnadenjahre

Johann Gotthard Wilhelm Hatzfeld (vom 25. October 1800 bis 1. Mai 1802).

Er ist geboren zu Driedorf den 27. April 1769. Sein Vater war der am 19. Juli 1792 verstorbene Rath und Amtmann Johann Henrich Hatzfeld zu Driedorf und seine Mutter, Albertine Philippine, eine Tochter des Kammer-Directors Johann Henrich Reichmann zu Dillenburg.

Vicar Hatzfeld studirte zu Herborn, war 1798 Candidat, verwaltete vom 22. Februar 1799 an die Pfarrei Neukirch und vom 25. October 1800 an die zu Burbach, kam am 19. Juni 1803 als Pastor nach Wallen-dorf und zog im November 1822 als Prediger nach Driedorf, wo er am 11. August 1827 gestorben ist.

16. Henrich Christian Dapping (1802—23).

Derselbe war der Sohn des Henrich Dapping zu Dillenburg, geboren daselbst den 21. September 1752. Seinen ersten Unterricht erhielt er auf der lateinischen Schule zu Dillenburg, kam von hier auf Ostern 1768 nach Herborn, wo er bis Herbst 1771 Philosophie, morgenländische Sprache, Theologie und Exegese hörte; von da bis Ostern 1773 setzte er in Göttingen die nämlichen Studien fort und vollendete solche in Marburg von Ostern 1773 bis dahin 1774. Sein Examen machte er bei der theologischen Facultät in Herborn den 18. März 1775. Er bekleidete die dritte Pfarrstelle zu Dillenburg vom 5. Januar 1778 bis Juni 1782, also 4½ Jahre; die erste Pfarrei zu Ebersbach vom 13. Juni 1782 bis Ende April 1802, also 10 Jahre (introducirt am 19. Juni 1792) und die erste Predigerstelle zu Burbach vom 5. April 1802 bis 21. September 1823, also 21 Jahre.

Zu Burbach wurde er am 2. Mai 1802 durch den Inspector Vollpracht in Gegenwart des Geheimen Justizrathes v. Bierbrauer und des Registrators Faber der Gemeinde präsentirt.

In der Ehe lebte er seit dem 8. December 1795 mit Justine Christiane, gebornen Molly, des Finanzrathes Johann Thomas Fuchs Wittwe, welche am 11. November 1834 im Alter von 66 Jahren 7 Monaten zu Siegen bei ihrer Tochter starb. Seiner Frau Tochter erster Ehe, Charlotte Philippine Fuchs, starb am 29. Juni 1806.

Pfarrer Dapping war ein gelehrter, intelligenter und sehr thätiger Mann, welcher sich namentlich um das Schulwesen hiesiger Pfarrgemeinde wesentliche Verdienste erworben hat. Er führte die öffentlichen Schulprüfungen in der Kirche ein, ordnete im Vereine mit dem Presbyterium die Frühschule an und richtete den Classenunterricht ein. Auch unterwies er die Lehrer und gab ihnen die erforderlichen Winke bei Einführung der Lautier=Methode und sorgte für Anschaffung der erforderlichen Bücher und Apparate.

Dapping starb auf seinen Geburtstag im Alter von 71 Jahren am 21. September 1823 und wurde am 23. ejusd. unter dem Rundele zwischen den beiden Kirchthüren beerdigt; er hinterließ die Wittwe und eine Tochter Luise, welche in Siegen, an den Kaufmann Carl Schneider verheirathet, gestorben ist.

Während des Gnadenjahres fungirte als Vicar in Burbach:

Friedrich Carl Kraemer

seit October 1823 bis im September 1824. Er war der Sohn des Raths und Land=Rentmeisters Johann Heinr. Kraemer und der Charlotte Marie, gebornen Hasenbach, geboren am 7. November 1801 in Siegen, wurde von dem Superintendenten Bender, dem damaligen Magister und dem Rector Heinr. Adolph Achenbach im dortigen Pädagogium, dann im Herrnhuter=Institute in Neuwied, zuletzt auf dem Gymnasium in Wetzlar unterrichtet, respective vorgebildet, studirte in Marburg, Tübingen und Halle, examinirt in Münster pro licentia concionandi am 27.—29. Mai 1823 und pro ministerio am 15.—17. Juni 1824.

Derselbe wurde unter dem 15. Januar 1826 als Pfarrer zu Freudenberg durch den Superintendenten Bender eingeführt, nachdem er daselbst bereits am 24. November 1824 die Ordination erhalten und bis zu seiner Einführung die Pfarrei vicarirt hatte. Er starb daselbst am 29. Mai 1830, 28 Jahre alt, an der Auszehrung, als an seine Stelle wurde, nachdem dieselbe der Candidat Franz Vomhof von Burbach anderthalb Jahre verwaltet hatte, der Candidat Christian Groos von Arfeld als Pfarrer ernannt.

d. Die Pfarrer der unirten Gemeinde.

Nachdem im Jahre 1824 die Union eingeführt war, wurde als Prediger bestellt:

17. Georg Jacob Ludwig Reuß (1824—32).

Die Einführung und förmliche Vorstellung vollzog am 28. Novbr. 1824 der Superintendent Bender von Siegen in einer die liebliche und erbauliche Seite des geistlichen Amtes nach Jesaias 57, 7, darstellenden Rede, nachdem der Pfarrer Reuß vor einer ungemein zahlreichen Versammlung nach Anleitung des Propheten Jesaias 11, 10, in seiner Austrittspredigt die Gründe angegeben hatte, auf die er Hoffnung baue, daß der Herr auch in seinem neuen Wirkungskreise mit ihm sein werde.

Pfarrer Reuß war zu Wetzlar am 18. November 1769 geboren. Seine Eltern waren Gerhard Reuß, senior ministerii, und Marie Christine, geborne Wüstenfeld zu Wetzlar.

Er erlangte seine erste Schulbildung auf dem Gymnasium zu Wetzlar unter dem Rector Nimrod, genoß dann den Unterricht seines Schwagers, des Pfarrers Schmidt zu Maar im Vogelsberge bis 1785, ging nun einige Zeit auf das Gymnasium zu Weilburg und bezog im sechzehnten Jahre die Universität zu Gießen, wo er drei Jahre studirte, privatisirte einige Zeit als Candidat in Wetzlar, bestand seine theologische Prüfung zu Weilburg. Im Jahre 1792 wurde er Vicar in Bolpertshausen (Synode Wetzlar), alsdann Caplan in Weilmünster (Herzogthum Nassau) und am 16. December 1796 Pfarrer bei der lutherischen Gemeinde zu Krofdorf, unfern Gießen, wo er 28 Jahre treu wirkte. Er besaß ein großes Rednertalent. Verschiedene Schriften übergab er dem Drucke. Außer mehreren Predigten gab er einen Bibelauszug, ein System der christlichen Glaubens= und Sittenlehre in drei Bänden, und einen Katechismus heraus. Letzterer wurde hier eingeführt und bis 1841 dem Confirmanden=Unterrichte zu Grunde gelegt.

Seine Bemühungen, einen guten, lieblichen Kirchengesang herbeizuführen, blieben nicht ohne Erfolg.

Nach achtjährigem Wirken bei hiesiger Gemeinde starb er im 63. Jahre seines Lebens, in Folge einer sich zugezogenen Erkältung, betrauert von allen seinen Pfarrkindern, am 19. August 1832 und wurde am 22. desselben Monats bei volkreicher Versammlung feierlichst zur Ruhe bestattet. Reuß war seit 1802 verheirathet mit Anna Margaretha, gebornen Wagner von Krofdorf, und hinterließ 7 Kinder, 2 Söhne und 5 Töchter. Die beiden Söhne haben Theologie studirt und sind Pfarrer.

a) Theodor, geboren 1811 zu Krofdorf, ist seit 1841 Pfarrer zu Dickenschied (Kreissynode Simmern), ist zugleich Synodal=Assessor.

b) Julius, geboren 1813 zu Krofdorf, wurde erst Hülfsprediger mit dem Rechte der Nachfolge am 10. Mai 1845 des 71jährigen Pfarrers Ferdinand Schneider zu Simmern (Kreissynode Simmern).

Die Töchter waren bis auf die dritte alle verheirathet, und zwar:

a) Luise Margarethe Sophie, geboren 1803, ehelichte am 22. Decbr. 1825 den Dr. Heinrich Christian Michael Rettig, des Christoph Rettig zu Gießen Sohn.

b) Caroline, geboren 1805, war mit dem Kaufmann Beppler in Wetzlar verheirathet. Dieser trat nach dem Tode seiner Frau in die zweite Ehe mit Johannette Reuß, der jüngsten Schwester derselben.

c) Wilhelmine, geboren 1807, ist unverheirathet geblieben.

d) Charlotte Wilhelmine, geboren den 13. März 1809, trat am 29. September 1833 in die Ehe mit Georg Carl Rink, Pfarrer in Staffel (geboren den 18. Januar 1804), des Johann Christian Rink zu Fulda Sohn.

e) Johannette, geboren 1815 (vide unter b).

Im Wittwenjahre versahen der Candidat Franz Bom-hof von Burbach (cfr. Dresselndorf Nr. 20) und darnach der hiesige Pfarrer Kneip das Officium der hiesigen Pfarrstelle.

Königliche Regierung ernannte den reformirten Pfarrer zu Hagen

18. Johann Henrich Gottlieb Hackländer (1833—40)

unter dem 21. August 1833 zum Pfarrer nach Burbach.

Es mußte die Einführung wegen einer demselben unmittelbar vor seinem Abzuge von Hagen zugestoßenen Krankheit bis auf dom. 21. p. Trinit., den 27. October 1833, verschoben werden. Nachdem er am be-merkten Tage vor einer ungemein zahlreichen Versammlung in einer angemessenen und ansprechenden Rede nach Anleitung der Worte Joh. 21, 8 und 17, sich über die Stiftung und den Zweck des christlichen Lehr-amtes und die Bedingungen einer gesegneten Ausrichtung verbreitet hatte, vollzog er nach der an der gehaltenen Predigt sich anschließenden kurzen, die Liebe zu Jesu Christo als Haupt-erforderniß eines evangelischen Geistlichen und Hauptbedingung seiner gesegneten Wirksamkeit hervorhebenden Rede die förmliche Einführung und Vorstellung.

Pfarrer Hackländer war geboren am 28. October 1795 zu Ronsdorf, wo sein Vater Franz Arnold Hackländer seit 1792 Pfarrer war.

Seine Schulbildung erhielt er auf der höheren Bürgerschule zu Bar-men, bezog in seinem siebenzehnten Jahre die Universität Marburg und beendete dort sein Triennium, bestand sein Examen 1816, hielt zu West-hofen eine Probepredigt über Jeremias 1, 6, 7 und 8, wurde darauf 1817 gewählt und von der Regierung als Pfarrer bei der reformirten Gemeinde daselbst bestätigt; wurde 1825 an die reformirte Gemeinde zu Hagen berufen und ging von dort 1833 nach Burbach.

Er lebte in erster Ehe mit Helene, gebornen Lohe, welche den 25. October 1795 geboren und am 24. August 1837 gestorben ist. Diese Ehe war mit acht Kindern, drei Töchtern und fünf Söhnen, gesegnet; er trat in die zweite Ehe am 4. Septbr. 1838 mit Clara Emilie Moll, des Kaufmanns Moll zu Osnabrück Tochter, welche am 24. October 1851 zu Osnabrück gestorben ist. Am 1. December 1833 betraute ihn die königliche Regierung mit dem Schul-Inspectorat des Bezirks Burbach. Pastor Hackländer starb mit Hinterlassung seiner Wittwe und acht un-versorgter Kinder im 44. Lebensjahre am 25. Mai 1839 an der Auszehrung und wurde am 28. desselben Monats beerdigt.

Der Pfarrer Kneip vicarirte im Wittwenjahre.

Das Ministerium hatte den Garnisonprediger König zu Mainz zum Pfarrer nach Burbach ernannt und ihn ver-anlaßt, eine Probepredigt zu halten. Dieses letztere geschah über Joh. 20, 19—21. Allein die Gemeinde wünschte den bei der Petri-Gemeinde zu Soest angestellten Pfarrer Rum-päus zu ihrem Seelsorger zu haben, nachdem eine von ihr ernannte Deputation sich in Soest von seiner guten Redner-gabe durch Anhörung einer Predigt überzeugt hatte und wandte sich deßhalb bittend an Se. Majestät den König um Ernennung des Pfarrers Rumpäus zum Prediger und Seelsorger nach Burbach.

Ihre Bitte wurde allergnädigst erhört und der Pfarrer

19. **Friedrich Wilhelm Ludwig Rumpäus**

unter dem 24. Februar 1841 von königlicher Regierung bestätigt.

Die Einführung und förmliche Vorstellung vollzog auf Sonntag den 25. April 1841 der Superintendent Bender in einer kurzen Rede; nachdem Rumpäus seine Antrittspredigt über Johannes 21, 15—17, gehalten hatte.

Derselbe ist ein Sohn des weiland Conrectors am Archiggymnasium zu Soest, Johann Friedrich Christoph Rumpäus und der Luise, gebornen Ottmer, geboren zu Lippstadt am 18. Juli 1809, an welchem Orte sein Vater damals als Lehrer bei der Bürgerschule angestellt war. Den Schulunterricht empfing er auf dem Gymnasium zu Soest von 1818 bis 1828. Nachdem er dort am 24. September 1828 seine Abiturienten= Prüfung gemacht hatte, bezog er zum Studium der Theologie auf Michaeli 1828 die Universität Halle, setzte seine Studien von Michaeli 1830 zu Bonn fort, und vollendete solche daselbst auf Michaeli 1831.

Sein Examen pro licentia concionandi machte er am 29. bis 31. August 1832 und das pro ministerio vom 20. bis 22. Juni 1833 zu Münster und wurde unter die Zahl der wählbaren Candidaten aufgenommen.

Nach seinem zweiten Examen versah er anderthalb Jahre das Amt eines Hauslehrers bei dem Herrn Friedrich Ebbinghaus zu Westigerbach, erhielt dann im November 1834 den Ruf als zweiter Prediger bei der Petri=Gemeinde zu Soest und wurde daselbst durch den Superintendenten Friedrich Heuten am 12. Februar 1835 ordinirt und zugleich introducirt. Er ist verheirathet seit dem 18. Juni 1839 mit Wilhelmine Luise, Tochter des weiland Directors am Gymnasium zu Soest, Joh. Philipp Seidenstücker.

Die zweite Pfarrei zu Burbach.

Die zweite Pfarrei, welche in älterer Zeit den Titel Caplanei oder Diaconat führte, hat ihren Ursprung in der vorreformatorischen Zeit.

Sie scheint eine Stiftung des gräflichen Hauses Nassau und des Adels im hiesigen Grunde zu sein.

Die Einkünfte der Caplanei, sowie die des Glocken= amtes, mit welchem das Ludimagistrat verbunden war, finden sich getrennt in einem alten Pfarr=Register von 1589 specificirt.

Doch war die Caplanei schwach dotirt, und dies veranlaßte die Caplane, sich baldigst um eine bessere Stelle zu bewerben.

Es lag aber im Interesse des hiesigen Pastors, daß er, bei der an Seelenzahl immer mehr zunehmenden Gemeinde und den sich mehrenden Dienstgeschäften, um die Erhaltung eines Assistenten sich bemühte und durch eine Vereinigung des Glocken- und Schulamtes mit der Caplanei eine Verbesserung der Revenuen der letzteren zu bewirken suchte.

Wenn dieses zu Stande kam, so hatte der Pastor eher Aussicht, einen studirten Geistlichen auf längere Zeit zu seiner Aushülfe zu behalten.

Die förmliche Vereinigung dieser Aemter geschah in den Jahren von 1590—1594 und das Einkommen des Caplans wurde dadurch wesentlich verbessert.

Das Glockenamt blieb auch noch da mit der Caplanei verbunden, als im Jahre 1700 das Cantor- und Schulamt von derselben getrennt wurde.

Von nun an war die ursprüngliche Bestimmung des Diaconats wieder hergestellt und diente fortan nur für die Assistenz des Pastorats. Mit Veränderung seiner Bestimmung wird gleichzeitig der Titel verändert und die Caplanei zur Würde einer ordentlichen Pfarrei erhoben.

Die Dienstgeschäfte wurden geregelt und dem zweiten Pfarrer, was ihm observanzmäßig schon oblag, namentlich zugewiesen:

a) Sonntagnachmittags-Predigt zu halten, wozu im Sommer um 1 Uhr und im Winter um 2 Uhr eingeläutet wird;

b) das werktägige Wochengebet in der hiesigen Schule, mit dem ersten Pfarrer wochenweise abwechselnd, im Sommer um 7 Uhr und im Winter um 8 Uhr Morgens, zu verrichten;

c) beim heiligen Abendmahle die Formel zu lesen und den Kelch zu reichen und die Tage vorher die Vorbereitung in den Dörfern: Burbach, Wahlbach, Wiederstein, Zeppenfeld und Gilsbach abzuhalten;

d) in der Capelle zur Mittelwilde das heilige Abendmahl nach einer vorher gehaltenen Vorbereitungs-Predigt auf den zweiten Ostertag und auf St. Lucas auszutheilen.

e) wochenweise mit dem ersten Prediger abwechselnd alle Amtshandlungen, wie Taufen, Copulationen, Beerdigungen ꝛc. im Kirchspiele, mit Ausschluß der beiden Dorfschaften: Würgendorf und Lippe, die mit allen pfarramtlichen Handlungen zur ersten Pfarrei gehören, zu verrichten.

Später wurde auch mit diesem Amte verbunden:

f) die Führung der Duplicate der Kirchenbücher.

Reihenfolge der Caplane und Diaconen.

1. Caplan Arnold (1541).

Derselbe ist 1541 auf dem Classen-Convente zu Dillenburg, wurde dort der Völlerei angeklagt, versprach Besserung und setzte sich selbst nicht nur, wenn er wieder betroffen würde, 10 fl. Strafe an, sondern stellte auch zum Bürgen den Pastoren zu Haiger, Conrad Diepel. 1538 war er Altarist und Caplan zu Oberschelden. Wie lange er die Stelle bekleidet hat, ist nicht zu ermitteln.

Antonius Perzenius (1576—79).

(Cfr. Pfarrverzeichniß Daaben Nr. 1.)

Er schreibt in sein Privat-Lagerbuch, welches sich in dem Pfarr-Archive von Daaben findet:

„Ex libris Antony Perzeny verbi divini ministriy in Daaben.
„Im Dorfe Daaben Ich geporen bin
„Ihn Nassau, Westphalen, Sächsisch. u. Marpurgische
„Schulen ich mich erzogen findt.
„Zu Purpach ich erster Schulmeister worbe
„Zum Predigtampt nach Hirzehahn berufen hobt
„Bis ich zu Daaben wiederumb Ins Prediger Joch
„Daselbst ich auch bis im Alter hoch geplieben bin.“

3. Johann Sprenger, Caplan 1590.

4. Johann Hauf (1593—96),

Diaconus und Schulmeister. Er war gebürtig von Herborn, wo er auch 1585 stubirte, wurde 1593 Caplan zu Burbach und 1596 in Freudenberg, wo 1612 Johann Alexius, Pfarrer zu Keppel, an seine Stelle trat.

5. Joachim Jacob Hermannus (1596—1606)

war ein Bruder des Inspectors Johann Jacob Hermanni zu Dillenburg. Er kam von Burbach 1606 an die Pfarrei Breitscheid und soll laut Pfarr-Register daselbst, einmal mit dem Teufel disputirt haben, „von der Hühnerkauten bis an den Elzersberg“.

Im Jahre 1622 wurde er an das Predigtamt zu Schönbach versetzt, wo er im März des nächsten Jahres sein Amt antritt. Hier scheint er 1636 gestorben zu sein. Seine Wittwe genoß auch noch ein Vierteljahr die Pfarr-Revenuen.

6. Jost Helvetius (1606—1614)

war von Beilstein gebürtig und ein Sohn des dasigen Pfarrers Malth. Helvetius, stubirte zu Herborn 1599, wo er zugleich das Amt eines Pedellen versah, wofür er freien Hauszins und freien Tisch erhielt. Er ist als Diaconus in Burbach gestorben, denn es heißt im Armenregister: „Hat Hermanna, wailand Ehren Jostes Helvetius, gewesenen Diaconus zu Burbach hinterlassene Wittwe, den Armen im Kirchspiel 6 Rädergulden vermacht, so Joachim Hermanni, Pastor zu Schönbach, empfangen. Die erste Pension ist fällig anno 1619.“

7. Jost Georg Helvetius (1615—1645),

des vorigen Bruder, geboren zu Beilstein 1582 am 28. Februar; stubirte 1610 zu Herborn. Er kam 1614 als Diacon und praeceptor literati nach Emmerichenhain, hatte dort 1615 den 8. Mai die Caplanei drei Viertel Jahre verwaltet und ging im September 1615 als Caplan und Schulmeister nach Burbach.

Hier scheint er Präses der Armen-Commission gewesen zu sein, da fast alle deshalb gepflogenen Verhandlungen von ihm concipirt und unterzeichnet sind.

Während seiner Amtsführung kauft im Jahre 1616 resp. 1622 die Caplanei eine Scheuer von Rösch Wilhelm für 30 Gulden.

Nach 30jähriger Wahrnehmung des Diaconen=Amtes zog er 1645 als erster Pastor nach Marienberg, wo er in demselben Jahre Tauf= und Todtenregister anlegte, denen im Jahre 1646 das Buch folgte, „darein die Proclamationen oder Ufruf verzeichnet sind."

Bei der Kirchenvisitation in der Herrschaft Beilstein heißt es: Der Pfarrer Jost Georg Helvetius war ein alter Mann, predigte aber gut; sein Caplan war Joh. Franz Textor.

Pfarrer Helvetius starb zu Marienberg in einem sehr hohen Alter im Novbr. 1677. Er war verheirathet, seine Frau starb vor ihm, ins Begräbnißregister trägt er ein: „Den 8. Februar anno 1661 des Abends zwischen acht und neun Uhren ist meine Jost Georg Helvetius Ehefrau Margarethe, Jost Großen selig Tochter zu Haiger, seliglich im Herrn entschlafen und den 10. selbigen Monats zu Marienberg in die Kirch begraben worden, oben in die unterste Hall nehest bei der Cherkammer."

8. Johann Gottfried Hatzfeld (1650—1654),

geboren am 4. April 1627 zu Beilstein, wo seine Eltern, der Landschultheiß Johann Gottfried Hatzfeld und dessen Gattin Anne Elisabeth, geb. Hung= righaufsen, wohnten, studirte 1646 zu Herborn. Unter die Zahl der theologischen Landescandidaten aufgenommen, wurde ihm 1650 die Bur= bacher Caplanei mit dem Lubimagistrat verliehen; er ehelichte daselbst 1652 am 1. Sonntage des Advent Anne, des Jost Rheiers selig zu Henneberg im Fürstenthum Jülich Tochter.

Hatzfeld wird 1654 als Pfarrer nach Alsdorf im Neuwied'schen ver= setzt, von wo er 1656 als Prediger an die Gemeinde Triedorf geht.

Nach 50jähriger Amtsführung starb er hier in einem Alter von 84 Jahren am 16. Sept. 1706 und wurde am 19. ejusd. in der Kirche begraben. Die Leichenrede hielt der Inspector Hildebrand.

Seine Lebensgefährtin, Frau Anne, war ihm bereits am 1. Mai 1700 im Tode vorangegangen und am 5. Mai in die Kirche beerdigt worden.

Von seinen Kindern war seine Tochter Anne Christine 1693 mit dem Carl Friedrich Otterbein, Helfer am Worte Gottes zu Triedorf, verhei= rathet, und diese waren die Großeltern von dem ersten Pfarrer Johann Heinrich Otterbein zu Burbach.

9. Caspar Schmidt (1655—1659)

war nur kurze Zeit in Burbach. Er führt den Titel Caplan. Das Almosenregister nennt zweimal seinen Namen, einmal, daß er bei seiner Einsetzung 8 fl. aus dem Almosenkasten empfangen habe. Auch das Taufprotocoll führt ihn 1657 und 1658 als Taufzeugen an.

Er soll aus Zellerfeld im Braunschweig'schen gebürtig sein, war 1653 den 2. Novbr. ad ministerium examinirt und eodem zu Haiger ordinirt worden. Angestellt zu Herborn 1649 bei der dritten Classe, ging er 1655 als Caplan und Präceptor nach Burbach und 1659 als 2. Pfarrer nach Berleburg. Sein Bestallungsbrief daselbst ist vom 11. Novbr. 1659. Hier starb er im Jahre 1693.

10. Johann Melchior Schantz, Caplan, (1659—63).

Pfarrer Dilphius erwähnt von ihm ohne Jahreszahl und Namen: 6 fl. 8 alb. item 15 alb. 3 hll. bei des Caplans Präsentation aus dem Almosenkasten verausgabt.

Nach den Taufprotocollen von 1662 läßt er in dem angegebenen Jahre am Sonntage Sexagesimä eine Tochter taufen.

11. Johann Georg Wilhelm Deichmann (1664—1678),

geb. 1628 auf der Feste Tringenstein, wo sein am 31. Decbr. 1644 ver= storbener Vater, Johann Georg Deichmann, Schultheiß war, studirte 1656 zu Herborn Theologie, wurde 1660 Caplan zu Marienberg, ehelichte als

solcher 1661 am 27. August Anne Catharine, des Johann Hempel, Bür=
gers zu Dillenburg, Tochter. Aus dieser Ehe werden drei Töchter ge=
nannt:

   a. Anne Marie, get. 1663 am 6. Sonntag nach Epiph.
   b. Anne Susanne, get. 1664 am 2. Sonntag nach Trinitatis, starb
     1710 am 5. Januar zu Dillenburg.
   c. Anne Margarethe, ehelichte am 20. Januar 1704 Georg Friebr.
     Bowershausen zu Dillenburg, Sohn des Pfarrers Joh. Diebrich
     Bowershausen zu Herscheid.

Pfarrer Deichmann zog im Jahre 1664 von Marienberg als Diacon
und Schulmeister nach Burbach. Er ist der erste Pfarrer, der in den
Acten der zweiten Pfarrei erscheint, und von seiner Hand ist das älteste
Actenstück vorhanden, welches die Pfarrei besitzt und das um das Jahr
1673 ausgestellt ist.

Nach 14jährigem Wirken starb derselbe (nach einer Notiz des Adeligen
Joh. Gottfried v. Stepprob zu Burbach) am 15. Febr. 1678.

12. Johannes Franziscus Hütt (1678—1713), Diaconus.

Er war gebürtig von Haiger, wo sein Vater Johannes Hütt Bürger
und Rathsverwandter war, studirte 1664 zu Herborn, ehelichte 1668 am
17. Juni als studiosus theologiae Judith, des Conrad Hein, Papier=
machers zu Herborn, Tochter; wurde zu Burbach 1678 angestellt.

Von seinen Kindern werden genannt:

   a. Johann Conrad, ehelichte 1691 Anne Catharine, des Philipp Hainz
     von Burbach Tochter.
   b. Johannes Franziscus, get. am 17. August 1779.
   c. Johann Christoph, get. den 28. Januar 1681.

Nach 35jähriger Dienstwaltung schied er aus dieser Welt. Sein Alter
ist in dem Todtenbuche nicht verzeichnet, aber nach den Gerichtsprotocollen
muß er im Anfange des Jahres 1713 gestorben sein.

Dieser war der letzte Diaconus, der die Schule mitbediente.

13. Johann Ludwig Christian Knopius alias Blankenpoth, (1713—38),

des Professors der Medicin Dr. Johann Philipp Knopius, und der
Anne Susanne, geb. Hentsch, Eheleute zu Herborn Sohn, geboren baselbst
1672 am 24. August, studirte 1690 zu Herborn. Er war zuerst Hof=
prediger zu Emmerich. Als Hofprediger ehelichte er 1705 am 24. Sept.
Anne Margarethe Magdalene, des Pfarrers Matthias Conradi zu Röb=
gen Tochter. Er kam am 2. April 1713 nach Burbach. Pfarrer Knopius
starb nach dem hiesigen Todtenregister am 17. Januar 1738 und ward
am 23. ejusd. begraben, war alt geworden 65 Jahre und hatte die
zweite Pfarrei bedient 24 Jahre 9 Monate und 15 Tage.

14. Johann Henrich Schade (1738—44),

geboren am 1. Mai 1711. Sein Vater Johannes Schade war Bürger
zu Dillenburg. Er studirte 1729 zu Herborn.

Anfänglich war er Informator bei den Kindern auf dem adeligen
Hofe Heistern bei Burbach; heirathete als Candidat der Theologie am
?. Mai 1737 die Tochter des Pfarrers Knopius, Namens Magdalene
Margarethe. Diese Ehe war mit mehreren Kindern gesegnet.

Die hiesige zweite Pfarrei wurde durch den Candidaten Schade eine
Zeit lang vicarirt, darnach aber erfolgte seine definitive Anstellung, und
seine Installation geschah am 3. Mai 1738 durch den Inspector Johann
Henr. Schramm von Herborn.

Nur sechs Jahre lang nahm er die Geschäfte eines zweiten Pfarrers
wahr, da er schon im Jahre 1744 die Vocation als Pfarrer nach Hirzen=

hain erhielt und am 28. April 1745 der dasigen Gemeinde präsentirt wurde. Er ließ sich dort die Nachlässigkeit zu Schulden kommen, daß er von 1754—73 keinen Eintrag in die Kirchenbücher machte. Er starb am 2. März 1773.

15. Johannes Wilhelm Hecker (1745—1778),

gebürtig von Westernohe, studirte in Herborn, kam 1742 als Pfarrer an die kleine Gemeinde zu Westernohe, ehelichte am 14. Juli 1742 Anne Friederice, des Rentmeisters Hartmann zu Mengerskirchen Tochter, zog 1745 als pastor secundarius nach Burbach, wo er 33 Jahre fungirte.

Er war ein äußerst thätiger, amtstreuer und beliebter Mann. Von ihm existiren mehrere Actenstücke. Sie betreffen hauptsächlich Prozeßsachen wegen Beeinträchtigung der Pfarr-Emolumente. Das wichtigste Actenstück, welches ihm die Pfarrei verdankt, ist die von ihm verfertigte Copie eines Pfarr-Registers, dessen Original Schade dem Pfarrer Hecker auf sein Ansuchen mitgetheilt hatte, indem das alte Caplanei-Register unter Heckers Vorfahren verloren gegangen war.

Von Pfarrer Heckers Kindern werden genannt:
a. Friedrich Wilhelm, geboren zu Westernohe 1743 am 9. Mai, starb zu Ferndorf am 7. Nov. 1828, 84 Jahre alt.
b. Johann Henrich, geb. 1746 am 25 Juli, get. am 1. August.
c. Wilhelmine Theodore Philippine, geb. am 24. Februar 1749, verheirathet seit 19. Oct. 1783 an den hiesigen Rath und Amtsvogt Engelbert Hofmann, starb 1828 den 20. Januar zu Ferndorf, 78 Jahre 11 Monate 2 Tage alt.
d. Eydilke Elisabeth, geb. 1754, verehelichte sich am 13. Juli 1779 mit Joh. Herm. Achenbach, Pfarrer zu Burbach.

Nach dem großen Brande im Jahre 1758 baute man ein neues Pfarrhaus, während der Zeit er beim Philipp Carl Hebel zu Wahlbach wohnte. Das neue Haus bezog er im Herbste 1759.

Pfarrer Hecker starb nach kurzem Krankenlager im 70. Lebensjahre und im 34. Jahre seines hiesigen Pfarramtes am 10. Juni 1778 und wurde am 12. ejusd. auf dem Kirchhofe zu Burbach beerdigt. Seine Wittwe Anne Friederice folgte ihm am 10. Januar 1779, 63 bis 64 Jahre alt, im Tode nach. Ihm folgte sein Schwiegersohn:

16. Johann Hermann Achenbach (1778—84),

geboren zu Crombach am 12. Januar 1748, wo sein Vater Johann Friedrich von 1736—70 Prediger war. Von ihm empfing er den ersten Unterricht in der lateinischen und griechischen Sprache, sowie in den übrigen Kenntnissen, wodurch er befähigt wurde, in den Jahren 1764 bis 1769 die Hochschulen zu Marburg und Herborn zu besuchen, um sich dem Studium der Theologie zu widmen. Im Frühjahre 1772 wurde er von der theologischen Facultät zu Herborn examinirt und unter die Zahl der Candidaten der Theologie aufgenommen und noch im Herbste desselben Jahres von dem Inspector J. H. Grimm zu Siegen ordinirt, um seinen Vater, bei dessen schon weit vorgerücktem Alter, in den Amtsgeschäften zu unterstützen. Nach dem am 26. Januar 1773 erfolgten Tode desselben ernannte ihn das Consistorium zu Dillenburg zum Pfarrvicar in Crombach, welche Stelle er bis 1774 versah. Zum Conrector nach Siegen erwählt, bekleidete er dieses Amt nur bis Ostern desselben Jahres, indem ihn das Consistorium auf ein halbes Jahr zum Pfarrvicar nach Oberholzklau ernannte. Darnach ging er als Pfarrgehülfe des kranken Predigers Hasenbach nach Siegen und blieb daselbst bis 1778. Im nämlichen Jahre berief ihn das Consistorium zum Pfarrvicar der erledigten zweiten Pfarrei Burbach.

Diese Stelle wurde ihm unter dem 7. Juni 1779 definitiv verliehen und er am 13. Juni e. a. durch den Regierungs= und Oberconsistorial=rath Eberhard, den Oberconsistorialrath Seel und den Consistorialassessor Schenk installirt.

Hier trat er in den Stand der Ehe am 13. Juli 1779 mit Sybille Elisabeth, einer Tochter des Joh. W. Hecker, weiland zweiten Predigers daselbst, welche am 19. November 1782, 28 Jahre alt, zu Burbach starb.

Er versah die Stelle zu Burbach bis 1784, in welchem Jahre er den Beruf nach Oberfischbach erhielt und am 28. März daselbst durch den Inspector Winckel eingesetzt wurde.

Durch Rescript vom 8. Juli 1806 berief ihn das Consistorium nach Crombach. Seine Introduction durch den Inspector Achenbach fand daselbst am 13. Juli statt.

Hier starb er im 77. Jahre am 24. Febr. 1824, Morgens 8 Uhr, und hinterließ zwei Söhne, die zu Burbach geboren waren:

1. Adolph Wilhelm, get. 17. August 1780.
2. Wilhelm Henrich, geb. am 28. März 1782.

17. Johann Wilhelm Bartmann (1784—92),

geboren 1744 zu Dillenburg, wo sein Vater Christian Bartmann Ober=consistorial=Pedell war, besuchte das Pädagogium zu Dillenburg, studirte 1762 zu Herborn, wurde 1768 Candidat, versah von 1768 bis 1769 während des Wittwenjahres die dasige Pfarrei, ebenso verwaltete er zwei Monate lang, vom 11. Mai bis Juni 1769, zum Besten der Wittwen=Casse die erste Predigerstelle zu Burbach, kam dann als Hofcaplan und zweiter Pfarrer nach Hohensolms und von da 1784 als zweiter Pfarrer nach Burbach, wo er am 28. März durch die Oberconsistorialräthe Eber=hard und Seel inaugurirt wurde.

Im Sommer 1792 erhielt er seine Vocation als Pfarrer nach der Neukirch, hielt den 8. Juli zu Burbach seine Abschiedspredigt und wurde zur Neukirch am 15. Juli durch den Inspector Vollpracht installirt.

In Hohensolms vermählte er sich am 3. Juni 1771 mit Sophie, des Dr. med. Georg Friedrich Leighen zu Neuwied Tochter, welche am 25. Decbr. 1787 im Alter von 70 Jahren starb. Kinder dieser Ehe waren:

a. Caroline Louise, geb. zu Hohensolms 1782 am 26. Novbr., ehelichte am 14. Decbr. 1806 Johann Gotth. Wilh. Haßfeld, Pfarrer zu Beilstein.
b. Christine Henriette, geb. am 18. März 1787.

Durch mehrere Prozesse ward Bartmann der Gegenstand des Hasses bei der Gemeinde Burbach. Mit den Kirchbergserben zu Wahlbach fing er den famösen Prozeß wegen der vierten Garbe an, die man der Pfarrei verweigerte; verlor ihn aber und die Pfarrei mußte sich nun mit der fünften begnügen.

Auf der Neukirch hatte er das Unglück, zweimal (1795) von den Franzosen rein ausgeplündert zu werden; auch die Kirchenbücher und Pfarrliteralien wurden zerrissen und umhergestreut.

Pfarrer Bartmann starb an einem Hämorrhoidalleiden in der Nacht vom 28. auf den 29. Januar 1799 im Alter von 55 Jahren und wurde am 31. Januar begraben.

18. Wilhelm Henrich Friedrich Molly (1792—1794).
(Cfr. Pfarrei Neunkirchen).

Er wurde vor einer großen Versammlung von Gemeindegliedern am 19. August 1792 durch die Oberconsistorialräthe Seel und Bierbrauer und den Secretär Sartor installirt, nachdem er seine Antrittspredigt über 2. Corinth. 5, 20, gehalten hatte.

19. Henrich Theodor Westerburg (1794—1801),

geboren den 26. December 1766 zu Dillenburg, frequentirte das Päda=
gogium seiner Vaterstadt, studirte 1784 zu Herborn, wurde examinirt
von der dortigen Facultät am 3. April 1787 und erhielt zuerst Anstel=
lung am 26. April 1787 als Vicar zu Emmerichenhain, dann am
10. Juni 1794 die zweite Pfarrei Burbach und wurde hier am 27. Juli
desselben Jahres durch den Inspector Vollpracht, den Consistorialrath
Schenk und den Consistorial=Secretär Cartor der Gemeinde vorgestellt
und eingeführt.

Am 27. November 1800 berief ihn das Consistorium zur Pfarrstelle
Driedorf und wurde hier am 5. Juli 1801 durch den Inspector Voll=
pracht introducirt. Die herzogliche Landesregierung betraute ihn am
15. Mai 1818 mit der Inspection über die Schulen der Kirchspiele:
Beilstein, Breitscheit, Nenderoth, Schönbach und Driedorf. Er bekleidete
diese Aemter unter abwechselnden günstigen und ungünstigen Verhält=
nissen, indem er freudige Begebenheiten erlebte, aber auch traurige, wie
Krieg, und am 25. Juli 1819 eine Feuersbrunst zu Driedorf, wo das
ganze Dorf nebst Kirchen=, Pfarr= und Schulgebäuden niederbrannte,
bis in das Jahr 1820, wo er am 25. April nach kurzem Krankenlager
zu Gusternhain starb und am 27. desselben Monats auf dem Kirchhofe
zu Gusternhain beerbigt wurde.

Seit dem 1. August 1793 war er verheirathet mit Anna Catharina,
des Johannes Diehl von Möhrendorf Tochter, die ihm zwei Söhne ge=
bar, von denen der älteste bald starb. Sein Sohn Carl Friedrich, geboren
den 24. September 1798 zu Burbach, studirte zu Herborn Theologie,
besuchte von Ostern bis Herbst 1819 das Prediger=Seminar zu Herborn,
war 1843 Pfarrer zu Hohenstein und 1845 zu Brandoberndorf. Die
Wittwe zog mit diesem einzigen Sohne nach Herborn.

Durch Pfarrer Westerburg's Vermittelung schenkte die Landesregie=
rung der Burbacher Schule eine Bibliothek, von der aber das Verzeichniß
verloren gegangen ist. Nur wenige Bücher derselben sind noch vorhanden.

20. Carl Alexander Schnabelius (1801—15),

Sohn des Amtmanns Schnabelius und der Anna, gebornen Käseberg,
Eheleute zu Ebersbach, geboren daselbst am 3. November 1757, studirte
zu Herborn und Marburg; examinirt zu Herborn von der theologischen
Facultät, wurde er zuerst im September 1797 als Vicarius zu Driedorf
angestellt, an welchem Orte er am 27. December 1799 mit Albertine
Philippine Christiane, des Pfarrers Conrad Schmidt und dessen Gattin
Eleonore Henriette, gebornen Hatzfeld, zu Wehrdorf Tochter, sich ver=
ehelichte.

Im Juli 1801 fand seine Versetzung an die zweite Pfarrei Burbach
statt, wo er von dem Inspector Vollpracht eingeführt wurde. Seine
Frau starb im Kindbette am 17. September 1812 und hinterließ von
sechs Kindern vier.

Er trat in die zweite Ehe am 15. December 1813 mit Justine Wil=
helmine Christiane, des Pfarrers Johann Caspar Altgelt von Laaben
Tochter, welche daselbst am 29. Januar 1828, 48 Jahre 3 Monate alt,
starb und zwei Kinder (einen Sohn und eine Tochter) hinterließ.

In der Mitte des Jahres 1815 zog er von hier als Pfarrer nach
Oberholzklau im Siegen'schen, wo er am 6. August vom Inspector
Achenbach der Gemeinde vorgestellt wurde.

Zu Oberholzklau starb er nach dreijährigem Wirken, 67 Jahre
1 Monat und 10 Tage alt, am 13. December 1817 an der Brust=
entzündung.

21. Johann Leonhard Molly (1815—29).

Er war ein Sohn des Pfarrers Nr. 18 dieses Verzeichnisses, geboren zu Amsterdam den 7. Februar 1790, besuchte das akademische Pädagog zu Herborn von 1801—1806, studirte zu Herborn von 1806—1809; examinirt von der dortigen theologischen Facultät, erhielt er die erste Anstellung als Vicar zu Marienberg 1809, hatte von 1811—1812 eine Privatschule zu Neunkirchen, kam 1813 abermals als Vicar nach Marienberg, erhielt dann die Anstellung als zweiter Prediger zu Burbach, wo er durch den General-Superintendenten Grimm zu Dillenburg nach gehaltener Antrittspredigt über Joh. 9, 4, am 13. Juli 1815 feierlichst installirt wurde. Hier verheirathete er sich am 6. November 1816 mit Marie Johannette, der jüngsten Tochter des Johann Georg Schweitzer, Gasthalters zu Struthütten. Bei der Eintheilung des Regierungsbezirkes Arnsberg in Schul-Inspectionen erhielt Molly unter dem 12. December 1822 das Amt eines Schul-Inspectors über den Bezirk Burbach und hat diesem Amte mit Segen vorgestanden.

Zu Burbach errichtete er eine Privatschule, in der jährlich circa 8 bis 12 Zöglinge unterrichtet wurden.

Im Frühling 1829 erhielt er den Ruf als Pfarrer und Schul-Inspector nach Hohensolms. Nachdem er zu Burbach seine Valetpredigt über Psalm 143, 5 und 6 gehalten hatte, zog er am 14. Juli 1829 dorthin. Hier wurde er 1837 von dem Fürsten von Solms-Lich zum geistlichen Inspector ernannt. 1850 bekam er die Superintentur der Diöcese Braunfels, legte aber letzteres Amt 1855 nieder. Am 23. November 1859 feierte er sein 50jähriges Dienst-Jubiläum. Er starb nach vierwöchentlicher Krankheit am 29. Februar 1868 auf Sonnabend, im Alter von 78 Jahren 22 Tagen.

22. Adolph Wilhelm Friedrich Kneip (1829—73)

von Berleburg, seit dem 14. August 1829. Er ist der Sohn des Consistorialraths und Pfarrers Apollo Wilhelm Friedrich Kneip und dessen Gattin Friederike Philippine Catharine, gebornen Reiher zu Berleburg; geboren den 8. März 1800 zu Grubtebrück, wo zu der Zeit bis zu 1804 sein Vater Pfarrer war.

Seinen ersten Unterricht erhielt derselbe von seinem Vater und später von Candidaten der Theologie als Hauslehrer, besuchte dann von Michaeli 1815—1816 das Gymnasium zu Soest. Am letzten Orte erfüllte er zugleich seine einjährige Militär-Dienstpflicht im 13. Infanterie-Regimente und wurde mit dem Würdigkeitszeugnisse eines Landwehr-Officiers entlassen.

Mit Ostern 1819 bezog er die Universität Gießen, ging zu Ostern 1820 von da nach Bonn und vollendete das akademische Triennium mit dem Wintersemester 1821/22 in Marburg. Am 4. bis 6. Juni 1822 bestand er sein erstes theologisches Examen zu Münster, verwaltete anderthalb Jahre lang die Rectoratschule in Gummersbach, kehrte dann zur Unterstützung seines Vaters nach Berleburg zurück und wurde hier zu dem Ende am 27. August 1826 ordinirt, nachdem er am 23. und 24. Mai sein Examen pro ministorio in Münster bestanden hatte. Unter dem 14. August 1829 wurde derselbe von königlicher Regierung in Arnsberg zum zweiten Pfarrer nach Burbach berufen und am 20. September dom. 14. p. Tr. nach gehaltener Antrittspredigt über 2. Cor. 1, 24, der bortigen Gemeinde durch Herrn Superintendenten Benber in einer erbaulichen Rede über 2. Corinther 1, 12, als solcher vorgestellt und eingesetzt.

Am 27. November 1829 verehelichte sich Pfarrer Kneip mit Henriette Marie Johanne Christine Neponuck aus Hannover (geboren den 15. Februar 1802). Diese Ehe wurde mit neun Kindern, zwei Söhnen und sieben Töchtern, gesegnet, von denen jetzt noch ein Sohn und sechs Töchter leben. Pfarrer Kneip wurde auf seinen Antrag um Martini 1873 mit einem Ruhegehalte von 400 Thalern pensionirt und zog von hier nach Herborn.

Es wurde zum Nachfolger ernannt

23. Pfarrcandidat Friedrich Romberg,

gebürtig von Hilchenbach, wo sein Vater Arzt ist. Derselbe wurde am 5. Februar 1873 durch den Superintendenten Roth in sein Pfarramt eingesetzt.

Die Kirchspielsschulen im Freiengrunde.

Der in die beiden Kirchspiele Burbach und Neunkirchen geschiedene, zweiherrschaftliche Grund Seel- und Burbach hatte kurze Zeit nach der Einführung der kirchlichen Reformation zwei, an den Kirchorten errichtete Kirchspiels-Unterrichtsanstalten. Die Lehranstalt zu Burbach war von Nassau, und die zu Neunkirchen von Sayn gegründet worden.

Beide Grafen sahen nämlich, wie Luther und seine Glaubensfreunde, wohl ein, wie nothwendig es sei, daß für zweckmäßige Unterrichtsanstalten gesorgt werden müßte, wenn die Reformation in ihren Landestheilen einen rascheren und sicheren Fortgang und das wahre Ziel: Geistesbildung und Herzensveredelung erreicht werden sollte.

In Ermangelung an Lehrkräften und an besondern Fonds übertrug man in den beiden Pfarrgemeinden den Unterricht den Glöcknern unter Beihülfe der Geistlichen, nachdem jene ihre Tüchtigkeit zu diesem Berufe durch ein Examen vor dem Superintendenten nachgewiesen hatten. Ihr Unterricht bestand anfangs nur darin: des Sonntags Nachmittags den Katechismus, christliche deutsche Psalmen fleißig zu lehren und dem Volke vorzusingen, welcher Unterricht später erweitert wurde. Ihre Remuneration für das Schulhalten bestand in einem Brode von jedem Hause und in einem Gulden Schulgeld.

Die beiden Schulanstalten im Freiengrunde wurden, bei der im Jahre 1570 angeordneten Kirchen- und Schulvisitation durch die beiderseitigen Inspectoren revidirt, wie aus nachfolgendem Schreiben des Grafen Johann von Nassau an den Grafen Sebastian II. von Sayn hervorgeht.

„Meine freundlichen Dienste seien Ew. Lbd. jederzeit zuvor!

„Wohlgeborner freundlich lieber Vetter!

„Ew. Lbd. will ich freundlich nit verhalten, daß aus allerhand erheblichen und billigen Ursachen ich endlich gemeinet bin, in allem der Wohlgebornen meinen freundlichen lieben Bruder, und meinen Graf- und Herrschaften eine gemeine Visitation und Besuches der Kirchen und Schulen

gegen nächſtkünftigen Freitag den 16. Juli vermittelſt gött⸗
licher Gnaden vorzunehmen und halten zu laſſen.

„Dieweil den Ew. Lbd. und im Grunde Seelbach die
geiſtlichen Sachen insgemein conferiren und zu beſtellen
haben, dazu meines Erachtens die Nothdurft erfordert wird,
daß auch Jemand von Ew. Lbd. Diener daſelbſt hin, dieſen
Sachen nothdürftiglich abwarten zu helfen, verordnet werde;
als iſt an Ew. Lbd. mein freundliches Begehren, die wollen
zur Beförderung dieſes chriſtlichen Amtes auch Ew. Superin⸗
tendenten auf Mittwoch den 12. nächſtkünftigen Monats
Juli gegen Abend zu Burbach einzukommen, abfertigen, ge⸗
ſtalt folgenden Tages viel angeregter Viſitation, beneben
den meinen Theologen der Gebühr nach beizuwohnen und
die Nothdurft berathſchlagen und anrichten zu helfen.

„Das gereicht vornehmlich der Kirchen Chriſti zum Beſten,⸗
ſo wie ſolches Ew. Lbd. Ich hinwieder freundlich zu be⸗
ſchulden denſelben auch ohne des angenehmen Dienſt zu
zeigen allezeit geneigt und gefällig.

„Dillenburg, den 30. Juni Anno 70.

„Johann Graf zu Naſſau⸗Catzenelnbogen, Vianden, Diez
und Herrn zu Beilſtein, dem Wohlgeborne Sebaſtian,
Grafen zu Sayn, Herr zu Hombergk, Münkler und
Mensberg, meinem freundlich lieben Vetter.“

Als man in den ſeit 1536 beſtehenden höheren Schulen
zu Dillenburg und Hachenburg ʼneue Lehrkräfte herange⸗
bildet hatte, ordneten die Landesherrn lateiniſche Kirchſpiels⸗
ſchulen an. Zu Burbach beſtand dieſelbige ſchon 1576 und
vermuthlich auch zu Neunkirchen um dieſelbe Zeit. Die
Lehrgegenſtände ſind ſowohl in der naſſauiſchen, als in der
ſayniſchen Kirchenordnung vorgeſchrieben.

Dieſe Schulen waren mit Candidaten der Theologie beſetzt.

Die Glöckner ſcheinen bei Einrichtung dieſer lateiniſchen
Schulen vom Schulamte entbunden worden zu ſein und
zwar bis zum Jahre 1588, wo ſie als ſogenannte deutſche
Kirchſpielſchullehrer wieder angeſtellt wurden, nachdem die
Geiſtlichen 1582 auf dem General⸗Convente zu Diez die
Errichtung der deutſchen Schulen neben den lateiniſchen
Schulen beſchloſſen hatten.

Der Pfarrer Wilhelm Cepper zu Herborn ſchrieb für
die deuſchen Lehranſtalten eine Schulordnung. Der Unter⸗
richt in denſelben beſchränkte ſich nur auf Leſen, auf den
Katechismus, auf das Singen der Pſalmen und anderer
geiſtlicher Lieder. Später kam auch noch das Schreiben hinzu.

Die beiden lateiniſchen Schulen des Freiengrundes ſahen
Anfang des 30jährigen Krieges ihrer Auflöſung entgegen
und ſind nicht wieder hergeſtellt worden.

Auch die beiden deutschen Kirchspielsschulen blieben nicht in ihrer Würde bestehen; sie erlitten durch das Aufkommen der Dorfschulen im 17. Jahrhundert eine Umwandlung und bestanden darnach nur dem Namen nach für die Kirchorte fort; da nur eine geringe Zahl Kinder der Filialdörfer an dem Unterrichte Theil nahm.

Die Schulangelegenheiten wurden in der älteren Zeit auf den Rügetagen geordnet. Die Aufsicht über die Schulen führte zunächst das Presbyterium unter Vorsitz des Geistlichen.

Die ersten Dorfschulen, deren Lehrer von den Gemeinden alljährlich auf Michaelis für circa 7 bis 8 fl. und den Wandertisch gemiethet und von den Kirchenältesten dem Pfarrer zur Prüfung und demnächstigen Bestätigung präsentirt wurden, wanderten von Haus zu Haus, später wurden Schullocale gemiethet, bis endlich sich die Gemeinden entschlossen, Schulhäuser zu bauen. Die jetzigen Schulhäuser auf den Filialdörfern beider Parochien sind im 18. Jahrhundert gebaut worden und zwar zur Lippe 1745, Struthütte 1748, Salchendorf 1754, Gilsbach 1756, Würgendorf 1758, Zeppenfeld und Wiederstein 1759, Wahlbach 1766 und Seelbach 1784. Meistens wurden bei diesen Schulbauten Collecten bewilligt.

1. Die Schule zu Burbach.

Zu Burbach nahmen die Glöckner den Schul- und Cantordienst wahr bis einige Jahre vor dem Schlusse des 16. Jahrhunderts. Dann wurde das Glocken- und Schulamt mit der Caplanei vereinigt, und der Caplan verwaltete von jetzt an neben seinen Diaconatsgeschäften das Ludimagistrat, das Cantoramt in der Kirche und beim Grabe, und das Glockenamt.

Der Grund solcher Vereinigung lag in der schlechten Dotirung beider Stellen.

Dazu war das Einkommen des Glöckners nach dem Register des Pfarrers Bartholomäus Roding von 1589, welches der Pfarrer Matth. Helvetius fortsetzte, dadurch verringert worden, daß das Brod, das auf Anordnung höherer Behörde von jedem Kirchspielshause geliefert werden sollte, in Abgang kam. Er führt als Veranlassung an: „Als aber die Gemeinde noch Macht gehabt, einen Glöckner abzusetzen und vor dieser Zeit sich zugetragen haben sollte, daß sie einen hat verstoßen wollen; damit er dann bleiben möge, hat er sich erboten, dasselbige Brod fallen zu lassen, wenn sie ihn behalten wollten, welches also geschehen und ist dieses Brod in Abgang gekommen!"

Eben so mußte der Glöckner, nach demselben Verzeichniß, Einen Gulden schwinden lassen, der jährlich von jedem Schulkinde bezahlt werden mußte, "weil die Eltern, (so heißt es) sich beschwerten und sich damit entschuldigten, als könnten sie die Kinder nicht zur Schule halten."

Bei Vereinigung des Glockenamts mit der Caplanei war der Caplan im Genusse des Caplanei- und des Glockenamts-Einkommens, welches letztere in einer Meste Hafer von jedem Hause im Kirchspiel, der jura stolae und in der Benutzung der Aecker und Wiesen bestand.

Die Errichtung der Dorfschulen geschah im Burbacher Kirchspiele viel früher als im Neunkircher Kirchspiele, einestheils, weil das Unterrichtslocal zu Burbach für die wachsende Anzahl der Schulen zu beengt war, anderntheils, weil die meisten Ortschaften von der Parochieschule zu weit entfernt lagen; überdies im Winter bei tiefem Schnee alle Communication mit dem Pfarrdorfe oft aufhörte.

Die höhere Behörde nahm die Wünsche einzelner Gemeinden, ein eigenes Schulsystem zu bilden, bereitwillig entgegen, besonders da das Einkommen des Kirchspielsschuldieners in der Person des Caplans durch eine solche Abtrennung keine Schmälerung erlitt.

Die fast zwei Stunden von Burbach entlegene Gemeinde Wilde war die erste, welche sich von der Parochieschule lossagte und gegen 1600 eine Dorfschule bildete.

Diesem Beispiele folgend, trug auch das fast 600 Fuß höher als Burbach liegende Dorf Lippe auf Anstellung eines Ortslehrers an. In Folge dieses Antrages wurde diese Gemeinde nach dem Memorial-Abschiede vom 21. Mai 1606 dahin beschieden:

"Für die Gemeinde Lippe soll nach deren Antrag, mit Vorwissen des Pastoren zu Burbach durch die Beamte die Versehung geschehen, daß nach einer dienlichen Person zum Schulmeister nach der Lippe getrachtet und dieselbe dahin bestellt werde." Gleichzeitig wies man auch die Gemeinden Würgendorf und Wahlbach an, "künftighin auch einen Schuldiener zu halten".

Gegen das Jahr 1629 scheinen sämmtliche Dörfer des Kirchspiels Burbach angewiesen zu sein, einen Schulmeister zu halten, und in dem Visitations-Abschiede über Kirchen- und Schulsachen vom 18. November 1629 wird verordnet, daß die Schulen sowohl von denen, welche Kinder haben, als von denen, welche keine haben, unterhalten werden sollen.

Letztere Verordnung wurde nach dem Visitations-Abschiede vom 26. Juni 1631 wiederholt und eingeschärft, und dem Vogt und Schultheißen geboten, daß sie die 1629 wegen Unterhaltung und Besoldung der Dorfschulmeister im Kirchspiel Burbach ergangene Verordnung sträcklich vollziehen und die Widerspenstigen zur Strafe anzeigen sollten.

Die Gemeinde Zeppenfeld scheint 1633 keinen Lehrer gehabt zu haben, da die hohen Behörden am 26. October 1633 in dem Visitations-Abschiede rescribirten, daß jedes Haus zu Zeppenfeld, der Besitzer mag Kinder haben oder nicht, dem Pastoren zu Burbach für die Wochenpredigt, oder zur Haltung eines Schulmeisters, eine Sester Hafer geben soll.

Obgleich nun gegen das Jahr 1650 sämmtliche Dorfschaften ihre eigenen Schulen mit einem Lehrer hatten, so bestand doch die Kirchspielsschule zu Burbach, die zuletzt nur noch von der Burbacher Schuljugend besucht wurde, eine Reihe von Jahren fort, bis sie im Jahre 1700 aufgelöst wurde.

Der Caplan Hütt war der letzte, der als Cantor und Ludimagister fungirte. Wegen Altersschwäche wurde er untüchtig zu diesen Aemtern. Nach dem Rügenprotocolle: Actum Neunkirchen den 19./29. October 1698 wird auf die Klage der Gemeinde Burbach, daß die Schule nicht wohl, wegen der Menge der Jugend, versehen sei, resolvirt, daß wenigstens des Winters über noch ein Schuldiener gedingt werde, welchem der zeitige Caplan etwa 4—5 fl., die Gemeinde aber nach der Ordnung das Essen gäbe. Dieselbe Klage der Gemeinde wiederholte sich auf dem Rügetage: Actum Burbach 9./19. November 1699, und es wurde von den Deputirten: Rath Johann Eberwein Dilthey, nassauischer Seits, und Canzlei-Director Joh. Wilh. Avemann, saynischer Seits, angeordnet: „Der Pfarrer Winkel soll Angesichts dieses sich nach einem tüchtigen Schulmeister umsehen, und solcher nach Maßgebung vorigjährigen Protocolls gehalten werden."

Zufolge dieser Verfügung wurde 1700 ein Winterschullehrer angestellt, der von Martini bis Ostern den Unterricht wahrnahm. Die Gemeinde gab ihm den Wandeltisch und der alte Diaconus Hütt, im dankbaren Gefühle der ihm nun abgenommenen Last, sogar die 8 fl., die ihm jährlich als eine Art Gratification für das Schulhalten und das Vorsingen aus dem Almosenkasten waren verabreicht worden, freiwillig ab; dahingegen behielt er das Glockenamt bei. So trat nun eine Dorfschule an die Stelle des Kirchspielsschulamtes.

Auf dem Rügetage am 3. November 1706 klagten die Burbacher Vorsteher Namens ihrer Gemeinde, „daß sie keinen ober keinen tüchtigen Schulmeister hätten, und das aus Mangel hinlänglichen Salarii"; die Deputirten resolvirten: „Ihre Hochfürstlicher Herr zu Dillenburg haben deßhalb den 17. September laufenden Jahres rescribiret, wobei es naſſauiſchen Theils billig gelaſſen, ſaynischen Theils aber in ſo weit approbiret wird, wofern die ſaynischen Unterthanen zu Burbach nichts erhebliches dagegen einwenden."

Das Einkommen des Lehrers wurde nun auf 45 fl. nebſt freier Koſt und Logis festgeſtellt. Pfarrer Winkel beſchwert ſich auf dem Rügetage 1725, „daß ein und die andere Gemeinde, ohne Vorwiſſen und Approbation ſeiner, eigenmächtig Schulmeiſter annehmen thäten, wie noch neulicher Zeit die Gemeinde Zeppenfeld gethan hätte."

Die Deputirten resolvirten: „Gleichwie die ſeither angemaßte Anſetzung der Schuldiener hinkünftig ohne Beſtrafung nicht hingehen ſollte, ſo wurde ihnen ein ſolches verboten und die bereits ergangene Verordnung inhäriret."

In den Receſſen 1629 §. 1. 1674 §. 2; Viſitations-Protocollen: 1683 §. 2, 1698, 1700, 1706, 1716, 1725; Viſitations-Protocoll Salchendorf 1733, 1745, findet ſich Verſchiedenes in Schulangelegenheiten des Friengrundes verordnet.

Unter dem hieſigen Pfarrer Jüngſt entſtand am 1. October 1766 nach der Entlaſſung des damaligen Schuldieners Anton Weber zu Burbach und bei Annahme eines neuen Schuldieners ein Streit darüber, wer den erwählten Schuldiener auf der Pfarre zu präſentiren habe, ob der Heimberger und Vorſteher oder die Kirchenälteſten.

Pastor Jüngſt ſtellte dieſe Angelegenheit den verſammelten Aelteſten des hieſigen Kirchſpiels vor, um hierin deren Gutachten einzuziehen. Sie erklärten ſich alle einmüthig dahin: „Daß es in Anſehung der Beſetzung der Schulen im hieſigen Kirchſpiel von jeher bis dahin wäre alſo gehalten worden, daß die Gemeindsleute zuſammen kämen, und einen Schuldiener erwählten, und der die mehrſten Stimmen bekäme, würde von den Aelteſten des Orts und nicht von den Heimbergern, noch von den Gemeindsvorſtehern auf die Pfarr zum Examen dargeſtellet und nach befundener Tüchtigkeit von einem hieſigen erſten Pfarrer im Beiſein der erſchienenen Aelteſten in Pflichten genommen; und dieſe bis hieher ruhig beſeſſene Schuldiener-Wahl und die Art und Weiſe ob beregter Präſentation derſelben auf der hieſigen Pfarr müſſe auch ungekränkt bleiben. Es hätten alſo Heimberger und Gemeinde-Vorſteher ſich ſothaner Präſentation nicht anzumaßen, ſondern ſolche, dem Herkommen nach, den Aelteſten überlaſſen ſollen, wie ſie dann gegen jenes Verfahren hiermit im Namen des ganzen Kirchspiels wollten protestirt haben, indem man einem Heimberger und Gemeinde-Vorsteher in solchen Umständen nichts weiter einräumen würde, als daß sie nur bei einer Gemeinde anzeigeten, warum dieselbe zusammen berufen werde, nebst ihrer einseitigen Stimme, gleich einem anderen Gemeindsmann, welche sie diesem oder jenem ertheilen könnten."

Das bisherige Lehrzimmer im Hause des Caplans wurde noch eine Zeit lang beibehalten, dann mußte sich die Gemeinde gleich den Filialen eine Unterrichtsstube miethen, bis sie sich laut Kaufcontract sub dato 23. März 1723 von den nach Lithauen ziehenden Eheleuten Martin Schneider und Elsa Marie ein Wohnhaus für 80 Thlr. zu diesem Zwecke kauften.

Ob nun dieses Haus zum Schulhause sich nicht eignete und deßhalb zu einem anderen Zwecke (etwa zum Hirtenhause) verwandt wurde, ist nicht bekannt; kurz, die Gemeinde klagte nach achtzehn Jahren, daß sie seit mehreren Jahren wegen eines Schulhauses sehr verlegen sei und deßhalb vielen Verdruß gehabt hätte und beschloß den Neubau eines Schulhauses. Im Jahre 1742 wurde solcher ausgeführt.

Weil es aber an einem gelegenen Platze fehlte, so kaufte die Gemeinde laut Contract vom 3. August 1741 von der Ehefrau des Georg Weber, Dorothea Elisabeth, geborne v. Trymborn zu Burbach, einen Bauplatz von fünf Ruthen im Plankengarten an der Bach für 30 Thlr. zum Schulhause, welches im folgenden Jahre vollendet wurde. Den Schulspeicher reservirte sich die Gemeinde und verpachtete denselben am 12. März 1743 für jährlich 4 fl. an Gerlach Gundermann.

Auf Bericht des Amtsvogts Möller erhielt die Gemeinde von der Landesbehörde die Erlaubniß zu einer Collecte, welche der damalige Schuldiener zu Burbach, Joh. Thomas Weller, abhielt. Dieses Schulhaus wurde bei dem furchtbaren Brande zu Burbach am 4. Juni 1758 mit noch 163 anderen Gebäuden ein Raub der Flammen. Im folgenden Jahre errichtete die Gemeinde hart an der Straße ein anderes Schulhaus, welches so groß gebaut wurde, daß auch der Hirte seine Wohnung in demselben hatte. Der alte Schulplatz wurde am 6. October 1763 für 15 Thlr. an Peter Thomas verkauft.

Im Jahre 1814 kaufte die Gemeinde eine Hirtenwohnung mit einer Scheune.

Die vom damaligen Hirten J. W. Jungblut geräumte Wohnung im Schulhause wurde dem Lehrer überwiesen,

22*

und der Lehrer Joh. Fr. Strunck war der erste, der das Schulhaus mit Familie bewohnte.

Da dieses Schullocal, seiner Einrichtung und seiner Größe nach, durchaus nicht mehr den Ansprüchen genügte, welche in Rücksicht auf die Schülerzahl gemacht werden mußten, so wurde zu Ende des Jahres 1839 von königlicher Regierung zu Arnsberg die Beschaffung eines anderen Locales in Anregung gebracht.

Es wurde sodann unter dem 26. September 1840 vom Schulvorstande beschlossen, durch einen Anbau an dem damaligen Schulhause ein größeres Lehrzimmer zu beschaffen. Dem Beschlusse trat entgegen nicht nur die Baufälligkeit und schlechte Construction des Schulhauses, sondern auch der Mangel des nöthigen Raumes zur Ausführung des Anbaues. Zugleich wurde beschlossen, daß zur Ansammlung eines Baufonds jährlich 200 Rthlr. erhoben werden sollten.

Der Schöffenrath faßte am 1. October 1841 unter dem Vorsitze des Bürgermeisters Wolf den Entschluß, daß der durch Windfall und Holzfrevel sehr beschädigte, etwa sechzig Jahre alte Fichtenforst, die Gambach genannt, nach Entnahme des zum Schulhausbau brauchbaren Holzes abgetrieben werden und das übrige Holz zum Nutzen des Schulhaus-Baufonds verwendet werden solle.

Im Jahre 1848, wo aufregende Gährung unter dem Volke viele in der Vorzeit angebahnte nützliche Unternehmungen hemmte, ruhte die Ausführung des Baues gänzlich und wurden selbst in den Jahren 1849, 1850 und 1851 keine Ausschläge zur Bildung des Baufonds erhoben.

Inzwischen war der Baufonds durch jene baaren Aufbringungen, den Erlös aus dem verkauften Holze der Gambach und durch die Zinsen beider auf 2480 Thlr. angewachsen. Am 2. und 13. December 1851 wurde unter dem Vorsitze des Amtmanns Bauer vom Schulvorstande der definitive Beschluß gefaßt, daß das bisherige Wohnhaus des Ludwig Klein nebst Garten und Hofraum für 568 Thaler zur Baustelle anzukaufen sei, daß darauf ein zweistöckiges Schulgebäude von 52 Fuß Länge und 53 Fuß Breite errichtet werde und daß der untere Raum des neuen Schulgebäudes zu zwei Schulzimmern von 630 Quadratfuß und die obere Etage aber zu zwei Lehrerwohnungen eingerichtet werden sollte.

Dieses neue Schulhaus wurde nun vom 20. Mai 1852 bis September 1853 nach dem Risse und Kostenanschlage des Baumeisters Ihne zu Zeppenfeld für 3471 Thaler 20 Sgr. gebaut. Die Grundsteinlegung geschah am 1. Juni unter den gewöhnlichen Feierlichkeiten und Formalien, ebenso die Einweihung am 11. August 1853. Am folgenden Tage hielt der Schul-Inspector die jährliche Schulprüfung ab.

Dieses Schulhaus brannte kurz nach 12 Uhr in der Nacht vom 28. auf den 29. November 1871 bis auf den untersten Stock ab. Es wurde 1872 so weit wieder aufgebaut, daß noch im December d. J. darin wieder Schule gehalten wurde. Die Lehrer konnten erst mit dem 1. Mai 1873 ihre Wohnungen beziehen.

Verzeichniß der Lehrer.

Die Namen der Diacone, welche hier als Kirchspiels-schuldiener fungirt haben, finden sich in dem Caplans-Verzeichnisse.

An der Burbacher Dorfschule waren angestellt:

1. **Johann Jost Henrici von Haiger (1700—1704).**

Sein Vater Johannes war Bürger zu Haiger. Henrici trat in eheliche Verbindung 1700 dom. judica mit Anna Elisabeth, des Johann Heinrich Sauer von Burbach Tochter, zog 1704 nach der Lippe als Schuldiener, legte dort, als er sich zum zweitenmale verheirathet hatte, das Schulamt nieder und starb am 4. September 1743.

2. **Christoph Deubel von Flammersbach, Kirchspiels Haiger, (1704—1706)**

wird 1705 dom. Sexagesimae im Taufbuche als Schuldiener zu Burbach genannt. Er ging 1706 als Lehrer nach Wahlbach, stellte als dortiger Schuldiener am 28. September 1707 für Peter Löhr zu Wahlbach einen Schuldschein aus, wofür er 3 Albus Schreiblohn rechnete, ging 1712 nach Dillenburg und wurde bald darauf Lehrer zu Niederdresselndorf, wo er am 18. Januar 1728 starb. Seine Wittwe folgte ihm sechs Tage später, am 24. Januar 1728, im Tode nach.

3. **Johann Peter Achenbach von Burbach (1706—1707)**

verwaltete die Schule im Winter von 1706 auf 1707, zog jedoch im Anfange des letzteren Jahres als Schuldiener nach einem nicht genannten Orte des Kirchspiels Fernborf und heirathete als solcher Anna Clara, Tochter des Johann Peter Sauer zu Burbach.

4. **Daniel Ludwig Rauh (1707—1710).**

Er wird 1708 im Taufbuche genannt, ging 1710 als Lehrer nach Wiederstein, wo er bis 1718 fungirte.

5. **Johann Thomas (1710—17).**

Seine Frau Anna Maria beschenkte ihn mit einer Tochter, die am 17. Februar getauft wurde. Um Michaeli 1717 zieht er als Lehrer nach Wahlbach.

6. **Johann Georg Mauden von Salchenborf (1717—19),**

des Arnold Mauden, Landmanns zu Salchenborf Sohn, steht von 1715 bis 1717 als Lehrer zu Seelbach, Kirchspiels Neunkirchen, kommt im letzteren Jahre Michaelis als Schullehrer nach Burbach. Als solcher führt er die beiden ältesten Almosenregister, die sich im Pfarr-Archive

vorfinden von 1717 bis 1719. Er bezog als Almosenrechner 2 Räder=
gulben 18 Albus und als Vorsänger 1 Rädergulben 15 Albus. Unter
bem 9. August 1722 wurde er zum Lehrer nach Croppach ernannt, wo
er bis 1735 fungirte.

7. Johann Georg Gilbert (1719—33),

Sohn des Landmanns Johann Abam Gilbert zu Wahlbach.

Lehrer Gilbert tritt in eheliche Verbindung 1718 dom. 3. epiph. mit
Maria Magbalena, des Trompeters Michael Weier nachgelassener Wittwe
hierselbst. Diese stirbt 1722, und er tritt in die zweite Ehe am 12. März
1724 mit Helene Margarethe, des Metzgermeisters Andreas Jüngst zu Bur=
bach Tochter. Gilbert ist Kastenmeister von Michaeli 1719 bis zu seinem
am 5. Januar 1733 erfolgten Tode.

8. Johann Peter Mohn (1732—37).

Nach den Almosenrechnungen ist er vom 4. Februar 1733 bis ersten
Advent Kastenmeister. Er lebte hier verehelicht, und zwei Kinder werden
ihm hier geboren.

9. Johann Jost Clasener (1737—41),

geboren zu Sechshelden bei Dillenburg. Sein Vater Johann Theis
Clasener war Landmann daselbst. Clasener führte das Almosenbuch vom
ersten Advent 1737 bis dahin 1741, zog von hier als Lehrer nach Wil=
gersdorf und verheirathete sich daselbst am 3. September 1744 mit
Wilhelmine Catharine, des weiland Schulbieners Gilbert zu Burbach
Tochter. Zwei Jahre später trat er die Schulstelle zu Fellerdilln an,
legte am Ende des Jahres 1748 das Schulamt nieder und zog als
Einsaß nach Burbach. Hier starb er am 21. März 1793 als Wittwer
im 86. Jahre und wurde am 24. deßselben Monats begraben.

10. Johann Thomas Weller von Zeppenfelb (1741—54).

Er erhob im Auftrage der Gemeinde eine Collecte zum Neubau einer
Schule zu Burbach. Aus dem Almosenkasten zu Neunkirchen wurden
30 Albus verabreicht. Als hiesiger Kastenmeister fungirte er vom ersten
Advent 1741 bis dahin 1754 und erhielt für die Führung der Rech=
nungen, wie für das Tragen des Klingelbeutels jährlich 4 Rädergulben
12 Albus und für das Vorsingen 2 Rädergulben 12 Albus.

Weller zog von hier als Lehrer nach Wilnsdorf, wo er 1756 die
reparirte Orgel zum Röbgen revidirte.

11. Johann Peter Schaefer von Alpenroth (1754—58).
(Vide Schulbiener zu Alpenroth.)

In Ermangelung eines Schulhauses, welches am 4. Juni
1758 abgebrannt war, mußte der neuerwählte Schulbiener

12. Johann Daniel Henerici (1758—61)

den Schulunterricht theils in der Kirche, theils in einer
Privatwohnung abhalten, bis die neue Schule 1759 be=
zogen werden konnte.

Sein Vater Johann Jost war Schulbiener zur Lippe. Er wurde ge=
tauft daselbst 1710 am 16. dom. p. Tr. und nach Daniel Hatfeld,
Pfarrer zu Neukirch, benannt. Zum Schulamte vorbereitet durch seinen
Vater und den Lehrer Johannes Strauß zur Lippe, ward er von 1736
bis 1742 Lehrer zu Zeppenfelb, trat daselbst am 14. März 1737 in die

Ehe mit Anna Maria, des Johann Gerh. Sauer Tochter. Er führte das Almosenregister vom ersten Advent 1758 bis dahin 1761 und schließt letzteres ab mit den Worten: „huc usque Daniel Honerici."

Im Jahre 1761 legte er den Schuldienst nieder, lebte als Einsaß in Burbach und starb hier am 17. December 1763, Abends 8 Uhr, im 54. Jahre; beerdigt wurde er am 20. desselben Monats.

13. Johann Anton Weber (1761—66),

geboren zu Marienberg am 26. Juni 1731, wo sein Vater Christoph Weber als Landmann lebte, ehelichte am 11. Juli 1762 Anna Margarethe, geborne Glaeser von Seelbach. Im Burbacher Almosenregister bemerkt er: Weber hat bis zum 1. Mai 1765 eingenommen. Vom 1. Mai d. J. ließ er die hiesige Schule durch den Präparanden Johann Gottfried Scholl von Burbach administriren, während er als geschworner Collectant in und außer Lande Beiträge für die hiesigen Brandbeschädigten ein ganzes Jahr lang einsammelte, folgte aber nicht dem Wunsche der Gemeinde, Rechnung darüber zu legen, bis er endlich vom Consistorium ernstlich dazu angehalten wurde. Sein Verhalten aber erregte einen solchen Anstoß, daß die Kirchenältesten beim Pfarrer Jüngst auf seine Entlassung antrugen. Er zog an die offene Schulstelle zu Altenseelbach im Jahre 1766. Hier legte er 1776 das Schulamt nieder. Er starb zu Seelbach als Wittwer 1804 am 10. April im 73. Jahre an Altersschwäche.

14. Johann Gottfried Scholl (1766—80),

Sohn des Johann Philipp Scholl und der Anna Marie, gebornen Haas zu Burbach, geboren den 12. September 1741; er ehelichte als Schulbiener am 5. Mai 1769 Anna Elisabeth, Johann Peter Sartor's Tochter von hier. Als Kastenmeister fungirte er vom ersten Advent 1764 bis dahin 1780, erhielt dafür jährlich 5 fl. Er führte auch bei den Mädchen den Schreibunterricht ein.

Scholl war ein sehr fleißiger und beliebter Schulmann und hat segensreich 14 Jahre bei hiesiger Schulanstalt gewirkt; er starb im vierzigsten Jahre am 26. November 1780.

15. Johann Henrich Wilhelm Glaeser (1780—83).

Sein Vater Johann Adam war Gebildweber und seine Mutter Anna Elisabeth, geborne Brücher. Er war geboren den 5. October 1761; ausgebildet vom Lehrer Scholl und in der Musik von seinem Oheim Johann Jacob Glaeser, Rector zu Altona. Er war schon einige Monate früher, als er 1780 den Schuldienst antrat, beim hiesigen Kirchspiel als Organist angestellt, welchen Posten er bis an das Ende seines Lebens bekleidete. Nicht volle vier Jahre versah er hier den Schuldienst; einige Jahre nach seiner Verheirathung mit Anna Luise, gebornen Klein, am 12. October 1782, gab er den Schuldienst auf und betrieb Bildweberei. Er wurde als Armenrendant angestellt mit 10 fl. Gehalt.

Glaeser starb, 74 Jahre 1 Monat 28 Tage alt, am 3. December 1835 und ward am 5. begraben, nachdem er 55 Jahre und 3 Monate den Organistendienst und ebenso lange das Amt eines Kirchen- und Kastenmeisters wahrgenommen hatte.

16. Johann Martin Jammert (1784—91),

Sohn des Landmanns Johann Gerlach Jammert in Emmerichenhain, geboren daselbst den 22. Februar 1762, gebildet sechs Jahre lang vom dortigen Organisten Johann Friedrich Christ, examinirt vom Pfarrer Walther 1780 auf Befehl des Consistoriums.

Nach siebenjähriger Verwaltung der hiesigen Schule zog er im 29. Lebensjahre als erster Lehrer nach Holzhausen im Hickengrund und starb dort am 10. September 1821 im Alter von 59 Jahren 6 Monaten und 28 Tagen. Er war zugleich Organist zu Dresselndorf.

Pfarrer Jüngst sagt von ihm: Er ist in jedem Betracht der vorzüglichste Schulmeister des Hickengrundes.

17. Johann Peter Flick (1791—99),

geboren den 23. Mai 1769 zu Emmerichenhain, wo sein Vater Friedr. Ernst Landmann war; gestorben am 30. August 1848 in einem Alter von 79 Jahren 3 Monaten 7 Tagen zu Dillenburg

Bis zum 14. Jahre besuchte er die Schule seines Wohnorts und nahm sodann bei seinem Lehrer Joh. Christian Luckenbach bis zum 16. Jahre Privatunterricht; angestellt als Lehrer 1785 zu Salzburg, dann am 12. April 1788 zu Derschen, darnach am 1. September 1790 zu Oberdilphen mit 36 fl. und am 2. Januar 1791 zu Burbach mit 50 fl. und Kost und Logis.

Er führte hier den Abtheilungsunterricht ein und unterrichtete die Schüler in zwei getrennten Abtheilungen, die aber des Nachmittags wieder vereinigt wurden. Am 29. Juli 1799 ging er von hier an die Schule zu Dillenburg als Adjunct des Knabenlehrers Wurmbach mit 150 fl. Gehalt, verheirathete sich am 30. Septbr. 1801 mit Johannette Margarethe, des Präceptors J. Aug. Steup Tochter.

Als sein Vorgänger Wurmbach am 13. Februar 1815 starb, wurde seine Besoldung auf 500 fl. normirt.

Er feierte am 23. Mai 1835 sein Dienstjubiläum und erhielt vom Landesherrn die Verdienstmedaille, von der Bürgerschaft einen werthvollen Pocal. Mit einem Ruhegehalte von 300 fl. baar und freier Wohnung wurde er am 15. Mai 1842 pensionirt.

18. Johann Wilhelm Schütz (1799—1807).

Seine Eltern waren Joh. Tilmann Schütz und Maria Magdalena, geborne Winckenbach, Eheleute zu Obersdorf; geboren daselbst 1780, confirmirt vom Pfarrer Emmelius 1794, zog im September 1799 als Lehrer nach Burbach und 1807 als Küster und Organist zum Röbgen und als Lehrer zu Eisern, starb am 18. Juli 1844 zu Röbgen.

Da er in Burbach mit der Gemeinde zerfiel, so stellten seine Gegner einen Winkellehrer an, der in Scholl's Hause einen Theil der Kinder unterrichtete. Dieser war Johann Peter Schneider von Flammersbach, des dortigen Municipalraths Joh. Peter Schneider und Anna Maria, gebornen Löhr, Sohn; geboren den 3. October 1782, besuchte die Schule des dortigen Lehrers Johannes Jost Heinz bis zum vierzehnten Jahre, bereitete sich auf das Schulamt vor im Institute des Pfarrers Jüngst von 1799—1802, wurde examinirt 1802 von Inspector Grimm zu Dillenburg, angestellt als Lehrer zuerst 1802 zu Zehnhausen mit 34 fl., dann 1807 dreiviertel Jahr zu Burbach, 1800 zu Altenbies, dann 1811 zu Niederroßbach, kam 1819 nach Linther bei Limburg und zuletzt 1822 an die vereinigte Schule zu Lollschied und Pohl (Amts Nassau) mit 260 fl.; 1850 wurde er mit 100 fl. pensionirt und starb in seinem Geburtsorte am 13. April 1858.

19. Johann Henrich Peter Klaas (1807—1809),

geboren den 4. Mai 1787 zu Mademühlen, wurde angestellt 1801 auf einige Wochen als Lehnvicar in Waldaubach, dann als Lehrer 1802 zu Heiligenborn, 1805 als zweiter Lehrer zu Holzhausen, 1807 zu Burbach und am 5. October 1809 zu Mademühlen, wurde am 1. Mai 1844 pensionirt.

20. Johann Franz Klaas (1809—1811),

geboren den 15. März 1786 zu Unnau, Kirchspiels Marienberg. Mit den Elementarkenntnissen ausgerüstet, begann er in seinem 14. Jahre seine Lehrerlaufbahn. Als Lehrer angestellt zuerst 1799 zu Zichau bei Unna, 1800 zu Bölsberg mit 9 fl., 1802 zu Haardt bei Siegen mit 13½ fl., 1805 zu Emmertshausen mit 24 fl., 1806 zu Gilsbach mit 36 fl., 1809 zu Burbach mit 55 fl., 1811 zu Gemarke bei Barmen mit 20 Thlr., 1812 zu Wolfshöhe mit 80 fl., 1813 zu Clausberg bei Solingen mit 250 fl., 1818 zu Dresselndorf im Hickengrund, 1819 zu Hestenburg bei Solingen, im October 1819 zu Claesburg, 1822 zu Langenfeld bei Elberfeld. Hier starb er am 27. August 1847 im 61. Jahre und wurde am 30. desselben Monats begraben, wobei Pfarrer Jaspis zu Elberfeld über Hebr. 13, 7—14, die Leichenpredigt hielt, welche im Druck erschien.

21. Johann Jacob Hild (1811—14),

geboren zu Homberg den 26. Juni 1790, ausgebildet zum Lehreramte im Institute des Kirchenraths Jüngst von 1805—1807, geprüft vom Pfarrer Molly. Als Lehrer war er angestellt 1807 zu Korb bei Hachenburg, 1808 zu Breithausen und im November 1811 zu Burbach mit 55 fl. und 86 Mesten Korn. Kurz nach seiner Verheirathung am 31. Juli 1814 mit Marie Christine, Tochter des Wirths Gottfried Sauer zu Burbach, legte er am 29. September 1814 das Schulamt nieder und setzte die Wirthschaft seines Schwiegervaters fort. Später suchte er die Wiederanstellung als Lehrer nach und erhielt 1817 die Schule zu Autzhausen, dann 1828 die Schule zu Breitenbach und zuletzt von 1828 bis 1830 die vereinigte Schulstelle zu Brauersdorf und Obernau, machte zur ferneren Anstellung 1830 zu Soest seine Prüfung, dieselbe fiel aber ungünstig für ihn aus. Seit der Zeit lebte er in Burbach, gab Abendrechenstunden und fand später als Schreiber beim hiesigen Gerichte Beschäftigung. Er starb hier am 23. Juli 1853.

22. Johann Friedrich Strunck (1814—20),

geboren zur Lippe den 23. Juni 1790, wo sein Vater Johann Gerlach Strunck damals Lehrer war. Musik erlernte er beim Lehrer W. Overkott in Daaben, in den Schulmeisterkenntnissen unterwies ihn Pfarrer Tapping.

Strunck vicarirte vom October 1807 bie Winterschule zu Walmeroth (Kirchspiels Kirchen), kam im Herbst 1808 nach Oberbreißbach (Kirchspiels Daaben), zog 1809 als Lehrer nach Gilsbach, wo er sich am 17. Januar 1810 mit Anna Elisabeth, Joh. Christ. Schepp's Tochter, verehelichte; 1814 ging er nach Burbach, wo er mit seiner Familie im Schulhause wohnte, und legte hier 1818 eine Baumschule an. Nachdem er sein Examen zu Friedberg beim Seminar-Director Roth gemacht hatte, wurde er am 23. November 1820 nach Hohensolms versetzt, vertauschte diese Stelle 1822 mit der Lehrer-, Küster- und Organistenstelle zu Oberholzklau, wo er 1837 ohne Pension aus dem Schulamte trat. Er starb am 11. August 1851.

23. Johann Wilhelm Banf (1820—28),

Sohn des Schuhmachers Joh. Ludwig Banf und dessen Ehefrau Anne Elisabeth, geb. Weber zu Feubingen bei Laasphe, geboren am 9. Decbr. 1791, gebildet in der Schule zu Feubingen von den Lehrern Hofmann und Wickel, confirmirt vom Pfarrer Groos daselbst, auf das Lehrfach vorbereitet durch den Pfarrer Hintzpeter und den Pfarrer Lorsbach zu Feubingen, geprüft in der Schule zu Saßmannshausen vom Schulrath Hasenclever aus Arnsberg und den beiden Superintendenten Kneip zu

Berleburg und Hinßpeter zu Laasphe, angestellt als Lehrer 1806 Martini mit 6 fl. zu Amtshausen, 1807 zu Rüppertshausen, 1811 zu Saßmanns= hausen, 1812 zu Vollholz, 1813 zu Saßmannshausen, unterm 21. Nov. 1820 zu Burbach mit 90 Thlr. und freier Wohnung und freiem Brande. Unterm 4. Januar 1828 wurde er als Lehrer und Organist nach Feu= bingen versetzt. Banf war verheirathet seit 15. April 1816 mit Susanne, geb. Saßmannshausen zu Rüppertshausen.

24. Johann August Brücher (1828—1835),

ein Sohn des Knabenlehrers Johann August Brücher und der Anne Juliane, geb. Katz, Eheleute zu Siegen, geb. daselbst am 24. Nov. 1804, gebildet auf dem Pädagog zu Siegen und von Ostern 1822 bis Michaeli 1824 auf dem Seminar zu Soest, wo er auch sein Examen bestand. Darnach privatisirte er einige Jahre als Musiklehrer zu Siegen, bis er Anfangs Januar 1828 als Lehrer nach Burbach mit der Anwartschaft auf die Organistenstelle berufen wurde. Am 15. Octbr. 1835 kam er an die Stelle seines Vaters nach Siegen. Eingetretener Schwächlichkeit wegen legte er das Schulamt nieder und zwar unter dem Vorbehalte des Wiedereintritts, zog nach Burbach und ehelichte hier am 9. April 1837 die Wittwe Marie Catharine Klein und setzte die Wirthschaft seiner Frau fort. Nach gestärkter Gesundheit trat er 1841 die Lehrerstelle zu Wiederstein an, wo er bis 1864 fungirte. Als in dem letzten Jahre zu Burbach eine zweite Lehrerstelle creirt wurde, da wählte man Brücher zum Lehrer dorthin. Seine Einführung durch den Pfarrer Rumpäus fand am 20. October 1864 statt. Er starb am 4. Januar 1873.

Der Schulvorstand wählte 1835 nach dem Abgange des Brüchers den ersten Lehrer zu Holzhausen, Carl Dahlhoff. Derselbe ließ sich aber durch Gehaltserhöhung von Seiten der Holzhäuser Gemeinde bestimmen, in seiner bisherigen Stellung zu bleiben, und da die neue Wahl verschoben wurde, so erhielt der Lehramtspräparand zur Lippe:

Friedrich Carl Strunck

unterm 1. Febr. 1836 die Verwaltung der Burbacher Schule.

Er war ein Sohn von Nr. 22 dieses Verzeichnisses; geboren 1815 am 9. März zu Gilsbach, gebildet von seinem Vater und dem Lehrer Carl Dahlhoff, damals zu Langenholdinghausen, verwaltete von 1835 bis 1. Febr. 1836 die Schule zur Lippe, kam von da nach Burbach und besorgte bis zum 1. Mai den Unterricht, ging dann 1838 nach Soest zum Besuche des Seminars, blieb 3/4 Jahr Zögling dieser Anstalt und bestand sein Examen. Zuerst war er kurze Zeit Hauslehrer beim Pfarrer Altgelt zu Oberfischbach, erhielt noch im nämlichen Jahre Anstellung als zweiter Lehrer zu Hückeswagen und ging 1813 als Lehrer nach Orsoy am Rhein.

25. Matthias Hermann Friedrich Dahlhoff,

Lehrer zu Burbach seit dem 6. Mai 1836; geboren am 7. August 1808 zu Dinker im Kreise Soest, wo seine Eltern, der Küster, Lehrer und Or= ganist Wilhelm Dahlhoff und Elisabeth, geb. Gillhauß, domicilirten. Den Elementarunterricht erhielt er in der Schule seines Geburtsortes durch die Pfarrvicare Johs. Clever und Friedr. Henßen, sowie durch seinen Vater, welch letzterer ihm auch in der Musik Unterricht ertheilte. Nach seiner Confirmation setzte er in Privatunterricht das Zeichnen, die Naturwissenschaften, Stylübungen und die Anfänge in fremden Sprachen bei dem Pfarrer Henßen in Meierich, seinem früheren Lehrer, fort bis zur Seminarzeit, besuchte zwei Jahre, von Ostern 1825 bis dahin 1827, das Seminar zu Soest, machte im letzteren Jahre am 18. und 19. April seine Abgangsprüfung, trat bald darauf die Hauslehrerstelle beim Justiz-rathe Kröning zu Paderborn an und wohnte dort auf dem Landgute Sudmühle bei Dellbrück. Unter dem 31. August 1827 wurde er zum Lehrer an der neu errichteten Schule zu Meschede berufen, wo er eine halbe Stunde von dort in dem Klostergebäude zu Galiläa sein Domicil hatte und freie Kost und freies Logis genoß. Diesen Posten nahm er bis zum 5. Mai 1836 wahr und zog dann nach Burbach, wo er am 8. Mai 1836 von Schulinspector Hackländer in sein Amt eingeführt wurde.

Die zweite Schule zu Burbach.

Die große, überfüllte Schule zu Burbach gab schon im Jahre 1836 der Königl. Regierung zu Arnsberg Veran-lassung, der Gemeinde die Gründung einer zweiten Lehrer-stelle anzuempfehlen.

Es fehlte aber an einem zweiten Lehrzimmer; und da das einzige Lehrzimmer im alten Schulhause auch zu klein und zu niedrig war, so faßte der Schulvorstand den Ent-schluß, ein neues Schulgebäude für eine zweiclassige Schule zu bauen.

Da jedoch hierzu keine Fonds vorhanden waren, so wurde zugleich beschlossen, mit der Schulcasse zur Ansamm-lung eines Schulbaufonds einen jährlichen Zuschlag von 200 Thalern zu erheben und zugleich Königl. Regierung zu ersuchen, einstweilen von der Anstellung eines zweiten Lehrers Abstand zu nehmen.

Hierauf ging dieselbe denn auch ein, nachdem der Schul-inspector seinen Bericht dahin abgegeben hatte, daß bei dem bisherigen guten Stand der Schule die Anstellung eines zweiten Lehrers einstweilen nicht erforderlich sei. So unter-blieb dieselbe noch 28 Jahre, obgleich die Schülerzahl mehr als 30 Jahre hindurch auf über 150 und im Jahre 1848 sogar auf 196 sich belief.

Das neue Schulhaus war bereits am 11. August 1853 eingeweiht worden, doch erst im Jahre 1863 beschloß der Schulvorstand, nachdem die Königl. Regierung wiederholt auf ungesäumte Ausführung ihrer früheren desfallsigen An-ordnung gedrungen hatte, nach reiflicher Ueberlegung die sofortige Anstellung eines zweiten Lehrers.

Der Lehrer Brücher zu Wiederstein meldete sich zu dieser Stelle und es wurde derselbe, da sein Ansuchen durch den Wunsch der supplicirenden Gemeindeglieder unterstützt wurde, von Königl. Regierung bestätigt und sein Anstellungsdecret unter dem 20. Mai 1864 ausgefertigt. Seine Einführung vollzog am 26. October desselben Jahres im zweiten Lehr-zimmer der Pfarrer Rumpäus in Gegenwart der gesammten Schuljugend und des Schulvorstandes.

Der erste zweite Lehrer ist also:

1. **Jacob August Brücher**, seit October 1864. (Cfr. Verzeichniß der Lehrer in Burbach Nr. 24.)

2. **Carl Hopff**, seit dem 21. April 1873, geboren 1851, Sohn des Lehrers Albert Hopff in Meineringhausen in Waldeck. Er erlangte seine Bildung auf dem Gymnasium zu Corbach (1864—72) und auf dem Seminar zu Gotha (1872—73).

Die Privatschule zu Burbach und ihre Lehrer.

Die hiesigen Beamten, Geschäftsleute und auch einzelne Eingesessenen fühlten das Bedürfniß, Ihren Kindern eine bessere Ausbildung zu geben, als ihnen die Elementarschule wegen der eng gesteckten Ziele gewähren konnte, weßhalb einige dieser Schul-Interessenten ihren Kindern, schon vor Eröffnung einer Privatlehranstalt von dem Lehrer in Privatstunden einen erweiterten Unterricht zu Theil werden ließen.

Die überfüllte Elementarschule, die wegen beengten Unterrichts-Locals in zwei Abtheilungen unterrichtet werden mußte, nahm die Kraft und Zeit des Lehrers so in Anspruch, daß ihm wenig Zeit überblieb, den gerechten Anforderungen dieser Schul-Interessenten durch Ertheilung von Privatstunden genügend entsprechen zu können.

Dieses veranlaßte die Anstellung eines besonderen Privatlehrers. Der Unterrichtskreis wurde in der Weise erweitert, daß der Lehrer die Kinder nicht blos in den Realien und technischen Fertigkeiten, sondern auch in der lateinischen, französischen und englischen Sprache zu unterrichten hat.

Diese Lehranstalt steht, wie die Elementarschule, unter der Aufsicht des Local-Schulvorstandes.

Folgende Lehrer haben bei derselben fungirt:

1. **Friedrich Boos** (1853—1854), gebürtig aus Neuwied, an welchem Orte er auch den Seminarcursus durchgemacht hatte, wurde 1853 von der Schule zu Oplaben an die hiesige neugegründete Privatschule berufen, trat im Jahr 1854 aus und ging in die Dienste des hier wohnenden Bergdirectors Heinrich Kliever. Später siedelte er nach Schottland über.

2. **Anton Müller** (1854—1858), cand. theol., geboren zu Altenburg am 12. Sept. 1822, besuchte von 1837 an das dasige Gymnasium, studirte zu Jena von 1844 bis 1847, bestand in den letzteren Jahre sein theologisches Examen vor dem Consistorium zu Altenburg, wo er bald darauf bei der dasigen Realschule angestellt wurde, erhielt 1853 die Lehrerstelle bei der höheren Mädchenschule zu Altenkirchen und wurde zugleich daselbst als Mitlehrer bei der Realschule beschäftigt, ging Ostern 1854 von dort an die Privatschule zu Burbach und 1858 als Hauslehrer nach Catzenelnbogen im Nassauischen.

3. **Wilhelm Beele** (1858—1861), Sohn des Gerichts-Secretairs Beele zu Erwitte, geb. zu Soest, wo er auch die Classen des Gymnasiums absolvirte. Er kam 1858 hierher und zog 1861 an die höhere Lehranstalt zu Jülich.

4. **Adolph Nölle** (1861—62), cand. theol. aus Wilnsdorf, wo sein Vater als Amtmann fungirte, besuchte das Gymnasium zu Arns=berg, studirte zu Halle und Berlin Theologie, bestand sein Examen pro licentia concionandi. Er erkrankte hier, ging in das Krankenhaus zu Bonn, wo er 1864 starb.

5. **Gustav Theod. Müller** (1862—63) aus Saßmannshausen. Er nahm zu seiner Ausbildung einige Jahre am Unterricht der Privat=lehranstalt in Laasphe Theil, besuchte dann das Seminar zu Soest und machte später das Examen pro schola bei der Commission in Soest. Vor seiner Seminarzeit verwaltete er die Schule zur Mittelwilbe, war zuerst bei der Privatschule zu Hörde angestellt und kam von dort 1862 hierher. Er litt an der Auszehrung, legte im folgenden Jahre die Stelle nieder, ging von hier zu seiner Schwester auf der Wilbe und von dort nach Feudingen, wo er bald darauf starb.

6. **Theodor Gresky** (1863—64 1. Juli), gebürtig aus Merseburg, war Philolog und Dichter, kam 1863 nach Burbach und zog im Juli 1864 nach seinem Geburtsort zurück.

7. **Friedrich Weigold** (1864—68), geboren am 6. August 1837 zu Unna, wo er drei Jahre lang die Rectoratsschule besuchte, ging 1856 auf acht Monate ins Seminar zu Soest, bestand daselbst 1860 das Exa=men pro schola und 1864 das Rectorats=Examen, hatte bei verschiedenen Schulen als Lehrer fungirt: zuerst in Ramsbeck, dann in Burscheid, Obenkirchen, Münchenglabbach, ging dann nach London und Irland. An die Privatschule in Burbach kam er am 1. Juli 1864 und schied von hier Ende März 1868. Er ging in das Rauhe Haus zu Hamburg, heirathete dort die Tochter des Directors und Oberconsistorialrathes Dr. Wichern und wurde 1869 bei dem Prediger=Seminar zu Visconni in Nordamerika angestellt.

8. **Franz Albert Burgmann** (seit Octbr. 1868), geboren am 7. Juni 1836 zu Dillenhütte, besuchte vier Jahre lang von 1852 an das Gymnasium zu Arnsberg, studirte von 1856—60 Philologie zu Halle, machte sein Examen pro schola und wurde als Lehrer an die Francke'sche Waisenhausschule zu Halle berufen, zog Ostern 1864 von dort an die Rectoratsschule zu Hückeswagen und 1868 im October an die zu Burbach. Er trat am 30. Sept. in die Ehe mit Marie, geb. Ehrenhaus. Beim Ausbruche des französischen Krieges wurde er 1870 als Officier zum Heere einberufen. Während seiner Abwesenheit versah hier die Schule einige Monate vom October bis December 1870:

Johann Carl Vorweg, geb. am 8. Februar 1839 in Priebus, Provinz Schlesien, besuchte vom zwölften bis siebenzehnten Jahre das Gymnasium zu Sorau, dann das Seminar zu Steinau a. d. Rothe von 1857—60, hat bei verschiedenen Schulen in Deutschland, Belgien und Portugall fungirt, kam am 1. Oct. 1870 von Oporto nach Burbach und 1871 nach Mühlheim a. d. Ruhr als Lehrer. Der Rector Burg=mann, vom Heere zurückgekehrt, nahm anfangs 1871 den Unterricht selbst wieder wahr.

2. Die Schule zu Neunkirchen.

Als die lateinische Schule zu Neunkirchen eingegangen war, bestand das deutsche Kirchspielschulamt fort. Es war aber mit dem letztern nur ein geringes Einkommen verbun=den. Nach dem Visitations=Abschiede über Kirchensachen verfügten die beiderseitigen Herrschaften deßhalb unter dem 29. November 1829, daß dem Schuldiener zu Neunkirchen (Johannes Seelbach) wegen schlechten Gehaltes bis auf weitere Einrichtung von jedem Haus im Kirchspiel ein Brod gereicht werden solle. Später war das Schulamt mit dem Glockenamte vereinigt.

Die vollständige Abtrennung der Filialgemeinden von der Kirchspielsschule, sowie die Anerkennung der Dorfschulen als selbstständige ist vermuthlich um das Jahr 1720 geschehen, obgleich diese Gemeinden mit Bewilligung der Geistlichen viele Jahre vorher für den Unterricht der kleineren Kinder Schuldiener angenommen hatten, während die größere Jugend noch einige Jahre vor der Confirmation an dem Unterrichte in der Kirchspielsschule Theil nahmen.

Auf dem Rügetage 1725 declarirte der Pastor Seel, „daß, soviel seine Pfarre betreffend, Er in Kirchen- und Schulwesen keine besondere Klage zu führen hätte. Wie denn alle Schuldienste mit tüchtigen Subjecten dermalen nothdürftig versehen wären."

Zu Neunkirchen verwalteten die Lehrer von 1778 bis 1823 das Amt eines Kastenmeisters.

Das Kirchspielsschulhaus hatte an Haus- und Hofräithe 21 Ruthen und 10 Fuß. Dieser Flächenraum war, nach dem Rügenprotocolle vom 19. April 1704, vom Grafen Georg von Beilstein im Jahre 1607 als Bauplatz zu einem neuen Schulhause geschenkt worden. Das erste Schulgebäude mußte im Jahre 1701, Baufälligkeit halber, niedergelegt werden, und es wurde auf dieser Baustätte ein neues zweistöckiges, von Holz und Fachwerk gebautes, mit Stroh und Schindeln bedecktes Schulhaus, dem Kirchspielsfond gehörend, errichtet. Es enthält außer dem hellen, geräumigen Unterrichtszimmer, welches in der oberen Etage nach Westen liegt und mit Subsellien und den nöthigen Lehrapparaten versehen ist, die Lehrerwohnung nebst Scheuer, Kellerräumen und nöthigen Stallungen.

Dieses Schulgebäude ist, wegen Unzulänglichkeit des Lehrzimmers am 25. August 1859 an Wilhelm Fischbach für 1020 Thlr. auf den Abbruch verkauft und an dessen Stelle von der Schulgemeinde Neunkirchen ein neues zweistöckiges, mit Schiefer gedecktes Schulhaus, veranschlagt zu 4421 Thlr. nach dem Risse und Kostenanschlage des Baumeisters Wilhelm Ihne, in den Jahren 1860 und 1861 erbaut, welches vom Pfarrer Roth am 3. November 1861 geweiht wurde. Dasselbe hat außer den Wohnungen für zwei Lehrer zwei Schulsäle. Während der Bauzeit wurde der Unterricht in dem

Hause des Ludw. Ermert ertheilt, welcher als Miethsentschädigung pro Monat 4 Thlr. erhielt.

Das Einkommen des Lehrers, der zugleich als Küster und Organist fungirt, beträgt 292 Thlr. 11 Sgr. 2 Pf.

Unter dem 18. November 1861 wurde zu Neunkirchen ein zweiter Lehrer angestellt.

Folgende Lehrer sind bei der dortigen Schulanstalt angestellt gewesen:

1. Johannes Seelbach (1625—44).

Er stellt d. d. „Neunkirchen uff Petritag" einen Kaufschein auf, der von der Canzlei Hachenburg confirmirt wird. Desgleichen am 24. Mai 1630 und am 27. October 1631.

2. Conrad Jskenius (1644—72),

des Ruperts Sohn zu Neunkirchen, wird 1652 am vierten Advent als Taufzeuge und Präceptor angeführt.

3. Johann Henrich Sebastian Dax (1673—99),

wahrscheinlich von der Wilde. Seine Ehe mit Elsa Catharina, gebornen Sauber, wurde mit sechs Kindern, zwei Töchtern und vier Söhnen, gesegnet, von denen bei seinem Tode noch ein Sohn und sieben Töchter lebten. Nach dem Inventarium, welches seine Wittwe am 16. Februar 1700 legt, ist er im Frühjahre 1699 gestorben. Er soll ein tüchtiger Orgelspieler gewesen sein.

4. Präceptor Goebel (1699—1700).

Derselbe erhält Sebastian Dax' Clavichordium, welches zu 2 Rthlr. 30 Albus veranschlagt ist, als Schullohn. Vermuthlich verwaltete derselbe die Schulstelle für die Wittwe.

5. Johannes Henrich Oehle [Ehle] (1700—1702).

Laut Gerichtsbuch stellte er am 16. März 1701 einen Kaufschein aus. Er zerfiel mit einem Theil der Gemeinde, wurde jedoch von den Anklagen derselben freigesprochen. Durch Executionen mußte sein Gehalt von 1701/2 Martini eingetrieben werden. 1702 ging er als Lehrer nach Altstadt bei Hachenburg.

6. Johannes Wigand von Emmertshausen (1702—1709).

Er war vorher Lehrer zu Salchendorf und kam von hier nach seinem Geburtsorte.

7. Johann Henrich Dax (1709—46),

ein Sohn von Nr. 3, getauft am 25. September 1686, wurde von seinem Vater in der Musik und in den Schulkenntnissen gründlich unterrichtet und war in der bamaligen Zeit einer der tüchtigsten Clavierund Orgelspieler. Um Michaeli 1709 kam er nach Neunkirchen als Präceptor, Organist und Glöckner; vorher stand er als Organist zu Bergebersbach. Verheirathet war er seit 1710 dom. cantate mit Maria Elisabeth, Henrich Weber's zur Unterwilben ehelicher Tochter, welche als Wittwe am 18. Januar 1759 zu Unterwilben starb. Seit 1718 war er auch Notar bei dem bortigen Amte.

Dax starb als Präceptor zu Neunkirchen am 2. April 1746, 59 Jahre 6 Monate und 7 Tage alt.

Am Sonntag den 26. Mai 1746 legten zwei Bewerber zu dieser Stelle (Johannes Peter Schneider und der seitherige Schuldiener zur Altstadt, Fried. v. d. Heyden) in der Kirche zu Neunkirchen ihre Probe im Singen und Orgelspielen ab und Letzterer wurde gewählt.

8. Johann Friedrich von der Heiden (1746—63),

geboren den 28. November 1723 zu Emmerichenhain, wo sein Vater Johann Ludwig Landmann war. Seine Ausbildung als Lehrer und Organist hatte er bei dem geschickten Schulmann Johann Friedr. Christ zu Emmerichenhain erlangt. Vorher war er Lehrer zu Struthütte und darnach zu Altstadt. Er suchte am 4. October 1763 beim Consistorium seine Entlassung nach, die ihm auch ertheilt wurde und blieb als Einsaß in Neunkirchen wohnen, übernahm 1772 das Kastenmeisteramt und starb am 27. Februar 1783.

9. Johann Ernst Schneider (1763—78),

geboren zu Struthütte den 17. October 1746, wo seine Eltern, Johann Georg Schneider und Anna Maria, Eheleute, wohnten. Er war von 1763 bis 1777 Kastenmeister, legte aber 1778 seine Aemter nieder und ging als Knabenlehrer und Organist nach Berleburg. Auch hier legte er das Schulamt nieder und ward Kammersecretär des dortigen Fürsten, behielt jedoch den Organistendienst bis an sein Lebensende bei. Er starb als fürstlicher Kammersecretär und Hüttenverwalter am 1. April 1820, 73 Jahre 5 Monate 14 Tage alt.

10. Johann Jacob Schneider (1778—91),

geboren den 2. März 1755, ein Sohn des Engelbert Schneider und der Barbara Catharina, Eheleute zu Struthütte. Er war verehelicht seit 6. Februar 1781 mit Johannette Elisabeth, des Saynischen Bergschössen Johann Engel Quandel Tochter zu Struthütten. Schneider trägt 1691 auf seine Entlassung an, die ihm alsobald gewährt wird, und schon am 14. November d. J. räumte er das Schulhaus und zog nach Struthütte. 1798 wurde er als Amtsgeschworner angestellt und vereidigt. Rath Duncker berichtet über ihn am 25. Juni 1817: J. Jac. Schneider, Amtsgeschworner, gebürtig von Neunkirchen, wohnhaft zur Struthütte, alt 61 Jahre, ist Wittwer und hat zwei Kinder, besitzt Haus, Hof und Güter, hat 114 fl. Gehalt und ist seit 1798 als Amtsgeschworner angestellt; ein fleißiger, zuverlässiger und kluger Mann.

Er starb nach sechswöchentlichem Krankenlager an Altersschwäche am 24. October 1825, Abends 9 Uhr, 70 Jahre 6 Monate alt, mit Hinterlassung zweier majorenner Söhne.

Nachdem die Neunkirchener Schulstelle einige Monate durch den Schuldiener zu Seelbach, Joh. Heinr. Beel, verwaltet worden war, wurde sie wieder besetzt mit

11. Johann Daniel Koch (1791—1805),

geboren 1758 zu Oberwiesen, Kirchspiels Birnbach, war verehelicht seit dem 18. Juli 1784 mit Marie Sophie, geb. Henrichs von Salchendorf. Koch wurde als Lehrer angestellt 1780 zu Salchendorf, 1783 zu Hamm, 1786 zu Alpenroth und 1791 zu Neunkirchen. Hier starb er 1805 am 5. Septbr. im 47. Lebensjahre.

12. Johann Georg Hermann Koch (1806—14),

Sohn des Vorigen, geboren zu Alpenroth am 6. Januar 1787, vorbereitet zum Schulfache von seinem Vater, wurde 1806 am 24. Februar auf Montag vom Consistorium zu Hachenburg verpflichtet. Er trat in die Ehe am 26. Novbr. 1806 mit Johannette Elisabeth, geb. Schneider, ließ am 4. Novbr. 1807 einen Sohn Friedrich Jacob taufen.

Am 12. Novbr. 1814 erhielt er vom Consistorium die nachgesuchte Entlassung; er starb als Mühlenpächter 1839 am 12. Octbr., 52 Jahre 9 Monate 6 Tage alt, und hinterließ seine Wittwe und 5 Kinder.

13. Johann Diedrich Daub (1814—51),

geboren zu Salchendorf am 15. Juli 1778, wo seine Eltern, Johannes Daub von Eiserfeld und Anne Elisabeth, geb. Meier zu Salchendorf, wohnten; ausgebildet von den Geistlichen Lorsbach zu Neunkirchen, Schulz zu Hachenburg und Kirchenrath Jüngst, examinirt von dem General-Superintendenten Gieße zu Weilburg. Angestellt 1795 zu Oberbreißbach mit 11 fl. und Wandeltisch, 1799 zu Salchendorf mit 24 fl. und 1814 als Präceptor in Neunkirchen, ehelichte er am 15. Juli 1801 Catharine Elisabeth, geborne Henrichs. Am 30. December 1845 feierte er im Kreise seiner Gemeinde sein 50jähriges Amtsjubiläum. Er starb am 7. Febr. 1851 im 56. Jahre seines Amtes, 72 Jahre 6 Monate 18 Tage alt.

14. Johann Theodor Müller (1851—65),

Sohn der Eheleute Oberförster Ludwig Müller und Sophie, gebornen Sander zu Saßmannshausen, geboren daselbst den 14. April 1827, besuchte zwei Jahre lang die Privatschule des Pfarrers Bauer, dann von 1846—48 das Seminar zu Soest; angestellt 1848 zu Osthelden mit 100 Thalern, am 1. Juli 1849 als Privatlehrer zu Neunkirchen und am 20. Mai 1851 als Präceptor daselbst. Am 1. December 1865 wurde er an die Schule zu Hammerhütte versetzt, übernahm am 24. Juni 1869 die zweite Lehrerstelle der Töchterschule zu Siegen.

15. Ludwig Henrich Müller (1865),

geboren zu Wahlbach den 15. Juli 1816, Sohn des Johann Adam Müller und der Marie Christine, gebornen Hebel daselbst, frequentirte das Seminar zu Soest von 1835—37, kam am 18. September als Lehrer nach Wiederstein, zog am 1. Mai 1839 nach Zeppenfeld als Lehrer, heirathete daselbst am 3. Januar 1840 Marie Elisabeth, Gerlach Ginsberg's Tochter zu Wiederstein, wurde am 7. October 1844 durch Pfarrer Kind als Lehrer zu Altenseelbach eingesetzt und kam am 19. Januar 1866 als Präceptor nach Neunkirchen, wo er am 21. Januar desselben Jahres eingesetzt wurde.

Im Jahre 1861 wurde die zweite Lehrerstelle errichtet:

1. **Gustav Reusch** von Siegen (vom 18. November 1861—1863); er ging auf das Seminar zu Soest.

2. **Carl Zimmermann** von Freudenberg (1863—65); er legte die Stelle nieder und begab sich in's Bergfach.

3. **Robert Müncker** aus Dahlbruch (1865—70); derselbe besuchte von 1862—65 das Seminar zu Soest, ging als zweiter Lehrer an die Privatschule zu Kettwig a. d. Ruhr.

4. **Wilhelm Caspari** (1870—73). Er ist am 29. Januar 1851 zu Rennerod geboren, besuchte von 1867—70 das Seminar zu Usingen, wurde zuerst am 1. April 1870 zu Salzburg (Kirchspiels Emmerichenhain) angestellt, von wo er nach Neunkirchen zog.

Der jetzige Lehrer ist:

5. **Adolph Müller** (1873). Sohn des dortigen 1. Lehrers Müller.

23

Die Privatschule zu Neunkirchen.

Die Privatschule zu Neunkirchen hat nur temporär bestanden, je nachdem einige Gewerke und einzelne Einsassen zur Annahme eines besonderen Lehrers sich vereinigt hatten.

Die an diese Lehranstalt berufenen Lehrer aber waren nicht immer wissenschaftlich gebildete. Auch Elementarlehrer haben dieser Anstalt vorgestanden.

Ihre Leistungen waren, in Berücksichtigung der geringen Schülerzahl, oft erfreulich.

In dem letzten Decennio wurde der Lehrplan erweitert und mehr Lehrgegenstände aufgenommen.

Der Lehrer sollte nun nicht blos in Naturkunde, Geographie, Geschichte und Mathematik, sondern auch im Lateinischen, Französischen und Englischen unterrichten.

Folgende Lehrer werden genannt:

1. **Johann Leonhard Molly**, cand. theol. (1811—12), kam als Pfarrvicar nach Marienberg. (Vide zweite Pfarrei Burbach Nr. 12.)

2. **Johannes Friedlieb Wilfing** (1817—20). Derselbe ist ein Sohn des Schullehrers Johann Heinrich Wilfing zu Duisburg, frequentirte die Classen des Gymnasiums seiner Vaterstadt, an welchem Orte er auch, vom 12. April 1792 an, seinen Studien der Theologie oblag; 1795 kam er als Pfarrer nach Süchteln (Synode Lennep), 1802 an die reformirte Gemeinde in Köln, wo er nach einigen Jahren wegen gewisser Vergehungen suspendirt wurde; 1813 errichtete er eine Privatschule in Neuwied und 1817 eine dergleichen in Neunkirchen. Im Mai 1820 erhielt er provisorisch die Pfarrstelle in Fischelbach (Synode Wittgenstein); er starb aber schon am 20. Juli 1824.

Die Privatschule blieb bis 1845 unbesetzt.

3. **Johannes Pithan** (1845—49), Sohn des Johann Heinrich Pithan, Lehrers zu Fickenhütte, geboren daselbst am 23. October 1825; er besuchte erst mehrere Classen des Pädagoginms zu Siegen, dann das Soester Seminar zwei Jahre lang, von 1843 an; bestand daselbst Ostern 1845 sein Examen und wurde noch in demselben Jahre an die Privatschule zu Neunkirchen befördert. Hier starb er an der Halsschwindsucht am 21. Mai 1849, an dem Tage, den er zur Copulation mit seiner Verlobten, Caroline Heinrichs vom Lahnhofe, kurz vorher festgesetzt hatte.

4. **Theodor Müller** [vom 1. Juli 1849 bis 20. Mai 1821.] — (Vide das Verzeichniß der Lehrer zu Neunkirchen.)

5. **Georg Vögler** (vom 10. November 1858 bis 7. September 1859), gebürtig aus Großsimmern, Großherzogthum Hessen; er wurde von königlicher Regierung am 10. November 1858 zum Privatlehrer nach Neunkirchen bestätigt, zog aber schon im September 1859 von dort an das Privat-Institut zu Leyden in Holland ab.

6. **Christian Schneider** (vom 7. September 1859 bis 1861). Derselbe ist gebürtig aus Wilbungen im Fürstenthume Waldeck, besuchte zwei Jahre das vaterländische Seminar; angestellt durch die königliche Regierung zu Arnsberg zum Lehrer, Küster und Organisten zu Feudingen, erhielt er dann eine Schulstelle in der Nähe von Plettenberg, wurde am 7. September 1859 zum Privatlehrer nach Neunkirchen und von hier 1861 als Lehrer nach Banse versetzt, wo er suspendirt wurde; er erhielt später Anstellung in einer Seiden-Manufactur mit hohem Gehalte.

Nachdem die Neunkirchener Privatschule sieben Jahre lang unbesetzt geblieben, wurde berufen:

7. **Julius Hundhausen**, cand. theol. (vom 6. April 1868 bis 2. Mai 1869). Er ist geboren den 13. März 1843 zu Altenkirchen, wo sein Vater, Carl Hundhausen, Lehrer war; studirte in Bonn und Berlin, machte seine theologischen Examina zu Coblenz, wurde unter dem 6. April 1868 zum Privatlehrer nach Neunkirchen ernannt, trat Ostern 1869 in die Dienste der Pastoral-Gesellschaft, die ihn als Hülfsprediger nach Plettenberg sandte.

8. **Wilhelm Theodor Net** (vom 2. Mai 1869 bis 1. April 1872). Er war gebürtig aus Nebbersheim, Amts Meisenheim, wo sein Vater Pfarrer war, studirte zu Erlangen, Tübingen und Bonn. Nachdem er seine theologischen Examina und 1868 sein Examen pro Schola gemacht hatte, wurde er am 2. Mai 1869 als Privatlehrer nach Neunkirchen bestätigt. Er ging Anfangs April 1872 als Lehrer an die höhere Töchterschule zu Hagen.

9. **Wilhelm Prein** (seit April 1872), gebürtig aus Barop (ein Conventit), bestand sein Examen pro Schola, war erst Hauslehrer in Grambusch und wurde am 27. Februar e. a. als Privatlehrer nach Neunkirchen denominirt.

V. Der Hickengrund.

Die Pfarrgemeinde zu Niederdresselndorf im Hickengrunde.

Die vier Dorfschaften des Hickengrundes: Nieder- und Oberdresselndorf, Lützeln und Holzhausen, welche gegenwärtig das Kirchspiel Niederdresselndorf bilden, gehörten in bürgerlicher Beziehung zu der Grafschaft Dillenburg und in kirchlicher Hinsicht in der älteren Zeit zu der großen und ausgedehnten Parochie Haiger, an welchem Orte die im Jahre 913 gebaute Taufkirche 1048 zu einer ordentlichen Pfarrkirche erhoben und als solche durch den Erzbischof Eberhard von Trier und den Bischof Arnold von Worms eingesegnet wurde.

Im zwölften Jahrhundert spaltete sich diese umfangreiche Parochie in viele selbstständige Kirchsprengel. Zu den letzteren gehörte auch die Pfarrgemeinde Dresselndorf, bestehend aus den drei Dorfschaften: Nieder- und Oberdresselndorf und Lützeln. Holzhausen dagegen blieb noch mehrere Jahrhunderte mit der Parochie Haiger vereinigt.

Das Präsentationsrecht übte bis zur Reformationszeit die Adelsfamilie Kolben von Wilnsdorf aus, welche dasselbe vom Bischofe zu Worms als ein Lehen empfangen hatte.

Die kirchliche Aufsicht und die geistliche Jurisdiction führte bis zu jener Zeit das Erzbisthum Trier durch das Archidiaconat Dietkirchen und durch das Decanat Haiger aus.

Die Einführung der kirchlichen Reformation bei der Gemeinde Dresselndorf fällt mit der in den ottonischen Landestheilen zusammen. Diese Gemeinde war erst lutherisch und als solche waren ihre Geistlichen in Ansehung der Lehre streng an die Augsburgische Confession gebunden. Außer den drei hohen Festtagen feierte man noch Frohnleichnam, Allerheiligen, Mariä Geburt und Empfängniß, Michaelis, Pauli Bekehrung, Marcus- und Lucastag und Aschermittwoch. Die Feier dieser Tage hörte mit der Einführung der reformirten Lehre, welche im Jahre 1579 vollendet war, auf.

Gleich beim Beginne der ersten Reformation zog der Landesherr das Patronatsrecht an sich, entzog sich und seine Unterthanen der geistlichen Jurisdiction und übte dieselbe entweder in eigener Person aus, oder ließ sie durch seinen Amtmann oder durch einen seiner Räthe ausüben.

Die specielle Aufsicht über die Kirchen und ihre Diener stellte er unter die geistliche Inspection zu Dillenburg.

Als sich nach dem Tode Johann des Aeltern seine fünf Söhne in das Erbe des Vaters theilten, fiel dem Grafen Georg von Beilstein nicht nur der zum Gerichte Haiger gehörende Hickengrund, sondern auch die nassauische Hälfte des Grundes Seel- und Burbach zu.

Graf Georg trennte 1607 den Hickengrund vom Gerichte Haiger und vereinigte ihn mit der Vogtei Burbach. Auch pfarrte er das Dorf Holzhausen von Haiger nach Dresselndorf um.

Derselbe Graf erbaute zum Theil auf eigene Kosten einen neuen Thurm an die alte Kirche, aber der Bau scheint durch Hindernisse des 30jährigen Krieges und auch durch den frühen Tod des Grafen nicht nach seinem ursprünglichen Plane ausgeführt und vollendet zu sein. Er erreicht kaum die Höhe der Kirche. Die Inschrift über der Eingangsthüre zum Thurme besteht aus folgenden lateinischen Buchstaben:

DEN

H. V. A. D. W. L. V. H. G. G. Z. N. C. V. V. D. H. Z. B.
† 1620 †

deren Sinn ich nicht habe enträthseln können; vielleicht möchte es heißen:

DEN

Herrn Von Alt Dillenburg Wilhelm Ludwig Vnd Herrn Herrn Georg Grafen Zu Nassau Catzenellnbogen Vianden Vnd Diez Herrn Zu Beilstein
† 1620 †

In dem Thurme befinden sich eine Uhr und drei Glocken, von denen die größte und älteste eine unleserliche Inscription hat.

Die zweite führt die Inschrift:

Soli deo gloria.
(Gott allein die Ehre).
W. H. A. Teckenburg, Pfarrer zu Niederbresselnborf.
Wilhelm A. P. Rinker aus Aslar.
1743.

Die dritte oder kleinste hat die Umschrift:

O rex gloriae veni cum pace.
(O ruhmreicher König, komme in Frieden.)

Die aus dem zwölften Jahrhundert herstammende, sehr baufällige und kleine Kirche ist im Anfange des Jahres 1754 niedergelegt und an ihre Stelle eine neue, geräumige und in ihrem Innern freundliche Kirche an dem 1620 erbauten Thurme errichtet worden. Sie wurde Anfangs September 1755 fertig; die Einweihung geschah am 14. September desselben Jahres im Beisein des Registrators Maximilian Henrich Spannknabe und Ober-Consistorial-Secretärs Wilhelm Christian Schnabelius, durch den Ober-Consistorialrath Salomon Morf mit einer Rede und Predigt.

Die erste Taufhandlung in der neuen Kirche fand am Einweihungstage statt. Jene drei Herren waren zu Taufzeugen erbeten.

Der Täufling war die Tochter des Johann Georg und seiner ehelichen Hausfrau Anna Catharina, und das Kind erhielt den Namen Henriette Wilhemine Luise. Der Täufling starb am 4. Januar 1806.

Nach der Baurechnung kostete die Kirche, außer den von der Gemeinde übernommenen Hand- und Spanndiensten, im Ganzen 4589 Gulden 29 Albus 2 Pfennige.

Um diesem neuen Kirchengebäude mehr Ansehen zu geben, wünschte die Gemeinde, daß der niedrige Thurm durch einen höheren, schöneren ersetzt werden möchte.

Zu diesem Ende kamen am 18. Mai 1768 die Ober-Consistorialräthe Arnold und Keller qua commissarii nach Dresselnborf herüber, um die erforderliche Besichtigung vorzunehmen, leider wurde aber dieses Project nicht ausgeführt.

Die Kirche liegt auf einem Felsen an der nördlichen Spitze des Dorfes und enthält 21 Ruthen 27 Fuß preußischen Maßes im Umfange.

Im Jahre 1761 erhielt die Kirche ihr erstes Orgelwerk, welches von dem Orgelbauer Andreas Müller zu Niederscheld erbaut worden war. Diese Orgel hatte 9 Stimmen, kurze Octave und ein angehängtes Pedal. Zwei neben der

Orgel liegende Spanbälge geben dem Werke sparsamen
Wind. Ihre Registerzüge sind folgende:

1. Principal 4 Fuß, 2. Gedact 8 Fuß, 3. Octave 4 Fuß, 4. Gamba
4 Fuß, 5. Mixtur 1 Fuß (zweifach), 6. Gedact 4 Fuß, 7. Octave 1 Fuß,
8. Octave 2 Fuß und 9. Quinte 3 Fuß.

Der Raum um die Kirche, oder der Kirchhof, ist mit
einer Mauer, die zwei Eingangsthore hat, umgeben und
enthält im Umfange 128 Ruthen 70 Fuß und 50 Zoll
preußischen Maßes. Er diente seit der Gründung der Kirche
als Begräbnißplatz für die Todten des Kirchspiels und ist
solches geblieben bis zum 29. August 1819. Jedes Ge-
meindeglied hatte hier ein Erbbegräbniß. Da aber später
der Raum für die Anzahl der Gestorbenen nicht mehr aus-
reichte, so hob das Ober-Consistorium zu Dillenburg sub
dato 19. März 1770 die Erbbegräbnisse auf und ordnete
das Beerdigen der Leichen nach der Reihe an, wodurch viel
Raum gewonnen wurde.

Doch war derselbe, nach dem Berichte des Pfarrers
Jüngst vom 28. Februar 1802, für das Kirchspiel von
circa 1700 Seelen viel zu klein und konnte nicht mehr als
Beerdigungsplatz dienen, und da wegen Umgränzung un-
entbehrlicher Wege auf keiner Seite eine Erweiterung möglich war, so war es unumgänglich nothwendig, daß ein
neuer, gemeinschaftlicher Kirchhof, oder von jeder Gemeinde
für sich ein Todtenhof in der Nähe des Dorfes angelegt
würde.

Unter der herzoglichen Regierung war bereits die Verlegung der Begräbnißplätze aus den Kirchspielsorten verordnet, kam jedoch erst 1819 zur Ausführung, indem die
vier Gemeinden des Kirchspiels an schicklichen Plätzen ihre
Gottesäcker anlegten, die alle durch den Pfarrer Rhodius
bei Beerdigung der ersten Leichen geweiht wurden, und
zwar:

1. Zu Niederdresselndorf am 14. December 1819,
als Johannes Gans daselbst, ein 60jähriger Greis, beerdigt wurde.

2. Zu Oberdresselndorf am 16. September 1819;
die erste Leiche war Anna Maria, Wittwe des Johannes
Freund.

3. Zu Lützeln am 18. September 1819, bei Beerdigung des vierjährigen Joh. Hermann, Sohn des Johannes Hermann daselbst.

4. Zu Holzhausen am 27. Octbr. 1819, als Agnese,
Frau des verstorbenen Polizeidieners Gerlach Georg daselbst, beerdigt wurde.

Das Einkommen der Pfarrei zu Dresselndorf wurde am 6. October auf 700 fl. 4 kr. geschätzt, nach der Statistik des Landraths v. Dörnberg beträgt es 595 Rthlr. 20 Sgr.

Nachträglich sei es hier bemerkt, daß, nachdem man die Reparatur der völlig unbrauchbar gewordenen alten Orgel im Jahre 1856 versucht hatte und dieselbe mißlungen war, von Seiten des Presbyteriums im Jahre 1857 am 4. März ein Contract mit dem Orgelbauer Wilhelm Schmerbach (dem Aelteren) aus Frieda in Hessen abgeschlossen wurde, nach welchem derselbe eine neue Orgel, mit Benutzung einiger Stimmen aus der alten Orgel, für 351 Rthlr. bauen sollte.

Das neue Werk stand am 12. Januar 1859 vollendet da, so daß am besagten Tage die Revision vorgenommen werden konnte, in welcher dasselbe für contractmäßig und gut anerkannt wurde. Diese Orgel hat ein Manual mit acht und ein freies Pedal mit drei klingenden Stimmen nebst Pedalcoppel, Calcantenruf und drei hinter der Orgel liegende Bälge, die das Werk mit Wind hinlänglich speisen.

Ihre Disposition ist folgende:

A. Manual:
1. Principal 8 Fuß, 2. Hohlflöte 8 Fuß, 3. Octave 4 Fuß, 4. Octave 2 Fuß, 5. Salcional 8 Fuß, 6. Gedact 8 Fuß, 7. Gedact 4 Fuß, 8. Mixtur 2 Fuß (vierfach).

B. Pedal:
1. Subbaß 16 Fuß, 2. Violon 8 Fuß, 3. Flötenbaß 4 Fuß, 4. Pedalcoppel, 5. Calcantenruf.

Im Jahre 1845 wurde das alte baufällige Pfarrhaus abgebrochen und für 248 Rthlr. verkauft, und in den Jahren 1848 und 1849 im Pastoratgarten nach dem Risse und Kostenanschlage des Communal-Baumeisters Lange zu Siegen ein Neubau aufgeführt, veranschlagt zu 260 Rthlr. Derselbe wurde vom Pfarrer Vomhof, der bis dahin in dem Hause des Georg Thomas II. sechs Jahre miethweise gewohnt hatte, am 11. Juni 1850 bezogen.

Seit der Reformation sind bei der Kirche zu Dresselndorf folgende Geistliche angestellt gewesen:

1. Albertus Bork (1542—70)
aus Borken im Münsterlande gebürtig. Derselbe ist 1515 zu Mainz als Priester ordinirt worden. Von 1541 bis 1542 war er Caplan und Unterschulmeister an der lateinischen Schule in Siegen, wurde dann an die Pfarrei Dresselndorf versetzt, wo er vermuthlich um's Jahr 1569 zur ewigen Ruhe ging. Auf der Synode zu Dillenburg am 25. September 1848 protestirte er mit mehreren anderen Geistlichen gegen das Interim Carl's V., welches in der Grafschaft Nassau (ottonischer Linie) an jenem Tage publicirt war.

2. Daniel Berthenus aus Corbach (1570—79)

nahm an dem im Jahre 1572 abgehaltenen Convente Theil, auf welchem der Graf sämmtlichen Geistlichen durch den Rentmeister zu Dillenburg bedeuten ließ, „daß er den Exorcismus, die Meßgewande, Chorröcke, allerhand Götzen, Kreuze, Fahnen ꝛc. ein= für allemal abgeschafft haben wolle", und Pfarrer Berthenus unterschrieb die desfallsige, von Novio= magus abgefaßte Erklärung. Er ist derselbe, der vor der am 18. Januar 1574 im Wirthshause „zum heiligen Geist" in Siegen versammelten Commission erschien, um sich examiniren und ordiniren zu lassen. Ber= thenus war der letzte lutherische Prediger, indem sein Nachfolger die reformirte Lehre einführte.

3. Johann Arsius (1579—84)

war als Pfarrers zu Dresselndorf auf dem am 24. April 1581 zu Dil= lenburg abgehaltenen Classenconvente gegenwärtig, auf dem beschlossen wurde, die pfälzische Kirchenordnung und den Heidelberger Katechismus anzunehmen. Er soll an die Pfarrei Neukirch versetzt worden sein.

4. Jacob Juncker (1584—1612).

Derselbe hat das älteste Taufbuch unter der Aufschrift angelegt: „Taufbuch Jhm Kirchspell Dresselndorf, angefangen am 21. November Anno 1584 von Jacobus Junckerus, pastor dresselndorfensis." Außer= dem führt er vom 14. Juni 1590 ein „Verzeichniß der Uffrufen von neuen Eheleuten im Kirchspiel dresselndorf", sowie von Christtag 1590 an ein Verzeichniß der Communicanten.

An diesem Feiertage waren 25 Abendmahlsgäste, von welchen 10 aus Oberdresselndorf, 9 aus Niederdresselndorf und 6 aus Lützeln waren, zur Communion erschienen. Im Jahre 1600 auf Ostern communicirten 43 Personen, und zwar 16 aus Ober= und 22 aus Niederdresselndorf und 5 aus Lützeln.

Während der Amtsführung des Pfarrers Juncker wurde 1607 die Gemeinde Holzhausen von Haiger nach Dresselndorf umgepfarrt. In den Kirchenbüchern hierselbst finden sich die ersten Eintragungen der Ge= tauften und Copulirten aus der Gemeinde Holzhausen am Ende des Jahres 1608. Juncker's Ehefrau hieß Elisabeth, und seine Tochter Anna Catharina, welche sich am 1. Juni 1606 mit Johannes, Johann Braun's ehelichem Sohne zu Schönbach, verehelichte.

Nach der Handschrift in den Kirchenbüchern zu urtheilen, muß Pfarrer Juncker in den Jahren 1609 und 1610 kränklich und schwächlich gewesen sein, denn gerade seine letzten Eintragungen sind sehr schlecht und un= leserlich geschrieben. Vermuthlich ist er am Ende des Jahres 1612 gestorben, denn nach dem Contractenbuche des hiesigen Gerichtes stellt er im Anfange dieses Jahres noch einen „Uffrufzettel" aus, aber schon am 7. December desselben Jahres wird genannt sein Nachfolger:

5. Benedictus Sartorius, Diaconus zu Dresselndorf (1612—14).

Derselbe scheint erst zur Aushülfe des Pfarrers Juncker gedient zu haben. Nach dessen Tode hat man ihm die Pfarre übertragen, denn nach den Burbacher Gerichts=Protocollen wird am 2. Februar 1612 „Benedictus Sartorius zur Zeit Pfarrherr zu Dresselndorf" und nach= gehends in demselben Jahre verschiedentlich erwähnt, wo er als Pfarr= herr mehrere Kauf= und „Uffrufscheine" ausgestellt hat. Im Jahre 1614 heißt es von ihm: „gewesener Pfarrherr zu Dresselndorf." Ob derselbe hier gestorben, oder ob er verzogen ist, davon besagen die Nachrichten nichts, letzteres ist wohl am wahrscheinlichsten.

Sartorius war vorher von 1608—12 Schulmeister zu Holzhausen und der Sohn des Justi Sartorius, Pfarrherrn zu Leuckershausen an der Bergstraße bei Heidelberg, und ehelichte 1609 die Jungfrau Anna Phoenius zu Holzhausen.

6. Thomas Stuttenius von Dillenburg (1614—26).

Nach dem Gerichts-Contractenbuche zeigte er am 25. Mai 1614 auf der Canzlei zu Beilstein an, daß er und seine Frau Veronica ein verkauftes Stück Feld von Adam Thomas ausbezahlt erhalten. Seine Frau starb 1625.

Pfarrer Stuttenius ist im Jahre 1626 seines Amtes entlassen oder hat dasselbe freiwillig niedergelegt, denn er wohnt nach dieser Zeit in Dillenburg und verheirathet sich daselbst als Wittwer und gewesener Pfarrer in Dresselndorf 1627 dom. cantato mit Anna, der Wittwe des berühmten Chronisten Johannes Textor, Stadtschreibers zu Haiger, welcher am 30. October 1626 als Stadtschreiber zu Dillenburg der Pest erlag.

Während der Dienstführung des Pfarrers Stuttenius wurde 1620 an die alte Kirche ein neuer Thurm gebaut.

Der Name dieses Pfarrers wird in den Kirchenbüchern nicht genannt. Ebenso wenig der Name seines Nachfolgers.

7. Jacob Wissenbach (1626—30)

von Wissenbach, Amts Dillenburg. Derselbe fertigt nach dem Gerichts-Protocollbuche am 2. März 1629 einen Kaufschein an; ebenso 1630, und hat diese als Pfarrer zu Dresselndorf unterschrieben. Sein Vater wohnte zu Wissenbach und schrieb sich Hans Kuntze.

Pfarrer Wissenbach war als gräflicher Stipendiat drei Jahre in die lateinische Schule gegangen, und zwar zu Dillenburg. Später kam derselbe 1584 als zweiter Prediger nach Ebersbach, wo er bis 1696 blieb und dann als Pfarrer nach dem Röbgen berufen wurde. Vom letztern Orte wurde er im Jahre 1626 mit seinem ihm adjungirten Sohne Heinrich durch den Grafen Johann den Jüngern von Siegen bei Wiedereinführung des Katholicismus vertrieben und wanderte an das erledigte Predigtamt zu Dresselndorf, wo er 1630 in hohem Alter gestorben ist.

8. Johannes Dilphius (1630—33).

Er war gebürtig von Dillenburg, wo sein Vater, Hans Dilphius, Bürger war, frequentirte mehrere Jahre die dortige lateinische Schule, bei der damals M. Jobocus Naum Rector war, studirte 1584 zu Herborn, war von 1588—89 Magister an der Bürgerschule zu Herborn, ging dann als praecop. secund. an die lateinische Schule seines Geburtsortes und trat als solcher 1590 dom. lactare in die Ehe mit Anna Catharina, Ehren Leonhard Lamm, Pfarrers zu Netphen, Tochter; er ging noch im nämlichen Jahre zu seinem Schwiegervater als Caplan in Netphen und wurde nach dessen Tode erst Administrator der dortigen Pfarrei und darnach zum Prediger ernannt. Durch das Reformations-Edict Johann des Jüngeren zu Siegen wurde er 1626 entlassen, wanderte nach Dillenburg und erhielt 1631 die Pfarrei Dresselndorf, wo er, nach dem Aufhören seiner Handschrift in den Kirchenbüchern zu urtheilen, in der Hälfte des Jahres 1633 gestorben sein wird. Das Taufbuch setzt er mit den Worten fort: „Am 2. Januar 1631 Johs. Dilphius, Pastor zu Dresselndorf, zur Taufe gebracht und getauft."

Von seinen Kindern werden erwähnt:
a) Jacob Dilph, geboren zu Netphen 1592, studirte 1615 zu Herborn, wurde 1622 Diacon und 1629 Pfarrer zu Ebersbach und starb am 17. Juli 1667.

b) Anna Catharina, geboren zu Netphen, ehelichte 1627 Henrich, Sohn des Bürgers Philipp Barsch zu Dillenburg.

c) Johannes Dilph, geboren 1605 zu Netphen, studirte 1624 zu Herborn, wurde 1635 Pfarrer zu Oberholzklau; von dort 1636 durch die Jesuiten verjagt, ging er an die zweite Classe zu Herborn und am 27. März 1637 als Pfarrer nach Burbach, wo er am 14. Februar 1665 starb.

Die Wittwe des Pfarrers Dilphius zu Dresselndorf zog nach Dillenburg und starb dort am 11. Novbr. 1635; am 22. November 1635 starb seine Tochter Dorothea.

9. Johannes Arcularius (1633—55).

Er war von Dillenburg gebürtig und vielleicht ein Sohn des Andreas Arcularius, welcher als Pfarrer und Inspector in Dillenburg am 3. Januar 1633 eine Leichenpredigt auf den Tod des Grafen Ernst Casimir zu Nassau über 2. Samuel. 7, 8, hielt, die gedruckt wurde; 1603 studirte er zu Herborn.

Nach dem Gerichtsbuche zu Burbach fertigt er am 7. März 1627 als Pfarrer zu Neukirch einen Kaufbrief an. Das Taufbuch zu Dresselndorf setzt er fort: „Verzeichniß der getauften Kinder und von mir getauft Johannes Arcularius, Pastor zu Dresselndorf. Anno 1633 den 2. Octbr."

Seine eheliche Hausfrau Elisabeth und seine Tochter Anna Catharina werden mehrmals als Taufzeugen in das Taufbuch eingeschrieben.

10. Valentin Mutzelius [Mützel] (1655—58).

Das Taufbuch enthält von ihm die Bemerkung im Juli 1655: „Non pabtizavi sed baptizavi, Valentin Mützel, prima vice pabtizavi.

Er wurde 1658 als Pfarrer nach der Neukirch berufen, wo er gegen 1684 gestorben ist. Seine Wittwe Luise starb dort am 9. Novbr. 1694.

11. Johann Bernhard Joll (1658—1715),

aus der Pfalz gebürtig, studirte 1650 zu Herborn. Das Taufbuch überschreibt er: „Kinder, so von mir, Joh. Bernh. Joll, pro tempore pastor zu Niederdresselndorf, getauft. Anno 1659 27. Februar."

Mit seiner Ehefrau Enche zeugte er mehrere Kinder. Seine Tochter Anna Catharina ehelicht am 24. October 1685 Franciscus Müntzen, stud. theol., des Johann Conrad Müntzen zu Herborn Sohn. Die Frau Pfarrerin starb, 81 Jahre alt, am 12. April 1741.

Während seiner Amtsführung fordert die rothe Ruhr, welche dort von 1668—90 grassirte, viele Opfer. Am 10. November 1715 steht von seiner Hand das Letzte in dem Taufbuche eingetragen. Vermuthlich ist er in diesem Jahre gestorben.

12. Johann Georg Keller (1715—28).

Er war ein Sohn des Rathsverwandten und Bürgers Anton Keller zu Dillenburg, studirte 1703 zu Herborn und ehelichte 1713 am 16. März als Candidat der Theologie Susanne Dorothea, eine Tochter des Wilh. Aug. Tilemann, weiland Oberförsters zu Dillenburg, die ihm zu Dresselndorf 6 Kinder, 3 Söhne und 3 Töchter, gebar.

Die erste Taufhandlung trägt er unter dem 16. Novbr. 1715 ein. Unter seiner Amtsführung wurde der Glöcknerdienst, der bis dahin mit der Pfarrei verbunden war, sammt Einkünften von derselben getrennt und dem Schulamte überwiesen, jedoch mit dem ausdrücklichen Vorbehalte, daß, wenn es dem Pfarrer schicklich oder nothwendig zu sein scheine, es in seinen Willen gestellt sei, berührtes Glockenamt nach Gefallen durch jemand Anderes wahrnehmen zu lassen.

Pfarrer Keller wurde in der Mitte des Jahres 1728 an die Ober=
pfarre zu Haiger versetzt, wo er am 15. April 1729 gestorben und am
18. ejusd. begraben worden ist.

13. Johann Georg Silber (1728—30).

Unter dem 18. November 1728 trägt er den ersten und unter dem
6. Mai 1730 den letzten Taufact in das Kirchenbuch ein.

Er ist ein Sohn des Christoph Silber und der Anna Catharine,
Ehe= und Bürgersleute zu Herborn, geboren daselbst am 8. Octbr. 1676;
studirte hier 1693. Er verheirathete sich am 7. August 1699 mit Marie
Agnes, Tochter des Johann Ludovici. Aus dieser Ehe wird ein Sohn,
Joh. Ludwig Henrich, genannt, der im Decbr. 1705 geboren wurde,
1723 zu Herborn studirte und 1780 als Hofmedicus zu Hachenburg starb.

Pfarrer Silber war erst Feldprediger bei dem Westerwälder Cavallerie=
Regimente, dann seit 1710 zweiter Pfarrer zu Haiger, demnächst seit
1728 Pfarrer zu Dresselndorf und zuletzt seit 1730 Pfarrer in Mengers=
kirchen, wo er am 13. November 1740 starb und nach dem Driedorfer
Todtenbuche am 17. desselben Monats in der Kirche zu Driedorf be=
graben wurde.

14. Wilhelm Gottfried Tecklenburg (1730—57),

Sohn des im Jahre 1712 am 13. Mai als Pfarrer und Inspector zu
Oberwetz im Braunfelsischen verstorbenen Christoph Theodor Tecklenburg.
Er war geboren 1691 zu Greifenstein, wo sein Vater damals Pfarrer
war, studirte zu Herborn und Marburg, ehelichte als Candidat der Theo=
logie am 27. Octbr. 1713 Anne Johannette, Tochter des Joh. Jost Nieß,
Pfarrers zu Sprenblingen in der Pfalz. Seine erste feste Anstellung
erhielt er 1716, wo er zum Pfarrer bei der kleinen evangelischen Ge=
meinde zu Mengerskirchen ernannt wurde. Nach 14jähriger Wahr=
nehmung dieses Pfarramtes wurde er nach Dresselndorf versetzt. Hier
starb er nach 29jährigem treuen und gesegneten Wirken am 26. Juli
1757, Morgens 1 Uhr, 66 Jahre alt, und hatte überhaupt 42 Jahre
das Pfarramt bekleidet. Seine irdischen Ueberreste wurden am 29. Juli
in der Kirche zu Niederbresseldorf begraben und ist er der einzige Geist=
liche, der in der Kirche beerdigt ist. Die Leichenpredigt hielt der zweite
Sohn des Pfarrers Joh. Christian Manger zu Haiger. .

Im Jahre 1740 brannten zu Niederbresselndorf 16 Ge=
bäude ab, auch die Pfarrgebäude waren beschädigt und
wurden 1754 reparirt.

Während des Nachjahres verwaltete als Vicar sein Sohn

Wilhelm Ludwig Tecklenburg

von 1757—59 die Stelle und wurde am 26. August 1757 introducirt.

Geboren zu Niederbresseldorf am 20. Mai 1732, getauft am 15.
Juni, studirte er zu Herborn und wurde 1754 Candidat, assistirte erst
seinen Vater zu Dresseldorf und verehelichte sich daselbst am 9. Novbr.
1756 mit Amalie Johannette, Tochter des Pf. Conrad Marchard und
der Wilh. Margarethe, Eheleute zu Aslar. Diese starb 1805 am 3. Juni,
66 Jahre alt, zu Hachenburg bei ihrem Schwiegersohne, dem Pfarrer
Schulz daselbst.

Vicar Tecklenburg verwaltete von 1755—59 die Pfarrei Liebenscheid
und gleichzeitig von 1757—59 die Pfarrei zu Dresselndorf. Im Juli
1759 folgte er dem Rufe als Pfarrer nach Frohnhausen und nach 10jäh=
riger Wahrnehmung dieses Pfarramtes siedelte er als Pfarrer am 2. März
1769 nach Ballersbach. Hier starb er, 55 Jahre alt, am 21. Septbr.
1787. Zu Niederbresselndorf wurde ihm am 3. Decbr. 1757 eine Tochter
geboren, Wilh. Johannette Margarethe.

15. Theodor Philipp Schacht (1759—73).

Das Taufbuch fängt er an mit dem 29. August 1759, legt auch ein Verzeichniß der confirmirten Kinder an. Durch seine Mitwirkung erhalten die Dörfer Lützeln und Holzhausen 1769 neue Schulhäuser und letztere Gemeinde stellt 1771 einen zweiten Lehrer an.

Er muß vom Mai bis November 1771 kränklich gewesen sein, denn er wird in dieser Zeit von dem Pfarrvicar Schultheiß von Haiger vertreten.

Pfarrer Schacht war ein Sohn des Herborner Professors der Medicin, Theodor Philipp Schacht und dessen Gattin Marie Magdalene, geborne Tilemann von Herborn, und geboren daselbst am 26. Januar 1722. Er studirte 1736 in seiner Geburtsstadt Theologie, erhielt 1747 seine Anstellung als zweiter Pfarrer zu Dillenburg, war dann von 1750 an Diener am Worte Gottes zu Frohnhausen und wurde von da 1759 an die Pfarre zu Dresselndorf versetzt; am 8. Mai 1774 folgte er dem Rufe als Prediger nach Dauborn und am 15. Mai des folgenden Jahres dem nach Driedorf, wo er, schon betagt, heirathete. Der Pfarrer Walther von Emmerichenhain copulirte ihn am 9. Novbr. 1780 mit Auguste Philippine, Tochter des weiland Pfarrers W. H. Manger zu Burbach.

In Driedorf endete er seine Erdenlaufbahn am 27. Novbr. 1780, 58 Jahre 10 Monate 12 Tage alt, und sein Leichnam wurde am 1. Decbr. in die Gruft gesenkt.

16. Johann Henrich Dilthey (1773—1786).

Derselbe hielt, wie sein Vorgänger, genau auf die Einzahlung der Sterbfallsgelder und bemerkt ad marginem in dem Todtenbuche diejenigen Personen, die zur Entrichtung dieser Gelder verpflichtet waren. Dilthey scheint unverehelicht gewesen zu sein, denn es wird seine Haushälterin Marie Catharine Meinhard von Dillenhütte erwähnt, die achtzehn Jahre in seinen Diensten stand.

Pfarrer Dilthey's Vater, Johann Phil. Dilthey, war lic. jur. und Fürstlich Oranischer Canzlei-Director, Oberconsistorialrath und Regierungsrath zu Dillenburg und seine Mutter Anne Christine eine geb. Arndorf. Geboren 1735 zu Dillenburg, bereitete er sich auf dem Pädagogium daselbst zu seinen Studien vor und vollendete seine academische Laufbahn zu Herborn, wurde 1758 Diener am göttlichen Worte zu Ickersdorf, erhielt 1768 die zweite Pfarrei Dillenburg und ging 1773 als berufener Prediger nach Dresselndorf, wo er nach 13jährigem Wirken, im Lebensalter von 51 Jahren, am 18. August 1786, Morgens 8 Uhr, an der Wassersucht starb und am 20. ejusd. auf dem Kirchspielskirchhofe beerdigt wurde.

Am 3. Sonntage des Monats Februar 1786 wurde das von einer Commission im Auftrage des Prinzen von Oranien zusammengestellte und zu Herborn gedruckte neue Gesangbuch zum ersten Male beim öffentlichen Gottesdienste gebraucht. Man benutzte dasselbe bis zum Jahre 1858, wo das nach den Beschlüssen der Synoden zu Jülich, Cleve, Berg herausgegebene evangelische Gesangbuch in Gebrauch kam.

Die Pfarrstelle wurde vom 20. August 1781 bis zum 28. Januar 1787 verwaltet durch

Pfarrvicar Johann Henrich Faber,

Sohn des zu Emmerichenhain am 28. Novbr. 1765 verstorbenen Pfarrers Michael Franz Faber, geboren am 30. Juli 1738 zu Westernohe, Amts-

Rennerob, wo sein Vater zu der Zeit Prediger war. Er studirte 1755 zu Herborn, ward Candidat baselbst 1769, darauf am 23. Novbr. desselben Jahres zu Diez ordinirt und zum Vicarius bei dem alten schwachen Pfarrer Walther zu Emmerichenhain angestellt, er vicarirte eine Zeit lang die zweite Pfarrei Haiger, war von 1786—87 Pfarrvicar zu Dresseln= dorf, erhielt 1787 eine Vocation als Pfarrer nach Oberhof, wo er am 4. März inaugurirt wurde. Er starb baselbst am 29. April 1801. Seine erste Frau war die Tochter des Wilh. Christ. Schnabelius, Amt= manns zu Ebersbach, und die zweite Frau eine geborne Hofmann.

17. Henrich Anton Tilemann (1787—93).

Er führt das Taufbuch unterm 21. Februar 1787 fort. Er ist ge= boren am 14. Octbr. 1732 zu Driedorf, wo sein Vater Johann Christian Amtmann war, studirte 1750 zu Herborn, erlangte baselbst am 19. Febr. 1755 die Candidatur, wurde darauf Hofcaplan zu Hohensolms, von wo er 1770 nach Oberhof berufen wurde. Am 14. Octbr. wurde er hier, nach seiner über Epheser 6, 19, gehaltenen Eintrittspredigt, introducirt. Er ging 1774 als Prediger nach Nenneroth und 1782 nach Driedorf, von wo er laut Rescript vom 28. Decbr. 1786 als Pfarrer nach Dresseln= dorf berufen wurde. Nach sechsjährigem Wirken bei dieser Gemeinde starb er am 19. März 1793, Morgens 5 Uhr, an einer Unterleibsent= zündung und ist am 22. ejusd. des Abends auf dem hasigen Kirchhofe begraben worden. Sein Alter belief sich auf 59 Jahre 5 Monate.

Die Pfarrei vicarirte im Nachjahre sein Sohn

Friedrich Heinrich Ludwig Tilemann,

vom 31. März 1793 bis 15. Juli 1794. Derselbe war geboren zu Hohensolms am 14. Novbr. 1769, studirte 1789 zu Herborn, wurde 1793 Pfarrvicar zu Dresseldorf. Wohin er von hier gegangen, ist nicht be= kannt. Im Jahre 1802 wurde er durch Rescript vom 18. März als Pfarrer nach Frohnhausen vocirt. Hier starb er unvermählt an Ent kräftung, nach 15½ Jahre langer Wahrnehmung des dortigen Predigt= amtes, am 10. Octbr. 1817, 47 Jahre 10 Monate und 16 Tage alt.

18. Georg Philipp Wilhelm Jüngst (1794—1809).

Derselbe war geboren zu Löhnberg unweit Weilburg den 29. Septbr. 1764. Seine Eltern waren Georg Wilhelm Jüngst und Auguste Elisa= beth, Tochter des Pfarrers Nicolaus Elias Dürbeck zu Arfeld. Sein Vater stand als herrschaftlicher Verwalter auf der Löhnberger Hütte.

Pfarrer Jüngst hatte von 1775 an sieben Jahre lang das Päbago= gium zu Dillenburg frequentirt und dann seit 1782 vier Jahre lang auf der Hochschule zu Herborn studirt. Hierauf wurde er 1786 Hauslehrer bei dem Pfarrer Chelius zu Wallenfels bei Beilstein. Im Herbste 1787 kehrte er nach Herborn zurück, um sich auf sein Candidaten-Examen vorzubereiten, welches er den 31. Decbr. 1787 mit vielem Beifall bestand und darauf unter dem 3. März 1788 unter die Zahl der Landes=Can= bibaten aufgenommen wurde.

Im nämlichen Jahre erhielt er den Ruf zum Pfarrvicariate nach Vallersbach, im März 1789 nach Diez, im Juli 1789 nach Schönbach. Von hier wurde er, laut Rescript vom 15. Decbr. 1789, als britter Pfarrer nach Herborn berufen und trat diese Stelle mit Anfang des Jahres 1790 an. Hier trat er in die Ehe im Septbr. 1790 mit Marie Catharine Elisabeth, geb. Burchardi.

Am 20. Juli 1794 erhielt er die Pfarrei Dresselndorf. Er erwarb sich um das Schulwesen große Verdienste. Den schon früher, 1774, von den Geistlichen auf den Conventen ausgesprochenen Wunsch, daß eine Pflanzschule für künftige Schullehrer angelegt werden möchte, realisirte er, indem er im Jahre 1797 eine sogenannte Schulmeisterschule, in welcher angehende Schulcandidaten für das Lehrfach ausgebildet wurden, eröffnete

Seine Verdienste wurden öffentlich anerkannt, da ihm unter dem 1. Juli 1805 der Character und die Würde eines Kirchenrathes und die Verdienstmedaille zugetheilt wurden.

Das Vaterland verdankt dieser Anstalt manchen tüchtigen Schullehrer, und sie bestand fort bis zu seinem Tode.

Pfarrer Jüngst starb nach dem Todtenregister am 21. Januar 1809, Abends 4½ Uhr, im Alter von 44 Jahren 4 Monaten, an einem Halsgeschwüre als Folge einer Erkältung, die er sich bei dem am 7. Decbr. 1808 zu Haiger stattgehabten Brande zugezogen hatte. Er hinterließ eine Wittwe mit 6 Kindern. Ein Sohn, Ludwig Wolrad, geb. 1804 am 27. Decbr., studirte Theologie und wurde später Lehrer am Gymnasium zu Bielefeld.

Die interimistische Verwaltung der Pfarrei wurde zuerst dem Pfarrer Dapping zu Burbach übertragen und sodann unter dem 1. Juli 1809 dem Pfarrvicar

Johann Wilhelm Balzer (2. Juli 1809 bis 5. April 1810).

(Cfr. Pfarrei Höchstenbach Nr. 19.)

19. Pfarrer **Hermann Christian Rhodius** (1810—35).

(Cfr. Pfarrei Roßbach Nr. 18.)

20. **Henrich Wilhelm Franz Vomhof** (1835—66),

Sohn des Kaufmanns Leopold Vomhof und der Catharina, gebornen Bieler, Eheleute zu Burbach; geboren daselbst den 12. Mai 1806, besuchte zuerst von 1821 an das Gymnasium zu Wetzlar und dann von 1823 an das Gymnasium zu Soest, machte daselbst seine AbiturientenPrüfung am 29. März 1825, ging im Frühjahr 1825 zur Universität nach Gießen und vollendete 1828 seine Studien der Theologie zu Halle, bestand sein Examen pro licentia concionandi am 3. bis 5. März 1829 und pro ministerio am 15. bis 17. Juli 1830 zu Münster, vicarirte zuerst von Sonntag nach Pfingsten 1830 bis 1831 die Pfarrei Freudenberg, darnach ein Jahr lang die zu Burbach und nachdem er seit Juni 1833 den altersschwachen Prediger Rhodius zu Dresselndorf in seinen pfarramtlichen Geschäften mit Predigen unterstützt hatte, wurde er nach dessen Emeritirung mit der Verwaltung des Pfarramtes beauftragt, bis ihm unter dem 1. Juni 1835 dasselbe definitiv verliehen und er am 16. August d. J., nach gehaltener Antrittspredigt über 2. Cor. 3, 4—6, durch den Superintendenten Bender unter dem Beistande des Moderamen der Synode ordinirt und introducirt wurde.

Er lebte in drei Ehen. Zuerst seit dem 29. September 1835 mit Friederike, gebornen Pauly von Altenkirchen, welche den 13. August 1810 geboren war und am 23. October 1836 im Kindbette starb; er trat dann in die zweite Ehe am 4. October 1838 mit Sophie Elisabeth, gebornen Brücher aus Burbach, die den 8. Januar 1809 geboren war und am 4. November 1842 mit Hinterlassung eines Sohnes und einer Tochter starb; in die dritte Ehe trat er am 21. Juli 1843 mit Emilie, gebornen Ginsberg aus Flammersfeld, welche am 13. Mai 1866, 44 Jahre alt, mit Hinterlassung von 10 Kindern, 6 Knaben und 4 Mädchen, am Typhus starb.

Pfarrer Vomhof starb wenige Tage nachher, am 22. Mai, Nachmittags 4 Uhr, am Typhus und hinterließ 13 Kinder; er wurde am 25. ejusd. begraben.

Während des Nachjahres versahen die beiden Geistlichen Ohly zu Haiger und Rumpäus zu Burbach die actus ministeriales.

21. Adolph Hermann Friedrich Wilhelm Ludwig Kötter
(1867—1871),

geboren den 20. December 1840 zu Frömern bei Unna, wo seine Eltern, Lehrer Heinrich Kötter und Wilhelmine, geborne Brüggemann, domicilirten, frequentirte seit Herbst 1856 das Gymnasium zu Arnsberg und machte dort im Herbst 1860 seine Maturitätsprüfung, studirte darauf in Halle a. d. Saale vier Semester Theologie und vollendete seine Studien im Herbst 1863 zu Berlin.

Sein erstes theologisches Examen bestand er im Frühjahrstermine zu Münster 1864, war von Ostern 1864 bis dahin 1865 Lehrer an dem englischen Knaben-Institute des Pfarrers Philipps in Neuwied, machte im Herbste 1865 das zweite Examen zu Münster, wurde ordinirt in der Kirche zu Meinertshagen am 4. Febr. 1866 durch den Superintendenten Beck daselbst, unter Assistenz der Geistlichen Spiritus in Lüdenscheid und Heinrich Kötter in Halver, und angestellt zuerst von der Pastoral-Hülfs-gesellschaft als Hülfsprediger in Plettenberg am 14. Jan. 1866; dann als Pfarrer zu Dresselndorf eingeführt durch den Superintendenten Kreutz am Sonntage Reminisc., als den 17. März 1867, mit einer Antrittspredigt über Röm. 15, 29, 30. Er ist verehelicht seit dem 22. Juli 1869 mit Ottilie Leesemann, ehelicher Tochter des Justizrathes Friedrich Leesemann und der Caroline, gebornen Schreiber, in Münster.

Pfarrer Kötter wurde zum zweiten Pfarrer an die evangelische Gemeinde zu Herdecke, Diöcese Hagen, berufen; er hielt am Sonntage den 22. p. Tr., am Reformationsfeste, den 5. November 1871, seine Abschiedspredigt über Hebr. 13, 8, und zog noch an demselben Tage von dort ab.

Der gegenwärtige Prediger ist:

22. Henrich Burchard (1873)

kam von Wermelskirchen.

Die Schulanstalten im Hickengrunde.

Im Grunde der Hicken bestanden ungefähr von 1560 an bis zum Anfange des dreißigjährigen Krieges zwei lateinische Schulanstalten, nämlich eine zu Dresselndorf und die andere zu Holzhausen.

Die Schule des ersteren Ortes war eine Kirchspielsschule, zu welcher alle schulfähigen Kinder des Kirchdorfes und der Filialgemeinden Oberdresselndorf und Lützeln gehörten. Diese Schule übernahm zur Zeit ihrer Gründung der damalige Pfarrer Albert Borcken gegen das Schulgeld und das Einkommen des Glockenamts. Dieser, wie seine Successoren, ließen fernerhin für sich die Schule durch angenommene Schuldiener verwalten.

An jedem der beiden Schulorte wurde in den Jahren zwischen 1584—1590 neben der lateinischen auch eine deutsche Schule errichtet, welche fortbestand, als jene aufgelöst wurde.

Die Kirchspielschule blieb bestehen bis zur Hälfte des 17. Jahrhunderts, wo sie, nachdem die beiden Filialdörfer Oberdresselndorf und Lützeln ihre eigenen Schulsysteme gebildet hatten, in eine Dorfschule umgewandelt wurde.

Diese Dorfschulen waren anfangs nur Winterschulen, welche mit Martini eröffnet und mit Ostern geschlossen wurden und bei welchen die Gemeinden ihre Lehrer kurz vor Martini dingten oder mietheten.

Die Schulhäuser der vier Gemeinden des Hickengrundes sind alle im 18. Jahrhundert neu gebaut worden und zwar zu Nieder- und Oberdresselndorf 1740, zu Lützeln und Holzhausen 1769. Das Schulgebäude des letzteren Ortes enthielt zwei Unterrichtszimmer und eine Lehrerwohnung und kostete 1242 fl.

Das Oberconsistorium zu Dillenburg bewilligte den Gemeinden Collecten für diese Neubauten.

Sämmtliche Gemeinden des Hickengrundes trugen im Jahre 1800 beim Oberconsistorium an auf Umwandlung des seitherigen Wandeltisches in eine jährliche Fruchtabgabe von jedem Hause. Im Auftrage dieser Behörde schloß nun das Burbacher Amt mit jeder einzelnen Gemeinde einen Verköstigungsvertrag ab.

Die Gemeindeglieder zu Holzhausen versprachen, laut Vertrag vom 27. Mai 1800, von jedem Hause eine Mesle Korn Marktgut und 1 Mesle Brodhafer zu liefern, die unter den dasigen beiden Lehrern also vertheilt wurden, daß der erste Lehrer je fünf Sechstel und der zweite Lehrer je ein Sechstel von jeder Fruchtgattung erhalten sollte.

Die Hausbesitzer der Gemeinde Niederdresselndorf unterzeichneten den Vertrag am 8. Juni 1800 und verpflichteten sich, als Entschädigung für die Kost von jedem Hause eine Mesle Korn Marktgut zu liefern.

1. Verzeichniß der Lehrer zu Niederdresselndorf.

Der erste Schulbiener zu Niederdresselndorf, der im Taufbuche 1588 erwähnt wird, ist nicht namentlich aufgeführt worden. Derselbe erhält den Auftrag, die Taufzeugen zu einem unehelichen Kinde zu bitten. Vermuthlich ist es derselbe, welcher 1597 als Gevatter genannt wird, nämlich:

1. **Johannes Phoenius** (1588—98),

zieht an die Schule zu Holzhausen.

2. **Johannes Metzwinkel** (1599—1611)

ist 1608 am 8. Januar Pathe.

3. Johannes Weber (1611—28)

wird in den Gerichtsprotocollen 1611 genannt, ist später Schulbiener zu Nieberschelb bei Dillenburg.

4. Johannes Textor (1628—49)

wird 1650 gewesener Schulbiener genannt. Seine Wittwe stirbt 1672 am 10. Februar. Sein Sohn Simon ehelicht 1650 Catharine, geb. Tirl von Holzhausen.

5. Hans Friedrich Fuchs (1649—68),

Sohn des Stadtschreibers Friedrich Fuchs aus der Bergstadt Speier, ehelicht am 26. Februar 1655 Gela, des Johann Henrich Reichmanns Tochter zu Dresselnborf. Er starb an der rothen Ruhr, die damals im Hickengrund grassirte, am 24. August 1668 und hinterließ seine Wittwe und 2 Söhne und 2 Töchter.

6. Simon Waldschmidt (1700—1714).

Seine Ehefrau Dorothea, geb. Ebbinghausen, gebar ihm hier am 16. März 1701 einen Sohn, Johann Philipp Christian. Sie starb am 8. April 1712. Er war später Schulbiener zu Hirzenhain und starb bort am 24. Februar 1745, 69 Jahre alt.

7. Christoph Beudel (1714—28),

von Flammersbach gebürtig, warb 1704 Schulbiener zu Burbach, 1706 zu Wahlbach, hielt sich 1713 zu Dillenburg auf, kam 1714 nach Dresseln= borf und starb hier am 12. Januar 1728; seine Wittwe starb 8 Tage später.

8. Johann Jost Erckel von Manberbach (1728—39),

stand bann bis 1748 als Lehrer zu Manberbach.

9. Johann Christian Stroemann (1740—82),

geboren zu Niederbresselnborf am 9. October 1716, wo sein Vater Jo= hannes Lanbmann war; ehelichte 1746 Anna Elisabeth, geb. Hennerich. Er starb am 3. Mai 1782, alt 65 Jahre 7 Monate weniger 7 Tage.

Pfarrer Dilthey bemerkt: Gott schenke der unwissenben und verwilder= ten Jugend einen rechtschaffenen, tugendhaften und exemplarischen Mann zu ihrem künftigen Präceptor.

10. Johann Georg Klappert (1782—1818),

geboren am 14. October 1742 zu Holzhausen, wurde zum Lehrer vor= gebildet 2 Jahre von Jost Henr. Wendel zu Holzhausen, 1½ Jahre von Präceptor Krone in Siegen, examinirt 1765 von Inspector Grimm und 1770 vom Oberconsistorialrath Arnolb. Seine erste Anstellung erhielt er im Neuwied'schen, 1762 zu Gilsbach, 1764 zu Wilgersborf, an welch letzterem Orte er 1770 am 8. März Anna Demuth, geb. Müller, heira= thete. 1782 im October kam er als Präceptor nach Niederbresselnborf. Pfarrer Jüngst berichtet über ihn: Er ist für sein Alter ungewöhnlich lernbegierig, sehr fleißig und pünktlich in seinem Amte, führt einen un= bescholtenen Lebenswandel und ist überhaupt ein Schulmeister, mit dem man wohl zufrieden sein kann.

Präceptor Klappert wurde auf sein Ansuchen 1818 mit jährlich 20 Mesten Korn und 18 fl. baarem Gehalt pensionirt. Er zog nach Holz= hausen, wo er am 26. April 1824 im Alter von 81 Jahren 6 Monaten 12 Tagen gestorben ist.

11. Franz Claas (1818—19)

von Unnau, Kirchspiels Marienberg, wurde am 11. Novbr. 1818 eingeführt, zog am 23. Mai 1819 als Lehrer nach Hestenberg. (Vide Burbach Nr. 8.)

12. Johann Daniel Schneider (1819—68),

geboren am 15. August 1793 zu Friedewald, auf das Schulamt vorbereitet durch den Präceptor Overfott und den Pfarrer Altgelt zu Daaden, geprüft von der Schulcommission zu Coblenz, angestellt zuerst Martini 1809 zu Tiersbach, Kirchspiels Mehren (mit 8 fl. und Reihenumgang), ging 1810 an die Schule zu Manden, 1813 nach Weitenfeld, 1817 nach Derschen, von wo er 1819 an die Schule zu Niederbresselndorf kam und hier zugleich das Organisten- und Küsteramt übernahm. Er wurde am 29. Juni eingeführt.

Das alte Schulhaus wurde am 15. März 1855 auf den Abbruch verkauft und ein neues Schulgebäude mit einem Lehrzimmer und einer Lehrerwohnung gebaut für den Preis von circa 1850 Thlr., das Bauholz und die Anfuhrkosten ungerechnet. Dieses Schulhaus wurde am 14. Sept. 1855, als am 100jährigen Jubelfeste der Einweihung basiger Kirche, geweihet.

Lehrer Schneider feierte 1859 sein 50jähriges Jubiläum und wurde 1868 pensionirt. Er starb am 23. November 1869 zu Siegen bei seinem Schwiegersohne Nostiz.

13. Johannes Henrich Debus (1868—70),

geb. 1843 am 27. April zu Fellerdilln, wo sein Vater Heinr. Debus I. Landmann war. Auf das Seminar vorbereitet wurde er durch die Lehrer Siebel und Keiper zu Steinbach, war von 1850 an drei Jahre lang Zögling des Seminars zu Jbstein, war Lehrvicar zu Löhnfeld 1½ Jahre, dann zu Niedermorsbach, Amts Hachenburg, 2½ Jahre, kam am 1. Juni 1866 als Lehrer nach Bergebersbach, wo er am 4. Juni durch den Pfarrer Beuber eingeführt wurde; 1868 erhielt er den Beruf als Lehrer, Organist und Küster nach Niederbresselndorf, wohin er am 1. Juni übersiedelte und am 12. Juli 1868 durch den Pfarrer Kötter eingeführt wurde.

Er zog Ende Januar 1871 als Lehrer an einer Knabenclasse nach Remscheid.

14. Ludwig Dapperich von Niederbresselndorf (seit 15. Mai 1871).

Seine Eltern waren Ludwig Dapperich und Cathar., geb. Demmer. Er ist geboren am 18. Febr. 1845, absolvirte zu Petershagen von 1861 an den dreijährigen Seminarcursus, auf welchen er durch die Lehrer Dahlhoff, Nostiz und Ortmann war vorbereitet worden, machte Anfangs Juli 1864 sein Abiturientenexamen, erhielt am 20. Novbr. 1867 die Lehrerstelle zu Elsoff im Wittgenstein'schen und am 15. Mai 1871 die Lehrer- und Organistenstelle zu Niederbresselndorf. Als Aspirant war er von 1864 bis 1867 Verwalter der Schule zu Anzhausen.

2. Verzeichniß der Lehrer zu Holzhausen.

1. Johannes Phoenius (1600—1608),

war vordem Schulbiener zu Dresselndorf.

2. Benedictus Sartorius (1608—12)

von Leutershausen bei Heidelberg. Er kam als Pfarrer nach Dresseln-dorf. Vielleicht war er der letzte Schuldiener an der hiesigen lateinischen Schule.

3. Johannes Dilthey (1629—40),

als Taufzeuge erwähnt 16. Juli 1631, 1634, 5. Decbr. 1635.

4. Johannes Stroemann (1640—53).

Er läßt am 14. Januar 1649 einen Sohn taufen.

5. Johannes Spiermann (1653—60).

Am 16. April 1654 läßt er eine Tochter taufen. 1859 und in den folgenden Jahren herrschte zu Holzhausen, wie in dem ganzen Hicken- und Freiengrunde, die rothe Ruhr. Auch Spiermann ward ein Opfer dieser Krankheit. Er starb am 2. Januar 1660 und wurde am 5. ejusd. beerdigt.

6. Michael Otto (1660—68),

gebürtig von Bleistadt im Königreich Böhmen, Sohn der Eheleute Er-hardi und Catharine Otto zu Bleistadt, ehelichte 1660 am 12. August Catharine, Peter Reinhard's Tochter zu Holzhausen. Auch er starb, wie sein Vorgänger, an der rothen Ruhr am 7. October 1668.

7. Simon Möller (1668—1720)

aus Holzhausen und ein Sohn der Eheleute Georg und Juliane Möller, begibt sich am 9. März 1686 in den Ehestand mit Gertraud, Tochter des Hans Jacob Lange zu Breitscheid. Möller legt 1720 das Schul-amt nieder.

8. Johann Conrad Müller (1720—50),

Johannes Sohn von Holzhausen; tritt im Anfange des Jahres 1722 in die Ehe mit Anne Gilla, geb. Fay zu Holzhausen; er dankt ab 1750.

9. Jost Henrich Wendel (1750—71)

war geboren am 29. Juli 1725 zu Roth, Kirchspiels Schönbach, zum Lehramte vorbereitet durch den Pfarrer Möller zu Eisemroth, trat in die Ehe am 29. August 1751 mit Anne, geb. Müller zu Holzhausen, welche aber schon am 16. Mai 1765 mit Tod abging. 1761 wurde er Orga-nist zu Dresselndorf. Am 31. Mai 1771 trat er in die zweite Ehe mit Margarethe Marie, des entwichenen Joh. Simon Fay vormaliger Ehe-frau. Durch diese Heirath wurde eine Mißstimmung gegen ihn erregt und man entließ ihn als Lehrer 1771. Er ging in demselben Jahre als Lehrer nach Lützeln. Wendel starb zu Holzhausen in der alten Mühle am 29. Januar 1784 an der Brustkrankheit.

N. N. Kesper von Roßbach verwaltete nur einige Monate das Schulamt zu Holzhausen.

N. N. Schüler ertheilte den Unterricht nur wenige Wochen, weil das Consistorium seine Bestätigung verweigerte.

10. Johann Peter Brecher (1771—90)

wurde am 12. Novbr. 1771 durch den Pfarrvicar Schultheis von Haiger eingesetzt. Er war geboren 1740 zu Löhnfeld, Kirchspiels Neukirch. Auch er war Organist zu Dresselndorf und bekleidete später das Amt eines Kirchmeisters. Er starb in einem Alter von 50 Jahren an der Lungen-sucht am 6. Decbr. 1790 und wurde am 8. ejusd. zu Niederdresselndorf beerdigt.

11. Johann Martin Jammert (1791—1821).

(Vide Burbacher Verzeichniß.)

12. Johann Heinrich Otto (1821—25),

geboren am 2. Febr. 1796 zu Baienbach, wurde 1810 Lehrer zu Rau= holz, 1811 zu Nenkersdorf, 1815 zu Anzhausen, machte aber vorher beim Professor Grimm zu Herborn sein Examen, unterwarf sich 1821 aber= mals einer Prüfung beim Superintendenten Bender zu Freudenberg und wurde nun am 19. Novbr. 1821 als Lehrer zu Holzhausen angestellt.

Er starb an der Auszehrung 1835 am 25. April im Alter von 49 Jahren 2 Mon. und 23 T. und hinterließ eine Wittwe mit 6 Kindern.

13. Johann Carl Christian Andreas Dahlhoff (1835—63)

wurde zu Holzhausen am 28. Juli 1835 eingeführt.

Er ist geboren zu Dinker im Kreise Soest am 1. Febr. 1806. Zum Seminarcursus bereitete er sich vor in der Präparanden=Anstalt zu Soest von 1822 an, wurde 1824 Seminarist und machte 1826 seine Abiturienten= Prüfung, blieb erst einige Monate an seinem Geburtsorte zur Aushülfe seines Vaters, erhielt im Spätherbste 1826 die Hauslehrerstelle beim Apotheker Ulerich zu Belecke und am 1. Januar 1828 die Schulstelle zu Alchen, wurde in demselben Jahre am 1. Octbr. nach Langenholding= hausen berufen, von wo er 1835 im Juli an die erste Lehrerstelle nach Holzhausen ging. Hier verheirathete er sich am 18. August 1838 mit Catharine, geb. Thomas. In seinen Freistunden beschäftigte er sich mit der Thierheilkunde und gab 1847 eine kleine Brochüre heraus unter dem Titel: „Erprobte Mittel wider das Aufblähen des Rindviehes in seinen verschiedenen Formen, nebst einem Anhange über die falsche Bräune der Schweine".

Er starb am 15. Decbr. 1863 mit Hinterlassung seiner Wittwe und 5 Kindern, 2 Söhne und 3 Töchter.

14. Georg Thiemen (1863—65),

geboren zu Neuengeseke im Kreise Soest am 30. Mai 1841, besuchte von 1857—59 die Präparanden=Anstalt zu Soest und vom 17. August 1859 drei Jahre lang das Seminar daselbst, bestand vor der Prüfungs= Commission vom 31. Juli bis 2. August sein Examen, übernahm zuerst eine Hauslehrerstelle beim Gutsbesitzer Carl Neuhaus zu Völlinghausen bis zum 1. Decbr. 1863, wurde dann von Königl. Regierung als zweiter Lehrer zu Holzhausen angestellt und erhielt nach dem Tode des ersten Lehrers dessen Stelle. Er ging 1865 als Lehrer und Organist nach Meiningsen bei Soest.

Nachdem die erste Lehrerstelle vom 13. Sept. 1865 bis 1. Januar 1866 durch den zweiten Lehrer Wagner ver= waltet worden war, wurde sie verliehen:

15. Wilhelm Siebel (1866—68).

Derselbe wurde am 1. Januar 1866 durch Pfarrer Vomhof in sein Amt eingeführt. Er war zu Deuz am 29. Juli 1829 geboren, confir= mirt 1843, auf das Schulamt vorbereitet durch die Lehrer Hein, Siebel, Banf zu Deuz und Ronte zu Siegen, war dann Gehülfe beim Lehrer Jung zu Crombach von 1848—49, in welch letzterem Jahre er das Soester Seminar bezog. Vom 29. bis 31. Juli 1851 machte er dort sein Examen und wurde noch am 15. August desselben Jahres angestellt zu Baienbach. Unterm 17. April 1853 wurde er versetzt nach Sieghütte, dann am 1. Octbr. 1857 nach Baienbach zurück, 1866 nach Holzhausen und am 5. Mai 1868 wieder nach Sieghütte.

16. Friedrich August Wied (1868—69),

aus dem Wittgenstein'schen gebürtig, war vor seiner Hierherkunft bis 1. August 1868 Lehrer zu Wilnsdorf, zog am 8. August in Holzhausen ein und wanderte am 9. Sept. des folgenden Jahres nach Amerika aus, wo er in Newyork als Lehrer Anstellung fand.

17. August Weber (1870—72),

geboren zu Fischelbach, Kreis Wittgenstein, am 22. Novbr. 1844, confirmirt am 20. Mai 1855. Bald darauf erhielt er die Schulstelle zu Heiligenborn und Lahnhof, am 1. Mai 1857 die Schule zu Herz- und Frohnhausen. Diese Stelle verließ er am 14. Sept. 1860 und trat in das Soester Seminar ein. Nach dreijährigem Cursus wurde er im Herbste 1863 zum Lehrer an der Schule zu Schameder ernannt, ging 1864 am 10. Mai an die Schulstelle zu Wilden und 1870 am 14. Februar an die zu Holzhausen. Seine Einführung geschah hier am 20. Februar in der Capelle vor versammelter Gemeinde durch den Pfarrer Kötter. Er ging im Jahre 1872 an die Schule zu Müsen.

18. Reinhard Greis (seit 1872),

geboren am 25. Decbr. 1846 zu Niederbresselnborf, wo seine Eltern Johannes Greis und Marie Cathar., geb. Grau, wohnten. Er war vorgebildet fürs Seminar durch die Lehrer Dahlhoff und Nostiz, verwaltete als Aspirant die Schule zu Nauholz vom Sept. 1864 bis Ostern 1865, wo er ins Seminar zu Soest trat. Zu Anfang August 1868 bestand er daselbst seine Abgangsprüfung, wurde am 20. August desselben Jahres Lehrer und Organist zu Wilnsdorf, und kam am 14. Aug. 1872 als Lehrer nach Holzhausen, wo er am 24. desselben Monats eingeführt wurde.

Die zweite Schule zu Holzhausen und ihre Lehrer.

Die zweite Schulstelle, die im Jahre 1771 gegründet worden ist, war anfangs nur eine Winterschule. Im Sommer vereinigte der erste Lehrer beide Schulen miteinander. Der zuerst angestellte Lehrer war:

1. N. Schüler von Oberroßbach (1771—72).
2. N. Dieler (1572—74).
3. Johannes Strackbein (1774—1776) von Frohnhausen, wo sein Vater Daniel Lehrer war.
4. Johann Daniel Berg (1776—98), geboren 1755 zu Wissenbach, war zwei Jahre lang in den Schulmeisterkenntnissen unterwiesen und vom Inspector Arnold geprüft worden. Pfarrer Jüngst sagt von ihm: Ein Schulmeister vom gewöhnlichen Schlage, Betragen und Wille ist gut, der Fleiß geht auch noch an, aber an Kenntnissen und Geschicklichkeiten fehlt es freilich ein wenig zu sehr. Er wurde am 10. Septbr. 1798 mit 9 fl. jährlich pensionirt.

Die Stelle verwaltet von 1796—97:

Johannes Henrich Klappert aus Holzhausen.

5. Johann Jost Schneider von Flammersbach (1798—1800). Seine Ausbildung zum Schulamte erhielt er in dem Pfarrer Jüngst'schen Privatinstitute. Er wurde angestellt 1798 zu Holzhausen, 1800 zu Lützeln, 1723 zu Oberauroff, Amts Wehen. 1842 wurde er pensionirt.

6. Johann Wilhelm Eibach (1800—1802), geboren zu Niederbresselnborf am 18. August 1782, genoß den Unterricht des Kirchenraths

Jüngst; zuerst angestellt 1799 zu Bergebersbach, wurde 1800 Hülfslehrer beim Jüngst'schen Institute, ging 1805 an das Armeninstitut nach Diez. wurde 1807 Reallehrer daselbst und starb am 12. Mai 1847, 64 Jahre alt.

7. **Simon Reichel** (1801—1805), geboren zu Oberbresselndorf am 21. Decbr. 1783, war Zögling des Jüngst'schen Institutes, wurde angestellt zu Holzhausen 1801, zog 1805 als Lehrer nach Obersberg, legte 1810 das Schulamt nieder.

8. **Johann Henrich Peter Claas** (1805—1807), geboren am 4. Mai 1787 zu Mademühlen. (Vido Burbach.)

9. **Johann Martin Zammert** (1807—10) verwaltet die Schule. (Vide Burbach.)

10. **Johannes Freund** (1810—14), geboren am 7. November 1790 zu Oberbresselndorf, gebildet im Schulmeister-Institute 1807 —1809, angestellt 1810 zu Holzhausen und 1814 zu Homberg; er starb 1815.

11. **Johann Anton Nickel** (1814—15), gebürtig von Ranzenbach; eingeführt zu Holzhausen am 5. December 1814, ging er im nächsten Jahre als Lehrer nach Nirburg.

12. **Georg Pulverich** (1815—17), geboren am 29. April 1797 zu Holzhausen, starb als Lehrer zu Götterswickershamm bei Wesel.

13. **Adam Fay** (1817—21), geboren am 30. August 1799 zu Holzhausen, zum Lehrfach vorbereitet durch den Lehrer Strunk und Pfarrer Molly zu Burbach, examinirt 1817 vom Schul-Inspector Achenbach zu Ferndorf, angestellt zu Holzhausen 1817, kam 1822 als Lehrer nach Crissenbach, Kirchspiels Netphen.

14. **Philipp Freund** von Oberbresselndorf (1822—23), ging 1823 als Lehrer nach Unterwilden, verwaltete dann 1831 die Schule zu Oberbresselndorf und 1832 zu Wilgersdorf, 1833 zu Breitenbach und schied später aus dem Schuldienste.

15. **Georg Juncker** (1823—28), geboren am 23. Januar 1808 zu Holzhausen, trat 1828 aus dem Lehrfache.

16. **Johann Adam Fay** (1828—55) [vido Nr. 13 dieses] war vorher, seit 1823, Lehrer zu Anzhausen, ging am 3. Januar 1855 als Lehrer an die Gemeinde zu Oberhäuslingen, wo er 1870 pensionirt wurde.

17. **Heinrich Wilhelm Groos** (1855—57), geboren am 15. October 1835 zu Langenaubach, besuchte drei Jahre lang, von 1852 an, das Seminar zu Usingen.

18. **Christian Ferdinand Stahl** (1857), geboren am 8. Mai 1838 zu Mademühlen, trat 1854 in das Seminar zu Usingen ein; angestellt zu Holzhausen am 18. Juni 1857, ging er in demselben Jahre, am 1. October, als Lehrer nach Berod, Kirchspiels Höchstenbach.

Darauf versah der erste Lehrer **Dahlhoff** gegen eine Remuneration von 35 Rthlr. die zweite Stelle bis zum 1. April 1858 mit.

19. **Reinhard Schmidt** (1858—63), geboren am 12. August 1835 zu Holzhausen. Nach seiner Confirmation setzte er noch vier Jahre lang den Unterricht bei dem Lehrer Dahlhoff fort, bis er nach vorhergegangener Prüfung durch den Schul-Inspector Kreuz die Lehrerstelle zu Achen zu verwalten hatte, ging dann als Lehrvicar nach Rinsdorf und am 1. Mai 1858 nach Holzhausen. Er bestand sein Examen zu Soest und wurde dann am 1. December 1863 als Lehrer zu Dreis- und Tiefenbach angestellt.

20. **Georg Thiemen** von Neuengesecke (1863—64) [vido Verzeichniß der ersten Lehrer Nr. 14].

21. **Henrich Friedrich Wagner** (1864—1869), Sohn des Grubensteigers Joh. Henrich Wagner und dessen Gattin Marie Catharine, gebornen Wagner, geboren zu Caan am 11. Januar 1843, besuchte bis zum 14. Jahre die Schule daselbst, in welcher er von den Lehrern Storck, Ulrich und Stenger unterrichtet wurde, confirmirt am 22. Juni 1857 von dem Pfarrer Kreutz zu Siegen.

Auf das Seminar vorbereitet durch die Lehrer Siebel zu Beienbach und F. Brachthäuser zu Netphen, verwaltete er vor seiner Seminarzeit die Schulen zu Obernau und Brauersdorf vom 25. Mai 1858 bis 10. August 1861, besuchte das Seminar zu Petershagen vom 17. August 1861 bis 12. Juli 1864, machte daselbst vor der Prüfungs-Commission am 9. bis 11. Juli 1864 sein Examen und wurde für wahlfähig erklärt. Am 13. September 1864 führte ihn der Pfarrer Vomhof als zweiten Lehrer zu Holzhausen in sein Amt ein.

Nach dem Abgange des ersten Lehrers Thiemen versah er vom 13. September 1865 bis zum 1. Januar 1866 die erste Schule mit. Am 30. December 1869 wurde er an die Schulstelle zu Kreuzthal befördert.

Bis zum Jahre 1872 ist die zweite Stelle wegen Mangels an Lehrern nicht besetzt. Am 1. Juli 1873 wurde die zweite Stelle wieder besetzt mit:

22. **Friedrich Karl Reiner,** geboren am 28. Februar 1854 zu Werdorf, Kreis Wetzlar, besuchte von 1870—1873 das Seminar zu Usingen.

Berichtigungen.

S. = Seite. Z. = Zeile. v. o. = von oben. v. u. = von unten. L. = lies. st. = statt.

S. 1, Z. 11 v. u. L: noch st. auch.
„ 5, „ 1 „ o. „ 1215 „ 1115.
„ 5, „ 7 „ o. „ die beiden Gemahlinnen Heinrichs.
S. 6, Z. 31 v. o. L: fiel dann ebenfalls wieder an Sponheim zurück.
Z. 7, Z. 15 v. u. L: Freusburg statt
Freusberg.
S. 15, Z. 21 v. u. L: auf den 2. Febr.
„ 19, „ 16 „ u. „ am 26. Juni
statt August.
S. 21, Z. 20 v. o. L: 19. Nov. statt
13. Novbr.
S. 21, Z. 2 v. u. L: 1. Juni 1591.
„ 24, „ 7 „ u. „ 1632 st. 1832.
„ 27, „ 14 „ u. „ 1636 am 6/16.
Juli zwischen 2 u. 3 Uhr Morgens
zu Freusburg.
S. 37, Z. 4 v. u. L: Pfälzische.
„ 39, „ 15 „ o. „ 1714 st. 1814.
„ 40, „ 10 „ u. Anmerkg. L: 1741.
„ 43, „ 7 „ o. L: Berkshire statt
Verkshion.
S. 48, Z. 11 v. u. L: Kampers.
„ 49, „ 6 „ u. „ 30. April statt
20. April.
S. 56, Z. 2 v. u. L: 3. Oct. 1866.
„ 66, „ 15 „ u. „ erhielt 1652 die
Gräfin Johannette.
S. 75, Z. 13 v. u. L: 1688 — 1728.
„ 76, „ 9 „ u. „ 1731 — 1768.
„ 81, „ 12 „ u. „ 1619 st. 1616.
„ 85, „ 7 „ u. „ Bastrof.
„ 92, „ 2 „ o. „ 1645 st. 1945.
„ 92, „ 10 „ u. „ Fleugert.
„ 94, „ 15 „ u. „ Confirmation
öffentlich.
S. 98, Z. 14 v. u. L: 1686 st. 1688.
„ 98, „ 9 „ u. „ 1686.
„ 98, „ 7 „ u. „ 1686.
S. 104, Z. 13 v. u. l.: betraut.
„ 112, „ 14 „ o. „ Ruhelius st.
Ruchelius.

S. 120, Z. 11 v. o. L: 1786 st. 1785.
„ 121, „ 14 „ u. „ Winningen.
„ 129, „ 18 „ u. „ Keefer.
„ 129, „ 8 „ u. „ und wurde
am 28. Februar.
S. 148, Z. 12 v. o. L: alb.
„ 151, „ 13 „ u. „ Sartorius.
„ 154, „ 5 „ o. „ wohuenben.
„ 154, „ 6 „ o. „ wohuende.
„ 164, „ 2 „ u. „ Reichwald
statt Buchwald.
S. 175, Z. 11 „ o. „ 1698.
„ 182, „ 12 „ o. „ 4. Novbr.
„ 183, „ 4 „ o. „ 1671 — 86.
„ 183, „ 11 „ o. „ 1686.
„ 191, „ 23 „ o. „ bes.
„ 199, „ 12 „ o. „ 1783 bis
26. Juni 1791.
S. 212, Z. 25 v. u. L: 18. April
1865.
S. 222, Z. 23 v. u. L: Colb st. Coll.
„ 223, „ 11 „ o. „ als 2. Pfarrer
nach Haiger.
S. 232, Z. 5 v. o. L: Pforrius.
„ 232, „ 18 „ u. „ Hebbesdorf.
„ 276, „ 18 „ o. „ 1763 st. 1753.
„ 285, „ 5 „ u. „ IV. statt 10.
„ 313, „ 16 „ o. „ beurkunden
solches.
S. 317, Z. 10 v. o. L: Kastenrech-
nung.
S. 344, Z. 4 v. u. L: Lehrvicar.
„ 348, „ 4 „ o. „ Hopff.
„ 349, „ 17 „ u. „ 30. Septbr.
1869.
S. 367, Z. 18 von unten L: Gustav
Borcherds, eingesetzt am 11. December 1872.
S. 355, Z. 18 v. o. L: Convertit st.
Convennit.
S. 359, Z. 2 v. o. l.: 6. Oct. 1800.
„ 363, „ 11 „ u. „ Marchand
st. Marchard.

Andere unbedeutende Fehler wollen sich die P. T. Leser gefälligst selbst
berichtigen.